Grands Musées d'Italie

Grands Musées d'Italie

Skira/Seuil

Couverture
Giovanni Paolo Pannini
La galerie du cardinal Silvio Valenti Gonzaga, 1749 (détail)
Huile sur toile,
198,5 × 267,5 cm
Hartford, The Wadsworth Atheneum Museum of Art.
The Ella Gallup Sumner and Mary Catlin Sumner Collection Fund

Rédaction scientifique
Valerio Terraroli

Conception graphique
Marcello Francone

Assistante d'édition
Marco Abate

Traductions
Language Consulting, Milan

Recherche iconographique
Massimo Zanella

Rédaction des fiches de la Pinacothèque de Brera
Mauro Bonetti

ISBN 88-8491-127-3
Dépôt légal : Septembre 2001

La première édition de l'œuvre a été publiée pour

SANPAOLO IMI GROUP

Sommaire

Introduction

Le terme de "musée" renvoie à un lieu destiné à la conservation, au catalogage et à l'exposition d'objets embrassant différents centres d'intérêt du point de vue de la création artistique, des recherches dans le domaine scientifique, technique et ethnographique, ainsi que dans la recherche et la documentation historique.
Dans la culture grecque, le mot indiquait les temples dédiés aux Muses, divinités protectrices des arts, de la poésie, de la musique et de l'écriture, où l'on recueillait et l'on exposait les offrandes et les ex-voto dont faisaient don les fidèles. Les sources classiques rappellent qu'une *pinakotheca* fut aménagée dans l'édifice côtoyant les Propylées de l'Acropole d'Athènes pour exposer des œuvres de grands peintres grecs. Toutefois la véritable fondation d'une entité ressemblant à un musée fut le *Museion* d'Alexandrie d'Egypte, qui date du IIIe av. J.-C. Avec la légendaire Bibliothèque, il était destiné à abriter et à classer les témoignages artistiques et culturels de l'humanité connue à l'époque, tout en constituant un centre d'études, de recherches et un lieu de rencontre pour une communauté d'illustres savants.
La fin de l'Empire romain d'Occident et les transformations radicales qui, durant le Moyen Age, donnèrent sa forme à la civilisation européenne, déléguèrent aux communautés monastiques et aux cathédrales la tâche de thésauriser les biens précieux et les vestiges subsistants de la civilisation antique en transformant les églises et les lieux de culte en des espaces abritant de grandes collections d'œuvres et d'objets d'art. Ceux-ci, malgré leur absence de finalités culturelles explicites, contribuèrent à la conservation des témoignages du passé.
Le mot "musée" commence à être utilisé dans le sens de collection d'œuvres d'art au cours du XVIe siècle, pendant l'époque florissante de l'humanisme, quand les cours italiennes et européennes se dotent de riches collections d'objets et de matériels de la sculpture antique à la peinture de leur époque, des instruments scientifiques aux pierres précieuses et sculptées, aux monnaies et médailles allant de l'Antiquité à la période moderne, des *naturalia* (témoignages les plus variés du monde de la nature) aux *artificialia* (machines et automates), habituellement rassemblés et ordonnés dans des espaces restreints et raffinés, de *petits cabinets de travail,* ou dans des armoires et de spacieuses pièces, les *Wunderkammern* de la culture de l'Europe centrale : de véritables lieux d'exposition des merveilles où l'art et la nature s'unissent pour créer une vision fantastique du monde. Toutefois, ces lieux privés ne sont alors guère fréquentés et accessibles qu'à des hôtes triés sur le volet, tandis qu'à partir du XVIIIe siècle le caractère distinctif du musée moderne tient à son caractère public, non seulement parce qu'il est ouvert à tous et confié à la gestion d'organismes et d'institutions publics, mais également parce qu'il est presque toujours le résultat d'un acte public d'acquisition d'œuvres particulières ou de collections entières, aussi bien par donation ou legs que par l'étatisation, l'expropriation ou l'acquisition.

La nouvelle typologie du musée apparaît sous la forme d'un cas isolé et limité à la fin du XVIIe siècle, lorsqu'en 1683 l'Université d'Oxford décide d'accorder librement à ses étudiants l'accès aux collections d'art transmises à cette institution par E. Ashmole, qui deviendra par la suite l'Ashmolean Museum d'Oxford. Cet événement sera suivi par l'ouverture du Musée du Capitole à Rome en 1734, par la donation à l'Etat de Toscane de toutes les collections princières de la part de la dernière descendante des Médicis, Marie-Louise de Médicis en 1743, qui conditionna son legs à une utilisation publique et, en 1753, par l'inauguration à Londres du British Museum, dans le but explicite d'en faire un musée scientifique réunissant les témoignages de toute la civilisation humaine.

Un certain nombre de conceptions divulguées par le Siècle des Lumières contribuèrent à l'essor véritable et continu du phénomène du musée. Les principes fondateurs en étaient l'éducation, considérée comme un instrument de libération pour les individus, l'approche classificatrice de tout phénomène naturel et culturel, et la consolidation dans l'esprit de la collectivité d'une prise de conscience d'un intérêt public pour la conservation et la tutelle du patrimoine artistique en tant que témoignage de l'histoire et du savoir universel. Ces positions se confirmèrent pleinement au travers des transformations politiques radicales qui caractérisèrent la fin du XVIIIe siècle. En 1793, un décret jacobin ouvrit au public le palais royal du Louvre avec ses collections d'art appartenant aux Bourbons, destitués par la Révolution française, qui s'enrichirent durant l'époque napoléonienne d'une quantité considérable d'œuvres d'art soustraites aux nations conquises, dans le but déclaré de faire revivre à Paris le Musée Universel d'Alexandrie. Parallèlement, surtout en Italie, les lois napoléoniennes visant à la suppression des communautés monastiques et à la laïcisation consécutive du clergé, interrompirent définitivement la stratification et l'accumulation séculaire des biens artistiques dans les lieux de culte et dans les couvents, en faisant transiter une quantité considérable d'œuvres d'art dans le domaine public, ce qui permit de donner naissance à des musées nationaux témoignant des parcours de l'art italien, telles les pinacothèques de Brera à Milan, de l'Académie à Venise et celles de Bologne, de Turin, de Naples.

Le Congrès de Vienne établit l'irréversibilité du principe d'utilisation publique de l'art et la restitution à leur pays d'origine des œuvres d'art soustraites par l'armée et par les fonctionnaires de l'époque napoléonienne. Cela provoqua une transformation de la configuration des grandes collections impériales, royales et princières européennes, constituées en grande partie aux XVIIe et XVIIIe siècles, qui, aux alentours du milieu du XIXe siècle, se transformèrent en musées ouverts au public : le Prado à Madrid, l'Ermitage à Saint-Pétersbourg, le Rijksmuseum à Amsterdam, l'Alte Pinakothek à Munich et à Berlin, les Musées du Vatican (dont l'histoire des collections est beaucoup plus ancienne) et le Musée National Romain à Rome. En Italie, sur l'élan de l'unité nationale, les lois de 1866 attribuèrent aux institutions des provinces la propriété des objets d'art et des bibliothèques appartenant aux congrégations religieuses, provoquant ainsi la naissance de nombreux musées locaux. A ces derniers, s'ajoutèrent très rapidement les musées municipaux ou communaux, où convergèrent non seulement d'importantes collections privées léguées sous forme de donations, mais également un très riche patrimoine artistique (des fragments de pierres tombales, armoiries, inscriptions, portails, lambris en bois, peintures, fresques, etc.) provenant des vieilles villes démolies à la suite des rénovations urbaines, des réaménagements routiers, de l'ouverture de nouveaux axes de communication et de places publiques.

A la fin du XIXe et au début du XXe siècle, les musées européens sont suivis par les nouvelles fondations de musées créés aux Etats-Unis. Ces derniers naissent tous d'initiatives privées et leur patrimoine artistique se compose d'acquisitions effectuées sur le marché des antiquités, ainsi que de donations d'importantes collections de magnats du monde de l'industrie et de la finance. Parallèlement, de nouvelles institutions voient le jour, généralement liées aux universités et aux centres de recherches, consacrées au catalogage, aux études comparées et à la didactique des sciences naturelles, de la technique, de l'ethnographie ainsi que de l'histoire.

Ce volume s'articule en huit sections consacrées aux musées choisis pour leur caractère exemplaire et qui, tout en appartenant à la culture et à la conscience collective, n'ont jamais été visités et appréhendés dans leur intégralité et dans leur complexité historique et culturelle.

En ouverture, l'on trouve le Musée Egyptien de

Turin, l'un des plus importants du monde en raison des extraordinaires collections qu'il expose au public (des objets de la vie quotidienne à la section des papyrus, de la statuaire monumentale aux mobiliers funéraires, au petit temple nubien de El-Lessiya). Puis, le Musée National Archéologique de Naples complète le panorama des civilisations méditerranéennes de l'Antiquité, en présentant de multiples témoignages de la culture grecque, provenant des territoires de la Grande-Grèce, et de la culture romaine, issus des fouilles séculaires de Pompéi, d'Herculanum et de Stabies. En outre, avec les œuvres de la collection Farnèse qui y sont conservées, le musée napolitain présente un fonds considérable de témoignages de toute la sculpture classique.

Pour retracer les parcours des immenses collections des seigneuries italiennes de la Renaissance et de la période qui suivit, l'on a choisi de présenter les ensembles monumentaux que sont la Galerie des Offices qui, à partir de la Tribune de Buontalenti, codifie la première forme de musée d'art, avec les extraordinaires chefs-d'œuvre de la peinture italienne de Cimabue à Giotto, de Botticelli à Michel-Ange et Caravage, et la Galerie Palatine du Palais Pitti (les deux ensembles sont d'ailleurs reliés par le Corridor de Vasari qui contient la grande collection des autoportraits des artistes), où resplendissent les œuvres de Raphaël et des maniéristes florentins.

Les prestigieuses collections ducales et grand-ducales répondent à la magnifique collection privée du cardinal Scipion Borghèse présentée dans la splendide villa qui, située sur le Pincio de Rome, unit d'exceptionnels exemples de la statuaire romaine aux chefs-d'œuvre de Bernin, Caravage, Titien et Raphaël.

Quant à la Galerie Nationale de Capodimonte de Naples, elle symbolise ces ensembles monumentaux qui, au fil du temps, ont vu se juxtaposer et se compartimenter différents lieux de représentation du pouvoir au travers de collections d'art emblématiques. On y retrouve les fonctions et les caractères des résidences royales (appartements royaux) avec la galerie de tableaux anciens, riche en œuvres de Masaccio, Martini, Titien, Corrège, Ribera, Giordano, Solimena, etc., et la collection du XIXe et du XXe siècle.

Le volume s'achève sur deux témoignages exemplaires du système qui est adopté par les musées italiens et qui naît tant des lois napoléoniennes instaurant la suppression des couvents, que de la démarche suivie par l'histoire italienne de l'art qui s'inspire des écrits de Vasari et qui est codifiée à la fin du XVIIIe siècle par l'abbé Luigi Lanzi. En effet, ces deux institutions nationales fondamentales, la Pinacothèque de Brera de Milan et les Galeries de l'Académie de Venise, documentent parfaitement les parcours que la peinture italienne suit du XIIIe jusqu'à la première partie du XIXe siècle. Les collections et le parcours des visites sont organisés sur un schéma de division des œuvres par environnements régionaux à l'intérieur desquels, au niveau chronologique, sont disposés les tableaux des maîtres et de leurs disciples, avec un apport particulièrement riche en témoignages provenant du territoire couvert par les surintendances qui les dirigent.
Enfin, la richesse et la variété du patrimoine artistique italien et de son réseau de musées présents sur tout le territoire, avec quelque trois mille institutions, sont attestées par une sélection présentée en fin de volume. Le but étant de proposer un guide conduisant à la découverte d'un patrimoine étendu qui constitue l'une des richesses de notre pays.

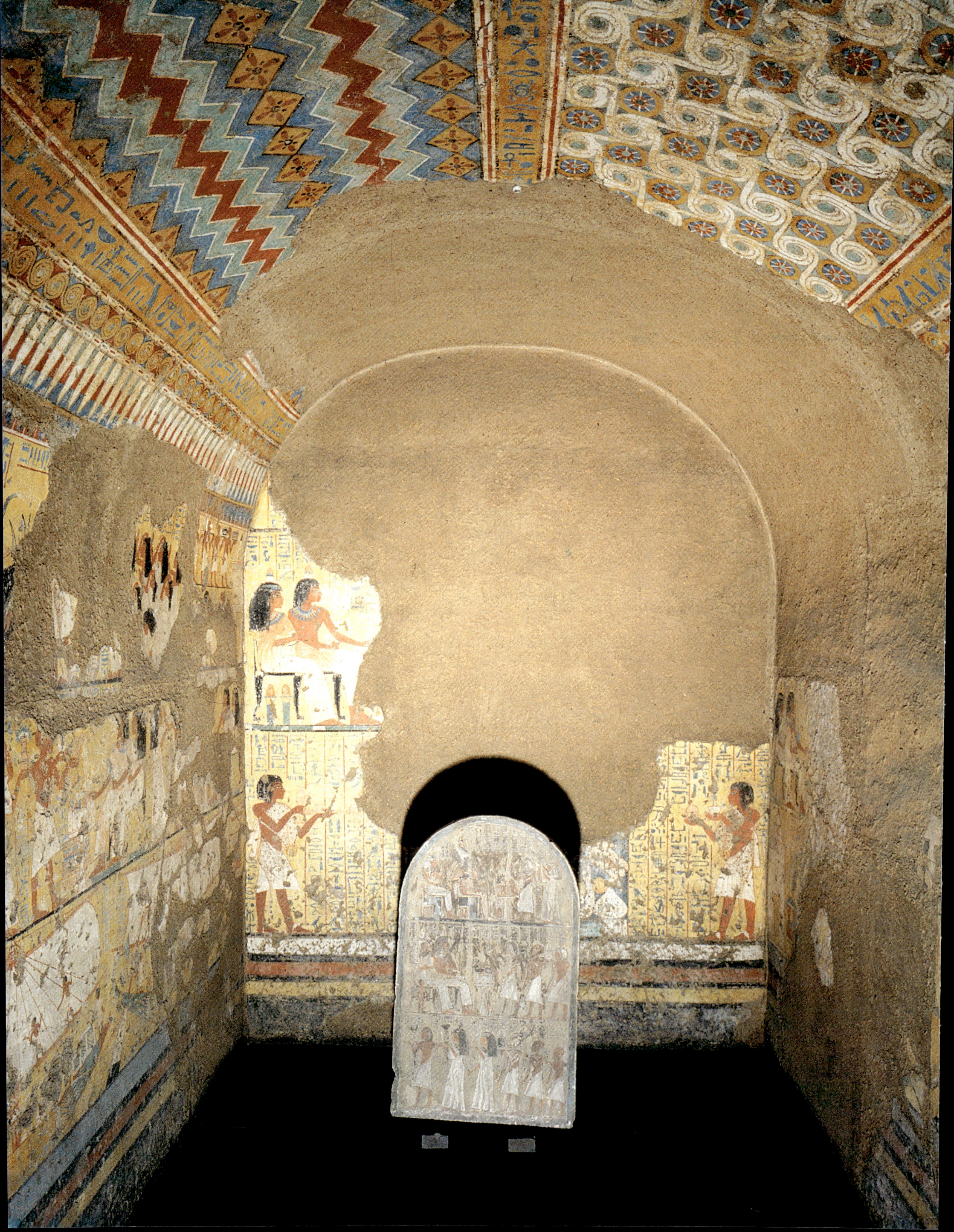

Turin, Musée Egyptien

Anna Maria Donadoni Roveri

Les origines du Musée Egyptien de Turin remontent aux environs de 1630, quand les ducs de Savoie acquièrent la *Mensa Isiaca*, une table d'autel en bronze avec damasquinages en argent et cuivre provenant du sac de Rome perpétré par les Impériaux en 1527 et acquise par Bembo avant d'entrer dans les collections Gonzague. La pièce est remarquable non seulement en raison de ses qualités stylistiques (il s'agit d'une œuvre romaine de style égyptien, sans doute liée à *l'Iseo Campense*) mais aussi de son importance au sein de l'histoire de l'égyptologie. En 1759, à la suite de l'intérêt suscité par cet "important monument", le roi Charles-Emmanuel III envoie en Egypte Vitaliano Donati, professeur de botanique à l'Université royale, afin d'y acquérir des antiquités pour le Musée universitaire, qui vient d'être créé (1724). Cette expédition rapporte trois magnifiques statues, parmi lesquelles se détache celle en basanite représentant la déesse Isis, qui provient de Coptos et date de l'ère d'Aménophis III. Dans les années qui suivent, l'intérêt pour l'Egypte demeure vif, en partie grâce aux études menées par les savants quant à l'attribution d'une tête féminine portant des signes aujourd'hui encore indéchiffrables, qui sera ensuite datée du XVIIe siècle.

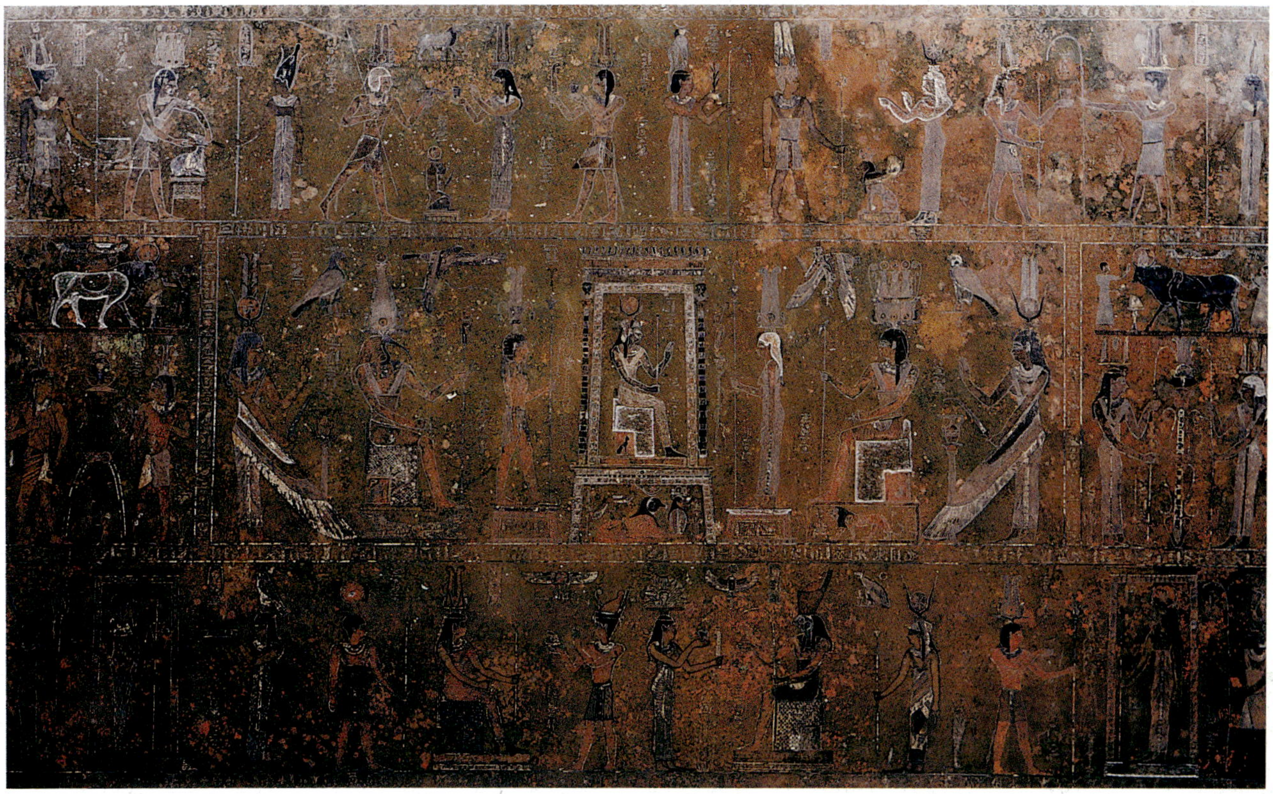

Ci-contre
Cappella di Maia, vue d'ensemble, intérieur

Mensa Isiaca, table d'autel d'époque romaine, bronze et damasquinages en argent et cuivre, retrouvée à Rome en 1527

Turin, Musée Egyptien

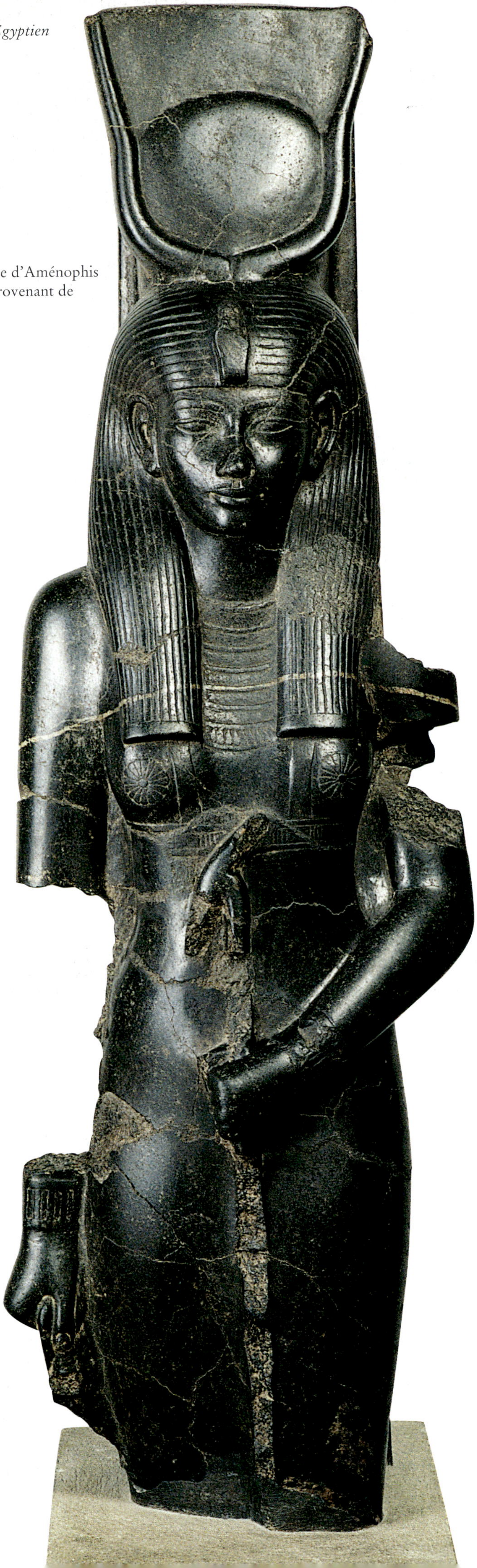

Isis, de l'époque d'Aménophis III, basanite, provenant de Coptos

La campagne napoléonienne d'Egypte : naissance de l'"égyptomanie"

La campagne de Napoléon en Egypte, qui débuta en 1798, est à l'origine de l'intérêt culturel suscité en Europe par l'ancienne civilisation égyptienne, qui alla même jusqu'à déchaîner des formes d'engouement paroxystique d'"égyptomanie" se représentant de manière cyclique. Aux côtés de l'armée et de l'expédition militaire, on organise aussi une expédition de scientifiques et de dessinateurs, auxquels l'on doit les premiers documents fort précieux sur les monuments, les sculptures et l'écriture de l'Egypte des Pharaons. L'expédition militaire est en particulier suivie par Dominique Vivant Denon, une personnalité brillante et entreprenante, le futur directeur du musée du Louvre. On lui doit la réalisation de l'œuvre la plus importante sur la civilisation égyptienne datant de la première partie du XIXe siècle, intitulée *Description de l'Egypte*, publiée de 1809 à 1813, en vingt-quatre volumes illustrés de splendides planches en couleurs, que précède le *Voyage dans la Haute et la Basse Egypte*, un témoignage sur la campagne napoléonienne, publié en 1802.

L'arrivée de la statue d'Isis à Turin coïncide de fait avec la naissance du Musée Egyptien. En effet, en 1759, le roi Charles-Emmanuel III envoie en Egypte Vitaliano Donati, professeur de botanique à l'Université royale, afin d'y acquérir des antiquités pour le Musée universitaire. Cette expédition rapporte trois magnifiques statues, parmi lesquelles se détache celle en basanite représentant la déesse Isis.

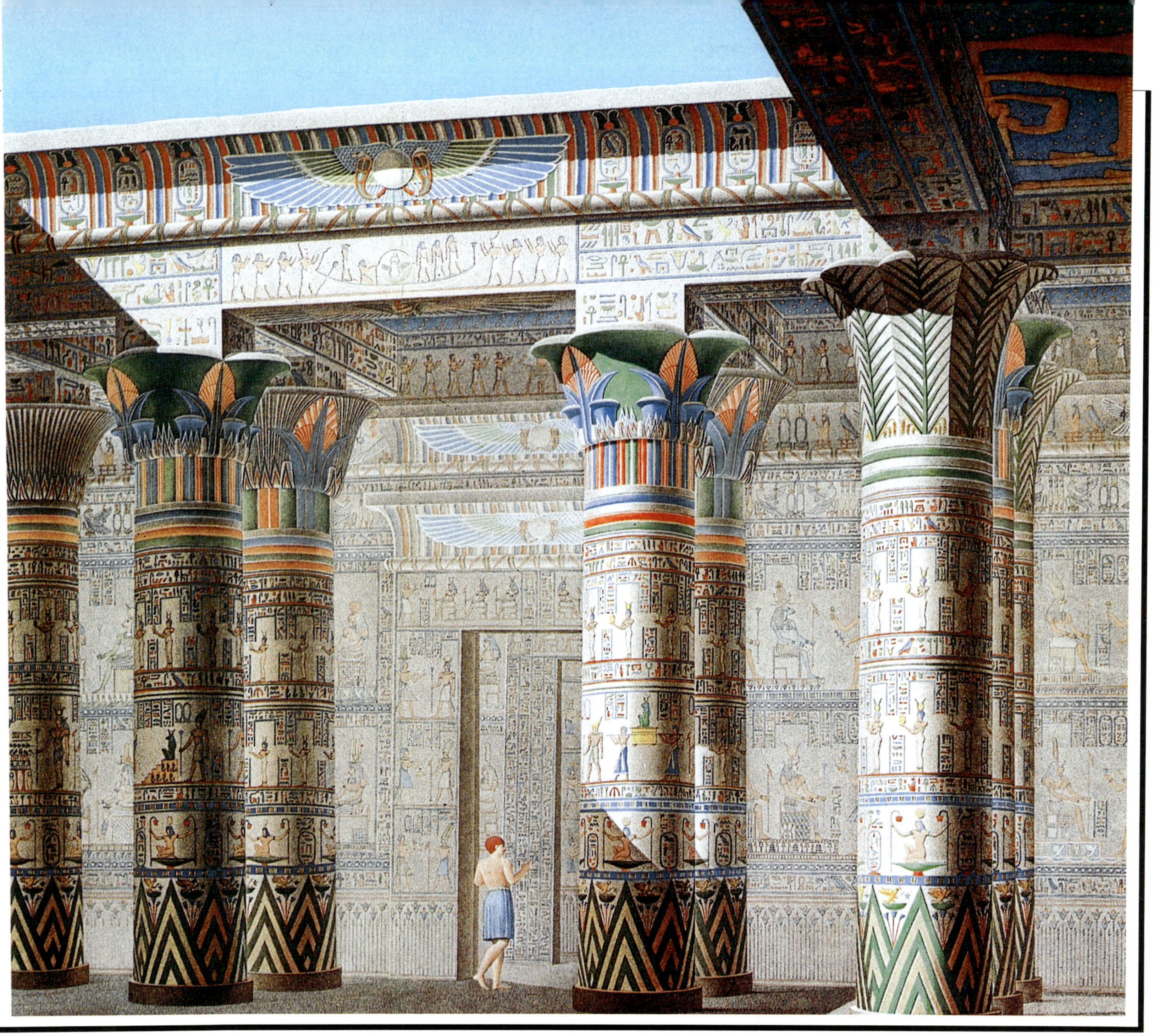

Reconstruction de l'intérieur d'un temple ptolémaïque, aquarelle, provenant de la *Description de l'Egypte*, 1809-13

La collection Drovetti

Cet intérêt culmine en 1824 quand, sollicité par Carlo Vidua, le roi Charles-Félix acquiert la collection appartenant à Bernardino Drovetti, un Piémontais qui, après avoir suivi Napoléon lors des campagnes d'Italie, était devenu en 1802 consul de France en Egypte.

C'est l'époque où consuls de différentes nations étrangères, marchands et aventuriers rivalisent afin de collecter sur le sol égyptien des antiquités à vendre aux musées européens, suivant la vague de l'intérêt suscité par la *Description de l'Egypte*.

La collection Drovetti, l'une des plus riches, comptait plus de 8 000 pièces dont une centaine de grandes statues, les plus remarquables étant la statue archaïque de la princesse Redi et celles appartenant au Nouveau Règne de Touthmôsis I, Aménophis II et Touthmôsis III, la statue de Ramsès II, les sphinx d'Aménophis III, la statue colossale de Séthi II, les groupes d'Amon et Toutankhamon, de Horemheb et Mutnegemet ; la collection comptait également de nombreux sarcophages avec leurs momies, des stèles funéraires et votives, des papyrus parmi lesquels, outre un grand nombre de Livres des Morts, le célèbre *Canon Royal*, le papyrus des mines et des carrières du Ouadi Hammamat (la plus ancienne carte géographique connue), les pièces du procès pour l'attentat perpétré contre Ramsès III, le plan de la tombe de Ramsès IV, un papyrus représentant des scènes satiriques et érotiques, ainsi que de nombreuses statuettes en bronze de divinités, de la vaisselle et des objets mineurs, avec une attention particulière envers la documentation de la vie quotidienne.

Bernardino Drovetti (1776-1852)

Bernardino Drovetti est l'initiateur de la grande collection d'antiquités égyptiennes qui forma le noyau initial du nouveau Musée Egyptien.
Né en 1776 à Barbania, dans la région du Canavese, il étudie le droit à l'Université de Turin ; en 1796, à l'arrivée de Napoléon dans le Piémont, il s'enrôle dans l'armée française, enthousiasmé par les idéaux de la Révolution, et prend part aux campagnes d'Italie. Il combat à Marengo où il a la main mutilée, et devient rapidement sous-lieutenant, capitaine, puis aide de camp de Murat.
En 1801, il est nommé à 25 ans chef d'état-major de la division piémontaise, puis devient Commissaire du Gouvernement provisoire du Piémont, après son annexion à la France.
En 1802, on le retrouve consul de France, puis consul général à Alexandrie (l'Egypte dépendait alors de la Sublime Porte et n'avait pas d'ambassadeurs, dont les fonctions étaient exercées par les consuls). Durant son mandat, interrompu entre 1814 et 1820 pendant la Restauration, Drovetti parvint à obtenir la confiance du vice-roi Mohammed Ali, à qui il offrit toute sa collaboration dans sa grande œuvre de modernisation du pays, à commencer par des mesures visant à améliorer la santé des habitants, l'irrigation du sol, l'efficacité du système scolaire, faisant également appel à des médecins, ingénieurs et enseignants italiens et français.
Au début du XIXe siècle, l'Egypte jouissait en Europe d'une extraordinaire renommée, née avec la campagne napoléonienne de 1798-1801 et due notamment aux cent cinquante "savants" qui avaient suivi l'expédition pour documenter toutes les caractéristiques du pays :

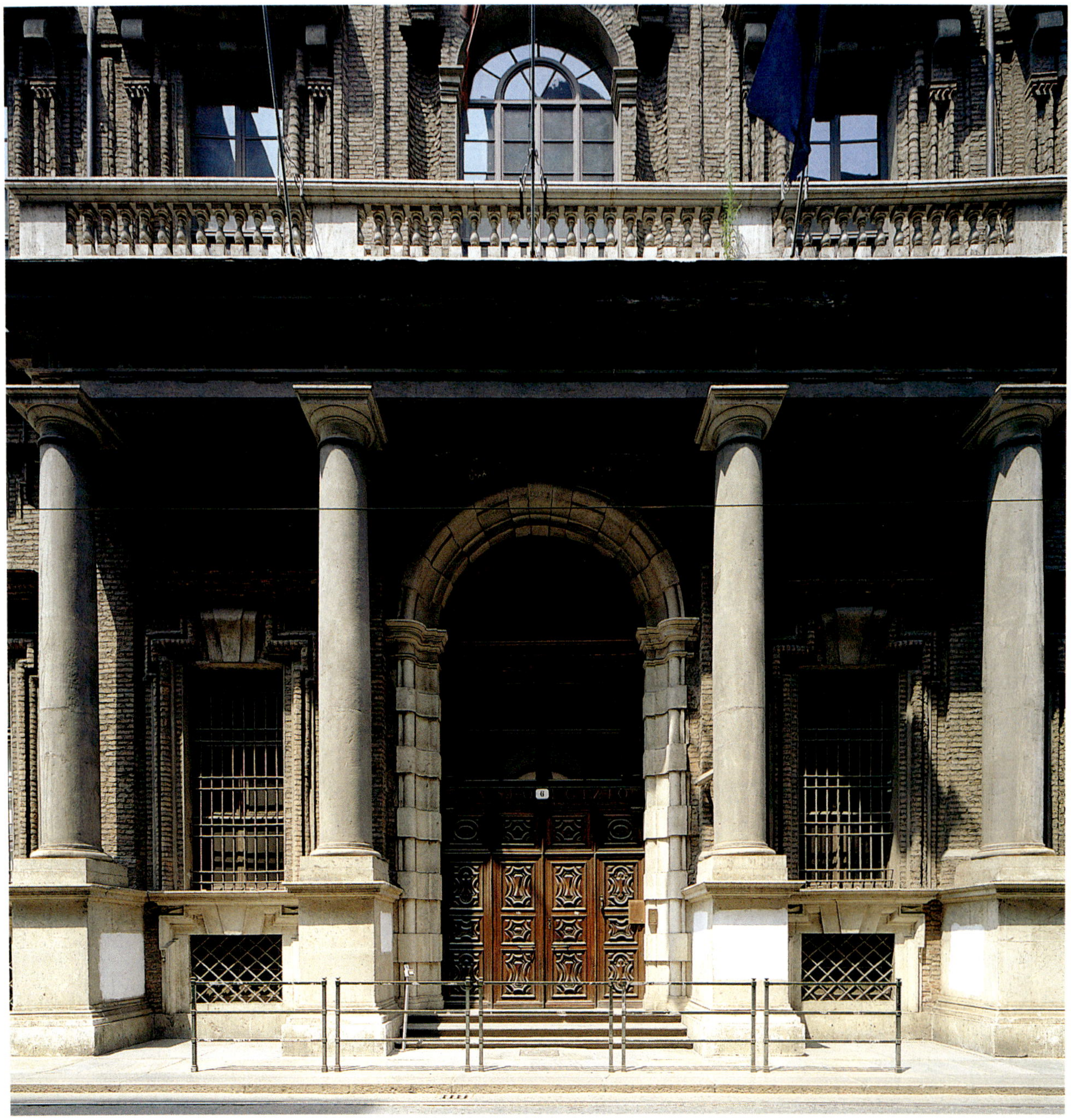

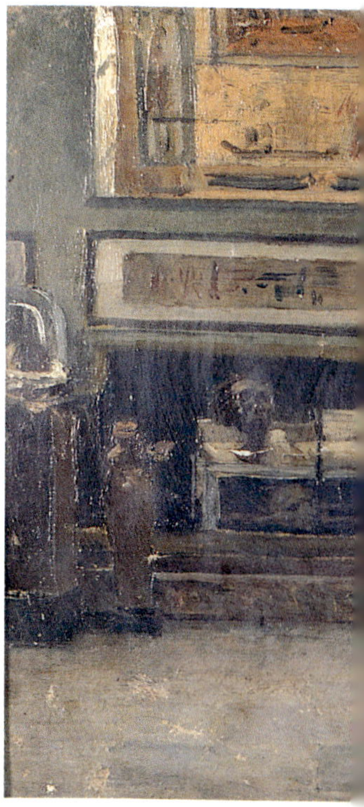

Lorenzo Delleani, *Intérieur du Musée Egyptien*, 1881

Vue de l'entrée du musée

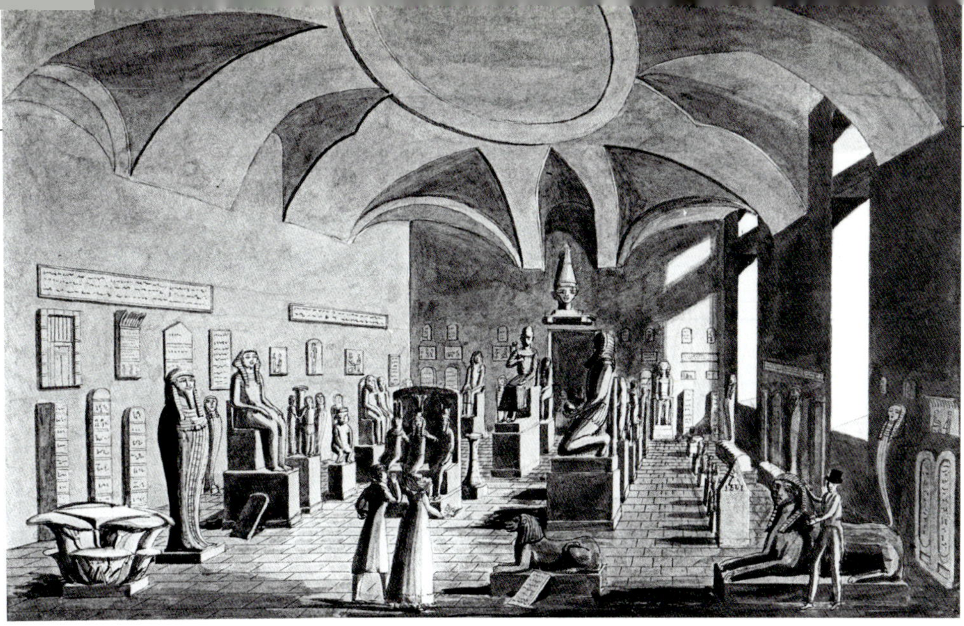

Marco Nicolosino, *Salle du Musée Egyptien à l'époque de sa fondation*, 1832

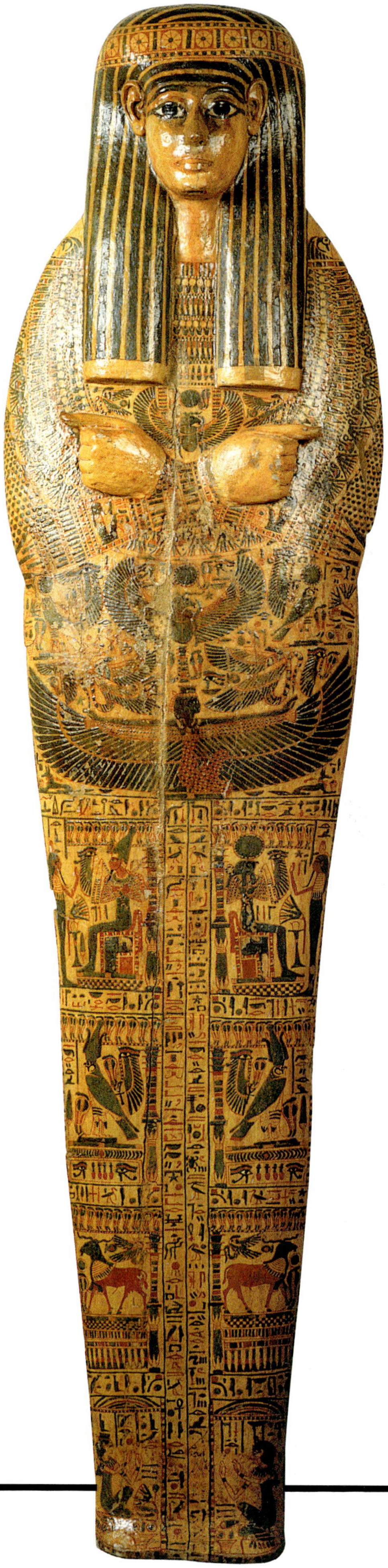

Faux couvercle du sarcophage de Bayun, bois stuqué et peint, XXIe dynastie

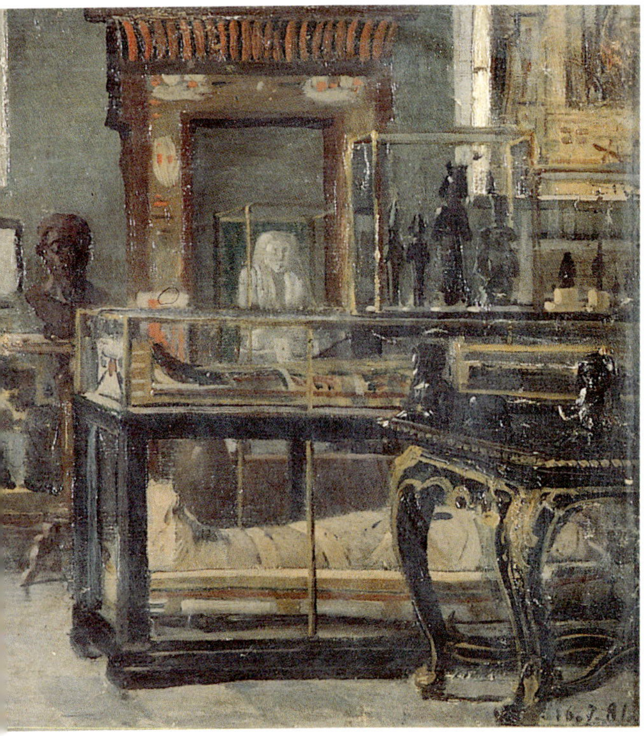

monuments historiques, bien sûr, mais aussi flore, faune, us et coutumes des habitants. Les travaux de la commission des "savants" furent consignés dans une œuvre admirable, la *Description de l'Egypte*, qui fit connaître au reste de l'Europe les trésors d'un pays demeuré jusqu'alors inconnu. L'on vit naître ainsi la mode "retour d'Egypte" qui devait influencer profondément la culture de ces années-là. C'est ainsi que s'ouvrit une véritable chasse aux monuments, notamment de la part des consuls étrangers. Drovetti est l'un des plus actifs et, avec ses collaborateurs Rifaud, Lebolo et d'autres, fouille les régions les plus riches, notamment à Thèbes, et entreprend ensuite des négociations pour vendre aux musées européens les œuvres découvertes par ses soins. Une première partie de sa collection part ainsi dans le Piémont, une seconde au Louvre, d'autres moins importantes à Berlin, à Vienne et à Lyon. Un projet de collaboration entre le Musée de Turin et le Louvre, sur le point de s'achever, consiste à réunir virtuellement l'ensemble de la collection Drovetti dans un CD Rom commandité par la Compagnie San Paolo, qui doit également recréer le cadre dans lequel se sont déroulés les événements du premier collectionnisme et de la naissance de cette discipline.

La collection Drovetti, première au monde dans son genre, installée dès son arrivée au Palais de l'Académie des Sciences, offrit, grâce à l'œuvre de J.-F. Champollion, une contribution fondamentale au développement de l'égyptologie naissante.

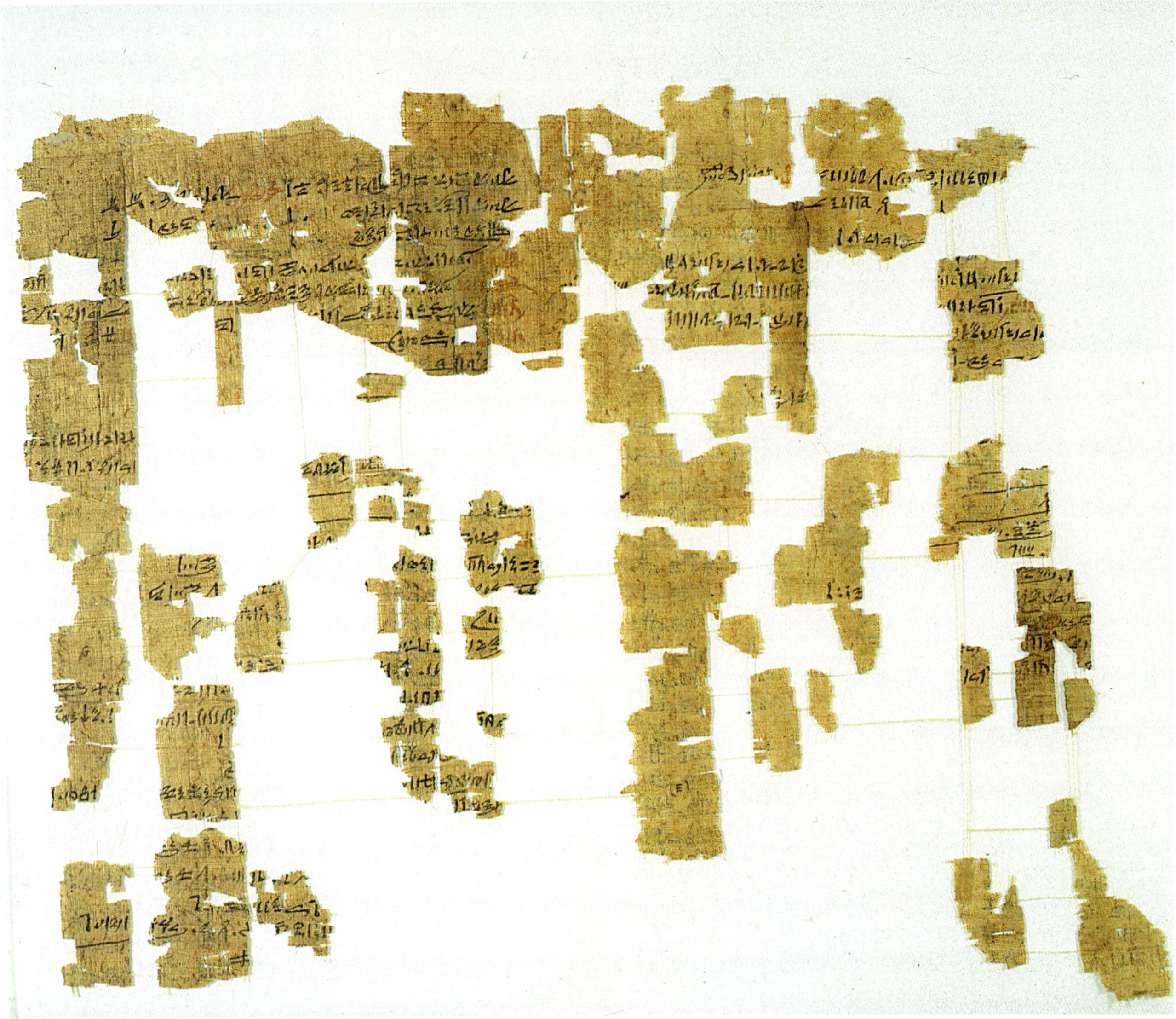

Papyrus Royal ou Canon Royal

XIXe dynastie

Une très vaste série de papyrus est parvenue au Musée de Turin à travers la collection Drovetti. Parmi ceux-ci, outre de nombreux exemplaires du *Livre des Morts* – le guide qui devait accompagner chaque défunt dans l'au-delà – il convient de mentionner quelques pièces uniques, comme la carte des mines de Ouadi Hammamat et le plan de la tombe de Ramsès IV.
Un papyrus est cependant un document exceptionnel et constitue une référence indispensable pour toute reconstruction historique des dynasties de souverains qui ont régné sur l'Egypte. Au recto figure un texte de caractère administratif, tandis que le verso contient une liste de souverains des temps mythiques jusqu'à la XVIIe dynastie. Les noms des rois sont présentés en colonnes (il n'en reste que onze incomplètes) et suivis du nombre d'années, mois et jours de règne. En dépit du texte parvenu en fragments, son intérêt extraordinaire fut reconnu d'emblée par Jean-François Champollion. Dans une lettre adressée à son frère, ce dernier parle déjà de "table chronologique" et de "canon royal", comparant cette pièce aux Tables d'Abido, et décrit comment il a ramassé dans la poussière les pauvres fragments sur lesquels figurent les noms des pharaons. Il exprime avec des accents romantiques son désespoir face à l'état de conservation de ce "grand cadavre d'histoire" : "J'ai vu défiler entre mes doigts des noms de règnes dont l'histoire ne gardait plus aucune trace, des noms de dieux sans autels depuis plus de quinze siècles, et j'ai pris dans mes mains, en retenant mon souffle de peur de le réduire en poussière, un petit fragment de papyrus, dernier et unique refuge de la mémoire d'un Roi qui, de son vivant, se trouvait sans doute à l'étroit dans l'immense palais de Karnak".
La difficile reconstruction, entamée par Champollion et poursuivie par Seyffarth, fut ensuite reprise et complétée par Giulio Farina, puis par Alan Gardiner. De nos jours, de minutieuses recherches permettent encore de placer ou replacer de minuscules fragments de ce papyrus.
Le texte est sans aucun doute une copie d'un texte officiel. Les noms des rois ne sont pas regroupés par dynastie, comme le fera plus tard Manéthon au IIIe siècle, mais selon des périodes au terme desquelles est indiquée la somme des années.

Statue de la princesse Redi

IIIe dynastie

La statue (granit noir, 83 × 32 × 45 cm), qui fait partie d'un groupe restreint d'œuvres appartenant à la IIIe dynastie, est parvenue à Turin à travers la collection Drovetti (1824) mais l'on ignore où elle fut découverte. Elle représente une princesse – sur le soubassement figurent son nom et le titre "fille du roi" – assise sur un trône cubique avec des arcades en relief, qui reproduisent dans la pierre la construction en bois des sièges d'époque archaïque. La princesse porte une tunique adhérente à décolleté en pointe, qui descend jusqu'aux chevilles. La principale caractéristique est représentée par la chevelure : séparée au sommet du crâne par une raie, elle retombe sur les épaules et le dos en une masse volumineuse qui encadre un visage massif et sévère. Le style aussi bien de la figure que du trône veut imposer, au travers d'une organisation rigoureuse des volumes, la présence physique du personnage – dans l'art égyptien la statue ne représente pas, elle est la personne même – identifié par son nom et ses attributs. Il s'apparente en cela avec la statue du pharaon Djoser de Saqqara, aujourd'hui exposée au Caire. L'on est encore loin de l'organisation intellectualiste des œuvres de la IVe dynastie, quand les formes s'affineront au point d'atteindre des géométries essentielles.

La collection Drovetti, l'une des plus riches, comptait plus de 8 000 pièces dont une centaine de grandes statues, la plus remarquable étant la statue archaïque de la princesse Redi, de nombreux sarcophages avec leurs momies, des stèles funéraires et votives, des papyrus parmi lesquels le célèbre Canon Royal.

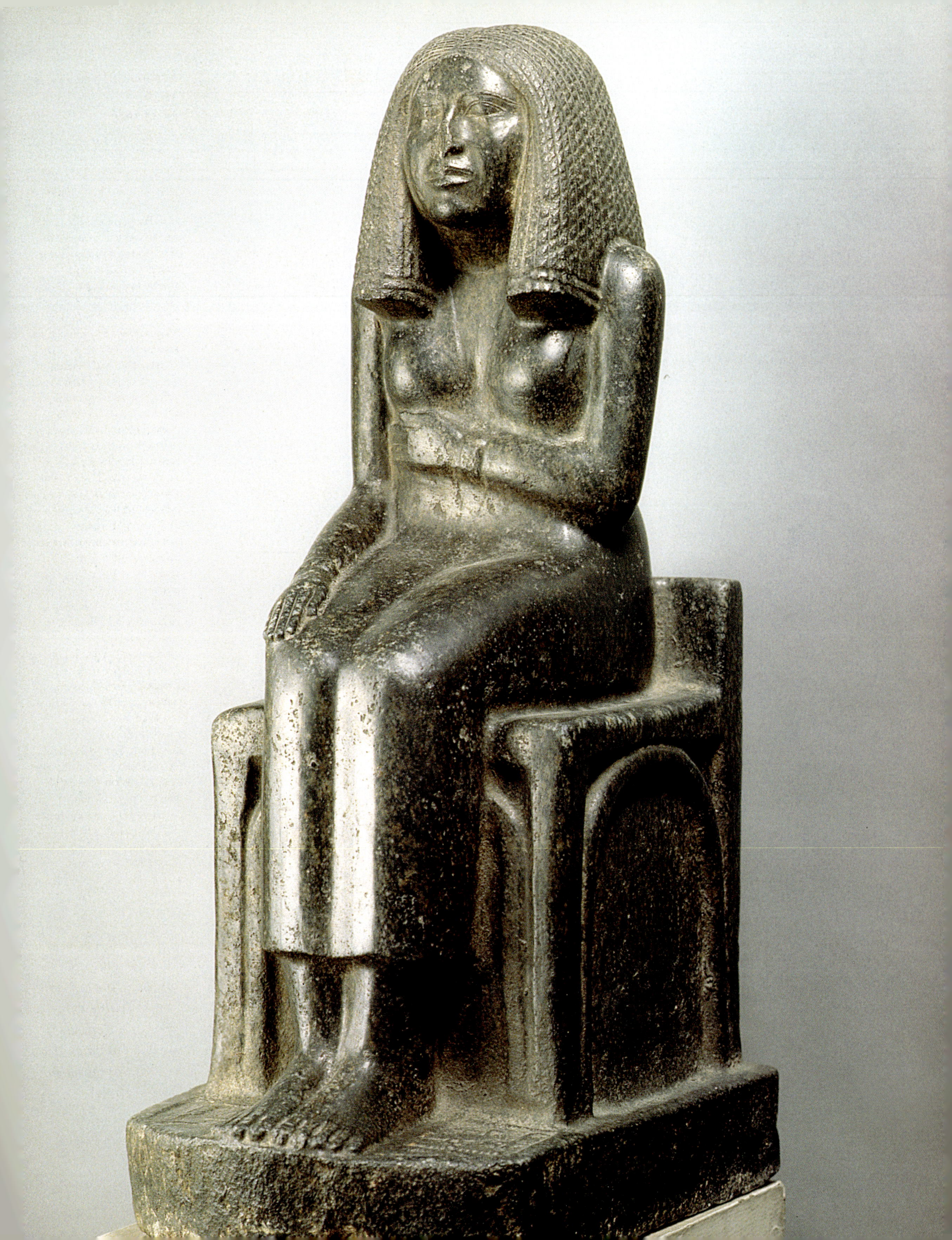

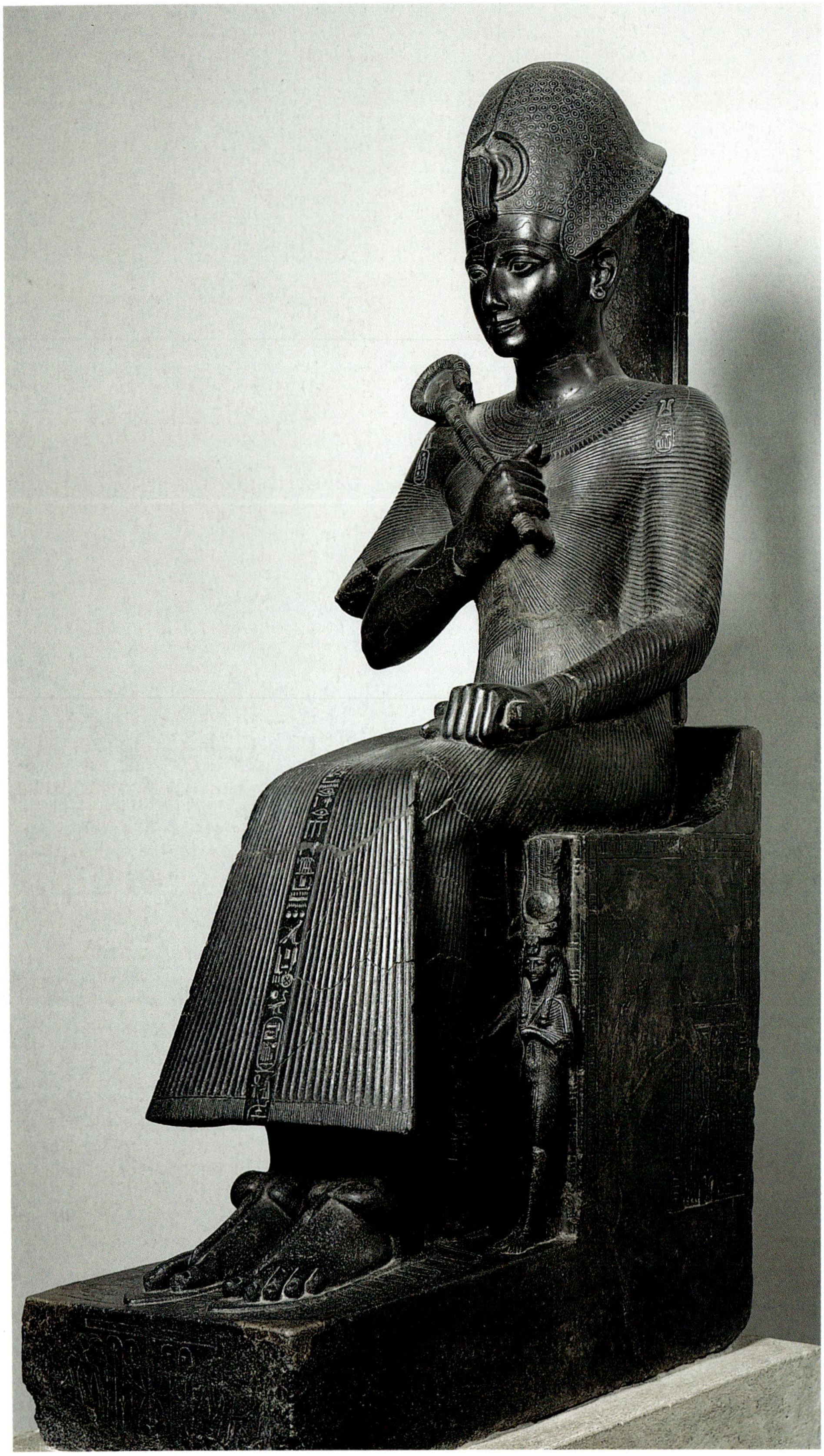

Statue de Ramsès II

XIXe dynastie

La statue (basanite, haut. 194 cm), l'une des plus célèbres de l'histoire de l'art égyptien, représente le pharaon Ramsès II de la XIXe dynastie.
Ramsès II est l'un des souverains égyptiens qui vécut le plus longtemps puisqu'il s'éteignit à plus de 90 ans. Au cours des premières années de son règne, il dut affronter une bataille célèbre qui l'opposa aux Hittites à Qadesh. Bataille au résultat incertain, quoique magnifiée par son protagoniste comme une victoire extraordinaire digne d'être immortalisée par de grandioses représentations en relief sur les murs de nombreux temples et chantée dans un poème grandiloquent. Cet épisode et une série d'escarmouches mineures débouchèrent, après vingt années de règne, sur un traité de paix entre Egyptiens et Hittites dont le texte, rédigé dans les deux langues des signataires, constitue le premier document de ce genre conservé. La longue période de paix qui s'ensuivit fut principalement consacrée à une intense activité de construction dans l'ensemble du pays. Les monuments les plus connus sont le Ramesseum et les deux temples d'Abou Simbel, dont le plus petit était dédié à son épouse Néfertari.
Il eut quatre épouses (sans compter un nombre indéterminé de concubines) et plus d'une centaine d'enfants, dont la plupart moururent avant lui.
La statue était parvenue à Turin avec la collection Drovetti, on ne sait dans quel état, car Champollion mentionne d'abord son besoin de restauration puis parle d'elle comme de "l'Apollon du Belvédère égyptien". Selon les informations fournies par Rifaut (le sculpteur marseillais qui travaillait comme fouilleur sous les ordres de Drovetti), la statue aurait été découverte dans le temple "d'Amon qui écoute les prières", un petit sanctuaire situé derrière le grand temple de Karnak d'où provient également le grand obélisque de Touthmôsis III, aujourd'hui exposé à Rome à côté de Saint-Jean-de-Latran.
De chaque côté du trône sont représentés, dans des proportions plus réduites, l'héritier au trône (qui ne lui succédera pourtant pas) et son épouse Néfertari, identifiés par leurs noms.
Le visage du souverain, dont on pourrait dire qu'il s'agit d'un portrait idéalisé (la momie parfaitement conservée du pharaon est exposée au Musée du Caire), est penché vers le bas avec bienveillance, sans doute pour exercer son rôle d'intermédiaire entre "Amon qui écoute les prières" et les fidèles, comme l'a justement proposé Silvio Curto.

Assis sur son trône, le pharaon est enveloppé dans un long vêtement plissé et porte des sandales aux pieds ; dans ses mains sont réunis les symboles de son pouvoir : le sceptre héka et le fouet.

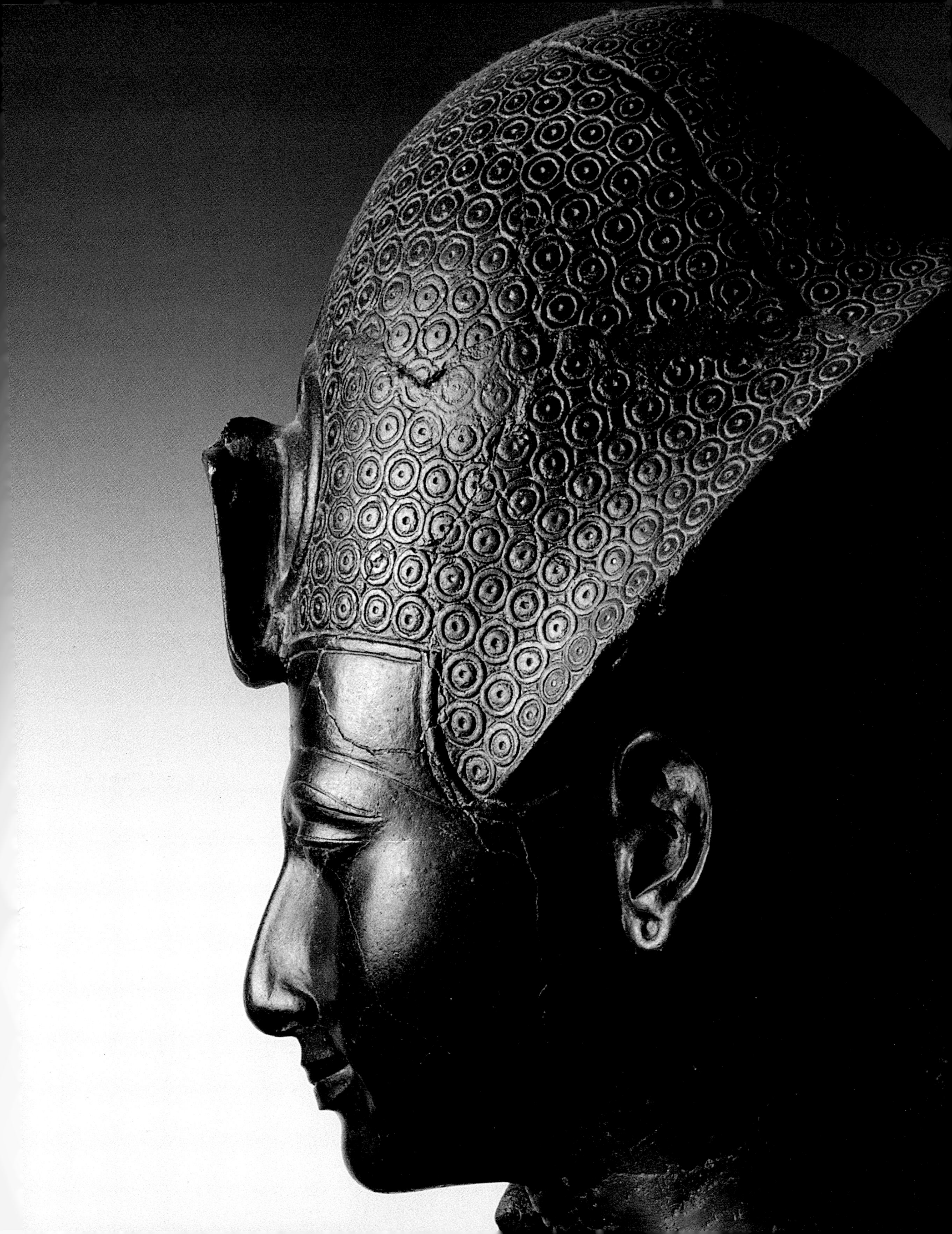

Le "Livre des Morts"

Parmi les civilisations antiques, les Egyptiens furent sans nul doute le peuple le plus fasciné par le mystère de la mort, à tel point que leur vie politique, sociale et religieuse était organisée en fonction de cette énigme et de la tentative de la dominer. C'est dans cette optique que s'explique toute une série de rituels liés à la mort, parmi lesquels l'on peut assurément classer certains usages particuliers de l'écriture.

Le livre dénommé le *Livre des Morts*, au-delà de l'exemple le plus évident d'écriture rituelle et sacrée, est l'un des documents de papyrus qui illustrent de la meilleure façon possible la future utilisation du livre. Il s'agit d'un texte magico-religieux destiné aux usages funéraires et placé dans les tombes proches du défunt, à l'intérieur de caisses en bois ou dans des vases en terre cuite. Le contenu du volume, bien qu'il se distingue par son caractère relativement systématique et par sa tendance à adopter une formulation canonique, n'était pas rigoureusement uniforme, mais il pouvait inclure un nombre varié de formules magiques (ou chapitres), des hymnes et des prières qui s'élèvent à 165 au total, sans compter les autres textes qui lui furent diversement associés.

Selon les croyances des Egyptiens, ces formules possédaient la propriété de guider et de protéger l'âme dans son voyage à travers la région des morts.

Les premiers textes funéraires furent trouvés sous la forme de gravures en hiéroglyphes sur les murs intérieurs des pyramides des rois des Ve et VIe dynasties de l'Ancien Empire (2575-2134 av. J.-C. env.). A partir de la XVIIIe dynastie (1550-1307 av. J.-C. env.), ces textes furent reportés sur papyrus placés dans le sarcophage de la momie.

L'exemplaire de Turin, publié pour la première fois en 1842, mesure dix-neuf mètres de longueur : c'est sur cette pièce que se base le numérotage moderne des chapitres.

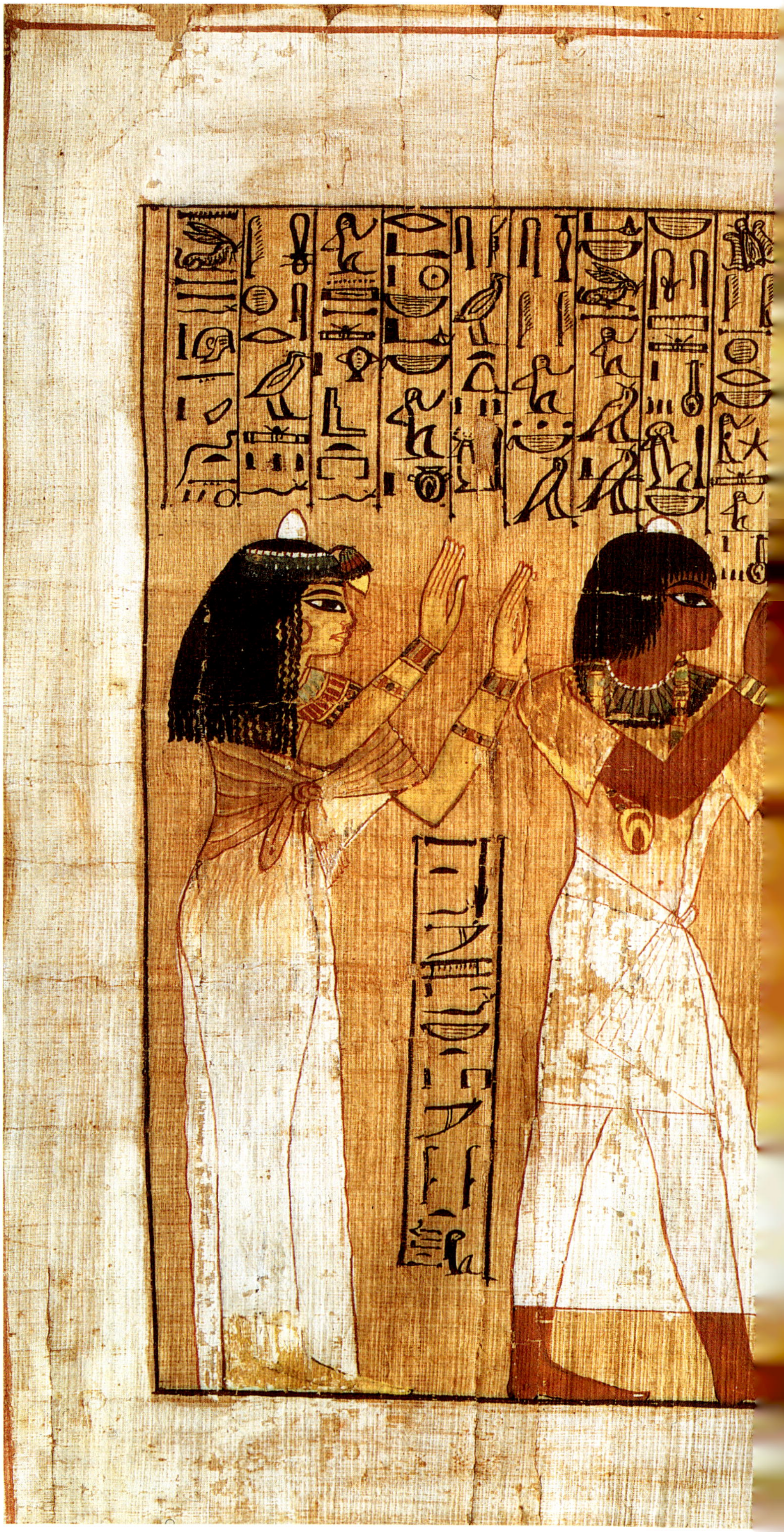

Prières des défunts devant Osiris, extrait du *Livre des Morts*

Une très vaste série de papyrus est parvenue au Musée de Turin à travers la collection Drovetti. Parmi ceux-ci, l'on trouve notamment un exemplaire exceptionnel du Livre des Morts, *le guide qui devait accompagner chaque défunt dans l'au-delà, orné de dessins d'une rare beauté.*

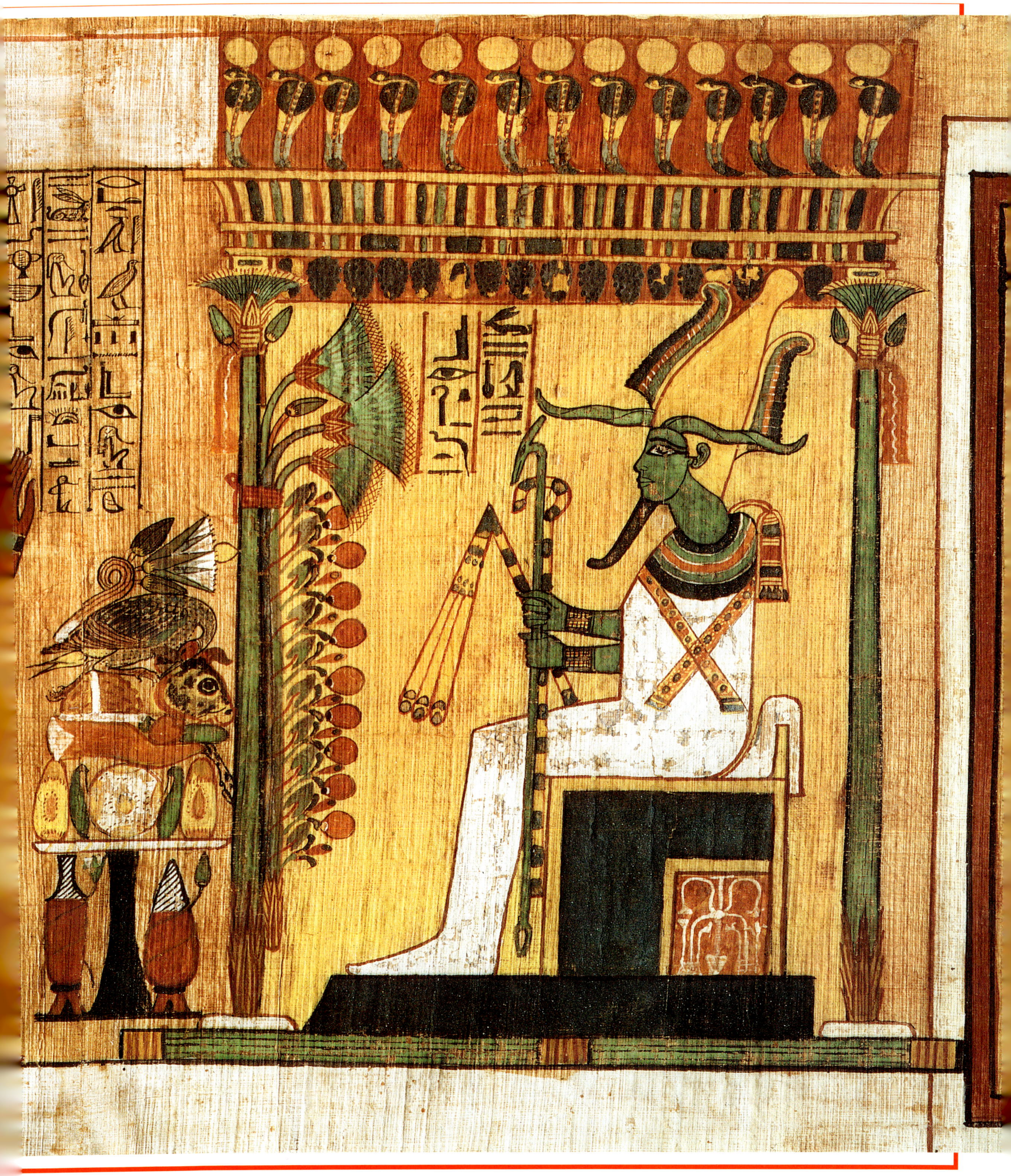

Ernesto Schiaparelli (1856-1927)

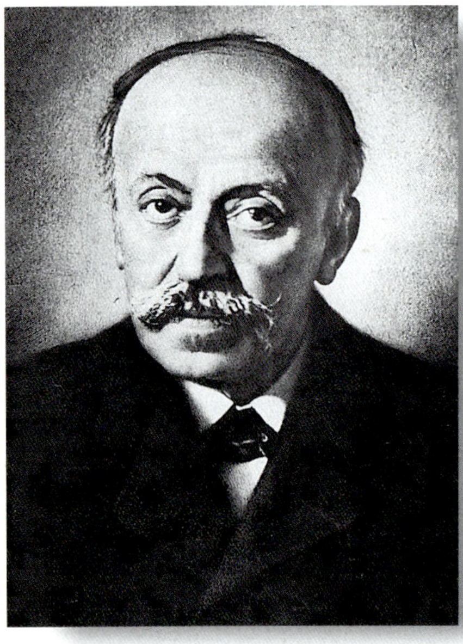

A l'époque où Ernesto Schiaparelli dirigeait le Musée, celui-ci connut un essor considérable. Il parvint, d'abord à travers de nouvelles acquisitions puis, de 1903 à 1920, avec des campagnes de fouilles dans des localités soigneusement choisies, comme Gizeh, Héliopolis, Thèbes, à doter le musée de plus de 17 000 pièces.

Il dirigea le musée de 1894 à 1927, l'année de sa mort. On lui doit le second essor des collections par le biais d'une série d'acquisitions et surtout de plusieurs campagnes de fouilles en Egypte, dans des lieux expressément choisis pour combler les lacunes de la documentation au sein de la collection Drovetti.
Schiaparelli était né à Occhieppo, près de Biella, le 12 juillet 1856, dans une famille qui comptait parmi ses membres l'astronome Giovanni, l'arabisant Celestino, le spécialiste de paléographie et diplomatie Luigi. Son père était lui-même professeur d'histoire ancienne à l'Université de Turin.
Son cursus universitaire – d'abord à Turin avec Francesco Rossi puis à Paris avec Gaston Maspero (qui devient ensuite Directeur général du Service des Antiquités en Egypte) – lui garantit une solide préparation en égyptologie.
Sa carrière débute au Musée archéologique de Florence (1890-94) où il est chargé de dresser le catalogue de la collection égyptienne. Durant cette période, il effectue également plusieurs missions en Egypte, notamment pour y faire l'acquisition de pièces et explorer des zones archéologiques. En 1894, il est nommé conservateur du Musée de Turin et Directeur général pour l'Archéologie du Piémont et de la Ligurie, tâche dont il s'acquitte avec une grande énergie, surveillant les fouilles et les restaurations sur le territoire.
Les fouilles en Egypte eurent lieu à travers la Mission Archéologique Italienne, un organisme spécialement créé à cet effet et dont le financement était assuré par le ministère de l'Education (duquel dépendaient à l'époque les Directions générales des Beaux-Arts et les Musées), le ministère des Affaires étrangères et les fonds personnels du roi Victor-Emmanuel. Nous avons déjà mentionné plus haut les excellents résultats de ses missions, qui permirent à Turin de compléter ses collections grâce à l'arrivée de 17 000 nouvelles pièces.
Il nous reste à parler de ses méthodes de fouille, qui n'étaient certainement pas comparables à celles d'aujourd'hui, mais qui avaient néanmoins introduit d'importantes innovations – comme l'usage de plus en plus fréquent de la photographie, la collaboration à la mission de deux figures jugées aujourd'hui indispensables, l'anthropologue Giovanni Marro, chargé de l'étude des restes humains, et le restaurateur Fabrizio Lucarini, chargé de détacher et de reconstituer les peintures d'Iti à Gebelein et celles de Maia à Deir el Médineh. Il s'entoura également d'un grand nombre d'excellents collaborateurs, parmi lesquels Francesco Ballerini, originaire de Côme.
Son activité de chercheur fut intense, notamment au cours des années précédant son arrivée à Turin après quoi, pressé par ses fonctions pratiques sur le territoire, les fouilles et la réorganisation du Musée, il ne parvint pas à terminer la publication de ses missions en Egypte, dont seuls deux splendides volumes, consacrés respectivement à la Vallée des Reines et à la tombe de Kha, virent le jour.
Son extraordinaire énergie en matière d'organisation ne se borna pas à ses fonctions d'archéologue et de conservateur de musée : mû par une conviction religieuse profondément enracinée, il œuvra également en faveur des missions religieuses et de la présence italienne à l'étranger. Pour ce faire, il fonda une société pour la protection des ressortissants italiens à l'étranger, aida les missions catholiques et fonda de nombreux hôpitaux au Proche-Orient et même en Chine, dont il suivait le travail avec attention et intérêt.
Ses mérites lui valurent d'être nommé Sénateur du Royaume en 1924.

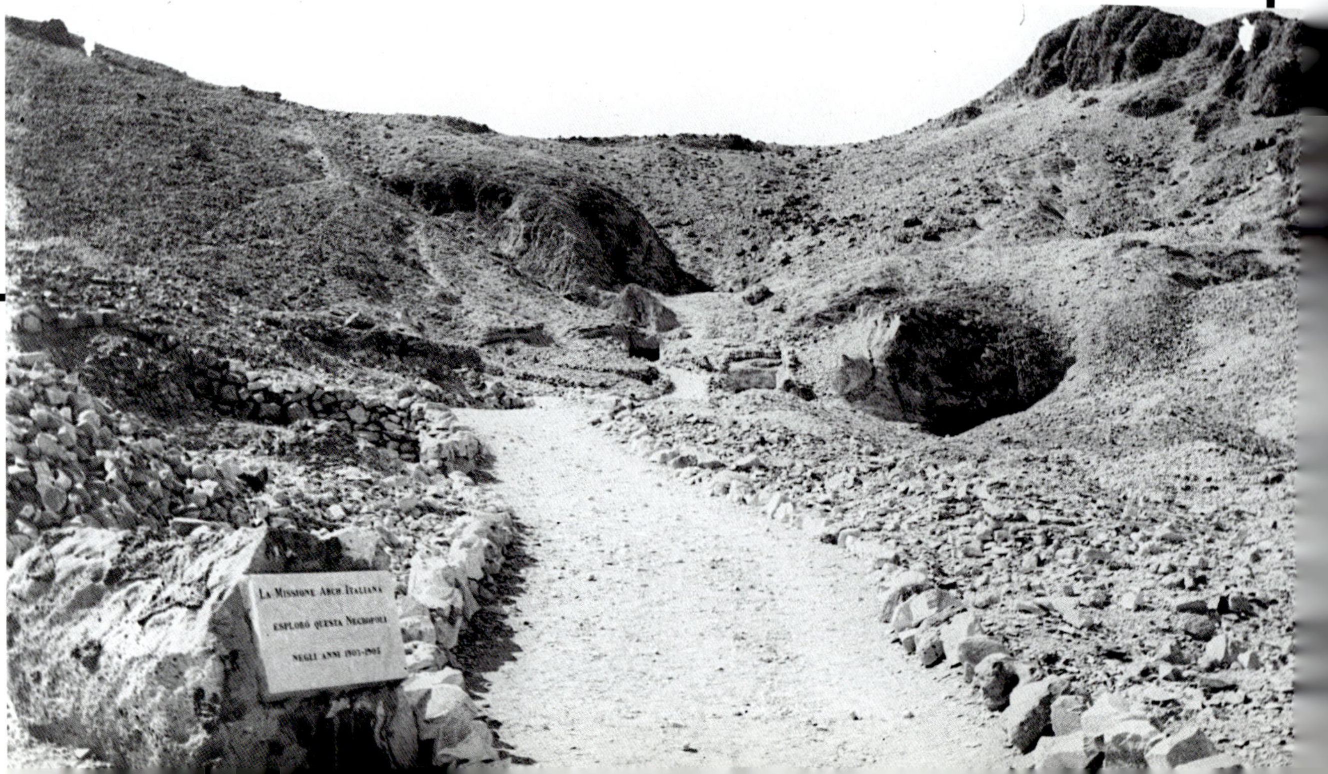

Vallée des Reines, photographie prise par Ernesto Schiaparelli dans les années vingt

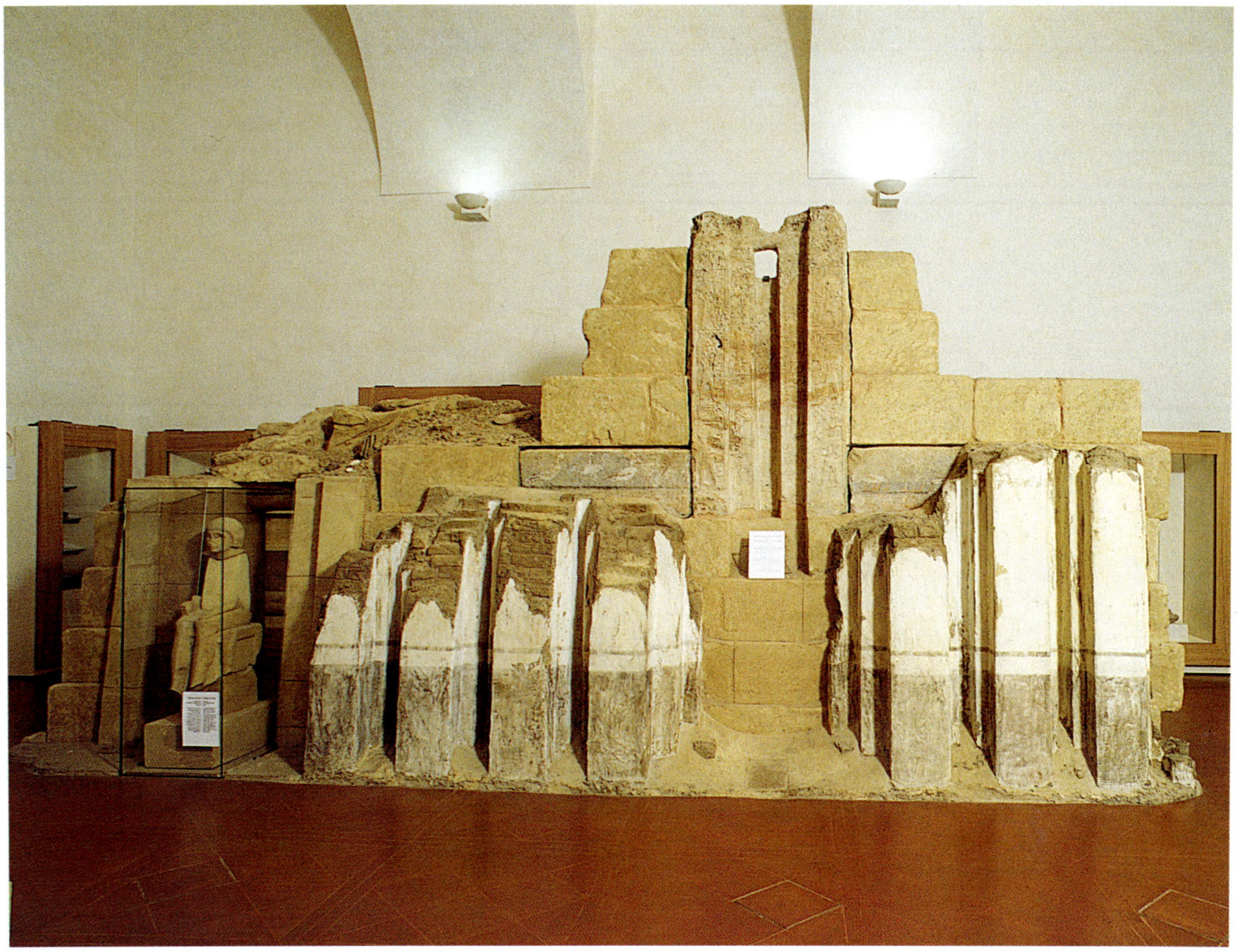

En dépit de sa brièveté, la campagne s'avéra fructueuse ; de toutes les mastabas explorées, celle d'Iteti, "inspecteur des prêtres de la pyramide de Khéops", est la plus intéressante.

Mastaba d'Iteti de Gizeh

IVe dynastie

La plaine de Gizeh, située à proximité du Caire actuel sur la rive occidentale du Nil, fut choisie par les souverains de la IVe dynastie Khéops, Khéphren et Mykérinos pour y bâtir les trois grandes pyramides qui devaient leur servir de sépulture. Tout autour se construisit (y compris au cours des dynasties qui suivirent) un vaste cimetière destiné aux membres de leur famille et aux fonctionnaires du roi. Les tombes – appelées *mastaba*, du nom arabe des bancs placés près des maisons de la population locale – sont alignées régulièrement sur des routes parallèles coupées à angle droit et se composent d'un rectangle massif dont les murs diminuent vers le haut ; à l'intérieur l'on trouve le ou les puits qui conduisent au sous-sol jusqu'aux chambres funéraires. La paroi est comprend habituellement une stèle-fausse porte destinée aux offrandes et aux prières. Au début du siècle, la nécropole fut sauvagement dévastée par des fouilleurs clandestins, raison pour laquelle le directeur du service des Antiquités Gaston Maspéro décida en 1903 d'inviter trois célèbres archéologues, l'Italien Schiaparelli, l'Américain Reisner et l'Allemand Steindorf, afin de leur confier l'exploration scientifique de cette immense zone archéologique.
La nécropole fut subdivisée en trois secteurs que se répartirent les archéologues en tirant à la courte paille. A Schiaparelli fut attribué le secteur méridional à l'est et à l'ouest de la pyramide de Khéops. Les travaux furent entamés en 1903, mais Schiaparelli ne put les poursuivre dans les années qui suivirent en raison de ses autres chantiers dans la région de Thèbes. Un peu à l'écart des autres dans le cimetière oriental, la mastaba d'Iteti se compose d'un massif doublé de blocs de calcaire dans lequel avaient été pratiqués deux puits avec les chambres funéraires orientées nord-sud. Dans l'un des deux autres puits ajoutés à des époques postérieures, l'on découvrit des poteries d'époque plus récente. Sur la façade est de la mastaba était placée une fausse porte monolithique dont les montants étaient ornés de porteurs d'offrandes. Sur les côtés se trouvaient deux plaques décorées de peintures représentant des oiseaux. Plus tard fut ajoutée sur la paroi est, sans doute sur ordre du propriétaire, une structure en briques crues formant un couloir étroit auquel l'on accédait à travers une entrée à baïonnette qui débouchait en face de la stèle-fausse porte. La paroi ouest (celle qui est adossée à la mastaba) était décorée d'une succession de niches ornées de peintures représentant des motifs géométriques et imitant le bois. Ces décorations, qui reproduisent une structure en bois et des nattes, sont inspirées des grandes mastabas "à façade de palais" de la période Thinite. Au sud, la mastaba primitive avait été prolongée par une chapelle construite en blocs de pierre et ornée de reliefs représentant le défunt et des scènes de la vie quotidienne. Dans l'angle sud-ouest, une niche fausse porte communiquait avec un *serdab* d'où provient la statue du défunt. Cette statue fut malheureusement gravement endommagée, y compris au visage, sans doute pour récupérer les capsules de cuivre qui contenaient les yeux en pierres dures. Ses qualités stylistiques, quoique fragmentaires, permettent de déceler une facture royale, attentive à la pureté des masses.

Peintures de la tombe d'Iti à Gebelein

XIe dynastie
(2130-1990 av. J.-C.)

Dans les années 1910-1911, Schiaparelli avait entamé l'exploration de la nécropole de Gebelein, déjà largement exploitée par des fouilleurs clandestins. A la fin de la première mission commença à apparaître l'enceinte d'une tombe qui fut dégagée l'année suivante sous la direction d'un élève de Schiaparelli, Virginio Rosa. La structure, qui s'avéra être caractéristique d'autres tombes découvertes plus tard dans la région, se composait d'un couloir à piliers en briques crues menant à une série de niches ou chapelles bâties contre la paroi rocheuse de la montagne. Les chambres funéraires étaient creusées dans le sous-sol. La chapelle centrale, plus vaste que les autres, comprenait une antichambre et un sacellum ornés de scènes peintes se référant au culte funéraire : le défunt accompagné de son épouse assiste à l'abattage rituel du taureau, aux danses funèbres des pleureuses et reçoit la cuisse du taureau sacrifié.
Les autres scènes, qui s'étendent sur les parois du couloir et sur les piliers, représentent des moments de la vie quotidienne : élevage des bestiaux, naissance d'un veau, transport sur barques et à dos d'âne, punitions infligées à des serviteurs infidèles.
La peinture principale et la plus complexe met en scène une file de serviteurs chargés de porter le blé aux greniers. La représentation est subdivisée sur trois registres, selon les conventions égyptiennes en matière de dessin, pour lesquelles le moindre élément doit être parfaitement reconnaissable, même si cela comporte une décomposition intellectualiste de l'ensemble. Ainsi l'œil est de face dans un visage vu de profil, le torse également de face sur des jambes vues de profil, les figures sont alignées sur des registres superposés et non pas en perspective car même le plus lointain des éléments doit avoir les mêmes proportions que le plus proche, jusqu'au renversement en haut du panier que l'on doit imaginer sur le flanc invisible de l'âne.
Dans une scène, que l'on peut définir emblématique pour caractériser ces peintures, le propriétaire de la tombe est assis sur un lit semblable aux *anghareb* actuels, une jambe levée dans une pose inconnue de l'art royal – toujours attentif à la sobriété des personnages, tel que nous la voyons dans les lieux proches de la cour royale.
Ces peintures appartiennent en effet à une culture, celle des milieux dits provinciaux, dans laquelle une plus grande liberté par rapport aux canons classiques donnent vie à une observation singulièrement aiguë de la vie quotidienne.
La tombe, d'où proviennent deux autres stèles ornées de personnages armés d'arcs et de flèches, date de la fin de la première période intermédiaire, plus précisément de la XIe dynastie, et appartient à un personnage nommé Iti, "trésorier du roi" et "chef des troupes" ; il s'agit d'un des exemples rarissimes de peintures de cette époque parvenues jusqu'à nous.
Détachées des murs de briques crues, elles furent reconstituées à Florence, au terme d'un travail de plusieurs années, par Fabrizio Lucarini, l'un des meilleurs restaurateurs de l'époque, qui recréa le fond original avec du mortier et de la paille. Les structures de la tombe, que Schiaparelli avait fait recouvrir après les fouilles, ont été redécouvertes en 1999 lors des fouilles du Musée de Turin et ont permis de mieux préciser ses caractéristiques de construction.

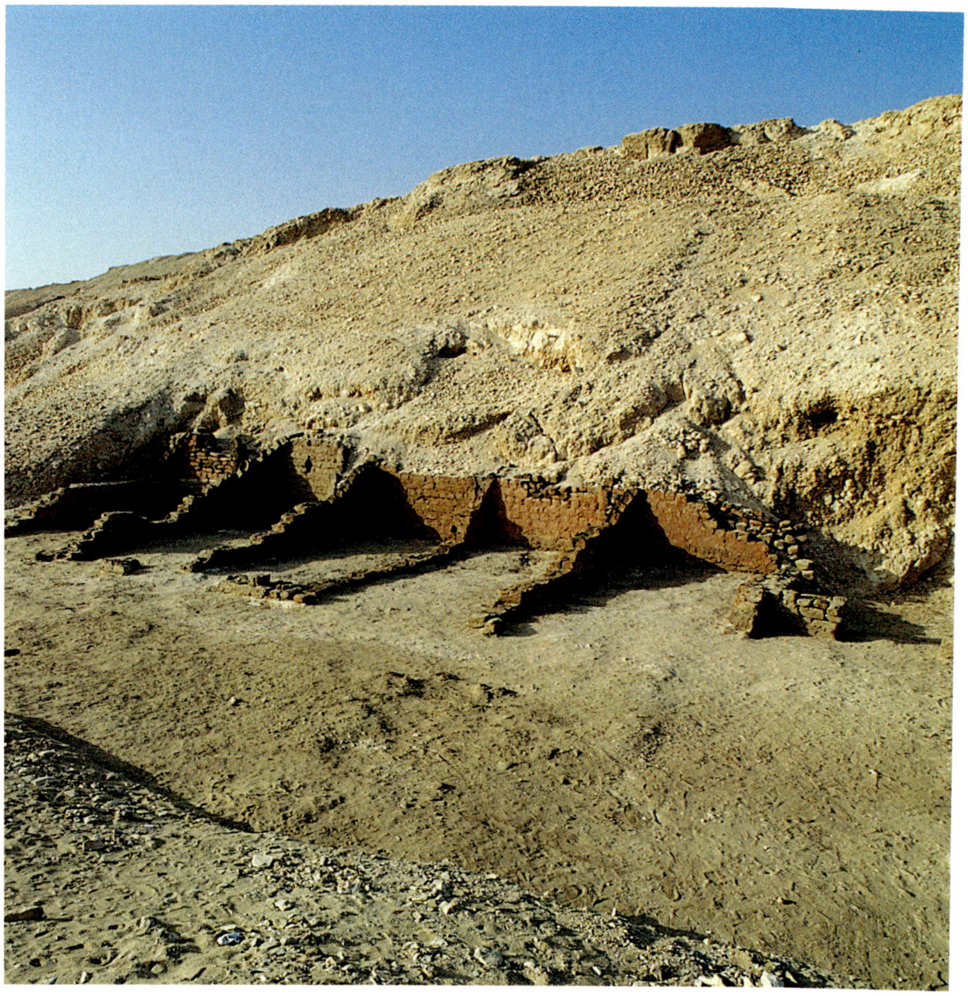

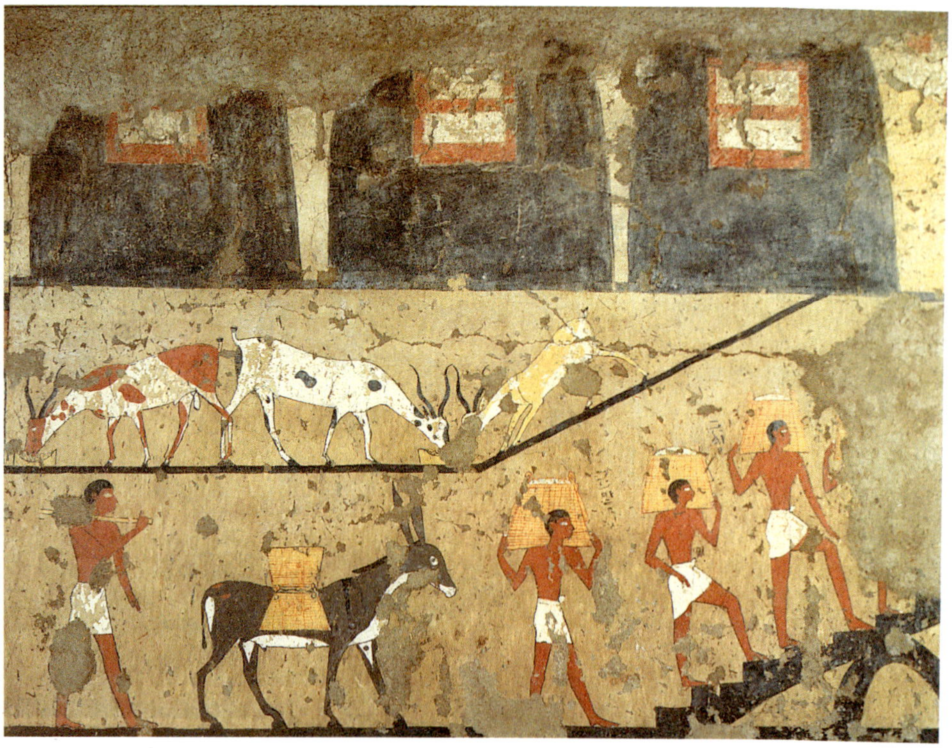

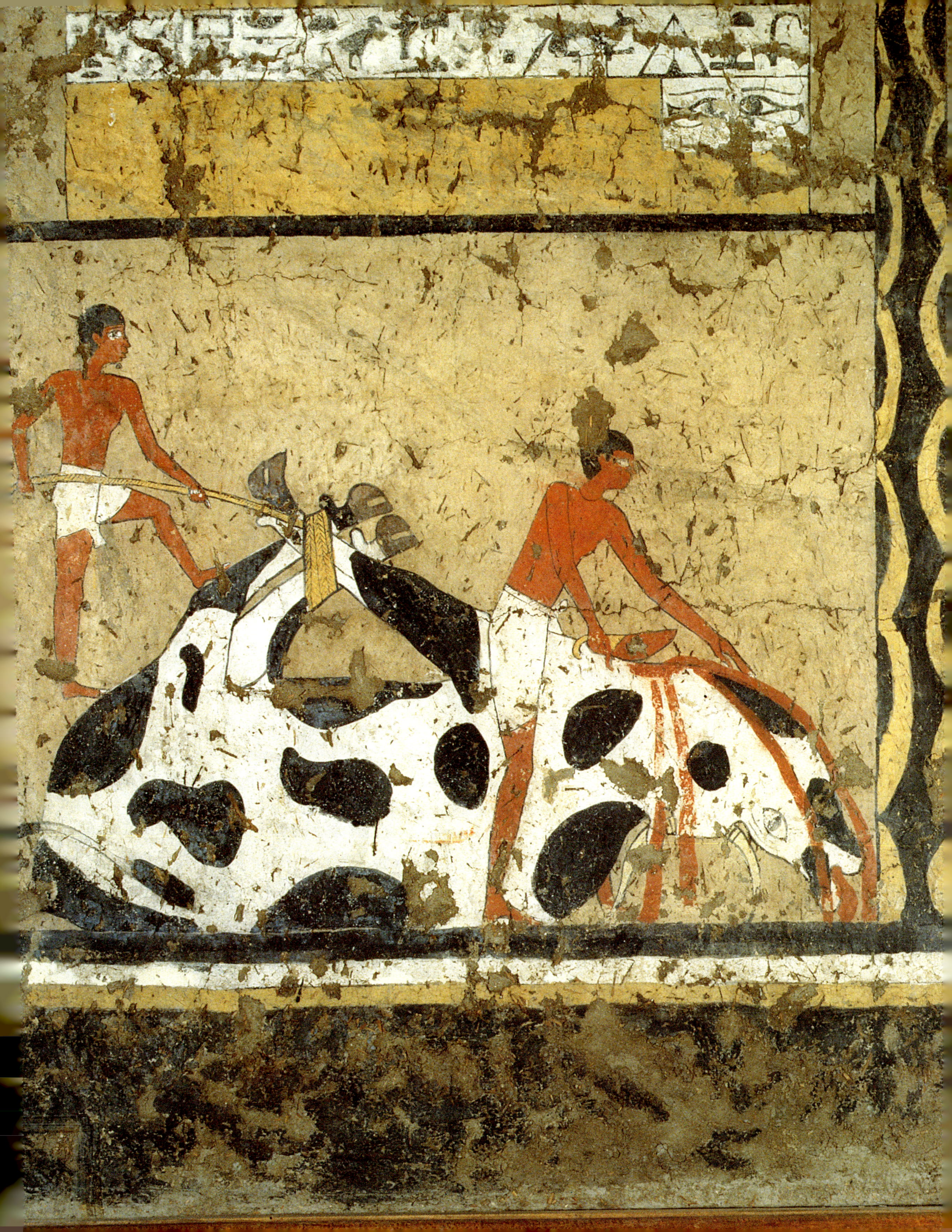

Tombe de Kha

Milieu XVIIIe dynastie
(v. 1500 av. J.-C.)

La tombe de Kha fut découverte en 1906 dans la nécropole de Deir el Médineh (le village situé dans les nécropoles de Thèbes et habité par les ouvriers qui travaillaient dans les nécropoles royales), à l'occasion des fouilles menées par Schiaparelli. A l'instar des autres tombes de Deir el Médineh, la superstructure était constituée d'une chapelle surmontée d'une pyramide et était connue depuis longtemps, tant il est vrai que la stèle qui en faisait partie était déjà exposée au Musée du temps de la collection Drovetti.
Contrairement à l'habitude, la chambre funéraire n'était pas accessible par la cour, mais était située sous l'arête de la montagne. Elle fut considérée comme l'une des plus importantes découvertes de Schiaparelli, qui l'appelait sa "Rachel".
L'on y accédait par un puits, un escalier et un couloir au fond duquel une porte épaisse protégeait la chambre contenant les sarcophages du propriétaire, un architecte "chef des travaux" nommé Kha, et de son épouse Merit (l'Aimée) entourés de leur mobilier funéraire.
La tombe fut portée à Turin et, bien que le Musée fut alors organisé par typologie d'objets, elle fut très justement conservée en un seul complexe unitaire.
D'autres tombes découvertes intactes à la même époque, comme celle de Sennegem, avaient été malheureusement démembrées et dispersées dans divers musées, raison pour laquelle l'on tente aujourd'hui de les reconstituer virtuellement.
La tombe de Kha constitue donc un complexe unique et l'un des plus extraordinaires de notre Musée.
Outre les trois sarcophages de Kha et les deux de Merit (rectangulaires avec couvercles externes bombés et couvercles internes momiformes), la tombe contenait une série d'objets : lits, tabourets, coffres à linge, coffret pour la perruque de vrais cheveux appartenant à Merit, nourriture, boissons, outils de travail de Kha, objets de toilette de Kha et de son épouse.
La statue du défunt, dont le cou était encore orné d'un collier de vraies fleurs, avait été placée sur une chaise peinte en jaune, blanc et noir imitant les matériaux plus précieux avec lesquels étaient fabriquées les chaises royales : l'or, l'ivoire et l'ébène.
D'autres guirlandes, dont les fleurs sont encore reconnaissables bien que plus de 3500 ans se soient écoulés, ornaient les sarcophages de Kha. Sur la chaise avaient été déposés deux petits tapis décorés de fleurs de lotus et tissés selon la technique de la tapisserie, l'un des premiers exemples (et les mieux conservés) de cette technique. Parmi les aliments et les boissons (celles-ci étaient conservées dans des cruches en terre cuite encore fermées), l'on dénombre une grande variété de pains, alignés sur des tables basses en tiges de papyrus, des oiseaux salés, des dattes, des jujubes et des pains de sel. Le papyrus découvert enroulé à l'intérieur du second sarcophage de Kha, qui est l'un des plus anciens exemplaires du *Livre des Morts*, est orné de dessins d'une rare beauté. Parmi les objets, dont certains furent offerts par les souverains pour qui Kha avait travaillé (de Touthmôsis III à Aménophis III), citons un instrument de mesure linéaire et un coffret contenant les pions d'un jeu semblable aux échecs.

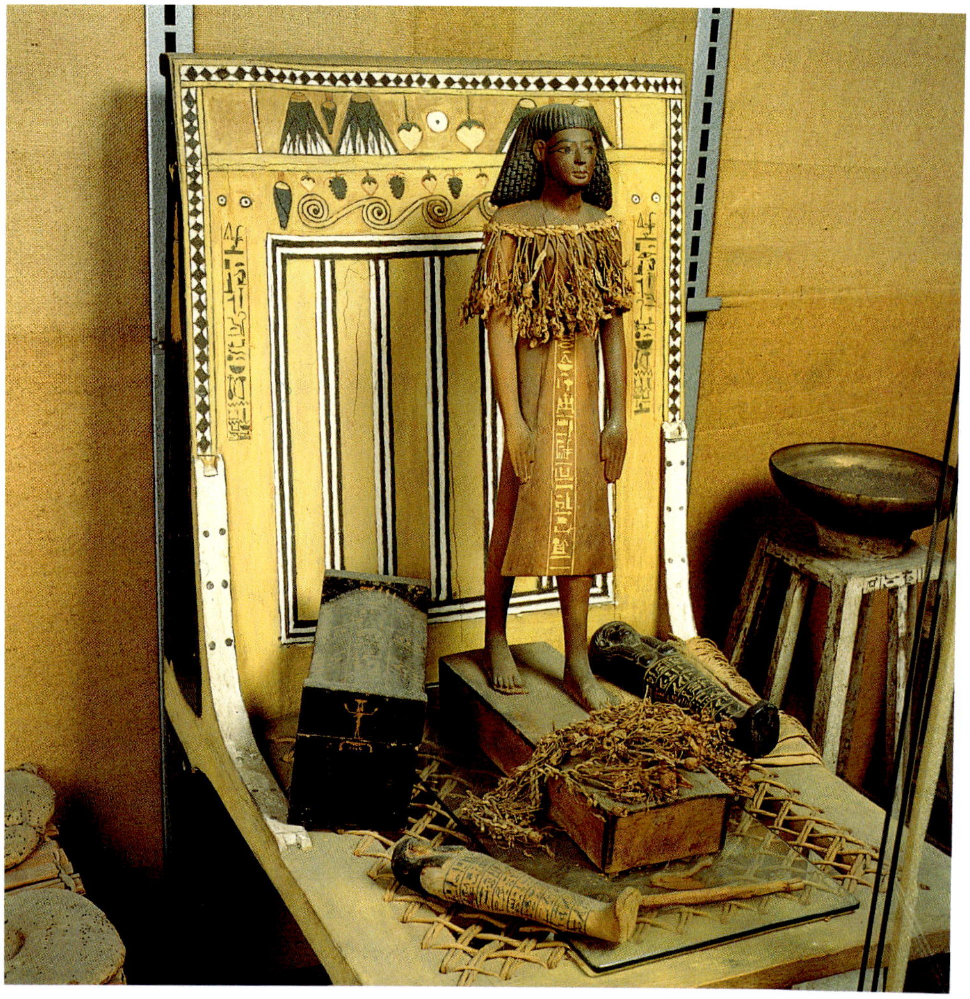

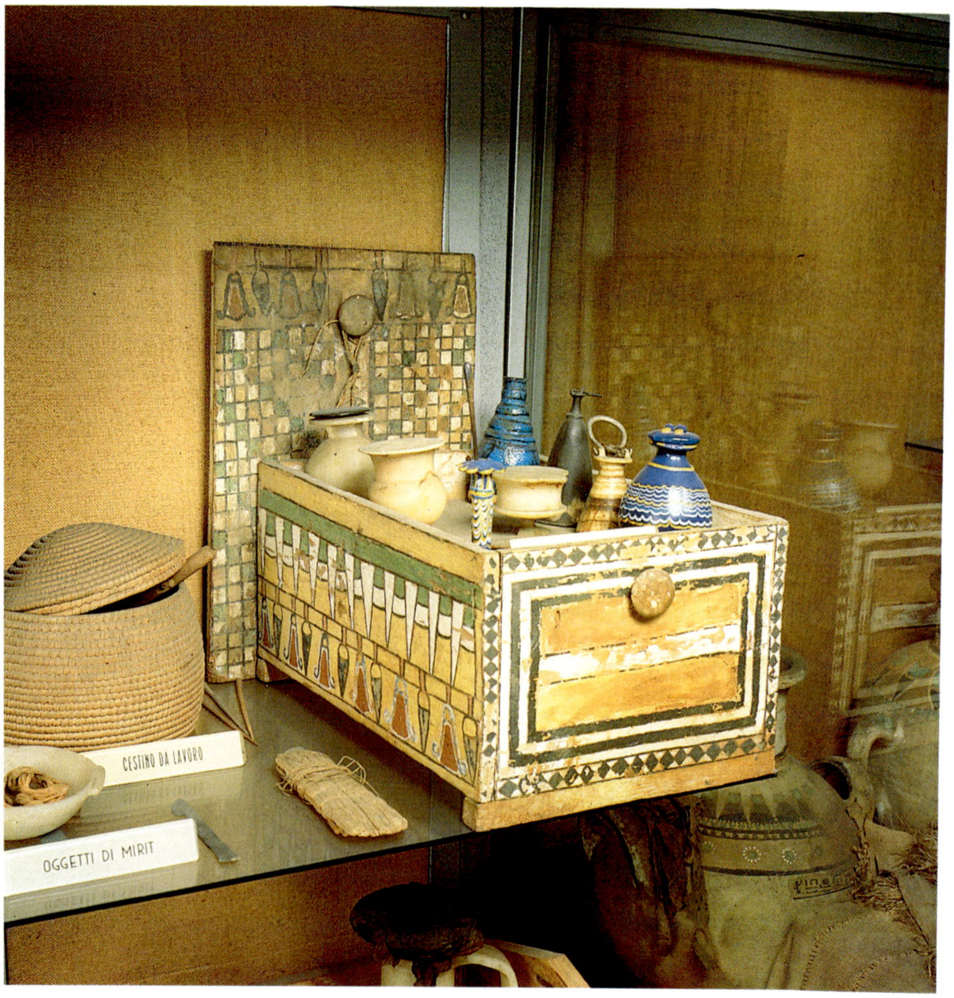

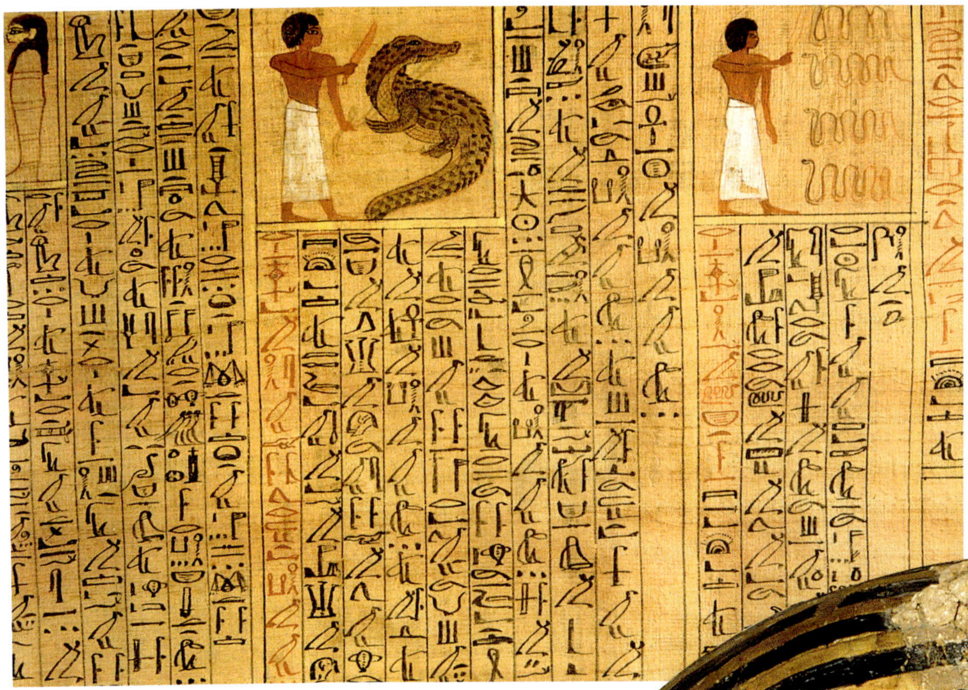

La tombe intacte de l'architecte Kha et de son épouse Merit, découverte à Deir el Médineh (XVIIIe dynastie), avec son extraordinaire mobilier comprenant des meubles, des étoffes, de la vaisselle, des comestibles et des objets de la vie quotidienne constitua un enrichissement important pour le Musée.

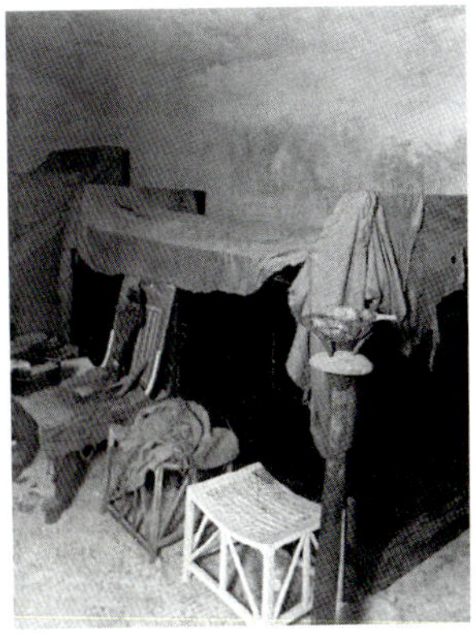

Intérieur de la tombe de Kha au moment de la découverte effectuée par Ernesto Schiaparelli, 1906

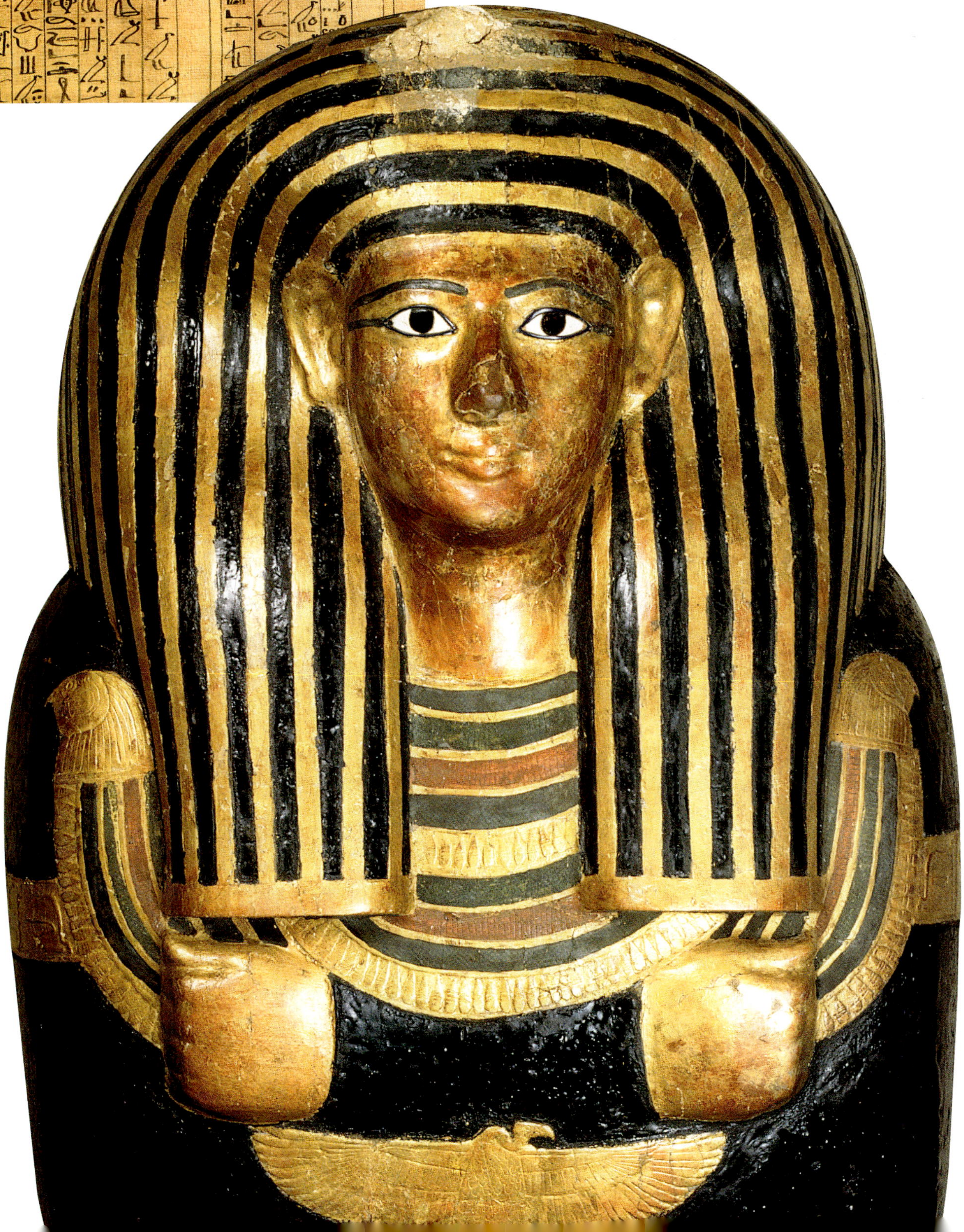

La naissance de l'"égyptologie"

La collection, première au monde dans son genre, est installée dès son arrivée au Palais de l'Académie des Sciences ; grâce à l'œuvre de Champollion, qui y travaille dès 1824, cette collection offre une contribution fondamentale au développement de l'égyptologie naissante, comme le reconnaîtra Champollion lui-même : "Pour moi, le chemin de Memphis et de Thèbes passe par Turin".
Au cours de la deuxième moitié du XIXe siècle le Musée s'enrichit de nouvelles acquisitions et de dons mais sa documentation présente de graves lacunes par rapport aux autres collections. Le nouveau directeur (1894) Ernesto Schiaparelli se charge de combler ces lacunes, d'abord à travers de nouvelles acquisitions (1898) puis, de 1903 à 1920, avec des campagnes de fouilles dans des localités soigneusement choisies qui permettent d'envoyer au musée 17 000 pièces provenant en partie de sites illustres liés à la cour royale : Gizeh, Héliopolis, Thèbes (Vallée des Reines et Deir el Médineh), en partie de localités de province (Gebelein, Assiout, Qau el Kébir, Ashmunein). Parmi les pièces principales, désormais exposées au Musée, citons la tombe intacte de l'architecte Kha et de son épouse Merit, découverte à Deir el Médineh (XVIIIe dynastie), avec son extraordinaire mobilier funéraire comprenant meubles, étoffes, vaisselle, comestibles et objets de la vie quotidienne, les complexes de Gebelein (les tombes des Inconnus – Ve dyn.), d'Iti – VIe dyn., d'Ini – Xe dynastie, avec leur apparat funéraire, les peintures de la tombe d'un autre Iti – XIe dynastie, représentant des scènes rituelles de la vie quotidienne (d'un grand intérêt en raison de la singularité du langage figuratif, profondément novateur au regard de la sobriété royale des modèles classiques), d'Assiout et de Qau el Kébir. C'est de cette dernière localité que proviennent les impressionnants fragments de tombes monumentales appartenant à des princes locaux contemporains des derniers souverains de la XIIe dynastie. Poursuivies par Giulio Farina entre 1930 et 1937, les fouilles de Gebelein fournissent à Turin une toile préhistorique d'une importance extraordinaire, représentant des embarcations et des danses funèbres.
La dernière acquisition du Musée, don de l'Egypte à l'Italie en signe de reconnaissance pour sa participation active à la campagne de l'Unesco mise en œuvre pour la sauvegarde de la Nubie, est le temple rupestre d'El-Lessiya, réalisé par Touthmôsis III et reconstruit à l'intérieur du Musée. Grâce au soutien de la Fondation San Paolo, de grands travaux de reáménagement ont été mis en œuvre de 1985 à 1991. Deux grandes salles supplémentaires ont été achevées en 2000 et d'autres travaux en cours permettront d'agrandir l'espace réservé à l'exposition et de classer les pièces selon des critères plus conformes à la muséologie moderne.

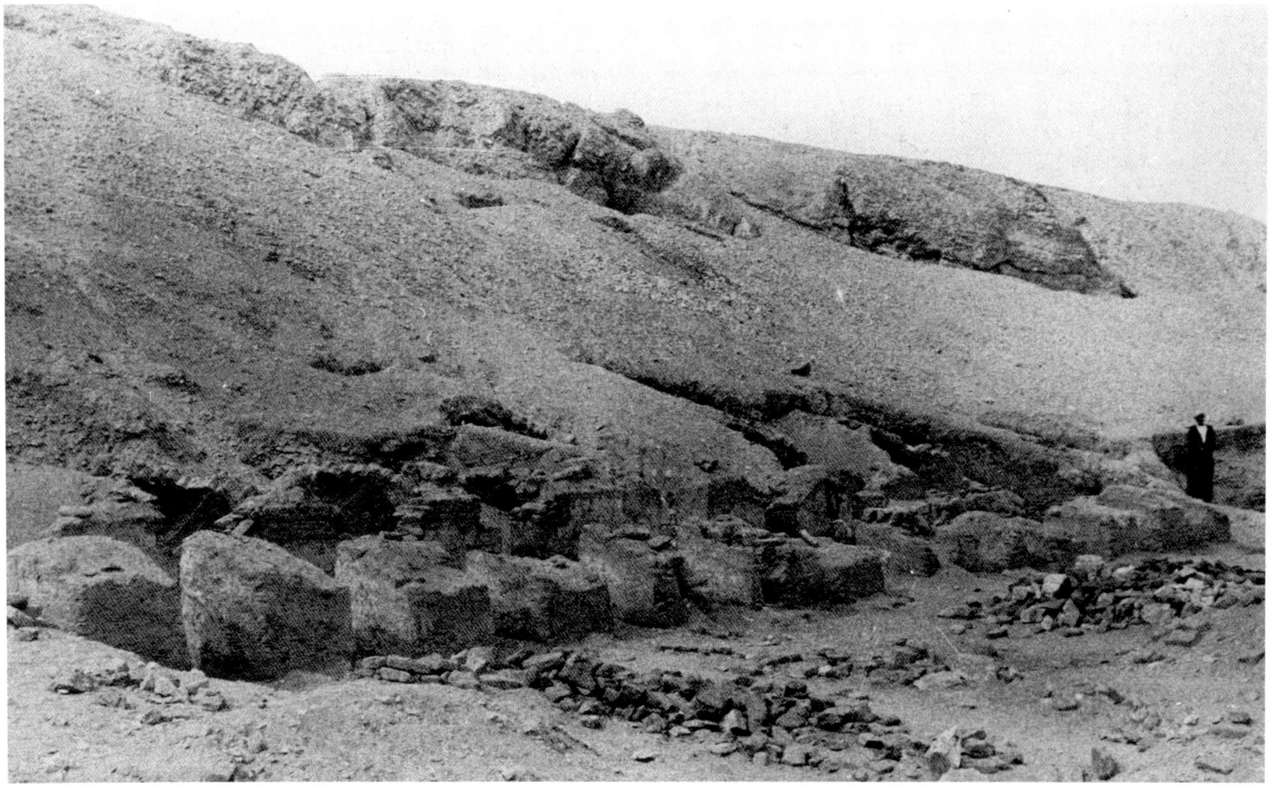

Gebelein, tombe d'Iti, photographie prise en 1930, lors de la découverte effectuée par Giulio Farina

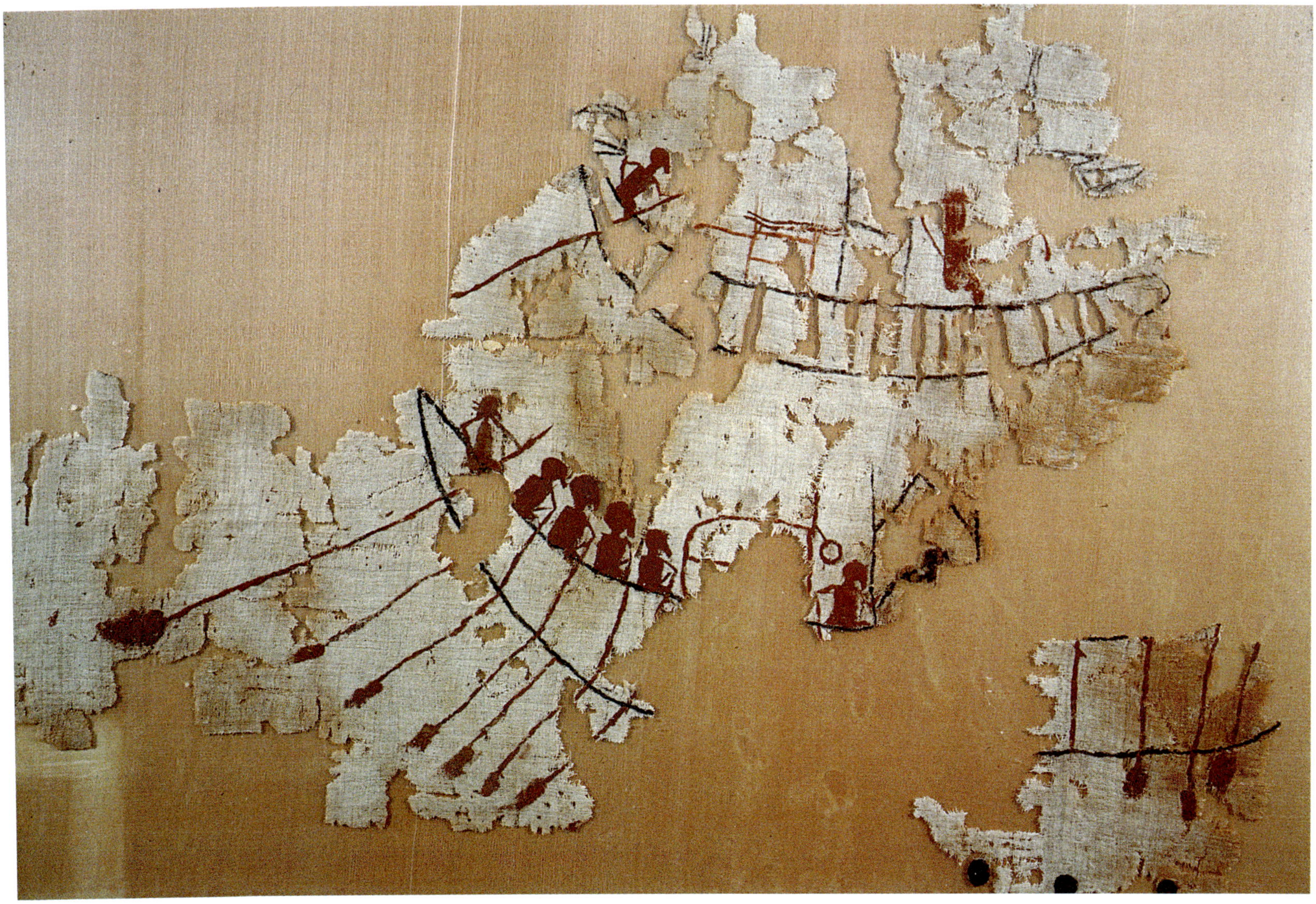

Toile peinte de Gebelein

Période de Naqada II (3500 av. J.-C.)

La toile peinte (200 × 100 cm, dimensions des deux cadres) provient d'une tombe de la période pré-dynastique découverte à Gebelein (Haute Egypte) par Giulio Farina, à l'époque conservateur du Musée Egyptien. Les documents des fouilles ne fournissent pas d'informations suffisantes permettant d'indiquer sa fonction. Le découvreur affirme l'avoir trouvée "pliée sur le flanc d'une momie". Il s'agissait en fait d'un cadavre recroquevillé, selon l'usage de la période préhistorique, et la toile était réduite, lors de sa découverte, à un amas de fragments rendus méconnaissables par l'humidité et le sable.
Il fallut de longues années de patient travail à Erminia Caudana, une extraordinaire restauratrice de papyrus et de codes en parchemin, pour venir à bout de la reconstitution des fragments. Le résultat, aujourd'hui exposé dans deux cadres, nous montre une toile à trame fine tissée sur un métier, avec un bord orné de franges. Le fragment le plus grand et le mieux conservé représente des embarcations avec des rameurs, selon un schéma que nous connaissons grâce aux décorations qui ornent les vases appartenant à la même époque.
Les embarcations, dessinées en noir, portent chacune de nombreux rameurs et un timonier assis à l'arrière. Les figures humaines sont peintes en rouge, avec le profil en "tête d'oiseau" caractéristique des représentations de l'époque. L'on distingue deux cabines au centre des embarcations et, dans la plus grande d'entre elles, sous un pavillon bordé de noir, un personnage est assis à l'arrière, sans doute le défunt que l'on accompagne vers sa dernière demeure.
Sur une série d'autres fragments, l'on peut voir un groupe de femmes, la poitrine découverte et habillées d'une longue jupe noire, qui semblent exécuter des danses funèbres, les bras levés au-dessus de la tête. L'on retrouve ce mouvement du corps dans notre Musée, sur une peinture encore de Gebelein, exécutée plus d'un millier d'années après.
Une autre scène dont l'interprétation s'avère difficile représente sans doute une chasse à l'hippopotame et un piège à animaux (ou un bassin d'eau).
L'importance de la chasse dans l'économie des peuplades préhistoriques en Egypte se confirme ultérieurement avec cette toile. Au milieu des scènes diverses, l'on remarque des éléments végétaux. Cette toile est une pièce unique dans le cadre de la plus ancienne peinture égyptienne. Le seul parallèle, si l'on excepte les décorations peintes sur les vases, est représenté par une tombe de Hiérakompolis actuellement conservée au Musée du Caire, dont il ne reste que quelques traces évanescentes.

Le nouveau directeur Giulio Farina poursuit, entre 1930 et 1937, les fouilles de Gebelein qui fournissent à Turin une toile préhistorique d'une importance extraordinaire, représentant des embarcations et des danses funèbres.

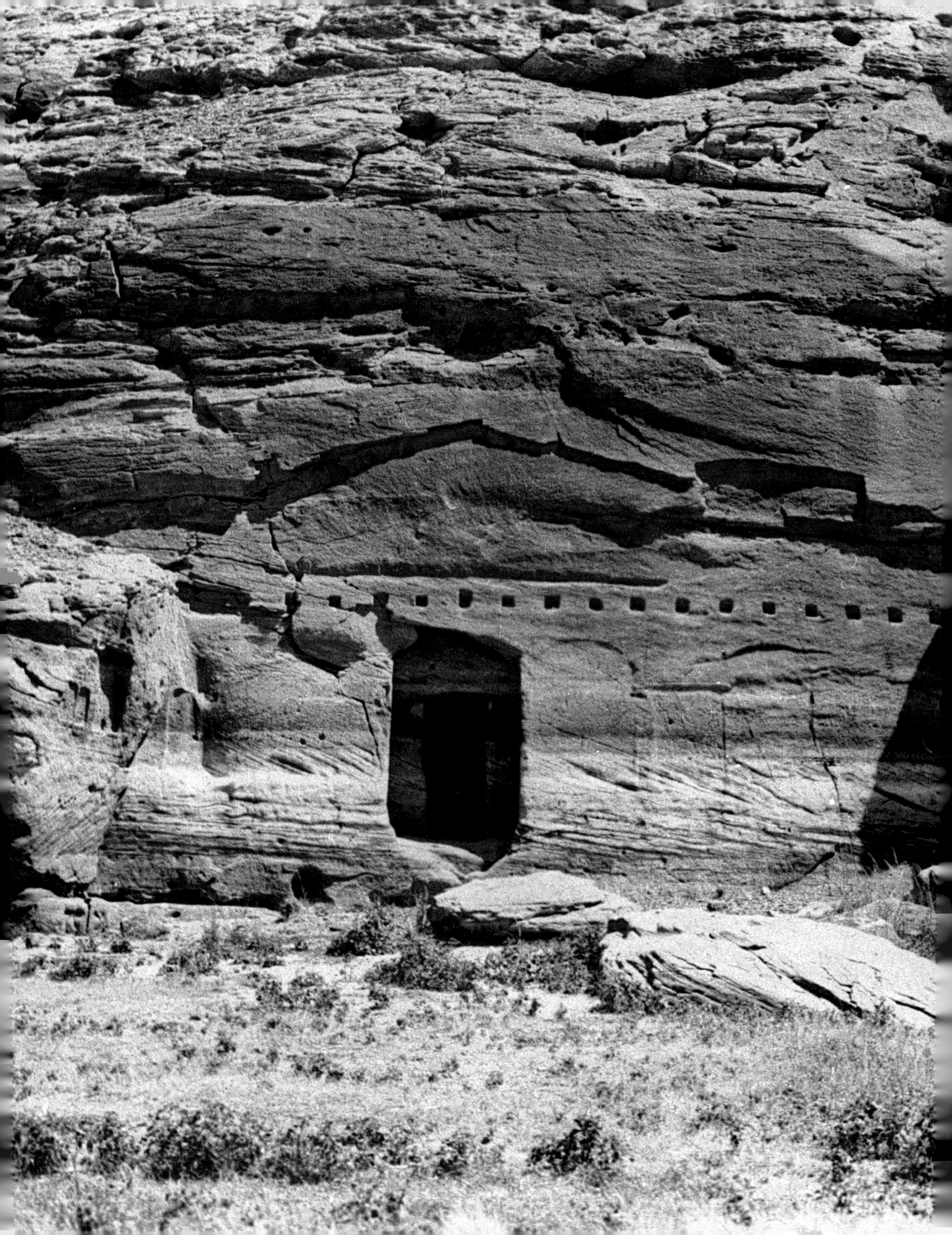

Temple d'El-Lessiya

XVIIIe dynastie-Epoque de Touthmôsis III

Le temple, détaché de la montagne de Nubie et reconstitué à l'intérieur du Musée dans les années 1965-70, est le dernier monument parvenu à Turin. Il s'agit en effet d'un don du gouvernement égyptien à l'Italie en signe de reconnaissance pour la collaboration des Italiens en faveur des monuments menacés par la construction du nouveau barrage d'Assouan, Sadd el-Aali.
Touthmôsis III avait dédié ce temple aux divinités de l'Egypte et de la Nubie ; il s'agit du premier temple rupestre de la région, auquel vinrent s'ajouter plus tard les temples monumentaux de Ramsès III à Abou Simbel.
Creusé dans le flanc de la montagne qui longe à l'est le cours du Nil, il se compose d'une chapelle en T renversé ornée de reliefs sur les parois ; au fond se trouve un autel derrière lequel deux divinités sont assises de chaque côté du pharaon ; il s'agit de Horo de Miam et Satet, à qui l'on donna plus tard les noms de Amon-Ra et Horo de Miam.
Sur la façade polie de la montagne, trois stèles monumentales avaient été gravées : à gauche et à droite de la porte, la stèle de fondation de Touthmôsis III ; plus à droite, une autre de Ramsès II qui avait fait restaurer la chapelle après les dommages de la période amarnienne.
D'autres inscriptions mineures se rapportent à des commanditaires et visiteurs divers. Devant la porte avait été ajouté, sans doute à une époque plus récente, un porche en bois, comme sembleraient l'indiquer les trous carrés pratiqués en haut sur la façade.
A l'intérieur se succèdent plusieurs scènes dans lesquelles le pharaon Touthmôsis III rend hommage aux divinités de l'Egypte (parois nord) et à celles de la Nubie (parois sud). L'une des plus remarquables met en scène l'hommage rendu à un pharaon de la XIIe dynastie, Sésostris III, l'un des colonisateurs les plus énergiques de la Nubie. En bas, deux panneaux contiennent les dédicaces de Sétau, vice-roi de Nubie qui avait fait restaurer le temple.
Le détachement du temple, son transport à Turin et sa reconstitution sous la direction de Silvio Curto sont dignes de cette grande épopée internationale que fut la campagne pour la sauvegarde de la Nubie, lancée en 1958 par l'UNESCO, notamment sous l'impulsion de Christiane Desroches Noblecourt.
Les blocs, que l'on détacha de la montagne en creusant tout autour une galerie, furent d'abord déposés sur un radeau (ce travail se fit au dernier moment, quand les eaux du Nil montaient inexorablement), puis sur des bateaux à fond plat qui descendirent jusqu'à Alexandrie. Transportés par bateau jusqu'à Gênes, ils arrivèrent à Turin sur des camions. Une fois parvenus à destination, ils furent consolidés et remontés suivant le projet de l'architecte Cesare Volpiano. Le plafond et le sol, déjà trop endommagés au moment du démantèlement, furent reconstruits. Autour de la voûte, réalisée dans un matériau léger et donnée par Pinin Farina, on laissa une étroite fissure permettant, d'une part, d'éclairer les reliefs avec une lumière rasante et marquant, d'autre part, la limite entre le monument original et la partie reconstruite. De même, une étroite bande en creux délimite en bas la section originale et la base reconstruite. La restauration, qui a effacé les marques (minimes) du découpage des blocs, a néanmoins laissé intactes les fissures originales de la roche de façon à conserver le caractère authentique du temple tel qu'il était en Nubie, sans pour autant cacher au visiteur les transformations dont il fut l'objet jusqu'à sa disposition actuelle.

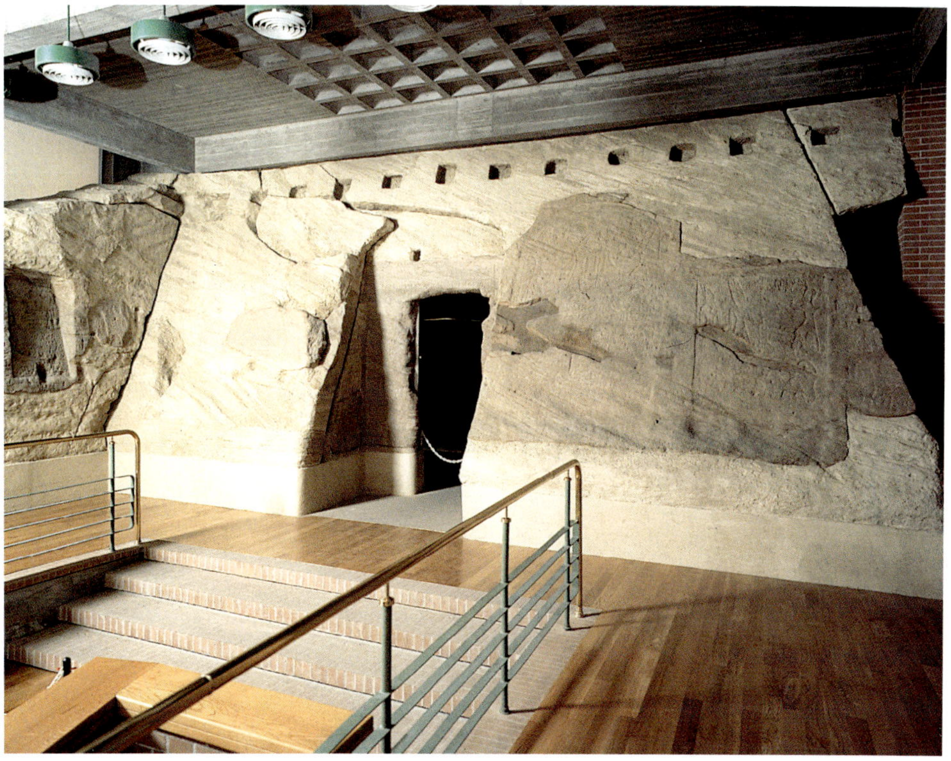

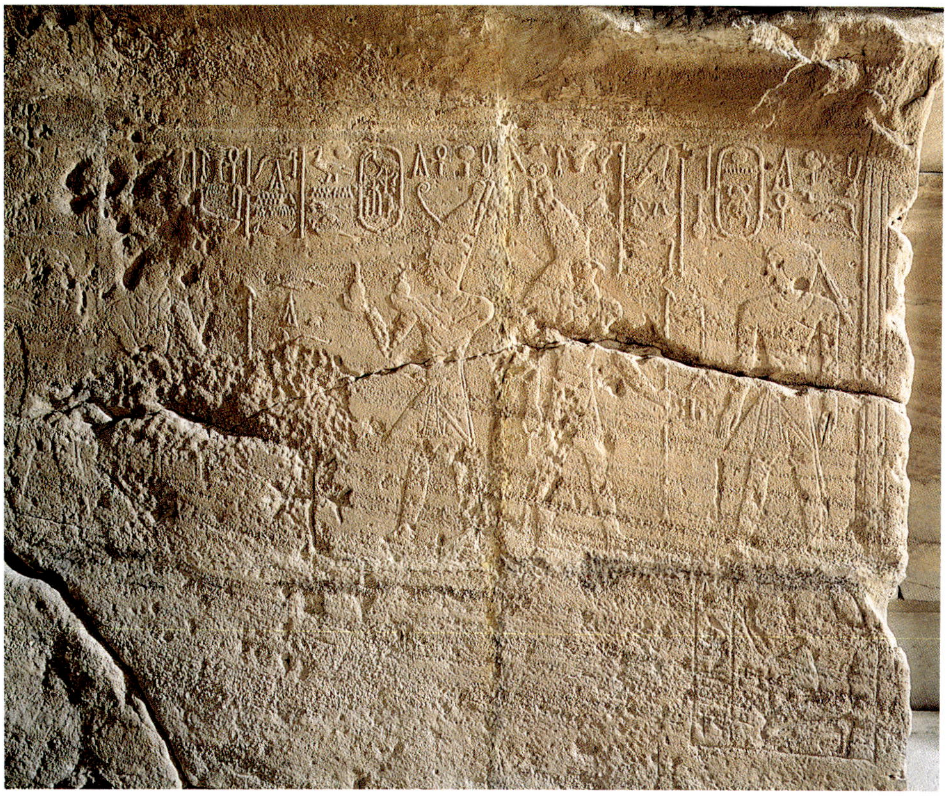

L'arrivée, dans les années 1965-70, d'un temple complet, donné par le gouvernement égyptien et à présent intégralement reconstruit dans une salle, représente un moment important pour l'essor du Musée. Il s'agit du temple rupestre d'El-Lessiya, réalisé par Touthmôsis III.

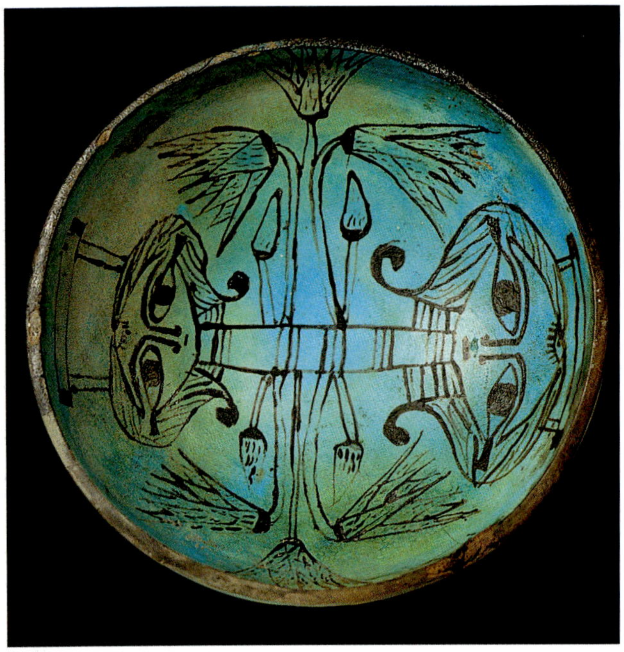

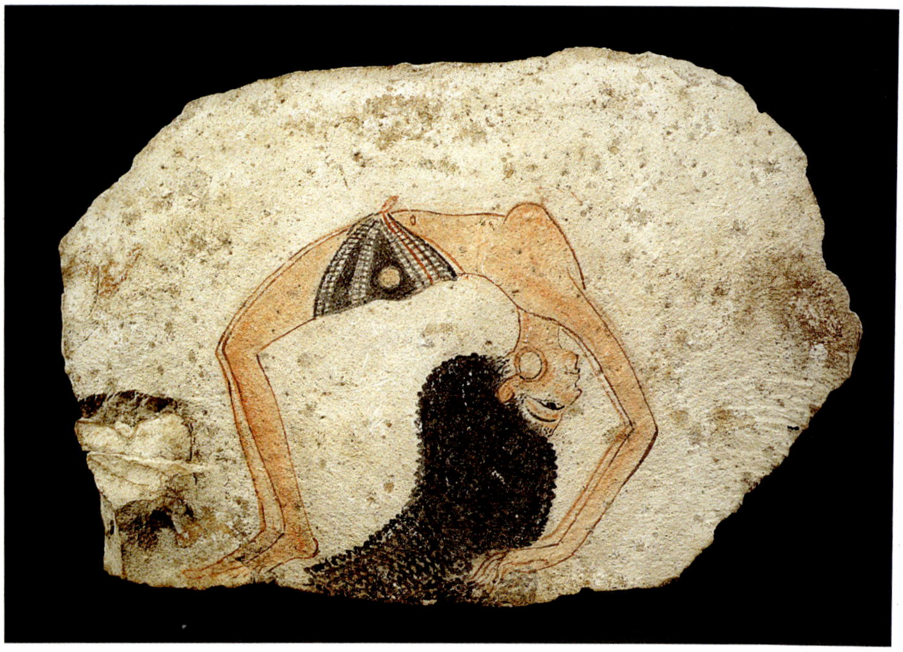

Coupe de faïence avec des images de la déesse Hathor

Nouvel Empire

La coupe (diam. 16,5 cm ; haut. 5 cm), sur laquelle sont représentées deux têtes de la déesse Hathor entourées de fleurs et de boutons de lotus, fait partie d'une série de récipients (coupes, bols, calices, pots à onguents) utilisés comme objets particulièrement raffinés et élégants, aussi bien pour la table et la toilette que pour des événements rituels spéciaux, notamment en liaison avec le mobilier funéraire.
Les décorations, habituellement de couleur noire ou bleue peintes avant la cuisson, reproduisent généralement des fleurs de lotus, des poissons et des oiseaux palustres. Dans certains cas, elles représentent des personnages humains, notamment des jeunes filles, dans des paysages fluviaux ou palustres. On y trouve parfois, comme dans le cas de cette coupe, la déesse Hathor. Toutes ces images se réfèrent à une symbologie complexe selon laquelle la fleur de lotus (et les coupes les plus anciennes sont en forme de fleur de lotus ouverte) représente une promesse de vie et de renaissance. Le soleil enfant naît en effet d'un lotus qui surgit de l'Océan primordial, et les images de Hathor, déesse de la maternité et de l'Occident (siège des nécropoles), sont liées au concept de la renaissance. Les figures féminines appartiennent sans doute au monde complexe de la régénération auquel se rattachent également les "concubines".
L'exemplaire reproduit ici est l'un des plus beaux que nous connaissons, en raison de la maîtrise du dessin dans lequel les deux têtes de la déesse et les fleurs de lotus s'affrontent de façon spéculaire dans la partie interne de la coupe. L'extérieur de la coupe représente une fleur de lotus ouverte.

Ostracon avec figure de danseuse

Nouvel Empire, XIXe dynastie

L'on désigne sous le nom d'ostracon (haut. 10,5 cm ; larg. 16,8 cm) des tessons de vase ou des éclats de calcaire utilisés en Egypte pour de courtes annotations, souvent de caractère administratif ou comptable, à la place du papyrus plus coûteux.
Sur d'autres sont rédigés des exercices d'écriture dans un cadre scolaire. Une série d'ostracons figurés sont d'un genre scolaire particulier, puisqu'ils s'avèrent être souvent des exercices d'élèves dessinateurs : croquis ou esquisses sur lesquels le professeur apportait ensuite des corrections. D'autres sont en revanche des copies ou des études pour des reliefs et des peintures exécutés par les artistes eux-mêmes. La plupart sont seulement dessinés à l'encre noire ou rouge, d'autres sont également peints et appartiennent en majorité au Nouvel Empire.
Le Musée de Turin en possède une collection importante. Les sujets sont très variés : représentations de figures humaines, divinités, animaux, scènes de gynécée ou inspirées de fables ayant des animaux pour protagonistes. Dans certains cas, l'on remarque la main d'un grand artiste, comme dans l'ostracon reproduit ici, l'un des plus célèbres de cette riche collection. Il met en scène une jeune femme à l'abondante chevelure portant une courte jupe noire ornée de broderies ou d'applications, qui se cambre dans une figure de danse ou un exercice acrobatique. La pose est connue à travers d'autres dessins et statuettes, mais aucune autre représentation n'atteint la grâce et l'extraordinaire fraîcheur qui jaillissent de la fluidité assurée des contours et du contraste entre la lourde chevelure de jais et le corps rose et léger. Aucune trace d'effort n'est visible sur la bouche légèrement dessinée et l'œil élégamment allongé du profil du visage, tandis que les doigts effilés forment une arabesque à peine esquissée.
Devant une si grande maîtrise du dessin et tant de raffinement, l'accusation formulée par certains – selon laquelle la représentation manque de réalisme puisque la boucle d'oreille ne se plie pas aux lois de la gravité – apparaît particulièrement absurde.

Portrait de jeune

Le portrait (haut. 41,9 cm ; larg. 13,3 cm) représente un jeune homme au visage légèrement penché à droite ; ses joues sont rondes, ses yeux sont surmontés de longs sourcils noirs, ses cheveux noirs sont coupés courts.
Le portrait fut sans doute exécuté dans les années 130-140, et provient peut-être d'Antinoë, la ville fondée par Hadrien pour son favori, qui s'était noyé dans le Nil.
Cette œuvre fait partie d'un groupe bien défini de portraits sur panneaux de bois (mais aussi, plus rarement, sur tissu) dont la date d'exécution s'inscrit entre les Iᵉ et IVᵉ siècles, connus sous le nom de "portraits du Fayoum", du nom de la région de leur découverte, à partir de la fin du XIXᵉ siècle. Ils étaient peints sur des tablettes de bois, pour la plupart à l'encaustique – un mélange de couleurs et de cire d'abeilles appliqué à chaud. Dans certains cas l'artiste utilisa aussi la détrempe, parfois même les deux techniques conjointement. Les tablettes, de forme généralement rectangulaire mesurant approximativement 40 × 20 cm, étaient posées sur le visage du défunt après la momification et demeuraient visibles à travers une sorte de fenêtre pratiquée dans les bandelettes entrecroisées. Les portraits peints en pied sur les "suaires" étaient semblables au plan stylistique, en dépit de la diversité du support. Du point de vue du rituel funéraire, ces portraits avaient la même fonction que les masques à l'époque des pharaons : une fois posés sur le visage du défunt, ils indiquaient la transformation de ce dernier en Osiris et complétaient le sarcophage momiforme. Certains détails laissent également supposer que ces portraits exerçaient une double fonction, à savoir qu'ils étaient peints alors que les personnages étaient encore en vie et conservés dans les maisons, puis placés dans la momie à leur mort.
Nous savons que, dans certains cas, les momies étaient mêmes conservées dans les maisons pendant une période de temps variable, à l'intérieur d'une sorte de laraire où les images des ancêtres étaient remplacées par les ancêtres momifiés.
L'on assiste donc, pour une élite gréco-romaine et égyptienne aisée, à un mélange des rites où l'on voit le culte romain des *imagines maiorum* se mêler aux croyances égyptiennes sur la vie dans l'au-delà, à travers la conservation du corps.
Par rapport aux masques pharaoniques, et même à ceux de l'Egypte ptolémaïque et romaine, ces portraits se distinguent par la particularité du langage figuratif adopté, qui privilégie une forme de portrait non plus idéalisé (l'identification du défunt reposait auparavant sur d'autres éléments, comme le nom ou les attributs) mais analysé à travers ses caractéristiques physionomiques, les vêtements portés, la coiffure et les bijoux ; il en résulte un style d'une exceptionnelle vigueur, soutenu par un coup de pinceau vibrant, où l'épaisseur matiériste de la technique à l'encaustique donne naissance à d'extraordinaires jeux de lumière. Ces portraits appartiennent à la peinture contemporaine romaine, qui devait être largement répandue, comme en témoignent les sources, mais qui s'est complètement perdue. Il n'en reste que quelques exemples dans la peinture murale à Pompéi.
En revanche, les conditions climatiques favorables de l'Egypte ont permis d'en conserver un grand nombre, qui constituent une extraordinaire galerie de personnages, hommes, femmes, enfants, qui nous fixent de leurs grands yeux écarquillés, dans la contemplation d'un au-delà dont ils cherchaient la certitude à travers les mythes salvateurs de l'Egypte antique.

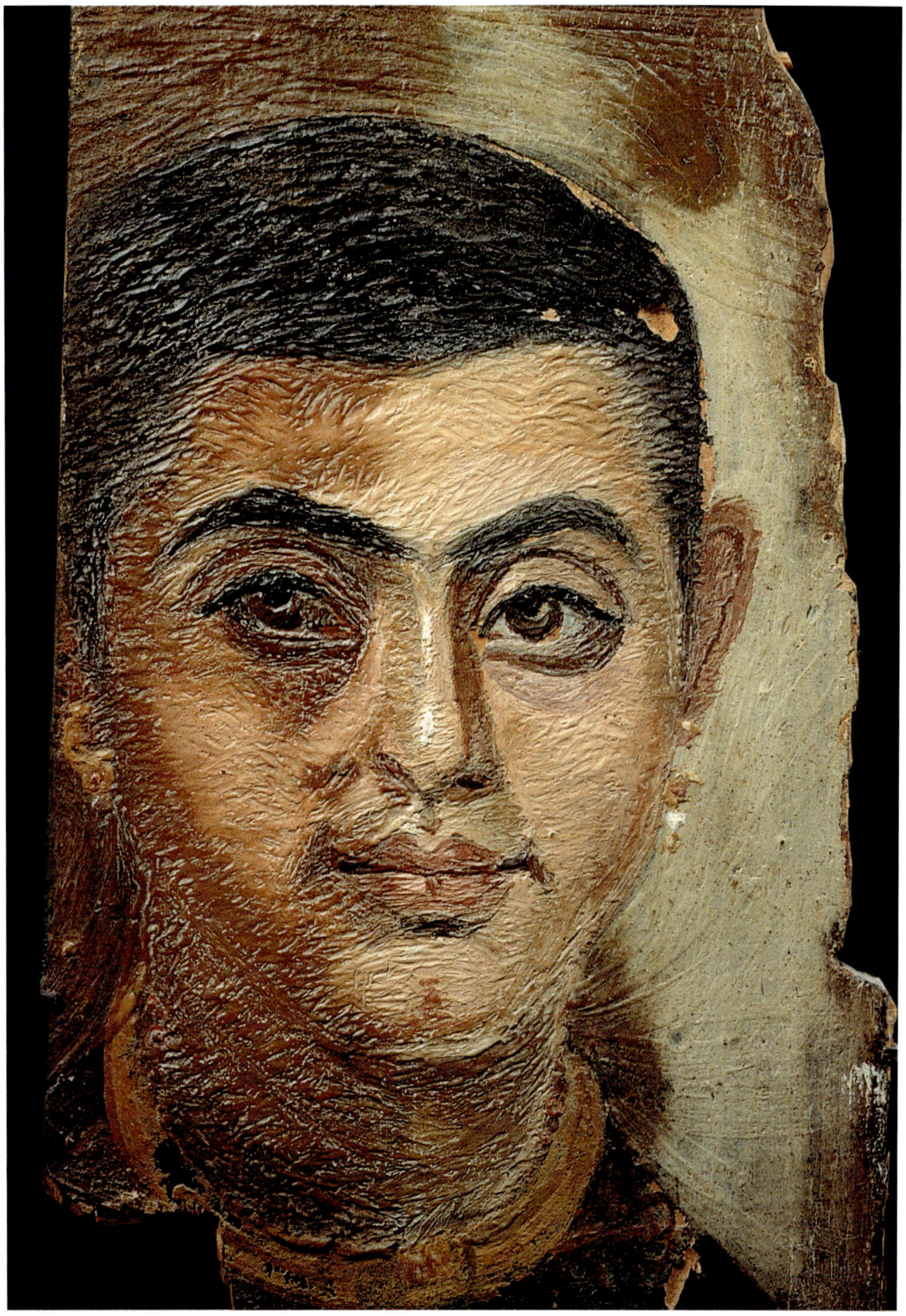

*Le Musée possède également une remarquable série d'objets décorés, ainsi que des peintures comme les "portraits du Fayoum", qui permettent d'observer des personnages et des moments de la vie quotidienne.
Grâce au soutien de la Fondation San Paolo, de grands travaux de réaménagement ont été mis en œuvre de 1985 à 1991. Deux grandes salles supplémentaires ont été achevées en 2000 et d'autres travaux en cours permettront de classer les pièces selon des critères plus conformes à la muséologie moderne.*

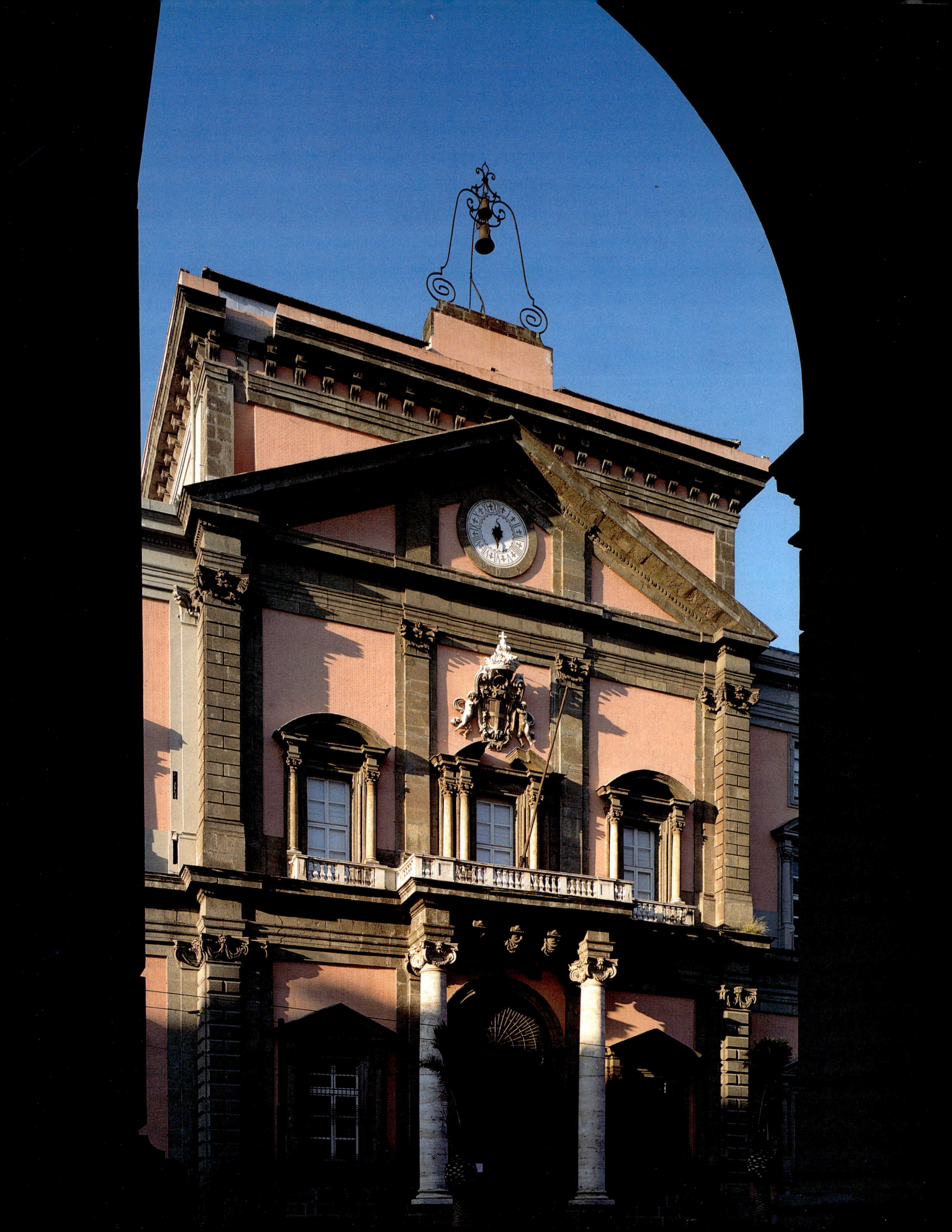

Naples, Musée Archéologique National

Stefano De Caro

"Un juste hommage rendu par une Nation et dans un siècle éclairé à ces beaux-arts qui nous ont été transmis, et dont l'éclat a donné un nouveau lustre à l'Italie et à l'Europe moderne" : c'est en ces termes que s'exprimait, aux alentours de 1778, le docte abbé de Saint-Non pour les préparatifs de son célèbre *Voyage pittoresque ou description des Royaumes de Naples et de Sicile*. En 1782, le roi de Naples annonçait en effet l'édification d'un nouveau et grand Musée.
Mais à Naples, en réalité, l'histoire des collections d'art publiques, et en particulier des collections archéologiques, avait débuté un demi-siècle auparavant, en 1734, lorsque l'infant d'Espagne, Charles de Bourbon, monta sur le trône de Naples. Le jeune roi appartenait à une dynastie qui avait vu confluer dans son patrimoine des collections d'art particulièrement célèbres, comme celle de la maison Farnèse et celle des Médicis, où le collectionnisme d'art et d'antiquités n'était pas seulement une tradition, mais également un symbole de prestige et de pouvoir séculaire. Le nouveau roi ne démérita point en la matière, car dans son dessein général de fondation du royaume et de modernisation de Naples, il accorda immédiatement une place de choix au patrimoine artistique. Il commença par transférer les grandes collections de livres, d'œuvres d'art et d'antiquités jusqu'alors rassemblées dans le duché ancestral de Parme et, en partie, à Rome. Dès lors Charles de Bourbon n'eut de cesse de promouvoir la création d'un "Musée Farnésien" pour lequel il voulut bâtir un édifice lui étant entièrement consacré, dénommé la Villa Reale de Capodimonte. Sa réalisation fut confiée en 1738 à l'architecte Giovanni Antonio Medrano.
C'est au cours de la même année 1738 que survint le deuxième épisode crucial de la constitution du Musée. En effet, à Portici, le roi fit ordonner des fouilles sur le territoire où, en 1711, à l'époque de la domination autrichienne, le prince d'Elboeuf avait fait resurgir des statues de marbre.
C'est donc par la découverte de cette extraordinaire série de statues et d'inscriptions de la scène du théâtre d'Herculanum, que commencèrent les fouilles des cités du Vésuve. Une aventure qui allait être répétée dix ans plus tard à Pompéi, puis l'année suivante à *Stabiae*, et voir affluer dans les collections du roi de Naples une quantité incroyable de pièces, des objets antiques d'une variété et d'une quantité prodigieuse, que seules les villes entièrement ensevelies dans leur intégrité par un volcan peuvent offrir : statues, papyrus, mosaïques, objets usuels, armes précieuses, pièces en verre et, pour la première fois en si grand nombre, des peintures, surgissant intactes à la lumière, avec leurs couleurs magnifiques et éclatantes, belles "comme la main des Trois Grâces". Afin d'accueillir cette soudaine profusion d'antiquités, c'est à partir de 1750 que la Villa Reale de Portici devint le siège d'un *Museum Herculanense*. Le lustre de cette indispensable et nouvelle source de l'époque classique et du *bon goût*, immédiatement divulguée à travers l'Europe dans les récits de voyage et d'étude des antiquités comme ceux de J.J. Winckelmann, ajouta une raison de plus pour faire de Naples une étape obligatoire du *Grand Tour*.
En 1759, avec le départ du roi pour l'Espagne, les travaux du Musée de Capodimonte ralentirent.

Vue de la façade du Palais de l'Université, aujourd'hui siège du Musée Archéologique National de Naples

Charles de Bourbon

Le 20 janvier 1731, le duc Antoine Farnèse, dernier descendant mâle de la lignée de Paul III, disparaissait sans laisser d'héritiers. C'est Charles de Bourbon, son neveu, âgé de quinze ans, fils de sa sœur Elisabeth et de Philippe V d'Espagne qui lui succéda à la tête du Duché de Parme et de Plaisance. En 1732, celui-ci prit possession des territoires, mais également des importantes collections d'art et d'antiquités, du médaillier, de la bibliothèque, du mobilier rassemblés au cours de quelque deux siècles par la famille Farnèse. Devenu roi du royaume des Deux-Siciles en 1734, Charles ordonna le déménagement de tout le patrimoine artistique conservé dans les demeures de Parme, de Plaisance et de Colorno. Il les fit transiter depuis le port de Gênes jusqu'à Naples pour ornementer non seulement le Palais Royal, principalement en vue de son mariage avec Marie-Amélie de Saxe, mais aussi le palais de Capodimonte. Ce souverain y perpétuait une tradition – déjà inaugurée par les Farnèse eux-mêmes dans la Galerie Ducale de Parme, aux côtés des Médicis pour les Offices de Florence –, d'initiatives éclairées destinant à l'usage public de célèbres collections d'art de propriété royale, comme le démontrent les nombreuses visites de Johann Joachim Winckelmann en 1758.
Le fils de Charles, Ferdinand IV, s'oriente vers le dépassement et l'abandon du projet initial d'un "Musée Farnésien" à Capodimonte, au profit de l'institution d'une nouvelle forme de musée, aux implications civiles et culturelles plus complexes et plus articulées, reprenant en 1785 un projet de l'architecte Ferdinando Fuga, datant de 1777, pour le nouvel aménagement du "Musée d'Herculanum" dans le palais des Regi Studi. C'est dans cet édifice que furent transférées, de 1787 à 1800, toutes les statues antiques conservées dans le Palais Farnèse de Rome, creuset historique du Musée Archéologique National actuel.

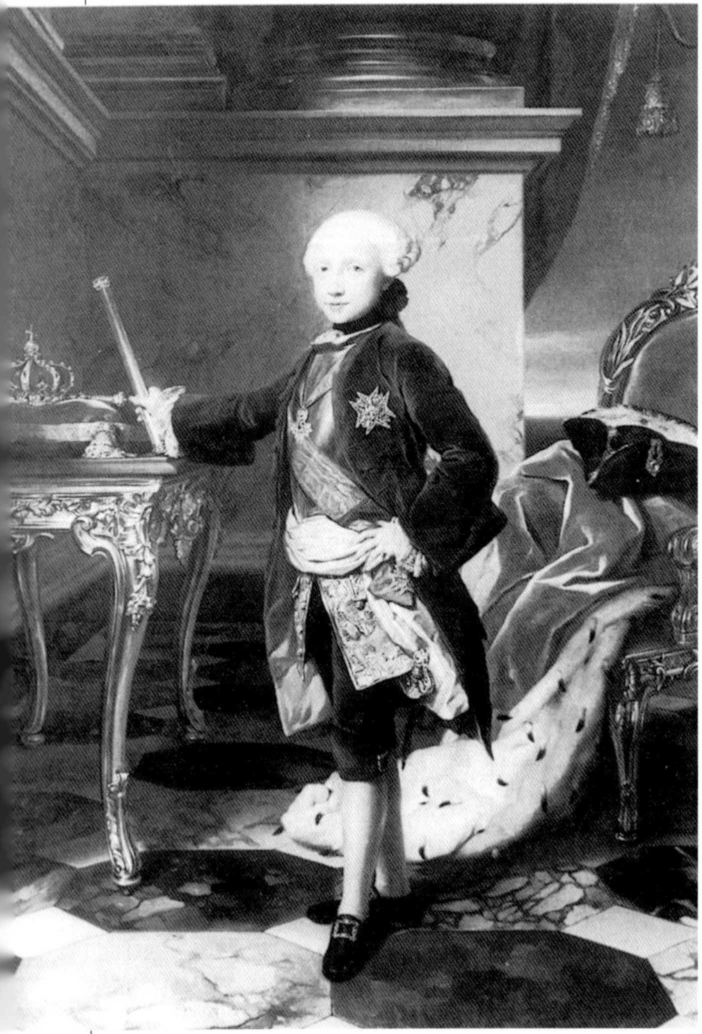

Anton Raphael Mengs, *Portrait de Ferdinand IV de Bourbon*, Naples, Galerie Nationale de Capodimonte

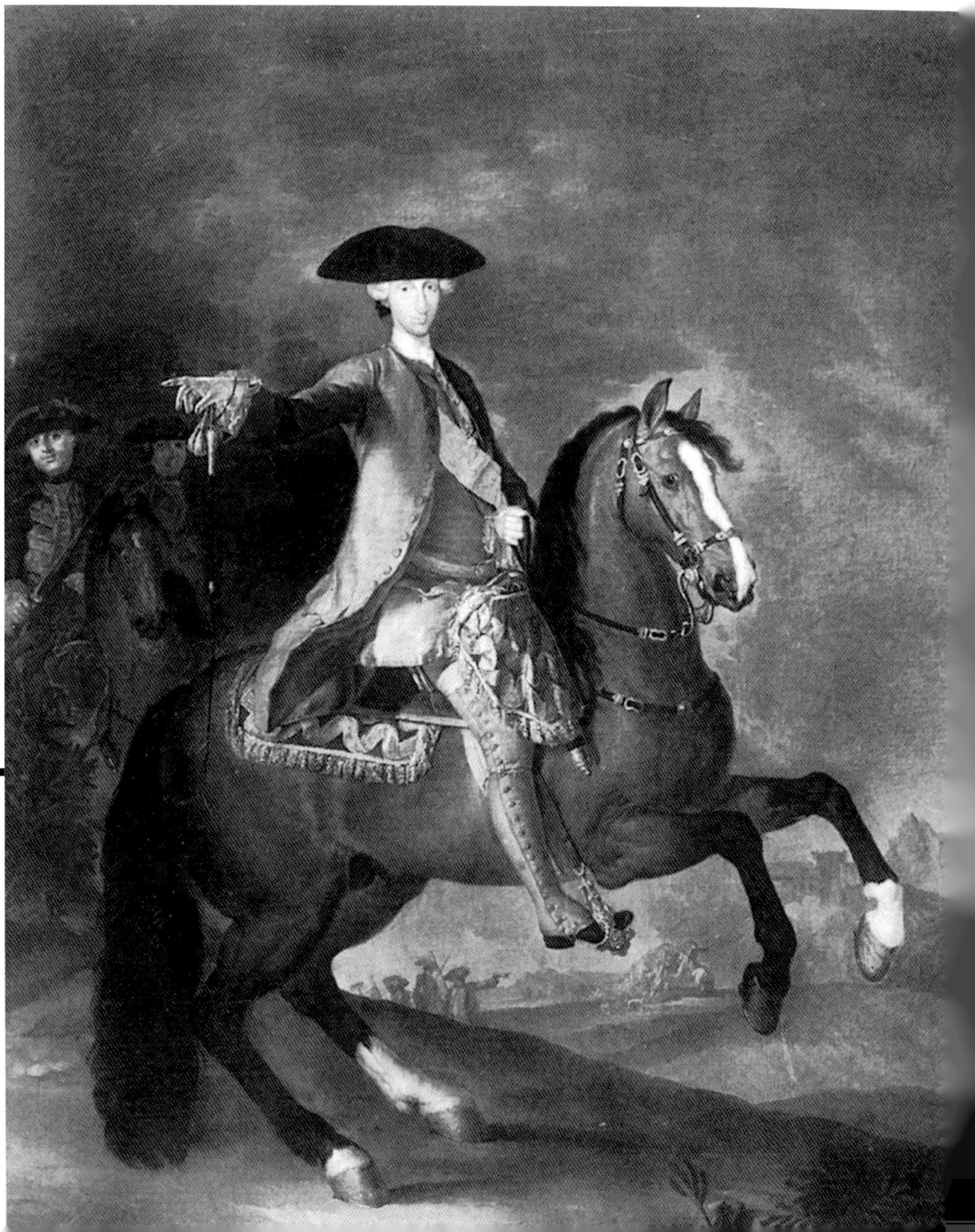

Francesco Liani, *Portrait de Charles II de Bourbon*, Naples, Galerie Nationale de Capodimonte

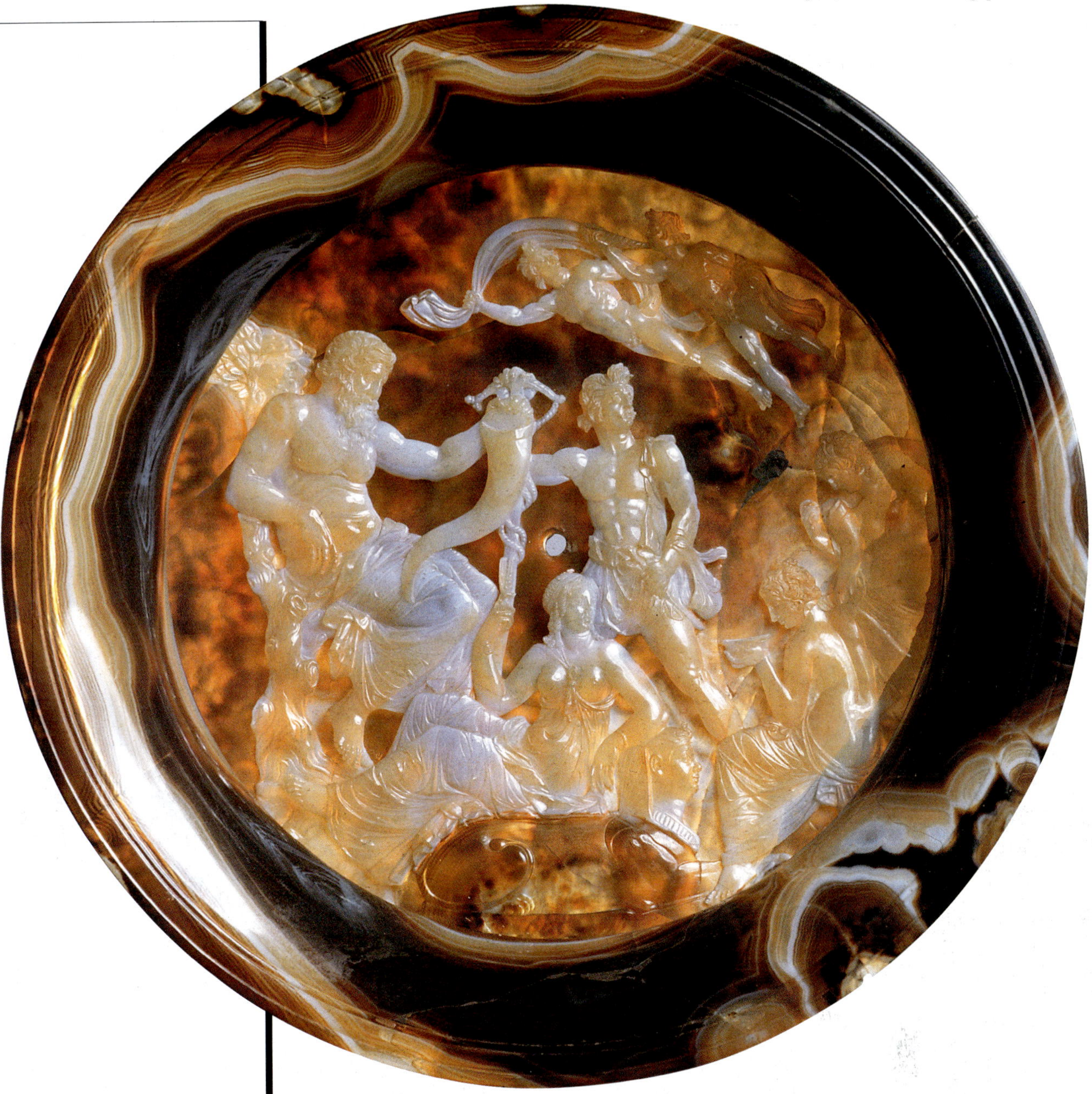

A Naples, l'histoire des collections d'art publiques, et en particulier des collections archéologiques, débuta en 1734, lorsque l'infant d'Espagne, Charles de Bourbon, monta sur le trône de Naples. Le jeune roi appartenait à une dynastie qui avait vu confluer dans son patrimoine des collections d'art particulièrement célèbres, comme celle de la maison Farnèse et celle des Médicis, où la passion pour les œuvres d'art et les antiquités n'était pas seulement une tradition, mais également un symbole de prestige et de pouvoir séculaire.

La Tasse Farnèse

Taillée à la manière des camées dans un seul grand fragment d'agate sardonyx, la Tasse Farnèse (diam. 20 cm) est sans aucun doute le plus célèbre joyau qui nous soit parvenu des temps anciens. Sur le côté extérieur de la coupe figure une délicieuse représentation en relief de la Méduse qui dévoilait son plus terrible visage apotropaïque devant les spectateurs, lorsque l'on soulevait la tasse pour s'abreuver. Sur la partie intérieure, huit personnages composent une scène allégorique, fort probablement située en Egypte, comme le démontre le Sphinx sur lequel repose Isis. L'interprétation la plus accréditée, qui remonte à Ennio Quirino Visconti, puis à Furtwängler, voit dans la scène la célébration de la fertilité du Nil. La chronologie n'en est pas moins problématique et varie selon l'identification des personnages historiques, les différents souverains Lagides s'étant succédé sur le trône d'Alexandrie, qui se dissimulèrent derrière les allégories des figures mythologiques. Mais l'on peut affirmer sans nul doute que cet extraordinaire objet, estimé dès le XVe siècle à l'incroyable somme de 10 000 florins, fut réalisé par la cour des Ptolémées entre le IIe et le Ier siècle av. J.-C. Par la suite, l'objet est probablement passé dans le trésor impérial romain. Au cours du Moyen Age, ses traces se suivent de manière discontinue avant de réapparaître à Rome où Laurent le Magnifique en fit l'acquisition en 1471 (dans son autobiographie il l'appelle "notre écuelle"). Un dessin persan du XIVe siècle qui la reproduit fidèlement laisse penser qu'auparavant, elle passa encore une fois par l'Orient, peut-être par Hérât ou Samarkand. En revanche d'autres documents récemment découverts attestent qu'au XIIIe siècle elle était fort probablement présente sur le sol italien où l'avait achetée Frédéric II de Suède.

Atlas Farnèse

Le mythe raconte que le Géant participa avec ses frères à la lutte contre les dieux. En châtiment, il fut condamné par Zeus à soutenir la voûte céleste. Cette statue est célèbre pour être la plus complète des représentations antiques connues du Zodiaque. La sculpture (haut. 1,93 m), datable en raison de ses couleurs entre le Ier et IIe siècle apr. J.-C., faisait probablement partie à l'origine de la décoration de la bibliothèque du Forum de Trajan. Il existe de nombreuses répliques qui démontrent que l'original était une célèbre statue hellénistique, certainement créée dans un important centre hellénistique, comme le Musée d'Alexandrie où l'astronomie était à son apogée.

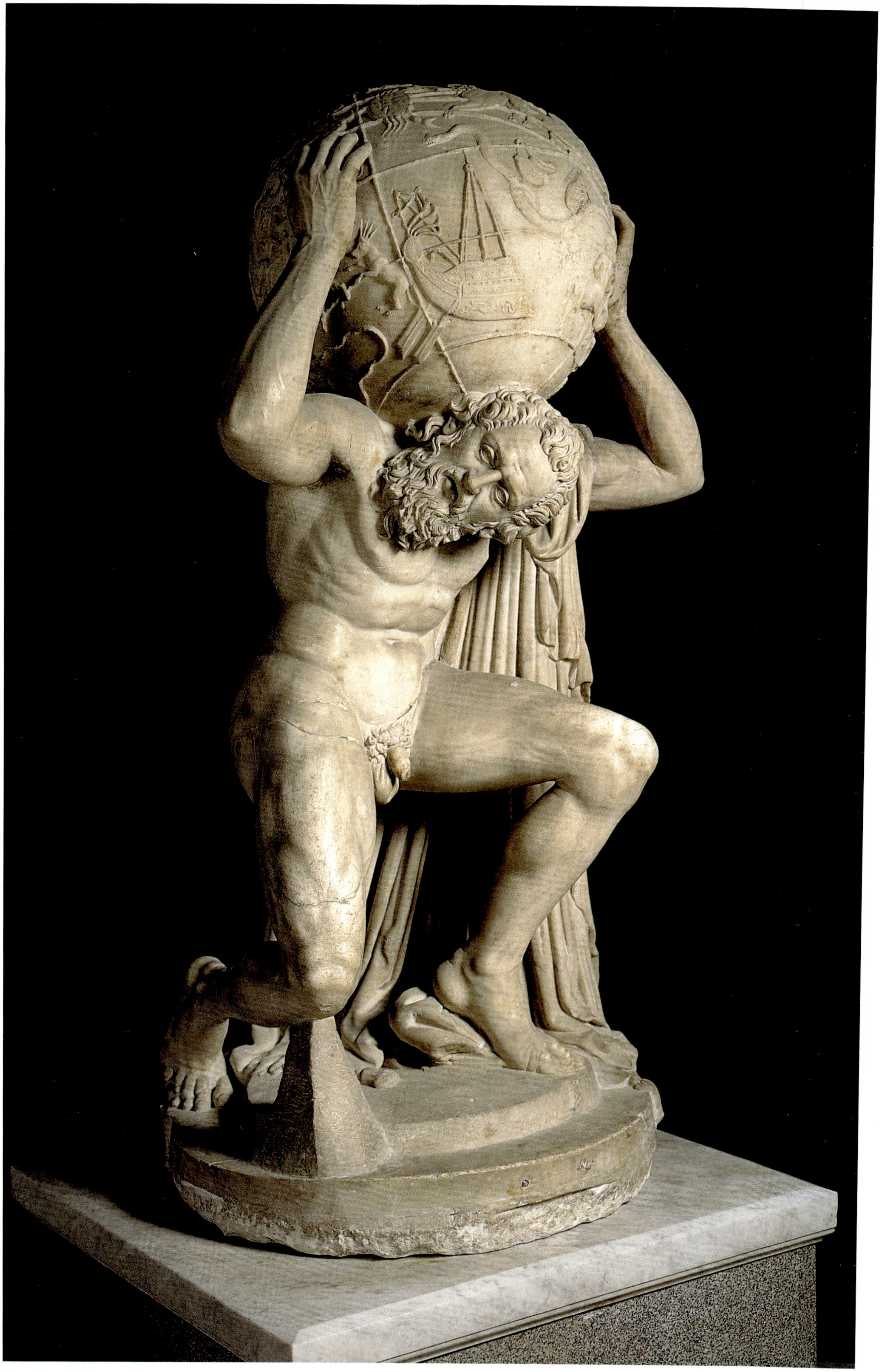

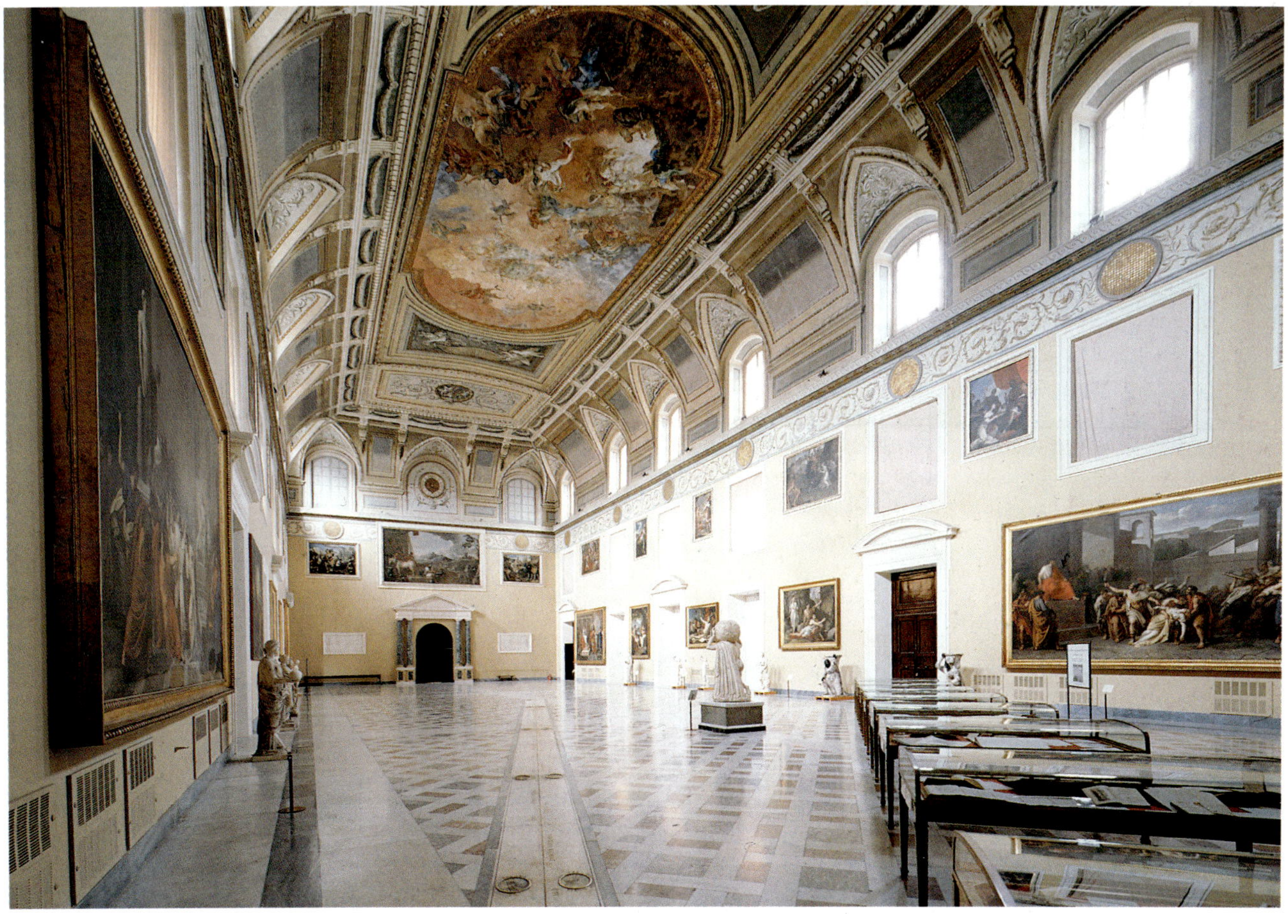

Le Grand Salon.

En 1791, il fut également question d'ajouter aux destinations prévues de l'Université un Observatoire astronomique, à installer dans le Grand Salon. Mais en réalité, de tout cela, l'on ne réalisa qu'une méridienne qui donne toujours son nom à la salle.

Le projet d'un nouveau musée

En l'espace de quelques années àpeine, le Musée de Portici commença à révéler ses limites, en raison tant de sa saturation en pièces archéologiques que de sa proximité du Vésuve qui l'exposait à trop de danger en cas d'éruption. C'est pourquoi se dessina peu à peu le projet de concentrer à Naples, dans un nouveau musée, toutes les collections royales, aussi bien celles de Portici que de Capodimonte. C'est l'ancien Palazzo degli Studi de l'Université, situé au pied de la colline Santa Teresa, qui fut alors choisi. Bâti sur le lieu où depuis 1586 se dressait la Cavallerizza (la cavalerie royale), le bâtiment avait été érigé par le vice-roi d'Espagne don Pedro Fernando de Castro, comte de Lemos, d'après les plans de Giulio Cesare Fontana pour y établir, à partir de 1615, le siège de l'ancienne Université de Naples. Depuis lors, à l'exception de brèves parenthèses, l'Université y demeura pendant plus d'un siècle et demi (G.B. Vico y enseigna la rhétorique de 1697 à 1701). En 1777, lorsque l'Université s'installa au couvent Salvatore occupé jadis par les jésuites, plutôt que de démolir le vétuste bâtiment délabré, comme on l'avait envisagé dans un premier temps, on préféra en faire le siège des collections d'Antiquités d'Herculanum et d'y installer la Bibliothèque. Un an plus tard, le célèbre tableau du *Voyage pittoresque* de l'abbé de Saint-Non, qui représente, tel un cortège triomphal romain, le "transport des Antiquités d'Herculanum, du Musaeum de Portici au Palais des Etudes à Naples", est la preuve que cette idée reçut un accueil extrêmement favorable.

Le projet culturel du nouveau Musée était fort ambitieux. Charles de Bourbon avait certes hésité à transférer également à Naples la fort prestigieuse collection de sculptures qui ornait le Palais Farnèse de Rome et d'autres résidences, où papes et princes l'avaient abritée depuis le XVIe siècle. Mais, en 1787, en dépit des protestations des autorités pontificales, Ferdinand IV décida d'emporter toute la collection à Naples et confia cette mission à Philipp Hackert et à Domenico Venuti. Ceux-ci furent chargés de l'inventaire, de la restauration et du transport de Rome des innombrables sculptures provenant des demeures des Farnèse. Le déménagement lui-même dura de nombreuses années et, une fois à Naples, les marbres attendirent longtemps avant de prendre place dans le Musée. Ainsi le taureau, disposé en guise d'ornement de l'une des fontaines de la Villa Reale de Chiaia, ne fut transporté au Musée qu'en 1826. En 1791, il fut également question d'ajouter aux destinations prévues de l'Université un Observatoire astronomique, à installer dans le Grand Salon. Mais en réalité, de tout cela, l'on ne réalisa qu'une méridienne qui donne toujours son nom à la salle.

La collection Farnèse

Cette collection qui est la plus célèbre de celles qui sont consacrées aux antiquités romaines fut entreprise par Alexandre Farnèse qui, en 1534, devint pape sous le nom de Paul III. Pendant une certaine période celui-ci resta fidèle à la tradition des pontifes qui consistait à doter les musées publics romains. Mais à partir de 1541, lors de la reprise grandiose des travaux du Palais Farnèse, il inaugura une nouvelle approche tout à fait personnelle à l'égard des antiquités. Après avoir fait transférer les statues des captifs de Dacie du Palais des princes Colonna à la basilique Saints Apôtres, puis au nouveau palais, il promulgua un édit conférant à sa famille le droit d'effectuer des fouilles pour en extraire des marbres et des pierres et, de façon exclusive, toutes les sculptures, pour la construction et la décoration du Palais Farnèse, tout comme l'avait d'ailleurs fait Hippolyte d'Este à Tivoli pour la Villa d'Hadrien et de la Vallée dans l'aire du Forum. La chance sourit à la famille Farnèse : dans la "carrière" ouverte en 1545-46 sur l'Aventin, de nombreuses sculptures destinées à constituer le noyau principal de la collection furent découvertes à l'occasion des fouilles exécutées sur le site des thermes de Caracalla.
Revirent ainsi le jour en 1545 le *Taureau*, l'année suivante l'*Hercule* signé de la main de Glykon et, peu à peu, d'autres et nombreuses sculptures qui servirent à la décoration du palais, à laquelle contribua Michel-Ange lui-même en 1546.
La collection s'enrichit considérablement grâce au neveu du pape, surnommé le "grand cardinal", Alexandre Farnèse, l'un des plus grands mécènes de son temps. La collection atteignit alors son apogée, non seulement en raison des œuvres commissionnées aux plus grands artistes, comme la *Danaé* à Titien, mais également grâce à des legs, comme celui qui advint en 1587, quand l'héritage de Marguerite d'Autriche, veuve d'Alexandre de Médicis, puis d'Octave Farnèse fit son entrée dans le Palais. Cette collection comprenait des objets célèbres ayant appartenu à Laurent de Médicis, comme la *Tasse Farnèse*. Les acquisitions jouèrent également un rôle fort important. Elles furent effectuées grâce aux conseils savants de Fulvio Orsini, l'un des plus éminents spécialistes d'antiquités gréco-romaines de son temps, de 1566 à 1589, dont la collection personnelle composée de pierres précieuses, de monnaies et de bustes fut léguée à Edouard Farnèse en 1600.
Cette quantité considérable d'objets d'art antique et moderne, marbres, tableaux, gemmes, livres et dessins, était principalement réunie au Palais Farnèse, sous les arcades de la cour, dans le Grand Salon, dans la Salle des Empereurs, dans la Salle des Philosophes et dans la Galerie des Carrache. D'autres sculptures étaient disséminées dans d'autres demeures, à la Farnésine et dans les célèbres jardins du Palatin, les *Horti Farnesiani*, dessinés par Vignola.
La décadence de la collection romaine commença à partir de la fin du XVIIe siècle, quand le centre politique et symbolique de la famille se déplaça à Parme. Le duc Ranuccio II emporta avec lui plus de cent tableaux et, onze ans plus tard, vingt-sept autres pièces d'antiquité suivirent ses traces à Parme. En 1720, le duc François fit transporter à Parme les extraordinaires statues colossales en basalte, fruits de ses fouilles sur le Palatin. A la mort d'Elisabeth, en 1731, la famille Farnèse s'éteignit et son héritage passa aux Bourbons d'Espagne. Trois ans plus tard, le nouveau centre du pouvoir italien se déplaça à Naples, lorsque le jeune infant Charles en devint le roi. Il fit immédiatement transférer les collections de Parme et son fils Ferdinand, en 1770, demanda au pape d'y ajouter les collections romaines. Après quelques années de disputes diplomatiques, bien que, dans son testament, Alexandre eût bien recommandé que la collection restât à Rome et en dépit des protestations de P.E. Visconti, conservateur responsable des antiquités pontificales, la collection fut effectivement déplacée en 1787. Tout aussi traumatisant qu'il fût pour Rome et pour le monde de la culture de l'époque, ce déménagement était néanmoins tout à fait compréhensible dans la logique des collections dynastiques. Aujourd'hui, ce démenagement être considéré comme un fait positif qui a permis de conserver à Naples l'essential de la collection.

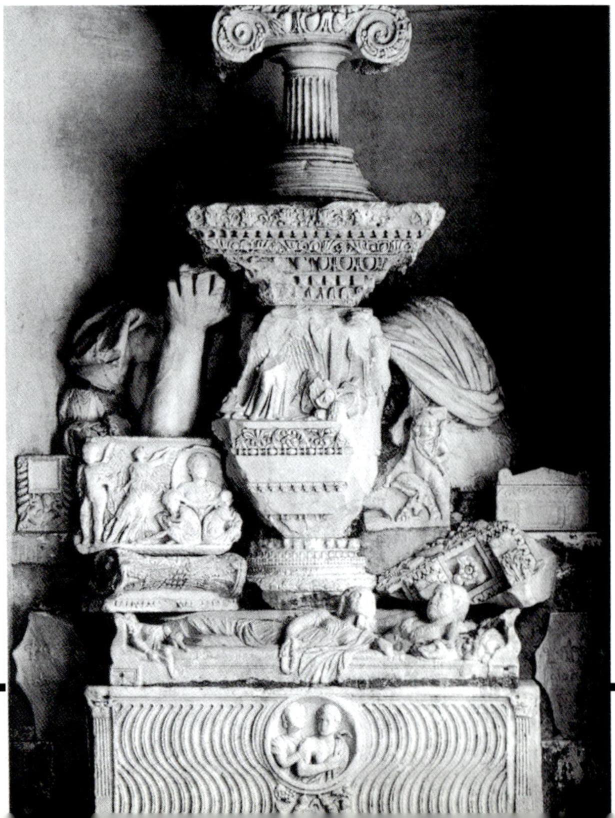

Composition de fragments antiques dénommée le Trophée Farnèse, Rome, Palais Farnèse

Commençant à transférer les grandes collections de livres, d'œuvres d'art et d'antiquités jusqu'alors rassemblées dans le duché ancestral de Parme et, en partie, à Rome, Charles de Bourbon n'eut de cesse de promouvoir la création d'un "Musée Farnésien" pour lequel il voulut bâtir un édifice lui étant entièrement consacré, dénommé la Villa Reale de Capodimonte. Sa réalisation fut confiée en 1738 à l'architecte Giovanni Antonio Medrano.

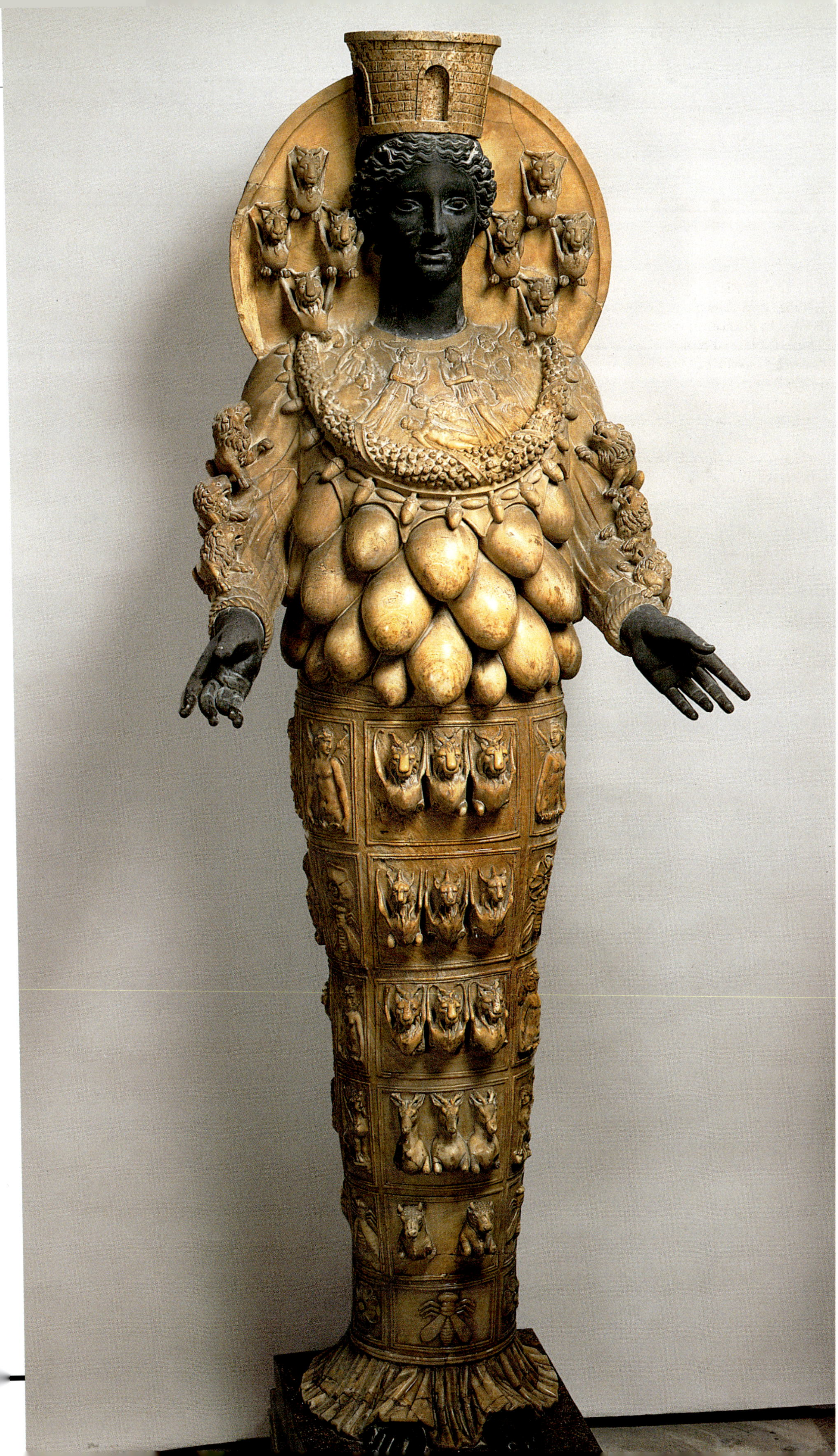

Artémis d'Ephèse Farnèse

C'est probablement la copie la plus célèbre (haut. 2,03 m) de la statue du culte d'Artémis d'Ephèse parvenue jusqu'à nous, connue pour ses innombrables répliques en divers formats et matériaux et surtout en effigie sur les pièces de monnaie frappées par la ville asiatique. Dans son Hymne à Diane, Callimaque raconte que les Amazones furent à l'origine de ce culte. En réalité, en dehors du mythe proprement dit, nous savons que ce culte eut une importance considérable dans toute l'Asie depuis l'époque des anciens rois de Lydie et que, pendant la période de l'empire romain, le célèbre sanctuaire jouissait encore d'une grande prospérité. La forme du *xoanon* dont la statue est une somptueuse réinterprétation de la période romaine remonte certainement à l'époque archaïque. Son aspect général rappelle en effet de façon évidente les formes géométriques des statues féminines archaïques de la côte ionienne, tandis que le symbolisme des décorations se réfère à l'époque hellénistique, à l'époque du renouveau stylistique de la statue de culte. La déesse arborait sur le chef un *kalathos*, parfois en forme de temple, autour duquel le drapé enveloppant le visage formait une espèce d'auréole circulaire, parfois décorée latéralement de protomés de sangliers. La parure de la déesse présente une profusion d'ornements. Sur la poitrine, la déesse arbore un collier et au-dessous différentes rangées de mamelles, symbole évident de la fécondité, (certains ont songé aux scrotums des taureaux sacrifiés) tandis que la partie inférieure, adhérant au corps est ornée de rangées de protomés d'animaux, d'abeilles, de fleurs, de sphinx et de nymphes.

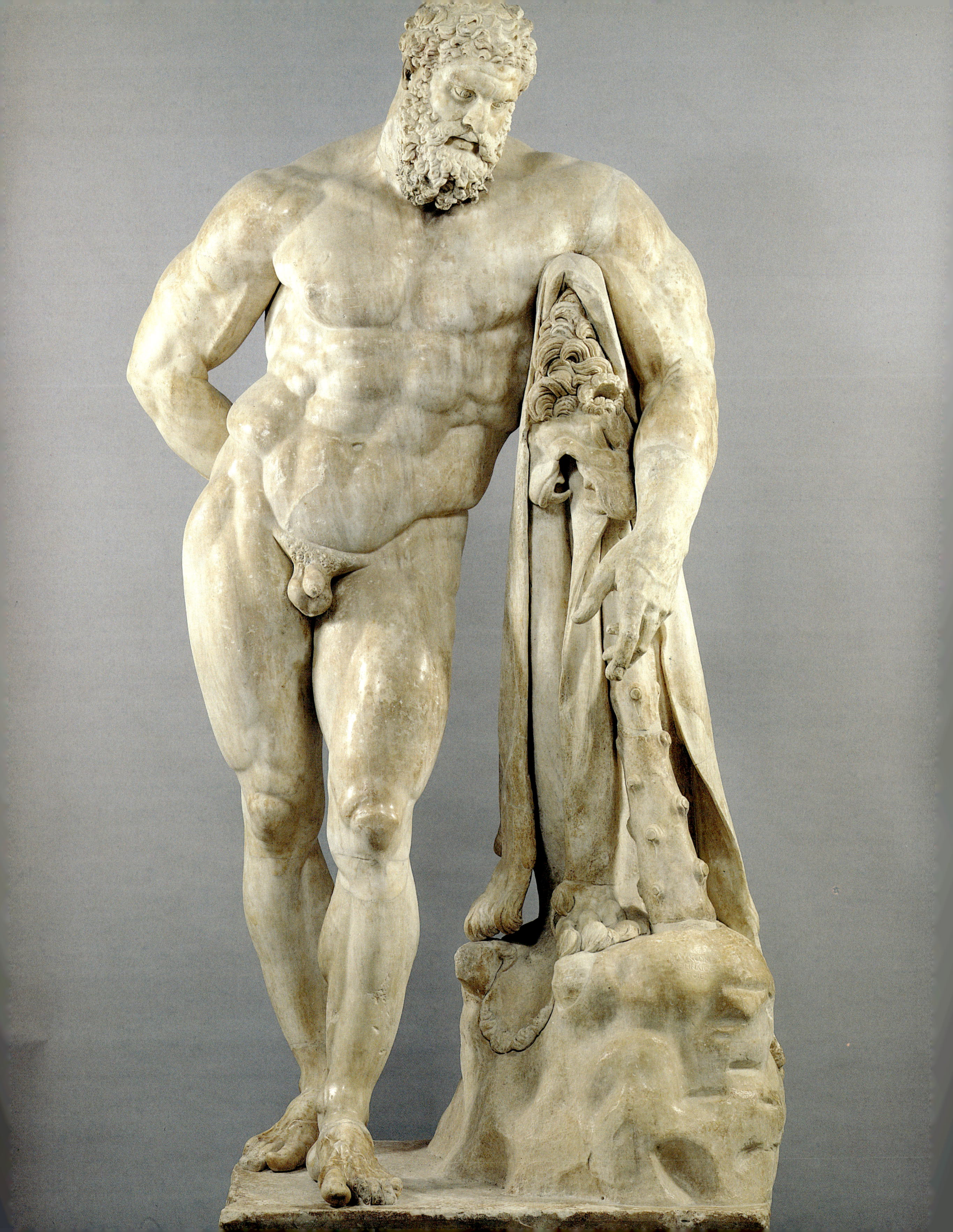

Hercule Farnèse

Pour les artistes de la Renaissance et de l'époque baroque qui l'admirèrent pendant plus de deux siècles dans la cour du Palais Farnèse, avec une autre réplique du même type, dénommée l'*Hercule Latin* (depuis 1788 dans le Palais Royal de Caserte), cette statue (haut. 3,17 m) était la plus célèbre sculpture de l'Antiquité. Œuvre du sculpteur athénien de l'époque sévérienne *Glykon* (sa signature : *Glykon Athenaios epoien* "Glykon d'Athènes fit", est gravée sur la pierre), elle reproduit, en utilisant le chromatisme de l'époque et à l'échelle géante appropriée aux dimensions des thermes de Caracalla, une célèbre sculpture de Lysippe, le grand maître du IVe siècle av. J.-C. Le visage songeur, presque mélancolique du héros après les derniers exploits des pommes d'or du jardin des Hespérides (la main droite sur l'échine), contraste avec l'infatigable héros orgueilleux et triomphant de ses forces dépeint dans le style traditionnel de l'époque archaïque et classique.
La statue fut découverte amputée du bras gauche (aujourd'hui en plâtre) et des jambes, qui furent remodelées par Guglielmo della Porta. Quand les membres inférieurs furent retrouvés longtemps après, ceux de Della Porta furent considérés comme supérieurs aux originaux et demeurèrent jusqu'aux travaux de restauration d'Albacini.

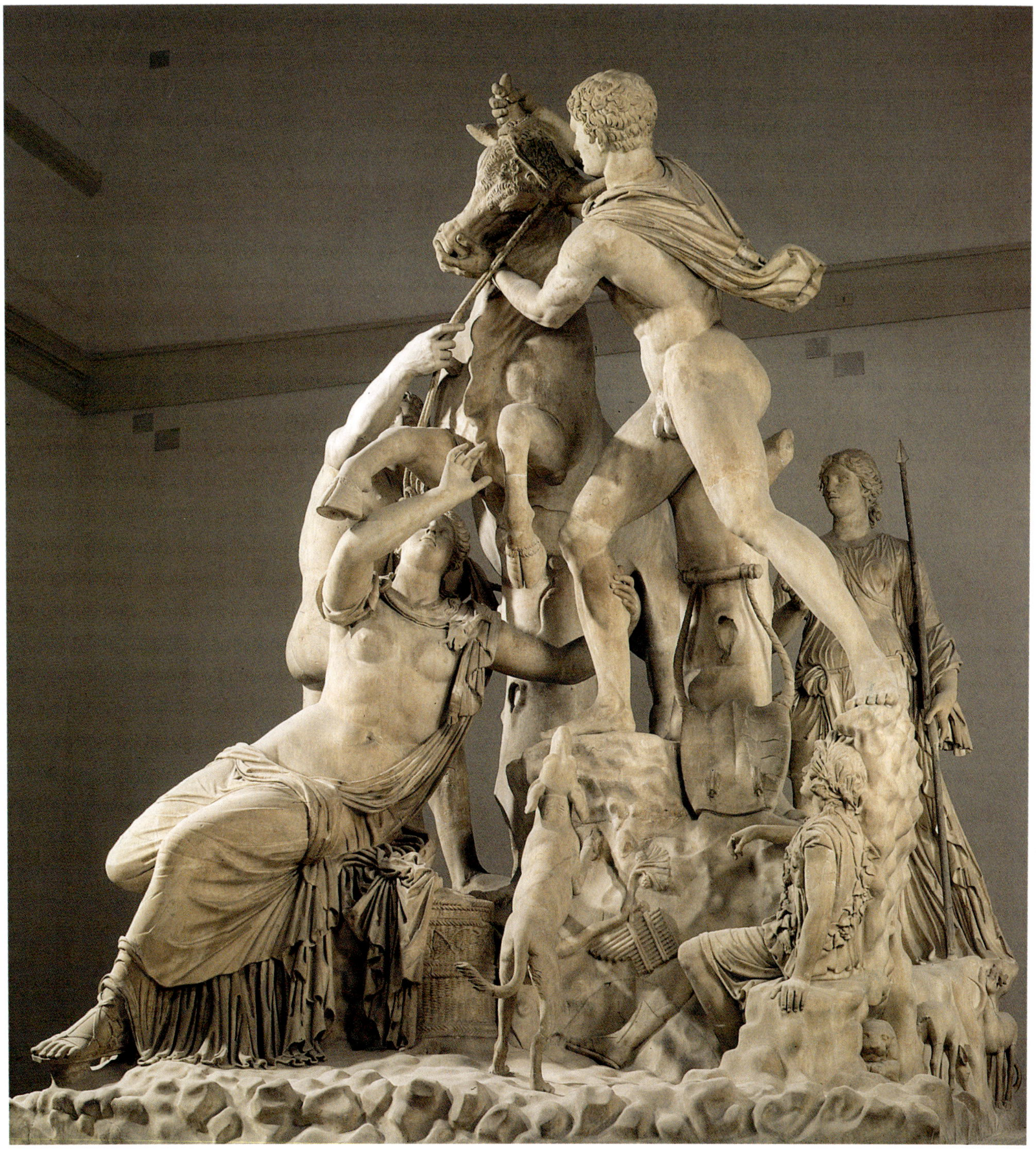

Taureau Farnèse

Retrouvé dans le gymnase des thermes de Caracalla où il abritait peut-être une fontaine, le groupe (haut. 3,70 m) représente le mythe du supplice de Dircé. Une œuvre célèbre de ce sujet est rappelée par les sources comme un chef-d'œuvre des sculpteurs Apollonios et Tauriscus, originaires tous deux de Rhodes, de la fin du IIe siècle av. J.-C. Celle-ci fut transportée de Rhodes à Rome et exposée grâce à Asinius Pollion. Dans la grande sculpture Farnèse, l'une des plus grandes de l'Antiquité parvenues jusqu'à nous (d'où le nom de "montagne de marbre"), le groupe a été tantôt considéré comme l'original remontant à l'époque hellénistique tardive cité par les auteurs, tantôt comme une réplique de l'époque de julio-claudienne ou encore comme une autre réplique, mais de l'époque des empereurs Sévères.
La comparaison avec les versions peintes nous prouve, dans tous les cas, que, même s'il s'agit d'une réplique, celle-ci conserve la composition pyramidale de l'original, à peine modifiée par l'ajout de figures accessoires comme Antiope, qui assiste immobile à la scène et le jeune berger, la personnification du mont Cithéron, où l'événement se déroula. Le groupe fut considérablement restauré au XVIe siècle, lorsque Michel-Ange projeta de le placer en guise de fontaine au milieu d'un jardin entre le Palais Farnèse et la Villa de la Farnésine. Demeuré dans une baraque en bois jusqu'à son transport à Naples, le groupe fut placé, comme d'autres sculptures, dans le Musée en 1826.

A Naples, le groupe du Taureau Farnèse fut d'abord placé au Real Passeggio de Chiaia, avant de prendre place, comme les autres sculptures, dans le Musée en 1826.

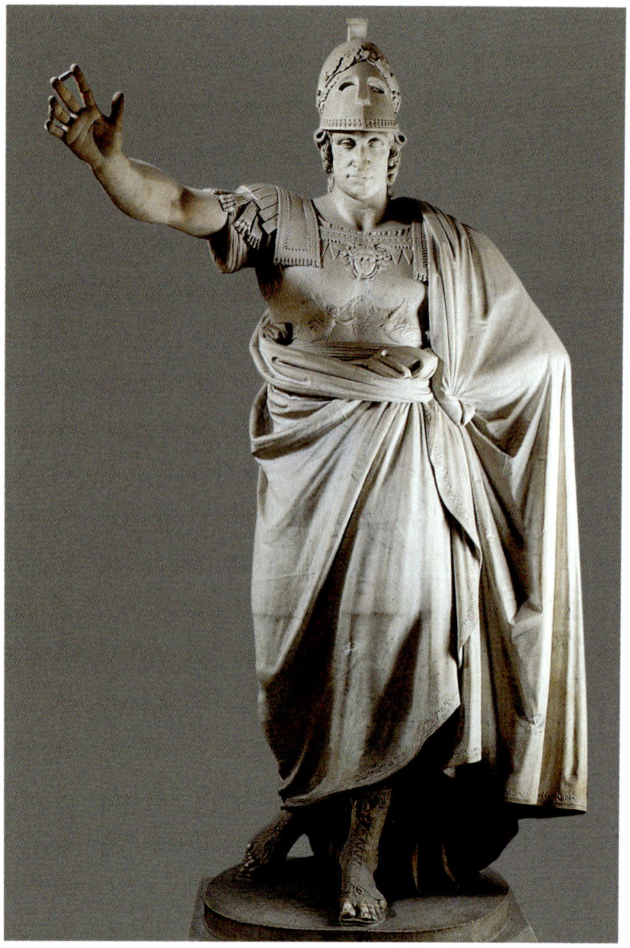

Antonio Canova, *Portrait de Ferdinand IV de Bourbon en Minerve,* 1821

Le Musée royal Bourbon fut inauguré en 1816. Une statue du roi Ferdinand "protecteur des Arts" sculptée par Canova célébra l'événement.

Una réalisation difficile

Le plan de l'architecte Ferdinando Fuga fut agrandi par son successeur Pompeo Schiantarelli, mais il rencontra nombre d'obstacles au niveau pratique (immobilité) et financier, d'ailleurs fort compréhensibles dans le contexte de cette turbulente période politique. Il suffit de se remémorer les deux fuites du roi de Palerme en 1798 et en 1806, emportant avec lui en ces deux occasions de nombreuses œuvres d'art (rappelons au demeurant qu'en 1799, les Français s'apprêtaient déjà à transporter l'Hercule des Farnèse à Paris).

En dépit de ces péripéties, la "Real Biblioteca di Napoli" abritée dans le Grand Salon put néanmoins être ouverte au public en 1801. Le transfert et l'aménagement de l'édifice, comprenant aussi bien les pièces du Musée de Portici que les objets d'antiquité conservés jusqu'alors à Capodimonte et au Palazzo Cellamare, put ensuite débuter sous la direction de Felice Nicolas (1805-1807), puis de Michele Arditi (1817-1837). Sous la Restauration, avec le retour des Bourbons, le Musée, ultérieurement enrichi d'importantes collections comme celles des Borgia, des Vivenzio et de la collection personnelle constituée à Naples par Caroline Murat, fut enfin inauguré, en 1816, sous le nom de "Musée royal Bourbon". Pour célébrer Ferdinand IV, aujourd'hui Ferdinand Ier, protecteur des Arts, on fit appel à Antonio Canova qui exécuta la statue en marbre du roi représenté sous les traits de Minerve, pour y être conservée dans le grand escalier situé au fond du rez-de-chaussée.

A la suite des fouilles de Pompéi et de celles des provinces de Terraferma (toute l'Italie du sud jusqu'à Reggio de Calabre), les collections du Musée continuèrent à augmenter pendant toute la première partie du XIXe siècle. Parmi les personnalités de l'époque, citons le directeur, Francesco Maria Avellino (1837-1849), et le jeune numismate libéral Giuseppe Fiorelli qui connut les prisons des Bourbons en raison de ses idées politiques. Il est significatif que l'un des actes de l'éphémère gouvernement de 1848 ait été la création d'une "Commission pour les réformes du Musée Royal Bourbon et dans les fouilles des antiquités du Royaume". Avant sa suppression, celle-ci fournit d'ailleurs de précieuses réflexions sur l'état du Musée et sur le service archéologique des Bourbons, ainsi que des propositions pour sa réorganisation. Quoique malchanceuse, l'expérience de 1848 apparaît toutefois fondamentale pour l'avenir. Après la conquête de Garibaldi et la nomination d'A. Dumas comme directeur du Musée par celui-ci, Fiorelli fut à son tour appelé à la tête du Musée (1863-1875).

Les Tyrannicides Farnèse

En 514 av. J.-C., deux jeunes Athéniens Harmodios et Aristogiton assassinèrent Hipparque, le fils puîné du tyran Pisistrate, et payèrent cet acte de leur vie. L'entreprise fut honorée par les Athéniens comme le symbole de la conquête de la liberté, si bien que dès que les Tyrans furent chassés (510 av. J.-C.), deux statues de bronze exécutées par Antênor à la mémoire des deux héros, furent élevées sur l'Agora. Quand les Perses occupèrent la ville en 480 av. J.-C., ils emportèrent les statues dans leur butin à Suse (ils les restituèrent aux Athéniens, les successeurs d'Alexandre le Grand, un siècle et demi plus tard). C'est ainsi que juste après la victoire des Perses, les Athéniens décrétèrent l'érection d'un nouveau groupe statuaire en l'honneur des Tyrannicides et en confièrent l'exécution à Kritios et Nésiotès (477 av. J.-C.). Ce second groupe, devenu le symbole de l'affirmation patriotique et du culte des anciennes vertus attiques, nous est parvenu sous la forme de multiples représentations de monnaies, vases peints, bas-reliefs et images qui ont permis d'identifier pour la première fois le groupe, précisément dans les deux statues napolitaines.
Ces deux statues (haut. 1,95 m ; 2,03 m), copies romaines du IIe siècle apr. J.-C., disposées par l'empereur Hadrien dans sa Villa de Tivoli parmi les *opera nobilia* recueillies à cet endroit, reproduisent en les durcissant légèrement les modes du "style sévère" de l'époque de sa pleine affirmation. Les corps sobres et puissants sont sculptés dans l'action : Harmodios, le jeune imberbe, dans le geste de l'attaque à bras levé, Aristogiton, le bras tendu, servant de bouclier avec le corps de son ami. La tête de Aristogiton est ici un moulage en plâtre d'une tête conservée au Vatican.

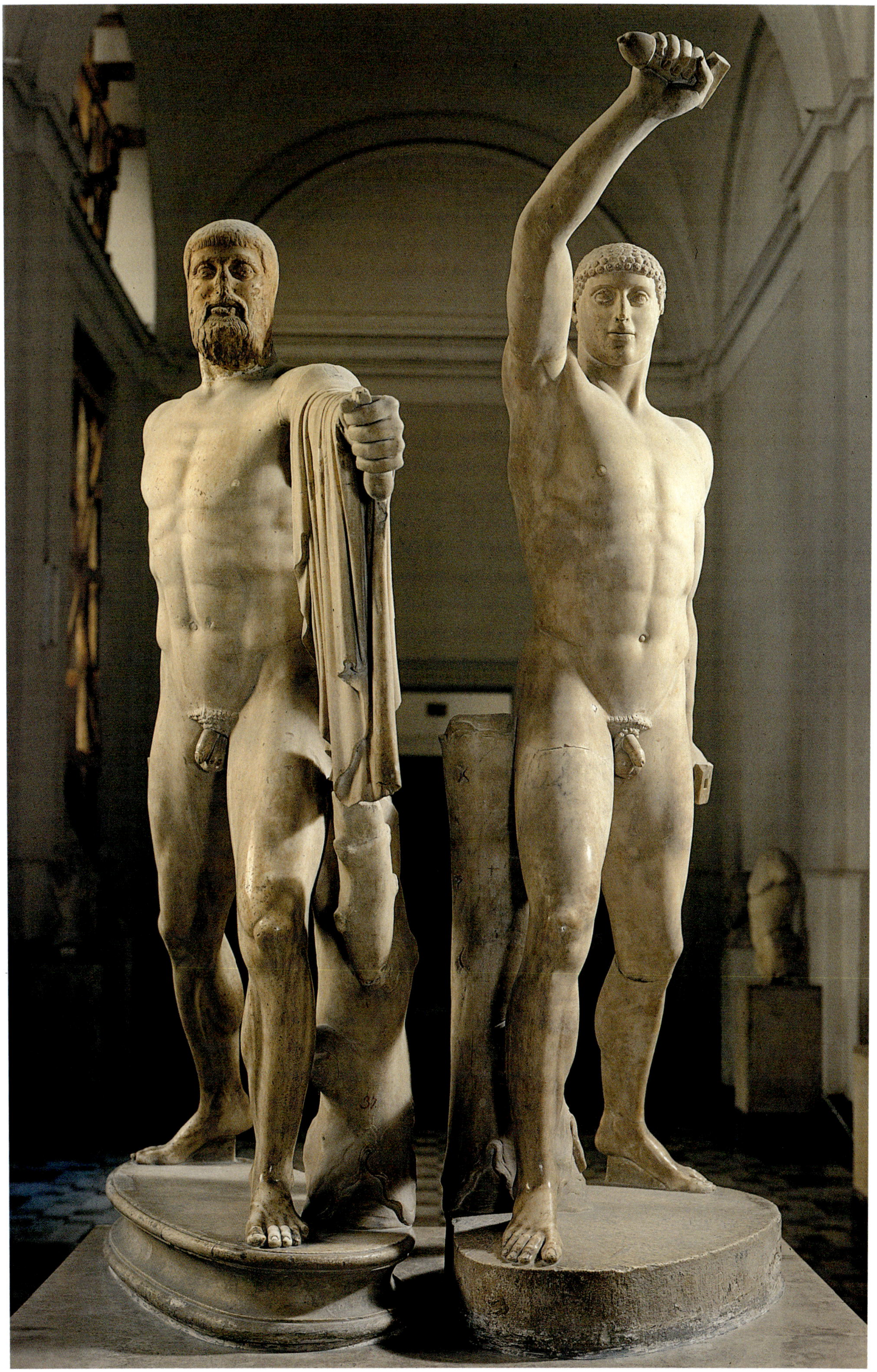

Les collections de monuments de la Grande-Grèce et de la Campanie

A côté du secteur des collections datant de la Renaissance ou bien plus récentes (rappelons la collection Borgia qui se base en grande partie sur la collection égyptienne, la seconde en Italie après Turin), Naples vit se développer une riche collection d'antiquités de la Campanie antique et de la Grande-Grèce. Des vases peints, des inscriptions et des monnaies (mais également des peintures funéraires) formèrent un centre d'un intérêt considérable en cours d'organisation le long des parcours du golfe de Naples grec, de la Campanie non hellénisée et de la Grande-Grèce.

Hydria attique à figures rouges avec scène d'Ilioupersis

La ville étrusque de Nola, où les frères Vivenzio rassemblèrent l'une des plus grandes collections de vases grecs figuratifs du XVIIIe siècle, a permis de restituer un nombre impressionnant de vases d'excellente qualité, si bien qu'aujourd'hui encore, les amphores athéniennes sont surnommées du nom de Nola. Le plus beau vase de la collection Vivenzio était justement constitué par cette *hydria*, utilisée pour conserver les cendres d'un noble étrusque de la cité campanienne. Œuvre d'un grand décorateur sur céramique attique, le peintre dit de *Kleophrades*, ce vase, datable des alentours de 480 av. J.-C., présente sur la paroi décorée de sa partie bombée l'une des plus célèbres représentations de la prise de Troie. A gauche, l'on peut voir Enée fuyant avec le petit Ascagne, puis au centre Ajax qui bondit sur Cassandre enserrant la statue d'Athéna, et ensuite Néoptolème qui tue Priam sur l'autel, alors que sur ses genoux gît le corps ensanglanté du petit Astyanax, et enfin les Troyennes emprisonnées par les Grecs.

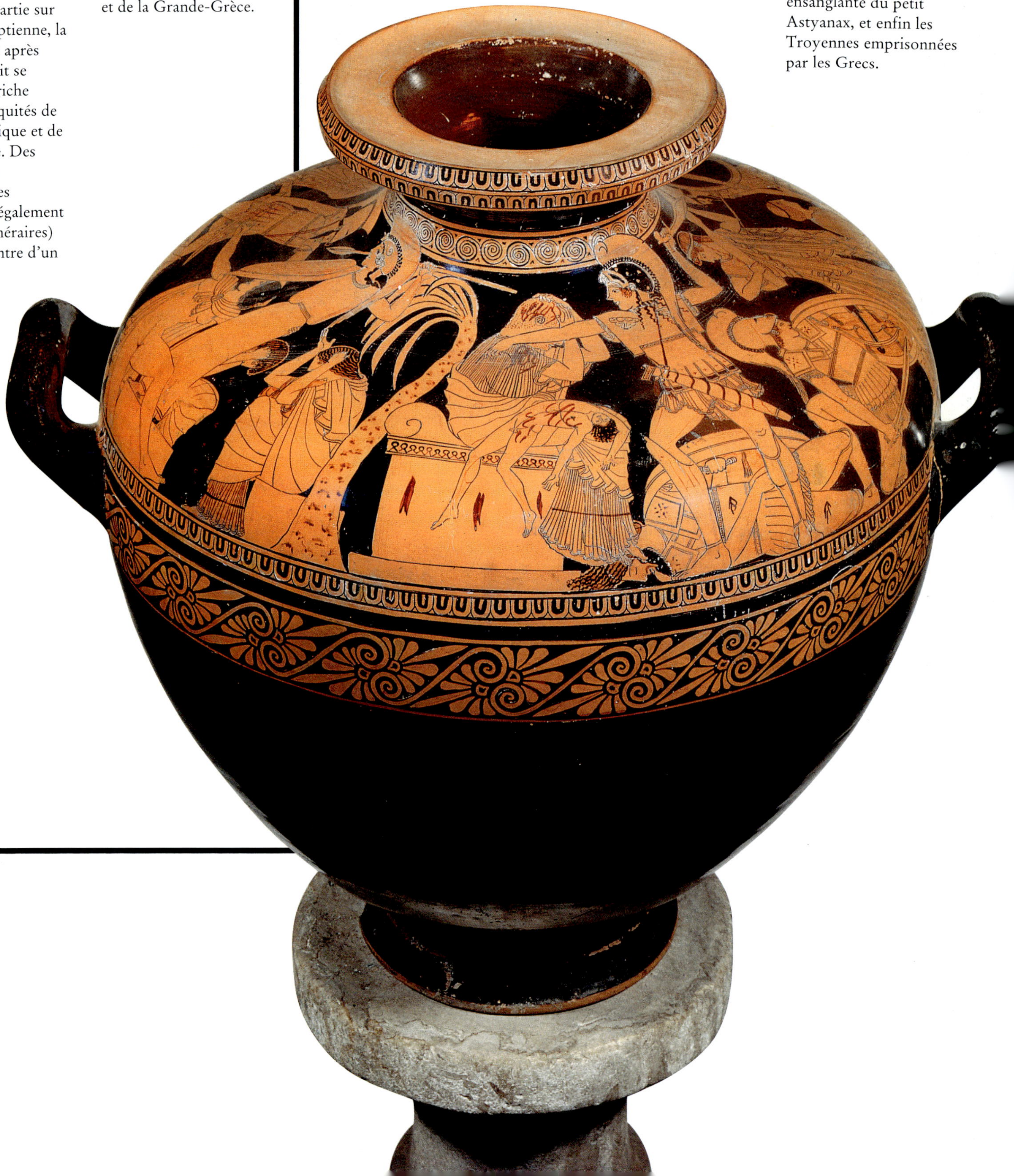

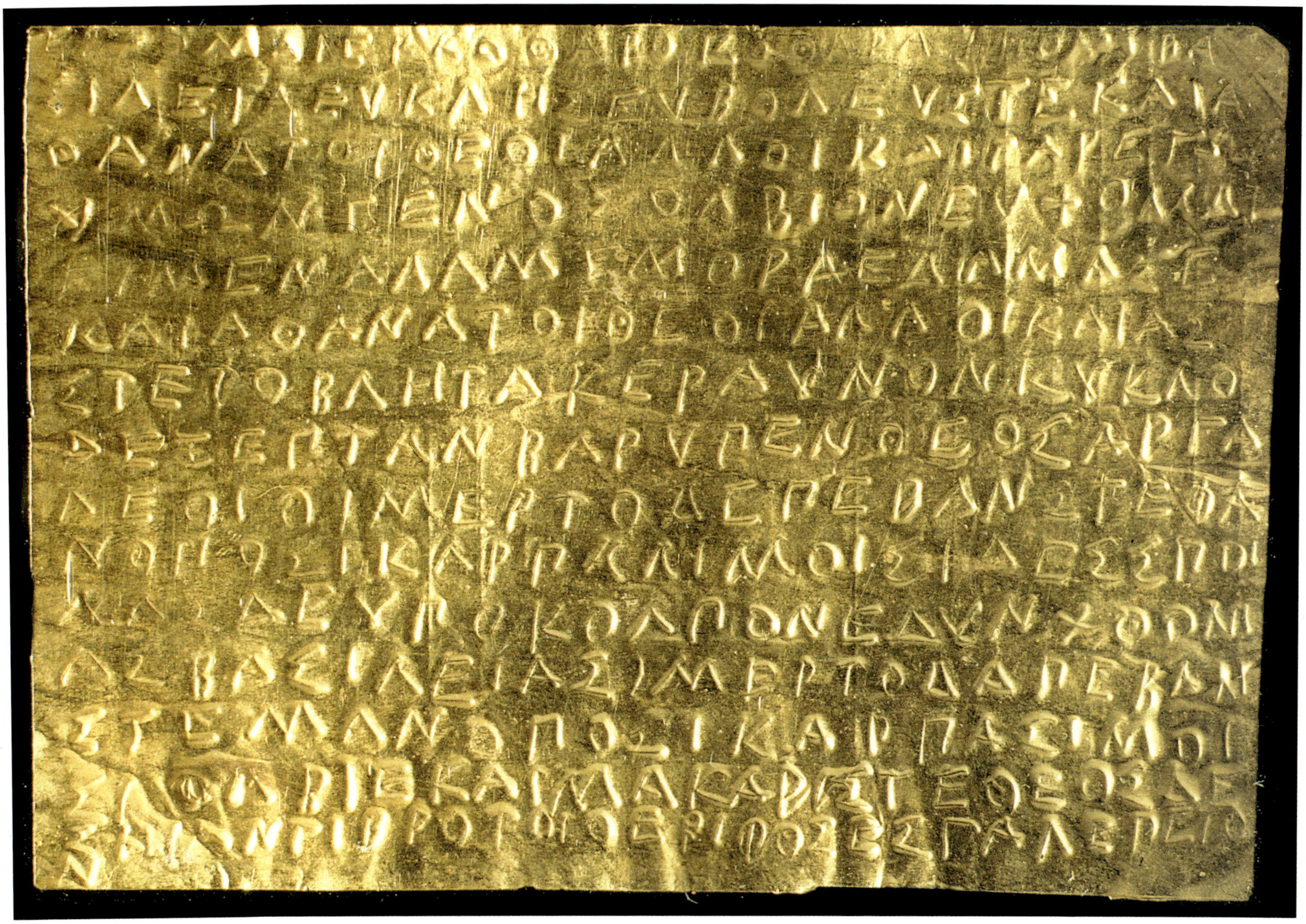

Feuilles orphiques

Les deux groupes de feuilles d'or gravées, provenant de deux sépultures du IVe siècle av. J.-C. du territoire de *Thurii*, appartiennent à une classe rare d'inscriptions découvertes dans des tombes grecques de la Grande-Grèce, de Crète et de Thessalie. Elles contiennent des instructions selon lesquelles l'âme des défunts, adeptes de la doctrine mystérique que l'on faisait remonter à Orphée, et ensuite vigoureusement défendue par Pythagore de Samos et ses disciples, atteindrait, en achevant le cycle des réincarnations, le destin final de béatitude éternelle promis. Sous le terme d'orphisme, se rassemblent de nombreux types de croyances mystériques dérivant de doctrines religieuses s'étant forgées durant la période dénommée le "moyen âge grec", ou même pendant la période mycénienne et, en tout état de cause, avant la codification de la religion olympienne. Ces feuilles de *Thurii* appartiennent à une secte mystérique de caractère populaire proche de l'orthodoxie orphico-pythagoricienne.
Nous pouvons lire la formule sacrée de la prière à Perséphone, Hadès et Dyonisos dans le texte de la plus longue inscription conservée à Naples (inv. 111625) : "Moi, je parvins d'au milieu des purs, ô pure reine des Enfers, Euklès et Eubuleus et vous autres divinités immortelles; et de fait moi aussi je déclare appartenir à votre bienheureuse lignée. Mais le Destin me dompta et le fulgurant Archer céleste. Je fuis le terrible cycle accablé par les turpitudes et accédai à la couronne convoitée de mes pieds agiles ; je m'engouffrai dans le giron de la reine des Enfers; je descendis de la couronne convoitée de mes pieds agiles. O bienheureux dieu béat, dieu tu seras et tout autre que mortel. Jeune chevreau, je me précipitai vers le breuvage lacté".

L'organisation de la section numismatique et de la Grande-Grèce sera très prochainement achevée. Cette dernière thématique accompagnera celle de la culture de la Campanie antique pré-romaine (Grecs, Etrusques, peuples italiques), auprès de laquelle on envisage d'intégrer les pièces provenant de nouvelles fouilles, pour fournir une introduction historique générale aux différentes cultures, en renvoyant pour les expositions plus détaillées aux nombreux et riches musées qui sont en cours d'implantation à Baia, à S. Maria Capua Vetere, à Nola, à Teano et à Piano di Sorrento.

Les fouilles d'Herculanum et de Pompéi

Lorsque la jeune et pétulante Marie-Amélie-Christine, fille d'Auguste III de Saxe, grand collectionneur d'art, arriva à la cour de Naples en qualité d'épouse de Charles de Bourbon, elle trouva dans les salons et dans les jardins du palais des statues et des fragments de sculptures retrouvés avant l'éruption du Vésuve de 1737, en partie fortuitement et en partie grâce à l'initiative du général d'Elboeuf datant des alentours de 1711. L'enthousiasme poussa la reine à entreprendre de nouvelles recherches dans les zones des fouilles précédentes. La difficulté consistait à dépasser environ quinze mètres de masse éruptive pétrifiée à travers des puits, des galeries et d'étroits passages qui permirent de retrouver trois fragments de chevaux en bronze, de personnages masculins vêtus de toge et de colonnes peintes. Les souverains visitèrent les fouilles et, le 11 décembre 1738, la découverte d'une inscription révéla qu'il s'agissait du théâtre d'Herculanum. Les précieux vestiges donnèrent naissance au Musée de Portici, mais les souverains voulurent ouvrir un second front de fouilles dans la cité indiquée depuis toujours comme celle où gisait Pompéi, décrite par les auteurs antiques. Les explorations commencèrent en avril 1748 et surgirent aussitôt des fresques et les premiers squelettes. En 1754, dans la partie sud de la cité, l'on retrouva un certain nombre de sépultures et un pan de mur.
La considérable résonance provoquée en Europe par les fouilles d'Herculanum et de Pompéi, ainsi que d'autres sites archéologiques de Campanie, telle la cité grecque de Paestum, est attestée par la multitude de publications éditées durant la seconde moitié du siècle : en 1762, les peintures d'Herculanum furent reproduites dans de magnifiques volumes in-folio intitulés *Les antiquités d'Herculanum exposées* et, pendant la période allant de 1764 à 1784, huit séries illustrées sur les temples de Paestum virent le jour.

C'est en 1738 que survint l'épisode crucial de la constitution du Musée. En effet, à Portici, le roi fit ordonner des fouilles sur le territoire où, en 1711, l'on avait fait resurgir des statues de marbre. C'est donc par la découverte de cette extraordinaire série de statues et d'inscriptions de la scène du théâtre d'Herculanum, que commencèrent les fouilles des cités du Vésuve. Une aventure qui allait se répéter dix ans plus tard à Pompéi, puis l'année suivante à Stabiae, *et voir affluer dans les collections du roi de Naples une quantité incroyable d'objets antiques d'une variété et d'une quantité prodigieuse.*

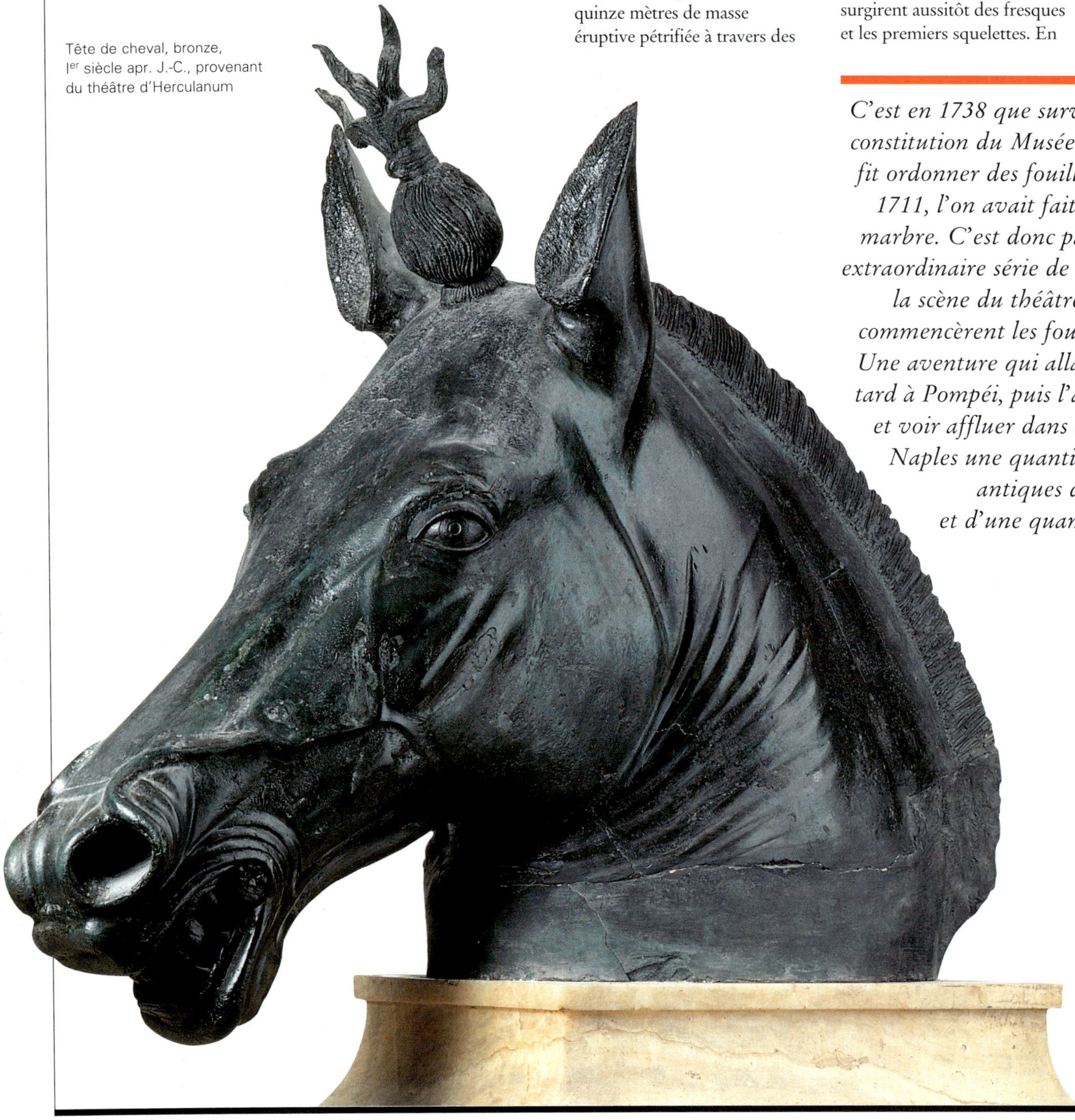

Tête de cheval, bronze, Ier siècle apr. J.-C., provenant du théâtre d'Herculanum

Personnage féminin en toge, bronze, Ier siècle apr. J.-C., provenant du théâtre d'Herculanum

Personnage masculin en toge, bronze, Ier siècle apr. J.-C., provenant du théâtre d'Herculanum

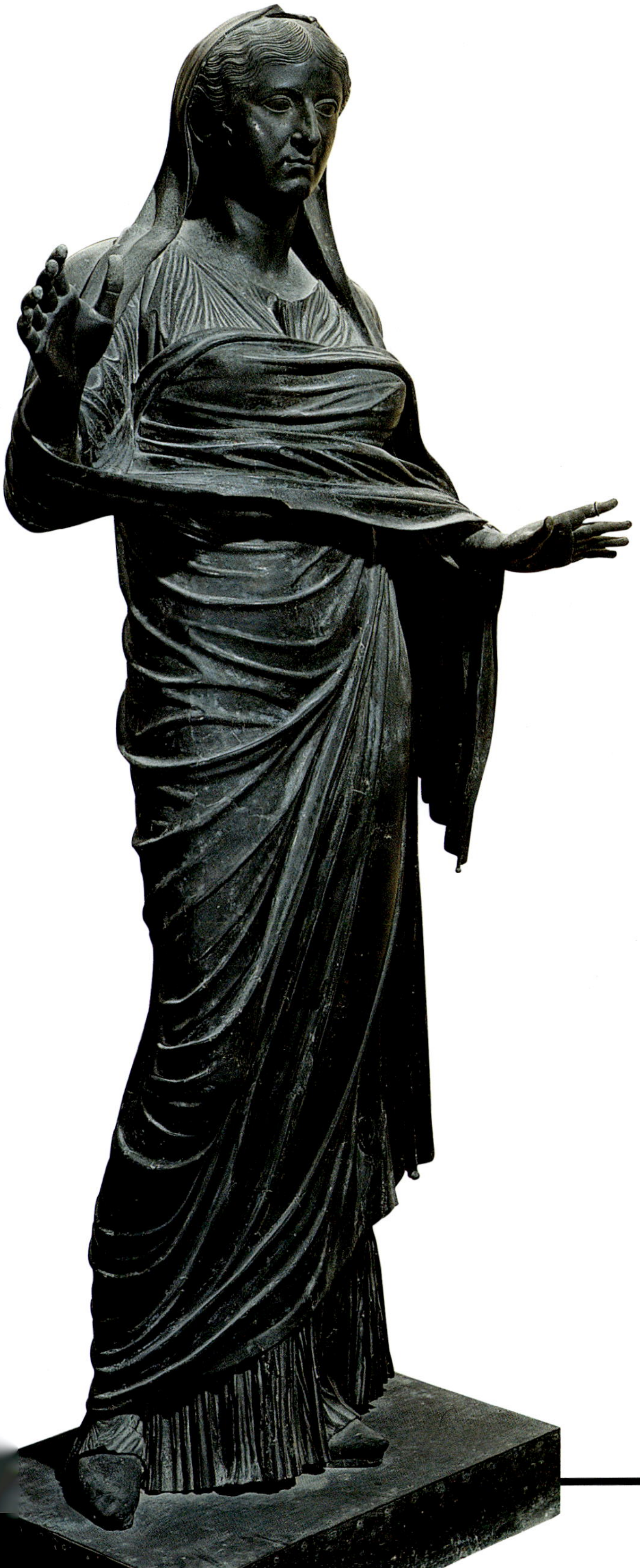

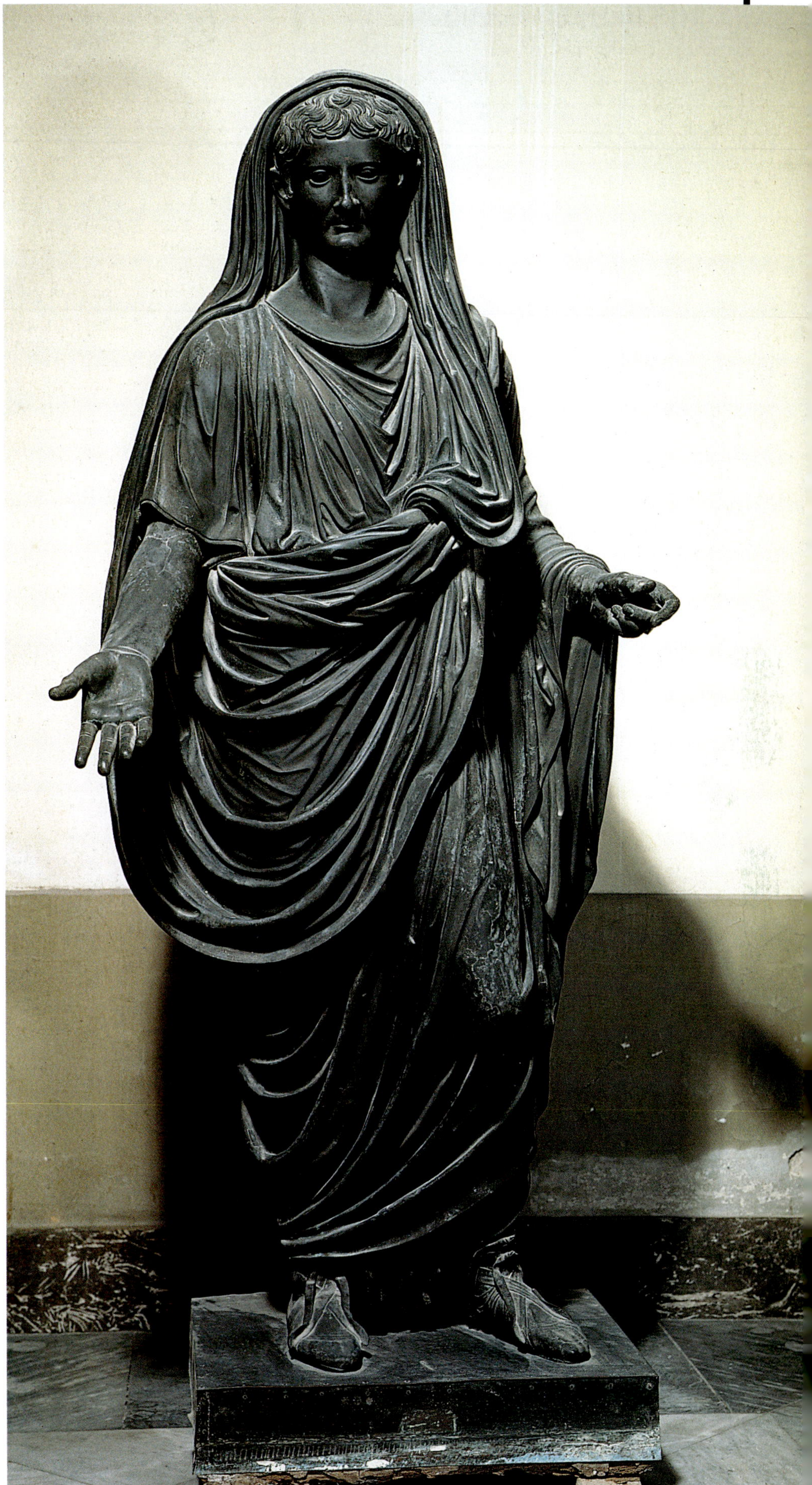

L'éruption du Vésuve

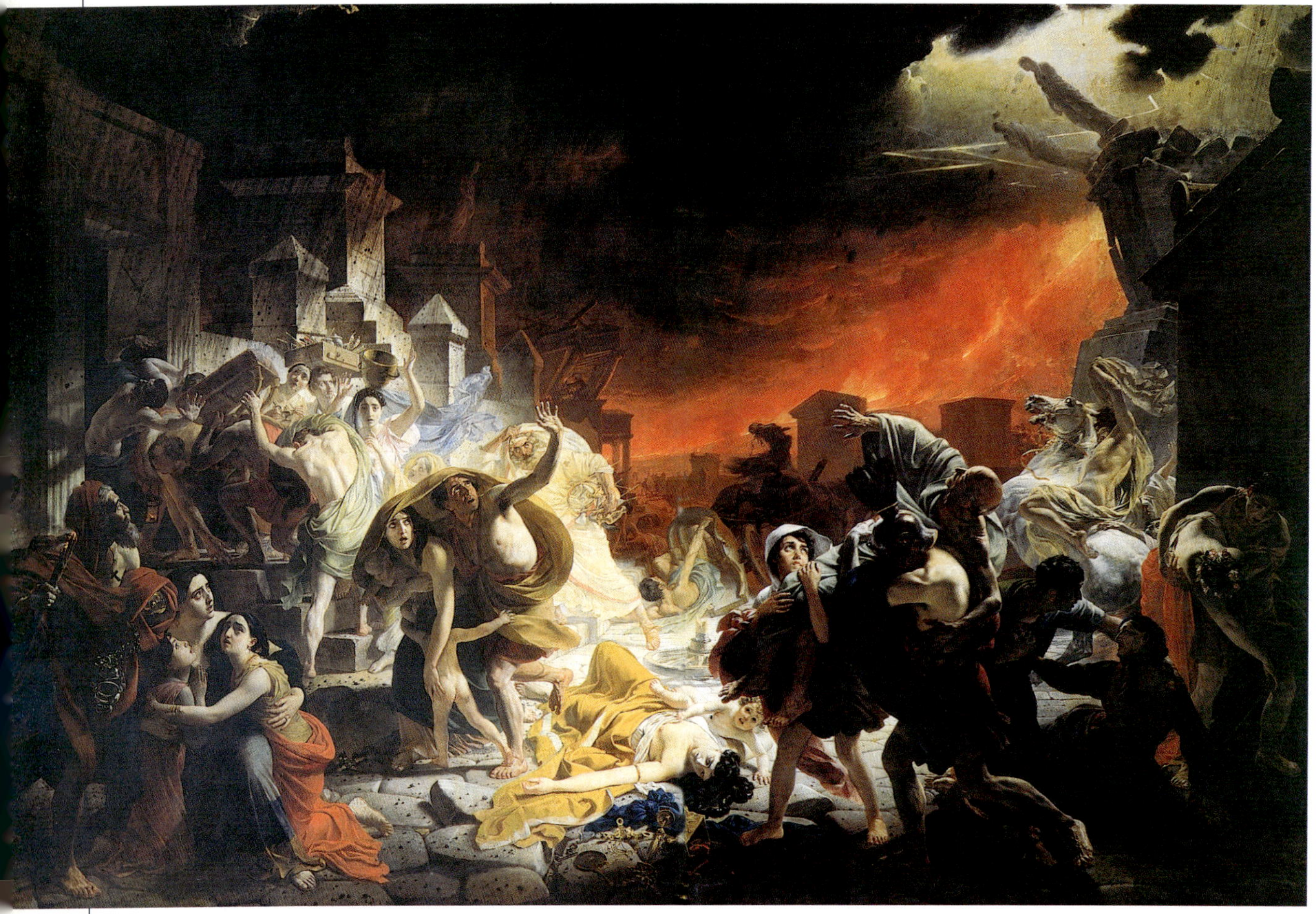

Karl Brjullov, *Les derniers jours de Pompéi*, 1833, Saint-Pétersbourg, Musée Russe

La catastrophe qui frappa le golfe de Naples au cours du 1er siècle apr. J.-C., ensevelissant et conservant sous des mètres de cendre et de lapilli solidifiés la vie de deux cités et de nombreuses villas et fermes disséminées sur les flancs du Vésuve, a de tout temps aiguisé l'imagination des artistes et la mémoire collective. A l'époque du Romantisme, en particulier, la décadence de l'Empire romain et l'anéantissement de Pompéi et d'Herculanum devinrent des thèmes allégoriques à même de décrire la puissance destructrice de la nature face à la présomption humaine : le tableau de Karl Brjullov de 1833 (Saint-Pétersbourg, Musée Russe), exposé avec succès pendant la même année 1838 à Milan à l'Académie de Brera et au Salon de Paris, répond exactement aux paramètres narratifs romantiques s'inspirant des descriptions des Anciens, tels Pline le Jeune et Tacite.
Vers la mi-août de l'année 79 apr. J.-C. un certain nombre de signaux laissaient pressentir une éruption imminente du Vésuve, un phénomène qui était d'ailleurs alors assez fréquent, mais dès l'aube du 24 août se profila le début d'une catastrophe particulièrement grave. Une détonation annonça l'écroulement des cimes du volcan et au milieu des éclairs et des explosions, ses versants et la plaine jouxtant le golfe furent submergés par une pluie de lapilli et de cendre. Les cités furent ensevelies au cours de la journée, mais Herculanum fut emportée par un torrent de boue, composé de cendre, de lave et d'eaux torrentielles qui engloutit tout l'habitat à raison d'une hauteur de quinze mètres et qui, en se solidifiant, préserva les objets et les structures en bois, et partiellement, les papyrus. En revanche, Pompéi fut recouverte de cendre, de lapilli et de blocs de pierre ponce et sa population succomba en raison des exhalations de vapeurs sulfureuses.

Hercule et Télèphe

L'édifice public d'Herculanum, connu sous le nom de "Basilica" restitua environ au milieu du XVIIIe siècle un singulier ensemble de sculptures et de peintures murales. Parmi ces dernières, la présence du héros fondateur mythique et éponyme de la ville est particulièrement significative. En effet, ce tableau représente les retrouvailles de la part d'Hercule de son jeune fils Télèphe, allaité par une biche. L'origine de ce tableau (2,18 × 1,82 m) a été rapprochée d'un célèbre tableau d'Apelle *Hercule se retournant* rappelé par Pline l'Ancien et très connu à Rome puisqu'il était exposé dans le temple de Diane sur l'Aventin.
La scène se déroule en présence de la solennelle figure d'Arcadie (comparable à une représentation analogue de la frise de l'autel de Pergame), d'un petit Satyre, faisant allusion au caractère champêtre du village, et d'un personnage ailé qui symbolise le mont Parthénion, où naquit Télèphe. Entre l'enfant et le père – la forme puissante du héros rappelle de façon évidente, dans le paysage arrière, le type lysippe de l'Hercule Farnèse, – se trouve l'aigle de Zeus, père d'Hercule et par conséquent grand-père de Télèphe.
Le tableau constituait probablement un hommage d'Apelle à Télèphe, père du célèbre poète et philologue Fileta qui construisit un centre de culture littéraire à Cos, l'île où le grand peintre s'établit. La magnifique nature morte composée d'une corbeille et de fruits figurait déjà fort probablement dans l'original.

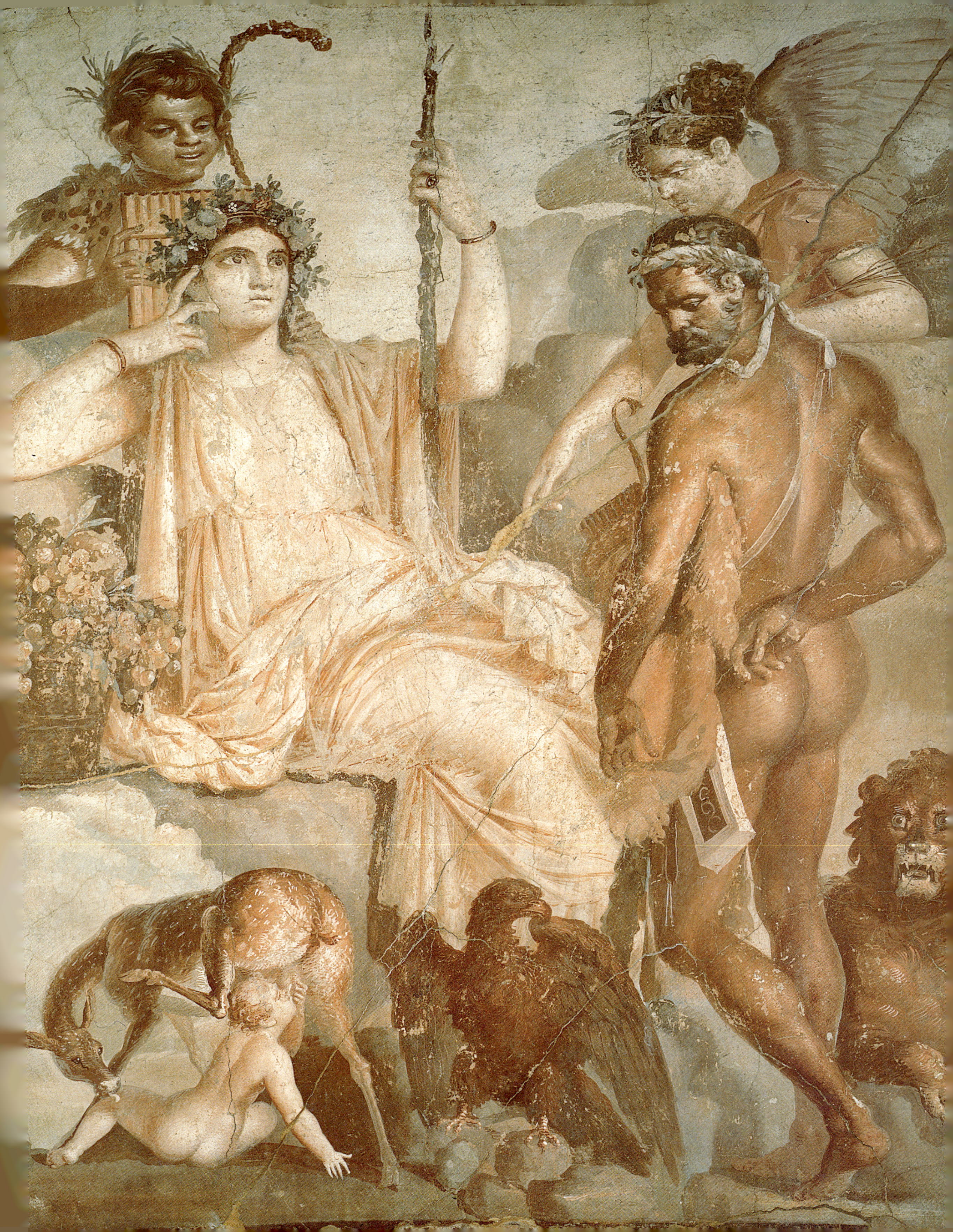

Les collections du Vésuve

Le grand atout sur lequel put compter le roi de Naples afin que son Musée devînt l'un des plus vastes d'Europe résidait dans les cités du Vésuve. Un immense fonds de peintures, de mosaïques, d'objets de la vie quotidienne, reflétant, néanmoins, de temps à autre, les jours plus glorieux de Pompéi et l'important phénomène de *luxuria* que furent les villas établies par l'aristocratie romaine dans le golfe de Naples, qui constituent de véritables chefs-d'œuvre d'art et d'artisanat antique.

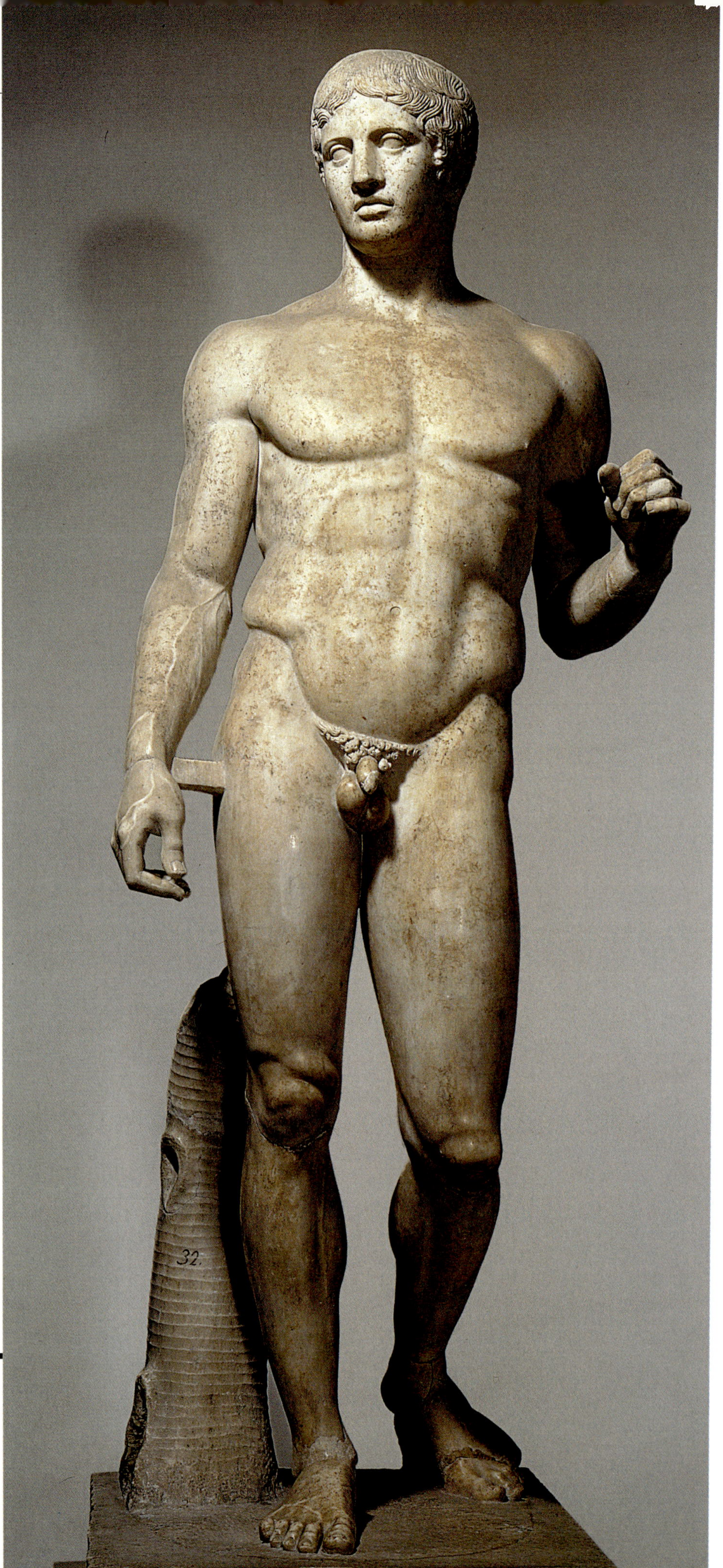

Doryphore

La tradition rappelle que la sculpture en bronze exécutée vers 440 av. J.-C. par le grand Polyclète d'Argos, réputée comme "porteur de lance" (*doryphoros*), et représentant certainement Achille, était connue dans l'Antiquité comme *Kanon*, c'est-à-dire "canon", parce que les rapports numériques institués entre les dimensions des différents membres attestaient la loi métrique et musicale de la construction des corps. Dans cette réplique pompéienne (haut. 2,12 m), la meilleure copie parvenue du célèbre original égaré, le principe de construction géométrique apparaît très clairement. Celui-ci obéit au rythme que l'on appelle le chiasme (de la forme du X du khi grec), qui détermine le mouvement principal du corps, jambe droite tendue et bras opposé gauche fléchi, et inversement la jambe droite repliée et le bras droit tendu. Mais le charme qui émane de cette statue provient du mouvement subtil de la tête et du torse, qui donne vie à cette figure qui reste la tentative la plus achevée de représentation de l'idéal de l'harmonie de l'homme grec, *kalòs kai agathòs* (flamboyant par le corps et émérite par l'esprit).
La présence de cette copie, de la première période de l'Empire, placée dans le gymnase des Samnites de Pompéi, est particulièrement significative. Elle rappelle aux jeunes aristocrates de la ville campanienne leur appartenance commune au monde classique et aux idéaux de la culture hellénique dont les Romains se sentaient les héritiers.

Trois coupes d'obsidienne

Datables de la période située entre la fin du Ier siècle av. J.-C. et la première moitié du siècle suivant, les trois coupes ont la forme traditionnelle du *scyphus* d'argent et reportent une décoration de style pseudo-pharaonien ou du moins d'inspiration égyptienne qui rappelle la terre d'origine de l'obsidienne romaine, l'Ethiopie, où un *Obsidius* (d'où le nom d'obsidienne) avait découvert des gisements qui fournissaient de grandes quantités de pains de grosses dimensions. Les deux plus grandes coupes sont décorées de scènes pharaoniennes identiques réalisées avec des incrustations de coraux blancs et roses, lapis-lazuli, malachite et feuille d'or. Sur l'un des côtés deux figures sont représentées, peut-être un pharaon et sa reine faisant des offrandes à un taureau (*Apis*), situé dans un édicule dont le fronton est orné d'un disque solaire accompagné de deux uraeus. A l'arrière-plan, deux grands prêtres s'agenouillent sur des autels où reposent des vases pour parfums. Sur l'autre côté de la coupe la même scène se répète, et ne se distingue que par quelques détails, essentiellement par la présence de l'animal vénéré qui est ici le bélier (*Mendes* ou *Amon*).
Le petit vase est décoré d'un motif polychrome de feuilles et de fleurs qui se sépare pour s'enrouler en un seul branchage. Un oiseau repose sur la tige centrale. Pour finir, la *phiale*, permet de reconnaître, dans les fragments subsistants, une scène nilotique avec des traces de fleurs aquatiques, un bateau en papyrus, un hippopotame et un oiseau aquatique.

La présentation des antiquités vésuviennes

Le Musée, à présent devenu "National", s'enrichit de la remarquable collection Santangelo et fut entièrement réaménagé par Fiorelli. Son œuvre fut particulièrement importante pour l'histoire des recherches archéologiques de Pompéi. Elle fut ensuite, dans une certaine mesure, complétée par ses disciples, dont Giulio De Petra, qui lui succéda en 1875 à la direction et l'architecte Michele Ruggiero. Les années de la fin du XIXe siècle et du début du XXe siècle constituèrent une période particulièrement troublée. Une série de scandales éclatèrent à la suite de la subtilisation d'importantes œuvres antiques dépendant de la circonscription de tutelle du Musée qui furent transportées à l'étranger. La réorganisation des collections napolitaines elle-même, conduite par l'historien Ettore Pais (1901-04), suscita de violentes polémiques et des critiques pour son modernisme excessif. Toutefois, les orientations alors formulées ainsi que leurs lignes directrices, comme celle d'opérer par contextes, l'accent mis sur la nouvelle discipline de la Préhistoire, la forte connotation historique donnée à certaines expositions sur la base des connaissances de l'époque resteront décisives pour l'organisation du Musée de Naples pendant toute la première moitié du XXe siècle.
Après la période agitée de la Seconde Guerre mondiale, que le Musée traversa sans trop de dommages
les collections les plus fragiles furent mises en sécurité d'abord à Cassino puis, quelques jours avant la destruction de l'abbaye, dans les Musées du Vatican –, une nouvelle étape de l'histoire du Musée commença par la séparation et le déménagement, en 1957, de la Pinacothèque à Capodimonte. Cette décision de B. Molajoli mit sans nul doute fin au dessein culturel encyclopédiste d'un seul grand Musée napolitain d'art et d'antiquités. Elle entraîna au demeurant des amputations parfois douloureuses pour des collections réunies depuis la fondation. Cependant le fait de rassembler l'art antique et moderne (par exemple dans la collection Farnèse) libéra des espaces pour les collections surnuméraires d'antiquités. Pour ces pièces, l'on put alors songer à de nouvelles collocations, d'autant plus que beaucoup d'entre elles paraissaient visiblement désuètes pour les principes mêmes qui avaient présidé à leur exposition.

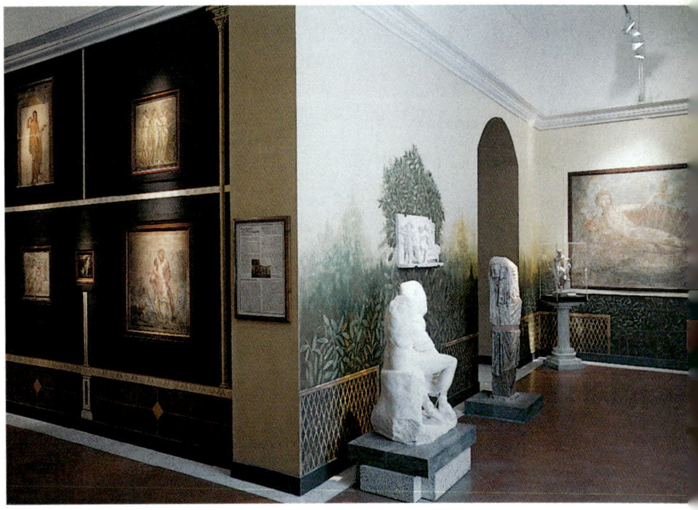

Une vue du "Cabinet secret"

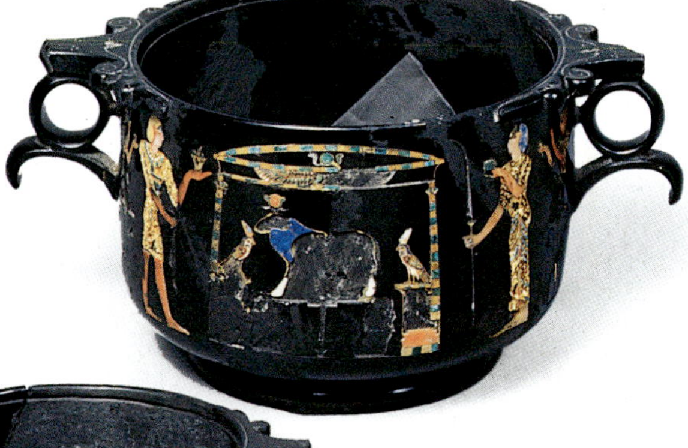

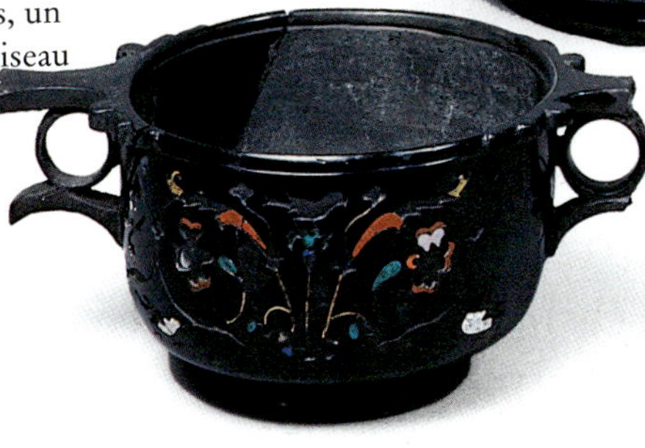

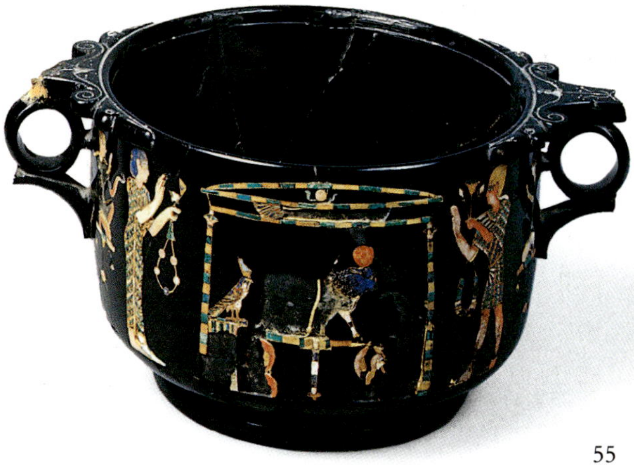

Naples, Musée Archéologique National

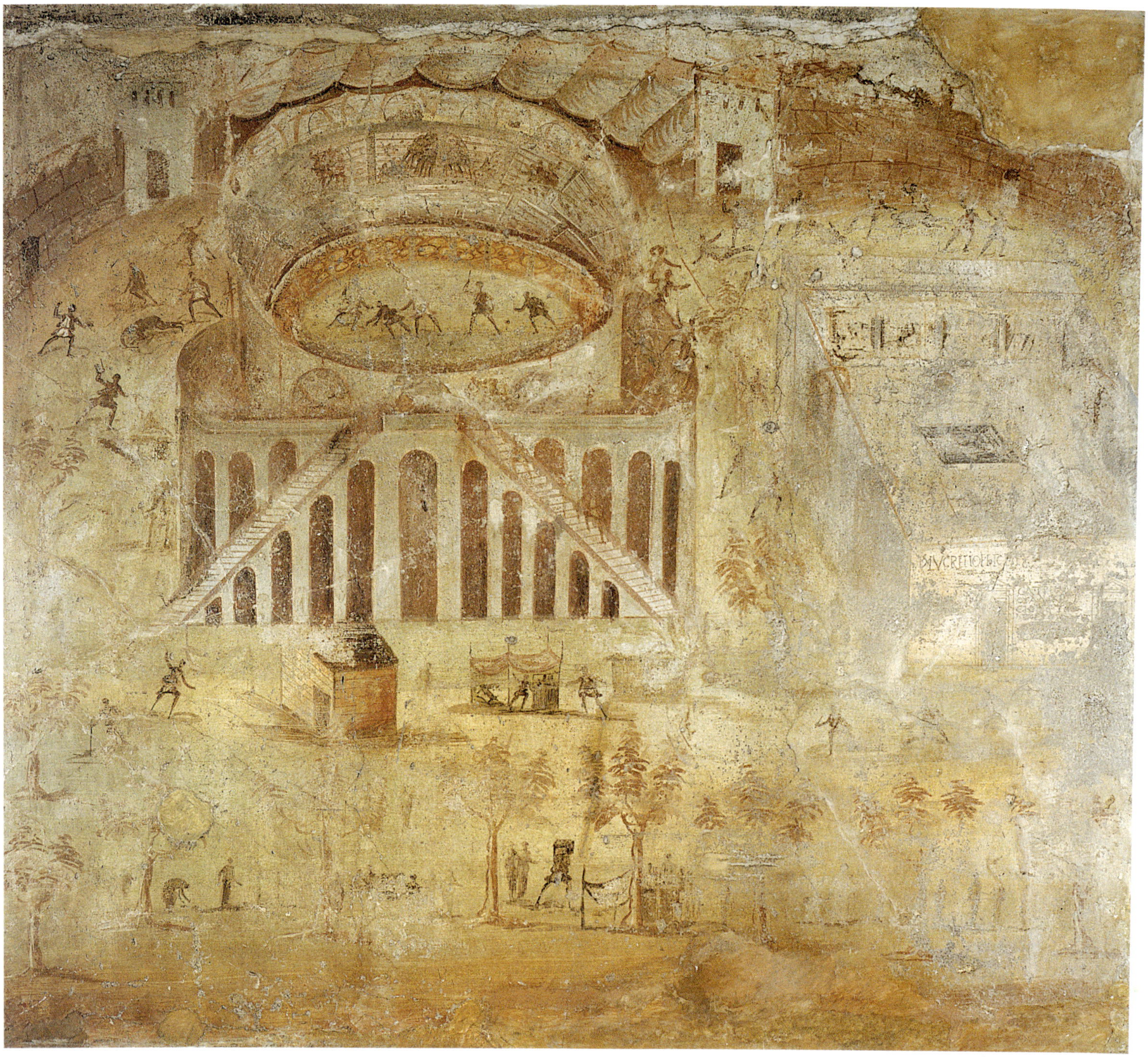

La rixe dans l'amphithéâtre de Pompéi

La peinture de cour et mythologique dérivée de la peinture grecque n'est pas le seul témoignage légué par les cités du Vésuve. Placée au premier rang, Pompéi nous a également transmis de nombreux exemples de peinture populaire, illustrant par des moyens expressifs simples mais fort marquants les aspects et les événements de la vie quotidienne. Nous ignorons pourquoi le maître de la maison pompéienne où ce tableau (1,69 × 1,85 m) a été découvert avait demandé à l'un de ces peintres de laraires et d'enseignes, de peindre sur une paroi le célèbre épisode de la rixe entre les habitants de la colonie de Nucérie et les Pompéiens déclenchée en 59 apr. J.-C. à l'occasion de certains jeux ayant eu lieu dans l'amphithéâtre de Pompéi. L'épisode, certainement imputable aux querelles de clocher ancestrales entre Pompéi et la puissante ville voisine, fut l'un des événements les plus importants de la vie sereine de cette petite cité du Ier siècle. Les sources romaines nous rappellent que cet incident provoqua la fermeture de l'arène de Pompéi pendant dix ans et la dissolution de certaines associations illégales. La représentation de l'épisode est vivante et relativement fidèle. Dans la vue à vol d'oiseau, nous voyons l'amphithéâtre, où s'agitent les silhouettes des adversaires, au second plan l'enceinte et à gauche le gymnase.

Naples, Musée Archéologique National

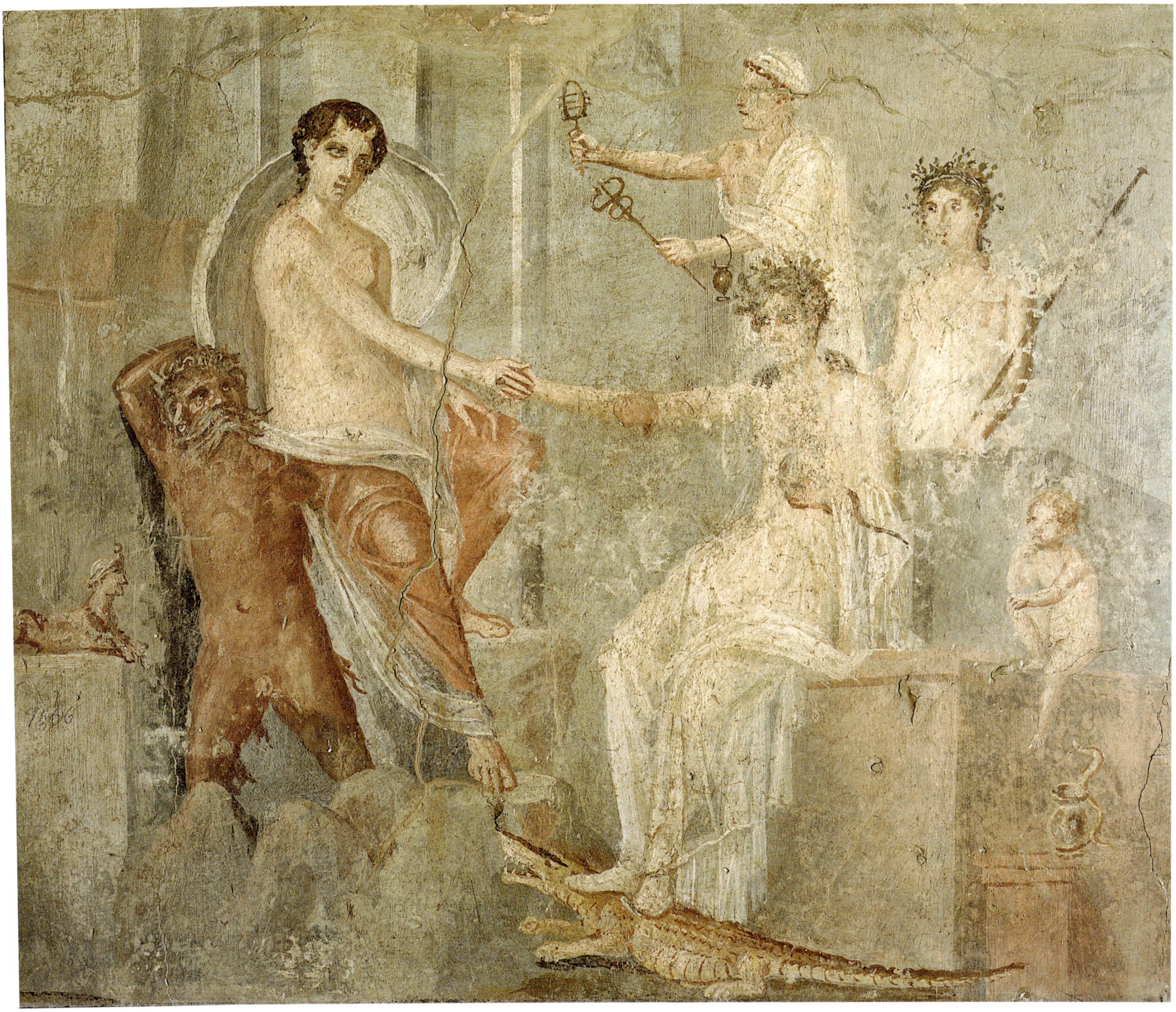

Io à Canope

Rendu à la lumière le 18 novembre 1764 en présence du roi Ferdinand IV, le tableau (1,50 × 1,375 m) représente un sujet relativement rare (il n'en existe qu'une seule réplique connue, provenant elle aussi de Pompéi). Il s'agit de l'arrivée en Egypte de la nymphe Io, poursuivie par Héra pour la soustraire à l'amour de Zeus. Elle est accueillie par la déesse Isis dans son sanctuaire de Canope situé dans le Delta. C'est là qu'elle donna naissance à Epaphos, ancêtre de la dynastie royale d'Egypte et d'Argos, par le biais des frères Egyptos et Danaos. Ce thème est naturellement traité dans le contexte alexandrin, afin de légitimer le pouvoir de la dynastie ptolémaïque, revendiquant d'antiques racines héraclido-argiennes valables, pour asseoir parallèlement les deux composantes égyptienne et macédonienne du nouveau royaume. C'est pourquoi il conviendra d'attribuer le prototype de ce tableau au contexte alexandrin du IIIe siècle av. J.-C. La scène dépeint le moment où une divinité fluviale dépose Io sur les rochers de Canope. La nymphe, à la carnation éblouissante, est conduite par la main d'Isis, coiffée de boucles calamistrées, et munie d'attributs vivants : un cobra dans les mains et un crocodile à ses pieds. L'autel corné et les grands prêtres de la déesse connotent le lieu en tant que sanctuaire.

La Villa des Papyrus d'Herculanum et ses richesses

Herculanum, cité grecque, samnite et donc romaine, fut, tout comme Pompéi, détruite par l'éruption du Vésuve en 79 apr. J.-C. La partie de la ville antique, découverte à partir de 1738 grâce à Charles de Bourbon, ne possède pas moins d'intérêt que Pompéi, dont elle se différencie en raison de certaines particularités : les routes sont plus étroites et souvent dotées d'arcades, les maisons sont moins grandes mais souvent décorées de façon plus luxueuse, le second étage des bâtiments est en meilleur état de conservation.
La célèbre Villa des Papyrus se trouvait au nord-ouest de la ville et se déployait le long de la côte du sud-est au nord-ouest, où, depuis peu, se sont achevés les travaux de chantier qui ont concerné l'atrium et la zone de l'angle nord-occidental.
La Villa doit son nom aux papyrus, au nombre d'environ deux mille, qui y furent découverts au XVIIIe siècle, et dont une partie seulement est aujourd'hui conservée au Musée Archéologique National de Naples. Ces papyrus, dont beaucoup sont à demi carbonisés, ont permis de connaître l'œuvre de Philodème de Gadara, philosophe grec divulgateur de l'épicurisme.
La Villa était une demeure somptueuse, la plus spacieuse d'Herculanum, construite au bord de la mer, reproduisant en partie une école-gymnase hellénistique et appartenant selon toute probabilité à Lucio Calpurnio Pisone, homme d'état, épicurien et beau-père de Jules César. De récentes fouilles ont permis de prouver qu'elle s'élevait sur quatre étages entiers, dont trois sont encore inexplorés.
La Villa des Papyrus était l'édifice privé le plus riche en sculptures des demeures découvertes jusqu'alors. Sa façade n'était pas orientée ver la mer, mais en direction opposée. L'atrium, précédé d'un portique, comme dans les villas maritimes, servait de vestibule de dégagement. Les espaces destinés aux logements se disposaient en revanche sur l'un des côtés entourant le premier péristyle carré, traversé par une longue piscine étroite, et de l'autre, sur les parties latérales d'une cour tournée vers l'est. A l'ouest du premier péristyle, précédé d'un *tablinum*, s'ouvrait un second grand péristyle rectangulaire entouré d'un portique et d'un cryptoportique, traversé lui aussi par une piscine

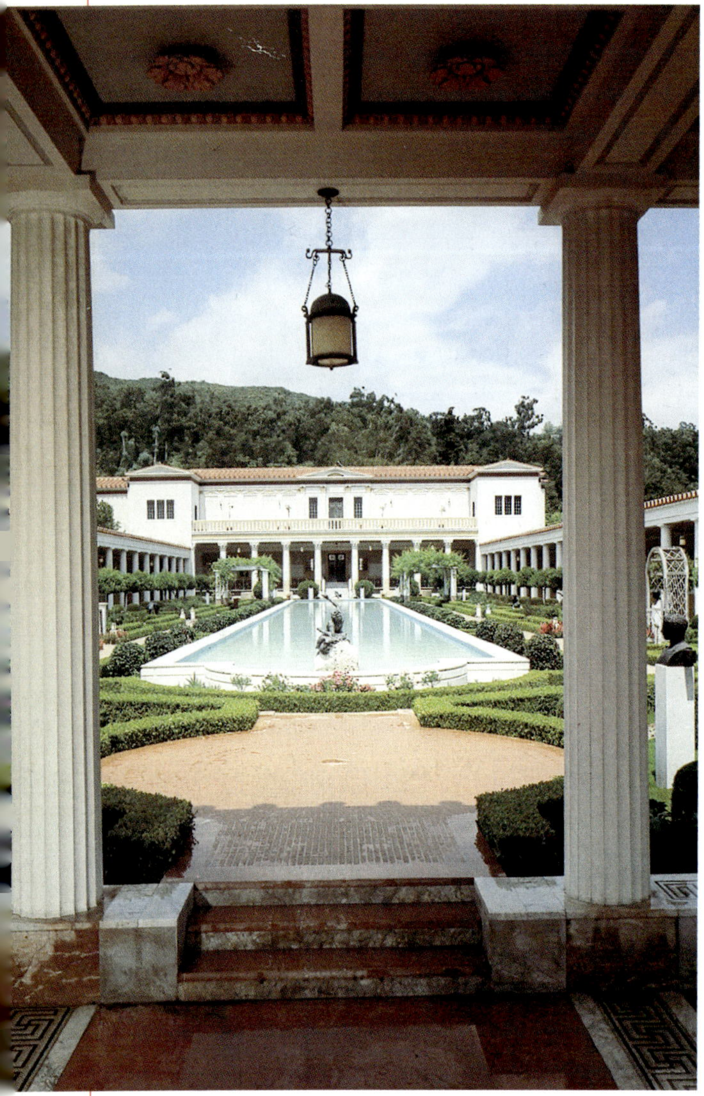

Malibu (Californie), Musée de la Fondation Paul Getty, péristyle

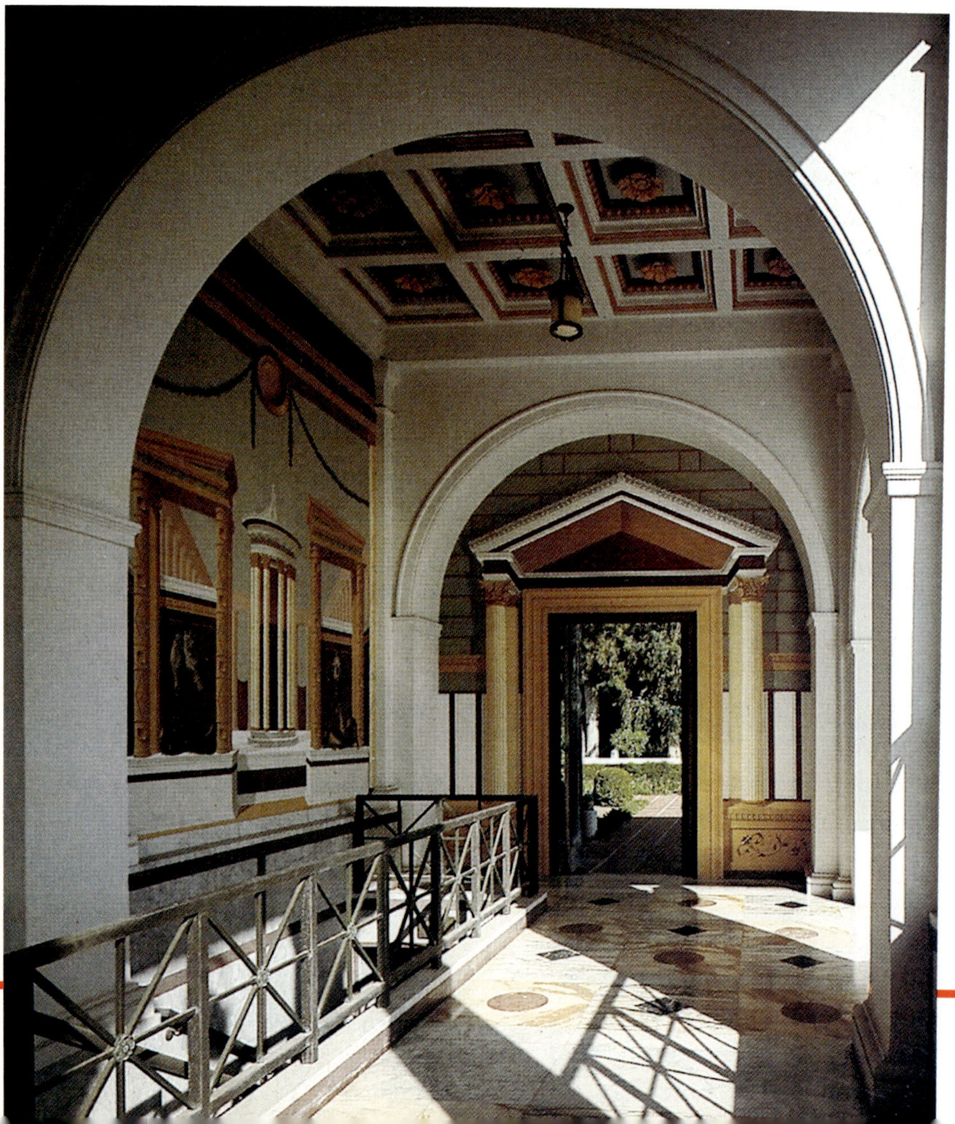

Malibu (Californie), Musée de la Fondation Paul Getty, portique sud

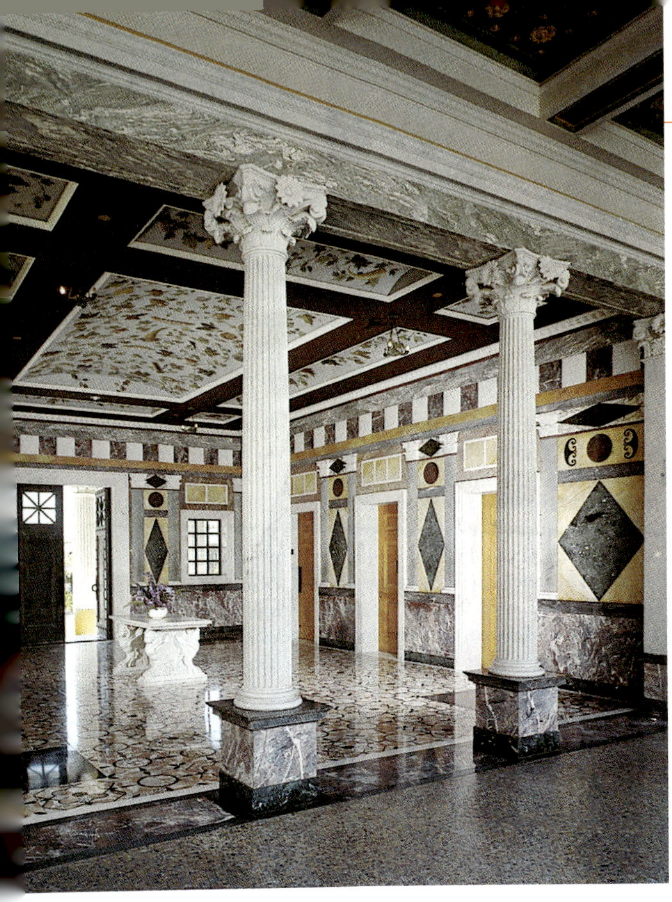

Malibu (Californie), Musée de la Fondation Paul Getty, péristyle

grandiose. Au-delà du péristyle, vers l'ouest, se déroulait une allée gravillonnée qui conduisait à une petite tour servant de belvédère, décorée d'un somptueux dallage de marqueterie de marbre, aujourd'hui conservé au Musée Archéologique National.

La plupart des statues étaient disposées dans le jardin, d'autres dans le *tablinum*, dans le péristyle carré et dans l'atrium. Parmi celles-ci, l'on peut distinguer des copies, dont certaines sont excellentes, de chefs-d'œuvre de l'art de l'époque archaïque, classique et hellénistique; des portraits de personnages illustres; des groupes d'animaux et des sculptures décoratives de nymphes et de fontaines.

Les nombreuses sculptures en marbre et en bronze, ainsi que les multiples fragments de peintures pariétales sont à présent exposés dans certaines salles du Musée Archéologique National. Bien que la Villa soit encore en partie ensevelie sous vingt mètres de roches volcaniques, la découverte de ces sculptures a permis de mettre en évidence un plan décoratif précis environnant le groupe des sculptures qui, recomposé dans ces pièces, constitue l'un des rares exemples que nous connaissons de collections artistiques privées de l'antiquité. Le fonds compte des portraits de philosophes, d'orateurs et de stratèges et de grandes et de petites sculptures de fontaines. Les marbres et les bronzes de la Villa s'inspirent pour l'essentiel, en ce qui concerne les styles et les sujets, de la culture artistique grecque et témoignent donc de la profonde hellénisation du monde romain à la fin du Ier siècle apr. J.-C.

Une des salles avec la présentation de la Villa des Papyrus au Musée Archéologique National de Naples

Eu guise de solution alternative à l'aménagement en Musée de la Villa des Papyrus, des initiatives d'un goût contestable ont vu le jour, comme la reconstitution de la Villa voulue par le milliardaire collectionneur Paul Getty, à Malibu, en Californie, sur la base des plans de l'époque, mais avec des ornements totalement fantaisistes.

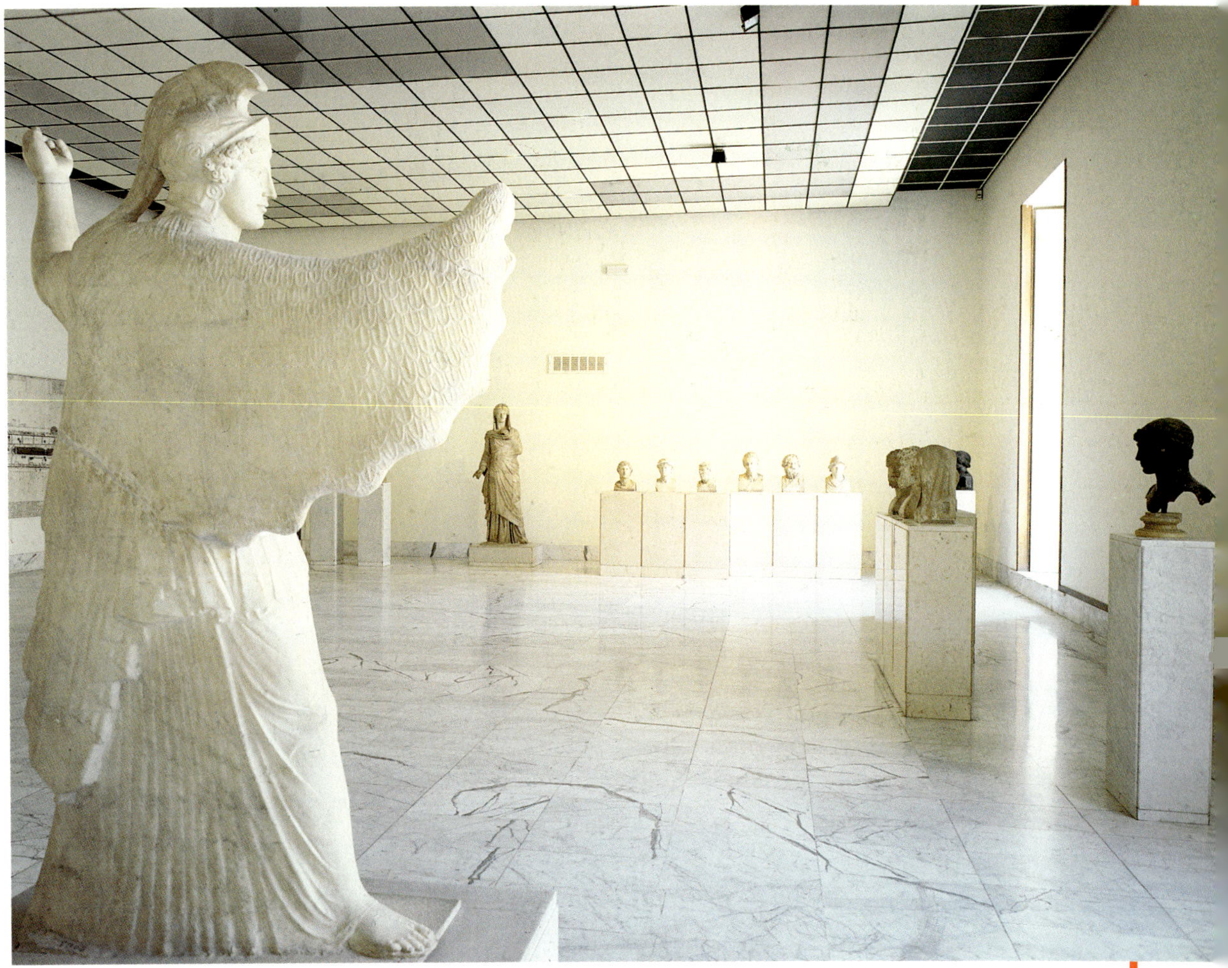

Mosaïque d'Alexandre

La maison du Faune était la demeure la plus somptueuse, non seulement de la période hellénistique tardive, mais probablement de toute l'Italie du temps passé. Parmi les magnifiques mosaïques en *opus vermiculatum* qui justifient de telles affirmations, la plus célèbre est sans nul doute celle qui compose le sol du lieu de réception le plus élégant de la demeure, figurant Alexandre le Grand, jonché sur la selle de son Bucéphale combattant Darius III, le roi des Perses (3,13 × 5,82 m). L'arbre sec à l'arrière- plan qui est le seul élément d'un paysage par ailleurs neutre, nous laisse penser qu'il s'agit presque certainement de la bataille d'Issos de 333 av. J.-C. Des sources arabes tardives, tout comme Marco Polo le raconte lui-même dans le *Million*, ayant entendu l'écho sur les voies caravanières de l'Asie Centrale, connaissaient en effet cette bataille justement dénommée la "bataille de l'arbre sec".
Impressionnante par sa monumentalité et sa virtuosité technique, la mosaïque s'inspire certainement d'un tableau exécuté par un grand maître de la première période hellénistique et dont l'on trouve de nombreuses répliques utilisant d'autres techniques. Il s'agit probablement de cette "bataille d'Alexandre" contre Darius, qui avait été commissionnée selon une nouvelle de Pline l'Ancien (*Naturalis Historia* 35, 110), au peintre *Philoxenos* d'Erétrie par Cassandre, le successeur d'Alexandre en Macédoine (mort en 298 av. J.-C.).
Le magnifique combat de cavalerie place en son centre l'épisode dramatique du sacrifice du prince perse. Celui-ci s'interpose entre son seigneur et le Macédonien qui le menaçait de sa lance, et assiste au spectacle de son cheval succombant dans sa chute, qui est alors transpercé par Alexandre, tandis qu'en vain l'un de ses soldats, l'un des fameux *aristoi* qui composaient la garde royale, descendu de cheval, le lui offre, se condamnant ainsi à une mort certaine. La scène exprime de grandioses effets de composition comme la forme du cheval central vue de dos en raccourci, les longues sarisses des Macédoniens qui trouent en oblique l'espace vide du fond – un trait qui ne manque pas de rappeler la *Bataille de San Romano* de Paolo Uccello. On peut aussi y apprécier des détails subtils comme les magnifiques parures historiées, les reflets des clignotements des armes, les naseaux vibrants des chevaux, les regards envoûtés ou frappés de terreur des hommes et des animaux. L'effet d'ensemble se résume en un impétueux sens du mouvement enveloppant les échos de la bataille, le fracas des armes et le hennissement des chevaux.

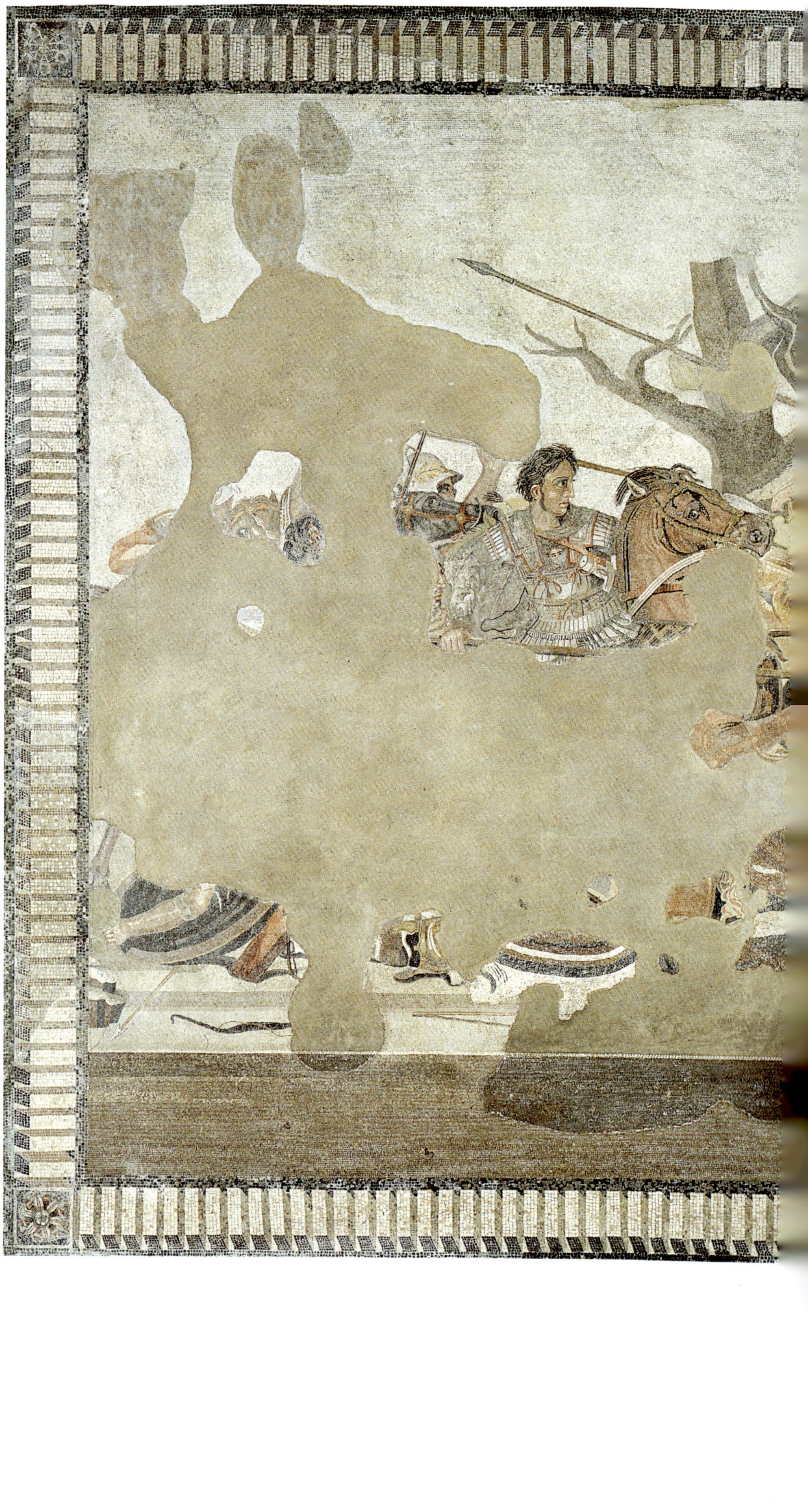

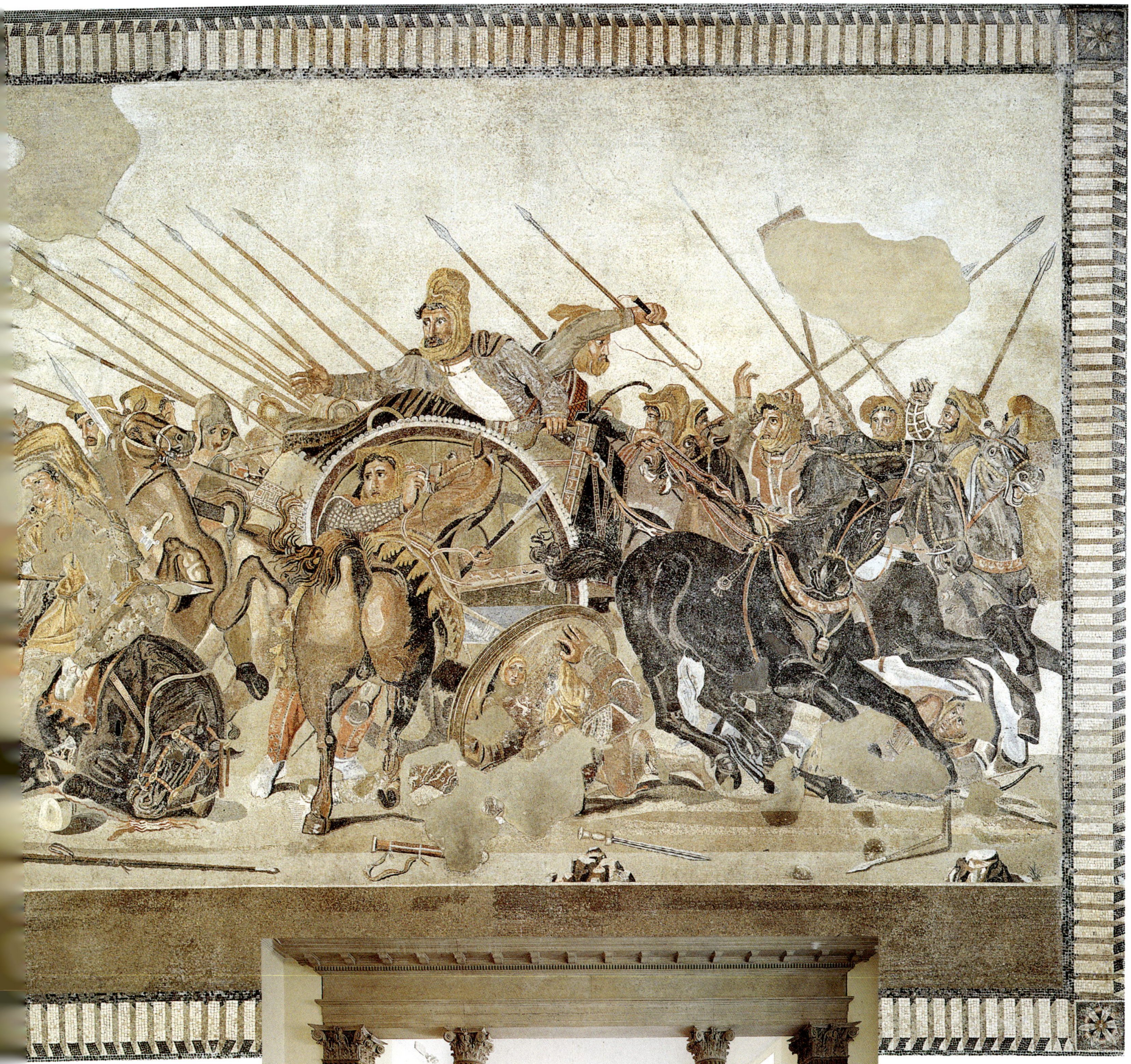

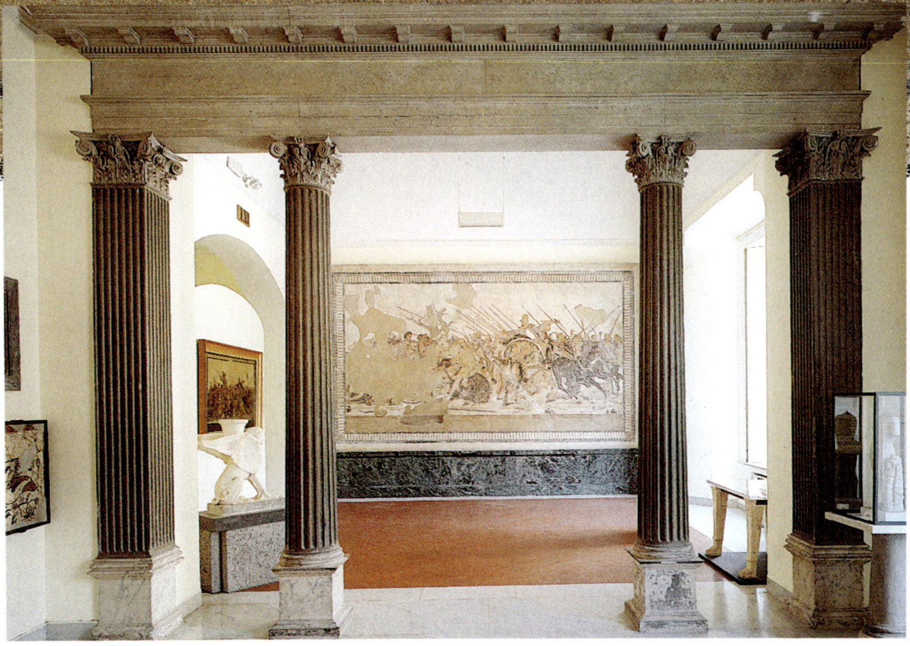

La salle du Musée où est exposée la *Bataille d'Issos*

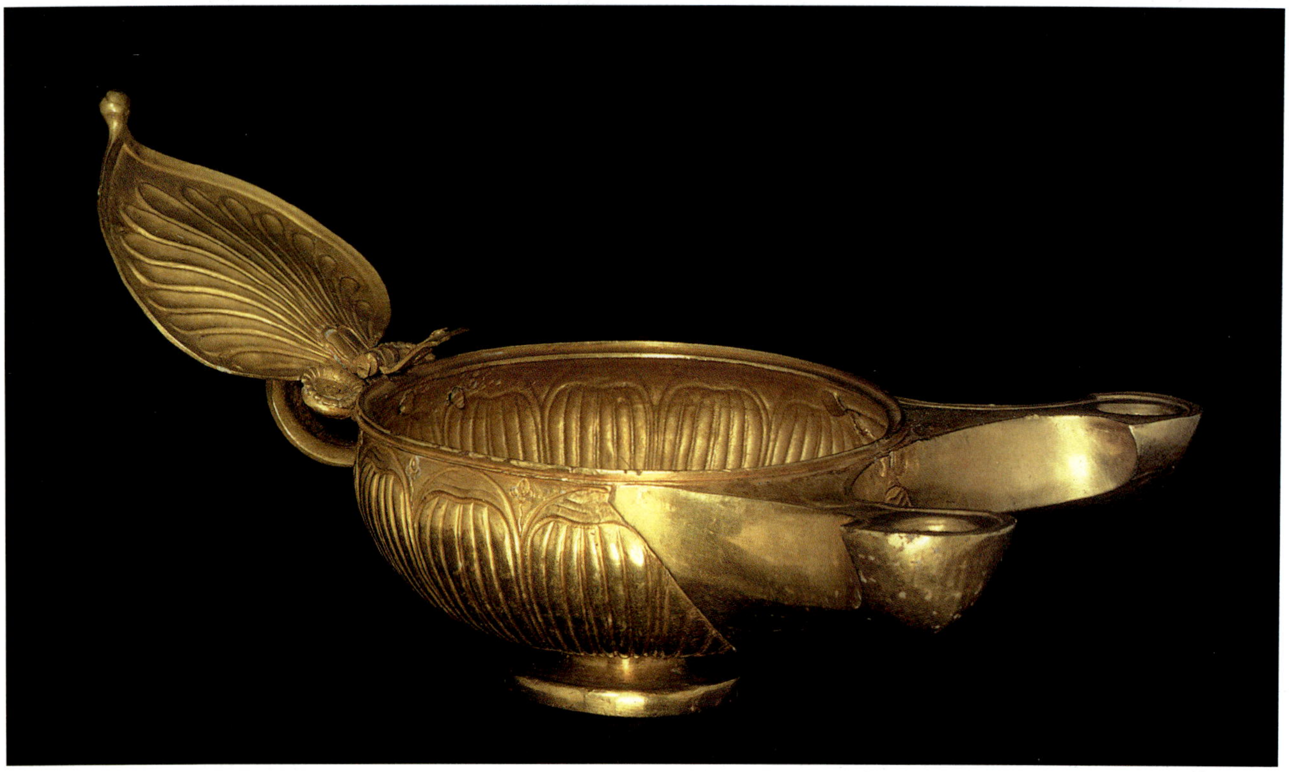

La rénovation d'après-guerre

Abandonnant les anciens critères de classification par genres et matières du XIXᵉ siècle pour valoriser ceux du contexte de provenance, tant au niveau topographique, chronologique que de collection, c'est à partir de l'aménagement de la Villa des Papyrus d'Herculanum (A. de Franciscis-De Felice, 1973) qu'une nouvelle vision des projets d'exposition voit le jour (A. de Franciscis, 1961-77 ; F. Zevi, 1977-81 ; E. Pozzi, 1981-91 ; S. De Caro, 1991-99). Elle se propose de mettre en valeur toutes les composantes conservées (farnésiennes, "pompéiennes", phlégréennes, de la Grande-Grèce, étrusco-italiques), ainsi que les autres dotations parallèles qui s'entrecroisent dans l'histoire du Musée (collection Borgia, Santangelo, la collection des Cuivres de l'ancienne imprimerie des Bourbons, les fonds épigraphiques, numismatiques, la peinture sur vase, etc.). Sur la base de ces critères, les thermes de Caracalla sont à nouveau envisagés pour abriter la collection Farnèse et la collection de la glyptique. Pour ce qui est du matériel pompéien, ou celui de la collection "pornographique" ou encore des mosaïques, on songe à l'ensemble monumental du temple d'Isis de Pompéi Quant aux installations *ex nihilo* de la section épigraphique, préhistorique, ainsi que de la section topographique des matériels provenant d'Ischia et de *Neapolis*, elles seront bientôt achevées, pour être suivies de celles de la section de numismatique et de la Grande-Grèce. Cette dernière thématique accompagnera celle de la culture de la Campanie antique pré-romaine, auprès de laquelle on envisage d'intégrer les pièces provenant de nouvelles fouilles, pour fournir une introduction historique générale aux différentes cultures, en renvoyant pour les expositions plus détaillées aux nombreux et riches musées du site qui sont en cours d'implantation dans la région (à Baia, à S. Maria Capua Vetere, à Nola, à Teano, à Piano di Sorrento pour n'en citer que certains ayant déjà ouvert leurs portes). Cette nouvelle perspective s'inscrit dans le cadre d'un ambitieux projet de réseau de musées et de parcs archéologiques, dont le Musée de Naples constitue le centre naturel.

Le nouveau projet d'exposition se propose de mettre en valeur toutes les composantes et toutes les thématiques parallèles qui s'entrecroisent dans l'histoire du Musée, avec l'objectif ambitieux de créer autour du Musée National de Naples un réseau de musées et de parcs archéologiques.

Lampe à huile en or

Elle fut retrouvée en 1863 dans le plus grand sanctuaire de la colonie créée à Pompéi. Cette lampe à huile *bilicne* d'or (long. 23,2 cm.; diam. 15,1 cm), travaillée au repoussé avec des motifs feuillus de lotus, comportant un haut réflecteur orné du même sujet, est une pièce unique dans le absolu. Comme l'attestent les témoignages épigraphiques et littéraires, dès le début de l'époque classique, les objets en or constituèrent des offrandes dignes de ce nom pour les principaux sanctuaires existants. Ce fut le cas de la lampe à huile d'or, qui, comme nous l'apprend Pausanias, brûlaient jour et nuit dans l'Erechtéion, le sanctuaire d'Athéna Polias situé sur l'Acropole d'Athènes. Dans ce cas, il s'agit certainement d'un don votif de nature exceptionnelle. Depuis quelques années, certains graffitis, retrouvés dans la maison de Giulio Polibio, ont en effet démontré que cette lampe à huile pompéienne fait certainement partie d'un don des empereurs Néron et Poppée, en visite dans la ville et au sanctuaire, probablement à l'époque du fameux séjour napolitain de 64 apr. J.-C. Le premier texte rédigé en latin vulgaire raconte avec emphase ce qui suit : "à peine César parvint-il au temple de la très sainte Vénus, quand ô Auguste, tes pieds célestes te conduisirent en son enceinte, des milliers de livres y affluèrent. Alors que le second présente ses dons de l'Auguste, qui semble être venu en personne : "Poppée expédia en don à la très sainte Vénus un béryl et une perle en collier. Avec, il y avait une grosse perle". La forme de la lampe reconduit bien à une datation de l'époque de Néron.

Pan et chèvre

Parmi les nombreuses sculptures qui faisaient de la somptueuse Villa des Papyrus une véritable demeure musée se distingue cette célèbre statuette (haut. 44,4 cm), exposée par son propriétaire, sans pudeur, parmi celles des dieux, des philosophes et des condottieri, dans le jardin. En réalité, le jardin n'était pas uniquement le sanctuaire des Muses, mais il représentait également, en tant que lieu créé par la culture humaine pour reproduire le monde de la nature, l'univers des êtres mystérieux et divins des bois, les Satyres, les Nymphes, Pan, Dionysos, les Ménades, dont l'art romain avait hérité comme représentation dans la transposition pastorale de l'art hellénistique. Vanvitelli juge cette œuvre "très lascive, mais belle". Jusqu'à des temps récents, la sculpture est restée l'objet d'une censure sévère. Les aspects incontestablement scabreux du thème érotique sont atténués par le caractère humoristique du jeu des regards qui s'entrecroisent entre la chèvre langoureuse et le petit Pan, le dieu qu'Horace appelle *aigibates*, "qui va avec les chèvres".

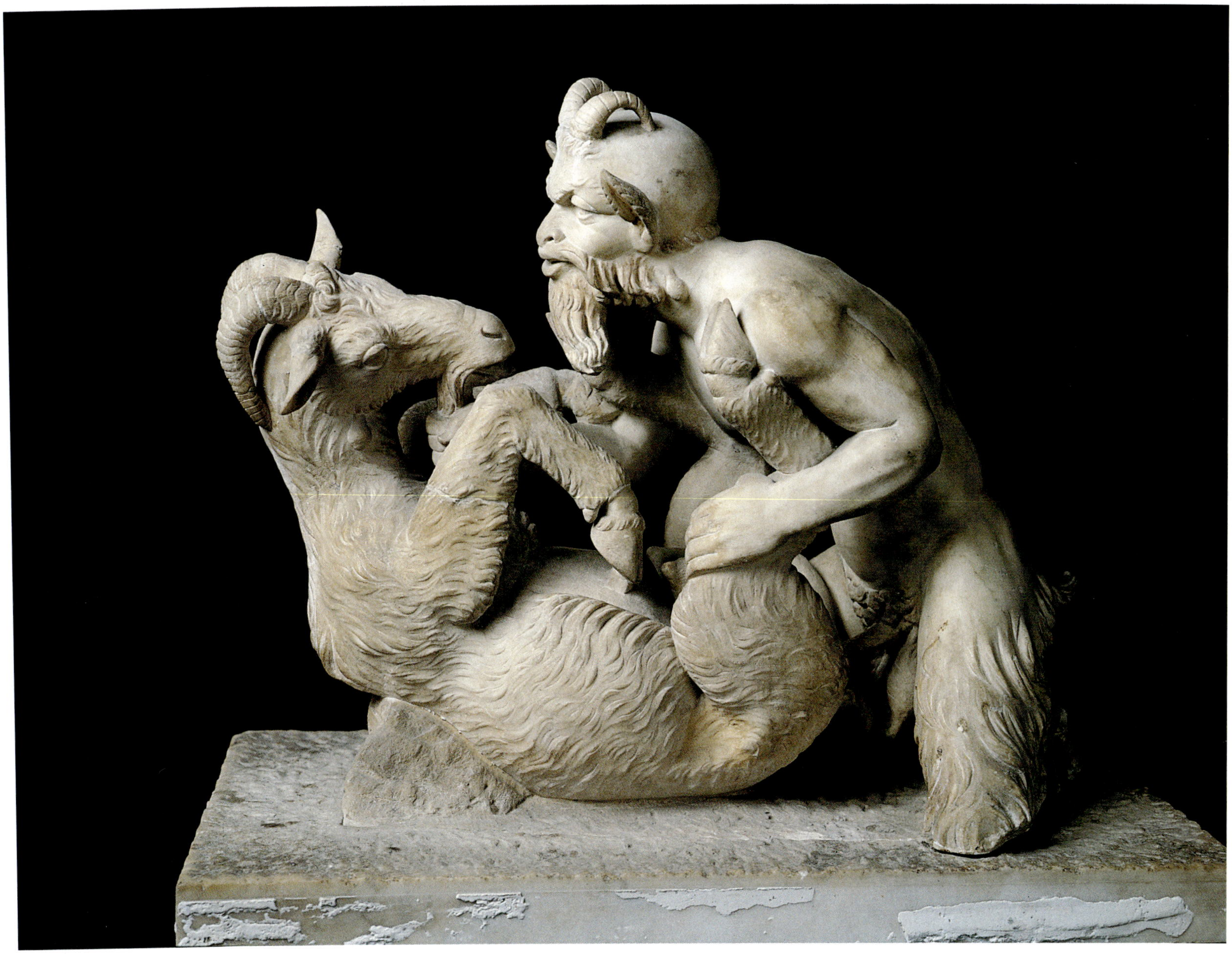

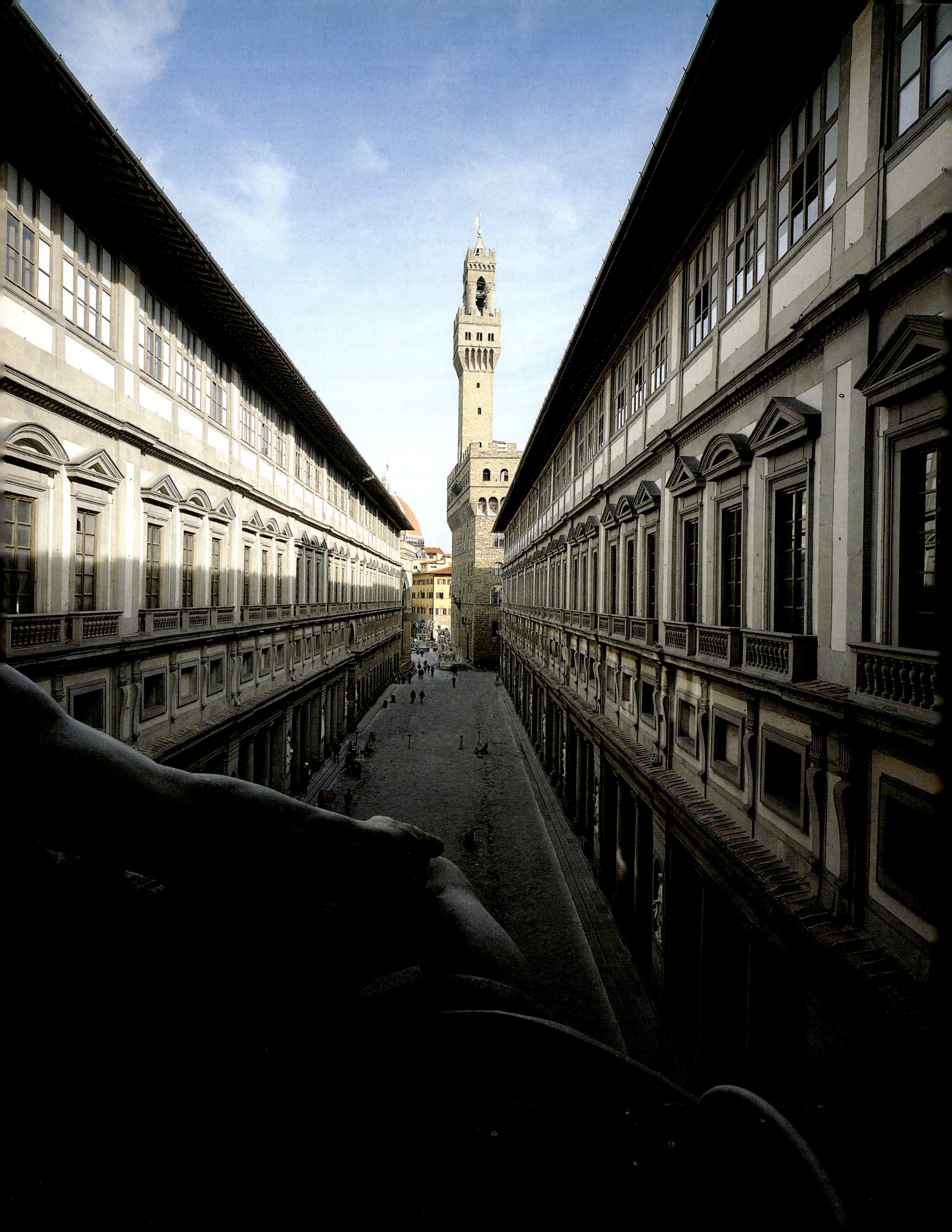

Florence, les Offices

Annamaria Petrioli Tofani

Vue de la place des Offices, depuis Piazza della Signoria, en direction de Palazzo Vecchio

Aujourd'hui, le Musée des Offices peut s'enorgueillir d'une histoire qui dépasse largement quatre siècles. Une histoire rythmée par des étapes qui témoignent de sa croissance constante, marquée par un renouvellement progressif des orientations et des besoins intellectuels d'une société pour laquelle cette institution a, dès ses débuts, été une source notable de lustre non seulement au niveau culturel, mais également pour son image et son prestige. C'est certainement la raison pour laquelle les Offices présentent aujourd'hui – plus qu'aucun autre musée – un patrimoine si complet et si articulé sur l'histoire de l'expression artistique italienne, sans compter une excellente représentation des principales écoles étrangères. Il s'agit d'un fonds qui embrasse, par secteur typologique, aussi bien l'art du dessin que celui de la peinture, celui de la gravure comme celui de tapisserie, sans omettre la remarquable collection de sculptures, remontant principalement à l'époque classique, mais qui inclut également des œuvres de périodes postérieures. En dépit des carences actuelles, qui sont de diverses natures et qui réduisent le fonctionnement opérationnel du musée au niveau des espaces d'exposition comme des structures de support, les Offices continuent à exercer sur l'imaginaire collectif une attraction exceptionnelle, qui conduit jusqu'à ses portes un public fort différencié sur le plan de l'âge, de l'appartenance sociale, du niveau culturel ou de la nationalité. Une attraction qui ne peut, de toute évidence, s'expliquer par ses dimensions. En effet, quand bien même le plan d'agrandissement mis au point par la direction en 1989, dans le but d'utiliser les espaces inoccupés de l'édifice, deviendrait réalité, le musée ne saurait encore rivaliser avec de nombreuses autres institutions analogues d'Europe et d'Amérique. L'intérêt pour les Offices provient en revanche d'une prise de conscience largement partagée qu'une visite de cette institution constitue une expérience tout à fait particulière, non seulement en raison de la richesse des collections comprenant les plus illustres chefs-d'œuvre de l'art italien et européen, mais également parce que le fait d'entrer dans ce musée revient à pénétrer dans une enceinte qui est elle-même une œuvre d'art, puisque l'édifice construit au milieu du XVIe siècle par Giorgio Vasari est l'une des plus belles et des plus originales réalisations architecturales de l'époque. En outre, cet édifice jouit d'un emplacement tout à fait remarquable au sein de la ville et se transforme même en une espèce d'observatoire privilégié, où les principaux monuments, fleurons du panorama florentin, forment une vue admirable pour le visiteur, tels de magnifiques tableaux ornant les murs d'une salle. L'on peut de surcroît affirmer que ce bâtiment a donné naissance à l'idée même de musée, à savoir à un lieu expressément créé et aménagé pour montrer au public, tout en valorisant leurs significations dans des structures et des assemblages d'espaces adéquats, des objets soigneusement sélectionnés, servant d'outils de connaissance et de points de repère potentiels d'une nouvelle culture.

L'édifice des Offices fut bâti sur l'initiative de Côme Ier de Médicis (1519-74), à l'orée de la deuxième moitié du XVIe siècle, d'après les plans de l'architecte Giorgio Vasari, pour fournir un siège aux Magistratures, pour lesquelles les espaces jouxtant le Palazzo Vecchio étaient devenus trop exigus.

La Galerie

Vue de la place des Offices, depuis Piazza della Signoria, en direction de l'Arno

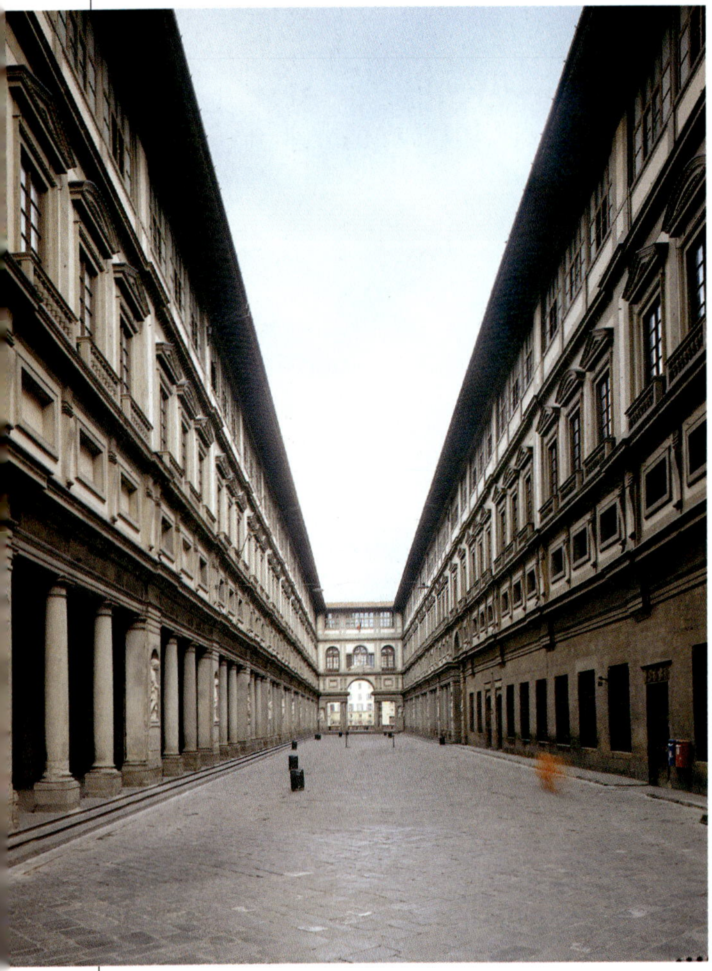

Le nom de Galerie des Offices communément attribué à ce musée tire son origine de l'existence de la véritable galerie qui parcourt sans interruption la partie supérieure de l'édifice, les trois ailes construites par Vasari, surplombant le magnifique parvis qui constitue le cœur de cet ensemble architectural. En raison du rôle fondamental joué par cette enceinte qui engendra la création, puis l'essor du musée actuel, des travaux de restauration, les plus fidèles qu'il soit possible de réaliser aujourd'hui, et d'une grande complexité, ont été entrepris au cours des années passées pour en restituer l'aspect originaire. Un aspect que le temps fit entièrement disparaître, tant pour des choix de fond (comme les subdivisions évoquées plus haut des collections de l'époque de la famille de Lorraine), que pour des questions contingentes liées au manque chronique d'espace.

La loggia percée et prévue par Vasari fut aménagée pour satisfaire aux exigences de l'exposition d'œuvres d'art du grand-duc François Ier qui, après l'avoir dotée de fenêtres et avoir ordonné la décoration à fresque des lambris, commença à y transférer – aux alentours de 1580 – les exemplaires les plus célèbres des sculptures classiques présentes dans les collections de famille, en les disposant de façon à ce qu'elles s'accordent avec les lignes architecturales des espaces, tout en imprimant un rythme fort harmonieux à l'élégante structure. Les statues de grandes dimensions allèrent ainsi prendre place, sous forme de deux rangées homogènes longeant la paroi des fenêtres, à l'endroit correspondant à la base de la loggia de Vasari, alors que les bustes de dimensions plus modestes furent disposés, par désir de cohérence visuelle, pour scander le triple rythme des travées se trouvant dans la perspective des colonnes les plus fines : avec les bustes des empereurs romains sur le côté de la porte et ceux de leurs épouses disposés en vis-à-vis sur le côté opposé.

Cette extraordinaire exposition de sculptures qui comprenait également alors des chefs-d'œuvre d'époques différents, ensuite transférées dans d'autres musées (à partir de la *Chimère d'Arezzo* étrusque jusqu'au *Bacchus* de Michel-Ange), offrit un contexte plus digne pour la célébration de la dynastie des Médicis, présente au travers des grands portraits disposés au-dessus de chacune des statues. Ces portraits sont présentés comme d'illustres contrepoints à ces hommes et à ces femmes, célèbres dans le monde entier depuis des siècles, qui couronnent en une rangée ininterrompue la partie supérieure des murs : la fameuse série de Giovio dont le cœur le plus ancien avait été exécuté sur une commission de Côme Ier, à Cristofano dell'Altissimo, en copiant les exemplaires de la célèbre collection que l'humaniste Paolo Giovio avait rassemblée dans sa villa de Côme.

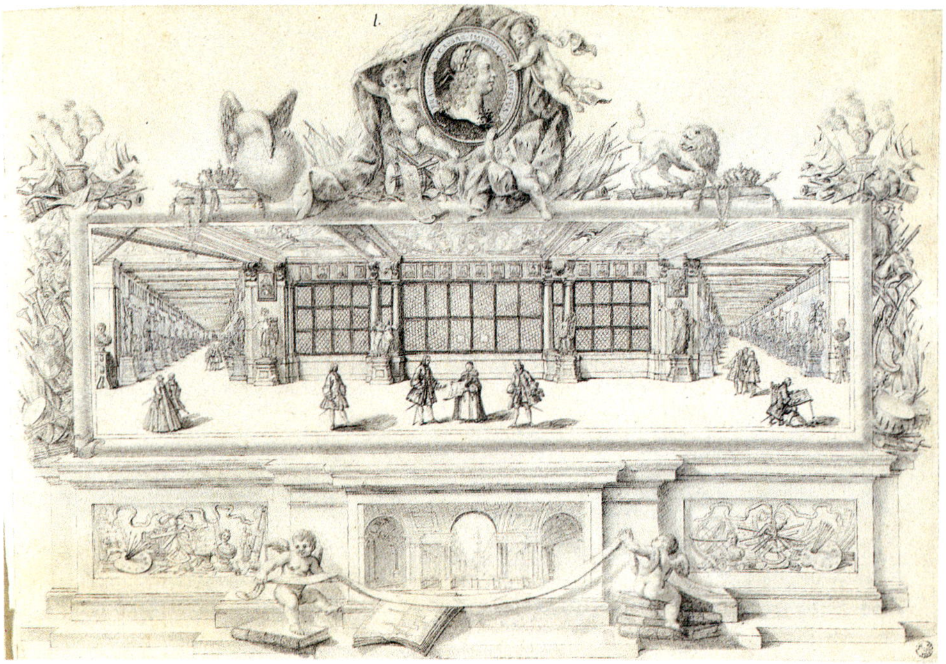

Vue de la Galerie depuis l'aile sud, dans un dessin du XVIIIe siècle de Vincenzo De Greyss

Ci-contre
Vue de la Galerie ou Couloir est, après les travaux de restauration de 1996

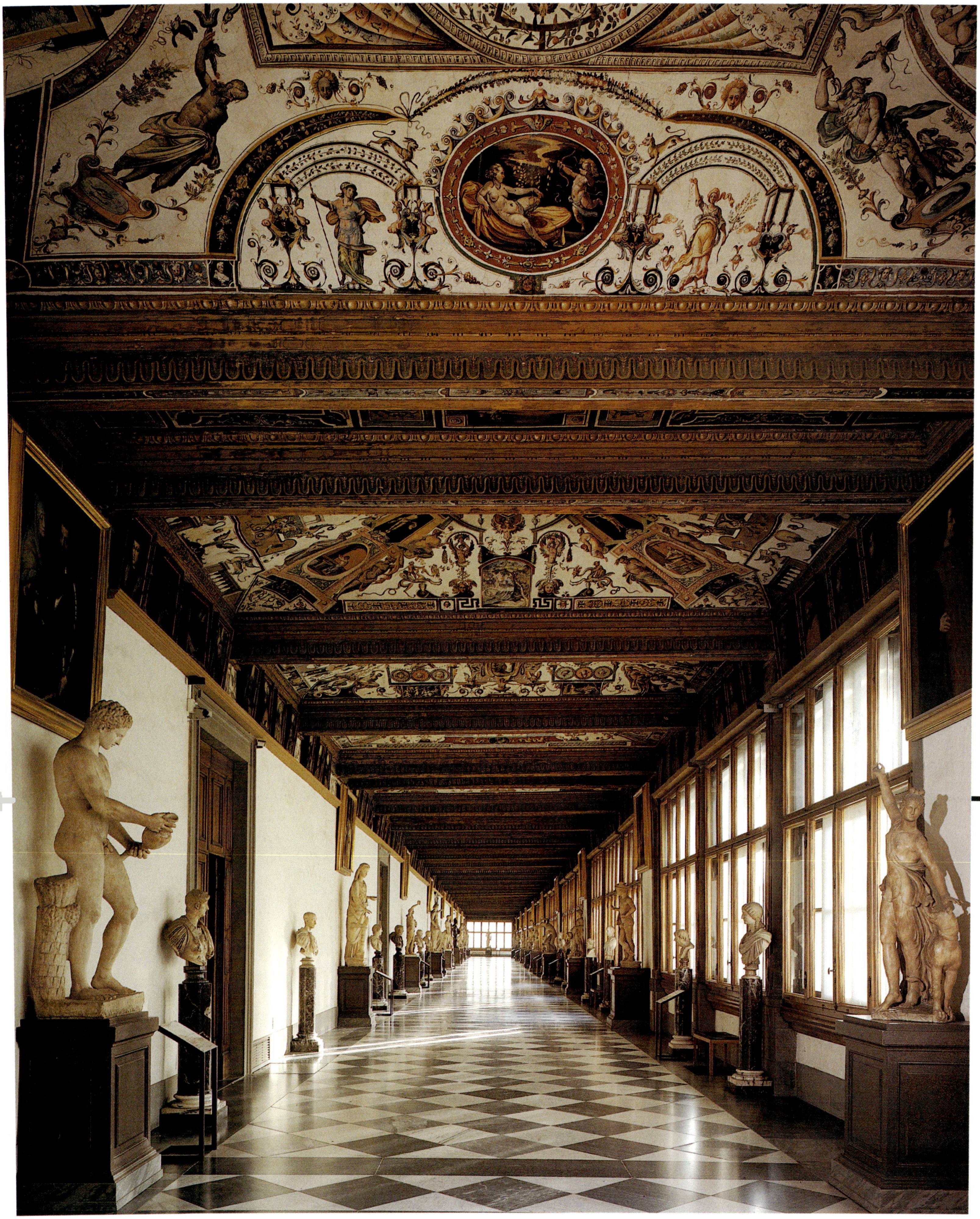

La naissance des Offices

C'est ainsi que vit le jour un bâtiment, dont la vocation de service public est tout à fait évidente, et qualifié tel dans sa dénomination même, les "Uffizi", les "Offices", entendu comme établissement consacré à une activité particulière. C'est ici qu'aux alentours de 1580, le grand-duc François Ier (1541-87) entreprit de déplacer des ensembles d'objets choisis parmi les plus considérables de l'immense collection de famille, tout d'abord dans la Galerie est, située au dernier étage, puis dans la Tribune spécialement aménagée à cet effet, donnant ainsi naissance au musée.

Grâce à la création du musée des Offices, François Ier atteignit un objectif revêtant une grande importance culturelle, permettant de surcroît d'aménager opportunément les collections, tout en contribuant notablement à la promotion, à un niveau d'envergure internationale, de son image et du prestige de la dynastie. Le succès obtenu fut tel – avec un orgueil légitime, l'on ne perdait aucune occasion de montrer le musée dans les circonstances officielles les plus solennelles – que, par la suite, on continua également à transférer dans l'édifice de Vasari, en les prélevant peu à peu des demeures privées et de la Garde-robe, aussi bien des œuvres d'une importance particulière, que des catégories complètes d'objets.

C'est par exemple ainsi que, à la fin du XVIe et au siècle suivant, prit place dans ce que l'on dénomme la Terrasse des cartes géographiques et dans la Salle d'étude des Mathématiques (l'actuelle salle 7), une importante collection d'instruments scientifiques, dont certains ayant appartenu à Galilée, tandis que dans les salles situées à droite de la Tribune (salles 9-22), l'on exposa la prestigieuse collection (malheureusement vendue au XVIIe siècle ou peut-être même détruite pour en récupérer les métaux précieux) des armes de guerre et de tournoi. L'on est en droit de croire que ces lieux étaient aménagés sous une forme muséologique soignée. En effet, aujourd'hui encore, il est possible de les identifier comme tels grâce aux décorations originaires des plafonds qui évoquent, dans le premier cas, les découvertes des grands savants de l'Antiquité, de Ptolémée à Archimède, et dans les autres, des allégories ou des épisodes guerriers, ou bien encore des scènes de joutes et de tournois.

La passion pour les collections de la famille Médicis continua à porter ses précieux fruits. Il convient à cet égard de mentionner les contributions respectives de : Ferdinand Ier (1549-1609), collectionneur passionné et opiniâtre de sculpture classique mais aussi de peintures de son époque, de Côme II (1590-1621), auquel l'on doit une grande partie des tableaux de Caravage aujourd'hui présents dans le musée, de Ferdinand II (1610-1670), à qui fut également légué par héritage, à travers son épouse Vittoria della Rovere, les collections d'Urbin célèbres pour les chefs-d'œuvre de Piero della Francesca, de Raphaël et de Titien ; du cardinal Léopold (1617-1675), frère de Ferdinand et oncle de Côme III, un collectionneur fort intelligent et amateur notamment de représentations picturales spécifiques, tels les autoportraits ou les dessins ; de Côme III lui-même (1642-1723), auquel le musée est redevable d'enrichissements concernant essentiellement le secteur de l'art nordique ; et pour finir celles du grand prince Ferdinand (1673-1713), auquel revient le mérite d'avoir fait appel aux meilleurs artistes de son temps (de Giuseppe Maria Crespi à Magnasco) pour qu'ils viennent travailler à Florence et dont il acheta plusieurs œuvres fort prestigieuses.

Bâti pour fournir un siège aux magistratures, ce n'est qu'en 1580-81 que le complexe monumental des Offices assiste à l'arrivée d'une sélection de pièces provenant des riches collections des Médicis.

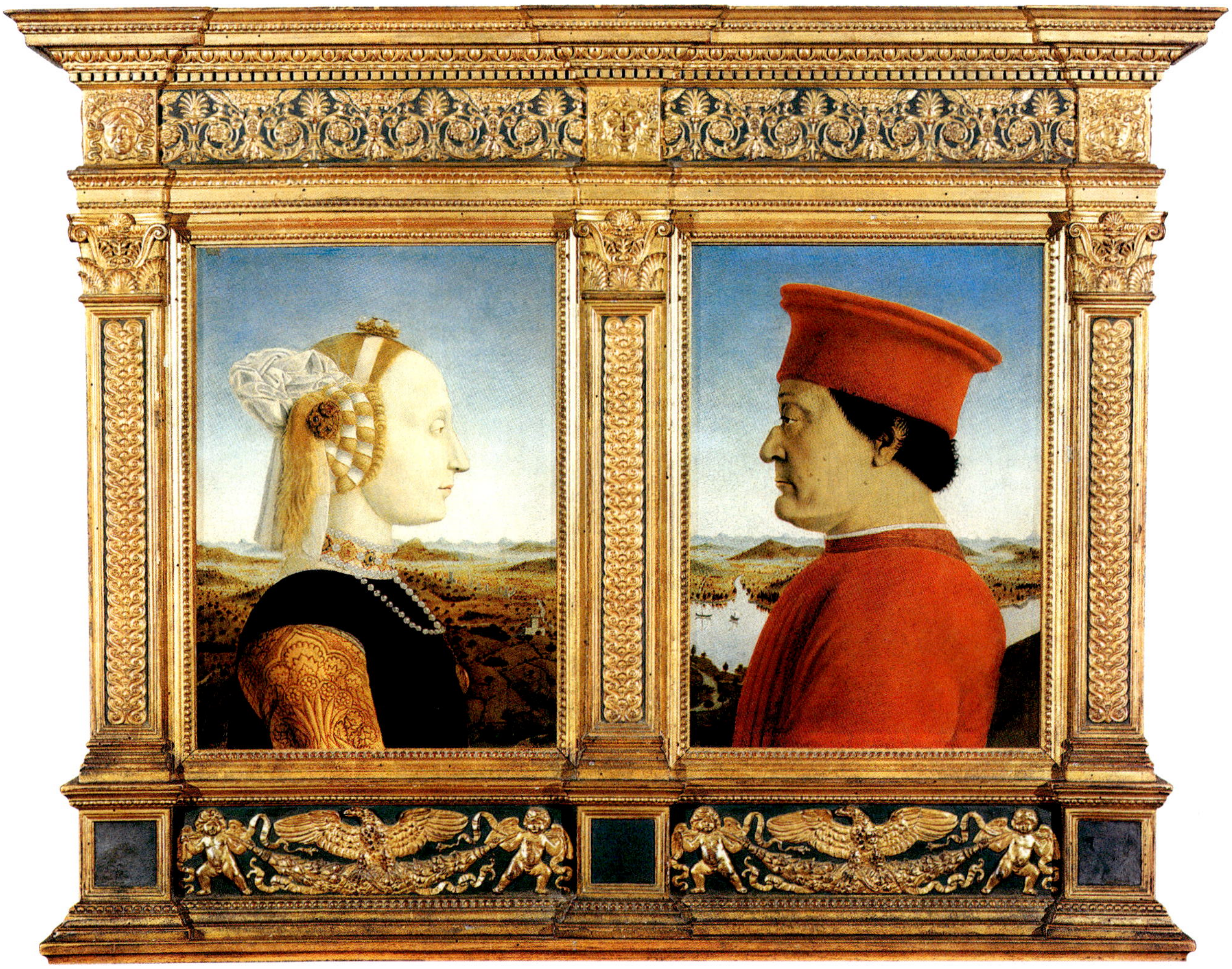

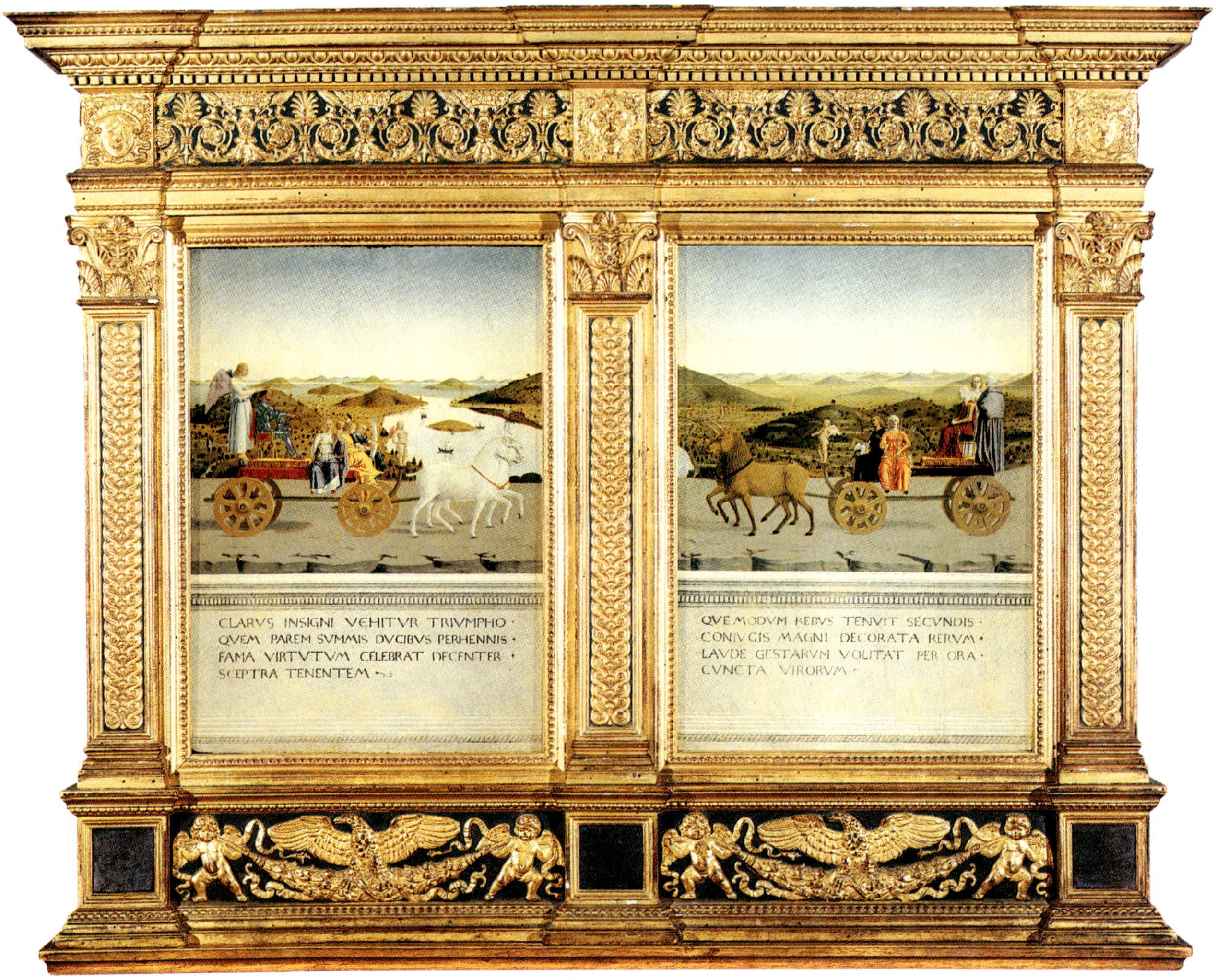

Piero della Francesca

Cet extraordinaire *Diptyque avec les portraits et les triomphes de Battista Sforza et Federico da Montefeltro* (détrempe sur bois, 47 × 33 cm pour chaque panneau) est la seule œuvre de Piero della Francesca (Sansepolcro 1416/17 - 1492) présente aux Offices. Elle prit place dans la collection médicéenne en 1631 quand Vittoria, la dernière héritière de la famille Della Rovere, épousa le grand-duc Ferdinand II, et qu'elle déplaça de nombreuses œuvres d'art ayant appartenu à sa famille. L'œuvre, que nous voyons maintenant exposée en un montage fixe de style s'inspirant de l'art de la Renaissance, avait probablement à l'origine la forme d'un diptyque en forme de livre, qui montrait les portraits des ducs d'Urbin et qui, une fois refermé, permettait de voir les Triomphes allégoriques des mêmes personnages peints au verso des panneaux : d'un côté, Battista avec les Vertus théologales, juché sur un char tiré par de petits bonshommes symbole de la fidélité conjugale; de l'autre, Federico avec les Vertus cardinales et une victoire ailée, sur un char tiré par deux chevaux blancs.
Le diptyque est l'un des résultats les plus hauts de la très complexe syntaxe figurative de Piero della Francesca, qui parvient à insuffler, sur la structure spatiale et sur la rigueur de la perspective florentine, aussi bien les précieux chromatismes des Siennois que le réalisme analytique des peintres flamands, en un amalgame fort original qui trouve dans la lumière l'agent unificateur fondamental.
Nous ignorons quand et à quelle occasion cette œuvre a été peinte. L'analyse des caractères de la peinture pourrait permettre d'envisager une datation relativement avancée et, en tout état de cause, postérieure au cycle arétin des fresques avec l'*Histoire de la Croix* (1452-62).

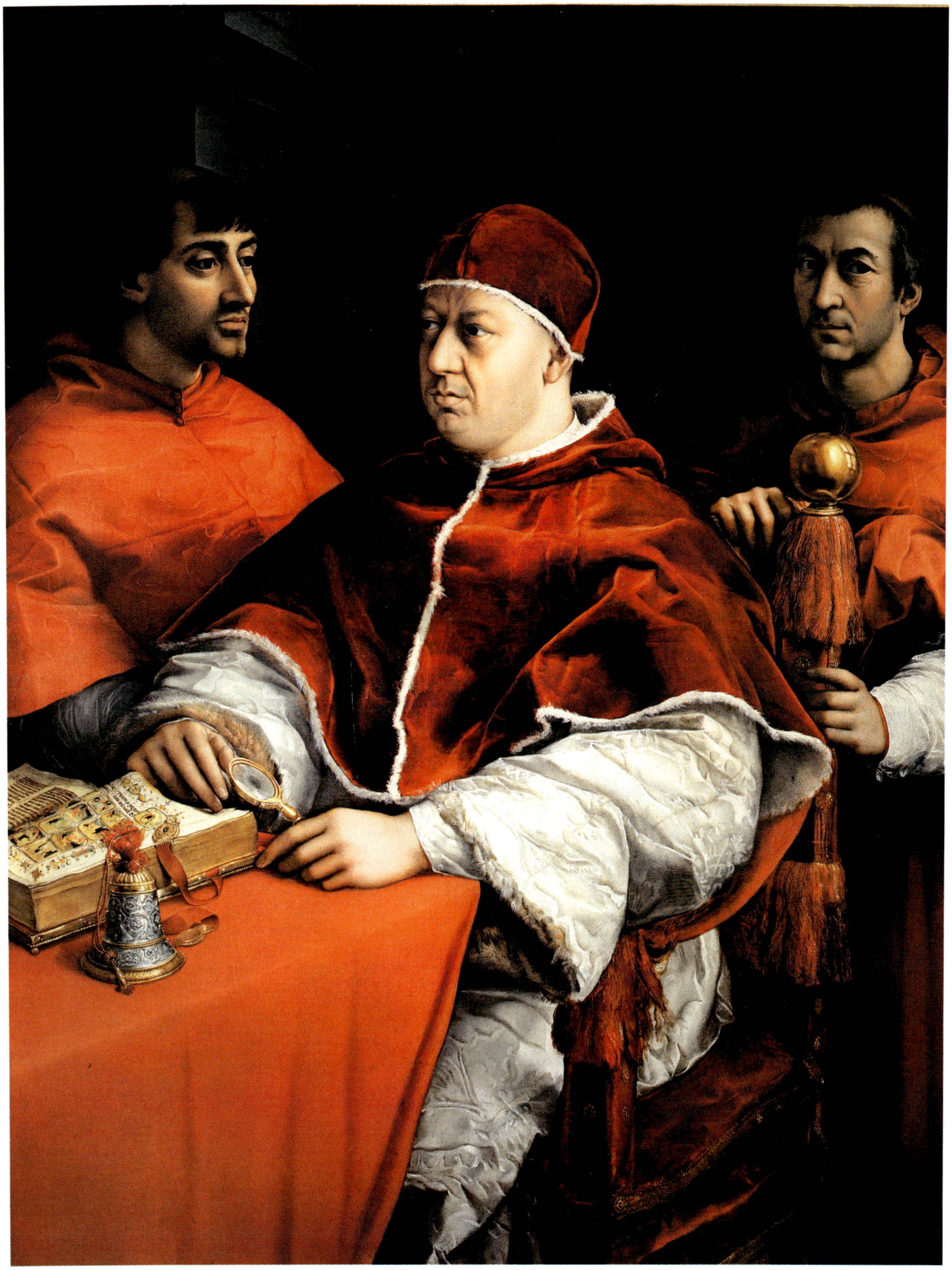

Le portrait de Léon X, peint par Raphaël à Rome entre 1517 et 1518, représenta officiellement le pape florentin aux noces de Laurent de Médicis, duc d'Urbin, et Madeleine de la Tour d'Auvergne, célébrées à Florence en 1518, entrant ainsi dans les collections grand-ducales.

Raphaël

En septembre 1518, l'on célébra à Florence les noces de Laurent de Médicis, duc d'Urbin, et de Madeleine de la Tour d'Auvergne. A cette occasion, l'oncle de l'époux, Jean de Médicis – fils de Laurent le Magnifique et de Clarice Orsini, qui avait été élu pape, sous le nom de Léon X – fort satisfait du lien qui allait se nouer avec la couronne française, expédia depuis Rome son propre portrait exécuté par Raphaël (*Portait de Léon X avec les cardinaux Jules de Médicis et Luigi de' Rossi,* huile sur bois, 155 × 119 cm), auquel il participa en effigie, exposé au-dessus de la table de la duchesse, lors du somptueux banquet qui se tint au Palais médicéen Riccardi. Dans cette peinture, qui est l'un des chefs-d'œuvre réalisés par l'artiste à Rome dans les dernières années de sa carrière, le pape est représenté sur la droite en compagnie du cardinal Jules de Médicis et, sur la gauche, du cardinal Luigi de' Rossi, tous deux apparentés à Léon X. Le premier, qui deviendra le pape Clément VII, était en effet le fils de Julien, tué lors de la conjuration des Pazzi, alors que l'autre était le fils d'une sœur naturelle de Laurent le Magnifique.
En 1550, lorsque Vasari vit le tableau au Palazzo Vecchio où, sur ces entrefaites, la famille Médicis était venue s'établir, il le décrivit en exprimant sa plus grande admiration, tout en mettant en lumière la force du portrait des trois personnages, ainsi que l'extraordinaire qualité des détails, dont le splendide codex enluminé, la fine ciselure de la clochette d'argent, la consistance des matières des différentes étoffes ou la boule de métal qui décore le dossier de la chaise, sur la surface convexe de laquelle se reflète le microcosme de la pièce.

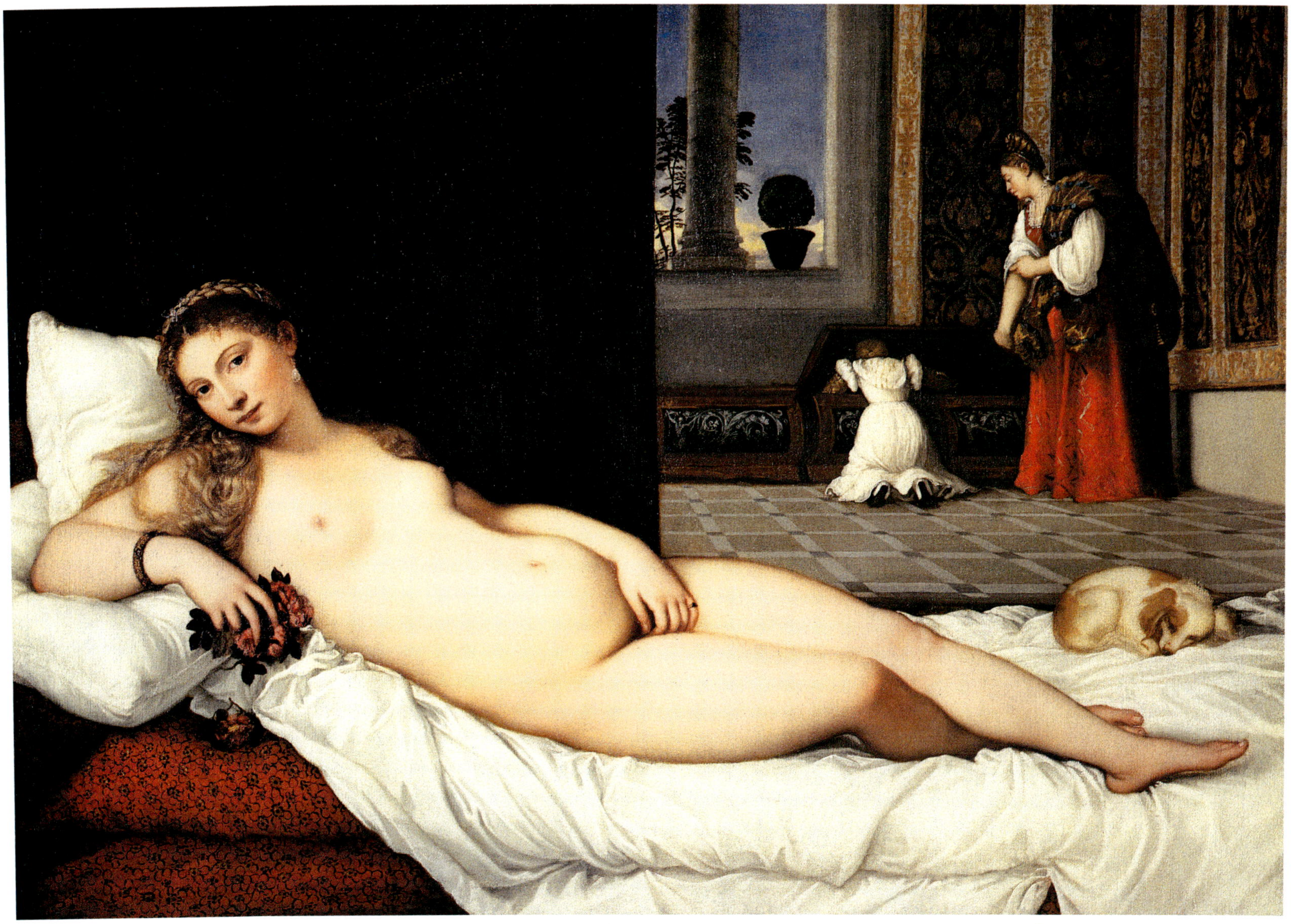

Titien

Comme nous le savons, le tableau (*Femme nue couchée au petit chien*, huile sur toile, 119 × 165 cm), exécuté par Titien (Pieve di Cadore 1488 env. – Venise 1576) à Venise, sur commission de Guidubaldo duc d'Urbin, fut terminé en 1538. Il s'agit donc de l'un des chefs-d'œuvre appartenant à la maturité de l'artiste qui était alors âgé de 50 ans. Pendant la même période, il réalisa deux très beaux portraits des parents de Guidubaldo, Francesco Maria della Rovere et Eléonore de Gonzague, qui avec *Vénus* parvinrent aux Offices en 1631, avec l'héritage de la grande-duchesse Vittoria della Rovere, femme de Ferdinand II de Médicis.
D'aprés l'interprétation iconologique de ce tableau – qui justement en raison de sa provenance fut communément dénommé la *Vénus d'Urbin* – plusieurs hypothèses ont été avancées. Tous les documents anciens qui le concernent, y compris la correspondance entre le commanditaire et son ambassadeur à Venise Gian Giacomo Leonardi, le citent génériquement comme une "femme nue", sans aucune référence à la déesse symbole de l'amour profane qui, par la suite, a induit à interpréter la nudité sensuelle du personnage féminin. L'on a toutefois observé que le petit bouquet de roses et de myrtes que la jeune femme tient dans ses mains, avancé de façon significative au premier plan, peut être interprété, outre la référence au personnage de Vénus, comme un symbole de la constance de l'amour; alors que le petit chien qui est à ses pieds est une allusion explicite, couramment utilisée dans la peinture figurative, à la fidélité conjugale. Par conséquent, tout en tenant compte du décor et de l'atmosphère domestique suggérée par les deux figures de l'arrière-plan qui se réfèrent à des tâches quotidiennes, il faut tenir compte du fait que nous nous trouvons peut-être en présence non point d'un sujet mythologique, mais d'une allégorie de l'amour conjugal, s'inspirant du mariage de Francesco Maria et d'Eléonore.

Avec l'arrivée à Florence de Vittoria della Rovere, en qualité d'épouse du grand-duc Ferdinand II de Médicis, une partie importante des collections d'art de la cour d'Urbin fut transférée aux Offices, outre Piero della Francesca et Raphaël ainsi que l'admirable nu féminin dit Vénus d'Urbin*, peint par Titien en 1538.*

Le petit cabinet de travail de François Ier au Palazzo Vecchio

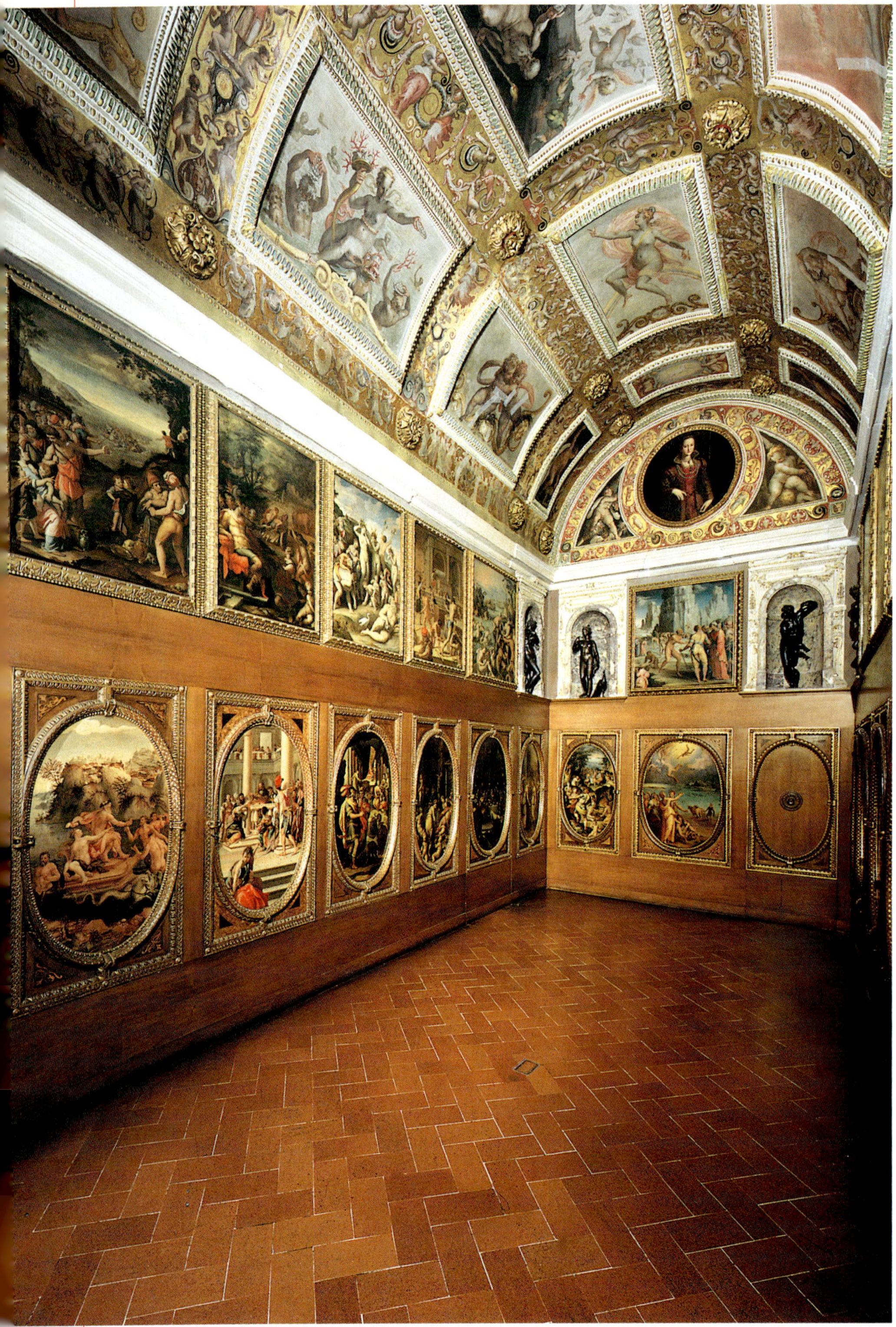

Pendant la Renaissance, le *studiolo* (petit cabinet de travail) en tant qu'espace architectural défini devient un endroit prisé au sein des plus grandes cours italiennes et se présente comme un lieu d'étude, comme une pièce réservée à des collections ou à leur conservation, mais également comme un lieu de mémoire et surtout d'espace intime, presque sacré, caractéristique d'une dimension plus mentale que spatiale. Sa propriété de lieu réservé en favorise depuis l'origine la fonctionnalité totale de tous les espaces destinés à la conservation d'objets et documents précieux, rares et secrets. Le petit cabinet de travail de François Ier de Médicis au Palazzo Vecchio marque la fin de cette tradition, modifiant dans sa conception l'aspect fonctionnel de l'espace qui devient à proprement parler une pièce destinée à des collections et non plus un lieu consacré à l'étude.

A partir de 1570, François Ier transforme en petit cabinet de travail la chambre à coucher originaire située à côté du "Tesoretto", dans l'appartement donnant sur la via della Ninna, en en confiant la réalisation à Giorgio Vasari. Ce dernier fait à son tour appel à son ami Vincenzo Borghini, l'érudit prieur bénédictin de l'hôpital des Innocents auquel revient l'"invention" de toute l'organisation iconographique. Les travaux de la voûte ayant commencé au mois de septembre de la même année, tous les grands peintres de la ville contribuent simultanément à la préparation des tableaux destinés à orner les murs. Les peintures, disposées sur deux rangées superposées, dissimulent les armoires se trouvant à derrière, mais font symboliquement allusion à leur contenu au travers des objets représentés. A la hauteur du rebord supérieur s'ouvrent deux niches pour chaque extrémité dans lesquelles sont disposées huit statues en bronze représentant des divinités antiques, protectrices des matières et des arts : Amphitrite et Vénus, Junon et Eole, Apollon et Vulcain, Pluton et Opi. La partie incurvée de la voûte en berceau est divisée en neuf grandes peintures de fond et six autres plus petites, toutes de forme rectangulaire. Dans les médaillons se trouvant à l'intérieur des lunettes, l'on peut admirer les portraits des parents de François Ier , Côme de Médicis et Eléonore de Tolède.

L'idée directrice de l'organisation iconographique développe le concept d'équivalence entre les créations de l'homme et de celles de la nature, étayant de la sorte une manière de penser typiquement humaniste.

L'intérêt de François Ier pour les *naturalia* comme pour les *artificialia* peut rattacher son petit cabinet de travail aux *Wunderkammern*, les "cabinets des merveilles" répandus à cette époque-là dans le Nord de l'Europe centrale. Néanmoins, l'espace créé au Palazzo Vecchio ne reflète pas véritablement une propension au merveilleux, mais bien davantage l'esprit du collectionneur et surtout l'aspect théorique appréhendé ici à travers la transfiguration artistique et le symbolisme des images.

La passion pour les collections d'art qui anime le prince, ainsi que le caractère

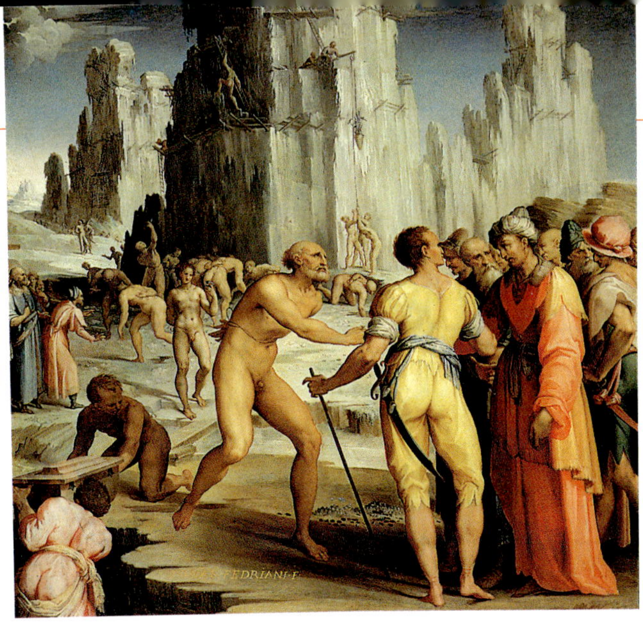

Tommaso Manzuoli dit
Maso di San Friano
La mine de diamants

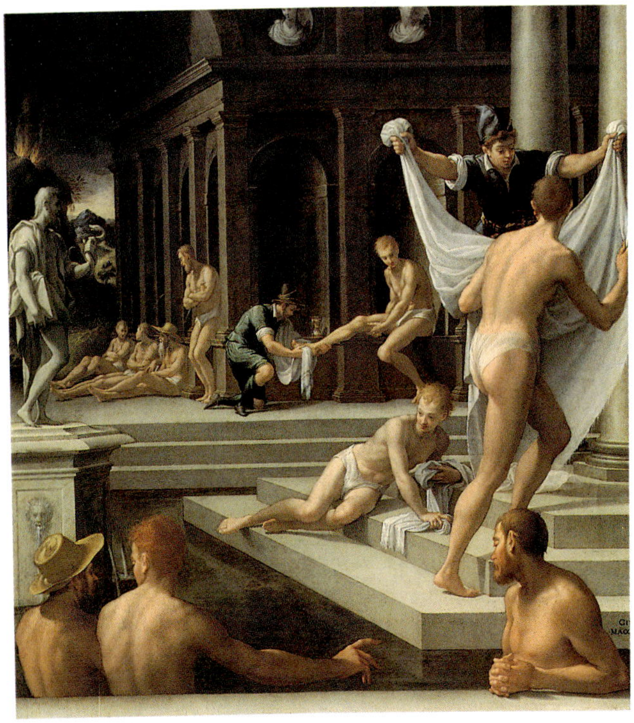

Girolamo Macchietti
Le bain de Pozzuoli

encyclopédique de la collection elle-même, conduisent bientôt à la recherche d'espaces de plus grandes dimensions. Dès 1586 François Ier, devenu grand-duc, se trouve contraint de répartir le contenu de son cabinet du Palazzo Vecchio. La collection et une partie des décorations prennent alors place dans la Tribune des Offices, un nouveau type de structure prévu pour abriter des œuvres d'art, aménagée par Bernardo Buontalenti à partir de 1584, dans la partie est des Offices, qui restera pendant des siècles l'espace muséal le plus célèbre d'Europe.
Dans sa présentation actuelle, l'installation du petit cabinet de travail remonte à une reconstitution qui date du début du XXe siècle et qui réunit philologiquement, sur la base des descriptions détaillées parvenues jusqu'à nous, les peintures et les sculptures alors réparties entre diverses collections florentines. Le revêtement de bois est le seul élément moderne du décor.

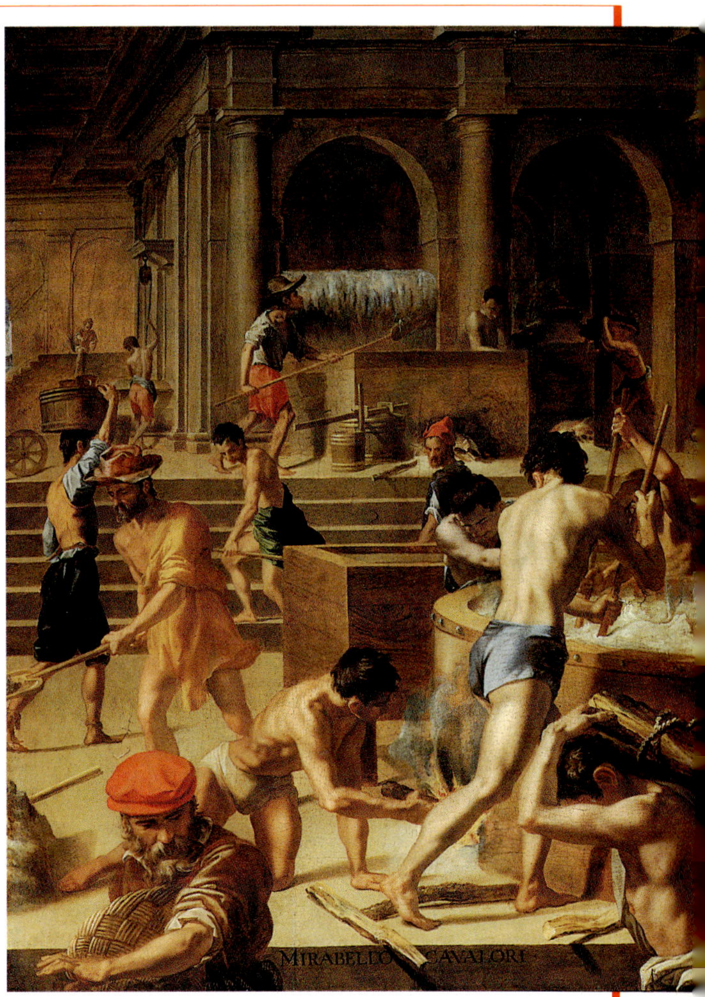

Mirabello Cavalori
La filature de laine

Giovanni Stradano
Le laboratoire d'alchimie

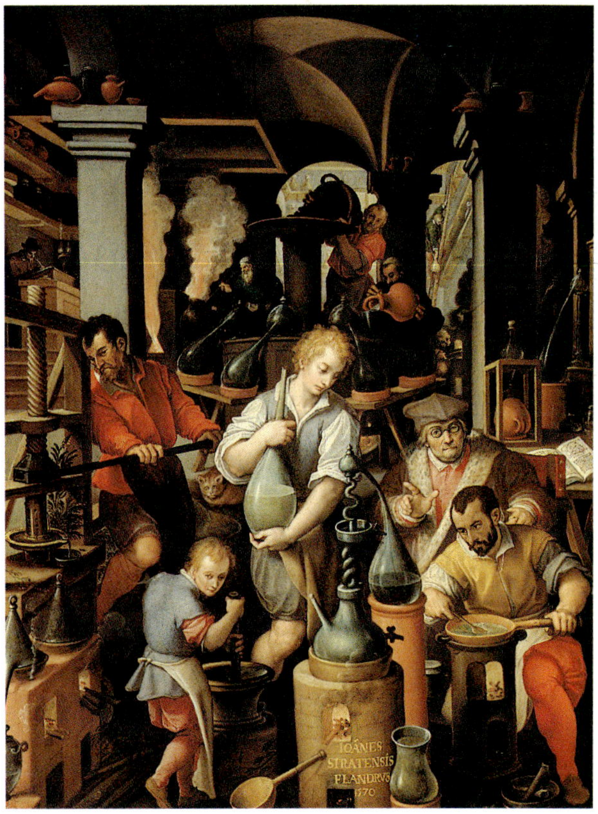

Un premier groupe important d'objets et d'œuvres avait été réuni par François Ier de Médicis dans son petit cabinet de travail du Palazzo Vecchio, réalisé vers 1570 par Giorgio Vasari, dans le but de mettre en relation les éléments naturels (eau, terre, feu, air) avec les collections d'art, selon les modèles des cabinets connus sous le nom de Wunderkammern.

Une nouvelle conception muséale

L'amour pour les collections d'art – tel qu'il fut vécu par la famille Médicis – ne s'imposait aucune limite et ces critères d'universalité se reflètent, comme il est logique de s'y attendre, sur des paramètres d'exposition du musée qui en était le réceptacle officiel : l'on trouve en effet aux Offices une prédominance, dans la première partie de leur histoire, des critères d'accumulation et de variété qui disparaîtront peu à peu entre le XVIIIe et le XIXe siècles. C'est d'ailleurs à l'époque du gouvernement de la famille de Lorraine (1737-1859) et aux premières années de l'unité italienne que remontent les ensembles d'objets les plus importants qui, subdivisés par typologie, deviennent les noyaux de formation des musées spécialisés. Il s'agit alors d'une politique d'intervention culturelle précise, dont la signification est à rechercher, encore plus que dans les besoins d'espace pour les nombreuses acquisitions que la famille de Lorraine continua à promouvoir sans interruption, dans les exigences d'une nouvelle philosophie s'inspirant du rationalisme qui visait à discipliner la culture par ordre systématique et par subdivision de spécialisations aseptique. A la lumière de l'encyclopédisme historique qui régnait alors en maître dans la culture européenne, on chercha à donner à l'institution conçue en tant que musée des fins différentes de celles du passé et à lui reconnaître une fonction éducative de vaste portée sociale. Une approche par conséquent inédite, dans l'esprit de laquelle se situe également le passage, de 1769, de la gestion des Offices aux autorités directement compétentes du ministère des Finances, qui constitue une preuve évidente de sa reconnaissance officielle en tant que structure publique à tous les effets.

Malgré les répartitions des collections que nous avons évoquées, la croissance considérable des secteurs restants exigea un nouvel agrandissement des espaces d'exposition, qui, avant même la fin du XVIIIe siècle, incluaient déjà quelque vingt salles. C'est à cette époque que l'on ajouta certaines composantes prestigieuses et significatives des critères muséographiques de l'époque. C'est le cas du Cabinet des Pierres précieuses (salle 24) réalisé par Zanobi del Rosso en 1782, ou de l'imposant salon construit en 1779-80 par Gaspare Paoletti, pour y exposer aussi bien les statues antiques des Niobides, provenant de la Villa Médicis de Rome, que des tableaux, comme les grandes toiles de Rubens, avec *Les Histoires d'Henri IV*.

Les travaux de réaménagement fonctionnel mis en œuvre à cette époque par la famille de Lorraine sont une preuve supplémentaire de l'intérêt porté au musée. A commencer par la réalisation d'une nouvelle entrée qui, par l'abandon des escaliers raides et étroits situés dans l'aile est, permit de remettre en service le monumental escalier de Vasari qui se trouvait dans l'aile opposée, et donnait accès au premier étage débouchant sur le palier du théâtre médicéen désormais démoli. En 1780, Zanobi del Rosso fit en outre construire une rampe de communication entre les deux étages supérieurs et la belle entrée ovale qu'empruntent aujourd'hui encore les visiteurs pour se rendre dans la Galerie.

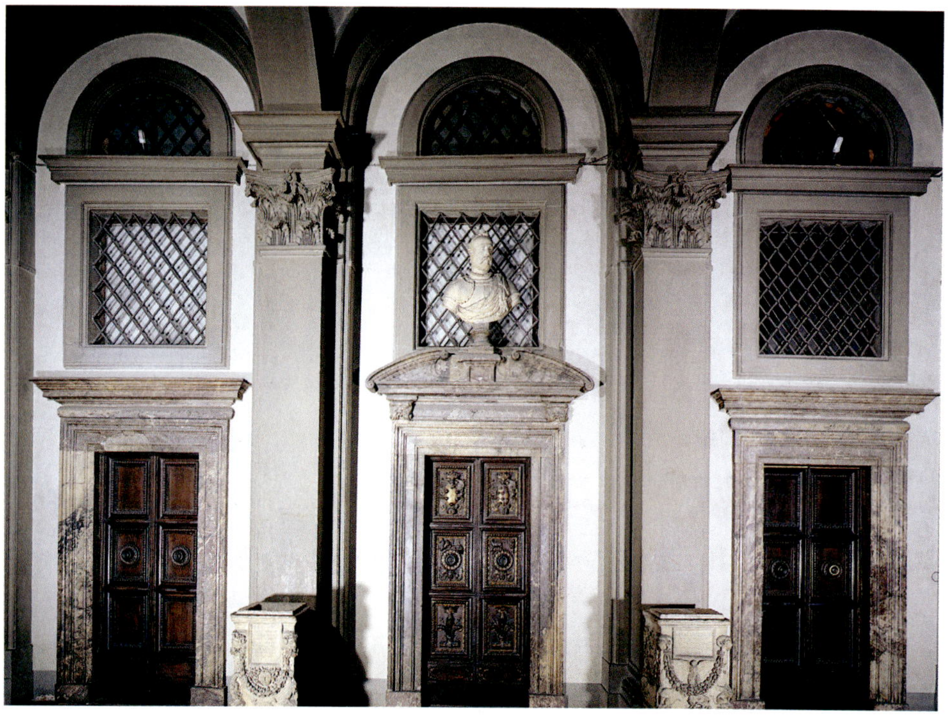

Le devant de l'ancien théâtre des Médicis, sur le palier de l'escalier de Vasari

Pages 76-77
L'entrée a la Galerie e la salle de Niobe

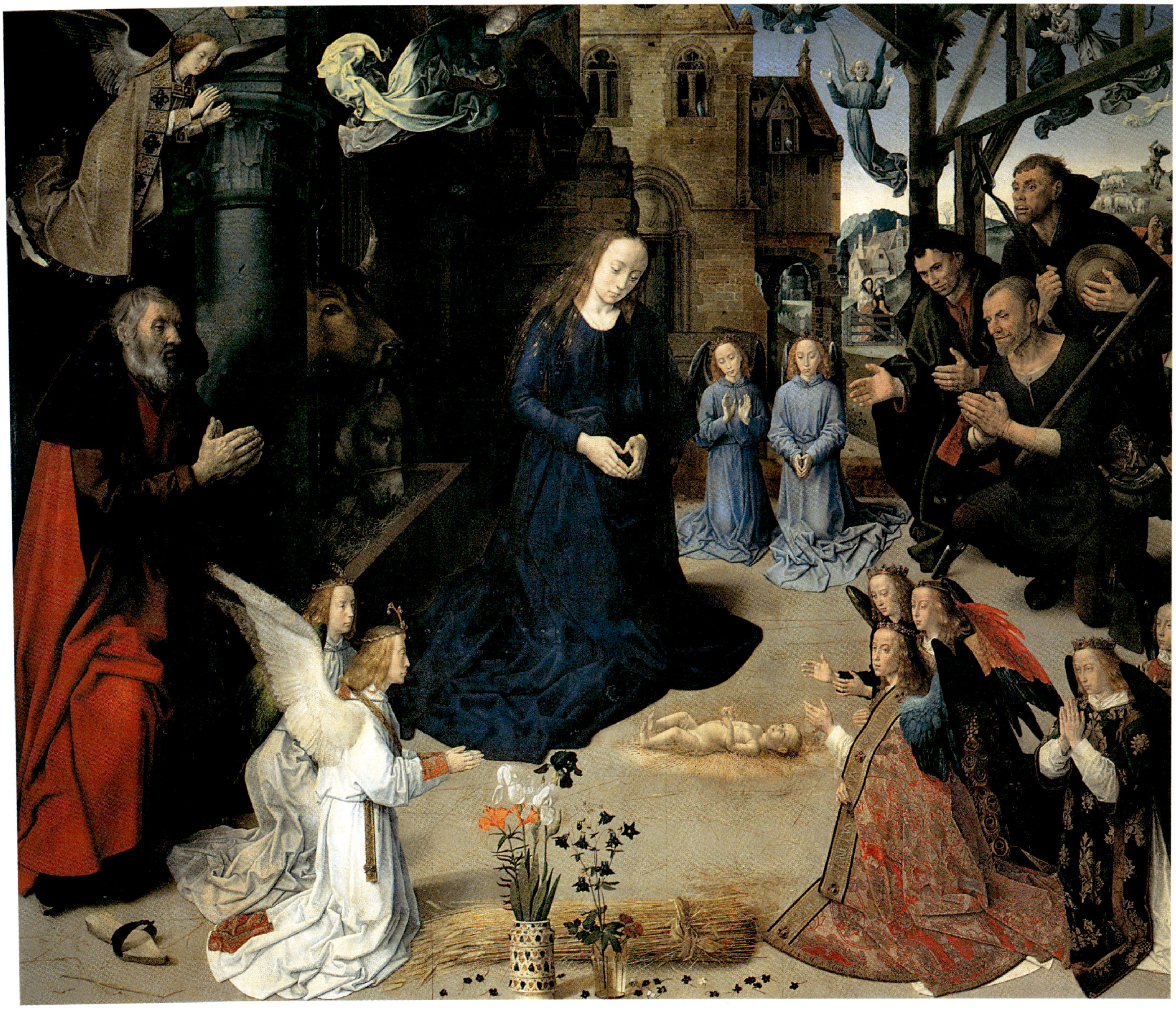

Hugo van der Goes

L'*Adoration des bergers* (huile sur bois, 253 × 586 cm) qui atteste la richesse des collections des Offices, en dehors même du patrimoine national, est l'une des œuvres capitales de la Renaissance flamande. Singulière de par sa forme et ses dimensions inhabituelles, elle fut commissionnée à Hugo van der Goes (Gand 1440 - Auderghem 1482) par Tommaso Portinari, le représentant financier des Médicis à Bruges, et elle était destinée au maître-autel de l'église florentine Sant'Egidio. Cette église faisait partie de l'ensemble de l'hôtel-Dieu de Santa Maria Nuova, fondé en 1288 par son ancêtre Folco Portinari. Bien que l'œuvre soit communément désignée sous le nom de *triptyque Portinari*, il s'agit en réalité d'un retable à volets, représentant l'*Adoration des bergers* qui s'étend, les volets ouverts, aux portraits de la famille du commanditaire. En revanche, lorsque les volets sont refermés, c'est la scène de l'*Annonciation*, peinte en monochromie sur le revers de ceux-ci, qui apparaît à l'œil du public.
Le retable parvint à Florence le 28 mai 1483, après un voyage mouvementé qui l'amena par mer depuis la Sicile à Pise, remontant ensuite le cours de l'Arno pour atteindre sa destination finale. Son arrivée au cœur de ce que fut le premier foyer du renouveau de la Renaissance produisit une forte impression parmi les artistes, qui se trouvaient ainsi directement concernés par un témoignage d'une qualité rare, avec une interprétation différente, qui dans les Flandres était donnée à une tendance commune. Par rapport à la synthèse expressive à travers laquelle l'école florentine, tout en abandonnant les transcendances abstraites de l'art gothique, se mit à affronter les problématiques de la vie et de l'être humain, nous nous trouvons ici en présence d'un réalisme analytique qui se manifeste par une description, minutieuse, presque maniaque, du moindre détail, qu'il s'agisse de paysages, de visages, de formes architecturales, de pièces d'étoffe ou de bijoux. Il faut certainement retenir avant tout l'extraordinaire "nature morte", qui se trouve au centre et au premier plan, pour le résultat lentiforme de ces fleurs que nous reconnaissons comme des détenteurs de significations symboliques complexes, avec ces lis rouges évoquant le sang du Christ, ces ancolies suggérant les souffrances de la Vierge et ces iris, le glaive qui transperce le cœur de Marie dans l'iconographie de la "Mater dolorosa".
Le triptyque, après avoir pris place en 1871 dans la Galerie de l'hôtel-Dieu de Santa Maria Nuova, fut exposé aux Offices à partir de 1900.

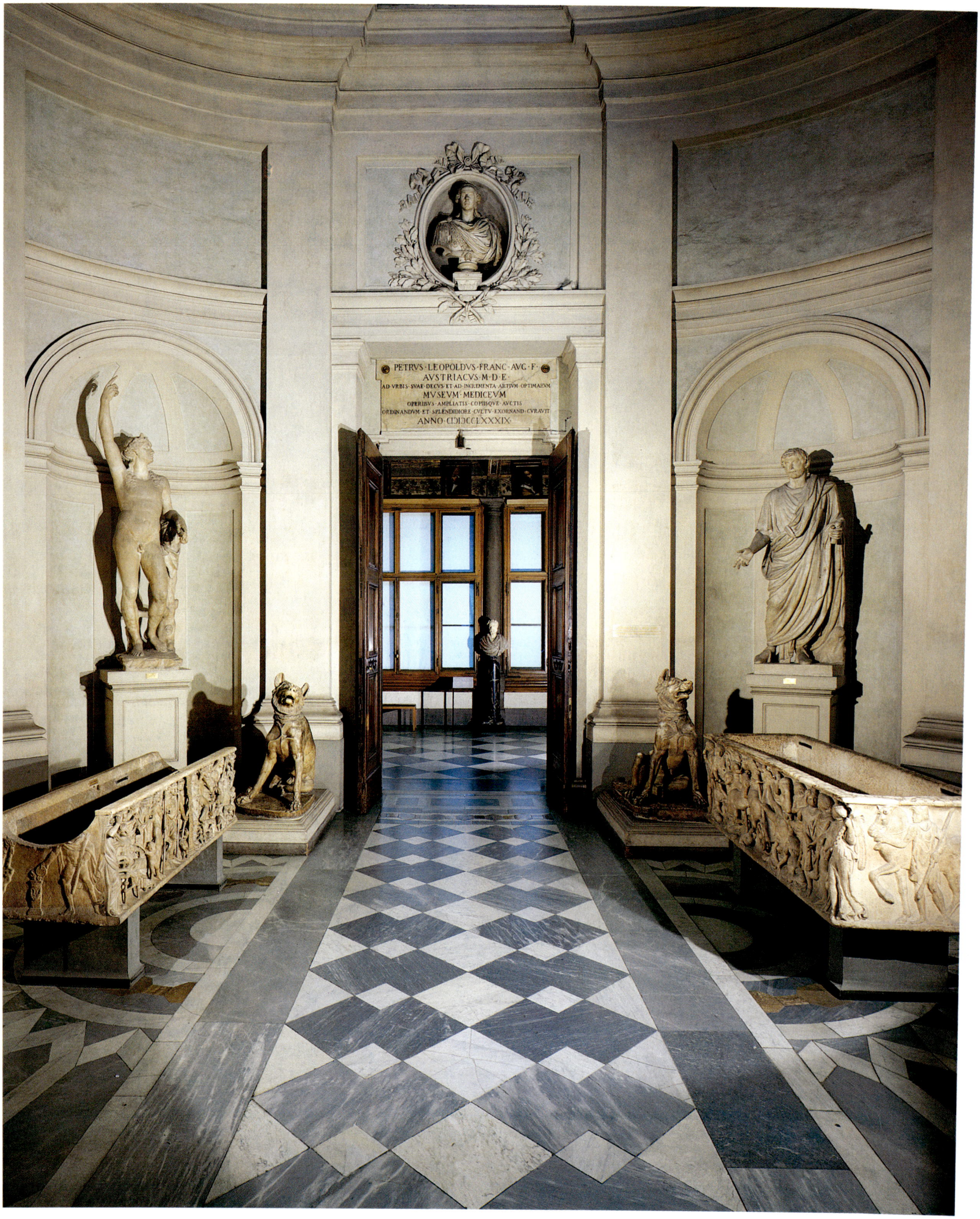
PETRVS·LEOPOLDVS·FRANC·AVG·F·
AVSTRIACVS·M·D·E·
AD·VRBIS·SVAE·DECVS·ET·AD·INCREMENTA·ARTIVM·OPTIMARVM
MVSEVM·MEDICEVM
OPERIBVS·AMPLIATIS·COPIISQVE·AVCTIS
ORDINANDVM·ET·SPLENDIDIORE·CVLTV·EXORNAND·CVRAVIT
ANNO·CIϽIϽCCLXXXIX·

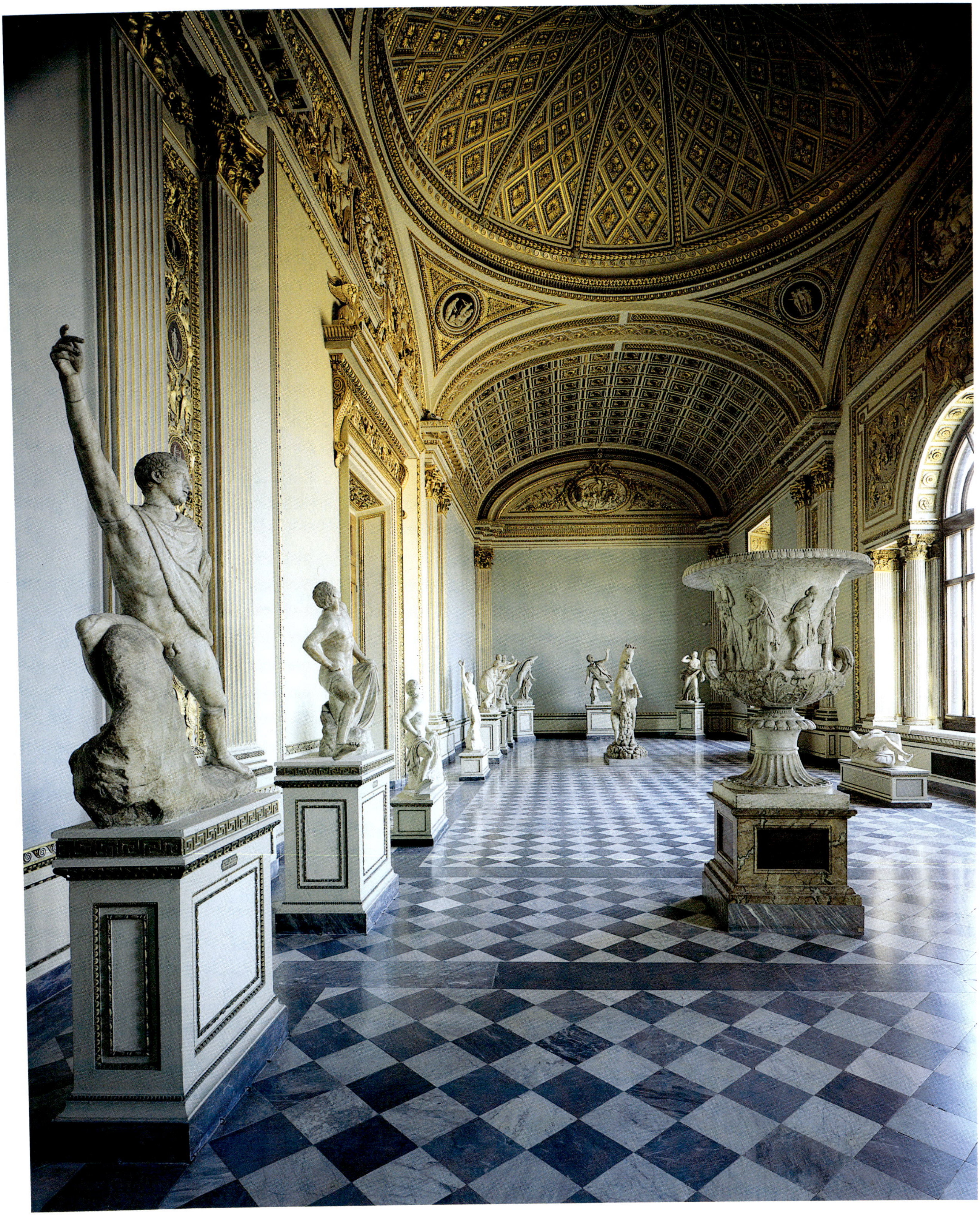

La Tribune et la naissance du musée moderne

Ce mot indique une pièce fort évocatrice de forme octogonale dans laquelle on pénètre depuis la galerie ou bien depuis le couloir est. Il constitue le noyau à partir duquel – il était déjà achevé en 1584 – prendra naissance le musée actuel. Réalisé par volonté du grand-duc François 1er, l'auteur en fut Bernardo Buontalenti, à savoir l'architecte qui avait remplacé Vasari dans les activités de la cour après sa mort en 1574.
Conçu dès l'origine pour y exposer des objets de valeur, des documents significatifs des connaissances humaines dans le domaine de la nature et dans celui de l'art, il se présente telle une allégorie complexe de l'Univers visualisé dans ses éléments constitutifs. L'Air est évoqué à travers l'ouverture centrale de la voûte, close par une lanterne surmontée à l'extérieur d'une banderole qui, grâce à un dispositif mécanique, signale à l'intérieur la direction des vents. L'Eau est représentée par le nacre qui, par un effet des plus raffinés, recouvre toute la surface de la coupole. Le Feu est visuellement suggéré par la tapisserie rouge des murs. Quant à la Terre, elle se mire dans le riche dallage, composé de pierres dures et de marbres précieux laissant deviner en filigrane un dessin fort raffiné.

L'on est en droit de penser que cette invention de conception hardie répondant au principe d'universalité des sources et des mécanismes de la connaissance qui est celle du XVIe siècle – qui était représenté dans des œuvres d'art sans distinction de genres ou de chronologie, aux côtés de curiosités naturelles et d'instruments scientifiques sophistiqués – jaillit d'une intuition de François 1er lui-même, esprit original et homme d'une culture très étendue. Dans cette conception, l'on voit déjà se concrétiser le prototype du musée moderne, c'est-à-dire le témoignage visible d'un savoir à même de se transmettre et de se perpétuer.
Il est évident qu'une fois insérés dans un tel contexte, les objets sélectionnés perdaient leur connotation de bibelots de collection privée pour revêtir une fonction différente, devenant de la sorte une production de la pensée et des instruments cognitifs de par eux-mêmes.
Ils pénétraient dans le cadre d'une visibilité absolument inédite, d'autant plus que les hôtes de la Tribune étaient des personnages appartenant à d'illustres familles régnantes, mais aussi des voyageurs et des érudits qui demandaient expressément de pouvoir s'y rendre.

Déjà achevé en 1584, l'espace octogonal de la Tribune de Bernardo Buontalenti, réalisé dans la Galerie est des Offices par volonté de François Ier, représente une extension monumentale du cabinet du Palazzo Vecchio, dont il reprend le double registre de référence à l'Art et à la Nature et qui devient ainsi le premier noyau du futur musée.

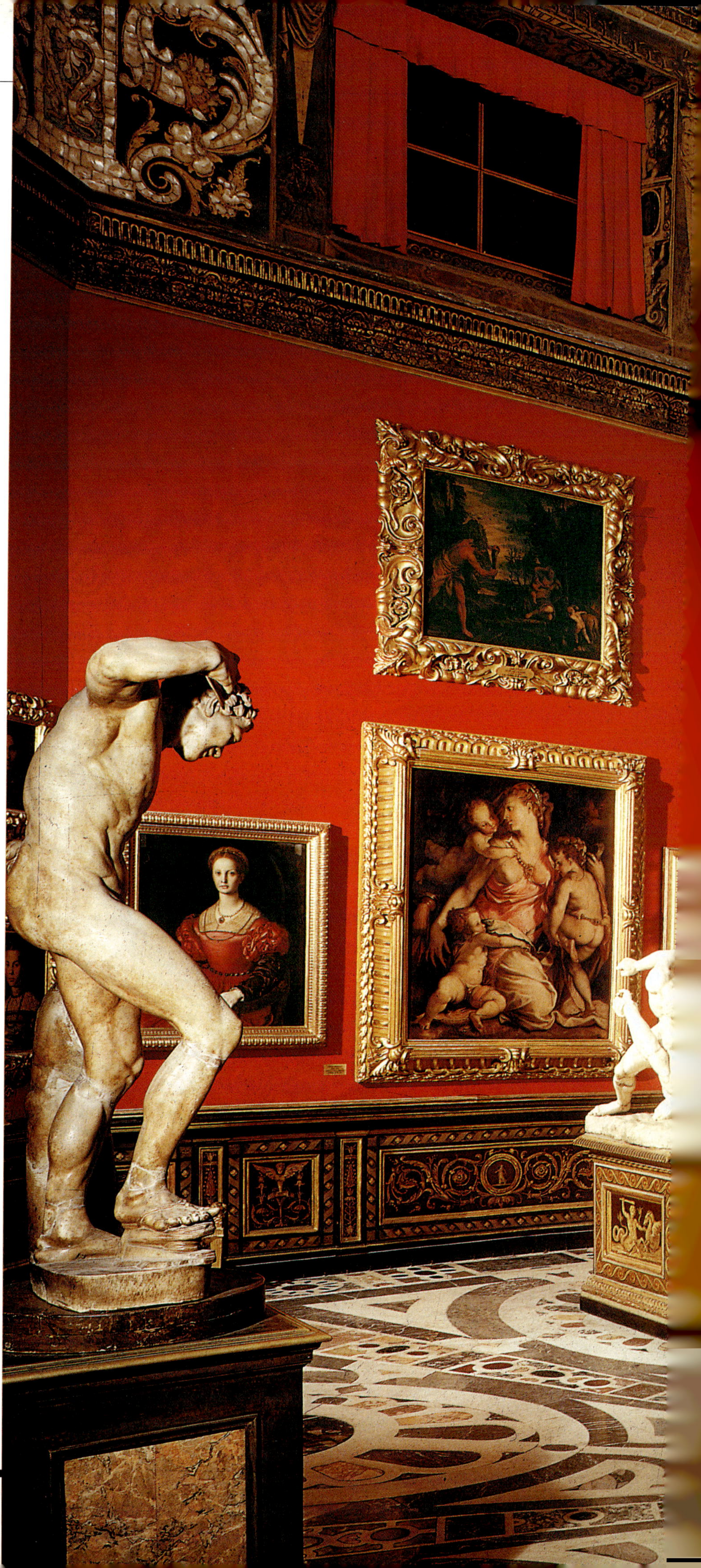

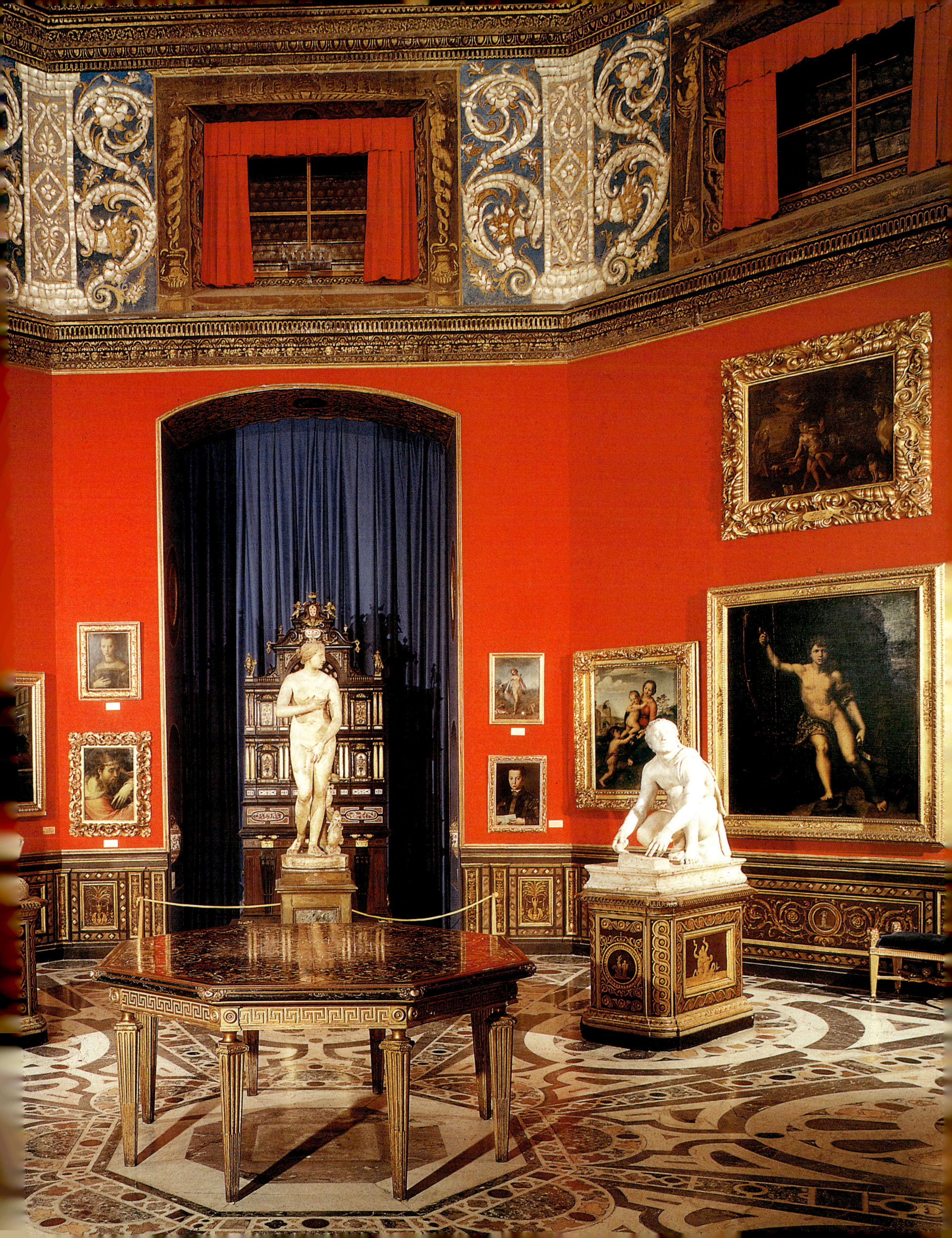

Simone Martini

Sur l'encadrement de la fin du XIXe siècle, qui enchâsse actuellement l'*Annonciation* (détrempe sur bois, 184 × 210 cm), l'on reporta une inscription qui se trouvait sur l'original – "Simon Martini et Lippus Memmi de Anno Domini MCCCXXXIII Senis me pinxerunt" – qui permet de déduire que nous sommes en présence d'une peinture exécutée en collaboration nouée entre Simone Martini (Sienne 1284 env. - Avignon 1344), le plus grand représentant de l'art gothique siennois, et l'un des plus importants au niveau européen, et son beau-frère Lippo Memmi. Toutefois, en raison des sommes plus modestes qui lui sont dévolues, l'on peut supposer que son intervention fut marginale et en partie de caractère décoratif, à commencer peut-être par l'encadrement disparu. Les parties qui y figurent toujours – tant sur le panneau central avec l'*Annonciation* que sur les parties latérales avec *Saint Ansan* et *Sainte Maxima* et les petits tondi situés en hauteur et représentant les prophètes *Isaïe*, *Daniel*, *Ézéchiel et Jérémie* – permettent en effet de déceler une homogénéité stylistique, marquée par des niveaux de qualité fort élevés, qui ne semblent pas laisser d'espace à des mains différentes de celles du grand maître, qui y travailla peu avant son départ définitif à Avignon (1336) pour entrer au service de la papauté, à l'époque de sa pleine maturité artistique, quand il parvint aux sommets de sa capacité d'élaborer les images – aussi bien un vase qu'un visage humain – en des signes symboliques abstraits d'une extraordinaire prégnance intellectuelle et esthétique. Le tableau fut commandé par l'Opera del Duomo de Sienne pour l'un de ses quatre autels consacrés aux saints patrons de la ville, celui de saint Ansan. Il en fut prélevé en 1596, quand le mouvement de la Contre-Réforme attribua aux autels une position correspondant à ses préceptes et transféré dans un endroit moins prestigieux, à savoir l'oratoire dédié au même saint à Castelvecchio di Siena. En 1798, l'Opera del Duomo se trouvant dans le besoin en raison des travaux de restauration de la cathédrale endommagée par un tremblement de terre, il fut proposé en vente à la Galerie des Offices, où il prit place l'année suivante, sur la base d'un échange d'œuvres voulu par le grand-duc.

Le chef-d'œuvre de Simone Martini, réalisé en 1333 pour la cathédrale de Sienne, entre dans les collections grand-ducales vers 1798 pendant une phase d'enrichissement par des achats ou des échanges d'œuvres voulus par le grand-duc.

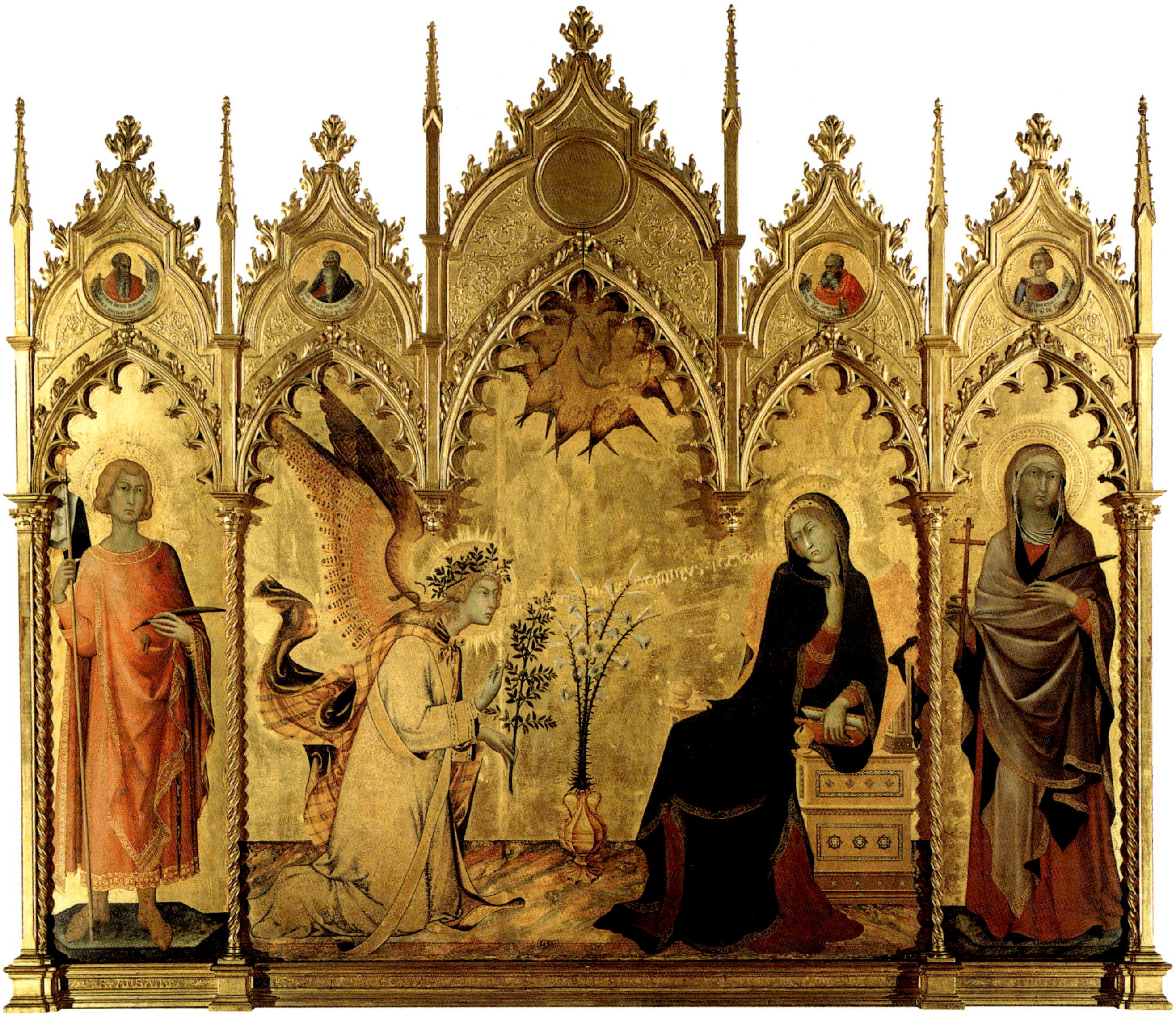

Gentile da Fabriano

Le riche banquier florentin Palla Strozzi échangea quelque 150 florins d'or contre le retable figurant l'*Adoration des Mages* (détrempe sur bois, 301 × 283 cm), que Gentile (Fabriano 1370 env. - Rome 1427), qu'il avait expressément appelé à Florence, avait peint entre 1420 et 1423 pour la chapelle appartenant à sa famille dans l'église Sainte-Trinité. Une somme incontestablement très élevée, qui trouve sa justification, outre le prestige du peintre natif des Marches à l'époque au sommet de sa carrière, dans une perfection d'exécution hors du commun, qui fournit un vecteur d'expression fort efficace s'apparentant aux contenus stylistiques de l'art gothique international, le courant pictural dominant dans l'Europe de la première moitié du XVe siècle et dont Gentile fut l'un des principaux représentants.
Cette perfection d'exécution qui, pour la scène principale, met en scène un cortège des Mages composé d'une myriade de personnages, prend le ton profane d'une fête de cour, contribue à la réalisation de figures à l'allure idéalisée, vêtues de précieuses étoffes et coiffées de façon recherchée, où les moindres détails sont fortement mis en valeur. Jusque dans la prédelle, l'on ressent une atmosphère féerique analogue qui se poursuit dans les scènes de la *Nativité*, de la *Fuite en Egypte* et de la *Présentation au Temple* : cette dernière est présente, sous la forme d'une bonne copie du panneau original, subtilisé lors des razzias napoléoniennes de 1812 et qui se trouve maintenant au Louvre.
Le rôle joué par le somptueux encadrement sculpté et doré n'est certainement pas indifférent au résultat final. Il fut probablement exécuté d'après un dessin de Gentile lui-même qui prévit de peindre les magnifiques frises florales agrémentant les petits piliers latéraux.
Le retable, signé et daté sur le filet de l'encadrement, sous la scène principale, "Opus Gentilis de Fabriano/ MCCCCXXIII Mensis Maii", demeura à sa place originaire, dans la chapelle Strozzi jusqu'en 1810, date à laquelle il fut transféré à la Galerie de l'Académie d'où il parvint aux Offices en 1919.

Le retable monumental, peint par Gentile da Fabriano en 1423 pour Palla Strozzi et depuis lors conservé dans la chapelle de famille dans l'église Sainte-Trinité, est transporté dans la Galerie en 1810 avant les razzias napoléoniennes intervenues dans les couvents et les églises.

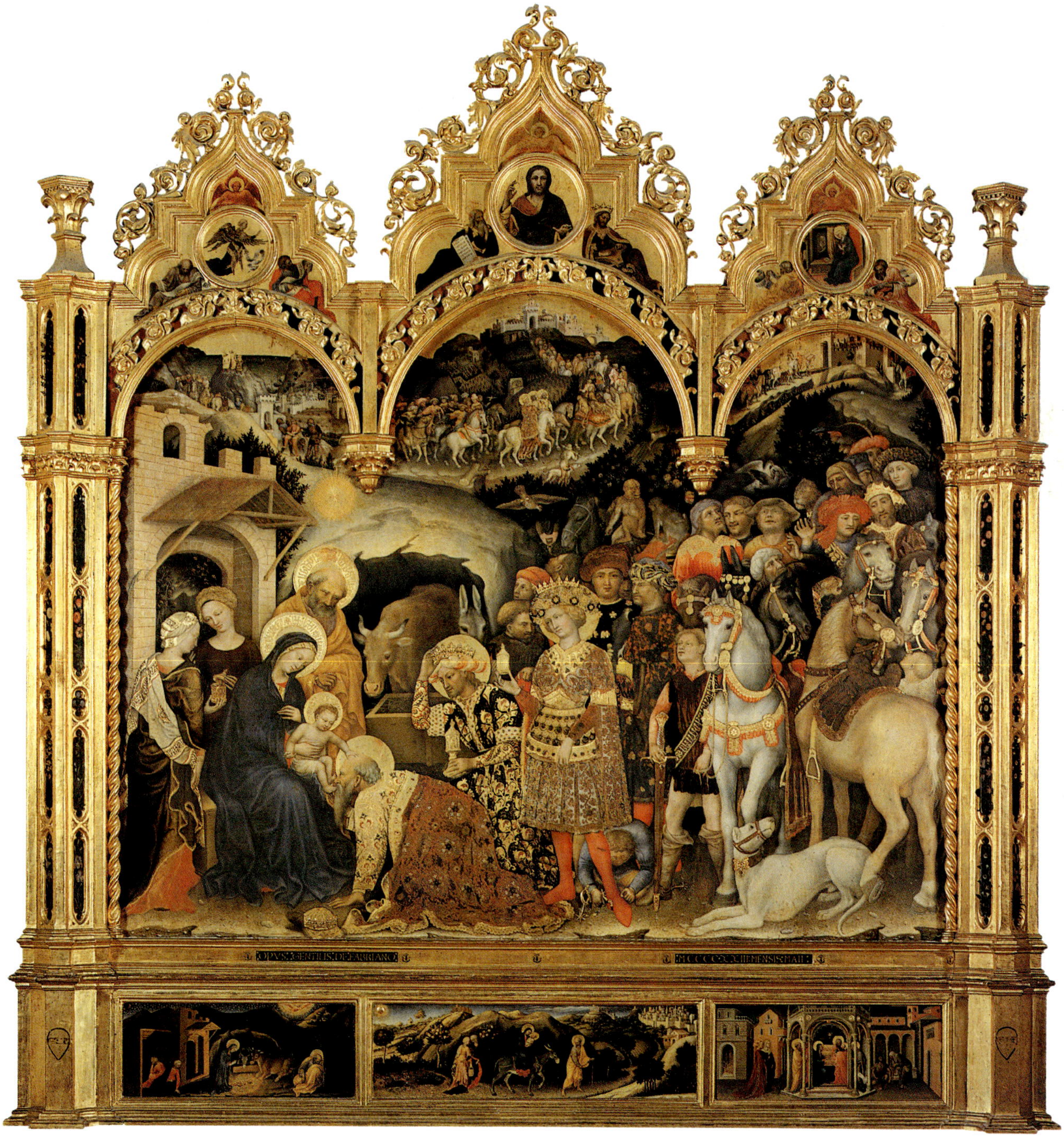

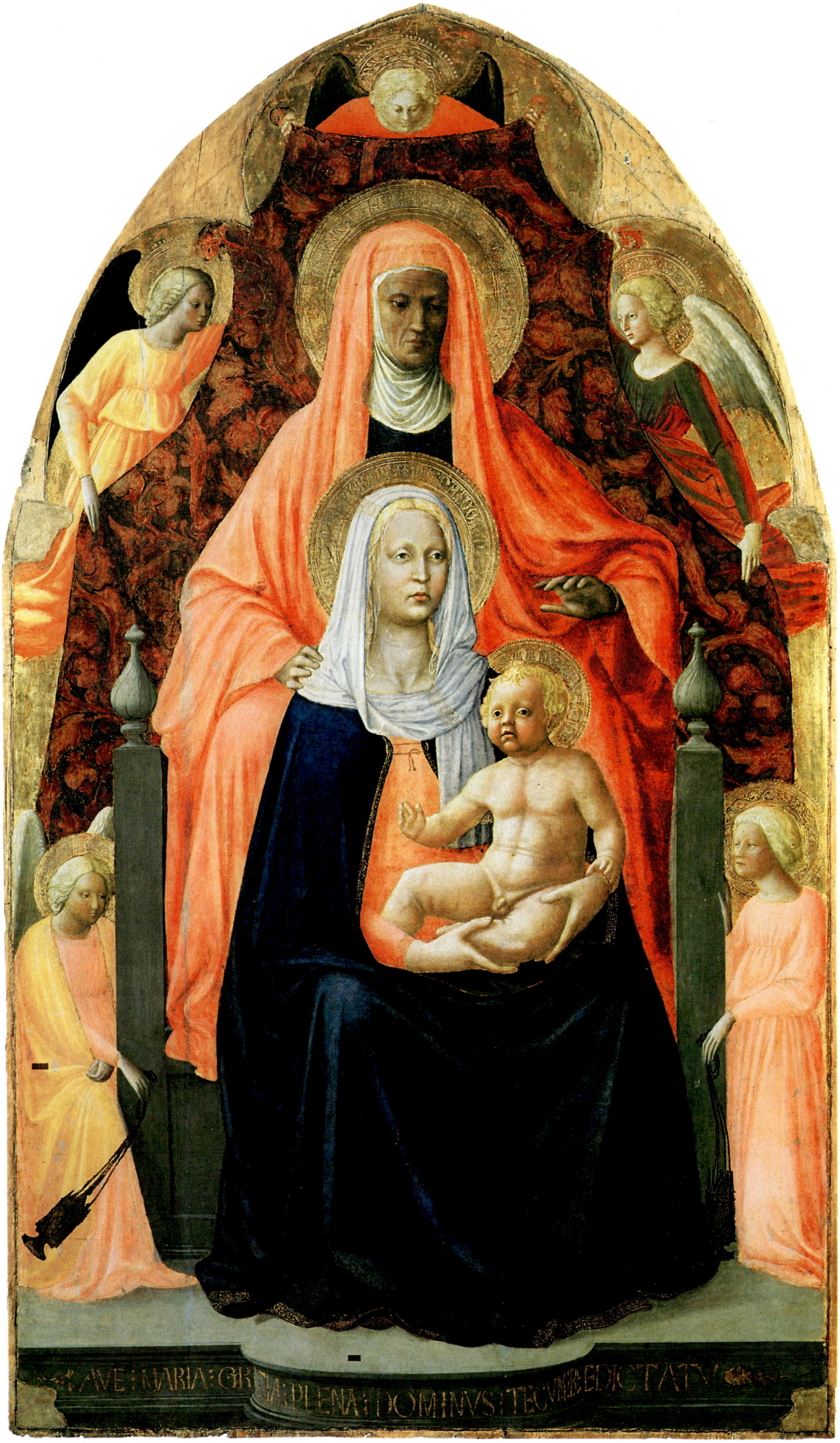

Masolino et Masaccio

Il s'agit d'une œuvre symbolique qui marque, dans la peinture florentine de la première partie du XVe siècle, la rencontre – et le passage de l'une à l'autre – de deux grandes civilisations de figuration : celle de l'art gothique qui, parvenu quasiment à sa fin, avait trouvé à Florence, auprès de Masolino, un interprète particulièrement sensible à ses résultats “internationaux” et “fleuris” et l'art de la Renaissance, qui voyait alors le jour, et dont Masaccio codifie ici les principes de base.

L'iconographie de la *Vierge à l'Enfant, Sainte Anne et les anges* (détrempe sur bois, 175 × 103 cm) respecte la tradition de la *Sainte Anne Metterza* (c'est-à-dire “placée” en troisième position, avec la Vierge et l'Enfant Jésus), commune à l'art florentin. Il est possible que cette œuvre ait été exécutée pour l'église Saint-Ambroise où elle est décrite au XVe siècle comme étant un tableau exclusivement exécuté de la main de Masaccio. Ce ne fut qu'en 1940 que, grâce à Roberto Longhi qui parvint à cette conclusion par le biais d'une étude stylistique, que l'on comprit qu'il s'agissait en réalité d'un produit de collaboration entre le maître affirmé Masolino et son jeune élève Masaccio.

La chronologie la plus probable remonte à environ 1424-25, immédiatement avant les décorations à fresque de la chapelle Brancacci du Carmine. A cette date, Masolino était un peintre réputé et par conséquent vraisemblablement le destinataire de la commission.

De l'église Saint-Ambroise, la peinture passa ensuite à la Galerie de l'Académie, d'où elle est parvenue aux Offices en 1919.

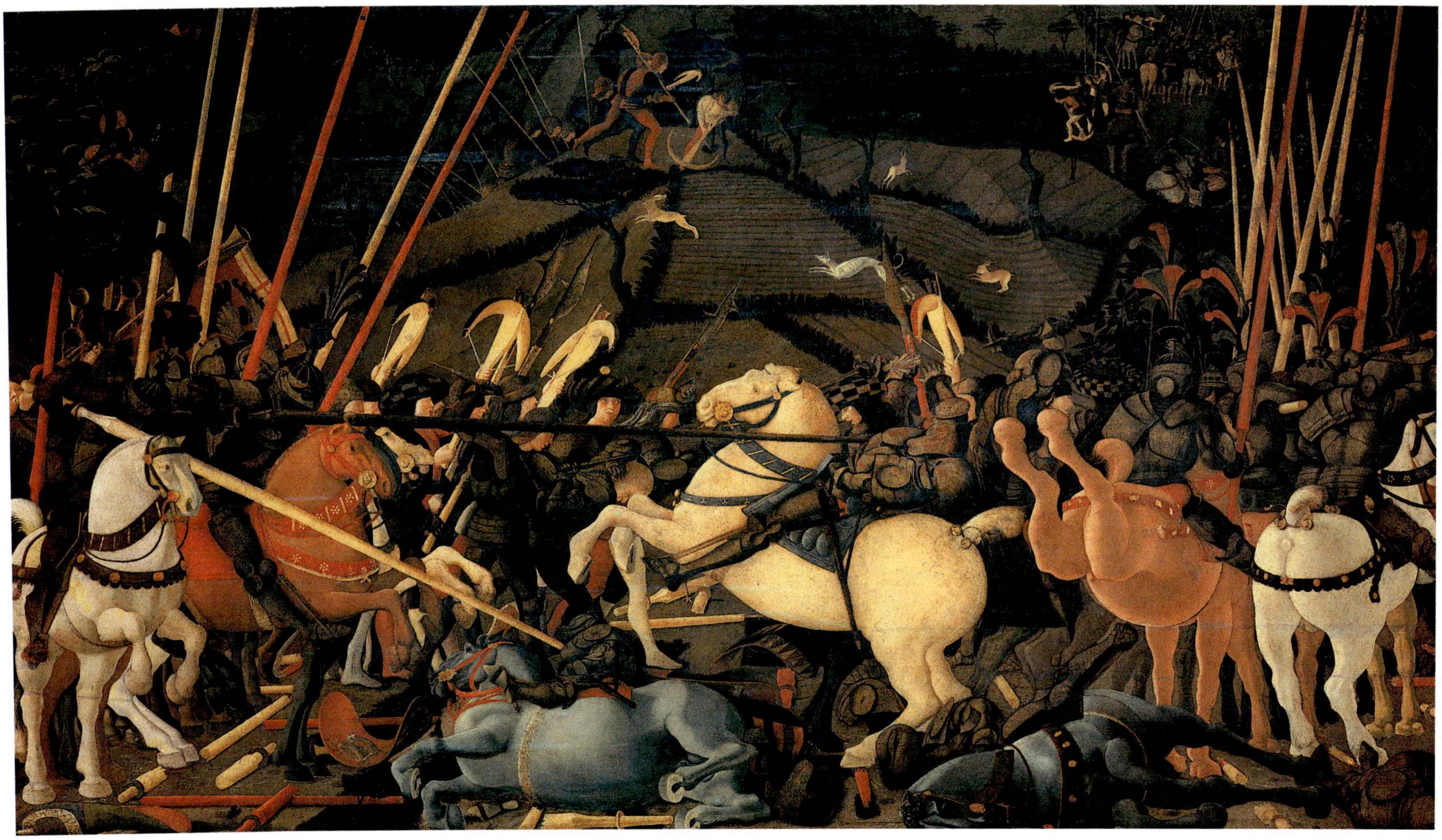

Paolo Uccello

La *Bataille de San Romano* (détrempe sur bois, 185 × 220 cm) fait partie d'un ensemble de trois grands panneaux (les deux autres se trouvent aujourd'hui au Louvre et à la National Gallery de Londres) dans lesquels Paolo Uccello a dépeint vraisemblablement, avec un délai chronologique proche de l'événement réel, les scènes de cette bataille qui s'est déroulée le 1er juin 1432 et au cours de laquelle les Florentins, guidés par Niccolò da Tolentino, battirent les Siennois commandés par Bernardino della Ciarda. Comme cela a été démontré récemment, les trois panneaux se trouvaient à l'origine dans la résidence florentine de Lionardo Bartolini Salimbeni qui en fut fort probablement le commanditaire. Aux alentours de 1480, Laurent le Magnifique parvint, par des méthodes coercitives, à les exposer dans sa propre chambre à coucher au rez-de-chaussée du Palais Médicis Riccardi, où ils sont mentionnés dans les inventaires rédigés lors de son décès en 1492.
Nous sommes amenés à penser, sur la base des violentes diatribes, qui ne furent pas exemptes d'implications juridiques, qui s'enflammèrent à son sujet entre Laurent de Médicis et les Bartolini Salimbeni, que cet intérêt avait pour fondement non seulement la signification historique de la peinture, mais également l'appréciation de son extraordinaire qualité artistique. En effet, dans cette œuvre, Paolo Uccello, grand peintre créateur et visionnaire, se situant au niveau programmatique en dehors des conventions picturales courantes, nous a transmis l'une des interprétations les plus originales des principes de la perspective de l'espace de l'art de la Renaissance, en libérant les significations dans une direction opposée à celle du réalisme de Masaccio.
Les trois panneaux, altérés dans leur forme originale qui prévoyait un développement vers le haut, se trouvaient au XVIIe siècle dans la collection du cardinal Charles de Médicis au Casino de San Marco. Parvenus aux Offices entre 1769 et 1784, ils furent séparés au début du XIXe siècle, quand deux d'entre eux se retrouvèrent sur le marché des antiquités. Le panneau central demeura à Florence – signé en bas à gauche "Pauli Ugieli opus" – et l'on pense qu'il représente le moment où le destin de la bataille se décida en désarçonnant le condottiere siennois.

Dans le cadre de la politique d'enrichissement des collections grand-ducales, au cours de la seconde moitié du XVIIIe siècle, d'importants témoignages entrent aux Offices, dont les trois tableaux des batailles, peints par Paolo Uccello, deux desquels furent envoyés ensuite sur le marché des antiquités.

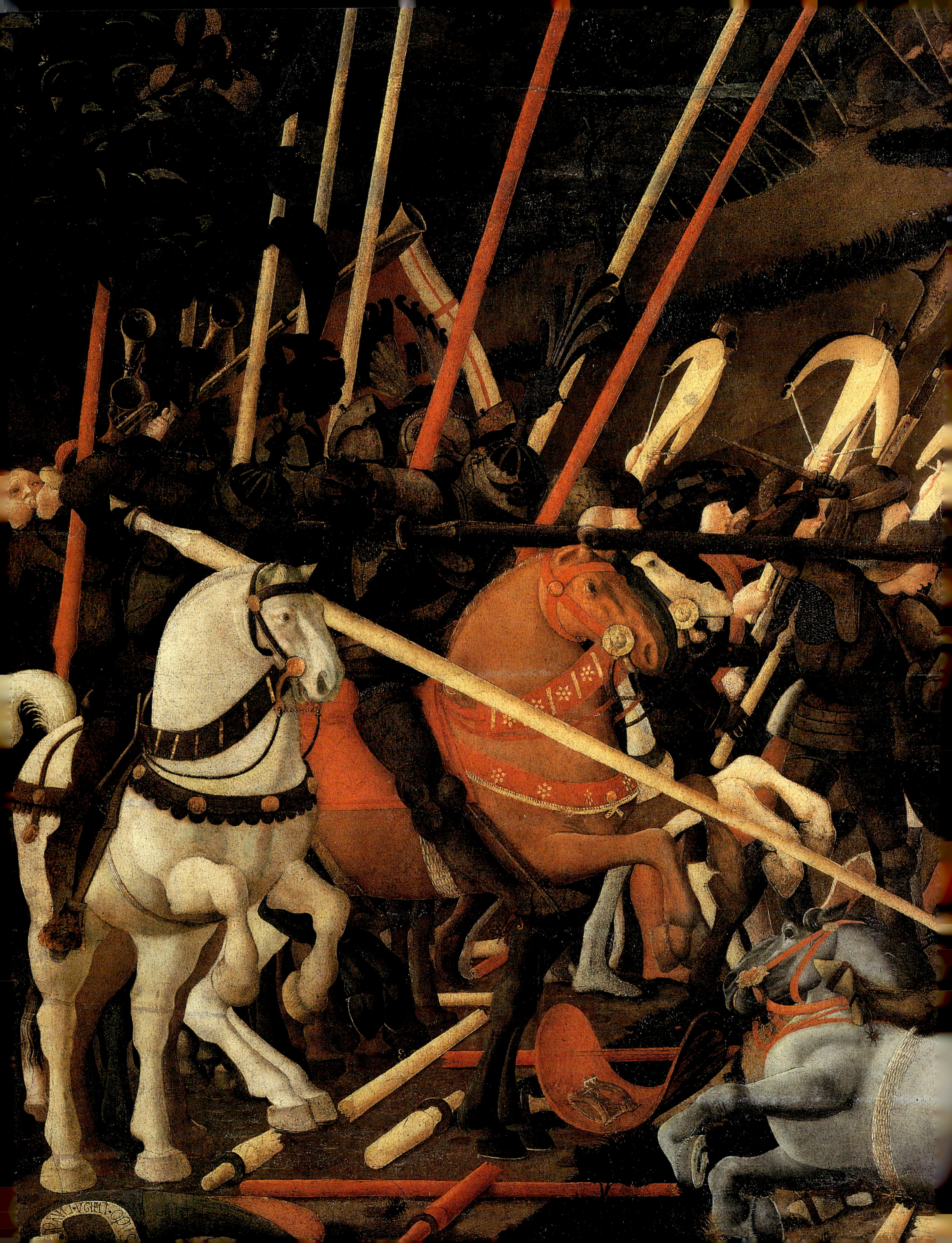

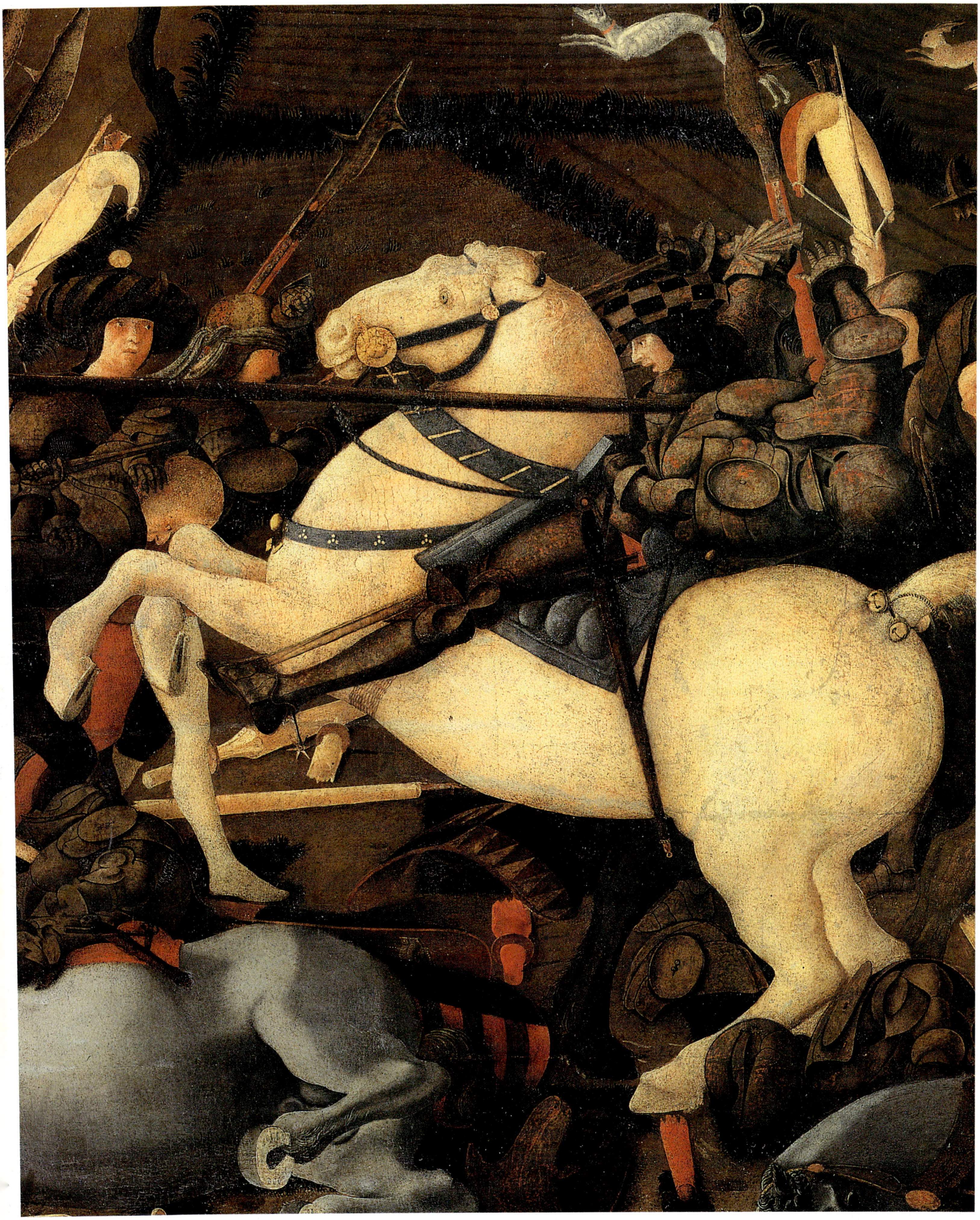

Le Cabinet des dessins et des estampes

Raphaël, dessin pour la *Madonna del Granduca*

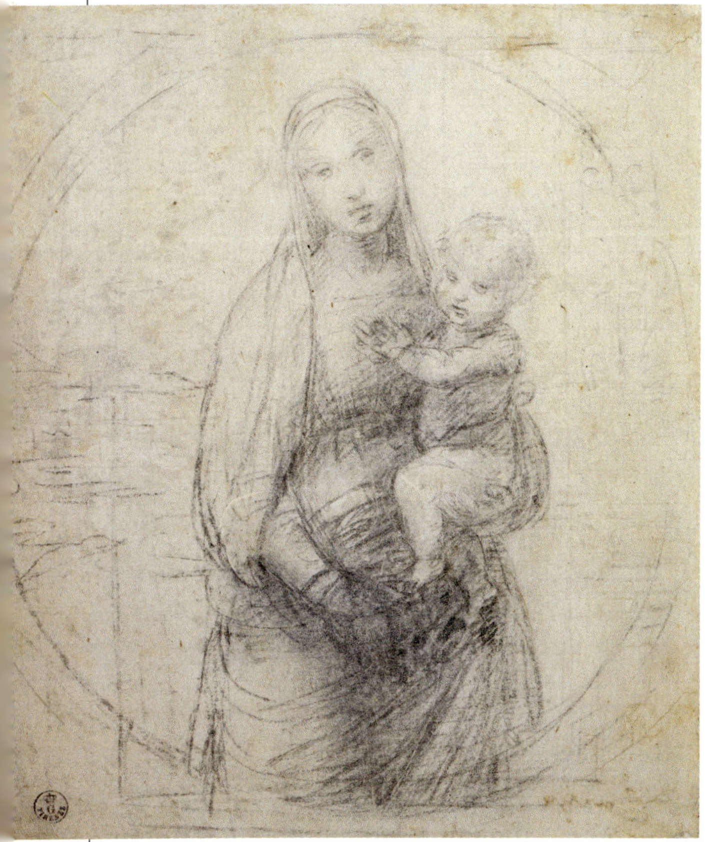

C'est au XVIIe siècle qu'un collectionneur de grande intelligence, le cardinal Léopold, frère du grand-duc Ferdinand II, donna une impulsion déterminante à l'une des principales collections de dessins du monde.

Les riches collections de dessins et d'estampes ont pour origine la passion pour les collections issues du patrimoine privé de la famille Médicis : nous savons que les Médicis possédaient des œuvres d'art graphique remontant au moins à l'époque de Laurent de Médicis, et qu'au cours du XVIe siècle plusieurs membres de la famille, comme Côme Ier et son fils François, continuèrent à consacrer à ce type de produit une attention qui s'accroîtra avec le temps.
L'idée maîtresse de ce qui est aujourd'hui l'une des principales collections de dessins du monde remonte toutefois au XVIIe siècle. Elle prit en effet son essor grâce aux mérites d'un grand collectionneur fort perspicace, le cardinal Léopold, frère du grand-duc Ferdinand II. Cet homme d'une intelligence hors du commun, qui possédait une grande culture humaniste et scientifique, prodigua au cours de sa vie quantité de richesses qui permirent de rassembler un extraordinaire ensemble d'objets d'art, dont environ douze mille dessins anciens et modernes provenant d'Italie ou de l'étranger, personnellement choisis par cet homme, dans une perspective éclairée tant du point de vue de la qualité artistique que de l'intérêt historique.
La collection de Léopold, fut transférée en 1687 des appartements privés du Palais Pitti au musée des Offices, devenant ainsi disponible à an public qui dépassait désormais largement celui de la famille. A son tour, la famille de Lorraine, qui succéda aux Médicis en 1737, contribua à enrichir notablement le fonds existant, surtout à l'époque de Pierre-Léopold et notamment par l'acquisition de collections de grand prestige comme celles de Gaddi, Hughford et Michelozzi.
Pendant le XIXe siècle, après la constitution du Royaume d'Italie, l'on assista à la croissance spectaculaire du phénomène des donations, qui n'avait jusqu'alors que des dimensions fort modestes. Des donations qui proviennent non seulement des collectionneurs (le don effectué par Emilio Santarelli en 1866 de treize mille dessins anciens fut tout à fait exceptionnel), mais aussi des artistes eux-mêmes, qui commencèrent à considérer l'institution publique comme la destination la plus appropriée pour leur production graphique, tout en prenant conscience de la signification particulière que revêt ce fait en tant que document de leur propre parcours artistique, s'il est rassemblé dans des structures dotées de moyens de conservation et de consultation adéquats.
L'institution de la donation a donc assuré les meilleures possibilités de croissance de la collection, en se perpétuant même au XXe siècle avec des dons remarquables. Il suffit à cet égard de mentionner le corpus des eaux-fortes de Giorgio Morandi, que les sœurs de l'artiste donnèrent aux Offices.

Ci-contre
Le Cabinet des miniatures

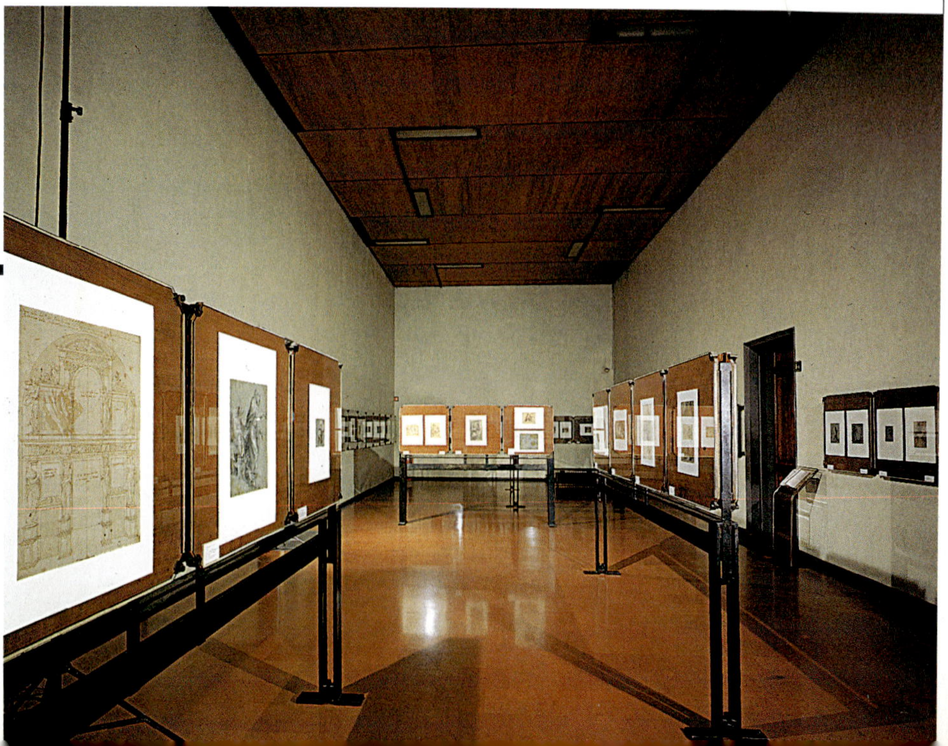

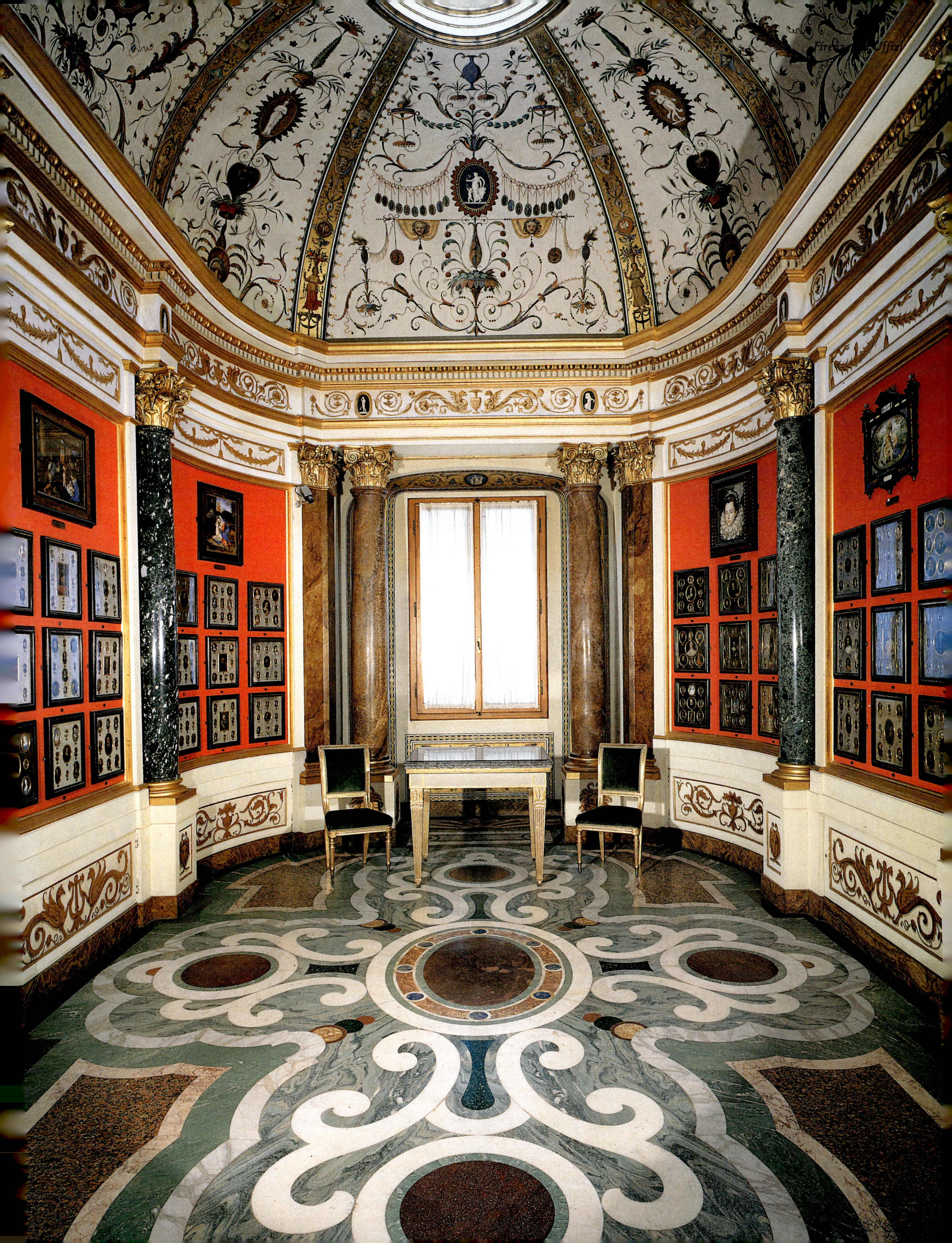

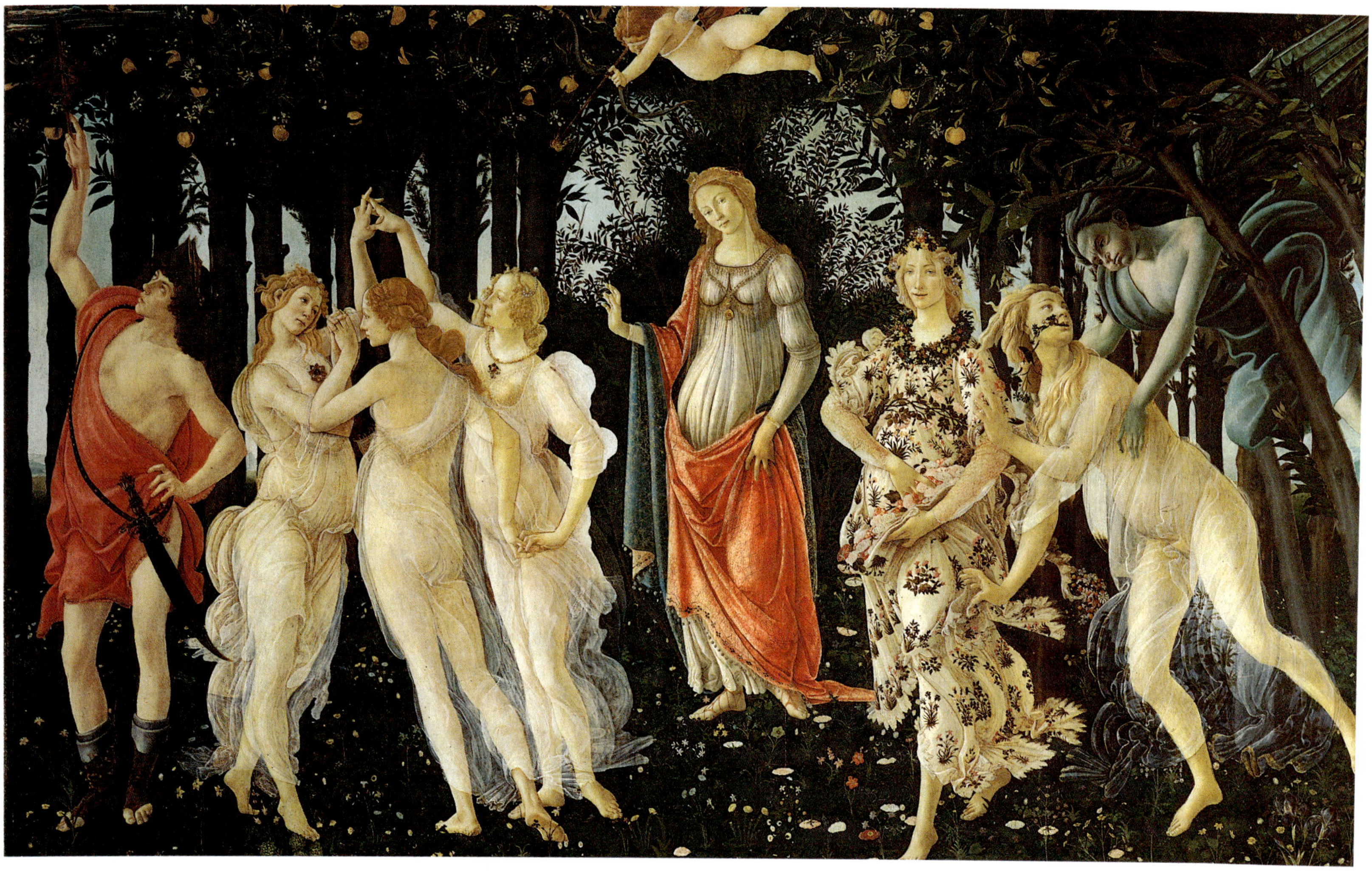

Sandro Botticelli

Lorenzo de Pierfrancesco de Médicis, cousin de Laurent le Magnifique, joua un rôle de premier plan dans les milieux culturels florentins de la seconde moitié du XVᵉ siècle. Sa demeure urbaine de via Larga et sa maison de plaisance de Castello furent des lieux de rencontre privilégiés pour des artistes, des philosophes et des savants de renom. Parmi les artistes, il eut sans nul doute une prédilection pour Botticelli, que nous verrons travailler à plusieurs reprises pour lui à des œuvres de différents genres : depuis les extraordinaires illustrations de la *Divine Comédie*, aujourd'hui divisées entre Berlin et le Vatican, jusqu'à certaines peintures renommées, parmi lesquelles – la plus célèbre entre toutes – le tableau dénommé *Le Printemps* (détrempe sur bois, 203 × 314 cm), que Botticelli exécuta pendant l'une des périodes les plus créatives de son parcours artistique, juste avant de se rendre à Rome où il avait été appelé à participer à la décoration des fresques des murs de la chapelle Sixtine en 1482.

Pour ce qui est du sujet du tableau – expression typique des complexes mélanges culturels parcourant l'atmosphère sophistiquée de la Florence de Laurent le Magnifique –, aujourd'hui encore, la lumière n'a pas entièrement été faite dans tous ses détails. L'on a parfois avancé des références littéraires, telles que les *Fastes* d'Ovide, *L'Ane d'or* d'Apulée ou le *Tournoi* de Politien, ou bien des théories philosophiques des humanistes, notamment celles de Marsile Ficin. La composition, qui se décline passant d'une figure à l'autre, avec le mouvement harmonieux d'une phrase musicale ou d'un geste poétique, visent davantage à une présentation symbolique d'images qu'à la narration d'un fait. La proposition la plus convaincante consiste à voir dans la figure centrale la représentation de Vénus, qui dans sa signification humaniste d'*Humanitas* attestée par les écrits de Ficin, sépare le monde spirituel de celui des instincts, personnifié sur la droite par Zéphyr qui ravit Flore. Le tableau qui, en 1498, est documenté dans la résidence citadine du commanditaire, fut ensuite transféré dans la maison de plaisance de Castello. A la mort de Lorenzo di Pierfrancesco, la demeure et son contenu sont légués à Giovanni delle Bande Nere, avant de passer en 1526, à Côme de Médicis, le futur grand-duc Côme Iᵉʳ. A Castello, où Vasari a l'occasion de la décrire, la grande peinture resta fort longtemps, jusqu'à ce qu'elle soit transférée aux Offices en 1815. Elle y est ensuite revenue définitivement en 1919, après une période d'exposition à la Galerie de l'Académie.

L'Allégorie du Printemps, *peinte par Sandro Botticelli vers 1481 pour Lorenzo de Piefrancesco de Médicis, est une des œuvres symbole des Offices: depuis toujours patrimoine de la famille florentine, elle n'arrive au musée qu'en 1815 provenant de la résidence grand-ducale de Castello.*

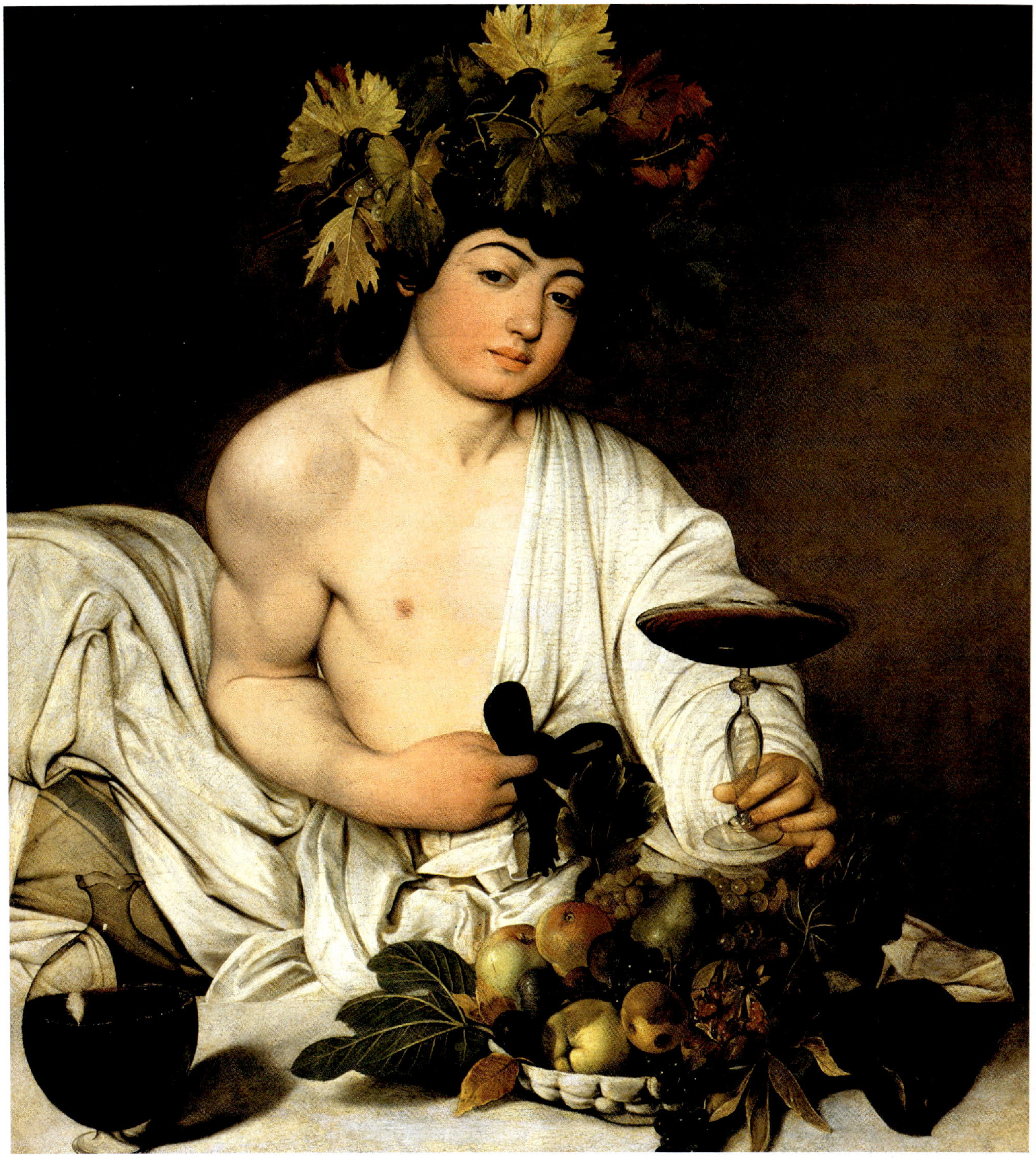

Les Offices possèdent trois œuvres importantes de Caravage, ce qui nous fournit un témoignage de la capacité de ce musée de documenter des époques et des écoles autres que celles de la Renaissance.

Le Caravage (Michelangelo Merisi)

Les Offices possèdent trois œuvres importantes du Caravage, l'artiste qui, durant la dernière décennie du XVIe siècle, imprima un tournant décisif à l'art italien et européen. Parmi celles-ci, il convient de citer ce magnifique *Bacchus* (huile sur toile, 95 × 85 cm) qui, avec le *Sacrifice d'Isaac* et la *Tête de Méduse*, témoigne des choix stylistiques du Caravage à des niveaux de qualité extrêmement élevés. Il s'agit d'une œuvre de jeunesse, exécutée quelques années avant la fin du XVIe siècle, probablement à l'époque où l'artiste travaillait à Rome, auprès de son mécène et protecteur, le cardinal Francesco Maria del Monte : dans une période donc particulièrement sereine d'une vie et d'un parcours artistique mouvementés, à laquelle l'on fait remonter d'autres chefs-d'œuvre du même type (ce que l'on appelle les figures "en clair"), c'est-à-dire le *Garçon avec la corbeille de fruits* de la Galerie Borghèse et la *Corbeille de fruits* de la Pinacothèque Ambrosienne. Dans celui-ci, nous assistons au dépassement total des courants picturaux alors en vogue : d'un côté le Maniérisme tardif qui, dans sa phase finale, s'épuise dans de stériles entrelacs purement décoratifs; de l'autre, la peinture de la Contre-Réforme, noble dans ses contenus et dans la forme, mais également surchargée de fins didactiques et éducatives qui pouvaient compromettre la sincérité de l'expression. Ici, en revanche, l'esprit et l'œil de l'artiste tendent à recréer sur la toile les valeurs d'une réalité qui trouve ses propres justifications existentielles en elle-même et dans laquelle le souvenir des modèles classiques, évident dans l'anatomie et dans l'attitude du torse juvénile, n'ôte rien à la vérité et au vécu de chaque détail.
L'on suppose que le tableau est entré dans les collections du grand-duc, peut-être en qualité de don, envoyé par le même cardinal Del Monte à Ferdinand de Médicis peu après sa réalisation. Il est exposé de façon stable aux Offices depuis 1916.

La réorganisation du musée

Au cours du XIXe siècle, après avoir surmonté les spoliations datant de Napoléon, dont les conséquences les plus néfastes furent désamorcées grâce aux mérites de Tommaso Puccini, un directeur intelligent et déterminé, l'on priva définitivement les Offices du musée égyptien et de la section d'art moderne, qui deviendra un musée portant justement ce nom auprès du Palazzo Pitti. Parmi les principaux épisodes de croissance de l'institution, il faut rappeler la transformation des Offices en musée à proprement parler et l'aménagement du couloir de Vasari qui s'ensuivit. Ce dernier fut ouvert au public en 1866, avec une exposition comprenant la collection étrusque (sur les deux paliers de l'escalier d'accès et dans l'espace donnant sur les quais de l'Arno, le Lungarno Archibusieri), une vaste sélection de dessins (du côté de la façade donnant sur Ponte Vecchio), des portraits des Médicis et des tableaux de sujets mythologiques (dans l'aire circonscrite autour des Tours des Mannelli) et enfin (sur le côté longeant via Guicciardini) les tapisseries, la collection des esquisses et des détrempes naturalistes de Jacopo Ligozzi. Pendant ce temps, parallèlement à l'extension de la Galerie, l'histoire des autres corps de bâtiment continue à se tracer pour donner naissance aux Archives d'Etat en 1852.
Au XXe siècle, des événements non moins importants au niveau muséographique rythmèrent la vie des Offices, ceci tant pour des besoins engendrés par un essor touristique exponentiel, que dans le cadre de circonstances exceptionnelles. Le plus considérable concerne la réfection complète, achevée en 1956, des salles des Primitifs. Elle fut conduite par Giovanni Michelucci, Carlo Scarpa et Ignazio Gardella, selon des critères muséographiques qui ont marqué une époque et dont le but était d'établir un rapport intense et quasiment émotionnel entre le spectateur et les objets exposés. A cet égard, la salle du XIIIe siècle est particulièrement significative (n° 2). La verticalité des proportions architecturales, les chevrons visibles sur les plafonds et tous les éléments de la structure ou des ameublements visent à rappeler l'aspect des églises médiévales d'où sont issus les chefs-d'œuvre de Cimabue, de Duccio di Buoninsegna et de Giotto qui y sont exposés.

Les deux tableaux monumentaux peints par Duccio di Buoninsegna (1285) et par Giotto (1306-1310) constituent, avec le tableau de Cimabue, le point central visuel et thématique de la nouvelle salle du Duecento.

La salle du Duecento, d'après le project de Giovanni Michelucci, de Carlo Scarpa et d'Ignazio Gardella (1956)

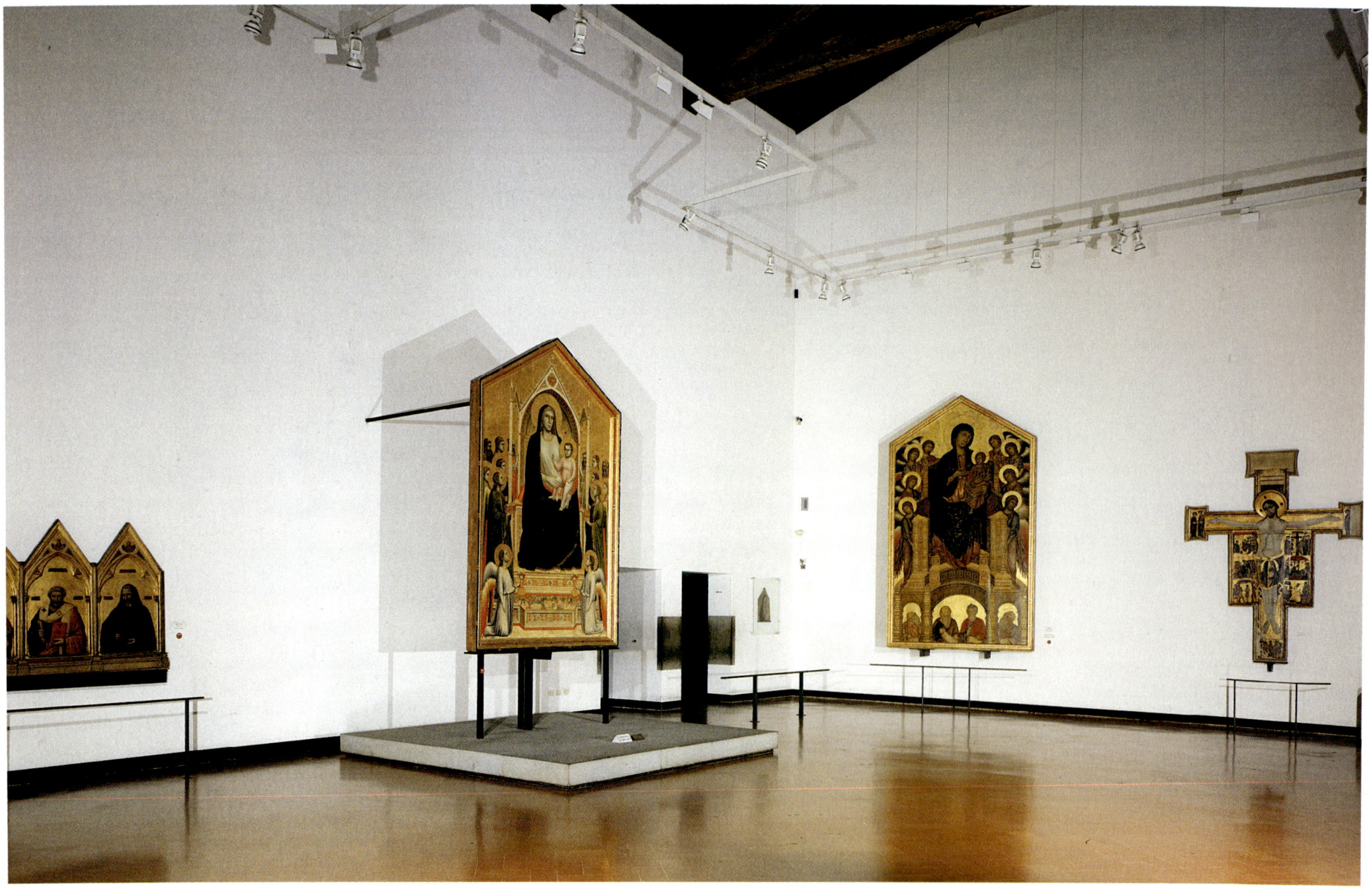

Duccio di Buoninsegna

Madone en trône avec l'Enfant et les anges (détrempe sur bois, 450 × 293 cm) est l'une des œuvres les plus significatives du XIIIe siècle toscan et un témoignage d'une articulation cruciale des rapports entre Florence et Sienne dans une période de contacts féconds entre les deux écoles, qui se configuraient déjà avec leurs physionomies propres et des orientations stylistiques originales. Elle a été fort longtemps citée dans la littérature artistique comme étant l'œuvre du Florentin Cimabue, même après que, à la fin du XVIIIe siècle, l'on découvrit le contrat de commande adressé à "Duccio quondam Boninsegne pictori de Senis", signé le 15 avril 1285 par le père Vincenzo Fineschi pour le compte de la Confrérie des Laudesi, qui entendait en orner sa chapelle située dans l'église dominicaine Santa Maria Novella.
En dépit d'une certaine inspiration, la rapprochant de Cimabue, tant par la forme de la composition, rigoureusement symétrique, que par les références à un effet de volume au niveau de la tête et du genou droit de la Vierge, typique de la peinture siennoise et de Duccio, cette œuvre présente en réalité des caractères stylistiques tendant à représenter un monde de pure transcendance. Celui-ci s'exprime à travers une forme pariant sur l'aspect précieux de la palette des couleurs et sur la délicatesse raffinée de la trame linéaire. La grande peinture, qui représente le moment où les anges déposent le trône de la Vierge à l'endroit qui revient à la mère du Christ dans la hiérarchie du Paradis, nous est parvenue – chose véritablement exceptionnelle pour l'époque – dans son encadrement d'origine.
Après différents déplacements à l'intérieur de l'église qui suivirent la vente, datant de 1335, de la chapelle des Laudesi à la famille Bardi di Vernio, l'œuvre fut placée entre le XVIIe et le XVIIIe siècle dans la chapelle Rucellai (d'où la dénomination de *Pala Rucellai* qui lui est parfois conférée aujourd'hui encore), où elle resta jusqu'en 1948. A cette date elle fut exposée aux Offices, où elle constitue l'un des points cardinaux du célèbre aménagement de la salle 2, dû à Giovanni Michelucci, Carlo Scarpa et Ignazio Gardella.

D'importants travaux muséographiques et de réaménagement des salles d'exposition ont intéressé les Offices dans les années cinquante. A mentionner notamment le projet des architectes Giovanni Michelucci, Carlo Scarpa et Ignazio Gardella qui, en 1956, complète l'aménagement de la salle des Primitifs, avec les œuvres de Cimabue, de Duccio et de Giotto.

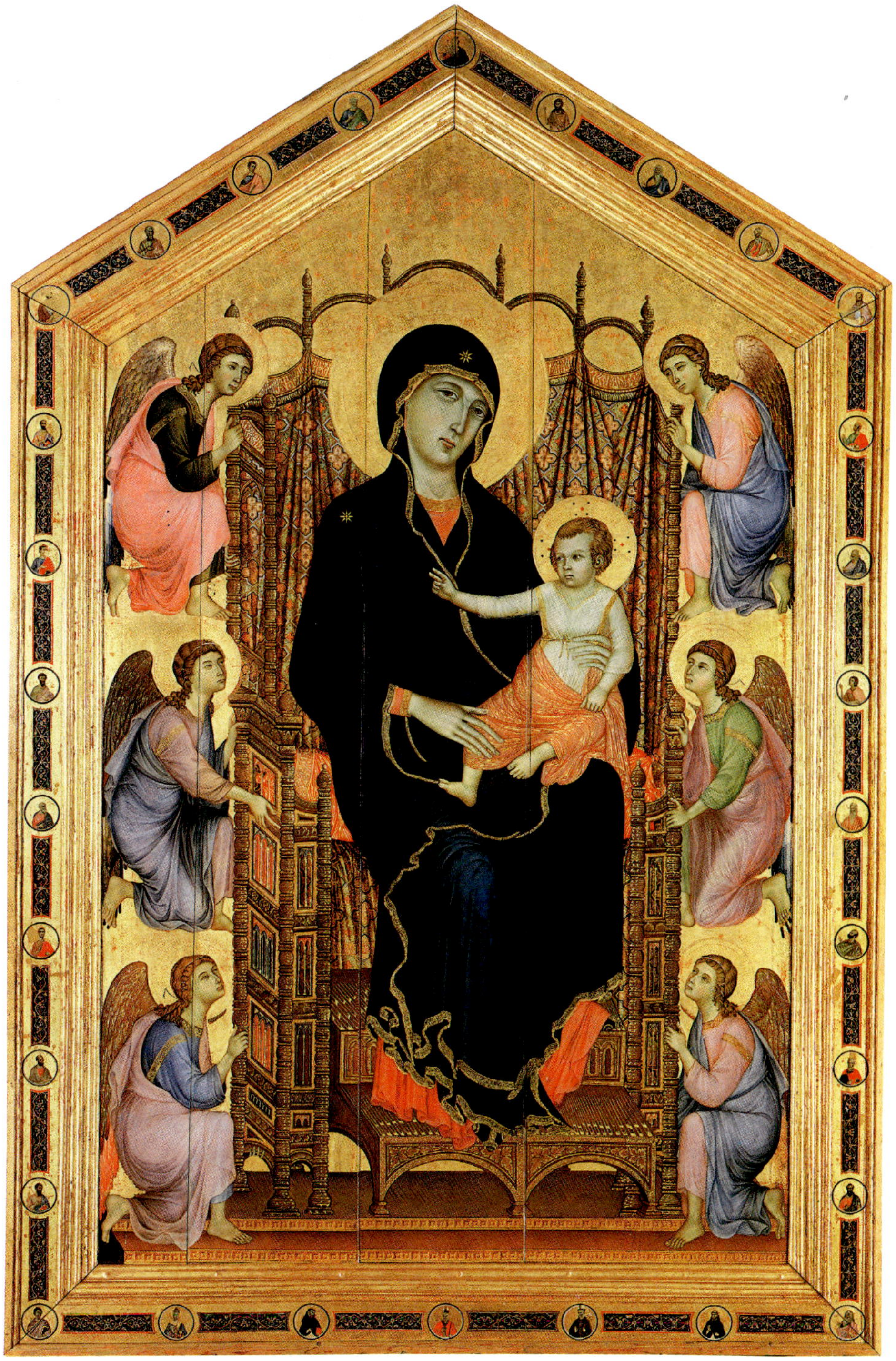

Les nouveaux aménagements

Il faut ajouter qu'aussi bien les salles des Primitifs, que les espaces proches du Cabinet des dessins et des estampes, magnifiquement rénovés par Edoardo Detti en1960, sans omettre la réfection de la salle de Léonard de Vinci (n° 15), achevée en 1989 d'après un projet encore une fois exécuté par Giovanni Michelucci, s'intègrent admirablement, malgré leur franche "modernité", à la stratification historique des Offices. Ceci est dû non seulement au choix des matériaux utilisés qui sont typiques de la tradition florentine, mais aussi à la sobriété des structures et à l'équilibre pondéré entre des espaces définis par ceux-ci.

A cet égard, il nous semble opportun d'évoquer à nouveau les interventions dont la direction du musée a la responsabilité directe, et dont les objectifs consistent à réaliser des environnements simples de par leurs structures, valorisés par la lumière (de préférence celle du zénith), diffuse et privée d'"impératifs contraignants", empreints de sobriété dans la décoration et équipés de toutes les installations modernes nécessaires, compatibles avec la finesse de la texture architecturale d'ensemble des espaces culturels à disposition. Il s'agit là de principes qui ont continué à nous inspirer dans les travaux de réaménagement effectués à l'occasion d'expositions ayant eu lieu en 1992 et en 1996 de seize salles du premier étage de l'aile est, qui font partie du projet des Nouveaux Offices, comme dans la réfection de la salle des Lippi (n° 8) achevée en 1997. Ces mêmes critères ont été suivis pour les travaux de restauration des salles de l'aile ouest, rendus nécessaires à la suite de l'attentat à la dynamite de 1993 : à commencer par le couloir du XVIe siècle (n° 33), achevé en 1998, pour ensuite continuer par la salle de la Contre-Réforme (n° 35) réaménagée en 1999, celle de Rubens (n° 38) et pour finir par celles de la Galerie (n° 43 et n° 44), rouverte au cours de cette année.

Les Nouveaux Offices

En partant du processus évolutif décrit jusqu'ici, le musée serait sans nul doute en mesure d'affronter aujourd'hui une autre étape fondamentale qui pourrait lui permettre de rivaliser avec les principales institutions européennes. Encore faudrait-il qu'il soit possible de mettre en œuvre le fameux plan de réaménagement prévu des Nouveaux Offices, qui a été conçu par la direction dès 1989, qui reste prisonnier d'un réseau de manœuvres d'obstruction fort néfastes. Ce projet s'articule sur un plan d'interventions méthodologiques visant à agrandir le musée à l'intérieur du bâtiment construit par Vasari.

La salle de Léonard de Vinci, d'après le project de Giovanni Michelucci (1989)

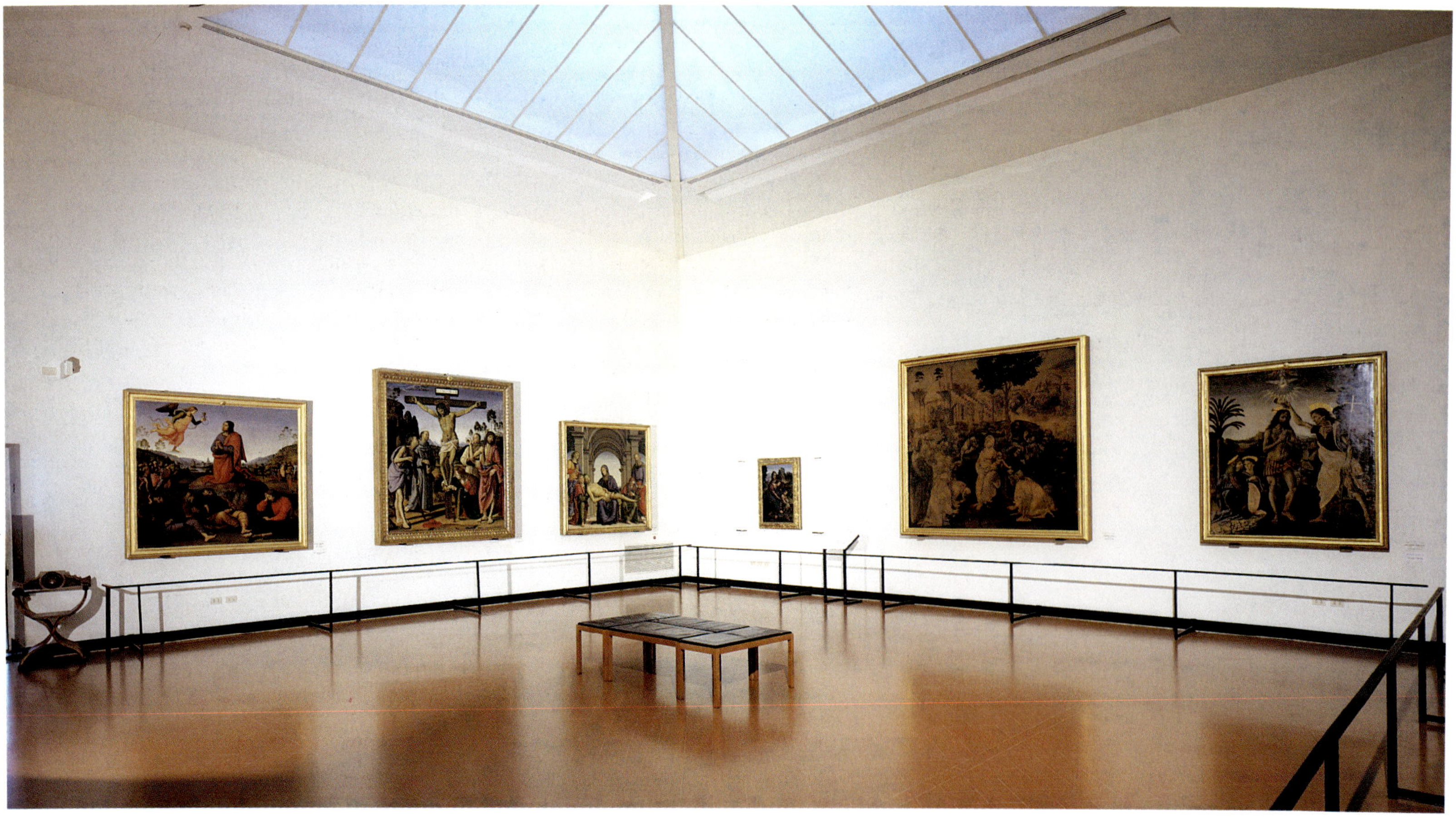

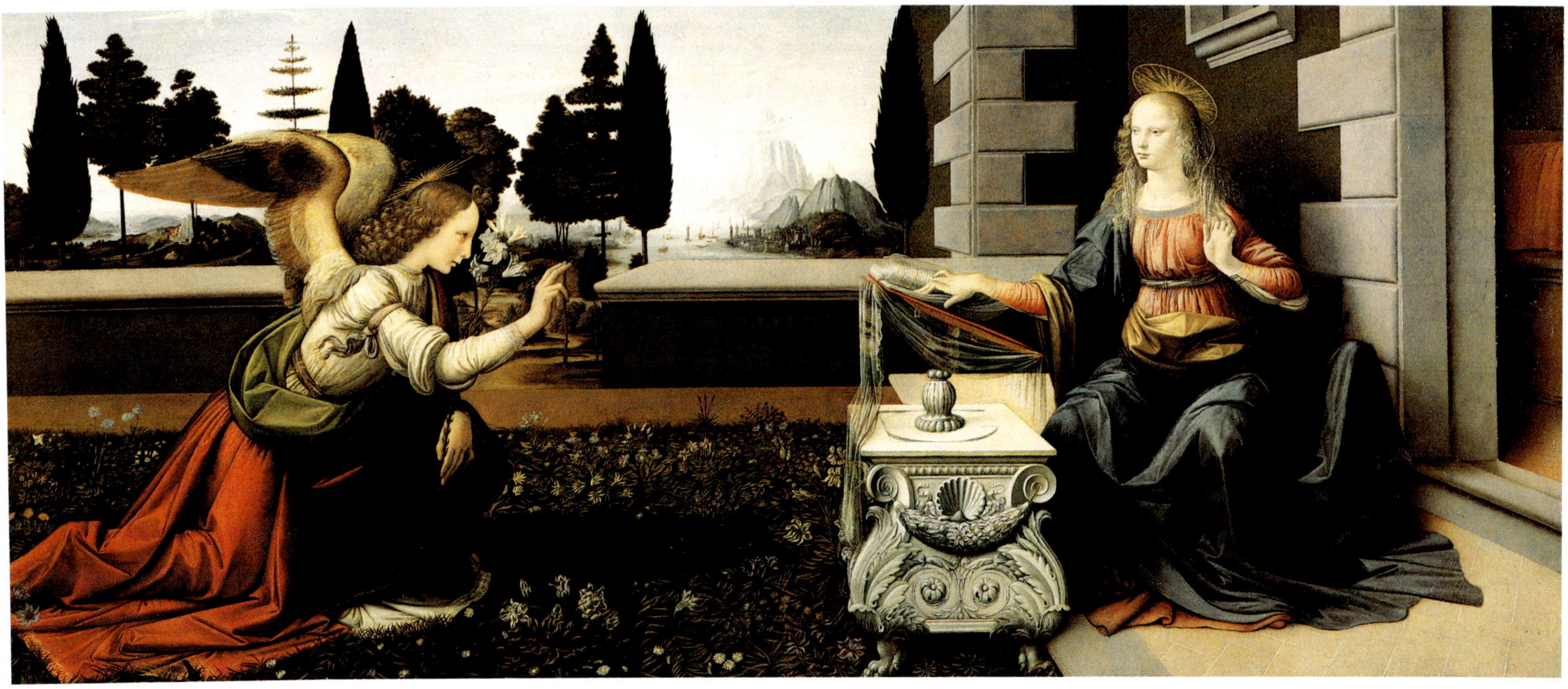

Au cours des années soixante, le Musée des Offices poursuit le processus de modernisation des salles d'exposition. Les parcours sont retracés en suivant un ordre principalement chronologique, des comparaisons d'œuvres de la même époque sont proposées, comme pour le Triptyque Portinari, et des salles monographiques sont créées, telle celle qui est réservée à Léonard de Vinci.

Léonard de Vinci

L'*Annonciation* (huile sur bois, 98 × 217 cm) – l'un des chefs-d'œuvre les plus célèbres du XVe siècle florentin et l'un des points cardinaux du riche catalogue des peintures de Léonard de Vinci – fournit l'un des chapitres les plus problématiques de tout l'art italien. Les documents attestant la commande et le paiement du tableau sont inconnus et il n'est jamais cité dans la littérature ancienne, à commencer par les *Vies* de Vasari. Son format et ses dimensions mêmes, qui excluent une conception en tant que retable d'autel, ne fournissent aucune indication sur sa fonction originelle. Son plus ancien emplacement connu, qui est peut-être celui qu'il avait à l'origine, se situe dans l'église San Bartolomeo à Monteoliveto, d'où il fut transféré en 1867 aux Offices, avec une attribution peu convaincante à Domenico Ghirlandaio, mais qui subit par la suite de multiples oscillations entre divers auteurs : de Verrocchio, à Ridolfo del Ghirlandaio, en passant par Lorenzo di Credi, avec une éventuelle collaboration de Léonard lui-même. Ce tableau ne fut reconnu pour la première fois à ce peintre, comme c'est sans hésitation le cas aujourd'hui de la part des spécialistes, par Liphart, au moment de son exposition dans le musée. Ces incertitudes d'attribution se basaient en particulier sur la constatation de certaines "erreurs" dans l'établissement de la perspective de la scène, qui ne lui seraient pas en effet aisément imputables même pour l'une de ses œuvres de jeunesse : des "erreurs" constatées par exemple dans la partie droite, où les murs et les bossages de l'édifice semblent de proportions anormales, et où le bras droit de la Vierge donne l'impression de devoir s'éloigner beaucoup trop pour pouvoir toucher de la main le livre ouvert sur le pupitre. Il s'agit cependant d'anomalies qui peuvent parfaitement se "corriger" – comme cela a été mis en évidence par le nettoyage récent de la surface picturale, qui en a restitué les jeux exacts au niveau du jeu de l'ombre et de la lumière – prenant en compte le fait que le tableau, dans son emplacement originaire inconnu, possédait un point de vue obligatoire passant de la droite vers le bas. C'est justement cette attention inaccoutumée pour l'époque, permettant d'accorder l'espace de la composition à la position du spectateur, qui confirme l'hypothèse de la paternité de l'œuvre à Léonard de Vinci.
C'est exclusivement à ce peintre que l'on peut reconnaître cette capacité de rendre, à travers le dosage parfait des vibrations lumineuses sur les couleurs, la qualité de la texture des objets et des surfaces : de la turgescence naturelle des fleurs et de l'herbe du jardin, aux cadences naturelles des étoffes, jusqu'à la transparence des voiles; depuis l'effet poreux de la brique sur le dallage où se trouve la Vierge, à l'éclat précieux du marbre sur le pupitre. Ceci étant un détail qui reconduit au style décoratif prédominant de l'atelier de Verrocchio, que Léonard fréquenta dans sa jeunesse, justement à l'époque présumée de l'exécution de l'*Annonciation*.

Le Corridor de Vasari: point de jonction entre les Offices et l'ensemble monumental de Palais Pitti

L'escalier qui, partant de la Galerie ouest, débouche sur le Corridor de Vasari

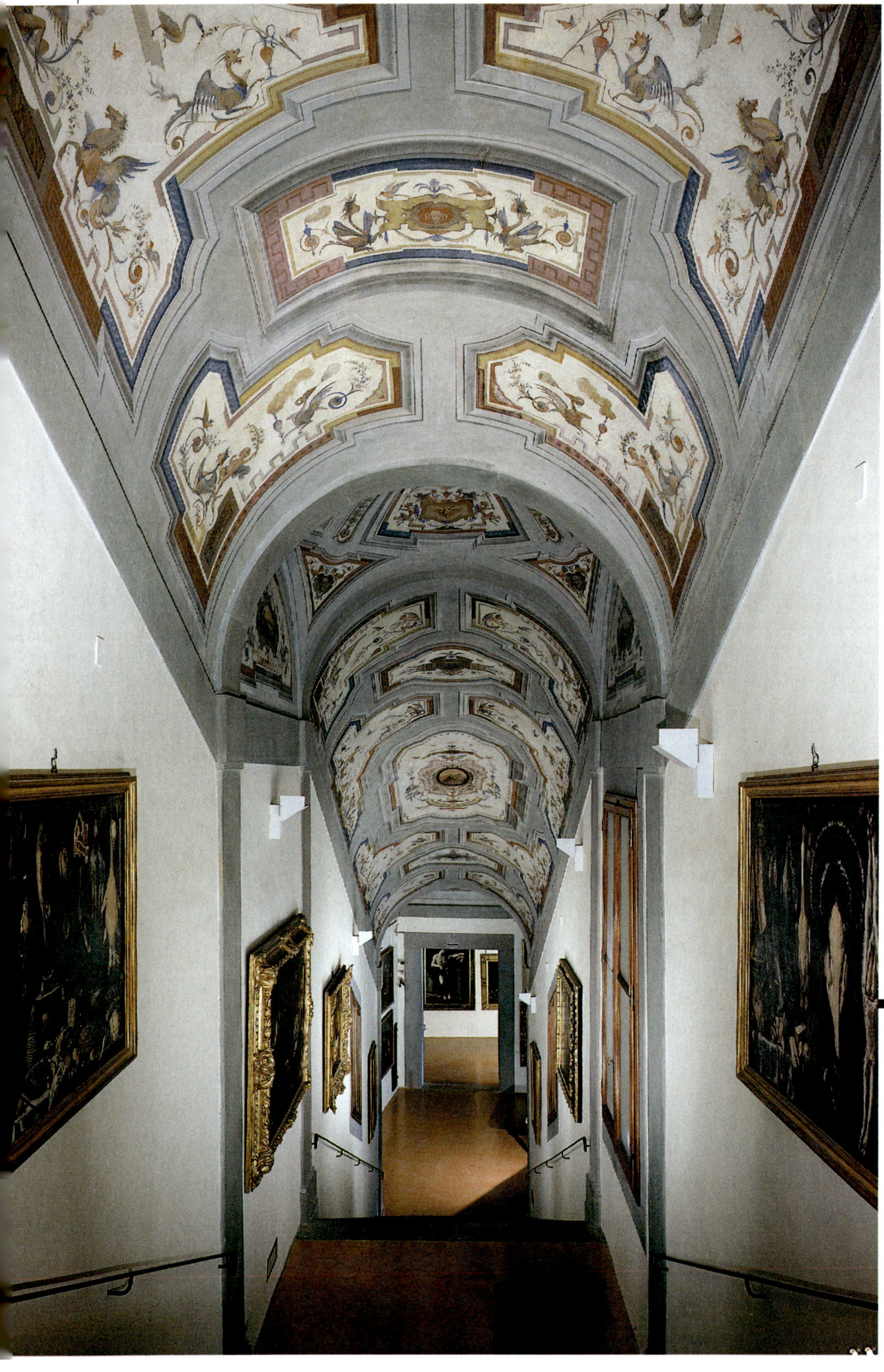

Son édification fut promue par Côme 1er, qui chargea en 1565 l'architecte Vasari de réaliser un parcours intérieur – une sorte de voie de communication privée – qui partant de la demeure du Palais Pitti, traverserait l'Arno sur le Ponte Vecchio pour s'incorporer à l'édifice des Offices, et tout en parcourant la galerie du troisième étage depuis cet endroit, rejoindrait le siège du gouvernement du Palazzo Vecchio, par l'intermédiaire d'une audacieuse passerelle aérienne jetée en surplomb sur via della Ninna. Il en ressortit une œuvre unique en son genre qui fournit aujourd'hui de nombreuses clés de lecture possibles : une splendide vue aérienne qui se déploie sur plus d'un kilomètre au cœur de Florence, en s'enfonçant profondément entre les masses d'édifices, tout en courant pour s'ouvrir sur l'un des plus beaux panoramas de la ville.
En parcourant cette voie, l'on peut par exemple privilégier l'aspect muséologique, en voyant dans le Corridor de Vasari, un prolongement naturel de la Galerie qui, pour des raisons logistiques (sa conformation architecturale impose l'échelonnement du public par groupes), ne peut s'insérer dans des parcours habituels de visite ; l'on peut ainsi admirer les quelque huit cents œuvres qui y sont exposées, englobant une vaste sélection de la célèbre collection d'autoportraits qui, depuis sa création au XVIIe siècle par le cardinal Léopold de Médicis, s'est continuellement enrichie jusqu'à devenir un formidable fonds de pièces représentant aujourd'hui un patrimoine des plus remarquables.
D'autres pourront y voir des implications technologiques, puisqu'il s'agit d'une construction fort audacieuse – il suffit de songer aux problèmes d'enjambement de l'Arno – que Vasari parvint à réaliser en l'espace de quelques mois : le contrat ayant été stipulé le 12 mars, le premier pilier était jeté sur le Lungarno Archibusieri le 19 du même mois. Le 22 septembre, le parcours complet pouvait déjà être emprunté.
En outre, l'on peut également prendre en considération sa fonction stratégique, puisque le Corridor permettait aisément au prince de se déplacer en toute sécurité d'une rive à l'autre du fleuve.
De même que l'on peut aussi y puiser de précieuses indications de caractère sociologique, par exemple celles qui concernent la perspective sur l'église Santa Felicita, où la cour assistait aux services religieux, comme depuis la scène d'un théâtre.
Une autre approche permet en revanche de lire dans ce Corridor un témoignage du pouvoir absolu, en le considérant comme un instrument dont le Prince se dotait pour pouvoir contrôler, sans être vu, ses sujets depuis les fenêtres qui encadraient non point par hasard l'échappée de la perspective d'un certain nombre des artères du centre de la ville.

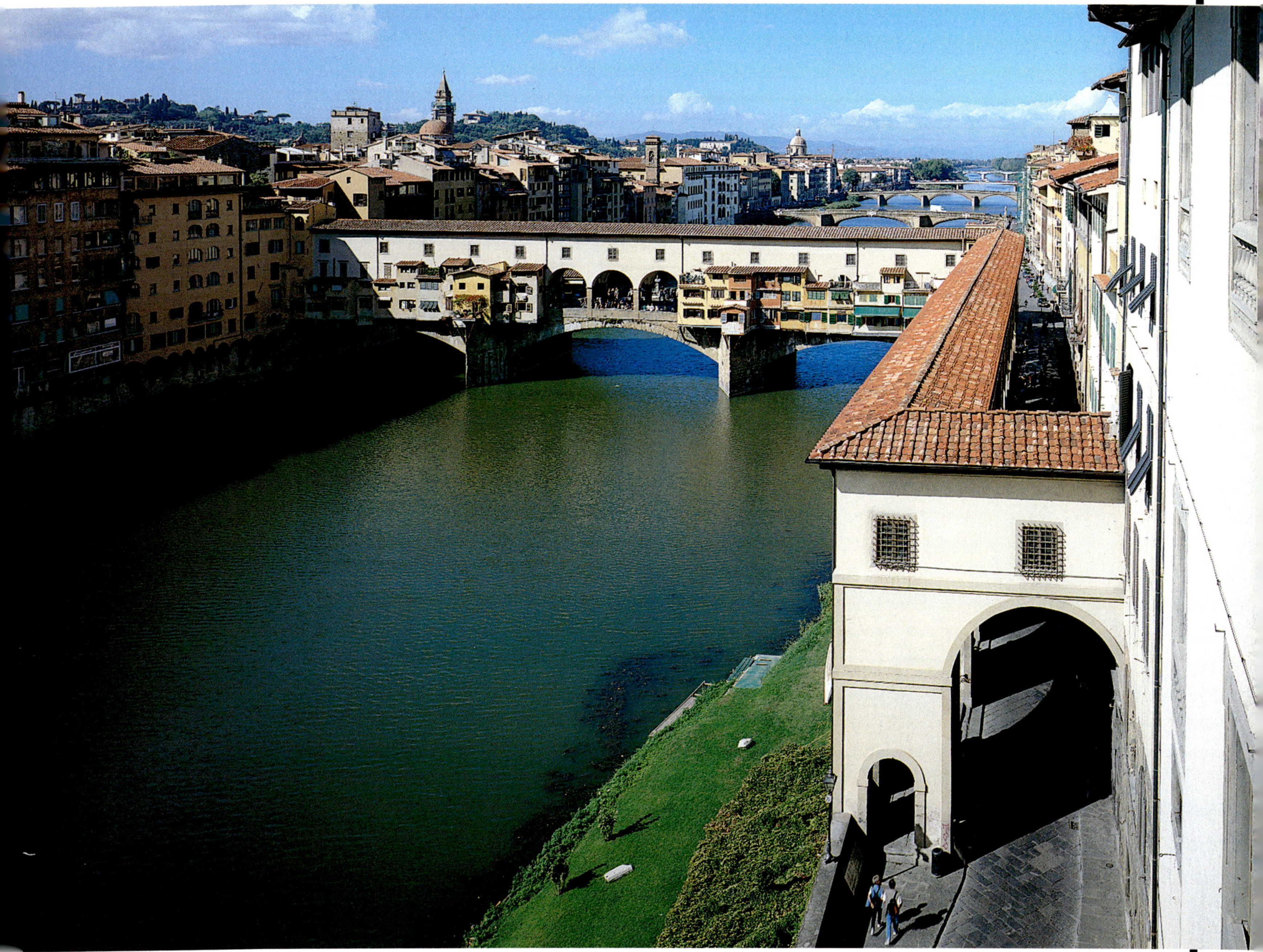

Le Corridor de Vasari dans la partie longeant le Lungarno Archibusieri et le Ponte Vecchio

Pour la construction du Corridor de Vasari,
Côme Ier chargea ce dernier
de réaliser un parcours intérieur qui,
traversant l'Arno,
devait relier le siège du gouvernement
grand-ducal (Palazzo Vecchio et Offices)
à la nouvelle résidence princière
du Palais Pitti.

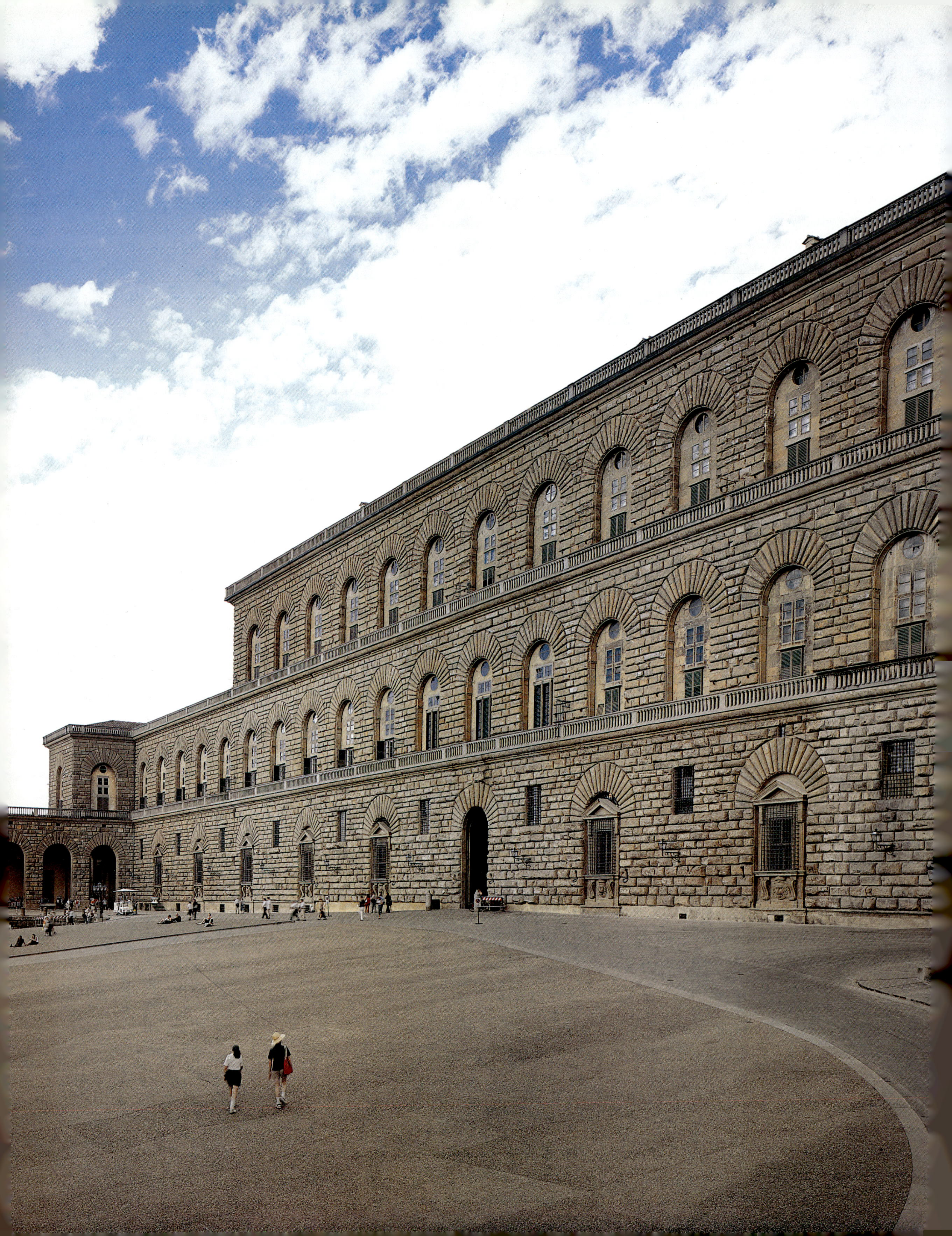

Florence, le Palais Pitti. La Galerie Palatine

Serena Padovani

Le Palais Pitti doit son nom à Luca Pitti, un négociant florentin qui, au milieu du XVe siècle, le fit bâtir sur les flancs de la colline de Boboli, en y annexant des jardins potagers et des domaines agricoles. Le bâtiment d'origine, que la tradition fait remonter à des plans de Brunelleschi, s'est développé dans sa monumentale dimension actuelle au fil des siècles pour satisfaire aux exigences de prestige et aux plaisirs raffinés de trois dynasties régnantes : les Médicis qui l'achetèrent en 1549 aux héritiers de la famille des Pitti et qui y habitèrent jusqu'en 1743 ; les Habsbourg-Lorraine qui leur succédèrent jusqu'en 1860; la maison de Savoie, qui le conserva parmi les biens de la couronne jusqu'au don effectué au profit de l'Etat italien en 1919.

Dès lors, le Palais Pitti devint le siège de trois musées : le musée de l'Argenterie, au rez-de-chaussée, où sont rassemblés les objets précieux des collections des grands-ducs (les célèbres vases de Laurent le Magnifique, les ouvrages en ivoire exécutés au XVIIe siècle par des maîtres allemands, sur commission des Médicis, les vases des XVIe et XVIIe siècles en pierres dures et en cristal de roche, les camées et les bijoux, le "Trésor de Salzbourg", les objets exotiques provenant du Nouveau Monde et d'Extrême-Orient) ; la Galerie Palatine, au premier étage, abritant les Appartements royaux objet de cette étude; la Galerie d'art moderne, au second étage, dont le premier fonds est dû à Victor-Emmanuel II qui y rassembla les tableaux acquis aux Expositions Universelles, et qui se caractérise par des œuvres fondamentales de la période néoclassique et du romantisme historique, de l'important groupe des œuvres des Macchiaioli, ainsi que par une documentation complète sur l'art toscan jusqu'en 1950. Il faut y ajouter le Jardin de Boboli, devenu musée en 1990 pour protéger et souligner l'importance historique et artistique de sa structure de "jardin à l'italienne" et de ses sculptures.

Toutefois, de par leurs composantes, ces "musées", respectivement dotés d'une organisation administrative autonome, incluant les billets d'entrée, forment un tout s'apparentant à une même réalité culturelle et historique. Les collections conservées ont été divisées plus rationnellement, mais la plupart d'entre elles appartenaient déjà à la demeure princière, reliée grâce au Corridor de Vasari au Palazzo Vecchio, alors siège du gouvernement, et aux Offices, siège de l'administration, et défendue par le Fort du Belvédère qui surplombe la colline de Boboli, modelée en jardin en terrasses derrière le Palais.

Dans la réalité extrêmement complexe du Palais Pitti, la Galerie Palatine, c'est-à-dire la collection de tableaux du Palais, en constitue, pour plusieurs raisons, le cœur. Elle est en effet située au premier étage dans la partie la plus somptueuse, celle qui, à l'époque des Médicis, était destinée aux appartements du grand-duc. Aux alentours de 1640, Ferdinand II voulut que Pierre de Cortone les décorât de fresques et de stucs célébrant la gloire des Médicis, apogée de la peinture baroque florentine. La Galerie compte un ensemble de chefs-d'œuvre du XVIe et du XVIIe siècle italien et européen unique au monde. Elle est aménagée selon des critères emblématiques du style de la dernière période baroque, substantiellement respectés jusqu'à nos jours et il s'agit donc d'un exemple fort significatif du point de vue muséologique.

Palais Pitti, façade, XVe-XVIIIe siècles

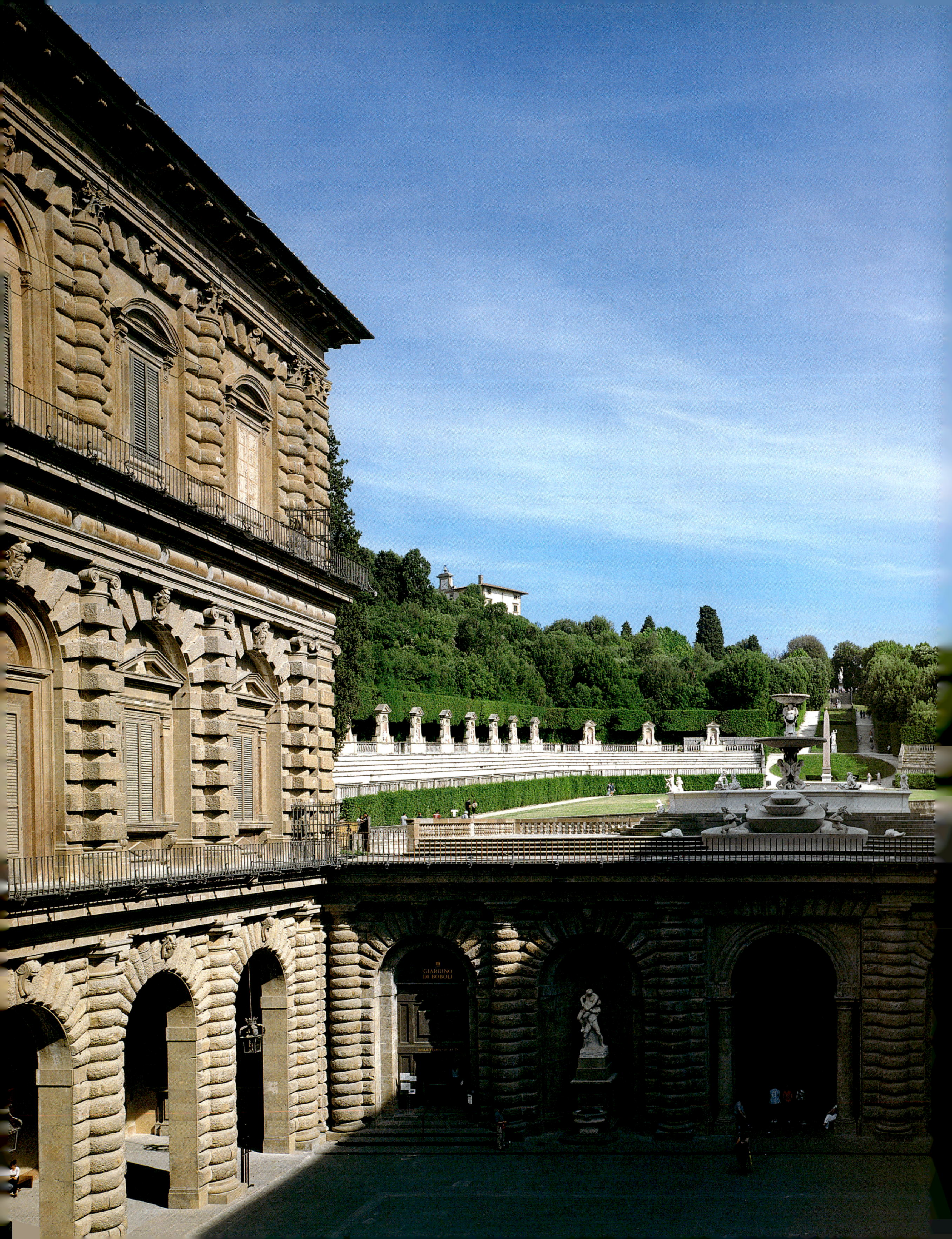
GIARDINO
DI BOBOLI

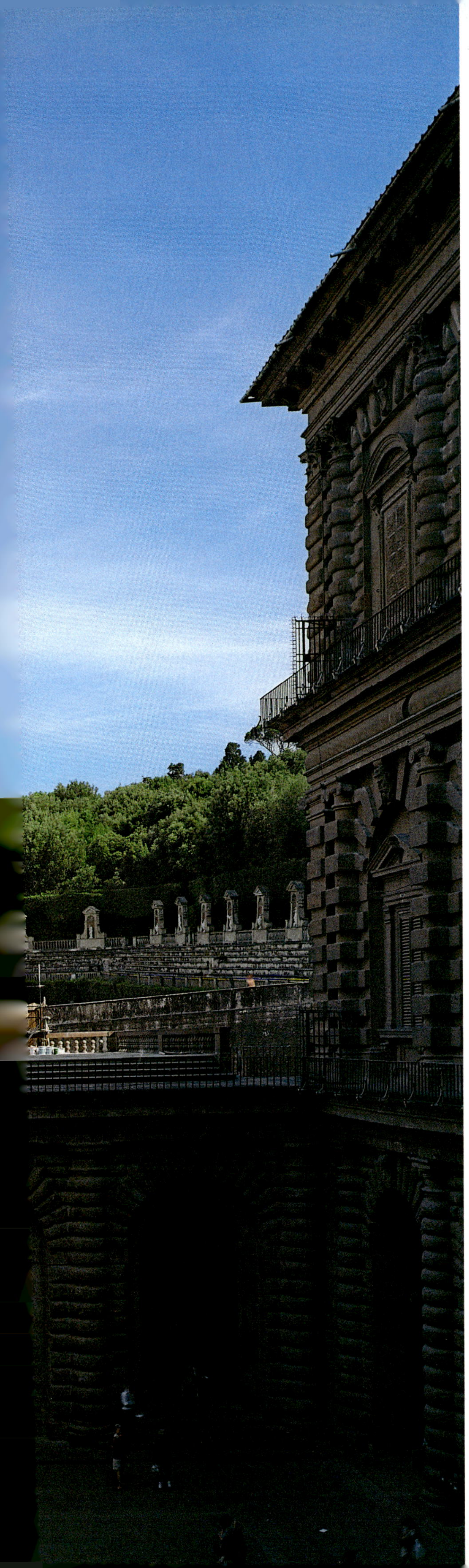

Palazzo Pitti et Jardin de Boboli, vue de la cour et de l'amphithéâtre, avec la "Fontaine de l'Artichaut"

Le collectionnisme médicéen

Le patrimoine artistique rassemblé au début du XIXe siècle dans la Galerie Palatine est le fruit des collections des grands-ducs conservées au cours des siècles dans le Palais et distribuées de façon variable en fonction du type d'habitation des hôtes. C'est à Bartolomeo Ammannati que Côme Ier confia les travaux nécessaires pour transformer le Palais Pitti en résidence des grands-ducs de Toscane. Ceux-ci commencèrent dans la décennie qui suivit l'acquisition effectuée auprès des héritiers de la famille Pitti. Certaines parties furent rapidement achevées en vue des séjours occasionnels de François Ier et de sa famille, tout comme la salle des Niches située au centre du Palais, au premier étage, et qui était aménagée en "antiquarium", toujours selon les directives de Côme Ier. Mais il fallut attendre 1587 pour que Ferdinand puisse s'y établir régulièrement dans l'aile nord du premier étage longeant la cour centrale. Les appartements destinés à son épouse Christine de Lorraine, qui jouxtaient les siens, furent terminés en 1589-1590. C'est pendant la même période et jusqu'à la fin de son règne en 1609 que le "Quartier des Cardinaux et des Princes Etrangers" fut prodigieusement décoré dans les espaces symétriques de l'aile sud.

Les inventaires "de tous les meubles existant dans le Palais de Pitti", maintenant conservés auprès des Archives de Florence, décrivent méticuleusement, du rez-de-chaussée aux combles, l'emplacement des tableaux, des sculptures, des décorations, des meubles et des objets qui varie selon les époques, selon les personnages et les goûts respectifs. Le simple enregistrement des "garde-robes" (les consignataires) met en lumière l'extraordinaire richesse des décors ambiants où se déroulait la vie de la cour de Toscane. Cette liste inclut aussi bien les "Appartements d'été" du grand-duc et de la grande-duchesse, au rez-de-chaussée, et leurs "Appartements d'hiver", au premier étage, parés de tapisseries, que les différents appartements des nombreux membres de la famille, ceux qui étaient destinés aux jeunes princes au second étage, sans omettre les entresols réservés aux majordomes, aux pages et aux domestiques. De plus, elle énumère, à leurs différents niveaux logistiques, en sus des objets d'usage courant plus ou moins précieux, les chefs-d'œuvre picturaux collectionnés par les différents membres de la famille du grand-duc. A la mort des propriétaires, les collections étaient rassemblées dans la "Garde-robe générale".

Andrea del Sarto

Le marchand florentin dénommé Bartolomeo Panciatichi commissionna cette *Assomption de la Vierge - Assomption Panciatichi*, (tableau, 326 × 209 cm) à Andrea del Sarto pour la chapelle qu'il fonda en 1517, dans l'église Notre-Dame du Confort de Lyon. Toutefois, le grand retable ne parvint jamais à Lyon, mais resta inachevé dans l'atelier du peintre. Après avoir été légué au fils du commanditaire en 1536, il fut installé dans la chapelle de la demeure autrefois dénommée Villa Baroncelli qui devint au début du XVIe la Villa de Poggio Imperiale de la grande-duchesse Marie-Madeleine d'Autriche, femme de Côme II. En 1687, le grand prince Ferdinand voulut que l'œuvre entrât dans sa collection du Palais Pitti, où il l'installa avec l'*Assomption Passerini,* en l'agrandissant pour l'adapter aux encadrements régulièrement identiques de l'époque baroque tardive. Les études et les récents travaux de restauration des deux retables ont mis en lumière que l'*Assomption Panciatichi* n'est point, comme on le croyait, la plus tardive des deux, mais au contraire celle qui précède.

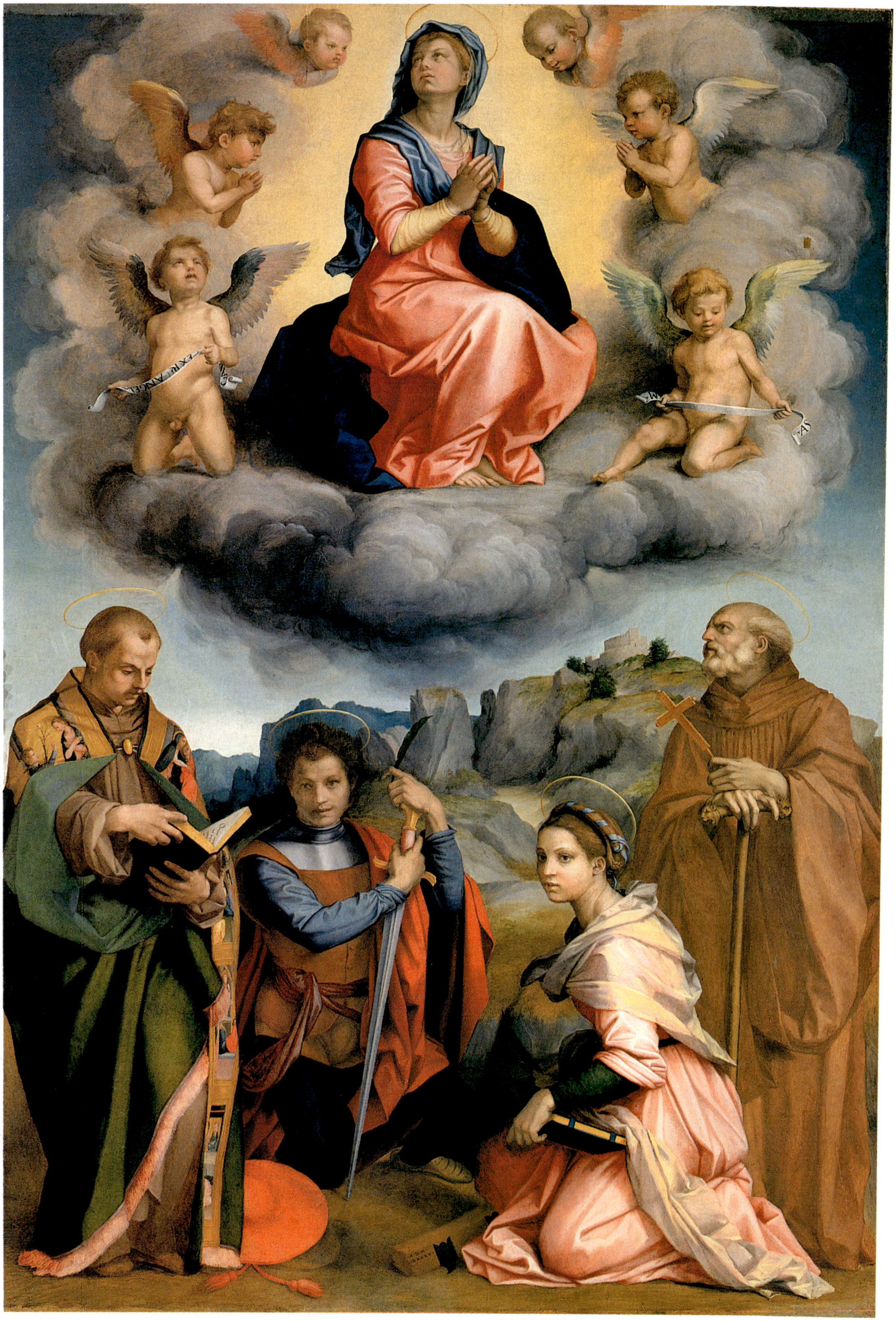

Andrea del Sarto

L'*Assomption de la Vierge - Assomption Passerini* (tableau, 379 × 222 cm) propose à nouveau l'*Assomption Panciatichi*, mais les deux apôtres agenouillés sont ici remplacés par la figure de saint Nicolas et par celle de son commanditaire, Margherita Passerini, représentée sous les traits de sainte Marguerite. Elle fut en effet peinte par Andrea del Sarto par volonté testamentaire de Margherita, mère du Cardinal Silvio Passerini, évêque de Cortone. En 1639, le grand-duc Ferdinand II en fit l'acquisition pour sa collection du Palais Pitti, où le retable devint ensuite le pendant de l'autre *Assomption*, disposée dans l'appartement du Grand Prince Ferdinand.

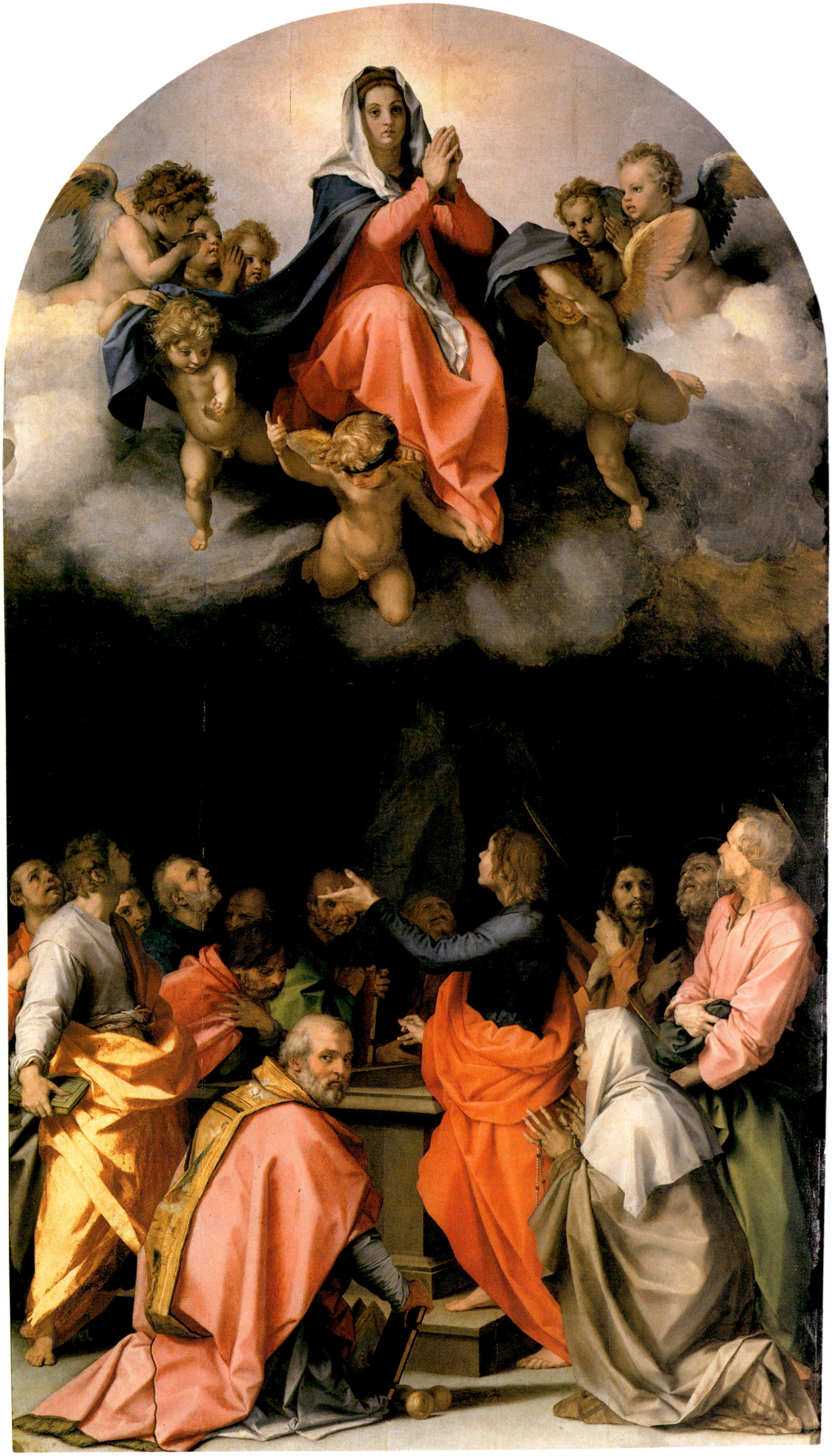

Les deux Assomptions *acquises en 1639 et en 1687 furent introduites dans la collection du Palais Pitti par le Grand Prince Ferdinand.*

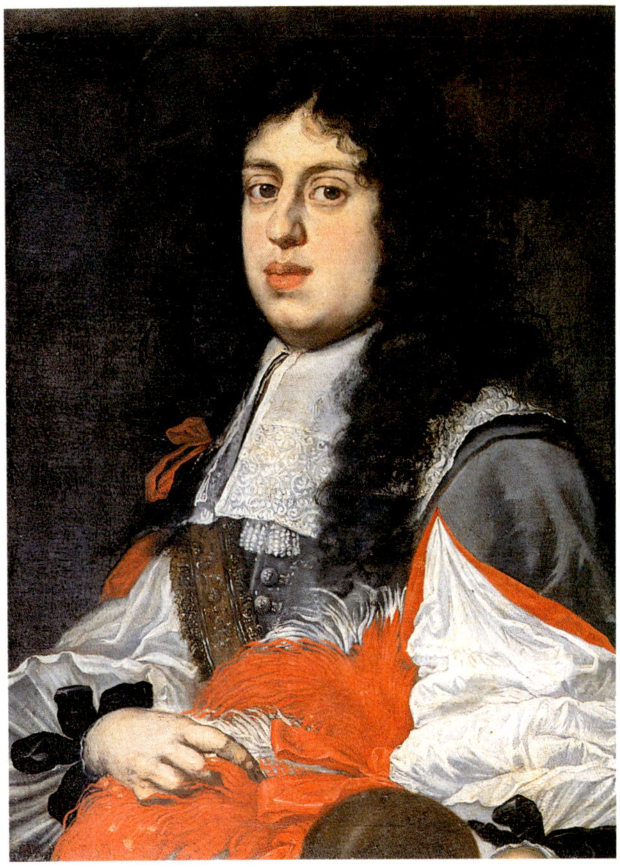

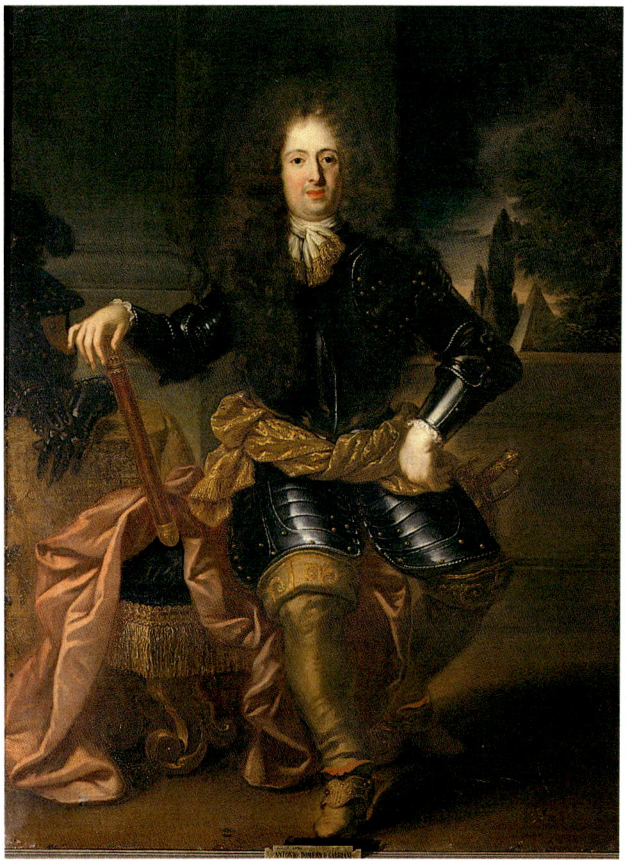

Les portraits de deux des grands fondateurs des collections médicéennes: *Le grand-duc Côme III* (œuvre de Giusto Suttermans) et *Le Grand Prince Ferdinand de Médicis* peint par Anton Domenico Gabbioni

Ci-contre
La galerie des Statues

Le collectionnisme au XVIIIe siècle

Dans les premières décennies du XVIIe, les collections amassées depuis deux siècles par la maison de Médicis se trouvent réunies dans les mains de Côme III, qui se charge de réorganiser la Galerie des Offices. Celle-ci se voit enrichie des tableaux hollandais et flamands qu'il s'est personnellement procuré au cours de ses différents voyages aux Pays-Bas et en Angleterre et grâce à la redistribution au Palais Pitti des trésors hérités du père Ferdinand II, de la mère Vittoria della Rovere, des oncles Charles, Jean-Charles et Léopold et de la fort riche collection du fils Ferdinand, qui mourut avant lui. L'inventaire de 1716-1723 illustre le panorama des peintures abritées au Palais Pitti, en distinguant justement la provenance des trois branches principales: celles ayant appartenu au grand-duc Côme III, celles de Son Altesse Sérénissime, le cardinal Léopold (décédé en 1675), celles ayant appartenu au Grand Prince Ferdinand (décédé en 1713). Des portraits de personnages et d'artistes célèbres (comme le *Portrait de Baccio Valori* de Sebastiano del Piombo, ou celui de l'*Arétin* de Titien), des peintures religieuses servant à la dévotion privée (comme la *Madone à la chaise de* Raphaël), de grands retables acquis en surmontant la résistance des religieux (comme les deux *Assomptions* d'Andrea del Sarto, la *Madone au baldaquin* de Raphaël, les *Saintes Conversations* de Fra Bartolomeo et de Rosso Fiorentino), des natures mortes et des paysages, recouvrant les murs des "Salles d'Audience" et des salons d'apparat, ainsi que les pièces privées du Palais, contribuent à la splendeur du Palais des Médicis, comme l'attestent les récits des voyageurs illustres qui le visitent alors.

Lorsqu'en 1765, Pierre-Léopold de Habsbourg monta sur le trône de Toscane, sa décision d'habiter non point l'aile gauche du premier étage, qui avait été pendant deux siècles l'appartement du grand-duc, mais au contraire l'aile droite qui avait été celle du grand prince Ferdinand, posa des problèmes logistiques qui conduisirent à la création de la Galerie Palatine. Dans les appartements déjà habités par le grand prince, on élimina les peintures qui en avaient littéralement recouvert les murs avec de superbes symétries d'immenses retables d'autel accompagnés de rangées de toiles et de tableaux de petites dimensions. A leur place, ce souverain du Siècle des Lumières fit tapisser les murs de tentures de soie et décorer les plafonds de très élégants stucs blancs et dorés. Les superbes chefs-d'œuvre de peintures furent donc déplacés et distribués dans les somptueux salons situés dans l'autre partie du premier étage, sous les voûtes ornées de fresques de Pierre de Cortone, pour constituer une galerie de tableaux.

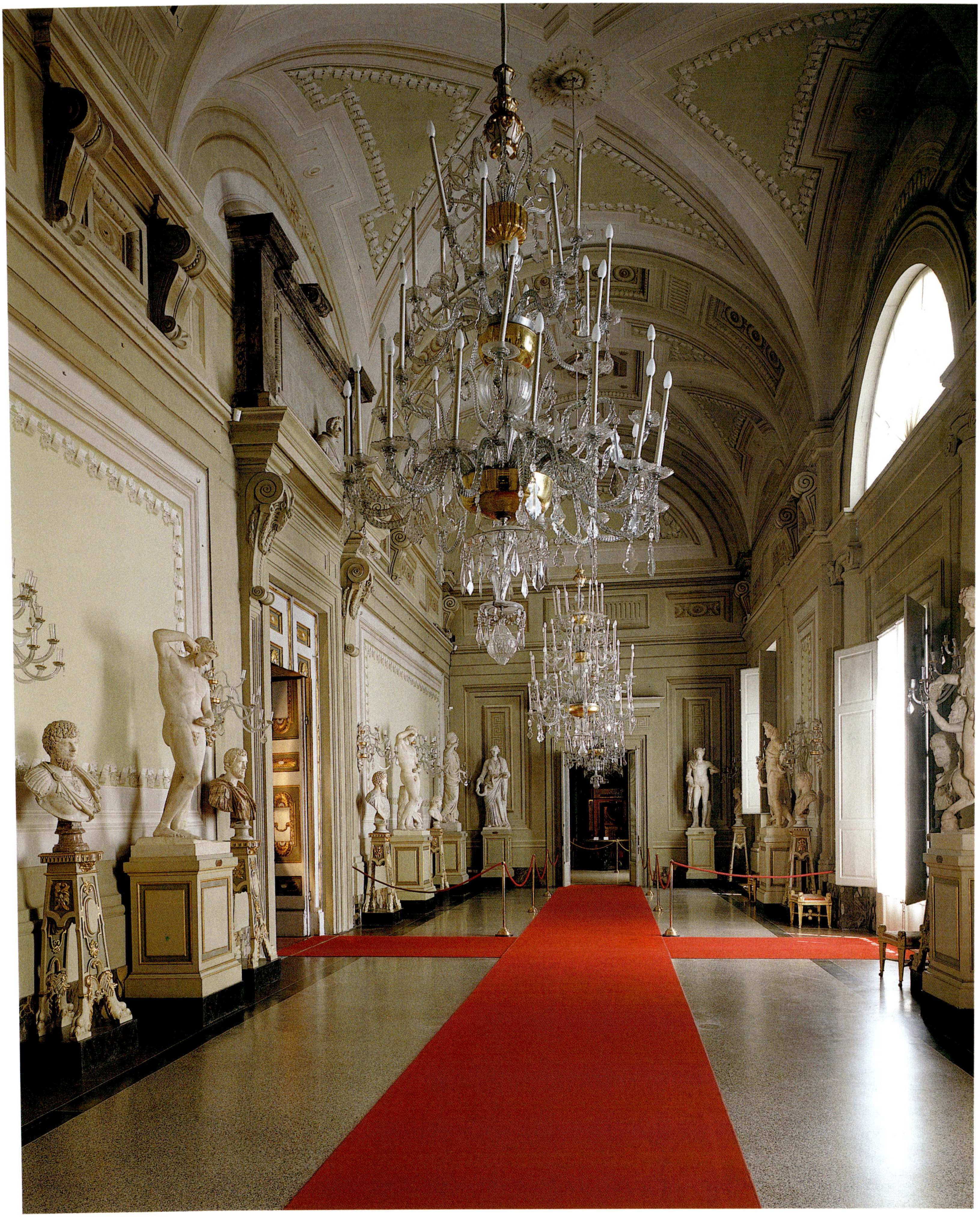

Fra Bartolomeo

A côté de la date, la *Sainte Conversation* (*Retable Pitti*, tableau, 356 × 270 cm) inclut une inscription en or dont le contenu est le suivant : "ORATE PRO PICTORE", qui est la formule caractéristique de la "bottega de San Marco", atelier dont dépendait Fra Bartolomeo. La composition est également appelée *Les noces de sainte Catherine*, parce que l'Enfant Jésus enfile l'anneau nuptial au doigt de sainte Catherine de Sienne agenouillée. Autour du groupe central, apparaissent en rangées dégressives apparemment désordonnées, mais correspondant précisément à des mouvements symétriquement opposés, quatorze saints, dont certains ne sont pas clairement identifiés, vénérés par l'ordre des dominicains. En effet le retable fut expressément peint pour l'autel de sainte Catherine de l'église Saint Marc, dépendant du couvent dominicain auquel appartenait le moine peintre. En 1690, le Grand Prince Ferdinand l'obtint pour sa collection du Palais Pitti. Il fut agrandi pour correspondre aux dimensions de l'encadrement de la *Pala Dei* de Rosso Fiorentino.

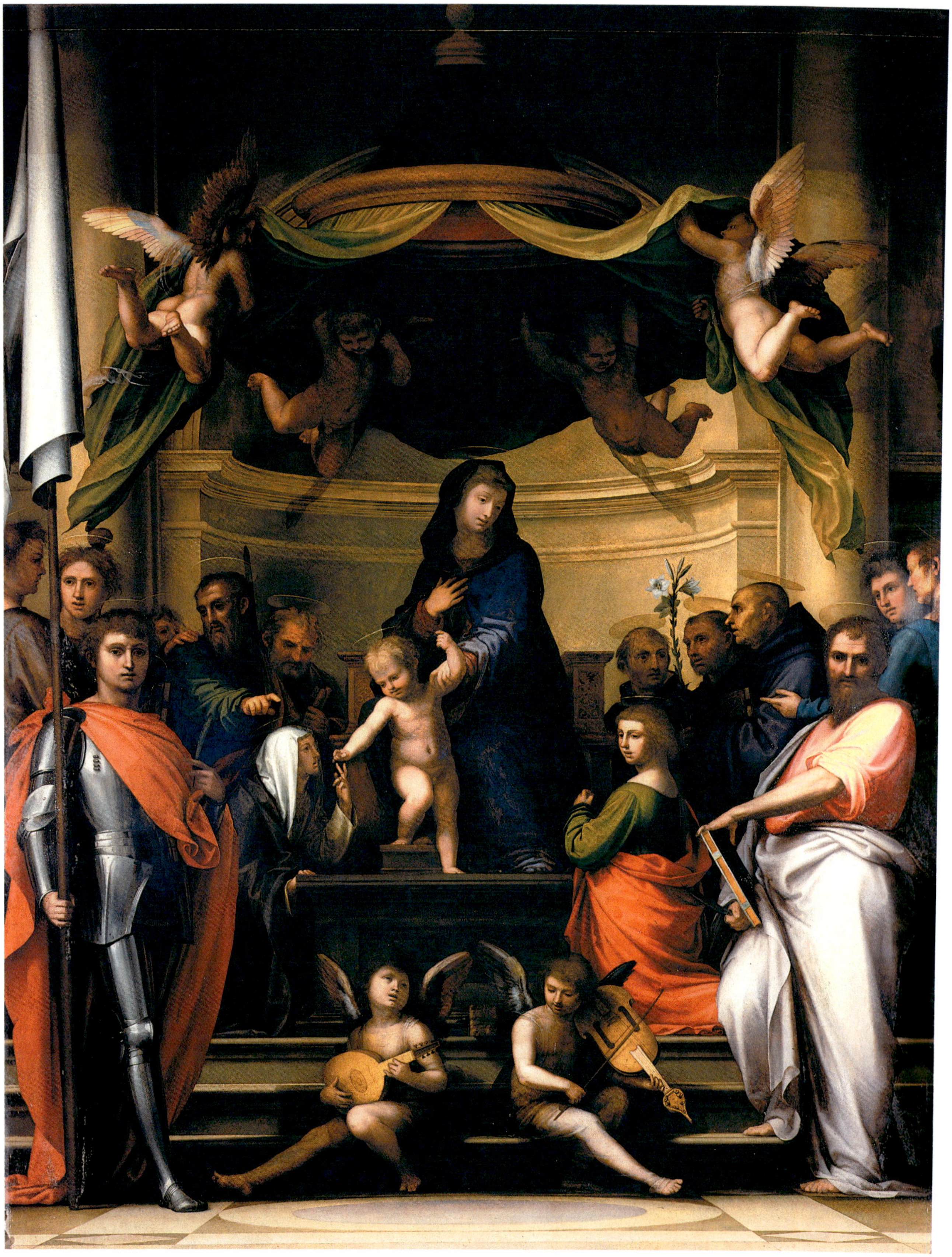

La recherche minutieuse d'œuvres destinées à enrichir les collections grand-ducales aboutit, en 1690, à l'acquisition voulue par le prince Ferdinand du monumental Les noces de sainte Catherine *de Fra Bartolomeo (1512). C'est à cette occasion que l'œuvre prit le nom de* Retable Pitti.

Rosso Fiorentino

La *Sainte Conversation* (*Pala Dei*, tableau, 350 × 260 cm), qui devait substituer la *Madone au baldaquin* que Raphaël n'avait jamais livrée, était destinée à l'autel de la Cappella Dei de l'église florentine du Saint-Esprit. Ce retable lui emprunte en effet ses dimensions (avant l'agrandissement du XVIIe siècle) et ses personnages. Ils sont néanmoins disposés différemment et côtoient d'autres saints, réunis en une *Sainte Conversation* qui évoque le *Retable Pitti* de Fra Bartolomeo. En raison de son chromatisme vif et raffiné, de l'utilisation des "reflets chatoyants", ainsi que de la construction rapide et synthétique des visages des personnages, ce grand tableau peut, au niveau stylistique, s'apparenter à la célèbre *Déposition* de Volterra datant de l'année précédente. Le retable demeura à sa place, probablement présenté dans le magnifique encadrement en bois sculpté et doré, dont le dessin est certainement signé de la main de l'auteur du tableau, jusqu'à la fin du XVIIe siècle, quand le Grand Prince Ferdinand le préleva pour sa collection du Palais Pitti.

Après le parachèvement de la décoration des plafonds de la salle de l'Iliade, exécutée par Sabatelli entre 1815 et 1819, les quatre imposants retables furent disposés au milieu des quatre murs, accompagnés de rangées de peintures de moyens et petits formats, offrant ainsi la plus sensationnelle synthèse muséographique de la Renaissance florentine. Cette présentation, détériorée par les déplacements des XIXe et XXe siècles, a été rétablie, grâce à la récupération du *Retable Pitti* de Fra Bartolomeo, accomplie en 1996 par la Galerie de l'Académie, et la remise en place originaire de la *Pala Dei* de Rosso, après les travaux de restauration encore en cours.

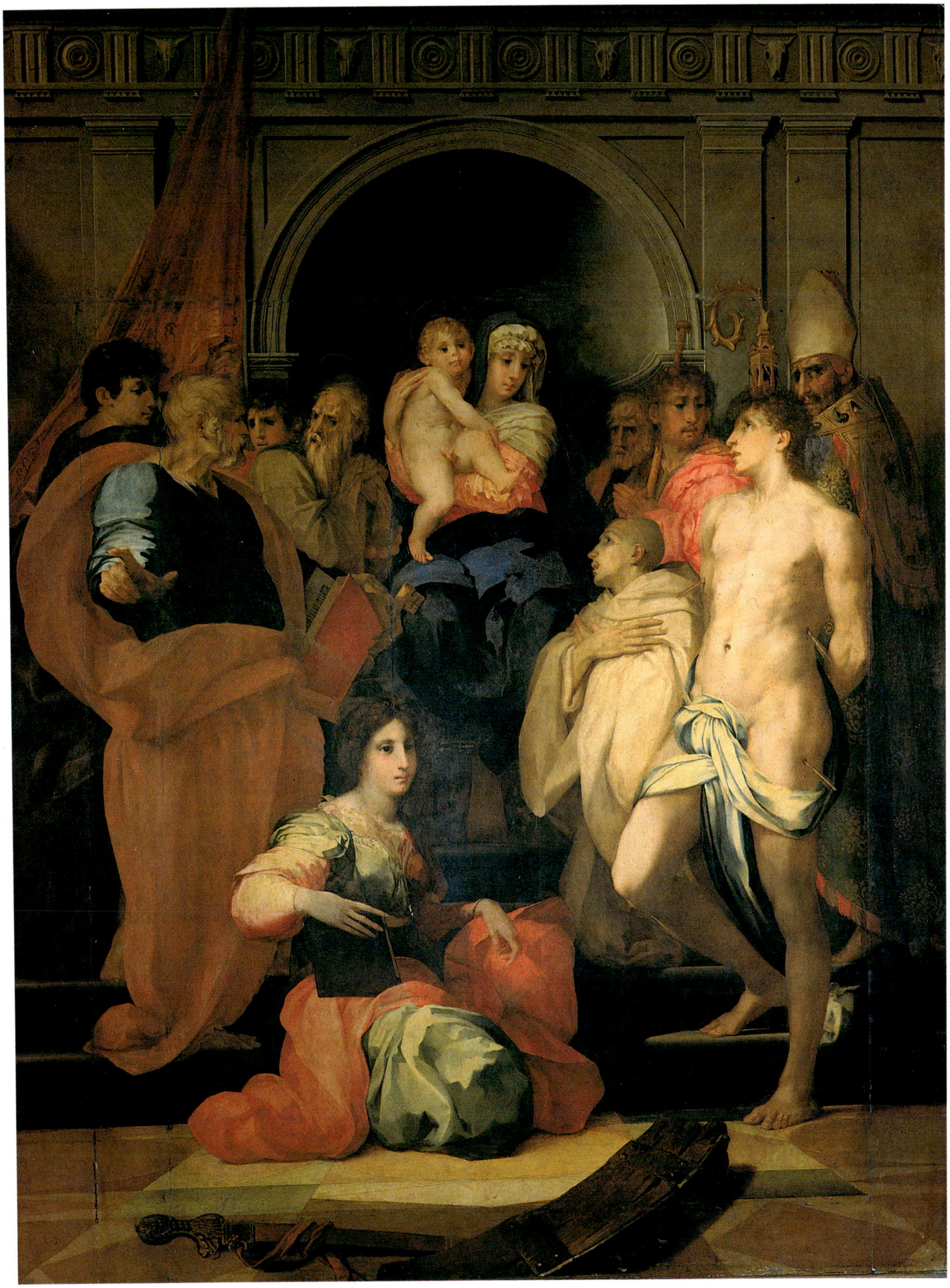

La Pala Dei, *peinte par Rosso Fiorentino en 1522, devient l'un des éléments fondamentaux de la salle de l'Iliade décorée dans les années 1815-19. Les quatre retables qui y sont exposés offrent la meilleure synthèse que l'on puisse imaginer de la Renaissance florentine.*

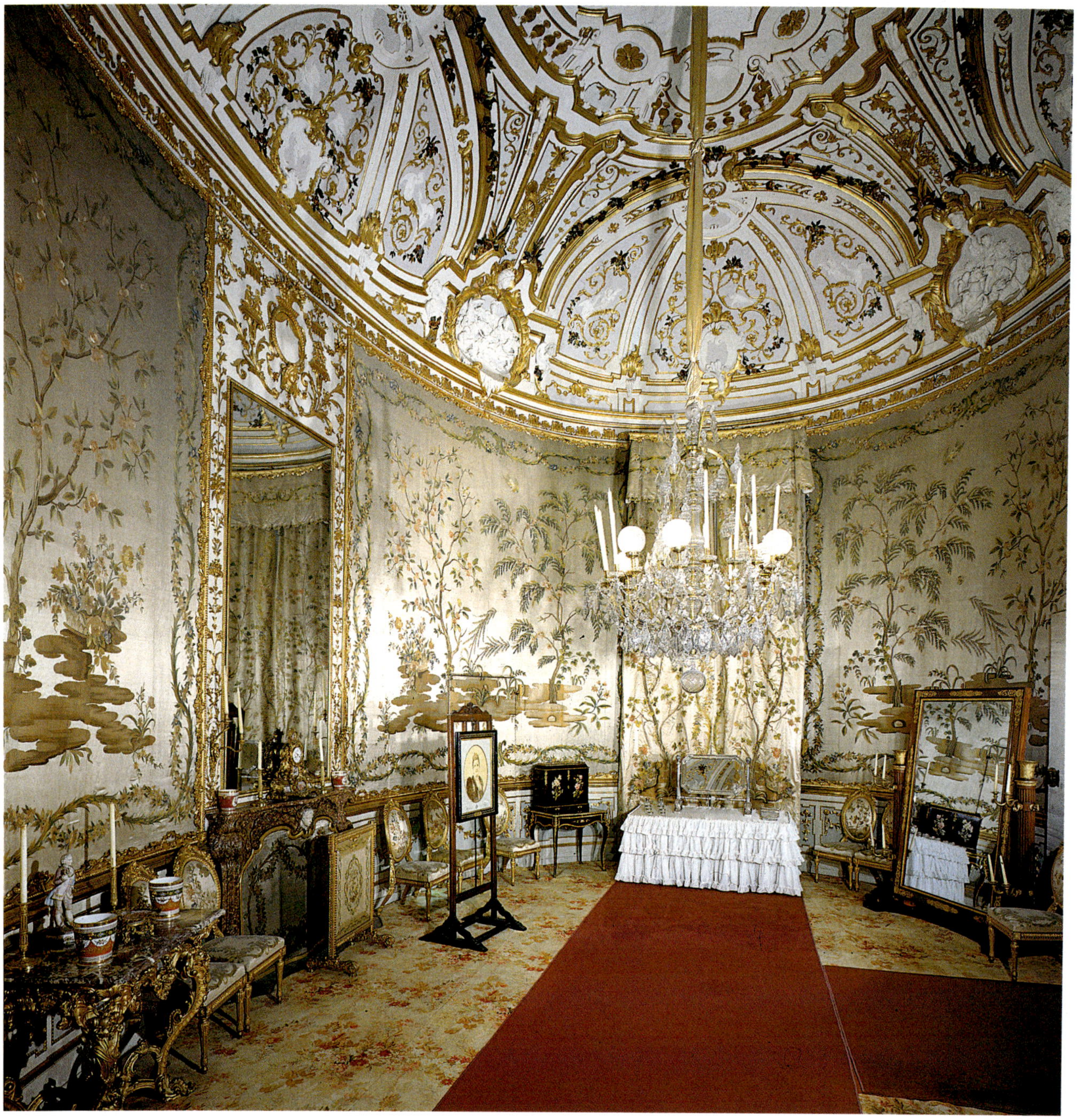

Le palais royal de Pitti, qui a toujours été une résidence, à la différence des Offices, n'a pas subi de transformations muséographiques visant à regrouper les tableaux par écoles, mais a maintenu la valeur hautement décorative des peintures enchâssées dans les cadres expressément destinés à orner les salles d'apparat ausquelles on accède par la galerie des Statues.

L'aménagement au XIXe siècle

L'opération se déroula lentement et graduellement pendant une période de cinquante ans (1770-1820 env.), reflétant les nuances des goûts des hôtes (Ferdinand III succéda à Pierre-Léopold). De 1799 à 1815, l'impact violent de la spoliation napoléonienne priva le Palais Pitti de 63 de ses plus grands chefs-d'œuvre, destinés au Musée Napoléonien de Paris. Avec la chute de Napoléon et le retour de Ferdinand III à Florence, non seulement les collections reprirent place dans la demeure, mais elles furent même enrichies grâce à l'introduction d'œuvres choisies parmi les pièces prélevées au domaine ecclésiastique à la suite de la suppression d'églises et de couvents ou acquises par la famille Habsbourg-Lorraine. En 1819, le petit volume sur le Palais Pitti de Francesco Inghirami fournit la liste des tableaux de la Galerie Palatine exposés dans six salles. L'édition de 1828 enregistre l'exposition dans dix salles, avec l'adjonction de ceux qui étaient installés dans l'aile du "Volterrano". L'édition de 1834 établit les richesses définitives de la Galerie (497 tableaux) et son ouverture au public.

La Galerie Palatine n'est pas ordonnée de manière didactique. Introduits par la fastueuse galerie des Statues, constituée à la fin du XVIIIe siècle avec les statues antiques que l'on avait fait venir de la Villa Médicis de Rome, les tableaux sont distribués sur les murs des salles en vertu de leur valeur hautement décorative, reliés par une logique de correspondances et de symétries.

Ignazio Pellegrini, Cabinet ovale, 1763-65

Ci-contre
Salle de Jupiter, Galerie Palatine

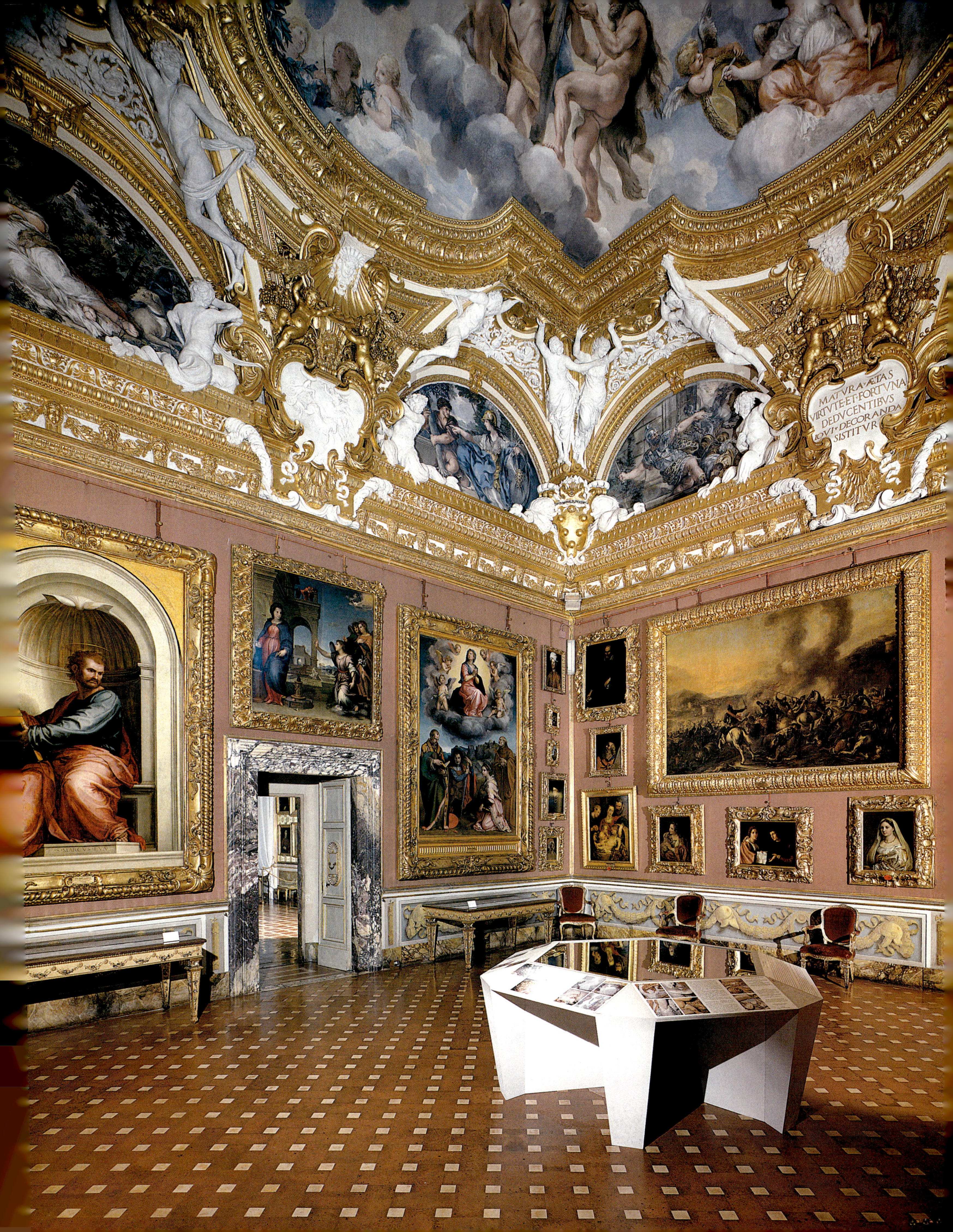
MATVRA·ÆTAS
VIRTVTE·ET·FORTVNA
DEDVCENTIBVS
IOVI·DECORANDA
SISTITVR

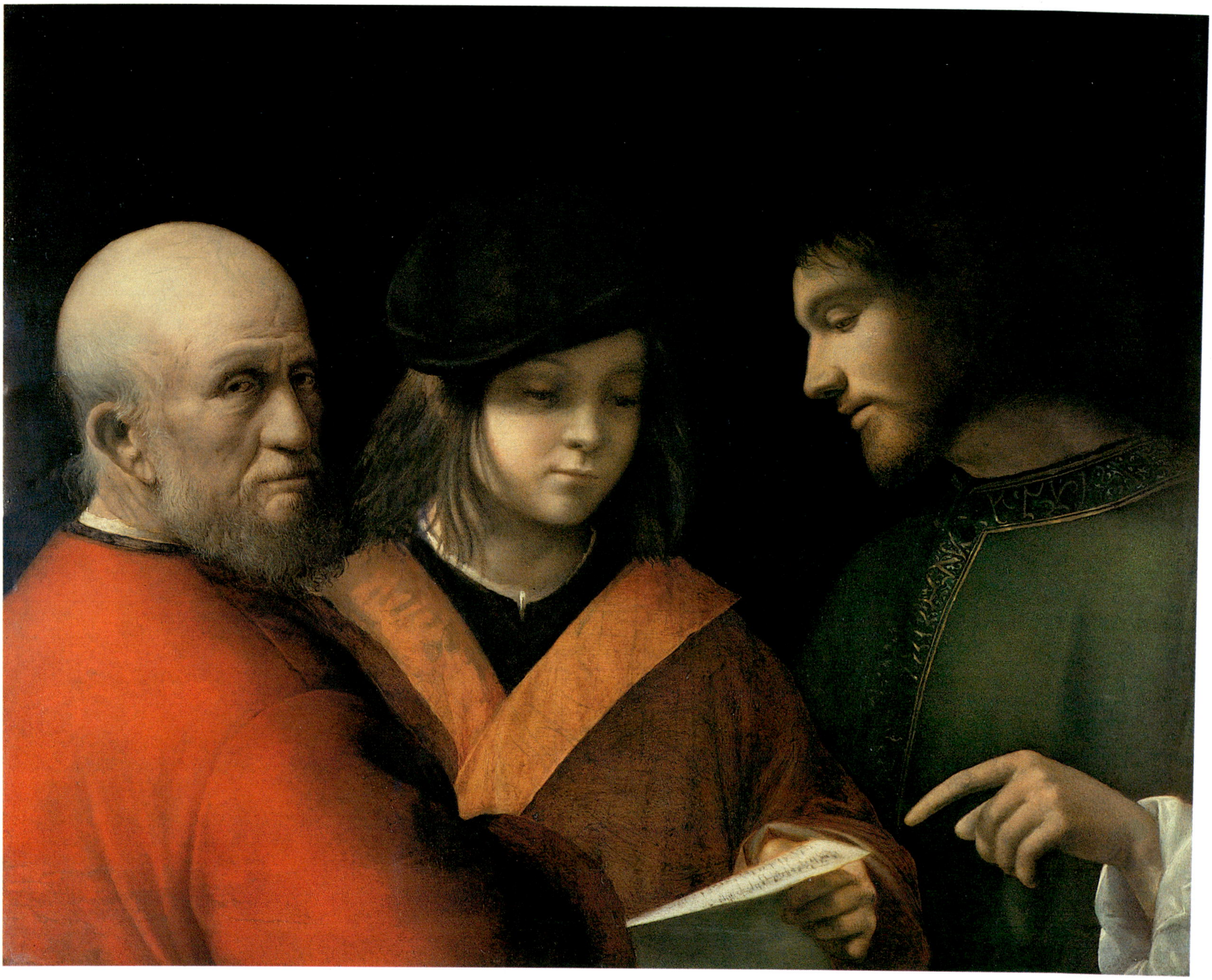

Le XVIe siècle

Les contacts politiques et culturels de Florence avec Venise au cours du XVIe siècle, la dot de Vittoria della Rovere, constituée par les collections d'art des ducs d'Urbin, et la passion du cardinal Léopold et du grand prince Ferdinand, firent affluer dans les collections grand-ducales de nombreux exemplaires de qualité très élevée de peinture vénitienne du XVIe siècle. Il s'agit de tableaux que l'on peut sans nul doute attribuer à Titien (comme le *Portrait de l'Arétin*, commissionné par l'Arétin lui-même à Titien en 1545, et expédiés en don à Côme Ier) ou bien de chefs-d'œuvre acquis sous le nom de Giorgione ou Titien que la critique moderne attribue tantôt à l'un, tantôt à l'autre, et d'œuvres acquises et attribuées aux prestigieuses signatures de Titien, de Véronèse et de Tintoret, que les études du XXe siècle ont orientées vers des personnalités fréquentant l'atelier ou l'école. Un matériel qu'il convient d'approfondir encore du point de vue historique et artistique, et qui atteste de façon significative les choix de cette période.

Giorgione

Les trois personnages réunis autour de la partition, correspondent à la description de l'un des tableaux de Giorgione, qui, en 1567, se trouvait dans la collection vénitienne de Gabriele Vendramin. Les traces de la *Leçon de chant* (ou *Les Trois Ages de l'homme*, tableau, 62 × 77 cm) se perdent ensuite, jusqu'à son acquisition, effectuée à Venise par le grand prince Ferdinand, dont les inventaires, à partir de 1698, mentionnent l'"excellente manière lombarde". Devant cet extraordinaire chef-d'œuvre, consommé par d'anciens nettoyages, mais encore admirable dans sa facture et touchant par l'humanité intense des trois personnages, la critique moderne, après avoir également proposé les noms de Giovanni Bellini, de Lorenzo Lotto, ou de personnalités mineures, reconnaît, à présent, et quasiment à l'unanimité, la main de Giorgione, dans une étape juvénile de son travail daté aux alentours de 1500, alors directement sous l'influence de Léonard de Vinci présent à Venise cette année-là.

Raphaël

On ignore la provenance de cette *Vierge à l'Enfant* (*Madone du grand-duc*, tableau, 84,4 × 55,9 cm). Le tableau fut présenté par un négociant florentin en 1799, juste après le départ de l'armée de Napoléon de Florence, au directeur des Offices Tommaso Puccini, qui fut autorisé à l'acquérir par le grand-duc Ferdinand en exil à Vienne. Le tableau fut immédiatement inclus dans les œuvres des Offices, qui, en prévision du retour des Français, étaient secrètement transportées par bateau à Palerme, où elles demeurèrent jusqu'en 1803. Quand les tableaux dissimulés en Sicile firent leur retour à Florence, Ferdinand III demanda et obtint que la nouvelle œuvre de Raphaël fût expédiée dans sa résidence de Wurzburg; et de retour à Florence, il voulut que ce tableau prît place dans ses appartements privés. C'est pourquoi ce tableau fut dénommé la *Madone du grand-duc*. L'œuvre n'était publiquement accessible aux nombreux copistes que lorsque le grand-duc s'absentait et qu'elle était exposée dans la Galerie.
Le fabuleux parcours de Raphaël peut se découvrir au travers de toutes ses étapes par le biais des tableaux appartenant à la Galerie Palatine (avant que certains portraits ne soient déménagés au cours du XXe siècle à la Galerie des Offices, où les œuvres de Raphaël étaient rares, ce panorama était encore plus complet). La *Femme enceinte*, chronologiquement proche de la *Madone du grand-duc* s'associe étroitement au diptyque avec les deux *Portraits d'Agnolo et de Maddalena Doni*, exécutés en 1506-1507 par le même commanditaire que celui du *Tondo* de Michel-Ange (Offices), dans lesquels Raphaël répond au modèle de Léonard de Vinci (*Monna Lisa* du Louvre) et résume l'influence du Pérugin, de l'art du portrait flamand et de Fra Bartolomeo, en une magnifique synthèse. Les années florentines (1504-08) se concluent par la *Madone au baldaquin*, d'une magnificence qui préfigure à présent les *Stanze*, presque complètement exécutée, mais non point achevée, et placée en l'état par son ami Baldassarre Turini dans la chapelle de la cathédrale de Pescia, jusqu'à ce que le grand prince Ferdinand la reprît pour l'incorporer à sa collection du Palais Pitti. La période romaine s'ouvre sur l'extraordinaire *Portrait de Fedra Inghirami*, datable de 1510. En revanche, la maturité de l'artiste qui s'exprime dans la Chambre de l'Héliodore, se reflète dans la *Madone à la fenêtre* et dans la très célèbre *Vierge à la chaise.*
La Vierge Marie debout, représentée en trois quarts de plan, tient dans ses bras l'Enfant Jésus, sur une toile de fond noire. Les analyses radiographiques et les études accomplies durant les travaux de restauration de 1983 ont permis de découvrir, sous l'épaisseur de la couleur noire, l'existence d'une version picturale différente, avec l'esquisse d'une fenêtre formant un arc et d'un paysage que l'on retrouve également dans le dessin préparatoire (les Offices) où le groupe de la Vierge à l'enfant est inclus dans un ovale avec une allusion paysagiste à l'arrière-plan. Toutefois, le fond noir ne semble point être le fait d'une adjonction tardive, mais davantage d'une modification volontaire de Raphaël lui-même, parce que l'étalement en est magistral, et parce que les riches touches qui modèlent le voile sur la coiffure de la Vierge et les mèches de cheveux de l'Enfant Jésus se superposent au fond noir. L'effet obtenu grâce à cette solution reflète les exemples de la peinture flamande particulièrement appréciée à Florence au XVe et XVIe siècles et se retrouve dans d'autres œuvres de Raphaël (dans la Galerie, dans la *Femme enceinte* et dans le *Portrait de Fedra Inghirami*).

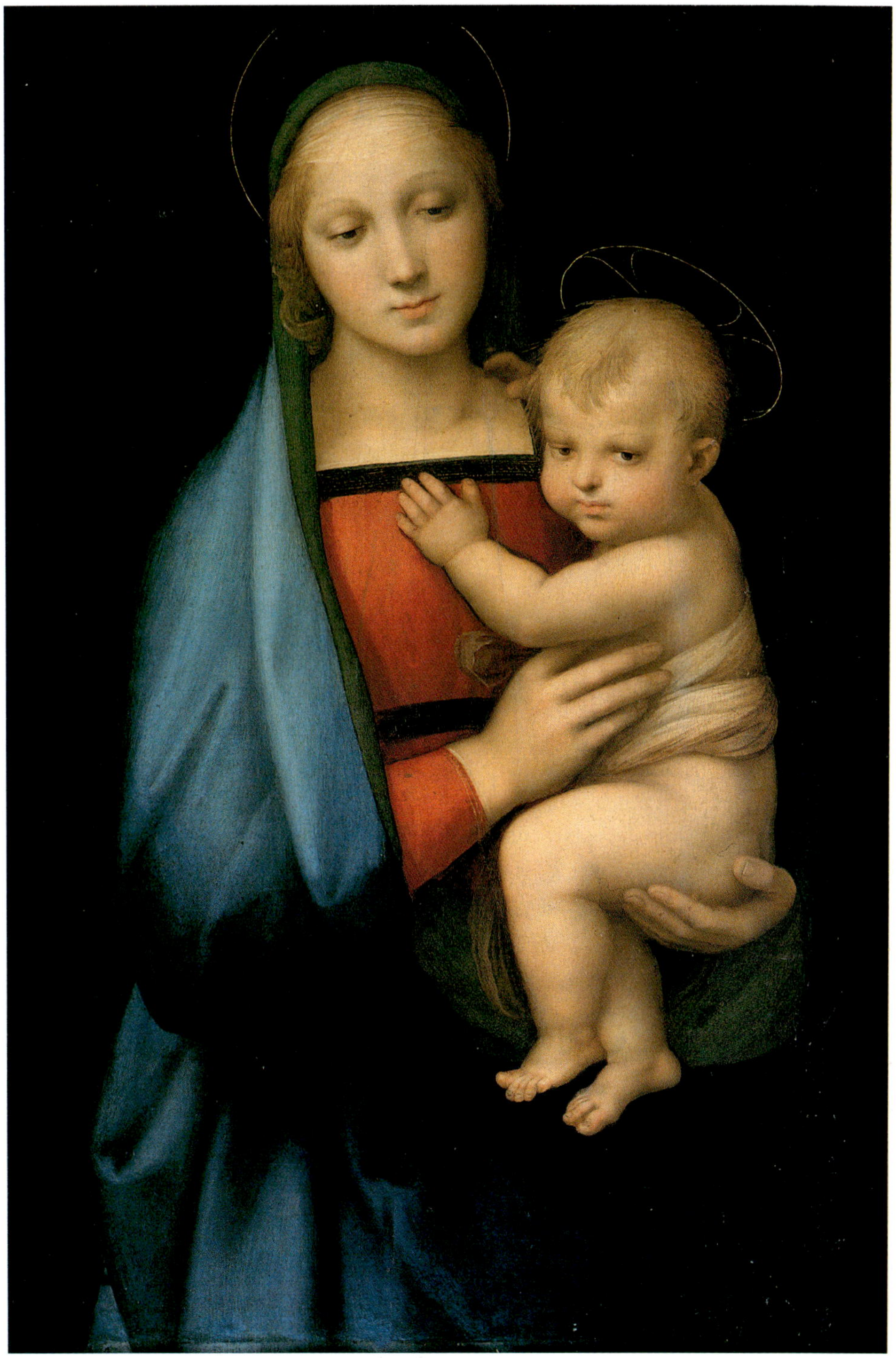

La Madone du grand-duc, *peinte par Raphaël vers 1506, est une des œuvres clé de la Galerie Palatine, entrée dans les collections selon la volonté explicite de Ferdinand III qui, tout en étant en exil à Vienne, ordonna de l'acheter en 1779.*

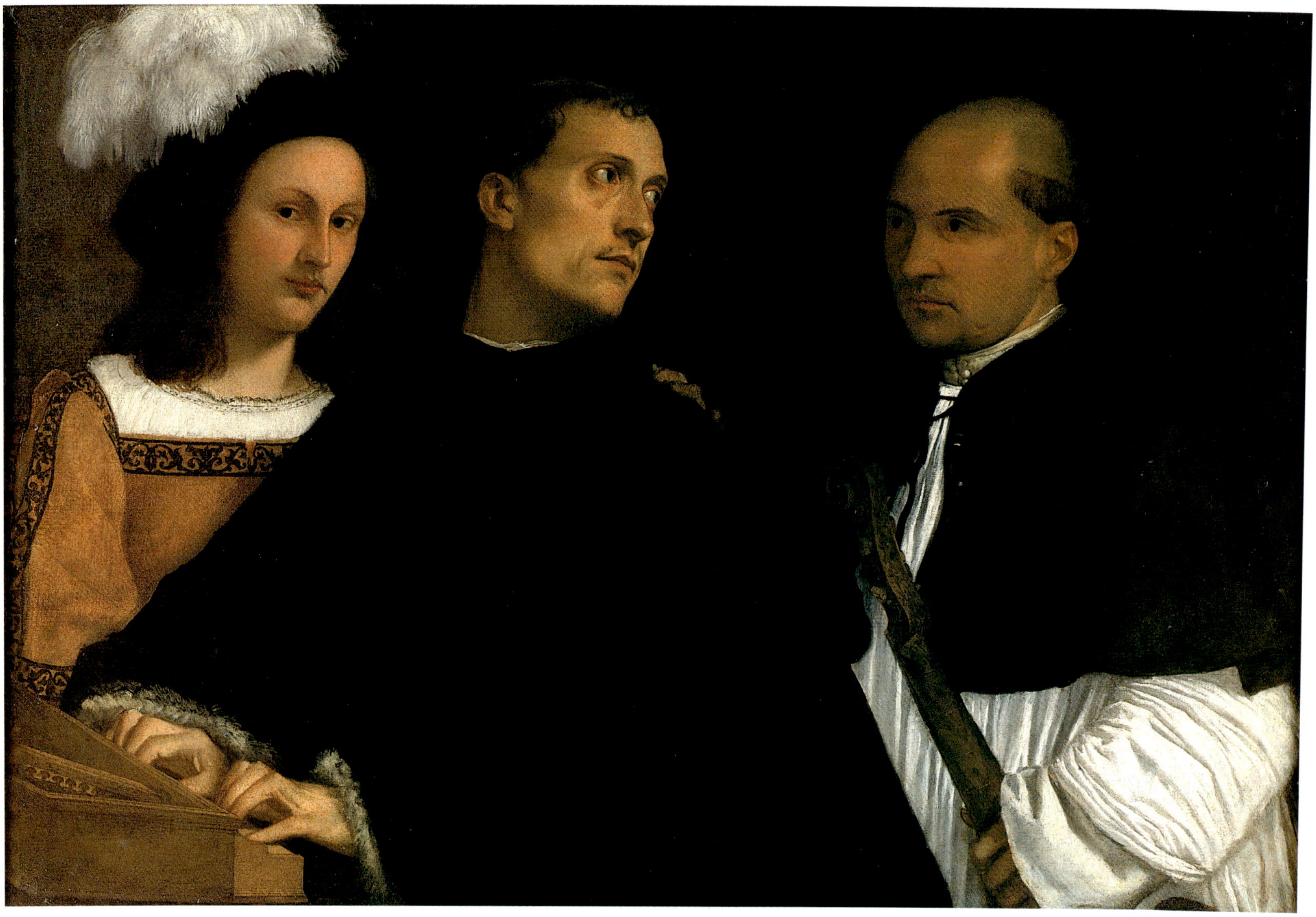

Titien

Le *Concert* (toile, 86,5 × 123,5 cm) fut acquis à Venise en 1654 par le cardinal Léopold, tout en étant attribuée à Giorgione, et conservée jusqu'au début du XXe siècle, quand la reconnaissance de la signature de Titien devint prédominante. En effet la composition, assimilable à la *Leçon de chant* de Giorgione subit fortement l'empreinte de son style. Car elle est peinte sur un ton plus théâtral et plus dramatique qui révèle davantage la personnalité de Titien dans sa période de jeunesse, s'inspirant encore de Giorgione. Les travaux de restauration n'ont pas seulement libéré la peinture des épaisses couches de vernis altéré et permis de retrouver les dimensions originales de la toile qui avait été légèrement agrandie pour s'adapter à l'encadrement baroque voulu par Léopold; ceux-ci ont également fourni des éléments d'évaluation importants, qui confirment pleinement l'authenticité de ce chef-d'œuvre, parfois contestée en raison de la représentation du jeune page.

Le Portrait d'Hippolyte de Médicis, *peint par Titien en 1533 alors qu'il était à Bologne à la suite de Charles Quint, est présent dans les collections médicéennes dès 1553, tandis que le séduisant* Concert, *toujours de Titien (1510 environ) est acheté à Venise come œuvre de Giorgione, en 1654, pour le cardinal Léopold de Médicis.*

Titien

Fils de Julien, duc de Nemours et neveu de Laurent le Magnifique, Hippolyte fut élevé à Rome par son oncle, le pape Léon X, et après sa mort par le cousin de celui-ci, le pape Clément VII, qui le nomma cardinal, mais sans les ordres religieux, à un fort jeune âge, en 1529. Ce prince cultivé et grand mécène mourut soudainement (on parla alors d'empoisonnement) en 1535 à Itri, dans le palais de sa bien-aimée Julie de Gonzague.
Ce *Portrait d'Hippolyte de Médicis* (toile, 139 × 107 cm) fut commissionné par Hippolyte en personne en 1533, alors que Titien séjournait à Bologne, où était réunie la cour de l'empereur Charles Quint, et où Hippolyte se trouvait également au retour d'une expédition victorieuse contre les Turcs en Hongrie. Celui-ci porte en effet un habit "à la hongroise" qui couvre sa cuirasse. Il tient dans sa main droite une massue en fer, et dans l'autre une épée. Le chapeau qu'il arbore est orné de trois plumes fixées avec un fermail décoré d'une comète accompagnée de la devise "INTE(R OMN)ES", une allusion à son amour pour Julie de Gonzague. Le portrait a figuré dans la liste de la Garde-robe des Médicis jusqu'en 1553.

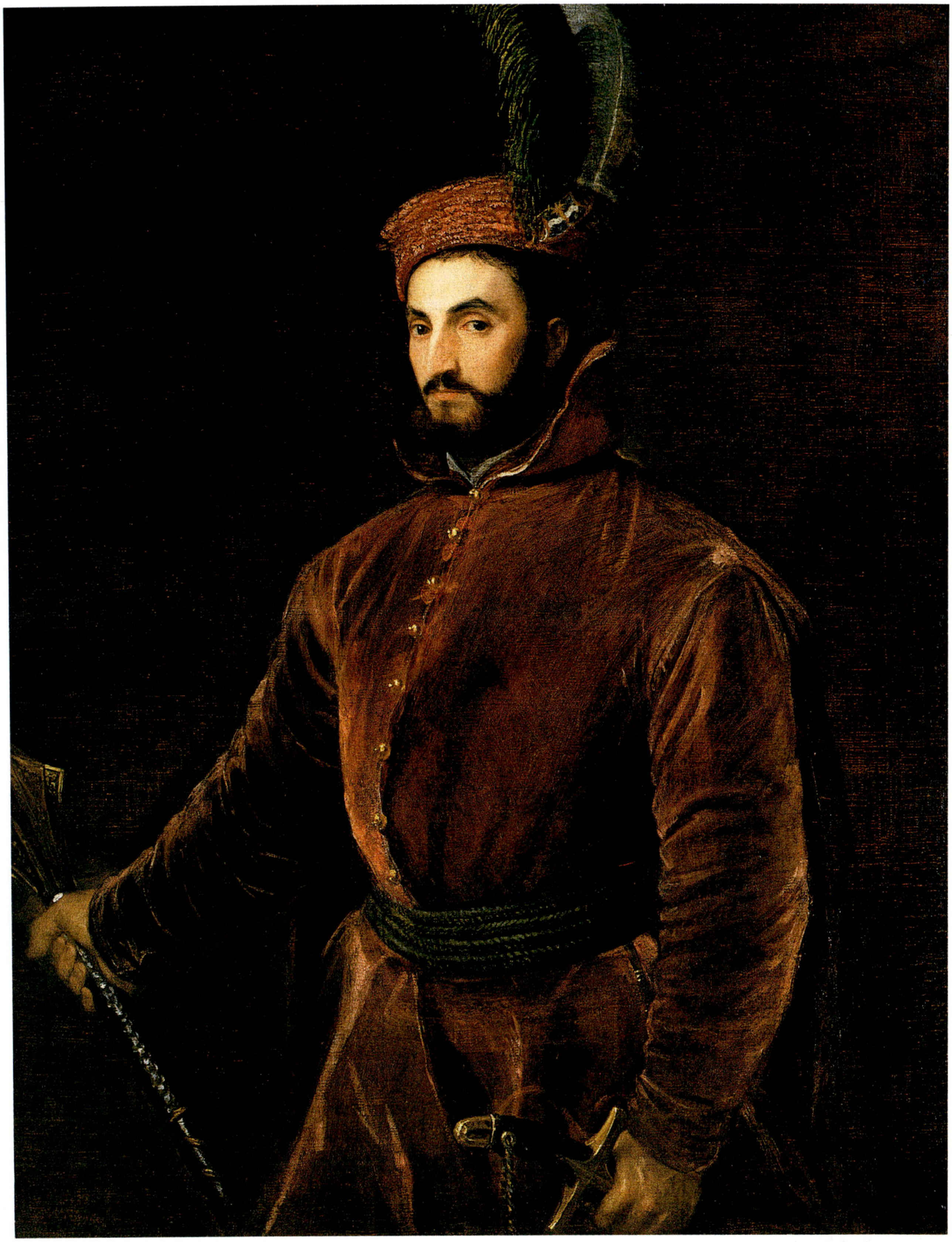

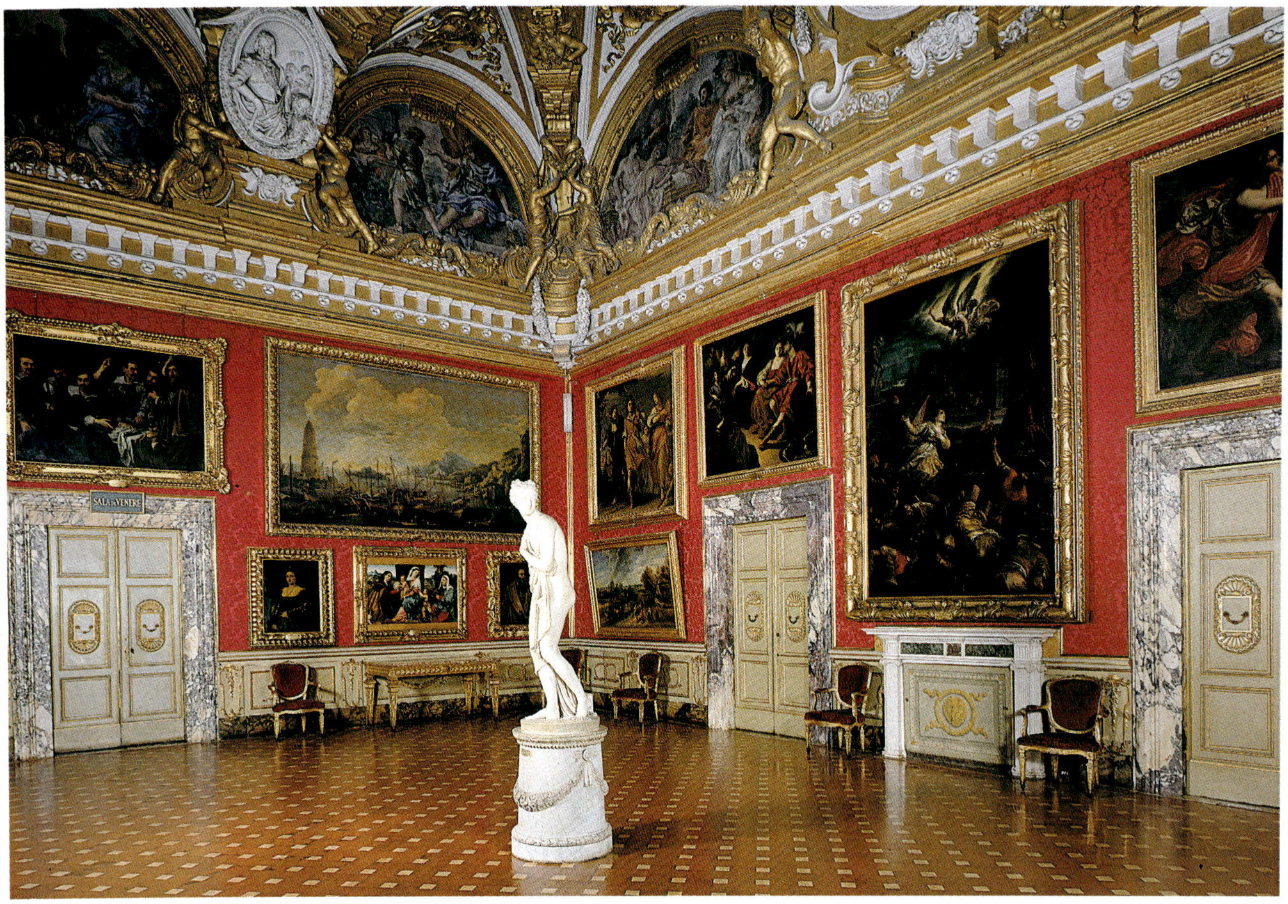

Salle de Vénus, Galerie Palatine

Ci-contre
Salle de Prométhée, Galerie Palatine

Un aménagement unique

Des œuvres qui diffèrent de par leur auteur, de par leur époque, et de par leur sujet, ont été modifiées dans leurs dimensions pour s'adapter aux cadres identiques qui les transforment en pendants. Sous la décoration baroque des grandes salles donnant sur la façade, et sous la décoration néoclassique des salles mineures arrière, des chefs-d'œuvre célèbres succèdent à des tableaux problématiques, peu connus ou peu étudiés, dans un ensemble d'une extraordinaire richesse historique, artistique et muséographique.
La Renaissance, à commencer par la seconde moitié du XVe siècle, est représentée par le célèbre "tondo" de la *Naissance de Marie* de Filippo Lippi et par des peintures de son fils Filippino, de Signorelli, de Botticelli et de leurs élèves, que l'aménagement néoclassique a rassemblés dans la "salle des Tondi" (salle de Prométhée). Au-delà du noyau véritablement exceptionnel de onze très célèbres chefs-d'œuvre de Raphaël, la peinture florentine de la première partie du XVIe siècle est illustrée à travers une concentration considérable d'œuvres d'Andrea del Sarto. Mais l'on y trouve également de nombreuses œuvres de Fra Bartolomeo, de Pontormo, de Rosso Fiorentino et de Ridolfo Ghirlandaio. La production "maniériste" est représentée par des œuvres de Vasari, de Salviati, de Peruzzi, de Bronzino, d'Alessandro Allori, de Jacopino del Conte et de Maso da San Friano. En revanche, l'héritage du maniérisme est rassemblé et "réformé" par la peinture limpide d'Empoli et de Santi di Tito, ainsi que par la peinture prébaroque de Cigoli. La Galerie comporte un secteur important de tableaux du XVIe siècle vénitien, avec des chefs-d'œuvre de Titien, Tintoret et Véronèse, auxquels s'ajoutent un grand nombre d'œuvres de leur école. Le XVIIe siècle est inauguré par trois tableaux de Caravage, le fascinant *Amour dormant*, le tableau discuté appelé l'*Arracheur de dents* et le *Portrait du Chevalier de Malte*. L'on trouve ensuite les courants les plus importants de la peinture italienne et européenne : les artistes locaux, de Cristofano Allori à Furini, jusqu'à Carlo Dolci; les Bolognais, des Carrache à Guercino et Guido Reni, jusqu'à Lanfranco; les Napolitains, de Salvator Rosa à Ribera et Cavallino, jusqu'à Luca Giordano; les Flamands, de Rubens à van Dyck, jusqu'aux Pourbus; les paysagistes et peintres de tableaux de genre.
Cette vue d'ensemble résume le "contenu" de la Galerie Palatine dont nous proposons des fiches succinctes concernant certains chefs-d'œuvre emblématiques non seulement pour leur valeur absolue, mais également pour leur histoire en tant que collections.

La salle de Prométhée à l'époque néoclassique change de nom et devient la salle des Tondi à cause des nombreux tableaux de forme ronde, typiques de la tradition florentine de la Renaissance, dont se distingue la Naissance de Marie *de Filippo Lippi.*

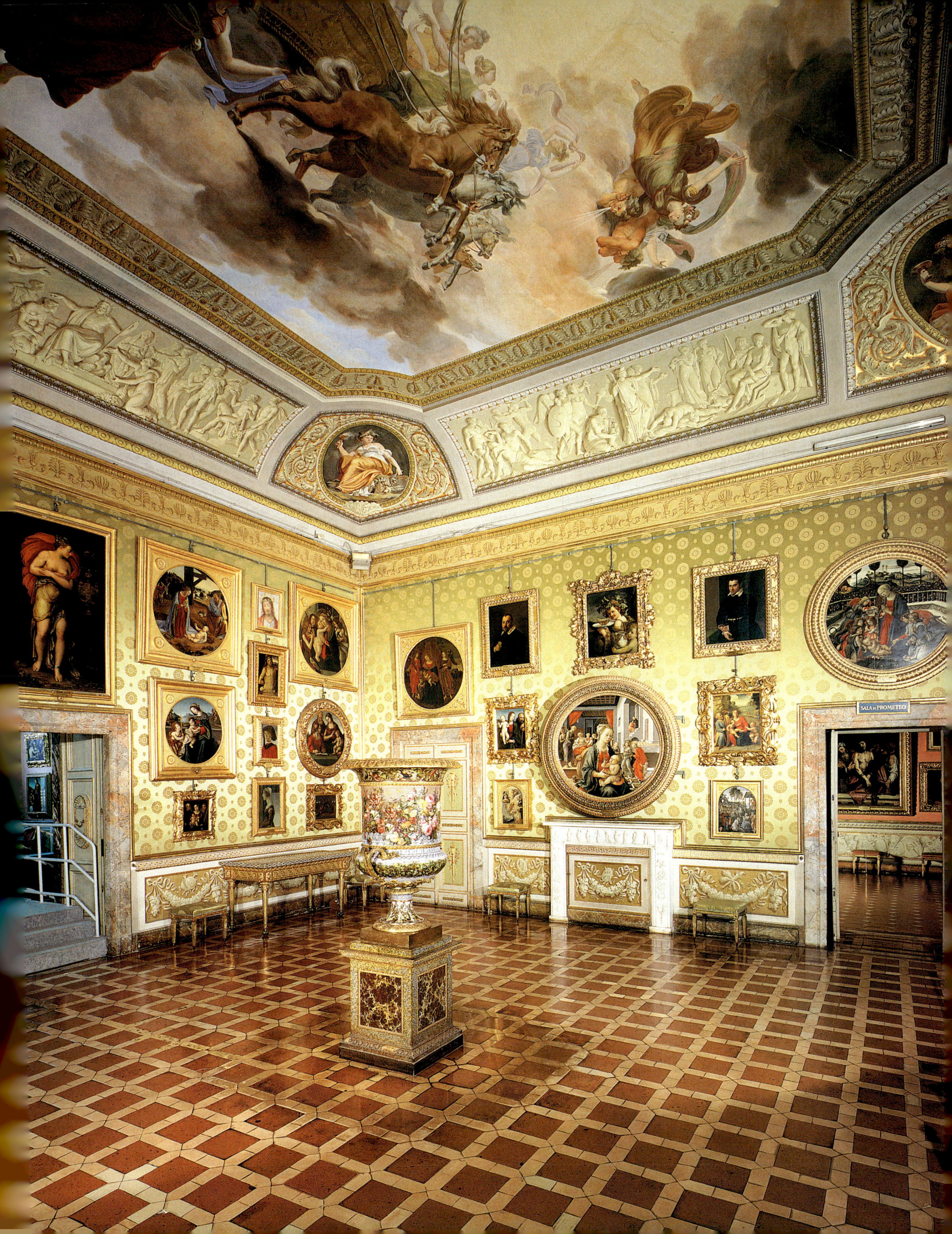
SALA DI PROMETEO

Le XVIIe siècle

La culture artistique du XVIIe siècle est documentée emblématiquement par l'œuvre du Caravage, achetée par le cardinal Léopold en 1667, et par celle de Cristofano Allori, choisie par la Garde-robe médicéenne en 1626 pour la collection du cardinal Charles de Médicis.

Le XVIIe siècle est inauguré au Palais Pitti par une œuvre capitale du Caravage, l'*Amour dormant.* Cette période est aussi bien représentée que le siècle précédent et illustre les choix des différents collectionneurs de la famille Médicis, dans le cadre d'une production de leur époque à la fois italienne et européenne, dénotant un niveau qualitatif extrêmement élevé.

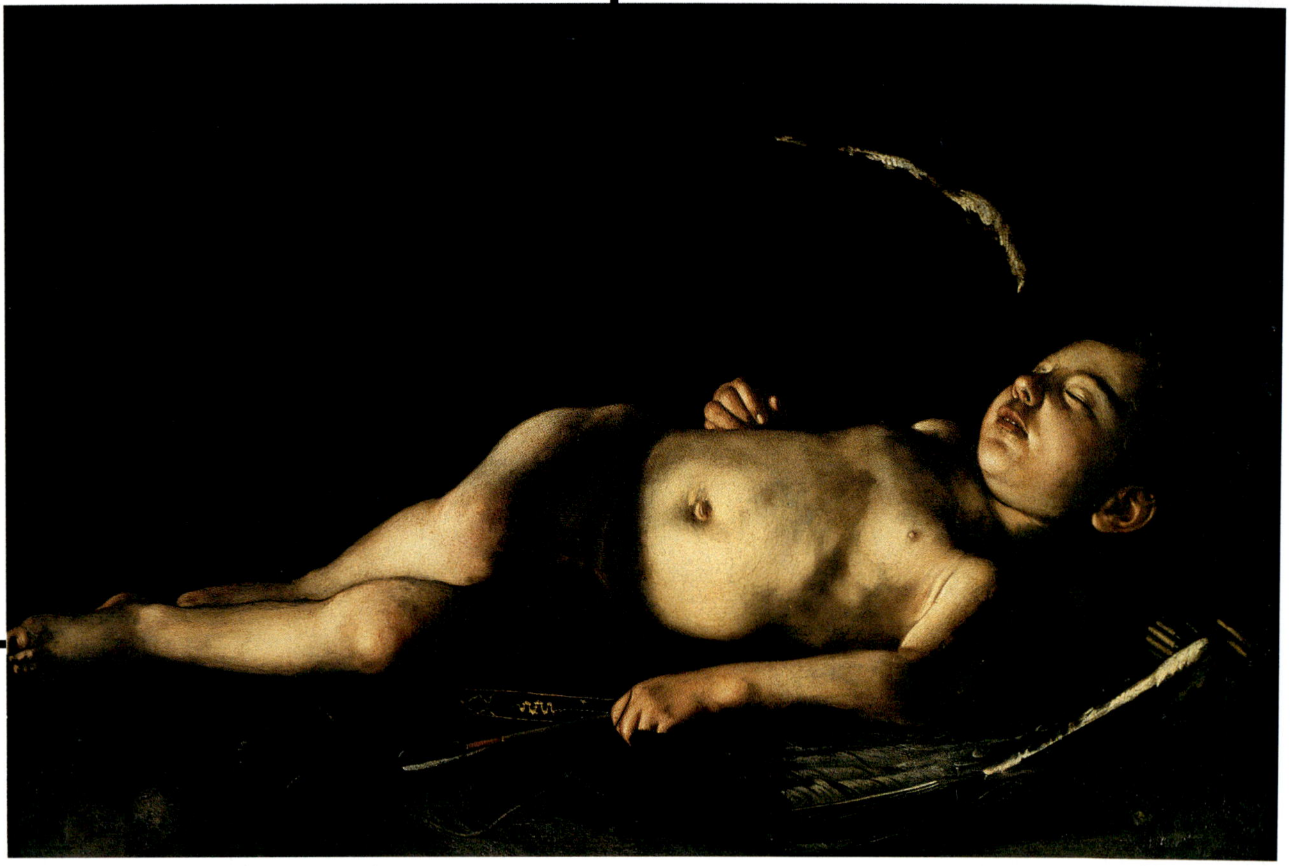

Le Caravage

L'*Amour dormant* (toile, 71 × 105 cm) qui présente au verso une ancienne inscription "*Opera del Sr Michelangelo Merisi da Caravaggio in Malta 1608*", fut exécutée pour le chevalier hiérosolymitain Francesco dell'Antella, qui l'expédia à Florence dans le palais de famille situé Piazza Santa Croce.
En 1667, le tableau du Caravage fut acheté par le cardinal Léopold, qui fit expressément fabriquer un superbe cadre sculpté avec les attributs de Cupidon, qui ornent aujourd'hui encore l'œuvre. Le caractère exceptionnel de cette œuvre, reconnue depuis les sources de son époque, réside non seulement dans le sujet, qui représente Cupidon endormi, une allusion probable au dépassement des passions se référant au commanditaire frère Francesco, mais surtout dans la dextérité de l'exécution picturale, qui transforme le symbole classique de la beauté et de la grâce en une image impitoyablement réaliste, transfigurée dans les dimensions du chef-d'œuvre par le jeu magistral de l'ombre et de la lumière.

Cristofano Allori

Judith et Holopherne (toile, 139 × 116 cm) est située sur le mur frontal, dans la même petite salle de la Galerie. Le texte biblique narre l'histoire de la jeune et fort belle veuve de la ville de Béthulie, Judith, qui parvient à libérer la ville assiégée en se rendant dans le camp ennemi, où elle séduit le commandant Holopherne, lui tranche la tête, et, accompagnée de sa servante Abra, regagne Béthulie et met en fuite les assiégeants en leur exhibant la tête de leur chef. Le drame cruel du sujet est ici annihilé par le détachement raffiné de la présentation des personnages, liés à la vie privée du peintre, plutôt qu'à l'évocation tragique ou héroïque du récit biblique. Judith est en effet le portrait de Mazzafirra, la maîtresse de Cristofano. Abra dépeint la mère de celle-ci. La tête tranchée d'Holopherne est un autoportrait du peintre. La maîtrise de la composition, l'élégance de l'exécution et la richesse décorative justifient le succès considérable de cette peinture, demandée à l'auteur en personne dans différentes répliques, et copiée à d'innombrables reprises. Cette version fut livrée, alors qu'elle n'était pas encore achevée à la Garde-robe des Médicis en 1621. Elle fut choisie en 1626 pour prendre place dans la collection du cardinal Charles de Médicis, et à sa mort en 1666, elle fut rapportée au palais Pitti, pour devenir, l'un des tableaux les plus représentatifs de la Galerie Palatine.

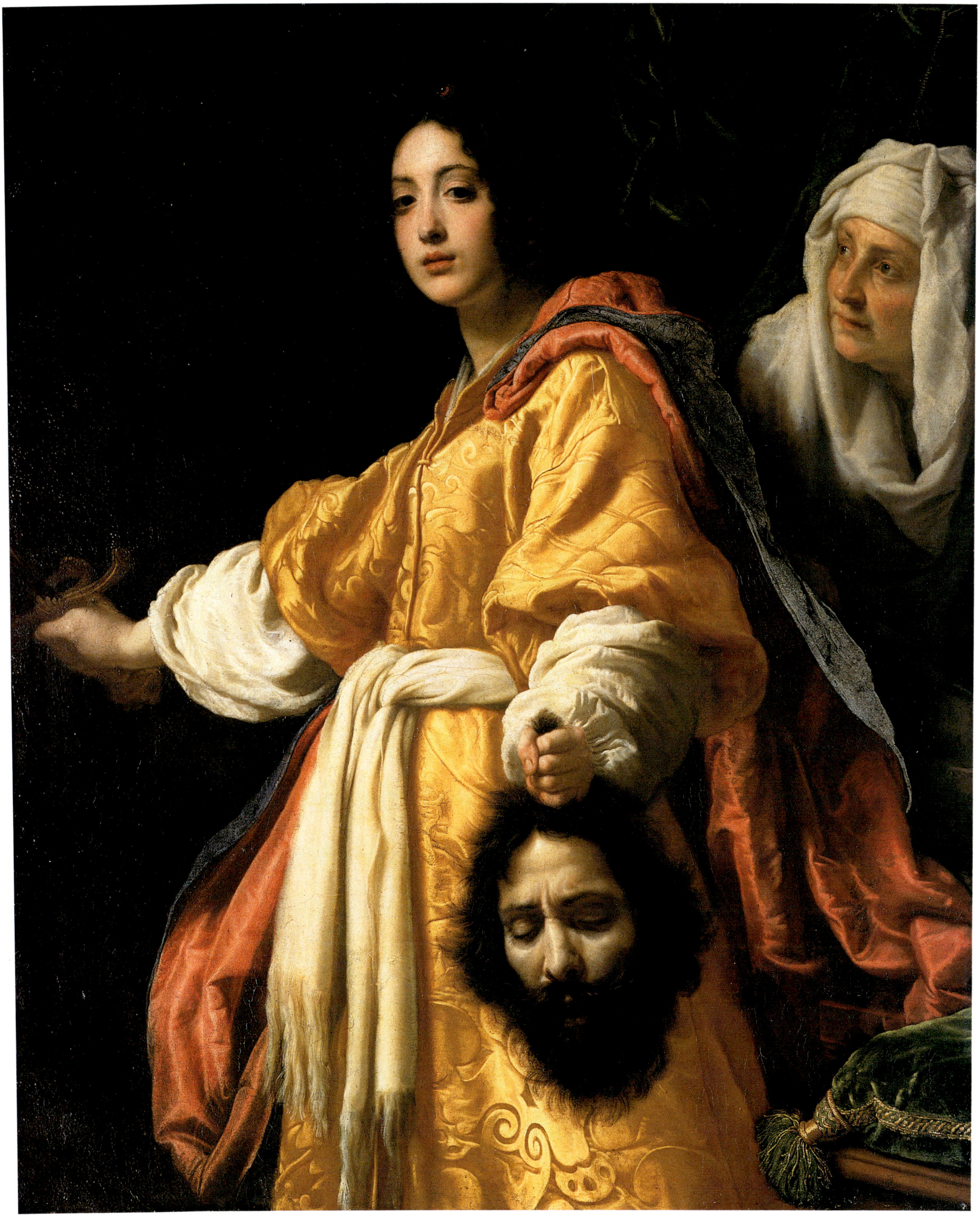

Salle de Mars

Par opposition à la sobre élégance de la peinture du XVIIe siècle florentin, la Galerie possède certaines des œuvres les plus célèbres de Rubens, dont le génie artistique est particulièrement bien représenté par la grande toile intitulée *Les conséquences de la guerre*, et par le tableau *Les quatre philosophes.* Toujours dans la salle de Mars, la richesse des matières et la vitalité intense du tableau *Les quatre philosophes* contraste avec la suprême élégance du *Portrait du cardinal Bentivoglio* de van Dyck.

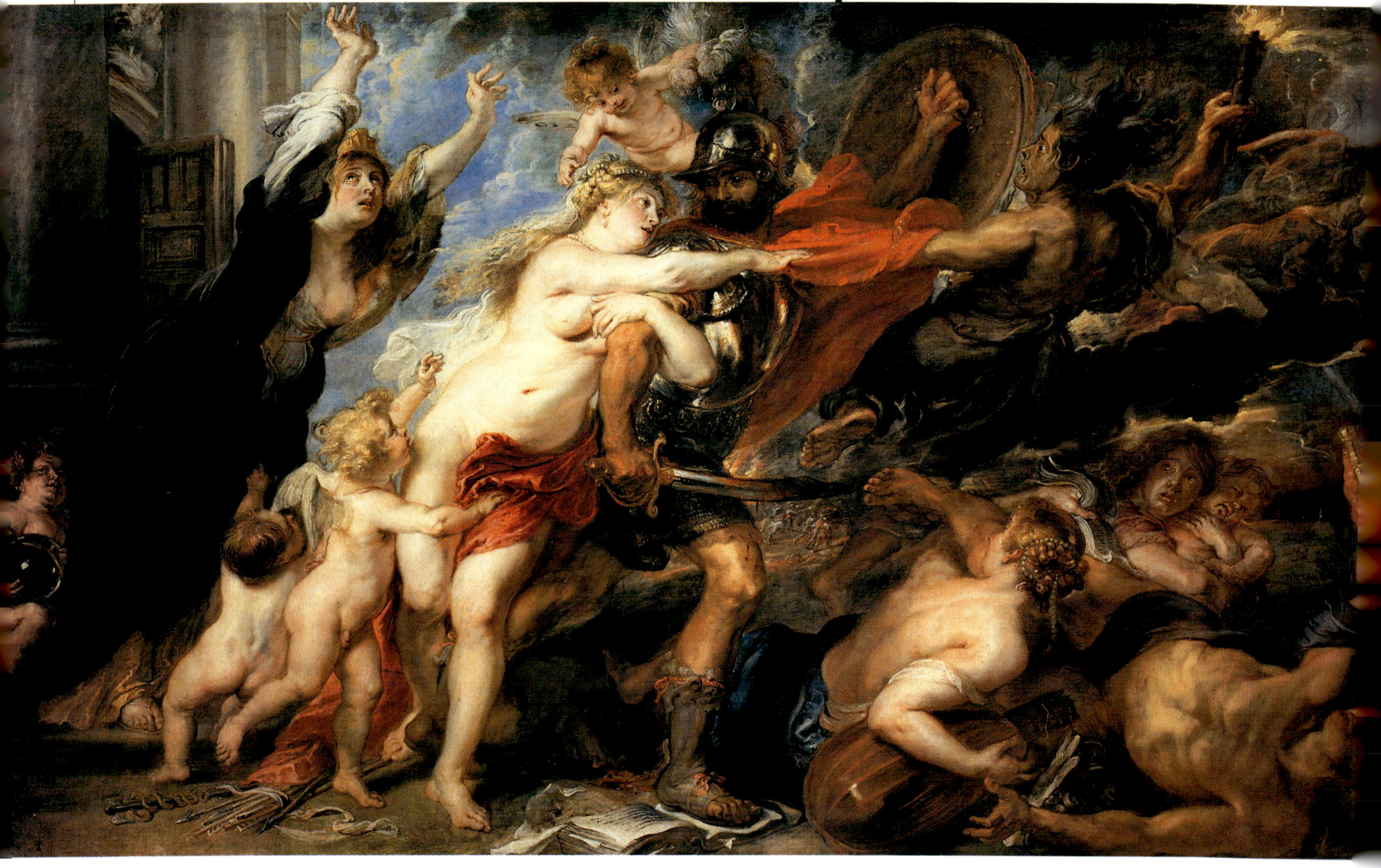

Peter Paul Rubens

La complexité thématique de l'œuvre *Les conséquences de la guerre* (toile, 206 × 345 cm) est expliquée par le peintre lui-même dans une lettre qui en accompagne l'envoi à son confrère Giusto Suttermans, portraitiste officiel auprès de la cour des Médicis et commanditaire du tableau. Il s'agit d'une allégorie de la guerre de Trente Ans qui éclata en 1618 (et qui se conclut en 1648, avec la paix de Westphalie) qui déchirait alors l'Europe : Mars, le dieu de la guerre arraché aux bras de Vénus et entraîné par les Furies, bafoue et révolutionne les Arts, alors que la figure tragique d'Europe drapée d'un linceul lève désespérément les mains vers les cieux.
La peinture décompose et élabore des personnages et les décors s'embrasant dans une exaltation fusionnelle, emplie d'une emphase baroque qui frappe par sa virtuosité immédiate les sens du spectateur.

Les collections de la Galerie Palatine documentent par des chefs-d'œuvre de Peter Paul Rubens, tels que Les conséquences de la guerre *(1637), la grande saison du baroque européen et de la funambulesque peinture flamande par opposition à la sobre élégance florentine.*

Anton van Dyck

Guido Bentivoglio (1577-1644) fut nonce apostolique à Bruxelles, puis à Paris. En 1621, il devint cardinal et s'établit à Rome, où il commissionne au jeune van Dyck, arrivé dans la ville en 1622, ce *Portrait* (toile, 195 × 147 cm) offert en 1653 au grand-duc Ferdinand II de Médicis par monseigneur Annibale Bentivoglio, nonce à Florence. Le tableau est enregistré dans la Tribune des Offices de 1653 à 1687, pour passer ensuite au Palais Pitti, dans la collection du Grand Prince Ferdinand. Dans cette œuvre, van Dyck inaugure un choix chromatique d'un raffinement extrême pour l'appliquer au portrait d'apparat qui sera par la suite codifié dans sa production successive, et qui ici n'est joué que sur une seule teinte, celle de la pourpre cardinalice, dans une très riche gamme de nuances subtiles et magistralement travaillées. L'influence de Titien, qui sous-tend la présentation du personnage, est sublimée par une peinture raréfiée et analytique d'une extrême élégance, qui saisit avec une intensité extraordinaire la personnalité aristocratique du cardinal.

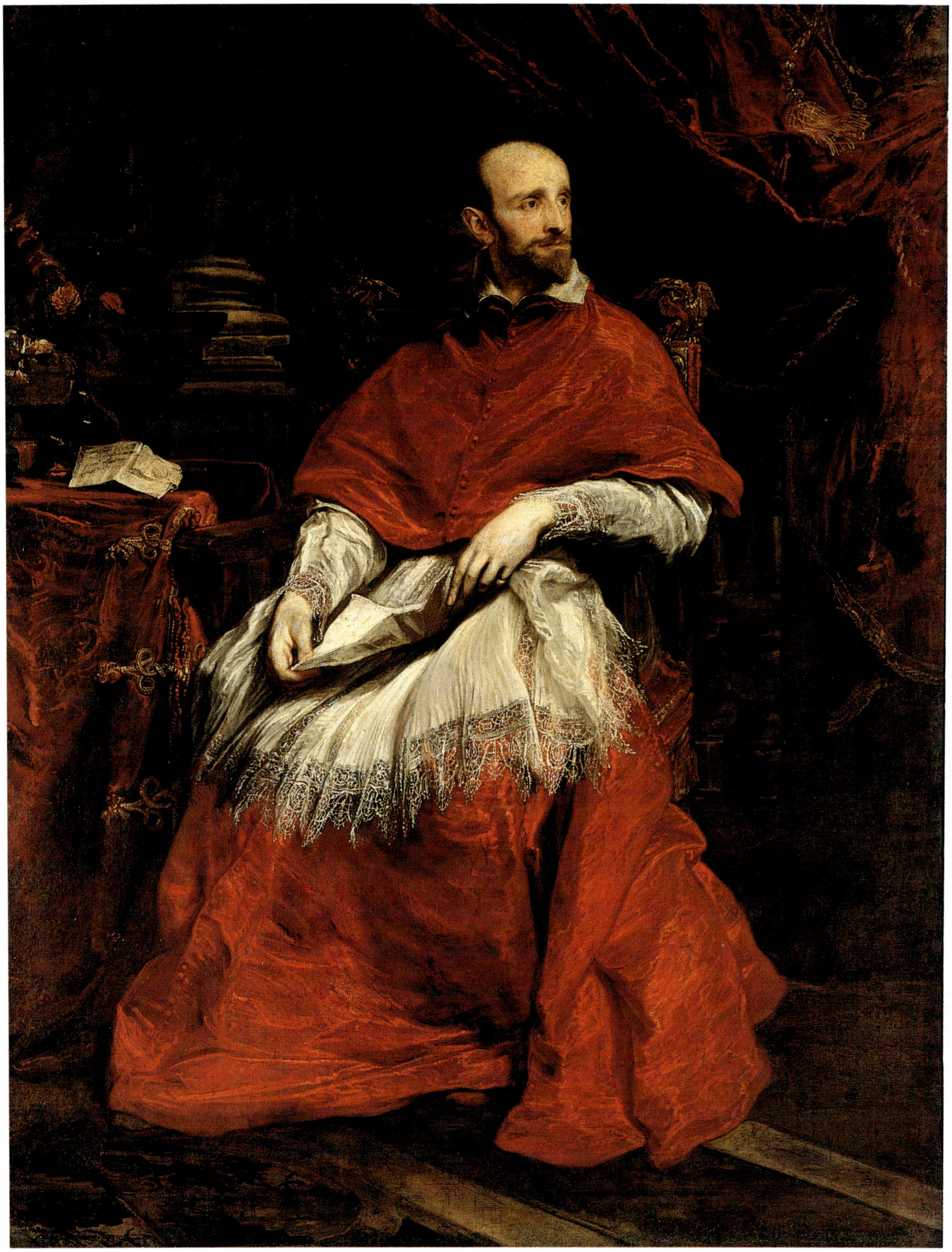

Entré dans les collections princières en 1653 comme don du nonce à Florence Annibale Bentivoglio, ce portrait exécuté par van Dyck en 1622-1623 fut exposé pendant quelque temps dans la Tribune des Offices, pour passer ensuite dans la collection du prince Ferdinand au Palais Pitti.

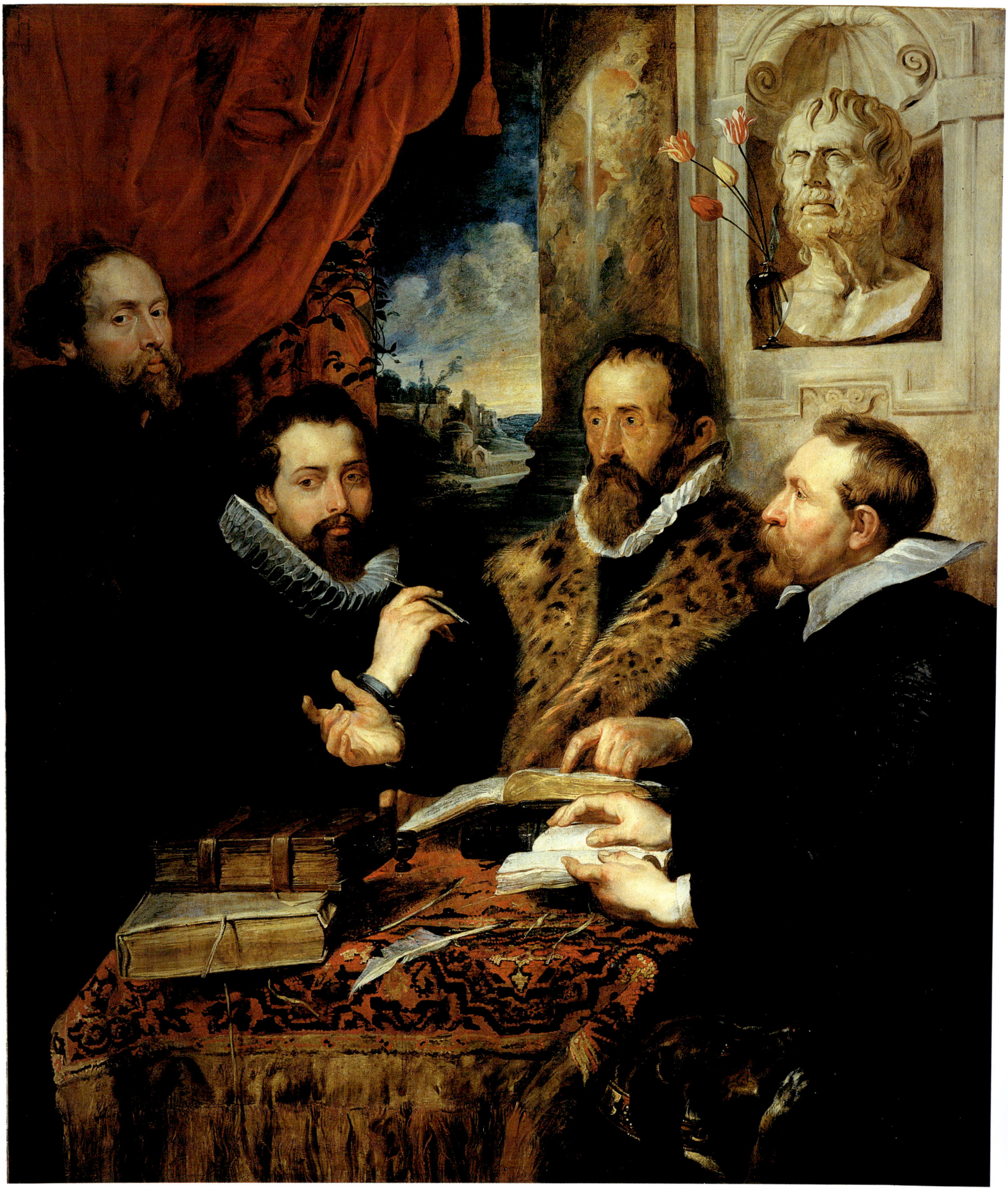

Peter Paul Rubens

A son retour à Anvers, après son séjour en Italie, où, de 1600 à 1608, il avait visité Venise, Gênes, Florence, Mantoue et Rome, Rubens peignit *Les quatre philosophes*, (tableau, 164 × 139 cm) en hommage à la mémoire de son frère Philippe (décédé en 1611) et de leur maître Justus Lipsius (décédé en 1606), unis dans un dialogue idéal avec l'artiste lui-même (debout à gauche) et l'humaniste Woverius. Le tableau abonde en références littéraires et philosophiques, résumées par un cadrage d'inspiration classique, avec une vue de Rome à l'arrière-plan, par les volumes consultés par les personnages, par le buste de marbre identifié comme étant celui de Sénèque (philosophe particulièrement étudié par Lipsius), devant lequel les quatre tulipes, deux refermées et deux écloses, symbolisent les deux personnages décédés et les deux vivants. Le groupe est représenté par des plans rapprochés qui mettent en valeur l'aspect naturel des attitudes et des décors, accompagnés de livres disposés dans un pittoresque désordre sur la table recouverte d'un tapis exécuté avec une virtuosité extraordinaire, d'une peinture rapide et riche de par sa texture, grandement responsable de l'admiration que Titien portait au maître, et qui emporte hommes et objets dans une communication passionnée et vibrante.

Les autres collections

Aux côtés de ces innombrables chefs-d'œuvre de Rubens et de van Dyck, il faut mentionner la quantité non négligeable de portraits de Frans Pourbus le Jeune, de nombreux petits paysages de Paul Bril, des œuvres de Brueghel de Velours, de Frans Francken, de Peter van Mol et de David Teniers, qui représentent la peinture flamande dans les collections médicéennes, qui se distingue désormais nettement de la peinture hollandaise.
Avec la séparation de la Hollande des Pays-Bas méridionaux, les spécificités des peintres de paysages, de portraits, de natures mortes, de marines et de scènes de genre, exercent une fascination directe et principale sur Côme III de Médicis. Au gré de ses voyages, tout en privilégiant les tableaux de petites dimensions, celui-ci acquiert une collection de peintures hollandaises (aujourd'hui répartie entre les Offices et la Galerie Palatine), n'ayant de rivale que celle de Turin. A part Rembrandt, dont le *Rabbin* émigra du Palais Pitti aux Offices en 1922, des artistes de premier plan comme Willem van Aelst avec ses précieuses natures mortes, Willem van de Velde, avec ses deux grandes marines monochromes exécutées à la plume, Otto Marseus, avec ses bosquets foisonnants et évocateurs, Rachel Ruysch avec ses stupéfiants bouquets de fleurs et corbeilles de fruits, constituent un axe fort intéressant de la collection qui est installée dans l'aile dénommée "des colonnes".
L'ameublement de la Galerie Palatine inclut, dans l'accueil somptueux qui est réservé aux œuvres d'art, des tableaux, des statues et des bustes hellénistiques et romains apportés à Florence pendant la seconde moitié du XVIIIe siècle de la Villa Médicis de Rome. On y trouve également des statues et des bustes des grands-ducs médicéens et lorrains disposés sur des tables dans les salles, ou au-dessus des portes de la Galerie des Statues, des sculptures du XIXe siècle (comme la célèbre *Vénus* de Canova) ou d'énormes vases de Sèvres qui trônent au milieu des salons les plus spacieux, de même que de monumentales tables baroques et d'élégantes consoles néoclassiques, comportant des pans à "commesso" de pierres dures ou de gypse, produits par la Manufacture des Pierres Dures, fondée par les Médicis et développée par la famille de Lorraine.
Dans le décor fastueux du Palais Pitti, la Galerie Palatine est le foyer le plus précieux pour les œuvres d'art qu'elle abrite, et pour la manière dont elles sont exposées. Inévitablement, en l'espace de ses deux siècles environ d'existence, nombre de changements ont été apportés : parfois de lourdes pertes au profit de la Galerie des Offices (comme la *Madone au long cou* de Parmesan, ou le *Portrait de Léon X* de Raphaël), mais également des enrichissements importants parvenant des Offices. Le respect mérité envers sa structure à la fois splendide et unique ne l'a pas pour autant immobilisée dans une rigidité passéiste, mais l'accompagne vers un avenir vital qu'encouragent les résultats des études menées sur la multiplicité de ses extraordinaires collections.

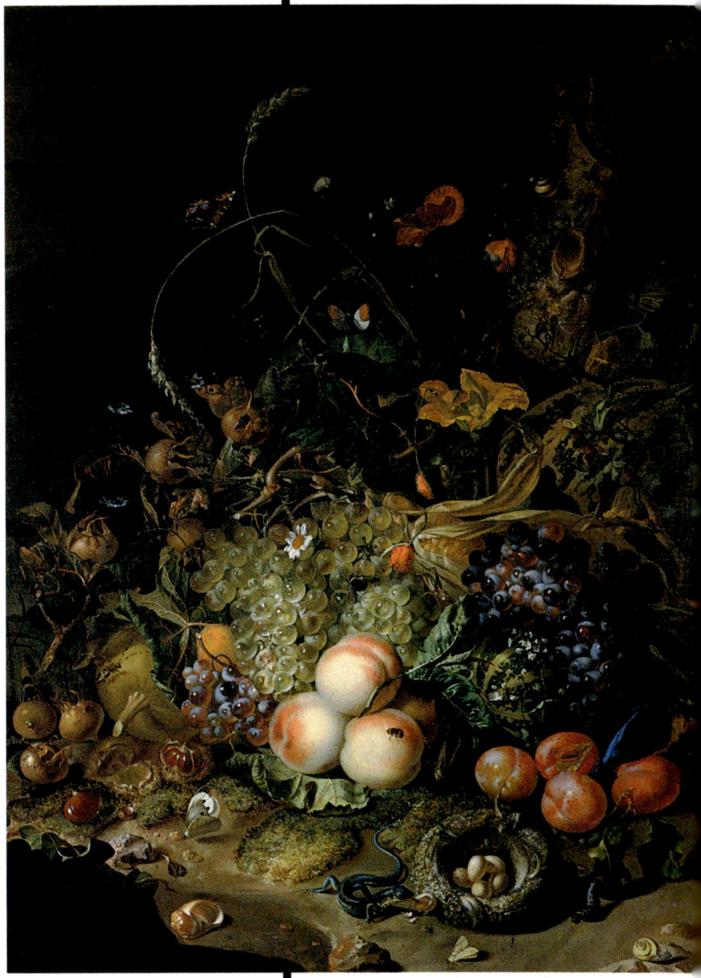

Rachel Ruysch, *Fleurs, fruits, et insectes*

Les peintres de paysages, de portraits et de natures mortes exercent une séduction irrésistible sur Côme III de Médicis qui, pendant ses voyages, achète une collection de tableaux hollandais de petites dimensions.

Les Appartements royaux

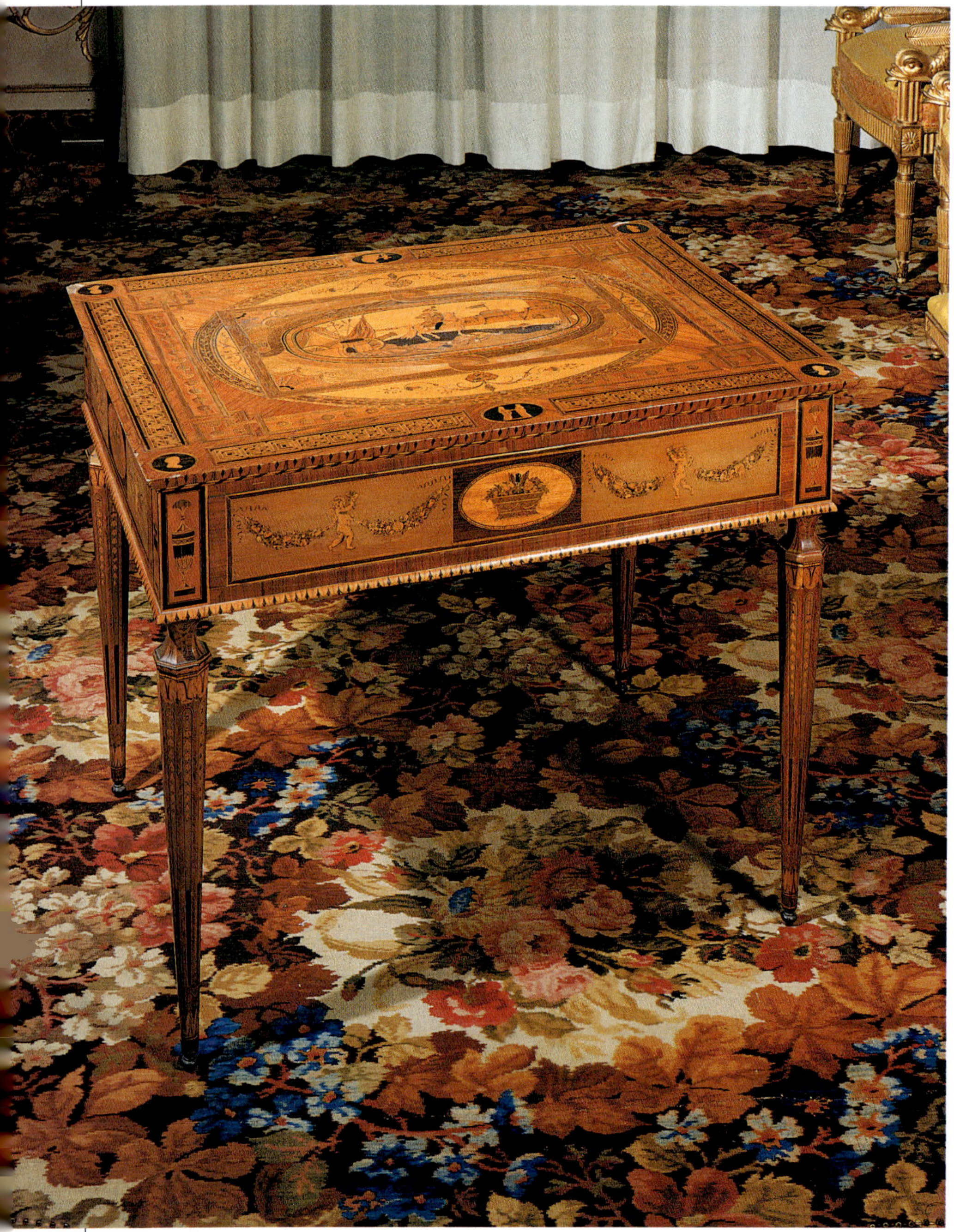

Marco Calestrini, guéridon en bois divers, 1791

Disposés symétriquement par rapport à la Galerie Palatine, c'est à partir du côté médian opposé de la Salle des Niches, que se déploient les Appartements royaux : une dénomination qui en indique immédiatement la destination originaire d'habitation princière, ainsi que le caractère "d'espaces aménagés et meublés", qui distingue ce secteur du palais. C'est là qu'habitait, durant la seconde moitié du XVIIe siècle, jusqu'en 1713, peu après le parachèvement de l'édifice bordant la place, l'héritier au trône Côme III. Quant au grand prince Ferdinand de Médicis, celui-ci occupait toute l'enfilade de pièces situées non seulement le long de la façade, mais également en bordure de la cour intérieure jusqu'au fond de la Salle de Bona, délimitation de l'appartement réservé à son épouse, Violante de Bavière (l'Appartement actuel des Tapisseries). C'est en ce lieu que le grand prince avait installé sa magnifique collection de peinture. Pierre-Léopold de Habsbourg-Lorraine choisit, comme nous l'avons vu, cette moitié du premier étage pour y habiter avec son épouse, en déménageant tous les tableaux dans l'autre partie de l'étage, l'ancien appartement du grand-duc qui deviendra la Galerie Palatine. La nouvelle dimension de la vie de cour, marquée non plus par le faste baroque, mais par la sobriété du rationalisme du Siècle des Lumières qui, avec ses successeurs se coloriera toujours davantage du bon sens bourgeois et qui caractérise la décoration des salons et le choix des meubles, des tapis et des tapisseries.
Avec la fondation du Royaume d'Italie et la destination temporaire de Florence au rang de capitale (1865-1871), cette zone devient la résidence officielle de Victor-Emmanuel II. A la fin du siècle, le roi Humbert de Savoie et la reine Marguerite, s'emploient, désormais de Rome, à la réorganisation des propriétés florentines de la couronne. Dans le cadre actuel de la gestion du Palais Pitti, ce sont ces points de repère qui ont prévalu. Ceci dans le but de restituer aux Appartements royaux leur physionomie "historique", que les différents espaces avaient en grande partie perdue après la donation du palais à l'Etat italien en 1919. Pendant soixante ans environ, ceux-ci étaient restés relativement en marge par rapport aux trois musées officiellement constitués (la Galerie Palatine, la Galerie d'Art Moderne et le Musée de l'Argenterie). En raison de toute une série de circonstances, ces magnifiques locaux se réduisaient en une simple exposition de tapisseries, de mobiliers et de peintures presque fortuite.
La reconstitution de l'aménagement décrit dans l'inventaire de 1911, rendu possible en 1993 aux termes de l'indispensable adaptation des installations aux normes de sécurité qui avait naturellement entraîné l'évacuation complète des salles, propose une disposition non moins riche, mais plus homogène. Les choix du gouvernement de la maison de Savoie avaient en grande partie respecté l'élégante stratification des styles parcourant l'époque baroque tardive de la période des Médicis, celle du néoclassicisme, et celle du Biedermeier de la période lorraine, que l'éclectisme de la fin du XIXe siècle autorisait, et qui connote à présent le redéploiement de l'ameublement accompagné de la récupération quasi totale de l'ensemble des objets.

Ci-contre
Giovan Battista Foggini, autrefois alcôve du Grand Prince Ferdinand, transformée ensuite en chapelle à l'époque de la famille de Lorraine

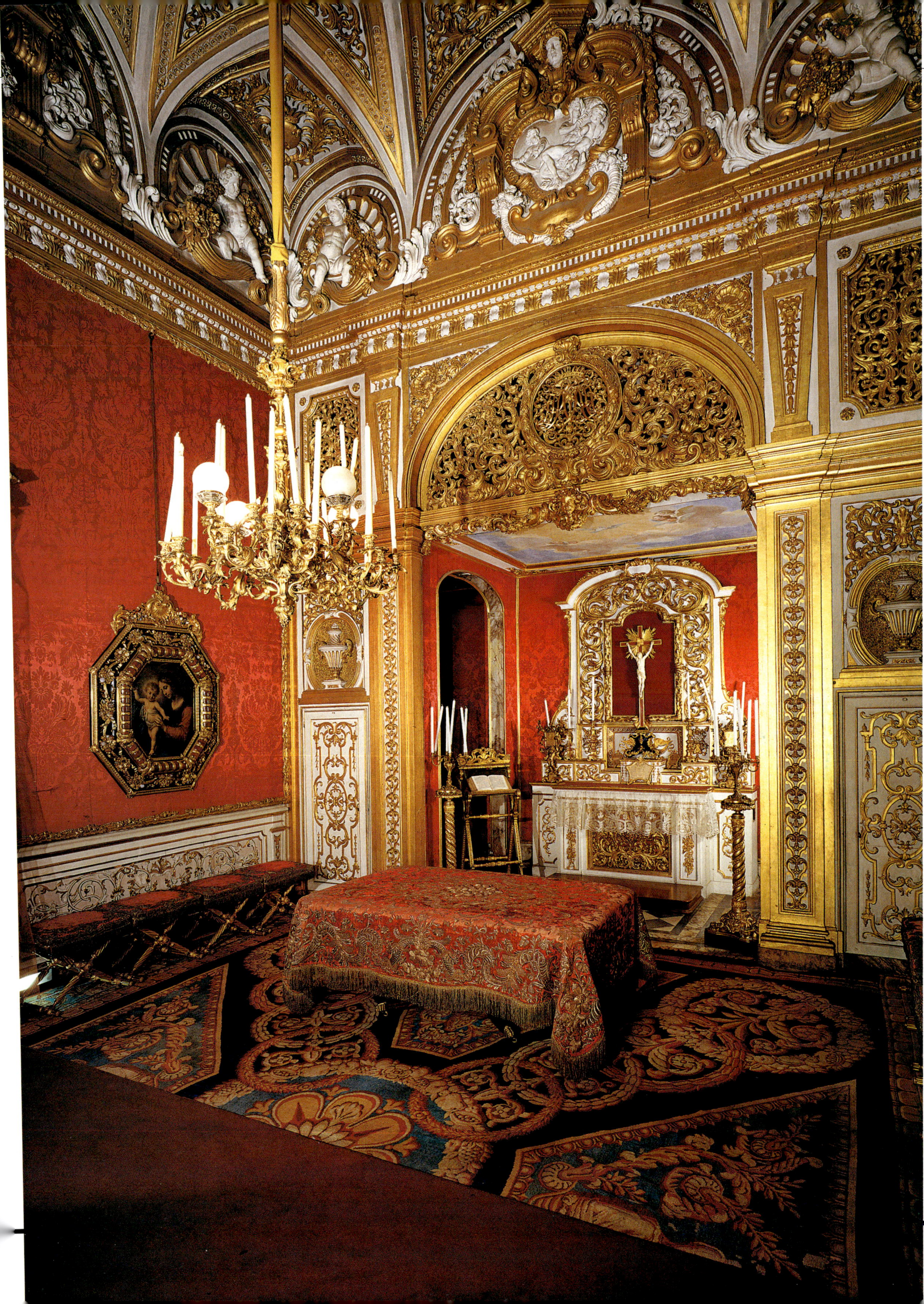

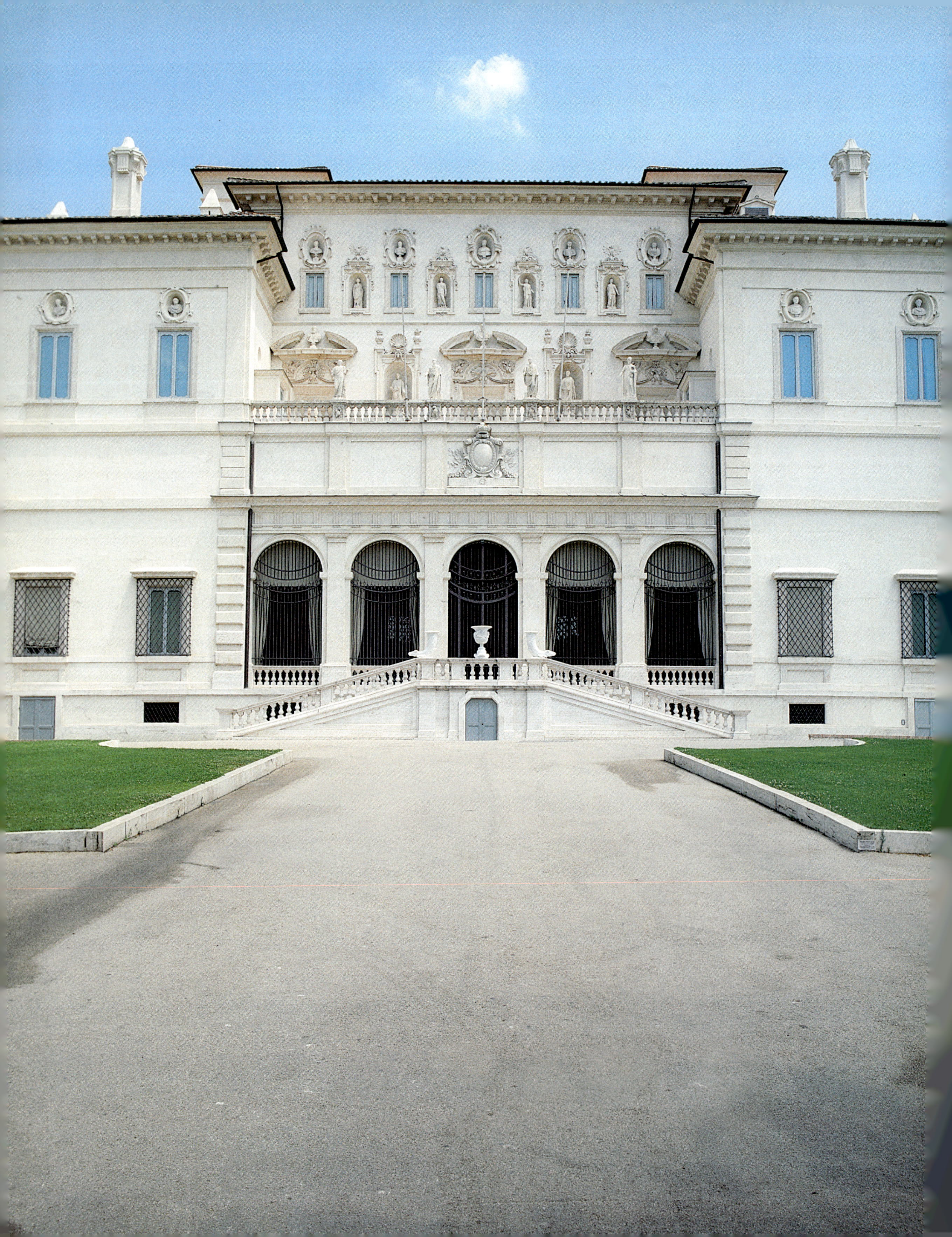

Rome, Galerie Borghèse

Alba Costamagna

La Galerie Borghèse (le pavillon et les collections qu'il abrite) a été achetée, avec toute la Villa, par l'Etat italien en 1902.
L'année suivante (1903), l'unité originaire de la Villa Borghèse fut irrémédiablement perdue à la suite de la cession à la Ville de Rome du parc, de toutes les sculptures en plein air mais également de la multitude de réalisations architecturales circonscrites dans les différents espaces verts incluant la décoration et les services. L'Etat ne conservait donc que la propriété du "pavillon du Pincio", avec la collection d'archéologie et d'art, intégralement détenue à titre de fidéicommissaire par Francesco Aldobrandini Borghèse (1833). Sous l'effet de la spéculation immobilière de la fin du XIXe siècle, l'extraordinaire magnificence et l'unité sans égale du parc et du pavillon, comme ils s'étaient solidifiés au cours de deux siècles d'histoire, malgré les inévitables modifications et les travaux exécutés par la Maison Borghèse, ont substantiellement été mutilées dans leur apparence matérielle et visuelle en raison de l'expansion de la ville. C'est en particulier le cas de la zone immédiatement limitrophe, après l'enceinte d'Aurélien, là où se dressait la Villa Ludovisi, avec son grand jardin planté de vignes. Il faut y ajouter, au cours de la seconde moitié du XXe siècle, les problèmes de circulation qui ont eu un effet fort négatif, car ils ont séparé l'entrée monumentale de Luigi Canina de la Porta del Popolo et du Pincio (avec la transformation du Viale del Muro Torto en voie express pour la circulation automobile) et impliqué le passage des véhicules dans certaines avenues du parc.
La construction d'un "pavillon" et la transformation en parc de l'ancienne "Maison de plaisance", que les Borghèse, famille d'aristocrates originaires de Sienne, possédaient au-delà de la Porta Pinciana, se pose, à partir de la deuxième décennie du XVIIe siècle, de par la volonté du cardinal Scipion Caffarelli Borghèse, neveu du Pape Paul V. C'est à partir de 1612, avec l'accélération des travaux de construction du pavillon et de l'aménagement du parc couvrant tous les espaces verts environnants, que prend forme le projet de Flaminio Ponzio. Toutefois, ce n'est qu'après la mort de celui-ci (1613) que l'ensemble fut achevé par le Flamand Vesanzio. De surcroît, d'autres travaux, datant eux aussi de l'époque de Scipion, transforment l'espace situé à proximité de l'édifice. Ces derniers concernent la toute proche Oisellerie (œuvre de Girolamo Rainaldi datant des années 1617-1619) et les jardins (jusqu'en 1620 environ).
A l'intérieur du pavillon, le puissant Cardinal Borghèse pourvut à agencer, dans de très brefs délais, sa merveilleuse collection qui, bien qu'elle soit privée de la plupart des chefs-d'œuvre de la sculpture antique (vendus à Napoléon Ier par Camille Borghèse), demeure visible aujourd'hui, complétée des pièces acquises plus tard par la famille.
Dans le musée, que l'on considéra dès le XVIIIe siècle comme étant "la perle des collections privées du monde", l'on peut admirer quelques-uns des plus grands chefs-d'œuvre de la peinture des XVIe et XVIIe siècles (Raphaël, Titien, Corrège, Dossi, Cranach, le Caravage, le Dominiquin, Rubens) et de la sculpture du XVIIe siècle (Bernin, Algardi), pour ne pas parler de la très célèbre *Pauline Bonaparte en Vénus victorieuse* d'Antonio Canova.

Vue de la façade de la Villa Borghèse avec les escaliers ornés de deux cornes d'abondance et d'une amphore en marbre

I.W. Baur, *Façade de la Villa Borghèse*, 1636

Scipion Borghèse

Un guide manuscrit du XVIIe siècle (écrit en français et datable de 1677/1681), acquis en 1975 par l'Avery Library de la Columbia University de New York et publié (1991) accompagné d'une traduction italienne, intitulé le "palazzo della Vigna Pinciana" énumère singulièrement de nombreuses sculptures antiques ("bustes de César, de Scipion, d'Hannibal... un Sénèque en pierre de touche", un "gladiateur mourant", un "Enlèvement de Ganymède", un "centaure", "Curzio, cavalier romain se précipitant avec son cheval"), et quelques œuvres modernes de Bernin (le *David* et la *Daphné*).
Vis-à-vis des tableaux, l'auteur inconnu opère, en revanche, une censure moraliste et critique la "*nudité*" des images et le mélange de "beaux tableaux" et de "tableaux obscènes", de véritables "impuretés... placées là [devant le spectateur] dans le seul but de le hanter et de souiller son imagination".
Une attitude critique à mille lieues des desseins poursuivis par l'auteur principal de la collection Borghèse que fut le cardinal Scipion (1579-1633), Ce personnage exerça essentiellement le pouvoir qu'il détenait, en qualité de neveu du pape Paul V, pour assouvir sa soif très moderne de collectionneur et d'accapareur d'œuvres d'art, au-delà de l'iconographie, qu'elle fût profane ou religieuse.
Un petit nombre de tableaux d'un auteur toscan, mais aussi les *Trois Grâces* et le *Songe du Cavalier* de Raphaël et quelques sculptures antiques avaient été reçues par Scipion, en échange d'un acte de renonciation à l'héritage de certains oncles, en faveur de son cousin Marc Antoine. En quelques années à peine, ce premier noyau donna naissance à une énorme collection de marbres anciens et d'œuvres du XVIe siècle et des premières années du XVIIe, achetées, confisquées ou commandées.

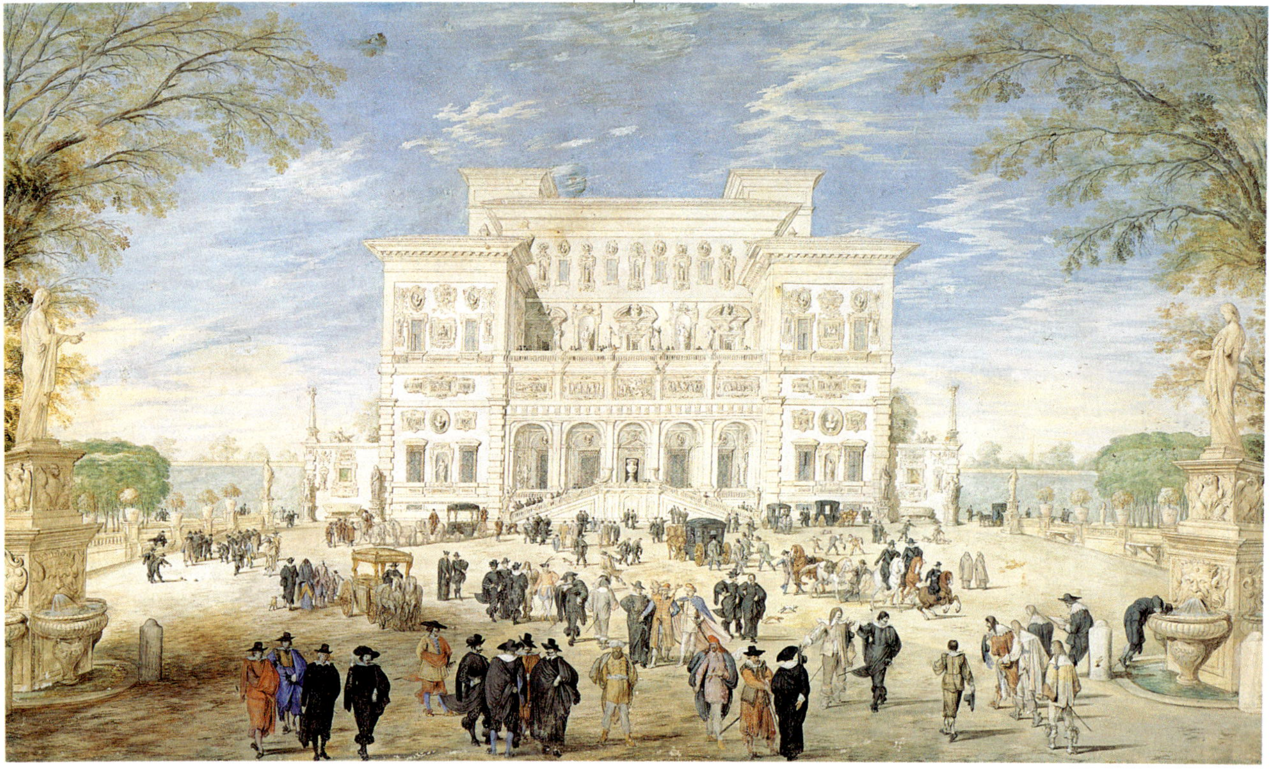

La construction de la villa-musée

En 1614, dès que les travaux du "pavillon" du Pincio purent être en grande partie considérés comme étant achevés, le cardinal Scipion Borghèse y fit installer les tableaux qu'il conservait auparavant au Palazzo di Borgo (l'actuel Palazzo Torlonia, Via della Conciliazione). Un an plus tard, les quelque deux cents pièces de sculpture de la collection archéologique du Palais de Ripetta gagnèrent, en plusieurs étapes, leur nouvelle demeure définitive.
L'édifice devint ainsi l'abri parfait des très précieux trésors du neveu de Paul V ou, pour mieux dire, l'"écrin" du cardinal Borghèse, pour utiliser une métaphore particulièrement heureuse si l'on tient compte de ses dimensions architecturales relativement réduites. La morphologie et le plan du pavillon du Pincio correspondent à ceux des villas suburbaines du XVIe siècle (en premier lieu la Farnésine Chigi, la relativement proche Villa Médicis, la Villa Montalto Peretti, mais aussi la Villa Mondragone de Frascati, acquise par Scipion Borghèse en 1623) : plan rectangulaire souligné par une loggia frontale, enchâssée entre deux avant-corps latéraux en forme de tourillons caractéristiques.
En outre, à l'instar des modèles du XVIe siècle, la façade était décorée de sculptures antiques qui anticipaient visiblement la richesse de la collection antique exposée à l'intérieur. Avec la couleur blanche du stuc "marmorino" utilisé pour les enduits extérieurs originels, les nombreuses fenêtres et les arcades des loggias (au-delà de celle de la façade, située au rez-de-chaussée, au niveau de l'entrée, en 1624, une autre loggia, décorée de l'*Assemblée des Dieux* de Giovanni Lanfranco, s'ouvrait sur le côté ouest du premier étage) démontrent l'importance de la lumière. En effet, la lumière est l'élément "substantiel" de l'architecture du "casino". C'est aussi l'inséparable filtre entre la verdure du parc et l'espace intérieur où les œuvres de la collection Borghèse sont exposées aujourd'hui encore. La connotation intérieure du XVIIe siècle, basée essentiellement sur le recours aux enduits clairs, avec l'ajout du travertin et de cuirs "bleu et or", fut complètement bouleversée, à l'époque de Marc Antoine IV Borghèse (1730-1800).

Les écoles qui l'intéressaient le plus étaient celles des maniéristes toscans et romains, des émiliens et des vénitiens. Parmi les œuvres de certains artistes (comme dans le cas de Titien, de Véronèse et de Dosso Dossi), certaines étaient choisies selon une sélection attentive basée sur leur appartenance aux diverses phases stylistiques. En 1607, le pape attribua à son neveu Scipion 107 tableaux qui avaient été confisqués au Cavalier d'Arpin. L'année suivante, la collection du cardinal s'enrichit de la *Déposition de la croix* de Raphaël (subtilisée à l'église Saint-François de Pérouse et attribuée *motu proprio* par Paul V à son neveu), de la collection du cardinal Emilio Sfrondato et des tableaux de l'école de Ferrare, acquis par l'intermédiaire du cardinal Bentivoglio.
En 1617, Scipion s'approprie (après avoir fait emprisonner le Dominiquin pendant quelques jours) la *Chasse de Diane*, irrésistiblement et tenacement convoitée, bien qu'elle ait été commissionnée par un autre cardinal, dénommé Pietro Aldobrandini. Les sculptures antiques de Scipion provenaient de découvertes fortuites ou de l'achat (1607) des collections de Tiberio Ceoli (autrefois au Palais Sacchetti) ou de l'acquisition (1609) de la riche collection de Tommaso della Porta (sculpteur et antiquaire). C'est justement de cette collection que lui étaient parvenus le célèbre *Centaure dompté par l'Amour* (aujourd'hui au Louvre) et les bustes des Douze Césars de Giovan Battista della Porta, exposés dans les niches du salon d'entrée. A côté de ces tableaux et de ces statues acquises de diverses manières, l'on trouve également tous les chefs-d'œuvre commissionnés directement aux plus grands artistes présents alors à Rome: Bernin, le Caravage, Algardi, Lanfranco, Rubens, Guercino, Lavinia Fontana, Cavalier d'Arpin, Baglione, Nicolas Cordier, pour ne citer que quelques-uns des noms les plus célèbres.

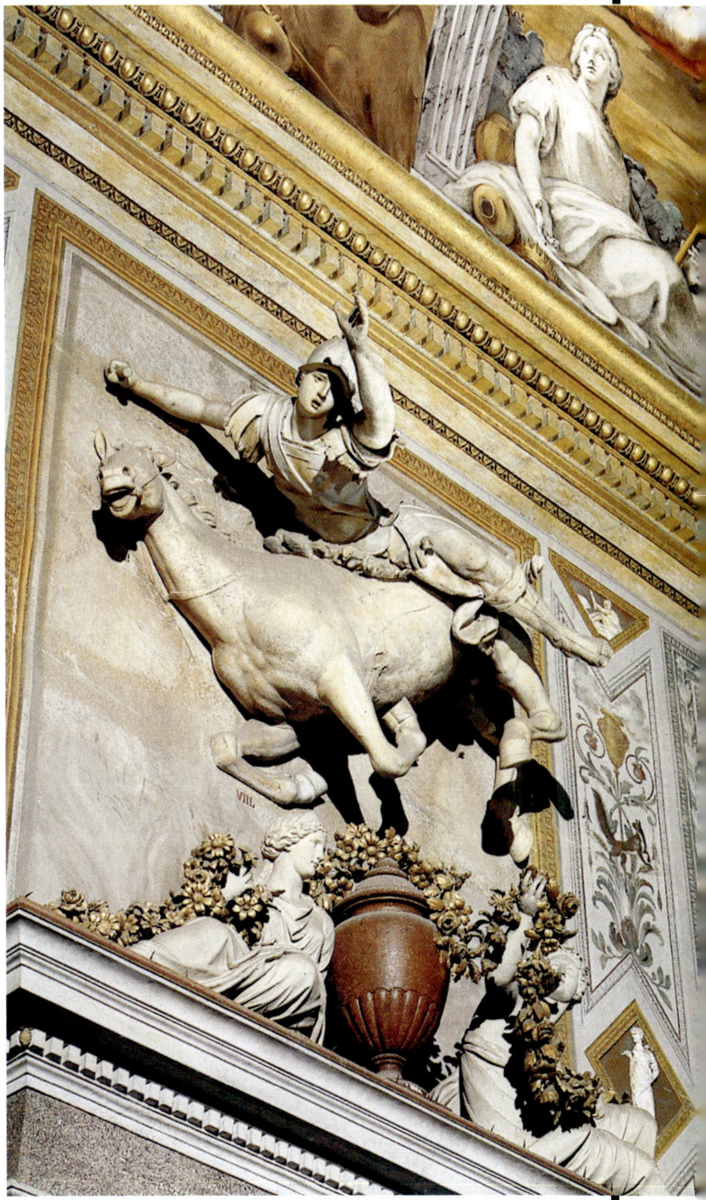

Pietro Bernini, *Marcus Curtius*, sur un cheval en marbre pantélique d'âge classique, Salon d'entrée

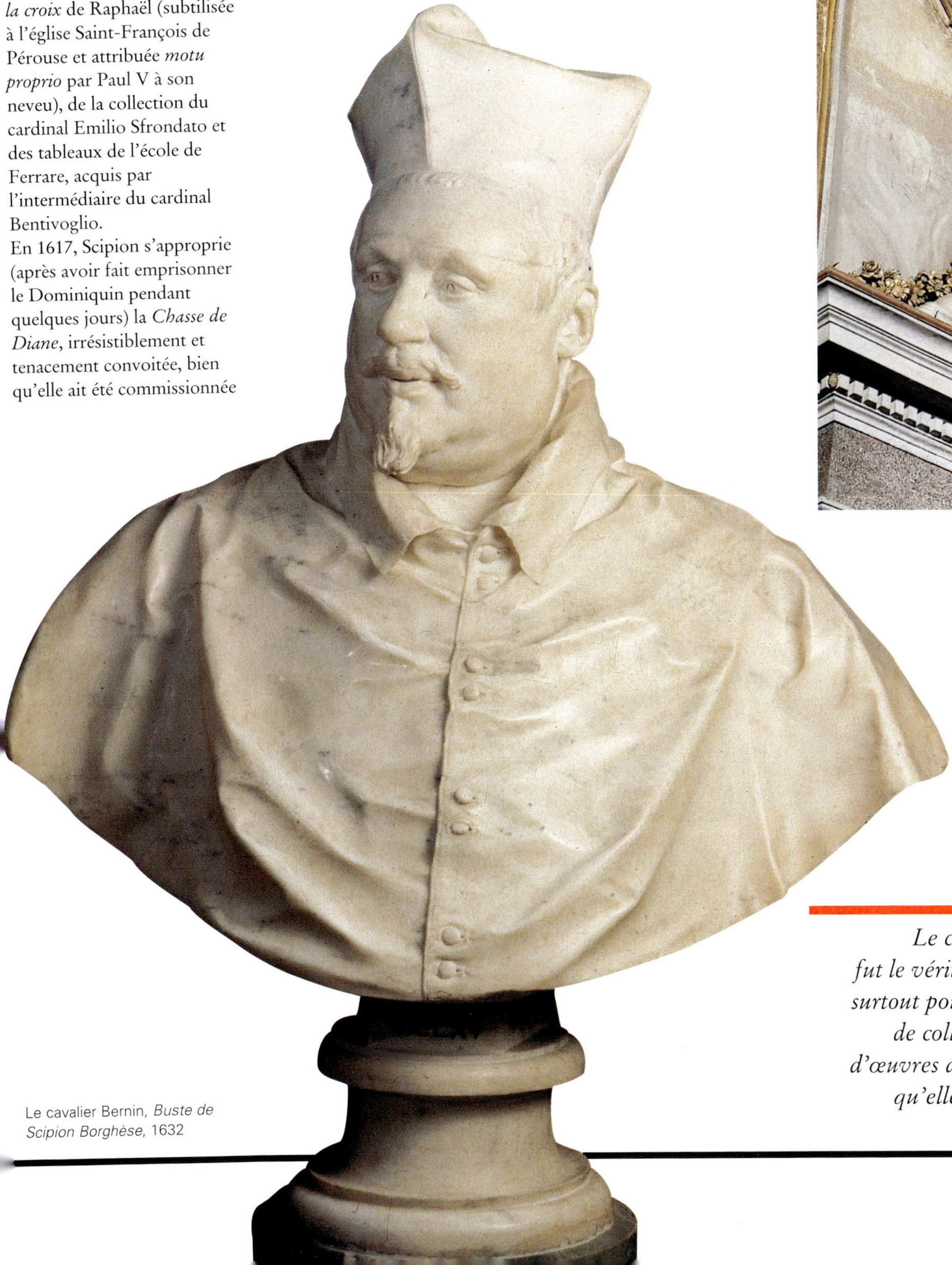

Le cavalier Bernin, *Buste de Scipion Borghèse*, 1632

Le cardinal Scipion Borghèse fut le véritable fondateur de la collection, surtout pour assouvir sa soif très moderne de collectionneur et d'accapareur d'œuvres d'art, au-delà de l'iconographie, qu'elle soit profane ou religieuse.

Raphaël

Le support de bois, se constituant de six planches de peuplier, a été restauré dans les années 1966-1972 (par l'Institut Central de la Restauration), au cours d'une intervention difficile et complexe, visant à réparer les graves dommages et les problèmes qui lui avaient été infligés par un dispositif métallique complexe, appliqué en 1875 par Luigi Lais. Une série de recherches diagnostiques accomplies dans les années 1997-1999, dans le cadre d'un projet élaboré par la Sté Editech Multimedia Art srl et par la Direction des Beaux-Arts de Rome, pour la réalisation de "fiches cliniques numériques", a mis en évidence de nombreux dessins et des remaniements préexistant à la version finale de la *Déposition* du Christ, traduite figurativement par Raphaël, comme dans l'œuvre le *Transport au sépulcre* (détrempe à l'huile sur bois, 174,5 × 178,5 cm).
Le tableau provient de la chapelle consacrée au Saint-Sauveur de l'église San Francesco al Prato de Pérouse. Il avait été commissionné par Atalanta Baglioni, pour remémorer son fils Grifonetto, assassiné en 1500, juste avant que Raphaël – comme le rappelle Vasari (éd. Milanesi, vol. IV, p. 325) – parte de Pérouse pour gagner Florence, où l'artiste "fit le carton pour cette chapelle avec l'intention de le réaliser – ce qu'il fit – à la première occasion venue".
Le retable (achevé, comme l'indique la date apposée après la signature, en 1507) se complétait d'une cimaise représentant *L'Eternel bénissant parmi les anges* de Domenico Alfani (aujourd'hui à Pérouse, Galleria Nazionale dell'Umbria) et d'une prédelle monochrome représentant les *Trois Vertus Théologales - Espérance, Charité et Foi* (aujourd'hui à la Pinacothèque du Vatican).
Le tableau, qui fut l'objet de la convoitise obsessionnelle et possessive de Scipion Borghèse, fut dérobé dans l'église San Francesco au cours de la nuit du 16 mars 1608, pour être donné au neveu cardinal Un bref de son oncle, le pape Paul V, établissait que, malgré l'opposition des Pérugins, le chef-d'œuvre de Raphaël devait être considéré comme une "chose privée, donnée au Prince qui en est le seul Maître". Depuis cette année-là, l'œuvre constitue l'un des plus hauts chefs-d'œuvre de la collection Borghèse et, en tant que tel, elle est déjà évoquée par Francucci (dans le *Poemetto* de 1613, st. 300 ss.) et par Manilli (dans la *Villa Borghese fuori di Porta Pinciana* de 1650, p. 85).
Au tout début du XIXe siècle, Camille Borghèse emporte le tableau d'abord à Turin (où il était devenu, selon le bon plaisir de Napoléon, Gouverneur général des Départements Transalpins), puis à Paris. En 1816, le tableau revient définitivement à Rome où il est exposé dans la salle IX de la Galerie Borghèse, certainement dès 1891 (date à laquelle est rédigé le catalogue de toute la galerie transportée du Palais Borghèse du Champ de Mars à la Villa Pinciana).
Aucune autre œuvre de Raphaël n'a été aussi documentée que la *Déposition* dans le projet par autant de dessins préparatoires (conservées dans les collections les plus prestigieuses : Vienne, Londres, Oxford, Paris, Florence, Chantilly, Lille).
C'est d'ailleurs bien à travers l'élaboration graphique que l'on peut suivre la lente transformation de la composition d'une *Veillée funèbre*, inévitablement statique et influencée par les enseignements du Pérugin et de Signorelli (œuvres respectivement présentes aujourd'hui à Florence, Galerie Palatine et à Cortone, Musée diocésain), en une *Déposition* qui est également le récit du transport du Christ dans le sépulcre, commenté par un "chœur" de figures réparties en deux groupes.
Le passage d'une représentation "statique" à un récit "dramatique" (où le corps exténué du Christ mort devient le cœur d'un mouvement douloureux, avec la gestualité, empreinte de pathos de Madeleine, de Marie et des saintes femmes) révèle l'intérêt de Raphaël pour l'"histoire". Un intérêt qu'il avait nourri à Florence, face aux compositions des *Cartons de bataille*, dessinés justement au cours de ces années-là par Michel-Ange et Léonard de Vinci.
La critique a, au contraire, mis en évidence la complexité des rapports, souvent même de dérivation, surtout avec le premier. C'est à Michel-Ange qu'il faut remonter (pour la figure du Christ, la *Pietà* de St-Pierre du Vatican; pour la sainte femme qui soutient sainte Marie évanouie, la torsion de la Vierge du *Tondo Doni;* pour la figure en monochrome de la *Charité,* la *Madone Pitti* du Bargello).
Toutefois, il existait également des précédents iconographiques antiques, trouvés dans un sarcophage des Musées Capitolins, avec le *Transport de Méléagre mort*.
L'on est donc en présence d'une œuvre raphaélique, profondément méditée et actualisée selon les nouveautés florentines : un véritable chef-d'œuvre qui, néanmoins, à cause de son démembrement, s'avère privé, dans le rythme spatial et dans la signification conceptuelle, du rapport fondamental avec la cimaise et avec la prédelle.
Dans le rythme spatial, notamment parce que le regard de Joseph d'Arimathie se tourne vers le haut, vers un point qui semble maintenant indéfini, alors qu'il ne l'était pas à l'origine (car il regardait vers Dieu le Père) et parce que, sans la référence à la cimaise, le paysage ombrien – théâtre contemporain de la tragédie de Grifonetto et d'Atalanta Baglioni – apparaît quasiment oppressé entre le Golgotha (à droite) et le tombeau de pierres (à gauche).
Pour la signification conceptuelle, parce que – comme l'a encore souligné récemment Locher – les trois éléments constitutifs ne peuvent être évalués séparément, à partir du moment où l'œuvre de Raphaël a été conçue tel un véritable "retable" d'autel. En effet, si la signification "actuelle" de la douleur d'Atalanta Baglioni est célébrée par toute la composition (cf. Vasari, éd. Milanesi, vol. IV, p. 327 : "imaginons-nous Raphaël dans la composition de cette œuvre devant la douleur que ressentent les parents les plus proches et les plus aimants lorsqu'ils déposent le corps d'une personne des plus chères, dans laquelle résidait réellement le bien, l'honneur et l'utile de toute une famille") et par le probable "crypto-portrait" de Grifonetto représenté par le jeune porteur soutenant les jambes du Christ, la valeur du retable en tant qu'image liturgique et symbolique de la douleur d'une mère, ne saurait ignorer la présence de Dieu le Père (moteur et maître de l'Histoire) en haut dans la cimaise, et par la représentation de la *Charité* (au sens le plus étroit de "compassio Mariae") qui se trouve, non par hasard, au centre de la prédelle.

Le tableau, qui fut l'objet de la convoitise obsessionnelle et possessive de Scipion Borghèse, fut dérobé dans l'église San Francesco de Pérouse au cours de la nuit du 16 mars 1608, pour être donné au neveu cardinal Un bref de son oncle, le pape Paul V, établissait que, malgré l'opposition des Pérugins, le chef-d'œuvre de Raphaël devait être considéré comme une "chose privée, donnée au Prince qui en est le seul Maître".

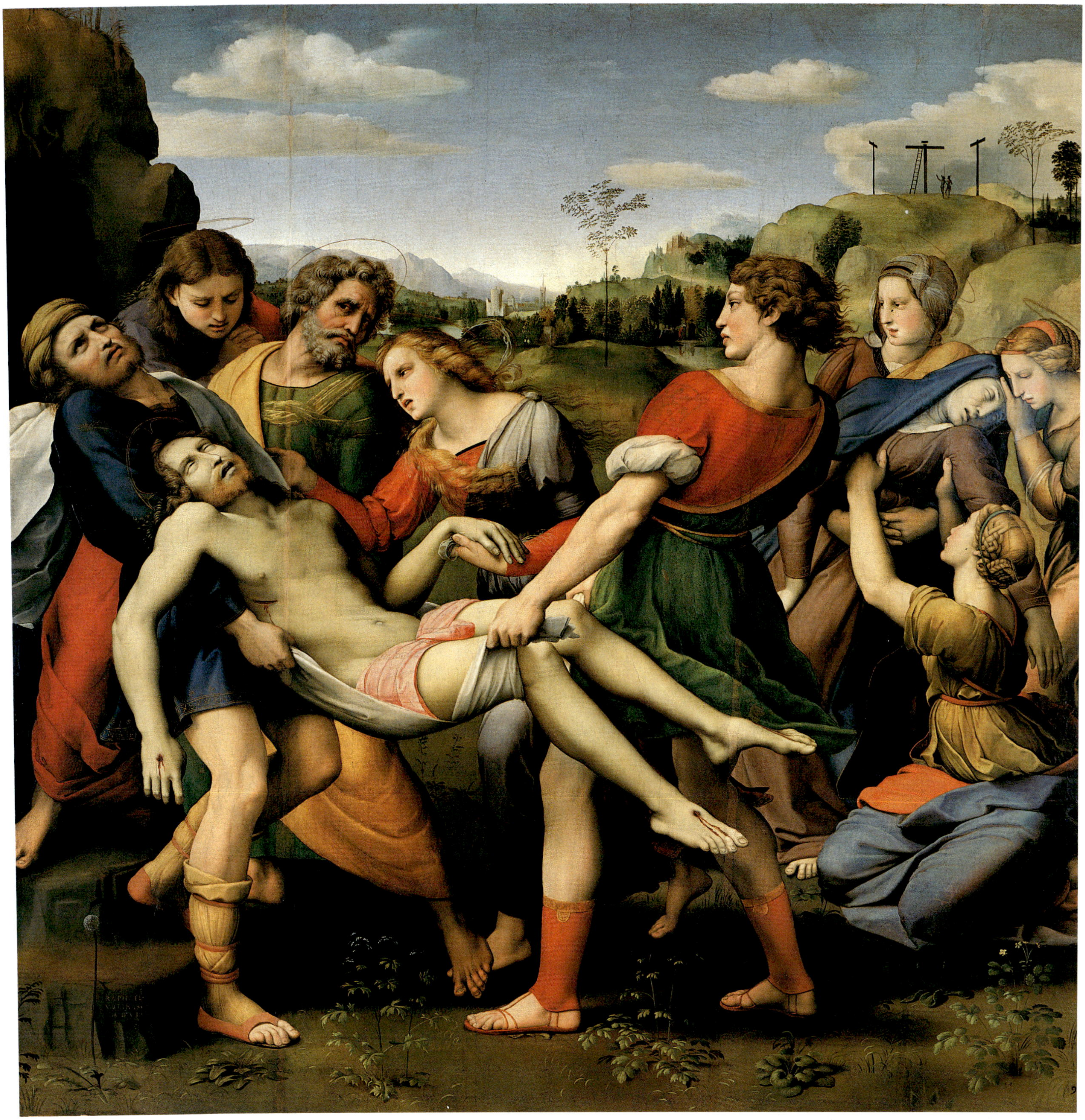

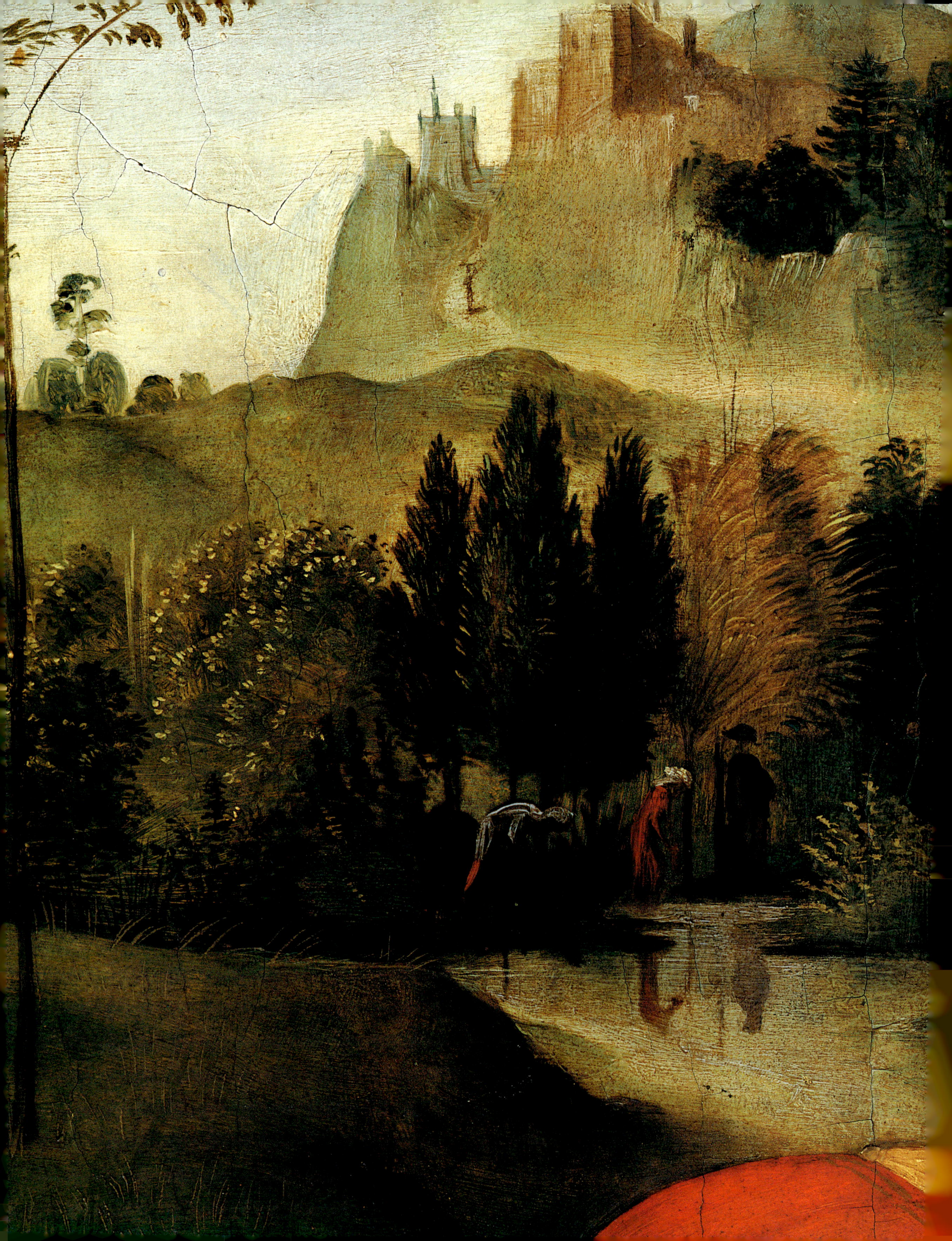

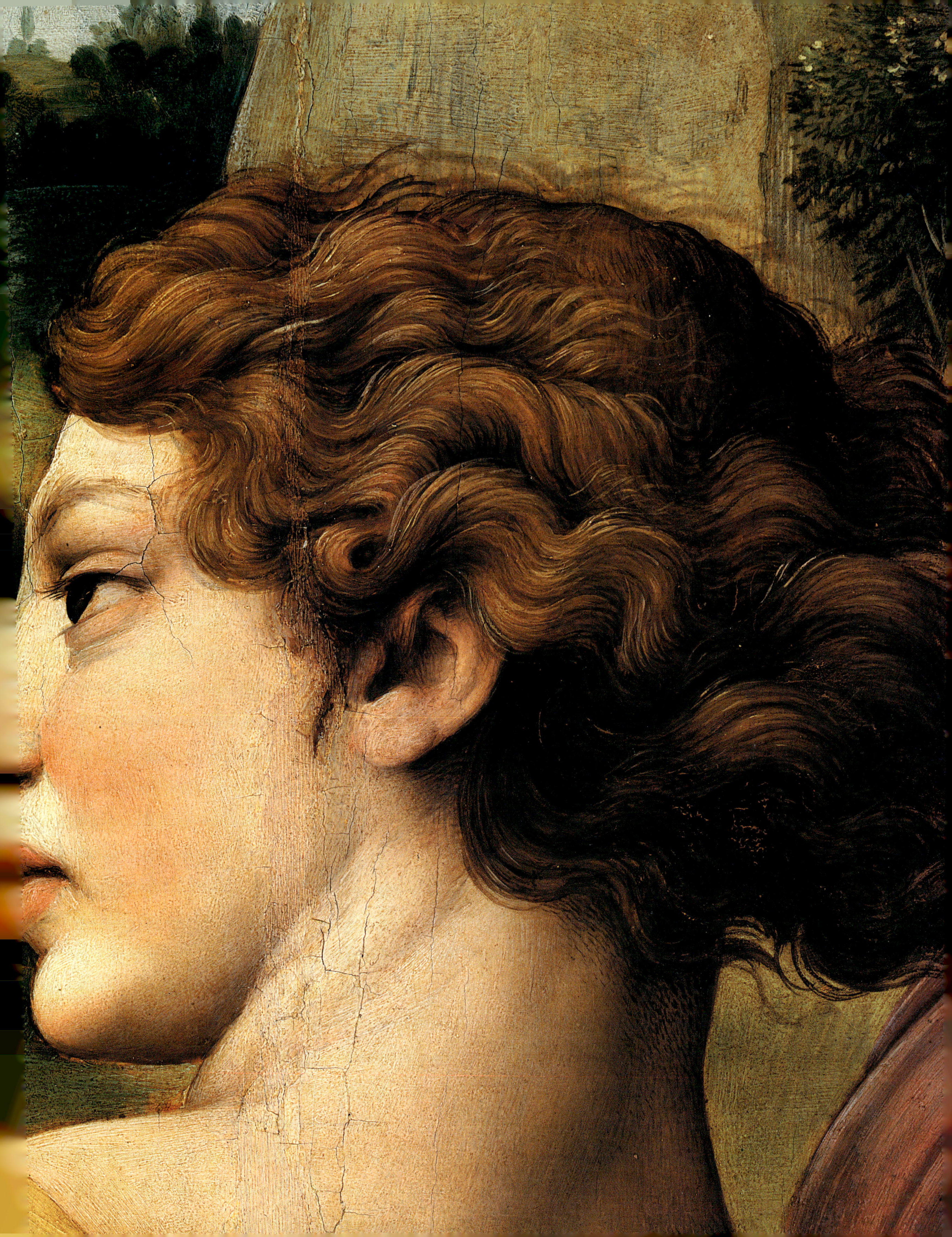

Raphäel

La *Dame à la licorne* (détrempe à l'huile sur toile extraite d'une planche et appliquée sur une nouvelle planche, 67 × 56 cm) il s'agit de l'un des tableaux les plus énigmatiques de la Galerie Borghèse. La seule donnée certaine est que l'on se trouve face au portrait d'une dame florentine, comme le révèle la coupe de la robe (la "gamurra", un vêtement décolleté et bordé de rubans de velours qui découvre les épaules, à peine dissimulées sous un voile impalpable).
Les larges manches (le "forniture") de velours rouge sont interrompues dans le haut par des rubans (les "agugelli") du même rouge.
Le chemisier, en fine "toile de Reims" blanche s'achève par le décolleté orné de légers plis et, avec d'amples ballons, par l'ouverture des manches, selon la mode florentine du début du XVIe siècle, qui sert également de référence pour la coiffure (une tresse longue et étoffée - appelée "coazzone"- nouée derrière les épaules).
Les bijoux précieux évoquent l'importance du lignage : le petit diadème en forme de trêfle à quatre feuilles orné de deux petites perles, parmi les cheveux, au milieu de la raie, les chaînettes d'or au cou et le pendentif supportant un gros rubis de taille carrée, enchâssé dans l'or, avec des volutes d'émail blanc, surmonté d'une émeraude et s'achevant par une grosse perle baroque en forme de poire.
Aujourd'hui encore, le nom de cette dame demeure inconnu, malgré les nombreuses tentatives menées par les critiques qui ont tenté d'associer ce portrait à l'une des nobles dames ayant épousé l'un des commissionnaires florentins de Raphaël dans les années 1505-1507.
L'identification traditionnelle de ce tableau avec celui qui est décrit dans l'inventaire de la collection Aldobrandini (1682), proposée en 1959 par Paola Della Pergola, surtout pour l'iconographie "une femme assise portant une licorne dans les bras" a été mise en discussion à cause de ses dimensions qui sont d'environ trente centimètres inférieures à celles du tableau réel. Selon les recherches effectuées dans les inventaires des XVIIIe et XIXe siècles de la collection Borghèse, il apparaît en revanche presque certain que ce tableau se référait à l'iconographie de sainte Catherine d'Alexandrie ou de la "rote", c'est-à-dire à l'image modifiée d'une partie repeinte par la suite et éliminée en 1936, après une restauration discutable. Avec cette intervention, précédée d'une série de recherches radiographiques qui avaient révélé la présence d'un petit chien, sous la licorne, le support de bois originel fut détruit et l'on élimina à la lame les parties repeintes (manteau, roue, paume, mains), ce qui endommagea gravement les parties peintes par Raphaël (il suffit de songer aux vilaines abrasions infligées au teint de la dame).
Les nombreuses recherches diagnostiques auxquelles l'œuvre a récemment été soumise et qui ont été enregistrées sur CD.ROM ont permis de reconnaître cinq couches différentes.
La première - le dessin et la peinture de Raphaël - présente le paysage, le ciel, une fenêtre rectangulaire et, au centre, la dame à la chevelure moins vaporeuse, épousant davantage le cou, arborant des ballons depuis la naissance des manches, un voile posé sur les épaules (plus étroites qu'elles ne le sont aujourd'hui), un corsage et une ceinture en cuir clair, poinçonneé d'or et orneé d'une boucle du même métal.
Le dessin de dessous de Raphaël correspond à la version picturale finale, sauf dans la forme, moins large, des yeux et des lèvres, dans la pointe, plus courte, du nez et dans le contour, plus effilé, du visage.
La deuxième couche (datant de quelques années plus tard) présente un nouveau dessin, exécuté sur la surface peinte par Raphaël, avec des colonnes, des plinthes, des manches, le chien, les mains et la peinture des colonnes, des plinthes, comportant également un élargissement du volume des cheveux (sur les côtés du visage et sur la voûte crânienne), des manches et du chien. En raison des affinités et des comparaisons stylistiques, le dessin et la peinture de cette couche sont attribuables au Florentin Antonio Sogliani (1492-1544).
Quelques années plus tard, à cause de la détérioration du chien, on ajouta une licorne (troisième couche).
Dans la quatrième couche, l'image est modifiée en sainte Catherine avec l'adjonction d'une roue, d'un manteau, de la paume et de deux nouvelles mains (la droite peinte étant complètement nouvelle et la gauche, repeinte).
La cinquième couche est celle que l'on voit depuis les restaurations de 1936 et celles de 1959-1960 (exécutées par l'Institut Central de la Restauration).
L'attribution à Raphaël, proposée pour la première fois par Longhi (1927 et 1928), qui en a reconnu le style, malgré les remaniements qui avaient transformé l'image en sainte Catherine est celle qui fait foi à l'heure actuelle; la datation est établie à 1506 environ.
Sur la base des dernières données acquises à la suite des analyses diagnostiques, l'on suppose que Raphaël a commencé à peindre le portrait Borghèse, demeuré inachevé, peut-être à la suite d'un imprévu (la mort soudaine de la jeune dame, la rupture du contrat de mariage ou le départ de l'illustre artiste de Florence).
Les modèles de référence culturels sont Léonard de Vinci (la *Monna Lisa*, la *Dame à l'hermine*) et la peinture flamande, également influencée par les enseignements de Piero della Francesca.

L'œuvre est certainement l'un des tableaux les plus énigmatiques de la collection Borghèse à cause du manque de données précises ; une restauration discutable de 1936 a éliminé quatre couches de remaniements successifs à l'œuvre de Raphaël, datable de 1506 environ, visible à présent.

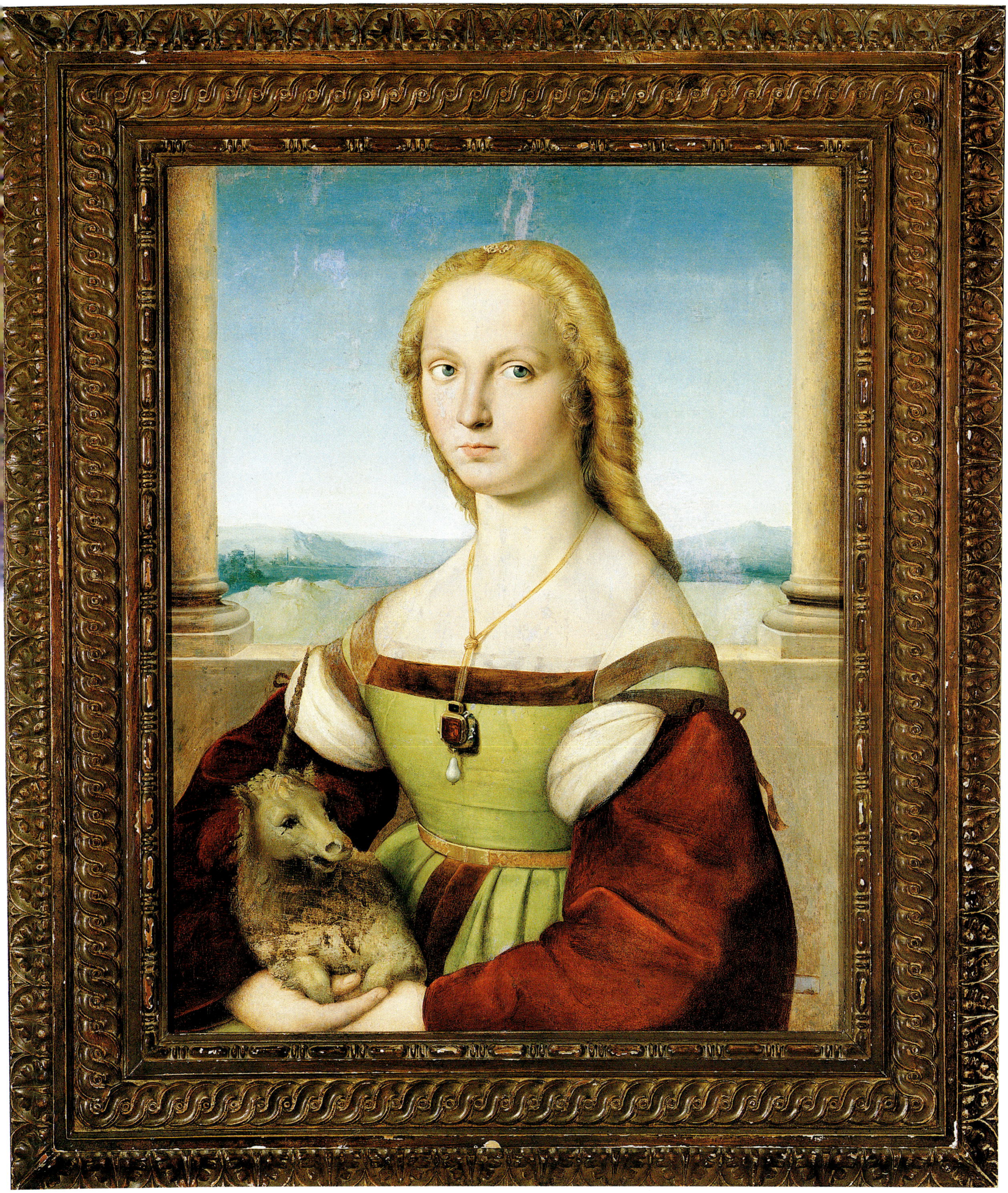

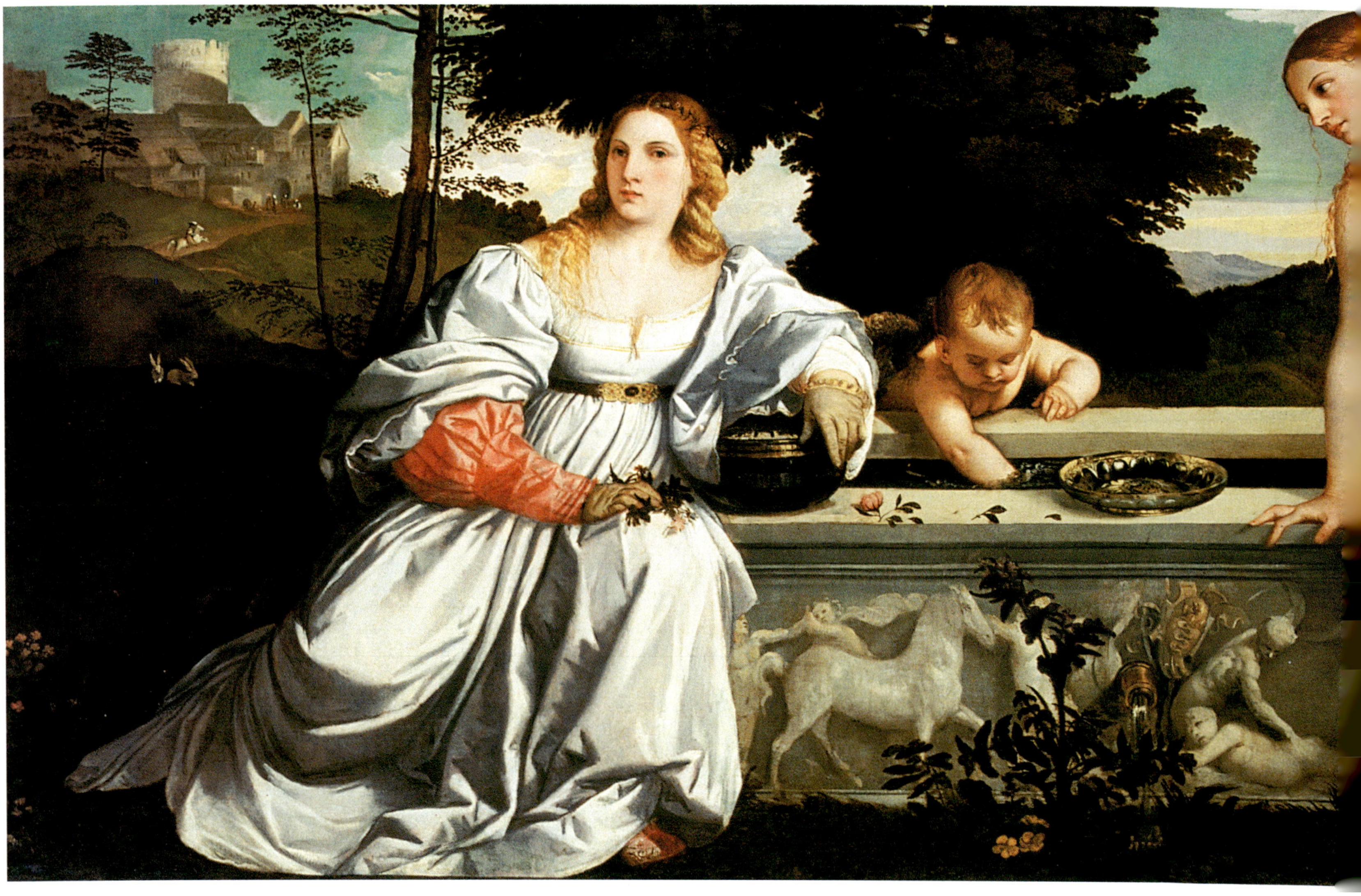

Titien

Ce n'est qu'à la fin du XVIIIe siècle que cet illustre tableau, qui est aussi le symbole de la Galerie Borghèse, prend le titre d'*Amour Sacré et Profane* (huile sur toile, 118 × 278 cm). C'est-à-dire à partir du moment où Vasi distingue par cette appellation l'œuvre de Titien dans son *Itinerario istruttivo di Roma...* (Itinéraire instructif de Rome) (1791).
Au cours du XVIIe, d'autres titres, délicieusement descriptifs, comme les *Deux femmes près d'une source* (Ridolfi, 1648) ou bien *L'autre grand des trois Amours est de Titien* (Manilli, 1650) ou encore *L'Amour divin et l'Amour Profane, avec un amour, qui pêche dans un bassin* (inventaire de 1693) feront leur apparition.
Le critère descriptif des figures principales prédominait donc par rapport à une synthèse des valeurs symboliques, sur lesquelles, principalement à partir de la fin du XIXe siècle, un large débat, qui n'est pas clos aujourd'hui, s'ouvrira, avec des contributions fort importantes de la critique allemande, anglaise et italienne. Ce tableau, par excellence mystérieux dans la lecture de ses divers éléments signifiants, est également mystérieux en raison de sa provenance. L'hypothèse la plus fondée fait état de la collection (qui concerne également soixante-dix autres tableaux) du cardinal Emilio Sfondato (neveu du pape Grégoire XIV) avec un achat remontant à 1608, effectué par Scipion Borghèse, même si les recherches d'archives n'ont pas encore permis de retrouver la liste précise des soixante et onze œuvres.
Les armoiries, représentées sur le devant du sarcophage, appartenant à Nicolò Aurelio de Venise, secrétaire du Conseil des Dix, à partir 1507, et le repérage, au milieu de l'échine, des armoiries de la famille Bagarotto ont mis en lumière la circonstance nuptiale de la commande du tableau : les noces (1514) de Nicolò Aurelio avec Laura Bagarotto, fille d'un célèbre jurisconsulte de Padoue.
La peinture offre des possibilités de lecture infinies, déterminées essentiellement par la mise en évidence des deux personnages féminins, l'un vêtu et l'autre nu, considéré comme les symboles de deux concepts moraux alternatifs et opposés (d'amour et de vertu – Virtus et Voluptas - surtout) ou bien comme deux représentations inséparablement liées à Vénus (la figure dénudée), qui invite à l'amour (visiblement représenté sur la source-sarcophage), la femme vêtue (dont la toilette blanche a également été identifiée comme l'habit de soie blanche de Laura Bagarotto, décrit dans un document d'archives).
L'interprétation néoplatonicienne apparaît sans nul doute comme la plus pertinente et la plus séduisante, ainsi que la plus adaptée au climat des *Asolani* de Pietro Bembo, dans lequel le jeune Titien se meut, avec l'exaltation de l'Amour céleste (la femme nue qui soulève la flamme ardente, symbole de l'*Amor Dei*) s'opposant à l'amour terrestre. Mais au-delà de la diversité et de la multitude des lectures envisageables, qu'augmentent également les deux paysages différents de la toile de fond, l'un composé de plaines et l'autre de lagunes (avec des troupeaux et une allusion à un concert champêtre), à droite, puis une cime escarpée, ornée de tours (avec un château -symbole de la *Virtus* –, un cavalier, deux lapins, symboles de la fertilité conjugale) à gauche, ainsi que d'autres éléments figuratifs et symboliques comme les fleurs, diverses essences végétales, le sarcophage lui-même (accompagné de la représentation du mythe antique de Vénus et d'Adonis, considéré comme une préfiguration de la passion et du triomphe du Christ), donne essentiellement la mesure de la grande fascination picturale de la composition.
Une fascination visuelle, atteinte par Titien, qui est le fruit d'une conception élaborée (mise en évidence par les radiographies et les analyses de réflectographie, exécutées à l'occasion des travaux de restauration, effectués par le Laboratoire de la Direction des Beaux-Arts de Rome, sous la conduite de R. Dionisi et A. Marcone, et sous la direction de M.G. Bernardini et S. Staccioli dans les années 1990-1995). La représentation picturale s'oriente à partir de lignes horizontales et

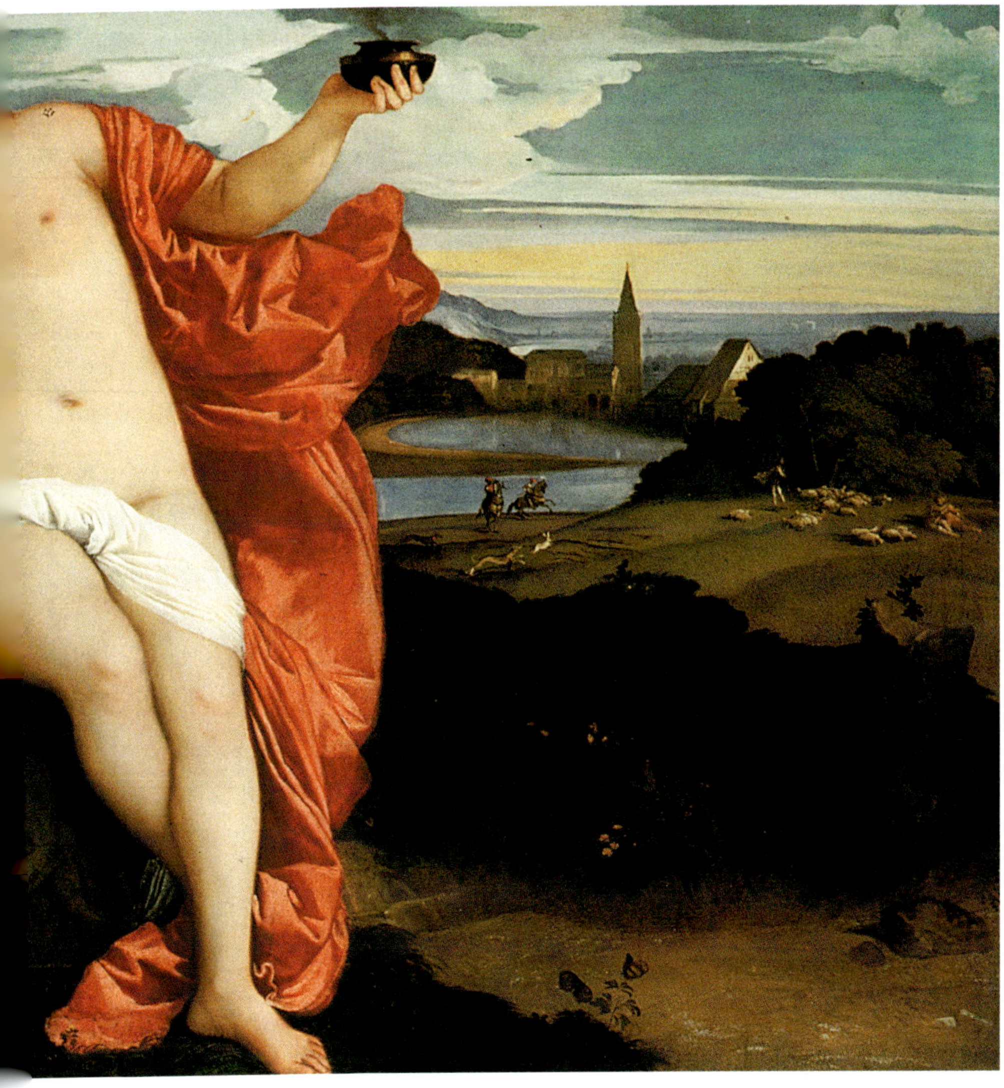

verticales (le devant et les bords du sarcophage, les lignes ondulées du paysage et les nuages à droite; les arbres à gauche, la cinquième arborescence centrale, le château et ses tours à gauche, le clocher à droite et les trois personnages principaux).
Tandis que la somptuosité des gammes de couleurs consent à Titien d'annoncer le contraste entre les deux belles formes féminines, l'une dénudée et l'autre vêtue, en utilisant aussi le contrepoint chromatique des rouges et des blancs, alternativement étalés sur une surface plus étendue (la couleur de l'ample drapé voletant de l'Amour Sacré et le rouge des deux petits détails représentés par la manche et les souliers de l'Amour Profane, le blanc de la courte étoffe qui enveloppe les cuisses du personnage de droite et le blanc de l'ample drapé qui enveloppe le corps du personnage de gauche).

C'est probablement parce que ce chef-d'œuvre absolu ne veut rien communiquer d'autre, au-delà de la beauté accomplie des deux personnages et de l'aspect indéchiffrable de la Nature, considérée en tant que phénomène.
Cet aspect indéchiffrable est exprimé dans le tableau de Titien par l'indissoluble énigme de la lumière et de l'instant temporel : la lumière matinale, transperçant, de gauche à droite, l'obscurité de la cinquième arborescence centrale, prend simultanément la forme de la lumière dorée d'un couchant qui éclaire le voile brumeux et vespéral de la lagune.

L'empreinte néoclassique d'Asprucci

C'est sur l'ordre du père de Camille, futur époux de la belle Pauline Bonaparte (immortalisée dans le marbre par Canova), que l'architecte Antonio Asprucci réaménage tout l'édifice, ainsi que le jardin et le parc environnant, selon les nouvelles règles de l'époque néoclassique.
Parmi les transformations les plus importantes de cette période, il convient de mentionner la fermeture de la loggia de Lanfranco qui devint un salon (avec une intervention de restauration et d'intégration des fresques que l'on doit au peintre Domenico Corvi) ; le démantèlement de l'escalier par lequel, à l'origine, on accédait au portique (cet escalier ne revit le jour qu'à l'occasion de travaux que l'on exécuta dans les années 1990, avec une reconstruction philologique basée sur les documents d'archives, afin de pouvoir équiper le sous-sol de tous les services nécessaires à l'accueil du public : billetterie, vestiaire, bar, librairie et laboratoire pédagogique), grâce à la construction d'un escalier à tronc pyramidal ; la nouvelle et extraordinaire décoration néoclassique des voûtes, des murs et des sols avec des tableaux, des stucs, des détrempes, des frises en bronze, de fines mosaïques, des incrustations en pierres dures et en marbres polychromes rares, ainsi que des cheminées.

Le célèbre tableau, symbole de la Galerie Borghèse, a été acheté en 1608 par Scipion Borghèse de la collection du cardinal Paolo Emilio Sfondato.

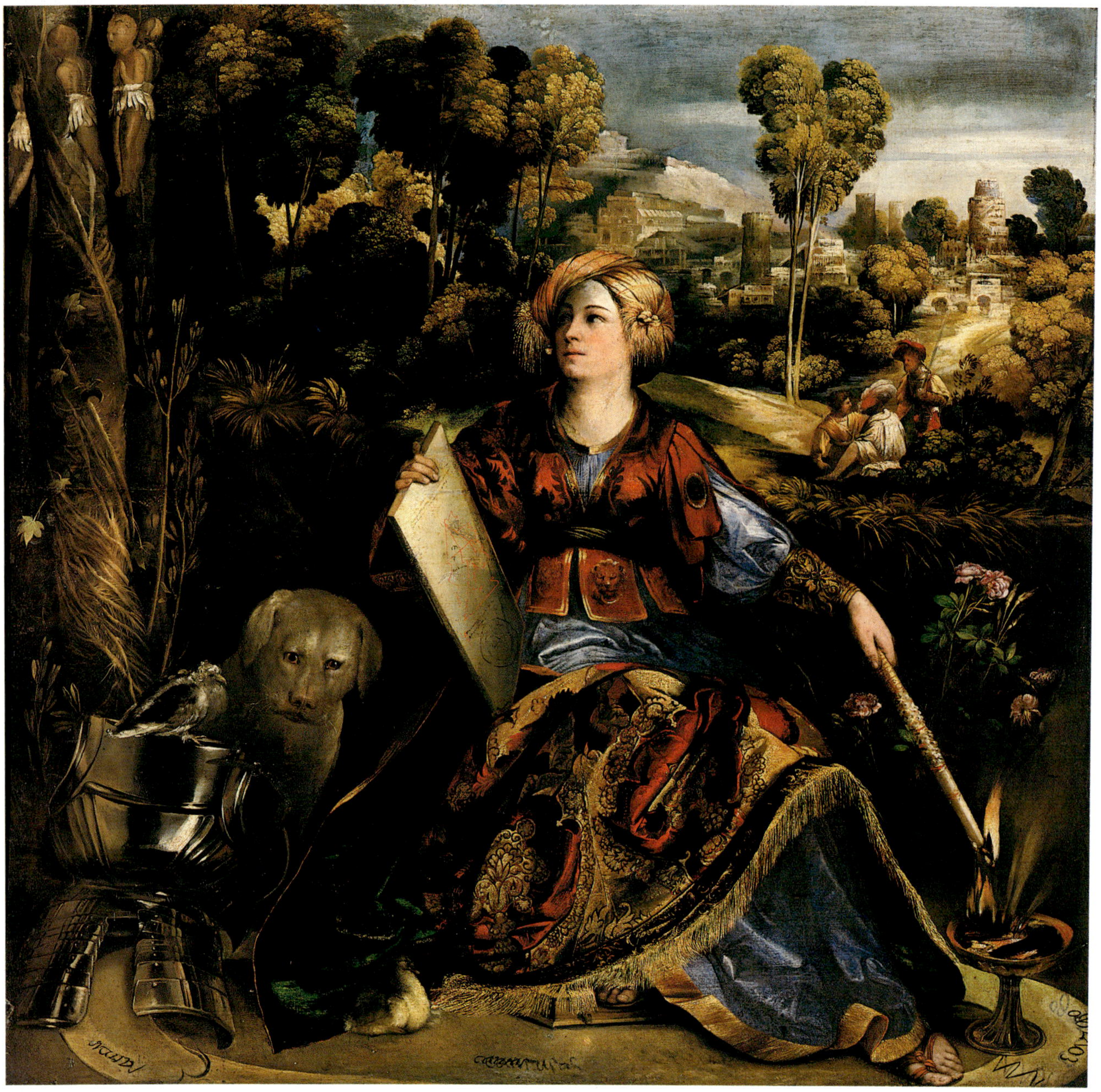

Le séduisant tableau de Dosso Dossi, inspiré de Roland Furieux *de l'Arioste et peint pour le duc Alphonse d'Este autour de 1516-1517, est présent dans la collection Borghèse en 1650.*

Dosso Dossi (Giovanni Francesco Luteri)

Le tableau (*Melissa*, huile sur toile , 170 × 174 cm) – qui n'est pas mentionné dans un ancien inventaire, d'ailleurs incomplet, daté de 1615-1630 – est rappelé, pour la première fois en 1650, par Manilli dans le Salon du Gladiateur (la salle VI actuelle) "une Magicienne, qui est en train de pratiquer des sortilèges" avec une attribution à Dosso et Battista Dossi.
Toujours sous la même appellation, une autre "Magicienne", même s'il est ici question d'une description plus détaillée, fait son apparition dans un inventaire, rédigé en 1693 pour l'héritage de Jean-Baptiste Borghèse. Ce n'est qu'en 1750 qu'un inventaire enregistre dans la collection Borghèse du Palais au Champ de Mars, le tableau comme "Magicienne Circé", c'est-à-dire avec le nom de la magicienne (*Odyssée* X, 135 et suivants) qui demeurait dans les bois et transformait ses amants en animaux.
Mais l'identification la plus vraisemblable, déjà avancée dans un essai fondamental sur Dosso et Arioste de Schlosser en 1900, est celle de Melissa, la Magicienne bienveillante de *Roland Furieux* (VIII, 14-15) qui libère les chevaliers chrétiens et sarrasins du palais de la cruelle Alcina. Les analyses radiographiques récemment effectuées confirment la validité de cette lecture iconographique, dans la mesure où, à gauche de la magicienne, apparaissait, dans la première version, un cavalier debout, recouvert d'une armure et chef découvert, s'appuyant à sa lance, avec à ses côtés un chien d'une dimension inférieure à celui de la version finale. L'on peut aisément reconnaître, dans le personnage qui établit un dialogue fait d'échanges de regards s'entrecroisant avec Melissa, à l'aide des vers de l'Arioste, le guerrier Astolphe, libéré du sort jeté par Alcina et redevenu propriétaire de l'invincible lance d'or de l'Argalie.
Melissa prophétise dans *Roland Furieux* (publié en 1516, simultanément à l'exécution du tableau de Dosso) la descendance de la dynastie d'Este à partir de Roger et Bradamante (II, 27) et pouvait par conséquent être un personnage intéressant pour le duc Alphonse, commanditaire presque certain, en raison de l'extraordinaire qualité de l'œuvre.
Après 1598, la *Melissa* de Dosso aurait été prélevée du château de la famille d'Este par quelque prélat romain qui rivalisait de génie pour se procurer les peintures du célèbre maître natif de Ferrare. Elle aurait par la suite été achetée, à Rome, pendant une période pour le moment indéterminable, même si *ante* 1650, par la famille Borghèse, probablement par le cardinal Scipion lui-même, étant donné que le texte de Manilli reflète, en grande partie, la situation de la Villa du Pincio à l'époque de la mort (1633) du neveu du pape. La version finale choisie par Dossi, comprenant l'abolition de l'aspect physique concret d'Astolphe et son évocation symbolique à travers l'armature, correspond au choix féerique présent dans les tableaux du maître de Ferrare, mais également à une libération de tout lien littéraire trop étroit, au profit de l'imaginaire et du jeu des énigmes et des symboles (dont l'œuvre est parsemée).
La splendeur opulente des couleurs est une référence évidente à Titien qui correspond à la datation aux alentours de 1516.

Le Caravage (Michelangelo Merisi)

A l'origine, la collection Borghèse comprenait douze tableaux du Caravage qui démontrait l'intérêt tout particulier que vouait le cardinal Scipion au peintre lombard. Aujourd'hui, il n'en demeure plus que la moitié, six, qui sont tous exposés dans la salle VIII.
La première nouvelle du *David avec la tête de Goliath* (huile sur toile, 159 × 124 cm) se retrouve dans une facture pour un encadrement réalisé en 1613 par Annibale Durante. Pendant la même année, Scipione Francucci décrit le tableau (cf. *Canto III* stances 182-188, 1613, éd. Arezzo 1647). Mais c'est Manilli (1650) qui est le premier à citer le nom de l'auteur.
L'interprétation autobiographique de Manilli pour le *Goliath*, reprise par Bellori (1672) – qui en fait remonter la genèse à une commande directe de Scipion Borghèse (par conséquent entre 1605 et 1606) au Caravage – a été communément acceptée par tous les critiques modernes à l'exception de Longhi.
Le tableau apparaît totalement dominé par la pensée d'une "mort vivante". C'est la signification de la condamnation morale que le Caravage s'inflige, avec la réalisation picturale de sa décollation, qui est soulignée par les initiales peintes sur l'épée : "HASOS", une devise d'origine augustinienne ("Humilitas occidit superbiam") qui préfigure l'identification de David avec le Christ et de Goliath avec le diable.

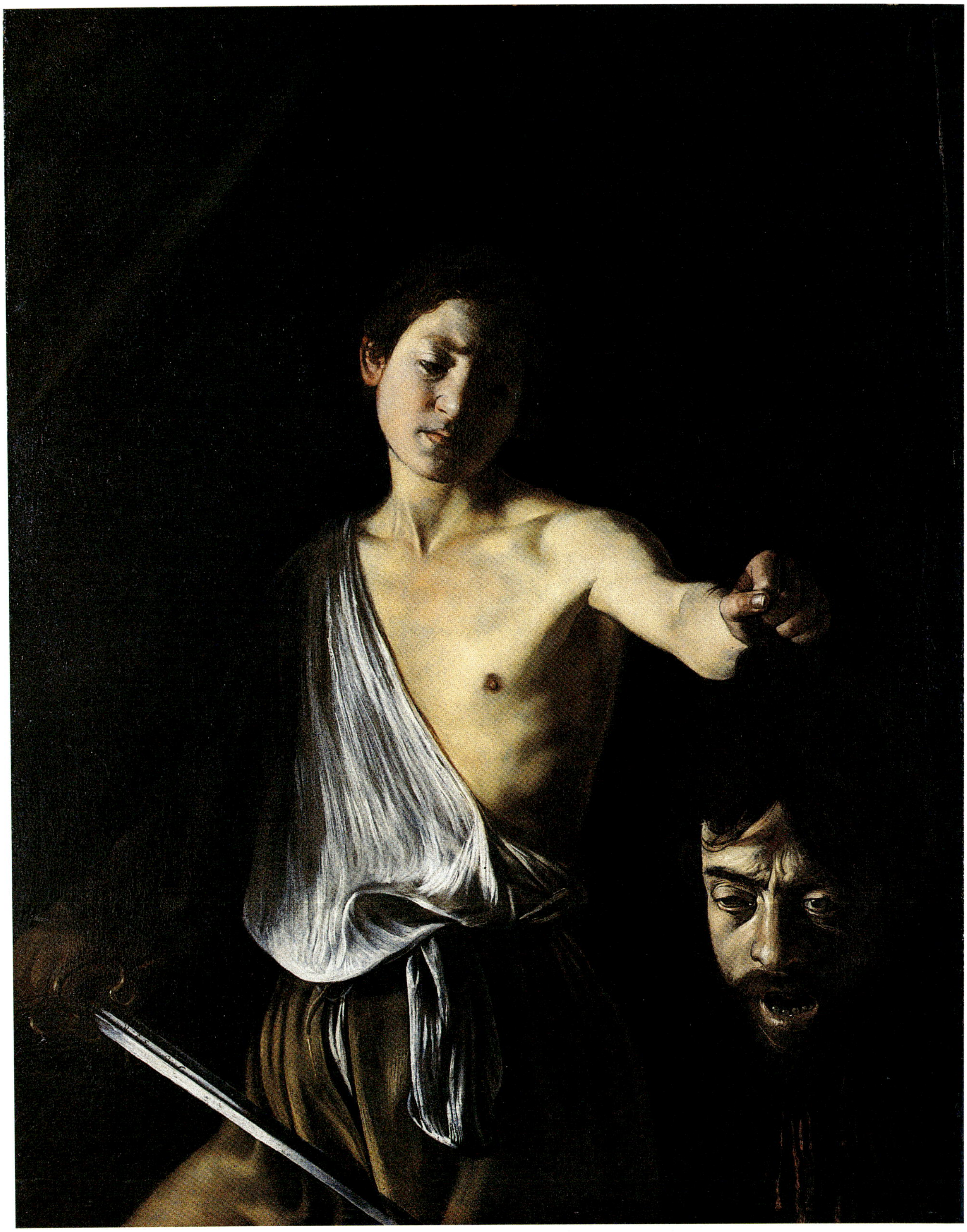

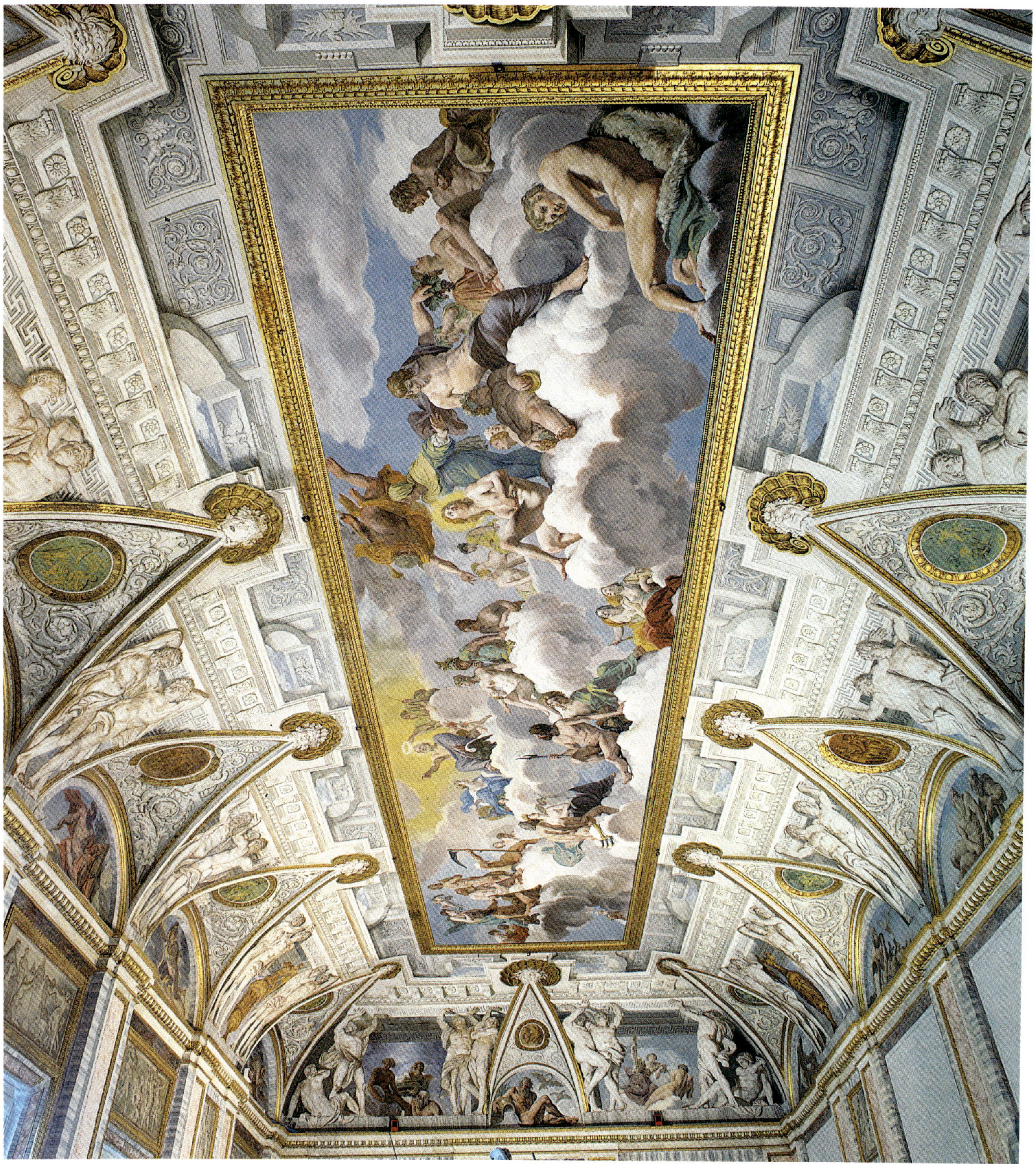

Giovanni Lanfranco, *Banquet des dieux*, voûte de la salle XIV

Le tournant de la fin du XVIIIe siècle

Parmi les noms qui se succèdent tout au long de ces trente années fondamentales, l'on retrouve tout le gotha de la Rome artistique de l'époque : Mariano Rossi, Tommaso Conca, Cristoph Unterberger, Anton von Maron, Domenico De Angelis, Gavin Hamilton, Giuseppe Cades, Felice Giani, Johann Wenzel Peters, Giovan Battista Marchetti, Luigi Valadier, Agostino Penna, Vincenzo Pacetti. Sur les voûtes, le répertoire iconographique illustrait la généalogie des Borghèse et la douceur du lieu, avec également un espace significatif pour le goût de l'exotisme d'alors dans la Salle Egyptienne (actuelle salle VII).

L'histoire de la collection a essentiellement été déterminée par les acquisitions et par les commandes du cardinal Scipion qui, à sa mort (1633), avait achevé le profil de sa "Galerie" (chantée dans les vers de Scipione Francucci dès 1613). Citons les autres étapes fondamentales : le mariage de Paul Borghèse avec Olimpia Aldobrandini (1638), lorsque firent leur entrée de nombreuses autres œuvres provenant des collections du cardinal Salviati, de Lucrèce d'Este, du cardinal Ippolito Aldobrandini (il suffit d'évoquer la *Madone des candélabres* de Raphaël – aujourd'hui à Baltimore, Walters Art Gallery – et le *Portrait d'un inconnu* d'Antonello de Messine); la paupérisation, provoquée au cours des dix der-

nières années du XVIIIe siècle par la vente de nombreux chefs-d'œuvre à de riches marchands étrangers, tels l'Anglais Fry et le Français Durand, ainsi que la perte irréparable dont est responsable Camille Borghèse qui, en 1807, céda pour une somme considérable une grande partie de la collection archéologique (154 statues à figure entière et quelque 400 autres pièces, dont le célèbre *Vase Borghèse)* à son beau-frère Napoléon.
Ce tort n'a été que partiellement réparé par l'achat sur le marché des antiquités de Paris (1827) de la *Danaé* du Corrège et par la commande passée à Canova de *Pauline Bonaparte en Vénus victorieuse*. Au cours du XXe siècle, quelques acquisitions importantes enrichissent ultérieurement la collection historique Borghèse; parmi ces dernières, il suffit de citer la *Vérité* du Bernin (acquise en 1958) et le tableau de Savoldo représentant l'*Ange et Tobie* (1911).

Dans l'édifice du Pincio, l'agencement néoclassique des œuvres, respectueux de la symétrie et de l'iconographie et au rapport pondéré entre l'art ancien et l'art moderne, avait été respecté par la décision, consistant à installer toutes les grandes sculptures au rez-de-chaussée, adoptée à la fin du XIXe. Cette disposition a été conservée en 1891, après l'arrivée à la Villa Borghèse des peintures abritées jusqu'alors au Palais de Ripetta. Malgré d'inévitables incongruités (dues aux différentes grandeurs des salles et aux obstacles que constituaient ces précieux appareils néoclassiques), l'agencement respectant la chronologique des tableaux par écoles de peinture, poursuivi par Giulio Cantalamessa au début du XXe siècle, a été substantiellement conservé par ses successeurs, jusqu'à Paola Della Pergola, à qui l'on doit un catalogue des tableaux qui demeure aujourd'hui encore un outil de travail fondamental pour toute étude en la matière.

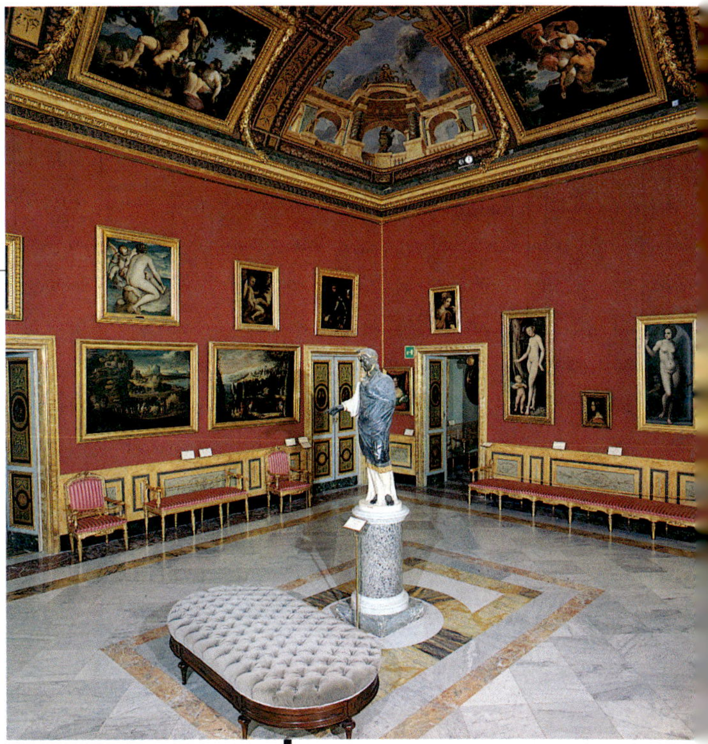

Vue d'ensemble de la salle X

La Salle Egyptienne (Salle VII)

L'appareil décoratif de la salle (réalisée entre 1778 et 1782) correspond à l'intérêt, mêlé d'érudition et d'amour des antiquités, que l'on nourrissait pour l'ancienne Egypte à la fin du XVIIIe siècle. Le modèle de référence avait été entièrement parachevé quelques années auparavant (1771-75) dans la Salle des Papyrus du Vatican par Anton Raphael Mengs et Christoph Unterperger.
Pour les piliers et les autres éléments architecturaux, Antonio Asprucci a utilisé des matières aussi rares que précieuses, tels le porphyre et le granite. Des symboles et des idéogrammes, parfois fruits de l'imagination (selon la leçon romanisée qu'en avait donnée Piranèse) accompagnent la décoration picturale exécutée par Tommaso Conca, avec l'intervention de Giovan Battista Marchetti (pour les équarrissages architecturaux) et de Giovanni de Pedibus (pour les festons floraux).
Dans le grand tableau situé au centre de la voûte, Conca a représenté l'*Allégorie de l'ancienne Egypte avec la déesse Cybèle* et sur les toiles, disposées sous l'architrave, les *Histoires de Marc Antoine et de Cléopâtre*.
Fidèle à l'exotisme de l'iconographie, la signature de l'auteur est écrite en caractères grecs et suivie de la date de 1780, qui parachève le tableau (situé au-dessus de la porte qui conduit à la Chambre du Silène, l'actuelle salle VIII) avec *Cléopâtre demandant l'aspic de son suicide.*

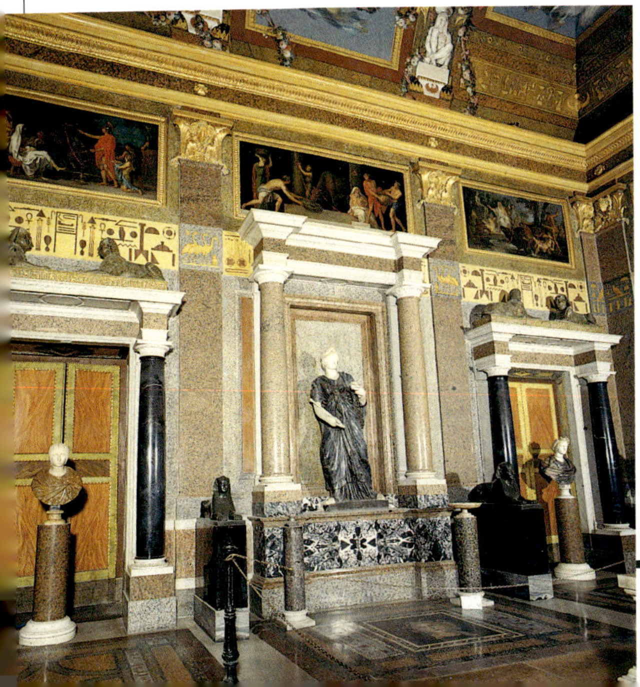

Antonio Canova
Pauline Bonaparte en Vénus victorieuse

Le 15 mai 1809, Camille Borghèse fait remettre à Antonio Canova la somme de 6 000 écus pour la "statue de marbre en souffrance, représentant le portrait de Son Altesse Impériale Pauline Bonaparte Borghèse notre Epouse" et pour le buste d'un sujet analogue (expédié à Paris et connu pour être le modèle en plâtre, conservé dans la Gypsothèque de Possagno, et pour certaines copies et variantes). Le projet et les différentes phases de l'exécution sont ponctuellement éclairés par les sources, par des documents d'archives, par les dessins et, enfin, par le modèle en plâtre (Possagno, Gypsothèque.). Des 1804 si l'on en croit une lettre du ministre prussien Humboldt, le modèle en plâtre, avec l'indication de tous les "points clé", était achevé et exposé dans l'atelier romain de l'artiste.
Parmi les quatre dessins d'étude, le plus intéressant (Bassano del Grappa, Museo Civico, F.3.1.1509) documente l'étude du rapport entre Pauline et Vénus, le matelas et la duchesse avec les rideaux.
Le portrait symbolique de la sœur de Napoléon, qui s'unit – en 1803 – à Camille Borghèse, en vue d'un projet dynastique politique, ardemment souhaité par le Premier Consul d'alors, pour améliorer les relations diplomatiques entre la France et des Etats de l'Eglise, fut sculpté en un laps de trois ans, de 1805 à 1808.
Ces années correspondaient à l'apogée de la vie mondaine de Pauline, princesse Borghèse, puis à celles qui débutèrent en 1804, quand Napoléon fut sacré empereur et Altesse Impériale à Notre-Dame. Il s'agit d'une période pendant laquelle Canova célébra, à travers une série de portraits "officiels", la famille Bonaparte, en sa qualité de nouvelle dynastie européenne. Dans l'ensemble de ces portraits de la famille de Napoléon, la référence à

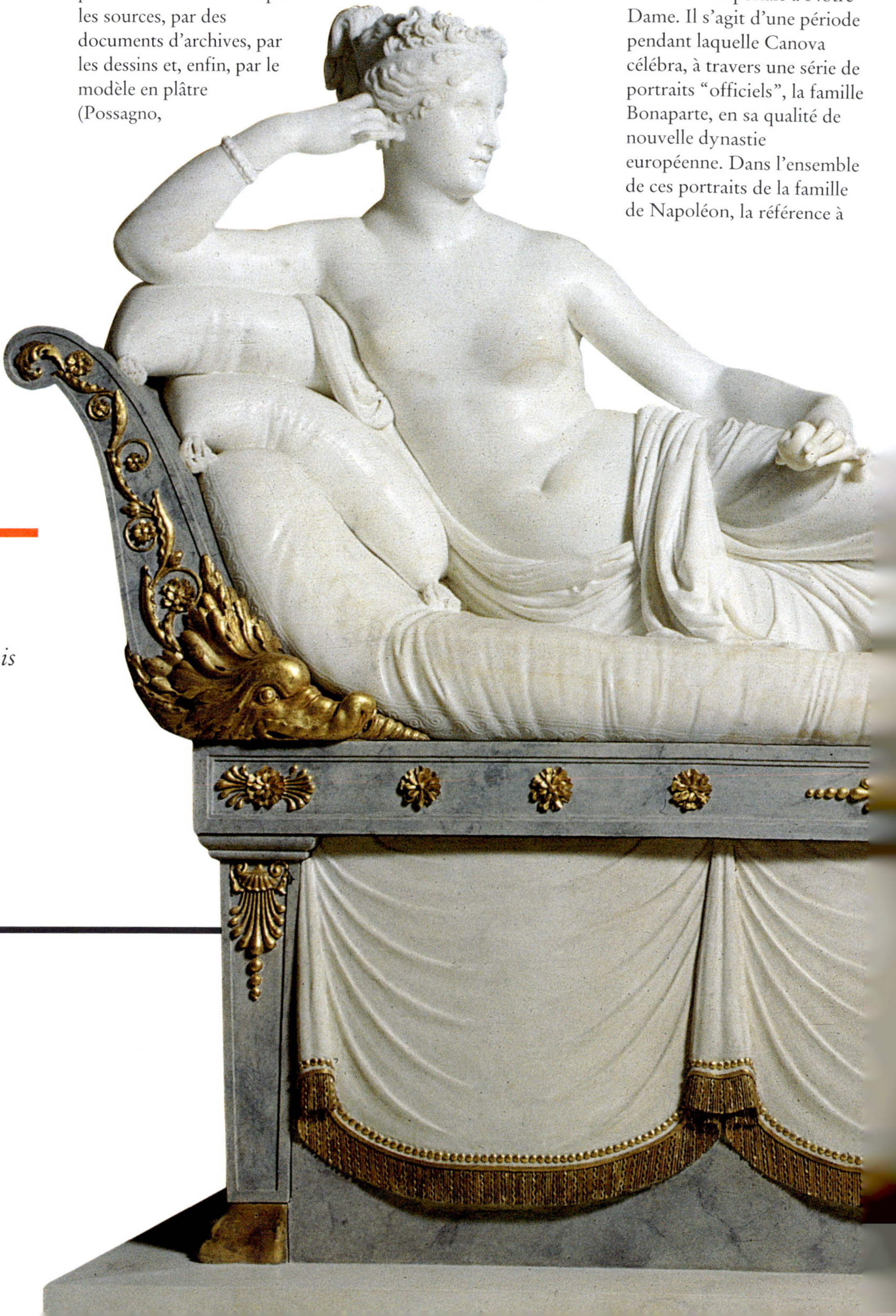

L'archicélèbre sculpture de Canova, réalisée entre 1805 et 1808, en un seul bloc d'un très pur marbre de Carrare, est montée sur un socle en bois revêtu de stuc et peint qui cache un mécanisme permettant de faire tourner la statue lentement de 360°.

l'histoire antique et à la mythologie classique était l'indispensable expédient utilisé pour symboliser le pouvoir victorieux et pacificateur (*Napoléon comme Mars,* 1803-06, Londres, Apsley House) ou bien l'autorité maternelle (*Laetitia Ramolino en Agrippine*, 1804-07) ou bien l'harmonie et les grâces physiques (la sœur *Elisa* en *Muse Polymnie,* 1812-17 ; la belle-sœur *Alexandrine Bleschamps* en *Terpsichore*, 1808-18). Cette orientation, que nous pourrions définir "mythique-dynastique", comportait le choix des plus belles déesses de la mythologie antique, pour célébrer la plus connue et la plus charmante des sœurs du nouvel empereur. Cette assimilation iconographique (qui remplaça la première hypothèse de Canova qui consistait à représenter Pauline Bonaparte sous les traits de Diane) permettait en outre un hommage explicite à la mère divine d'Enée, le héros que la famille Borghèse comptait parmi ses propres mythes anciens. Pauline-Vénus, représentée au sommet du triomphe de sa beauté physique (reconnue par Pâris comme supérieure à celle de Junon et de Minerve), se voit affublée du symbole concret de la suprématie : le pommeau d'or qui apparaît dans sa main gauche. Après cet objet, l'on peut citer (aux angles du dossier), un autre emblème de Vénus, la tête de dauphin (répétée deux fois). Les autres "signes" semblent en revanche se rattacher davantage au rang mondain de la belle dame dépeinte : le bracelet, le ruban dans la chevelure, les broderies de palmes et les motifs ornementaux en vinceaux de vigne (appliqués sur le matelas), la décoration en feuilles d'or pur de la duchesse, accompagnée de roses stylisées, les enroulements phytomorphes et la couronne de laurier (symbole de l'époque napoléonienne), représentée sous les coussins sur lesquels repose Pauline, sur la partie étroite de la duchesse.

L'œuvre (92 × 200 cm) est sculptée dans un bloc unique, en marbre de Carrare très pur, avec une adjonction de deux éléments triangulaires (à l'extrémité du capitonnage et sur le dossier). Le motif d'un corps féminin nu ou partiellement dissimulé par des drapés de voiles, étendu contre des coussins, était représentatif d'une longue tradition, essentiellement développé par la peinture vénitienne au cours du XVIe siècle. Dans son jeune âge, le même Canova avait exécuté quelques œuvres, en souvenir du "pinceau de Giorgione", dont une *Vénus et le faune* (1792 env., Possagno, Gypsothèque), qui servit sans nul doute de modèle pour *Pauline*. Ce motif était particulièrement apprécié par la culture française de l'époque et extrêmement actuel, depuis (quelques années auparavant, précisément en 1800) que Louis David avait fait le portrait de *Madame Récamier* à demi-allongée sur un divan, dans une attitude emblématique de la sinuosité et de la beauté féminine.

La méridienne en bois, sur laquelle reposent le corps de *Pauline-Vénus* et le matelas, participe à un parcours de sublimation, comme "objet d'ameublement", en opposition avec les transparences de la "vraie chair" (pour utiliser un terme de Cicognara, biographe contemporain de Canova) du marbre sculpté. Mais au-delà du rôle essentiel voué à la représentation, la *dormeuse* sert à dissimuler le système mécanique à roues se trouvant derrière le rideau de bois revêtu de stuc et peint en blanc et en or – en réalité des panneaux mobiles à encastrement – qui, selon le projet de Canova, permettait un tour complet de 360°.

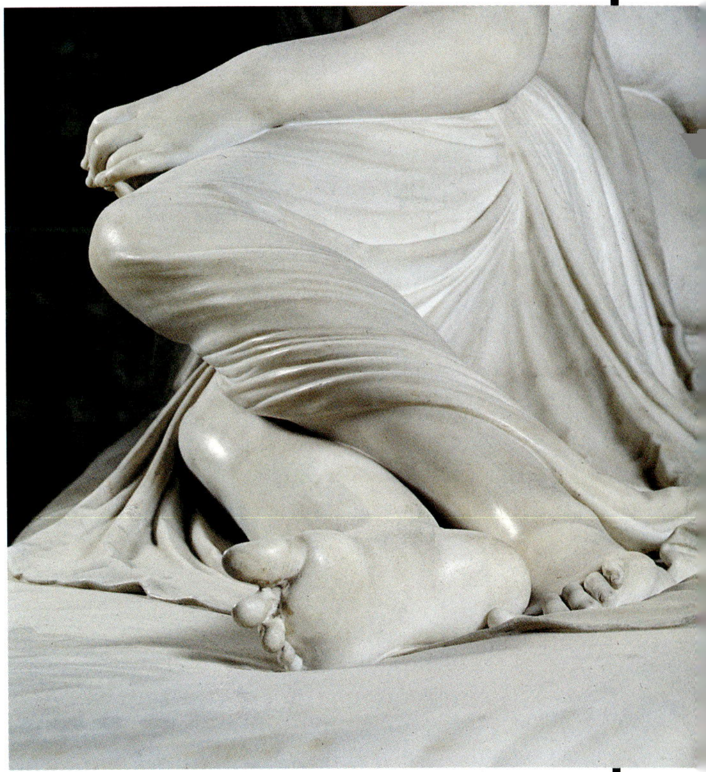

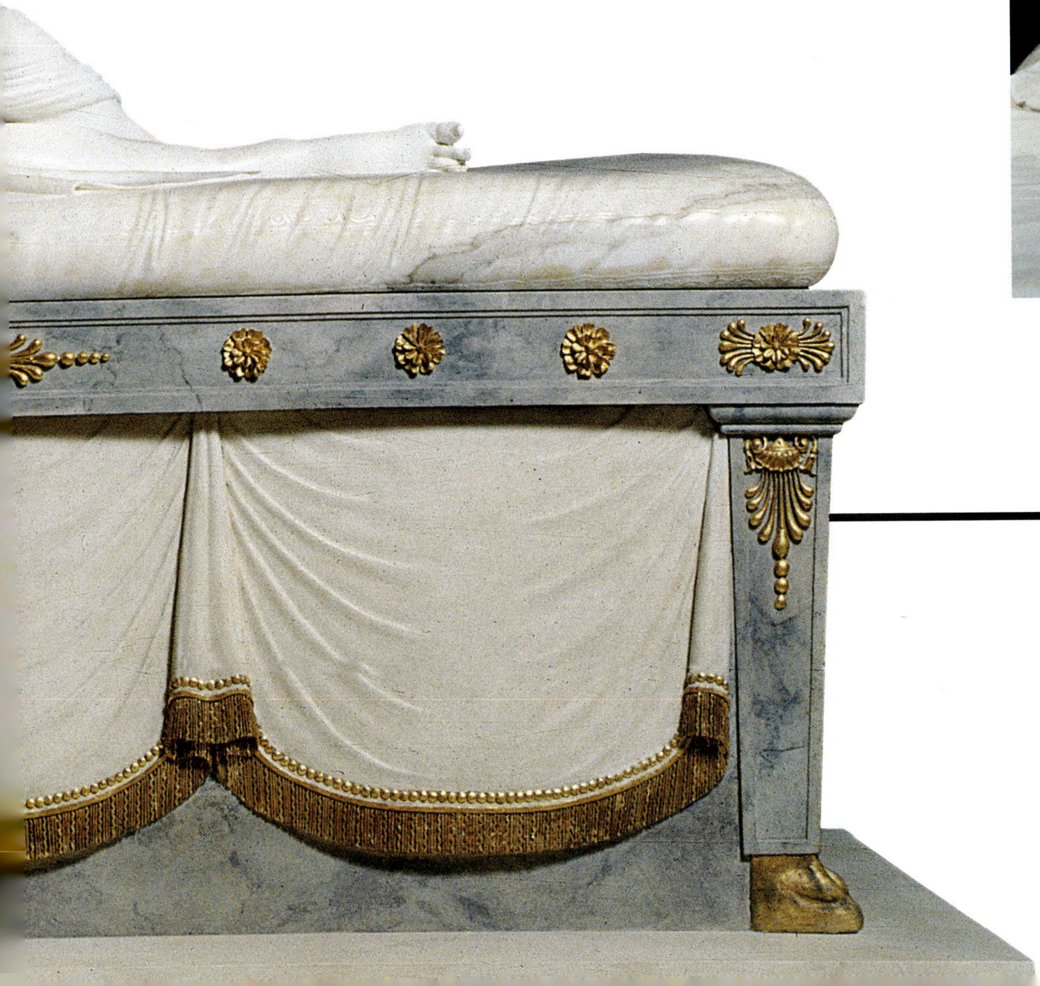

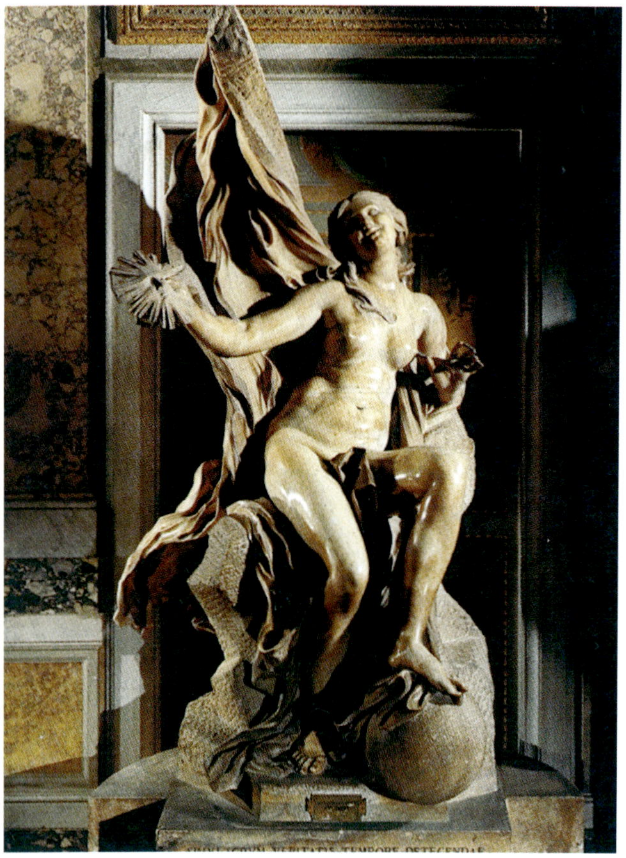

Le cavalier Bernin, *La Vérité*, 1645-1652, salle VII

Villa Borghèse aujourd'hui

Ce remarquable directeur du Musée eut le mérite de rétablir, au cours des années Cinquante et Soixante, le noyau de la collection donné en fidéicommis, en éliminant toutes les œuvres ayant une origine différente (Corsini, Barberini, territoire de Rome et de sa province) qui avaient été transférées à la Galerie Borghèse, dans le but de créer une "Galerie de chefs-d'œuvre" (surtout à l'époque d'Aldo De Rinaldis).
En 1997, les critères d'exposition ont suivi deux grands axes : une ligne iconographique, comme au XIXe siècle, en suivant les thèmes des statues exposées au centre des salles; une ligne chronologique et par écoles, à l'intérieur de chaque salle, à l'étage de la Pinacothèque. Cette décision fut également conditionnée par l'élimination de tous les barrages et de tous les panneaux qui, installés à l'époque de Paola Della Pergola, pour augmenter la surface d'exposition totale, avaient le tort de couvrir quatre grandes fenêtres (dans les salles X et XX), de nombreuses portes, des décorations et des réchampissages architecturaux néoclassiques.
Ainsi, par rapport à l'aménagement précédent, le principal changement a donc été le transfert des tableaux de Dossi, à thème métamorphique, dans la salle III d'Apollon et de Daphné et de toutes les œuvres du Caravage dans la salle VIII.

Le Corrège (Antonio Allegri)

L'entrée de *Danaé* (huile sur toile, 161 × 193 cm) dans la collection Borghèse est relativement récente. Elle remonte à 1827, date à laquelle Camille Borghèse, peut-être sur les conseils de son frère François qui réside alors à Paris, l'achète pour 30 000 francs, durant la vente de la collection du marchand – le peintre Féréol de Bonnemaison. Après un premier voyage à Florence et une brève halte au Palais Borghèse-Salviati de via Ghibellina, la toile repart en mai 1827 à destination de Rome, où elle sera restaurée par Pietro Camuccini, frère de Vincenzo. Depuis lors, la toile du maître devient l'objet d'un large débat (concernant également son authenticité et son aspect licencieux) qui durera quasiment pendant tout le XIXe siècle. Au Palais Borghèse du Champ de Mars, le prudent administrateur de la maison, Evasio Gozzani di San Giorgio, pour atténuer les polémiques sur le sujet iconographique "extrêmement libre" du tableau, avait songé à le placer, pour ne le montrer que rarement et partiellement, dans une pièce de l'appartement privé de Camille situé au premier étage. Mais cette solution ne plut guère au prince qui tenait particulièrement à ce que ses acquisitions fussent admirées par le public. C'est ainsi que le chef-d'œuvre du Corrège sera promptement exposé dans un grand encadrement doré (différent de celui que nous connaissons, à la manière du style de la Renaissance) de Luigi Siotto "avec un cavet grandiose, deux gabarits, accompagnés de trois rangées d'intailles; et ove, feuille frappée et fusarole" (avec une dorure finale en "or pur"), "dans la Galerie, face à l'Amour Sacré et l'Amour Profane de Titien et nous verrons alors accourir la foule pour le voir et pour demander de le copier" (dans une lettre datée du 6 novembre 1827).
L'arrivée à Rome dans la collection Borghèse constitue la dernière destination pour un tableau qui voyagea comme bien peu d'autres. Parmi les étapes principales, nous pouvons citer Mantoue, l'Espagne, Milan (dans la collection de Leone Leoni), puis à nouveau à Madrid en 1601, puis à Prague, à la cour de Rodolphe II, par la suite en Suède, avec Gustave-Adolphe et après avec la reine Christine, qui ramène le tableau en Italie, et Rome (au Palais Riario). Ce périple se poursuit par l'entrée dans la collection de Livio Odescalchi, dont les héritiers – avec l'autorisation à l'exportation obtenue du pape Innocent XIII – vendent la *Danaé* au régent de France, par l'intermédiaire de Pierre Crozat. On le retrouve ensuite en Angleterre, puis de nouveau à Paris et, après l'acquisition de Camille, à Florence et à Rome. Pour le thème iconographique, le Corrège s'inspire dans son tableau des *Métamorphoses* d'Ovide (IV, 611). Il s'agit du passage dans lequel le poète décrit l'épisode où Jupiter épris de Danaé, fille d'Acrisios (roi d'Argos), engendre Persée, en se transformant en une pluie d'or ("quem pluvio Danae conceperat auro").

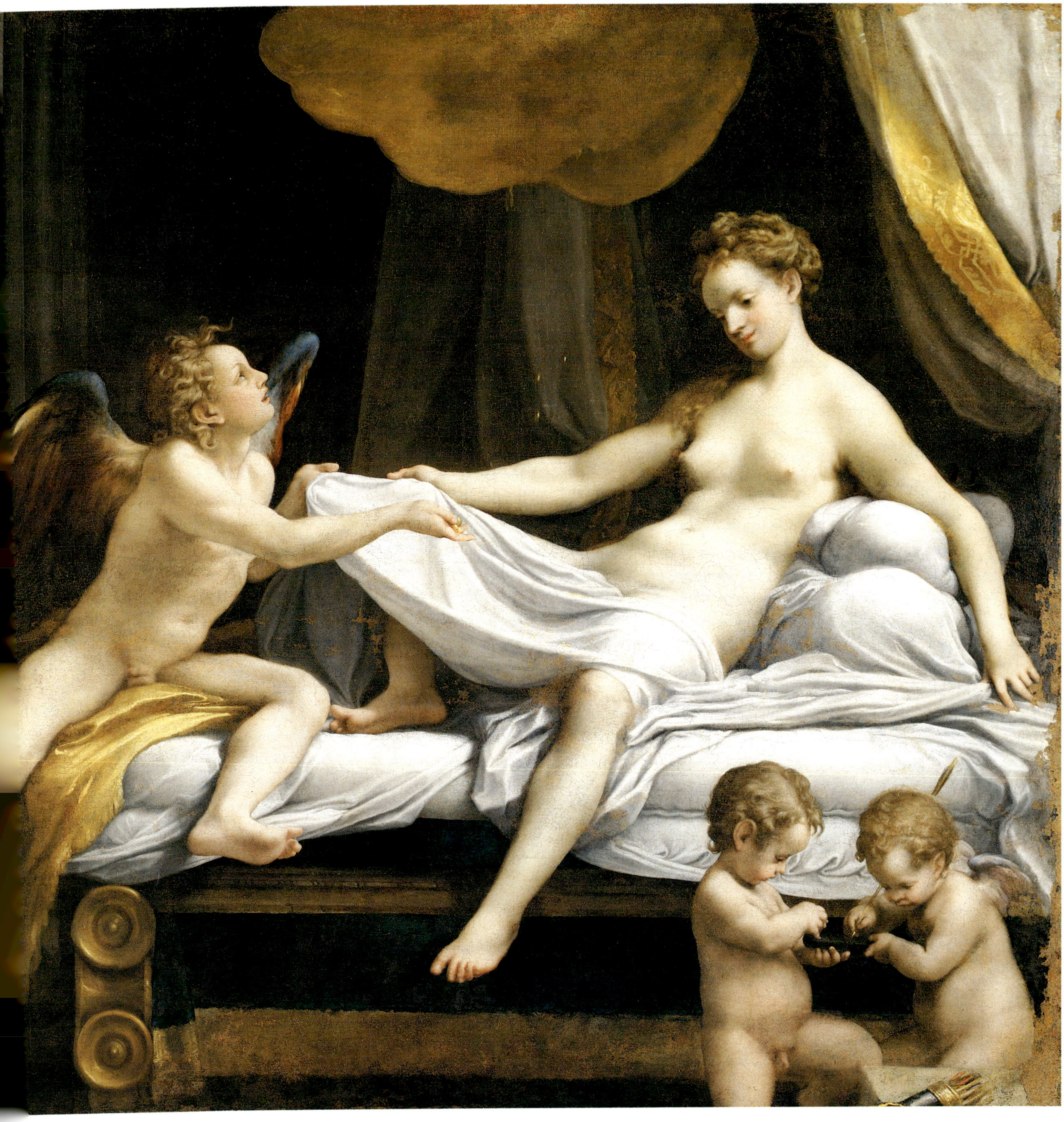

La Danaé, *peinte par le Corrège en 1530-1531, a voyagé longtemps à travers l'Europe, pour n'arriver à la collection Borghèse qu'en 1827, lorsque le prince Camille, mari de Pauline Bonaparte, l'achète chez un antiquaire parisien.*

Le cavalier Bernin

L'aménagement du Salon des Empereurs remonte à la fin du XVIIIe siècle. Il présente une incroyable collection de sculptures, de vases et de cuvettes en pierre de l'époque romaine, qui entourent le groupe de Pluton et Proserpine, commissionné au Bernin par le cardinal Scipion Borghèse et donné au cardinal Ludovisi en 1622. Il est revenu dans la Villa seulement en 1908.

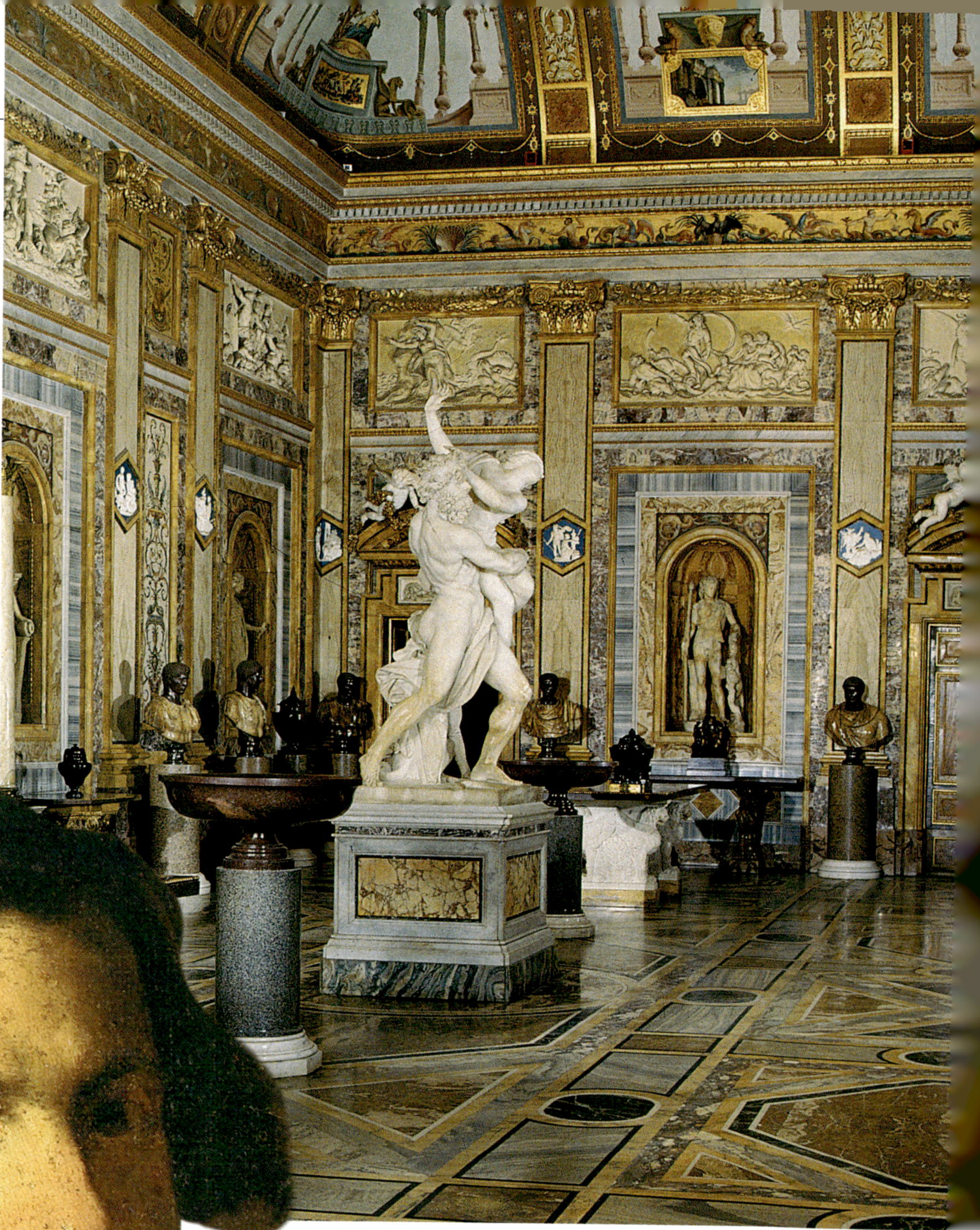

Salle IV ou Salon des Empereurs avec, au centre, l'*Enlèvement de Proserpine*, du cavalier Bernin, 1621-1622

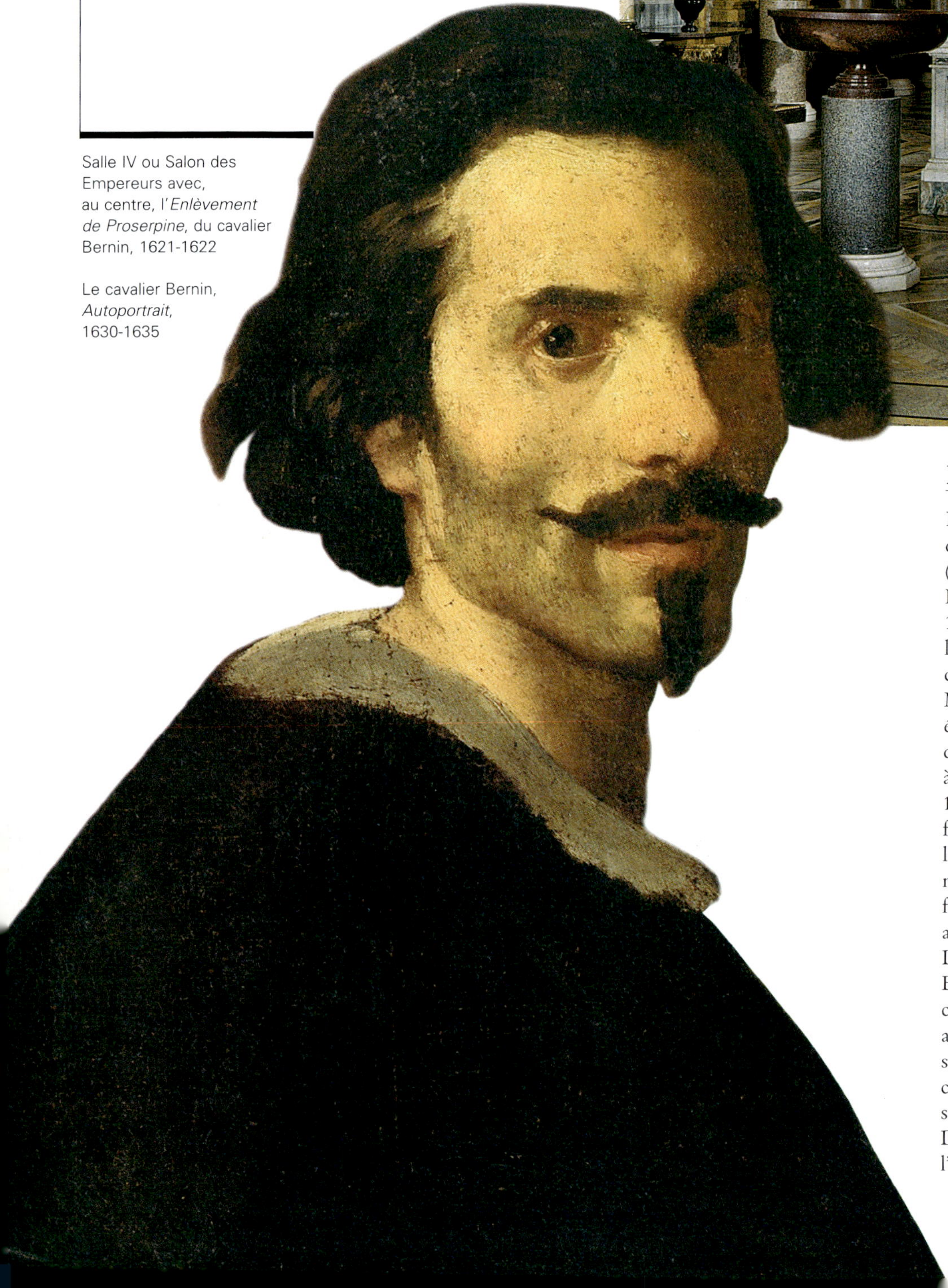

Le cavalier Bernin, *Autoportrait*, 1630-1635

Le cavalier Bernin

Le sujet iconographique de *David* s'inspire de la Bible (I Samuel, 17, 38-51). L'exécution de *David* (haut. 170 cm, base 103 cm), à l'origine commissionné au cavalier Bernin par le cardinal Montalto, est de la même époque que le groupe d'*Apollon et Daphné* (de 1623 à 1624). Un mandat datant du 18 juillet 1623, rédigé en faveur du Bernin, indique que la statue est déjà à ce moment-là en cours de fabrication. Une célèbre anecdote, relatée par Domenico Bernini et par Baldinucci, selon laquelle le cardinal Maffeo Barberini aurait tenu le miroir au sculpteur, pendant que celui-ci traduisait sa propre effigie sur le visage en marbre de David se réfère également à l'année 1623. Baldinucci raconte même que la réalisation de la statue ne demanda que sept mois. Le 31 janvier 1624 le piédestal (aujourd'hui perdu) fut payé à Agostino Radi, mais ne fut installé sur cette base que trois mois plus tard (2 mai 1624). Contrairement à ce qu'il advint pour L'*Enlèvement de Proserpine* et *Apollon et Daphné*, en ce qui concerne l'œuvre intitulée *David*, aucune inscription n'était prévue, de même que pour l'*Enée et Anchise*.
Ceci est évidemment le fait de la diversité des genres, d'une part, une "histoire sacrée" et une "histoire profane" et, d'autre part, un "conte mythologique" qui nécessitaient une justification – interprétation morale, pour correspondre au *decorum* de la Villa d'un prince de la Sainte Eglise Romaine.
La sculpture du Bernin ne

L'artiste qui, parmi tous les autres – mieux que le Caravage lui-même – s'identifie dans l'imaginaire collectif du Musée Borghèse est, sans nul doute, Giovan Lorenzo Bernini (1598-1680) qui, avec les sculptures de sa première période, a activement contribué à faire en sorte que, dès le XVIIe siècle, la Galerie du cardinal Scipion fasse "l'objet d'étonnement comme une des merveilles du monde". Dès que l'on pénètre dans les espaces verts extérieurs où, à côté des gigantesques hermès (en marbre, travertin et tuf) commissionnés à Pietro Bernini, on remarque *Flore* et *Priape* (entrés en 1616 dans le théâtre de verdure, juste en deçà du portail de la Villa), tous deux issus du ciseau du jeune sculpteur Giovan Lorenzo. A l'intérieur du pavillon du Pincio, la *Chèvre Amalthée, Enée et Anchise avec Ascagne, l'Enlèvement de Proserpine, David, Apollon et Daphné*, les portraits de *Paul V* et de *Scipion Borghèse* (ainsi que les acquisitions du XXe siècle de la *Vérité* et de l'ébauche en terre cuite exécutée pour le *Monument équestre de Louis XIV*) prouvent les capacités inégalées du sculpteur napolitain à représenter, avec le marbre, les valeurs tactiles et chromatiques des différentes matières, jusque dans le processus de transformation métamorphique (comme pour sa *Daphné*), ainsi que le sens d'un mouvement total qui, dans l'espace autour, devient l'action de la représentation (historique ou mythologique) choisie.

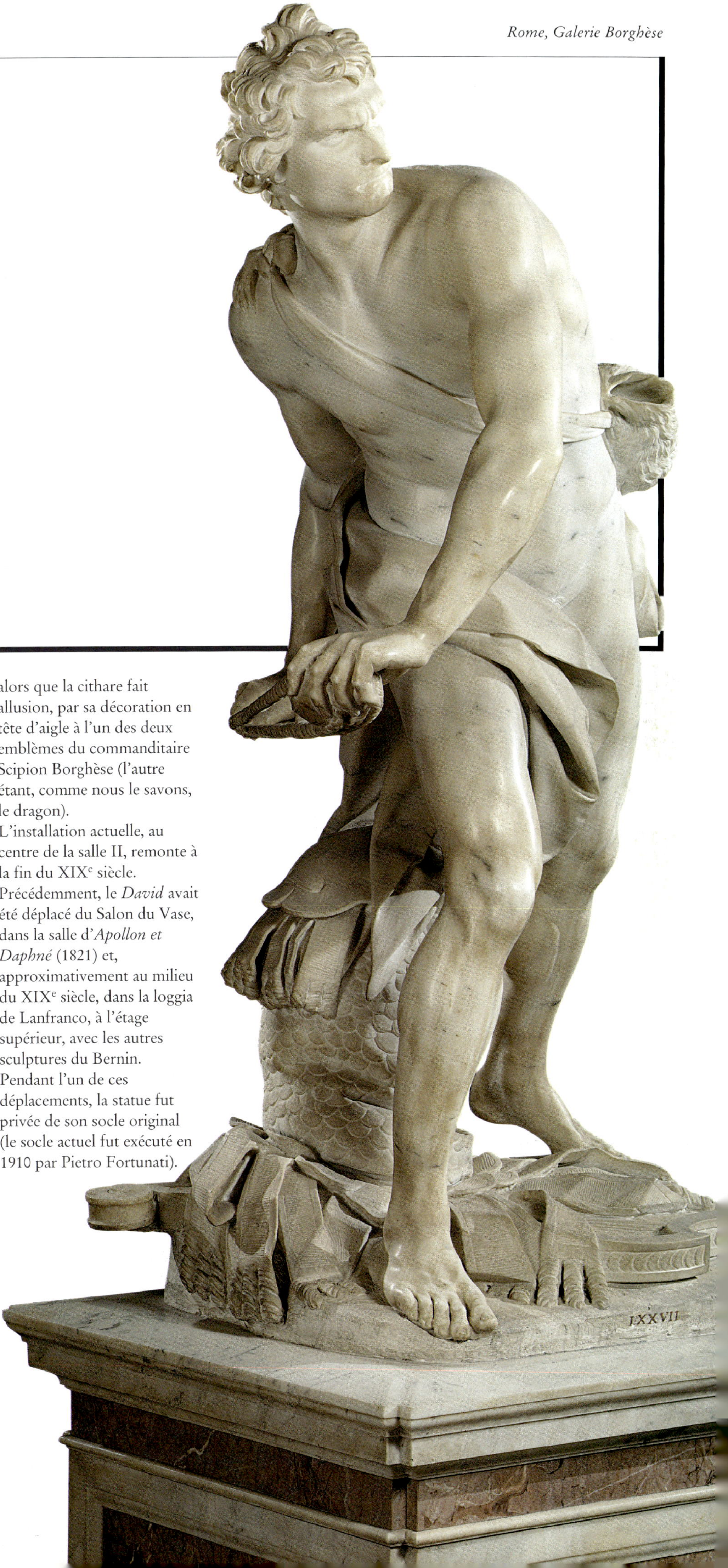

nous est pas parvenue dans son emplacement originaire. *David,* comme le rappelle Manilli en 1650, était exposé adossé à un mur dans la première salle, dénommée le "Salon du Vase".
D'un point de vue complètement différent de celui qui existe aujourd'hui, il ne subsiste, par rapport au projet originaire de Bernin, comme souvenir, que le "non fini" de la cuirasse et l'absence du talon gauche ("reconstruit" au moment du choix de son exposition centrale, parce que le bloc de marbre, utilisé pour la sculpture, excluait la finition du pied. D'autre part, cette forme incomplète n'était absolument pas visible avec son exposition contre un mur). Au XVIIe siècle, le visiteur qui entrait dans la première salle du premier étage pouvait apercevoir la statue du point de vue étudié par le Bernin, parce que la première vision advenait sur la gauche. Depuis cet endroit, il était possible de suivre, quasiment comme une séquence de photogrammes, l'évolution de la torsion du corps de David en un élan qui conclura le mouvement de l'action finale qui est le lancement de la pierre contre Goliath, l'antagoniste (ici absent) évoqué par le geste agressif du jeune héros-berger. Le modèle culturel de cette représentation d'un mouvement progressif saisi dans une pose statiquement audacieuse a été rapproché du Gladiateur d'Agasias d'Ephèse, l'un des chefs-d'œuvre de la collection d'antiquité de Scipion Borghèse, alors exposé dans la Villa Pinciana.
Mais, par ailleurs, la référence à l'étude de l'art antique est également confirmée par la présence de la cuirasse de Saul déposée aux pieds de David, où le Bernin a sans aucun doute présent à l'esprit les deux *Dioscures* du Quirinal.
En revanche parmi les modèles picturaux, la source directe du Bernin a sans aucun doute été *Polyphème* d'Annibale Carrache dans la Galerie Farnèse, selon la lecture historique et critique que donnera Bellori de l'exemple d'un personnage en mouvement, influencé par les principes théoriques de Léonard de Vinci. La cuirasse, inclinée dans le sens opposée à la torsion du jeune héros biblique, accentue le dynamisme de l'action qui est représentée dans le marbre, alors que la cithare fait allusion, par sa décoration en tête d'aigle à l'un des deux emblèmes du commanditaire Scipion Borghèse (l'autre étant, comme nous le savons, le dragon).
L'installation actuelle, au centre de la salle II, remonte à la fin du XIXe siècle. Précédemment, le *David* avait été déplacé du Salon du Vase, dans la salle d'*Apollon et Daphné* (1821) et, approximativement au milieu du XIXe siècle, dans la loggia de Lanfranco, à l'étage supérieur, avec les autres sculptures du Bernin. Pendant l'un de ces déplacements, la statue fut privée de son socle original (le socle actuel fut exécuté en 1910 par Pietro Fortunati).

Le cavalier Bernin

Le sujet iconographique d'*Apollon et Daphné* (haut. 243 cm) s'inspire des *Métamorphoses* (I, 452 suivants.) d'Ovide.
L'exécution du groupe de statues est définie avec certitude par les documents d'archives : c'est au 2 août 1622 que remonte l'achat du bloc de marbre et au 24 novembre 1625, l'enregistrement du paiement final de 450 écus au "Cavaliere Giovan Lorenzo Bernini scultore".
L'emplacement, dans l'actuelle salle III, de la "statue de Daphné" sur le piédestal exécuté par Agostino Radi (et payé le 22 septembre 1625) advenait au cours du mois d'août de la même année 1625.
Entre février 1623 et avril 1624 (date à laquelle ils reprennent) les paiements en acompte pour *Apollon et Daphné* sont suspendus, simultanément au travail rapide et progressif apporté au *David*, qui vient d'être acheté (18 juillet 1623), avec le marbre déjà dégrossi, après la mort soudaine du cardinal Alessandro Montalto Peretti, qui en avait été le premier commanditaire.
L'œuvre est entièrement signée par son auteur, avec une intervention de Giuliano Finelli se limitant au socle, au terrain rocheux, à l'arbre, aux feuilles et, très probablement, à la cartouche ornée de la peau d'un dragon qui encadre les célèbres vers de Maffeo Barberini (extraits des *Dodici distichi per una Galleria* – Douze distiques pour une Galerie - composés par le futur pape Urbai VIII entre 1618 et 1620) "Quisquis amans sequitur fugitivae gaudia formae / fronde manus implet baccas seu carpit amaras" : il s'agit d'un commentaire au groupe de sculptures, qui indique la *vanitas* de la beauté et l'illusion des plaisirs terrestres, mais également d'un avertissement s'adressant à Scipion Borghèse lui-même, au regard de sa manie effrénée de collectionner des œuvres d'art, désireux de s'approprier des chefs-d'œuvre et de splendides trésors artistiques, en dehors de toute retenue ou scrupule.
Le groupe d'*Apollon et Daphné* a été immédiatement reconnu par les contemporains du sculpteur comme le chef-d'œuvre absolu du Bernin, "supérieur à toute imagination" (Baldinucci), pour l'extraordinaire virtuosité du traitement des différents détails (les doigts fuselés de Daphné qui se transforment en fines et transparentes feuilles d'arbre et ses doigts de pied qui deviennent des racines ténues, délicates, des cylindres de marbre qui accompagnent, sur le plan de la représentation, la transformation de la douce chair en une réalité différente, celle de la dure écorce du laurier.
Le marbre est en effet façonné dans le sens pictural du terme, avec un traitement différent des surfaces et un va-et-vient continuel d'un polissage maximal à une rugosité plus accentuée, afin de traduire sur le plan visuel, avec divers passages de lumière "des couleurs d'ombre", pour utiliser une expression du Bernin lui-même, le sens tactile des différentes matières en présence.
Dans ce groupe comme dans les autres statues de la collection Borghèse, le point de vue de l'observateur est calculé très attentivement c'est pourquoi les parties non visibles ne sont jamais polies (on voit par exemple la partie supérieure de la main d'Apollon sur l'écorce, la partie de l'échine d'Apollon sous l'arc formé par le drapé flottant). Le groupe avait été conçu pour une perspective du bas vers le haut, accompagné d'un mouvement ascensionnel accentué, s'interrompant brusquement grâce à la dextérité de l'exécution de la barrière constituée par le tronc.
Cette

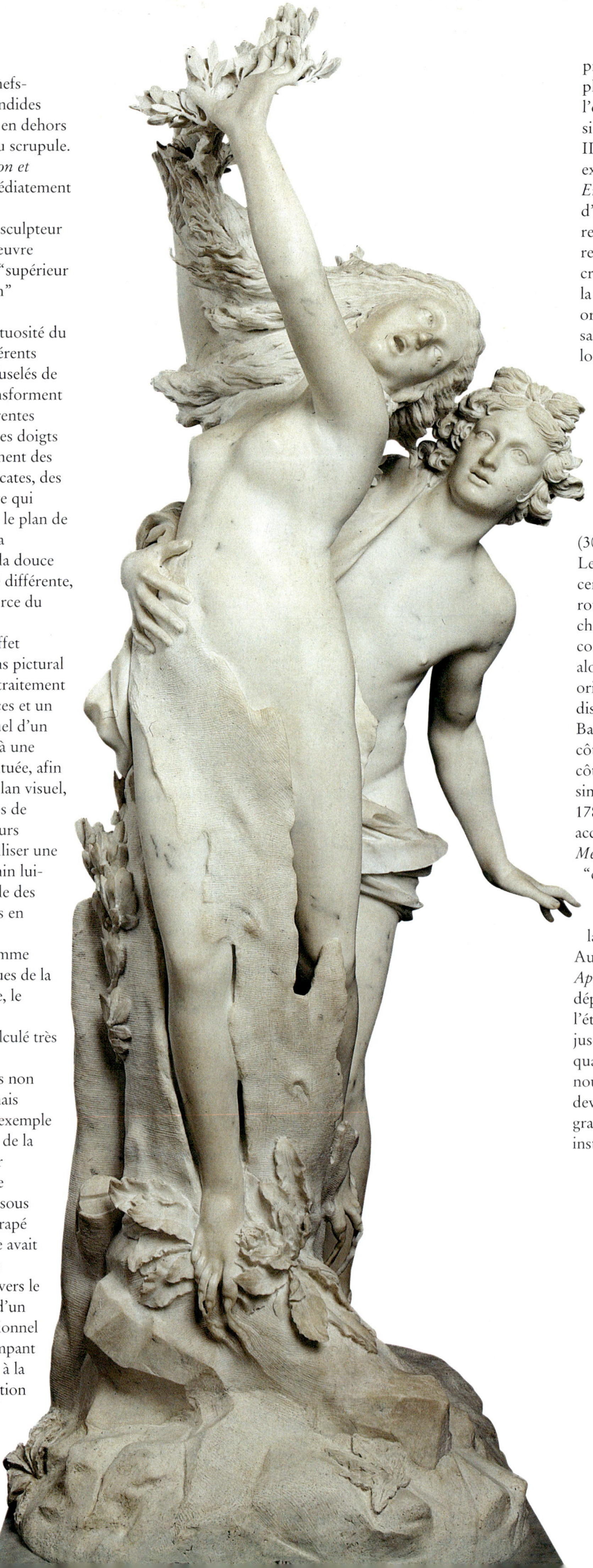

présentation théâtrale était pleinement respectée dans l'emplacement du XVIIe siècle. En effet, dans la salle III, là où étaient également exposés (sur le côté opposé) *Enée et Anchise*, l'arrière d'*Apollon et Daphné* reposait, selon les dernières reconstructions historiques et critiques, sur le mur contigu à la chapelle et le groupe était orienté vers le milieu de la salle suivant un axe longitudinal.
A l'époque de la rénovation des intérieurs, datant du XVIIIe siècle, dirigée par Asprucci, le groupe du Bernin fut déplacé au milieu de la salle, sous le contrôle final de Vincenzo Pacetti (30 juillet 1785).
Le nouvel emplacement central, comportant une rotation de 90°, entraîna un changement fondamental concernant la base. C'est alors que le cartouche original, contenant les distiques de Maffeo Barberini, fut déplacé sur le côté droit, avec l'ajout, sur le côté gauche, d'un cartouche similaire (toujours sculpté en 1785 par Lorenzo Cardelli) accompagné des vers des *Métamorphoses* se référant au "conte" du Bernin, gravés à l'intérieur de l'emblème héraldique de l'aigle de la famille Borghèse.
Au milieu du XIXe siècle, *Apollon et Daphné* fut déplacé dans la loggia de l'étage supérieur, où il resta jusqu'à la fin du siècle, quand, dans le cadre d'un nouvel aménagement qui deviendra définitif, toutes les grandes sculptures furent installées au rez-de-chaussée.

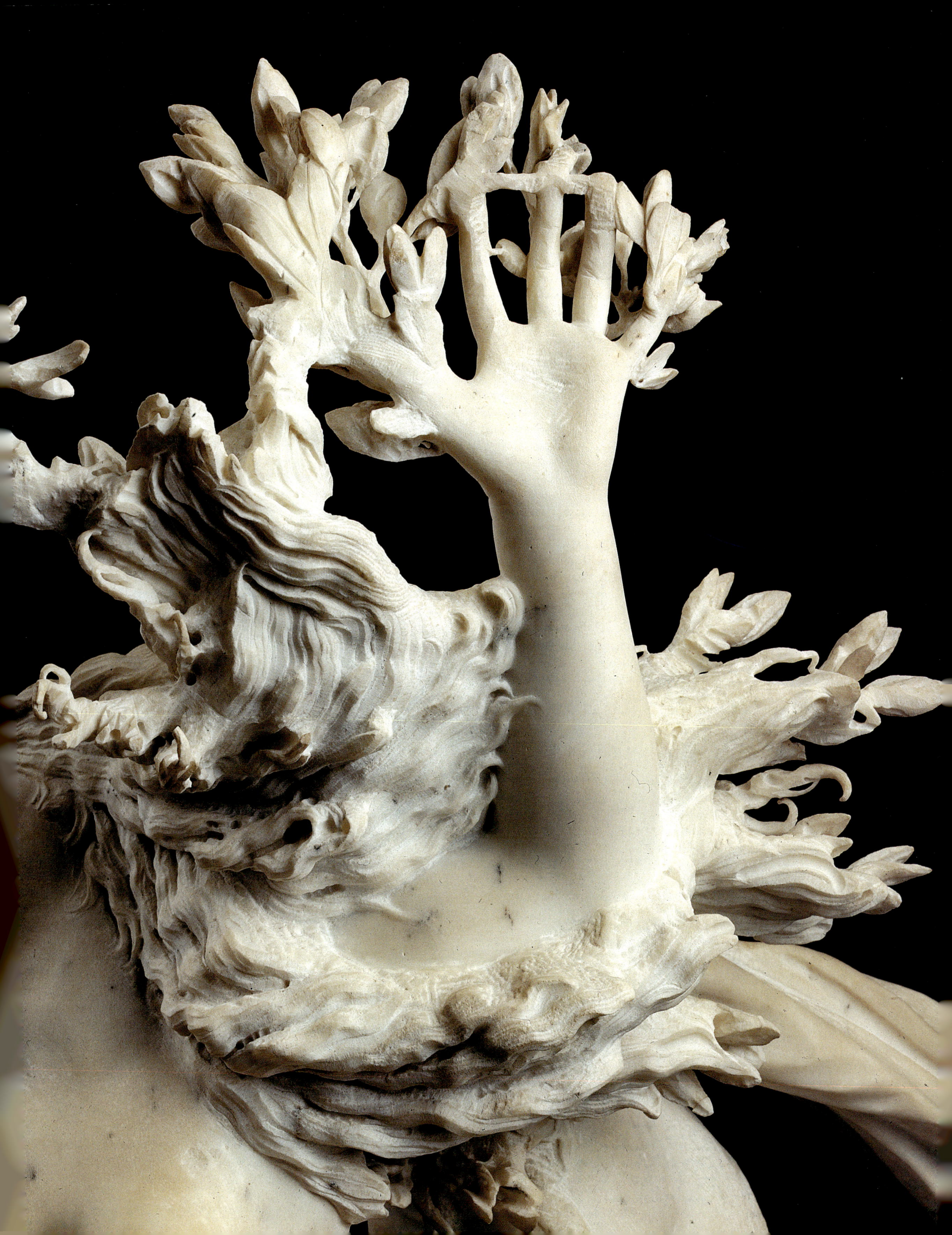

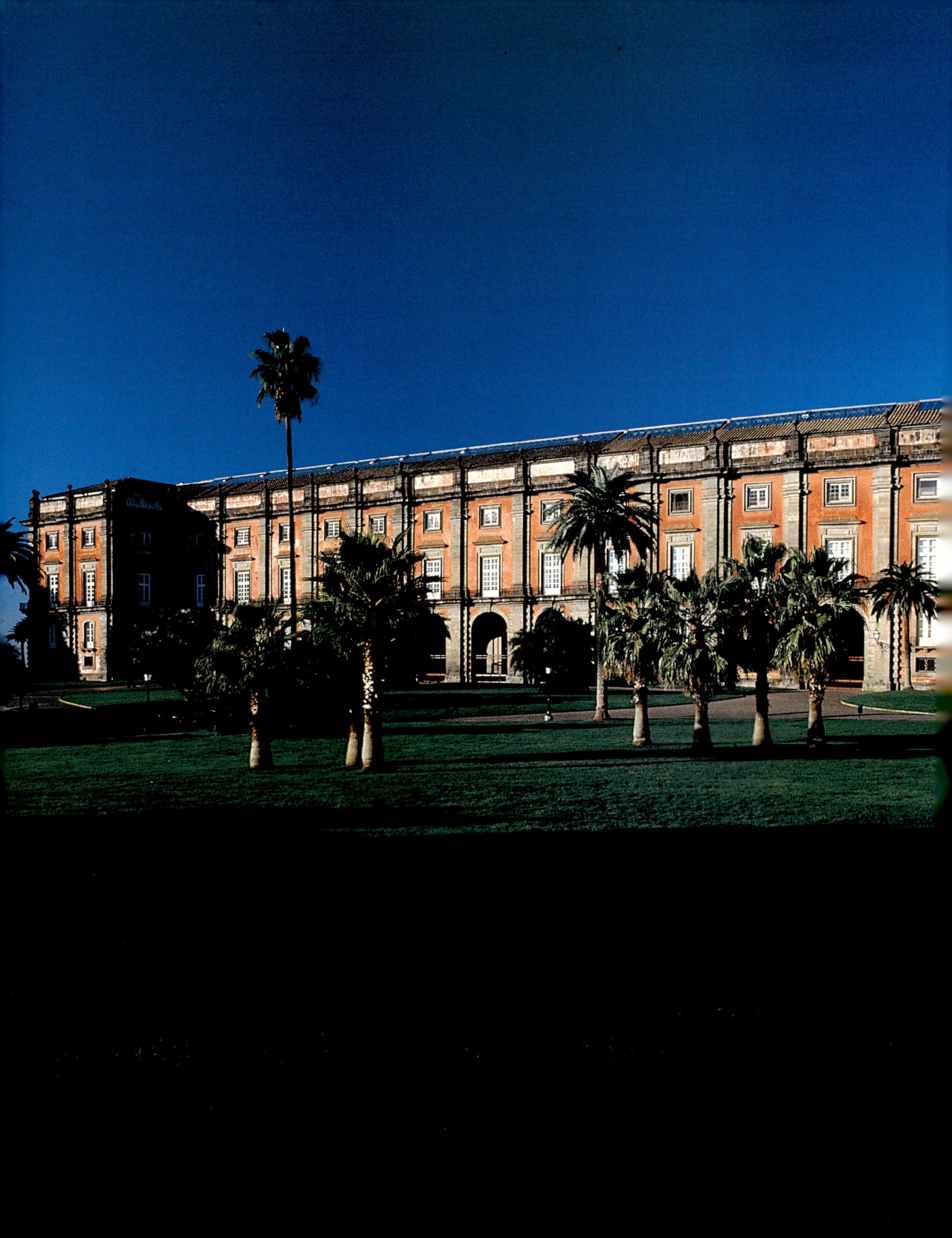

Naples, Musée de Capodimonte

Mariella Utili

Vue de la façade du palais de Capodimonte, côté jardin

Le palais de Capodimonte a été ouvert au public, en tant que lieu d'exposition consacré aux collections napolitaines d'art médiéval et moderne, en mai 1957. L'organisation de l'époque destinait le premier étage à l'Appartement historique – avec l'ensemble des meubles et des objets – et à la Galerie du XIXe siècle, alors que le second étage abritait la Pinacothèque, avec des œuvres allant de la fin du XIIIe siècle jusqu'au XVIIIe siècle.
Résultat des interventions mises en œuvre au milieu des années quatre-vingts et de la récupération de nouveaux espaces d'exposition, la configuration actuelle du musée se base sur un nouvel aménagement des collections qui a permis la réouverture progressive de toutes les sections du musée à partir de septembre 1995. L'accent a en effet été mis sur l'aspect le plus caractéristique de Capodimonte, à savoir le processus de formation de ses collections – depuis le noyau provenant des Farnèse, en passant par les dotations des Bourbons et celles de l'époque de la maison de Savoie, pour arriver aux acquisitions de la fin du XIXe et du XXe siècles – dans le but de raconter l'histoire du musée à travers l'histoire de ses œuvres elles-mêmes. Le premier étage abrite le parcours Farnèse, opportunément enrichi des acquisitions successives, produites dans des aires géographiques proches de celles des œuvres de la famille Farnèse. Cet ensemble se poursuit avec les salles des Appartements royaux, réaménagées de manière chronologique à partir du règne de Charles de Bourbon et des premières manufactures des Bourbons jusqu'aux pièces consacrées à la période française et des derniers Bourbons. Un large espace est prévu pour le secteur des arts décoratifs.
L'ensemble du deuxième étage est consacré au développement de l'art à Naples du XIIIe 'au XVIIIe siècle, à travers les œuvres provenant principalement du territoire de la ville ou, plus généralement du Sud de l'Italie, ayant convergé dans les collections royales, et par la suite de l'Etat unitaire, à partir des premières décennies du XIXe siècle. Enfin, les espaces gagnés en utilisant les combles abritent une riche sélection de tableaux et de sculptures du XIXe siècle qui, à travers un parcours photographique évocateur, conduisent à la section d'art contemporain.
Recommandant, avec une forme de parcimonie toute royale, de n'expédier à Naples que les biens dont la valeur dépassait les frais de transport, Charles de Bourbon – monté sur le trône de Naples en 1734, à la suite de la guerre de succession polonaise – décida de déménager le riche patrimoine artistique légué par sa mère, Elisabeth Farnèse, dernière descendante de l'une des familles les plus illustres de la Renaissance italienne – qui se trouvait dans le duché de Parme et de Plaisance.
A partir du milieu du XVIe siècle – et même dès l'époque du pape Paul III et de son neveu le cardinal Alexandre – les Farnèse furent des collectionneurs raffinés et de judicieux commanditaires d'œuvres d'art, au demeurant parfaitement conscients du prestige qu'apportait cette forme de mécénat. Durant la seconde partie du XVIIe siècle, lorsque le centre du pouvoir politique de la famille s'établit à Parme, on y emménagea la collection de peintures, de sculptures et d'objets d'art décoratifs se trouvant dans le célèbre palais romain d'Antonio da Sangallo, qui avait personnellement vu Michel-Ange à l'œuvre.

Le transfert à Naples

Au fil des années, le patrimoine du duché s'enrichit au point d'imposer la ville d'Emilie comme une étape obligée du circuit du *Voyage d'Italie*. La décision de Charles de Bourbon de transférer à sa suite cet extraordinaire trésor, considéré comme un bien lui appartenant en propre, entraîna donc l'inexorable déclin de la ville, tout en rappelant l'attention sur Naples, qui redoublait en raison des découvertes archéologiques issues des fouilles entreprises au cours de cette période à Pompéi et à Herculanum.
Mais, dans la capitale de l'Italie du Sud, le vieux palais existant dans le centre de la ville, siège du pouvoir du vice-royaume espagnol, puis autrichien, n'offrait pas à l'ambitieux souverain un décor adéquat pour exposer une collection de cette importance et de cette qualité qui, au niveau muséographique, ne pouvait rivaliser avec ce qu'avait représenté la célèbre Galerie Ducale du palais de la Pilotta de Parme.
C'est ainsi que la décision de construire une nouvelle résidence sur les hauteurs de Capodimonte coïncida avec l'exigence de trouver un lieu approprié pour le magnifique patrimoine qui – à l'exception de rares peintures de Titien, Parmesan, Corrège et Annibale Carrache, du médaillier et des pierres précieuses, dont la célèbre Tasse Farnèse – était cantonné et amassé dans des entrepôts peu adaptés du palais royal. Le projet, qui se présente à l'origine comme un vaste édifice à plan rectangulaire, conçu par l'ingénieur militaire Giovanni Antonio Medrano, subira immédiatement un certain nombre de transformations qui accentueront la vocation de lieu d'exposition qui devient, de fait, sa première destination. Une commission d'experts est alors chargée par le roi de l'installation des œuvres et, grâce à un certain nombre de compétences propres à la muséographie, on localise les salles orientées au sud, vers la mer, qui sont plus lumineuses, pour l'exposition des peintures, alors que celles qui se trouvent vers l'intérieur sont destinées à la bibliothèque. Mais après la pose de la première pierre, en septembre 1738, l'enthousiasme des débuts – qui conduira environ vingt ans après à l'installation d'une véritable galerie de tableaux, destination d'illustres voyageurs comme Winckelmann, Canova, Goethe ou le marquis De Sade – s'estompe : les travaux de construction avanceront au ralenti, notamment contrecarrés par l'ambitieux projet du Palais Royal de Caserte, surtout cultivé par Ferdinand, qui monte sur le trône en 1759, après le départ de son père pour l'Espagne.

Le Grand Tour

Naples constitue l'un des hauts lieux du *Grand Tour*, terme qui apparaît dans le guide *An Italian Voyage* de Richard Lassels en 1697. Principalement pour ces collections d'art et d'antiquités de la monarchie des Bourbons, conservées au cours du XVIIIe auprès du palais de Capodimonte.
Parmi les très nombreux voyageurs, il faut signaler Johann Wolfgang Goethe qui, en 1786, alors âgé de 37 ans, parvient à Naples, arrivant de Rome, où il se lie d'amitié avec le peintre Hackert. Il fait régulièrement l'ascension du Vésuve pour décrire la ville où il visite les collections royales avant de gagner la Sicile. Revenu à Weimar en 1788, il publie *Italian Reise* (*Voyage en Italie*) : l'un des livres les plus fascinants écrits sur l'Italie.
On ne saurait omettre de citer un autre personnage illustre, Johann Joachim Winckelmann qui, partant de Dresde, s'établit d'abord à Rome en 1755, pour travailler ensuite à partir de 1758 en qualité de premier bibliothécaire du Vatican, au service d'un grand collectionneur d'antiquités, le cardinal Albani. En 1762, après de nombreuses visites des collections bourboniennes, il publie une étude intitulée *Sur les découvertes d'Herculanum*; en 1764 il se rend à nouveau à Naples et publie une seconde étude.

Angelica Kauffmann, *Portrait de Johann Joachim Winckelmann*, 1764. Zurich, Kunsthaus

Ci-contre
Le grand escalier hexagonal

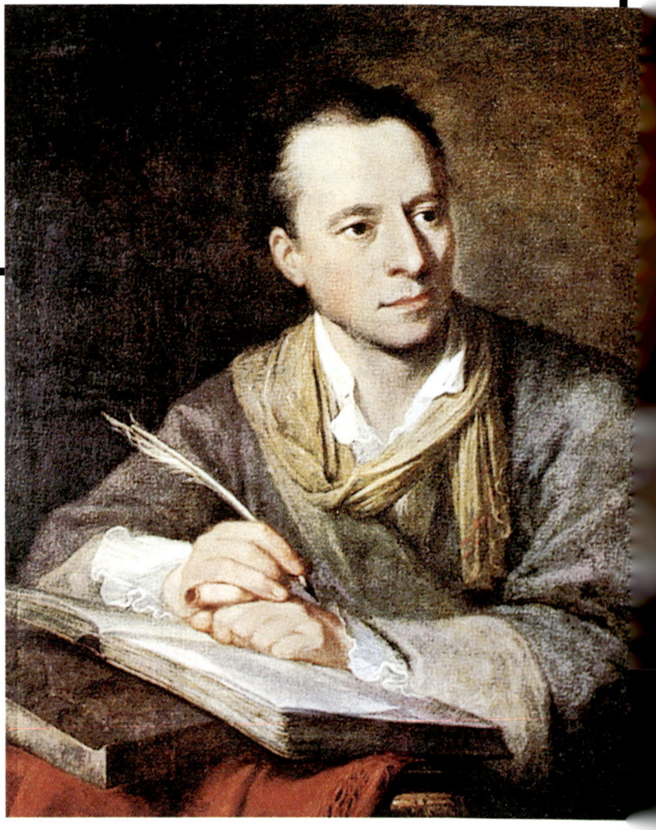

Entreprise en 1738, la construction du palais de Capodimonte dure une vingtaine d'années. Au cours de la seconde moitié du siècle, il devient l'une des étapes du Grand Tour *accompli par d'illustres voyageurs, tels Goethe et le marquis De Sade, des spécialistes de l'Antiquité, tel Winckelmann, et des artistes, tel Antonio Canova.*

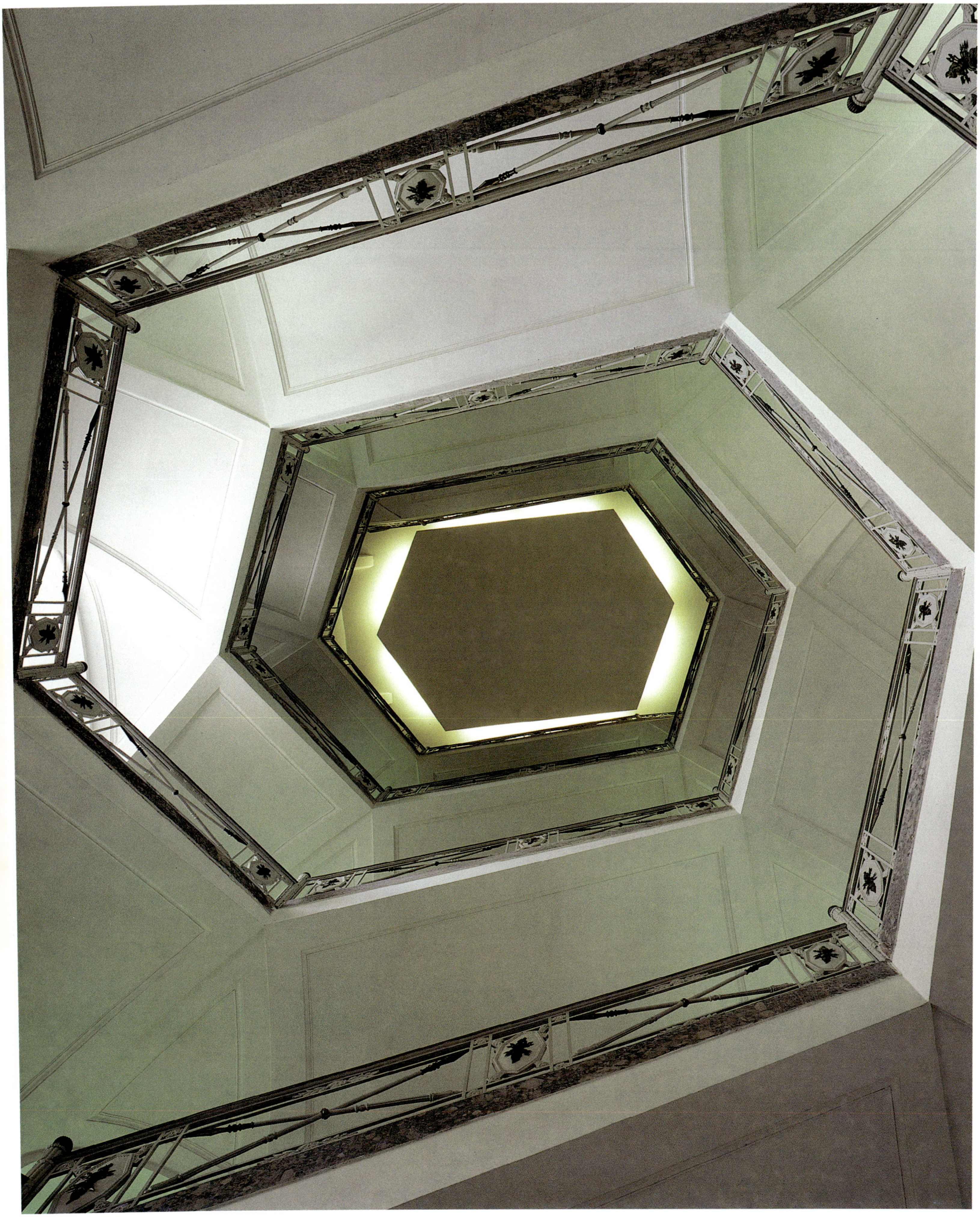

La collection Farnèse : le noyau central des collections de Capodimonte

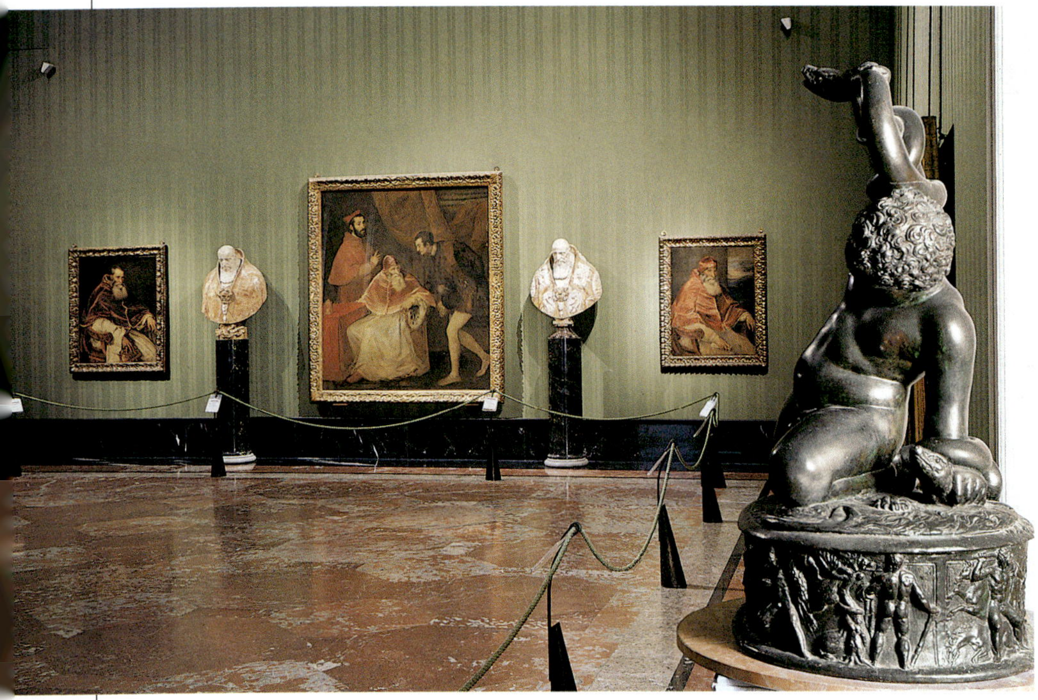

Vue de la salle de Titien

Le prestigieux patrimoine rassemblé par la famille Farnèse entre Rome – à l'époque de Paul III et de son neveu Alexandre, surnommé le "grand Cardinal" – et Parme, du temps de son duché, forme le noyau central autour duquel se sont constituées les collections de Capodimonte.
Il s'agit d'un ensemble de peintures, de sculptures et d'objets d'art décoratif raffinés, d'artistes œuvrant généralement dans le nord et dans le centre de l'Italie, auquel s'ajoute un nombre important de pièces flamandes remontant en partie à l'époque où les Farnèse entretenaient des liens étroits avec les Flandres, surtout à l'époque de Marguerite d'Autriche et de son fils Alexandre, durant la seconde moitié du XVIe siècle, ou bien provenant des confiscations effectuées au détriment de la noblesse de la ville de Parme, adversaires de la domination de la famille Farnèse, comme dans le cas des tableaux réputés de Bruegel.
Le consistant ensemble de tableaux de Titien, expression emblématique du rapport complexe et contradictoire qui lia l'artiste le plus illustre de son époque à l'une des plus grandes familles de la Renaissance est l'axe central de la collection, égalée par fort peu d'autres musées italiens et étrangers. L'on y trouve, en particulier, le célèbre portrait de *Paul III avec ses neveux*, qui n'est pas le seul où Titien représenta, avec une introspection psychologique fort subtile, ce pape, et de la même façon, les autres membres les plus importants de la famille, comme le fils Pierre-Louis et le cardinal Alexandre, pour lequel il exécuta notamment la fameuse *Danaé*.
A côté des célèbres chefs-d'œuvre de Masolino, Bellini, Lotto, Rosso, Pontormo, Sebastiano del Piombo et Venusti, il convient également de mentionner un fonds de grande valeur, aussi

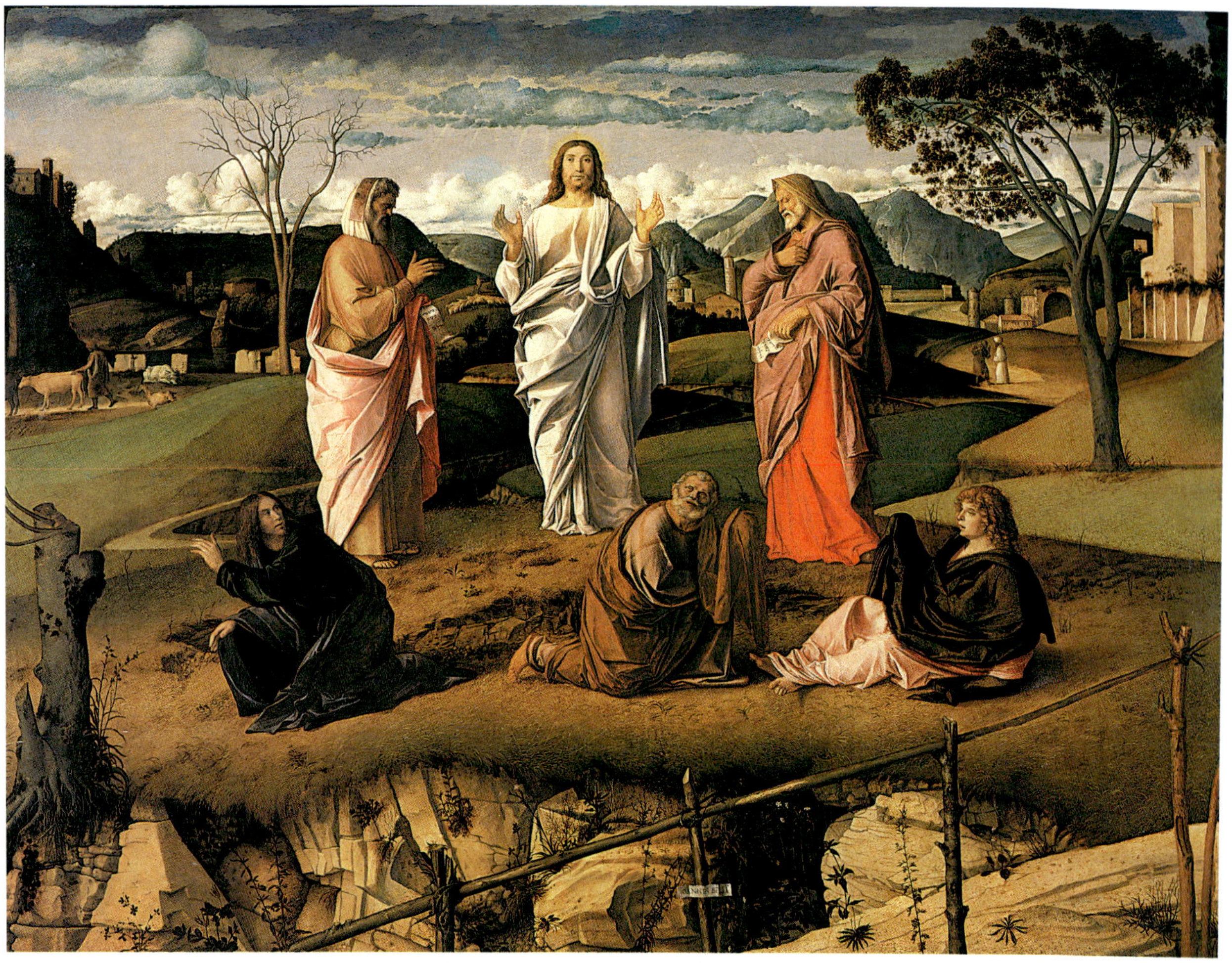

Giovanni Bellini,
Transfiguration, 1480-1485

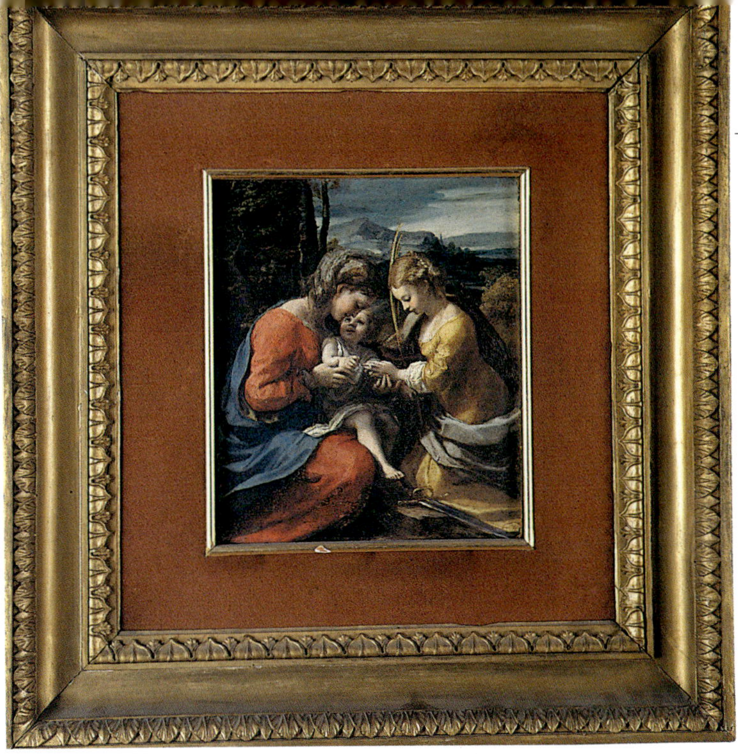

Le Corrège, *Noces mystiques de sainte Catherine*, 1520 env.

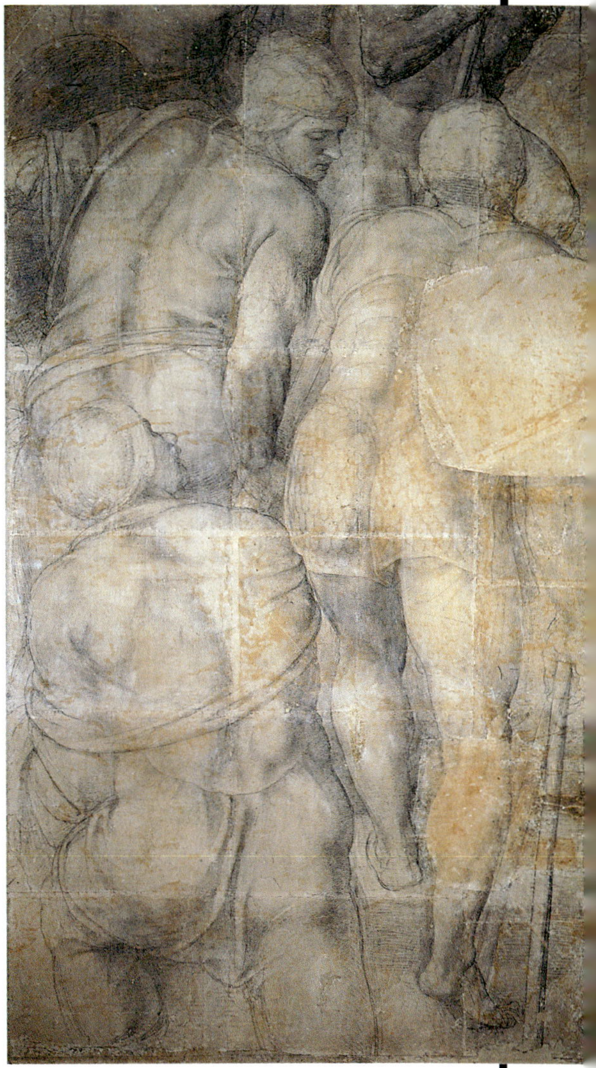

Michel-Ange, *Groupe d'hommes d'armes*, 1546 env.

bien au niveau numérique que de la qualité concernant les peintures de l'école émilienne. C'est également par le biais d'une judicieuse politique de mécénat et de l'acquisition d'œuvres d'art locales du passé que la famille Farnèse s'attacha à construire son propre prestige dans les territoires de la plaine du Pô où elle établit son influence. Parmi les divers tableaux du Corrège, du Parmesan, de Bedoli, Dosso et des autres maîtres de Ferrare, l'on remarque aussi les nombreuses œuvres des Carrache, les grands représentants, travaillant entre le duché émilien et la cour romaine, de la nouvelle peinture qui unissait un naturalisme vigoureux à l'idéal du classicisme. L'activité des trois cousins est documentée par des œuvres célèbres – *Renaud et Armide* de Ludovico, *Henri velu* d'Augustin – ou encore par le délicat tableau intitulé *Noces mystiques de sainte Catherine*, le *Renaud et Armide*, l'*Hercule à la croisée des chemins* ou la fameuse *Pietà* d'Annibale, des témoignages incomparables du changement de style et d'orientation culturelle qui mûrit entre la fin du XVIe et le début du XVIIe siècle. Enfin, nous trouvons également une confirmation de l'échange dialectique, dans la culture romaine des premières décennies du XVIe siècle, entre les positions exprimées par Michel-Ange et celles de Raphaël, dans deux grands cartons préparatoires exécutés par les deux maîtres respectivement pour les fresques de la chapelle Pauline et la Chambre d'Héliodore du Vatican, ayant appartenu au bibliothécaire des Farnèse, Fulvio Orsini, un collectionneur lui aussi raffiné, et qui furent ensuite légués au cardinal Odoardo. Le *Groupe d'hommes d'armes,* dessiné au fusain sur un ensemble de dix-neuf feuilles, reprend de dos trois monumentales figures conçues pour la *Crucifixion de Saint Pierre*, à laquelle Michel-Ange travailla entre 1546 et 1550; le *Moïse devant le buisson ardent* fut conçu par Raphaël entre 1511 et 1514, et dans la vigoureuse puissance de la figure, l'on peut observer des affinités avec le style de Michel-Ange.

Annibale Carrache, *Déposition*, 1606 env.

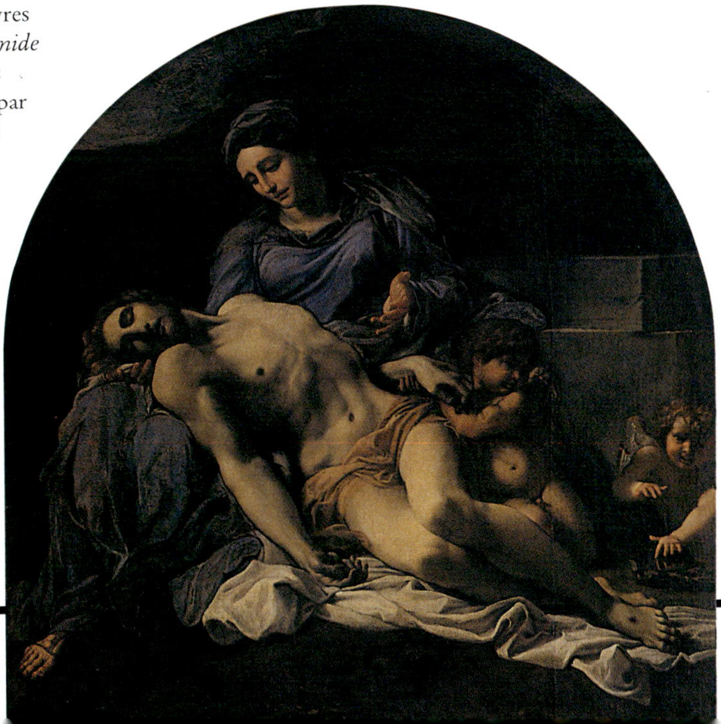

Raphaël, *Moïse devant le buisson ardent*, 1514 env.

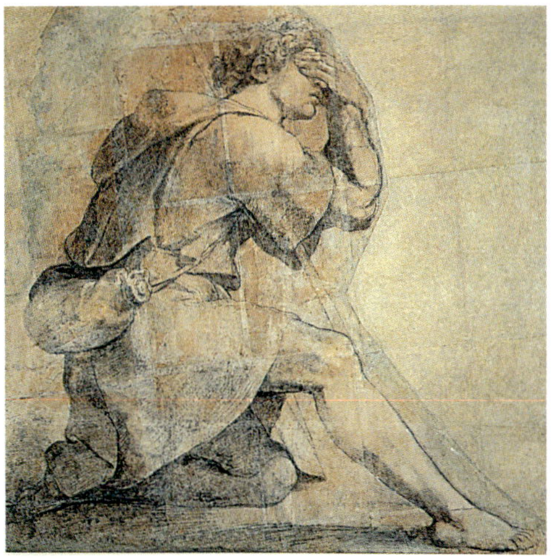

Titien

Ce *Portrait de Paul III avec ses neveux*, 1545-1546 (huile sur toile, 202 × 176 cm) qui est l'un des plus célèbres de toute l'histoire, reproduit le pape de la famille Farnèse, avec ses deux neveux – Alexandre et Octave – auxquels étaient confiées les ambitions futures de la maison, aussi bien au niveau ecclésiastique qu'au niveau séculier. Néanmoins, bien que cette toile représente en quelque sorte un manifeste des ambitions et du pouvoir de la famille, l'œuvre ne fut jamais terminée par Titien, qui regagna Venise en mai 1546, la laissant inachevée. Les hypothèses avancées à son sujet sont fort nombreuses : le réalisme excessif avec lequel sont représentées les intrigues de famille, qui aurait heurté la cour pontificale ; la déception de Titien devant ajournement continuel des Farnèse pour la récompense due pour l'ensemble des nombreuses œuvres exécutées durant un séjour romain effectif malgré sa brièveté ; l'inactualité supplémentaire du portrait, puisque ce fut justement pendant cette période que le pape aurait modifié ses vues eu égard à Octave – qui, grâce à son mariage avec Marguerite d'Autriche, permit de consolider les liens avec l'empereur Charles Quint – en faveur du plus jeune de ses neveux, Horace, entré dans l'entourage de François Ier à travers la promesse du mariage avec Diane de France.
Bien que le sujet incomplet ait induit à une confusion concernant l'identité des personnages représentés, l'œuvre fut considérée comme emblématique pour l'histoire de la famille, en tant que telle, elle fut exposée, et fortement valorisée, dans la Galerie Ducale du Palais de la Pilotta de Parme jusqu'à la fin du XVIIe siècle.

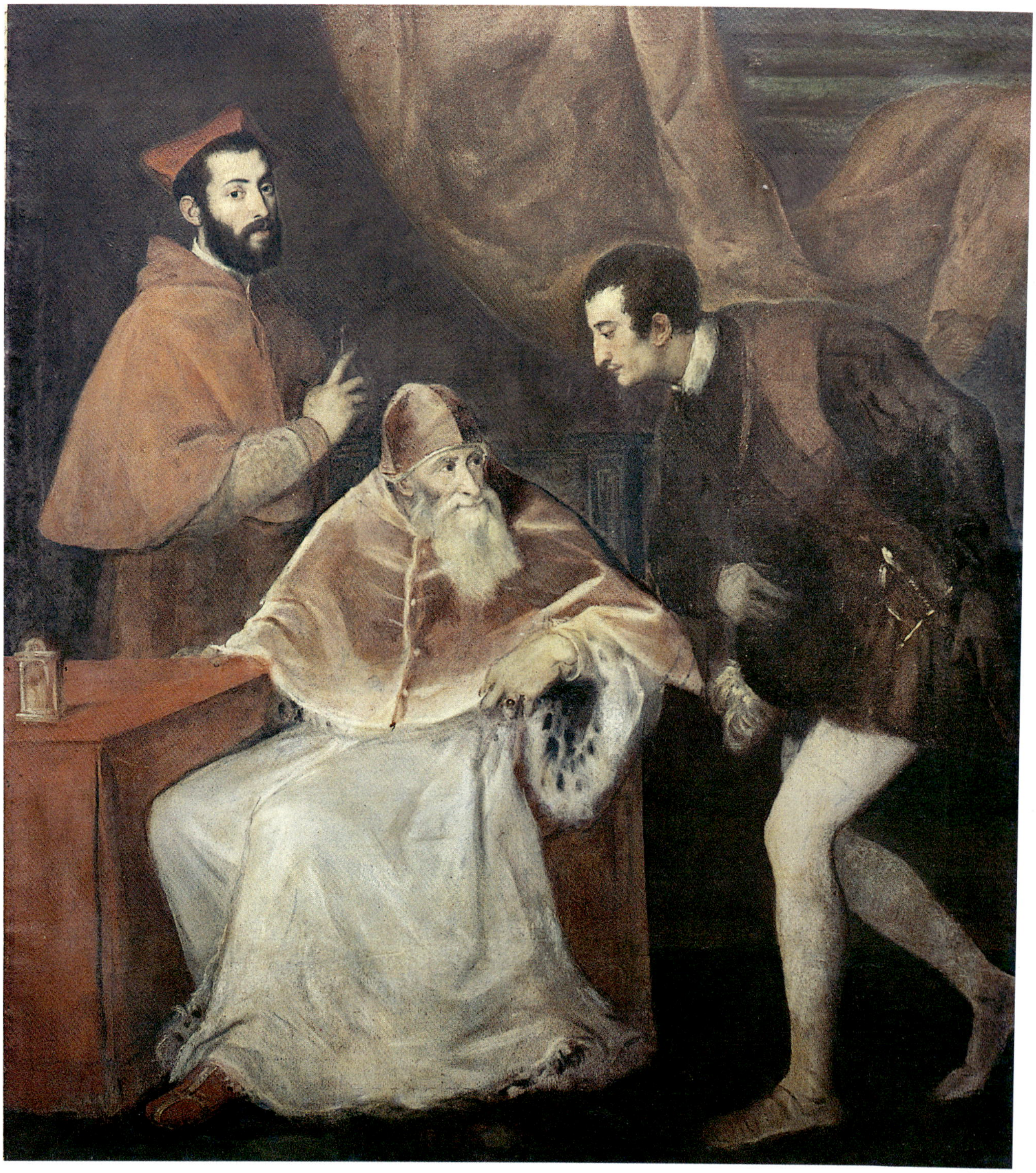

Les célèbres tableaux de Titien, le portrait de Paul III Farnèse (1545-46) et la Danaé *(1544-45), font leur entrée au palais de Capodimonte en tant que patrimoine de l'héritage des Farnèse, au moment de l'établissement de Charles de Bourbon, fils d'Elisabeth Farnèse et futur roi de Naples.*

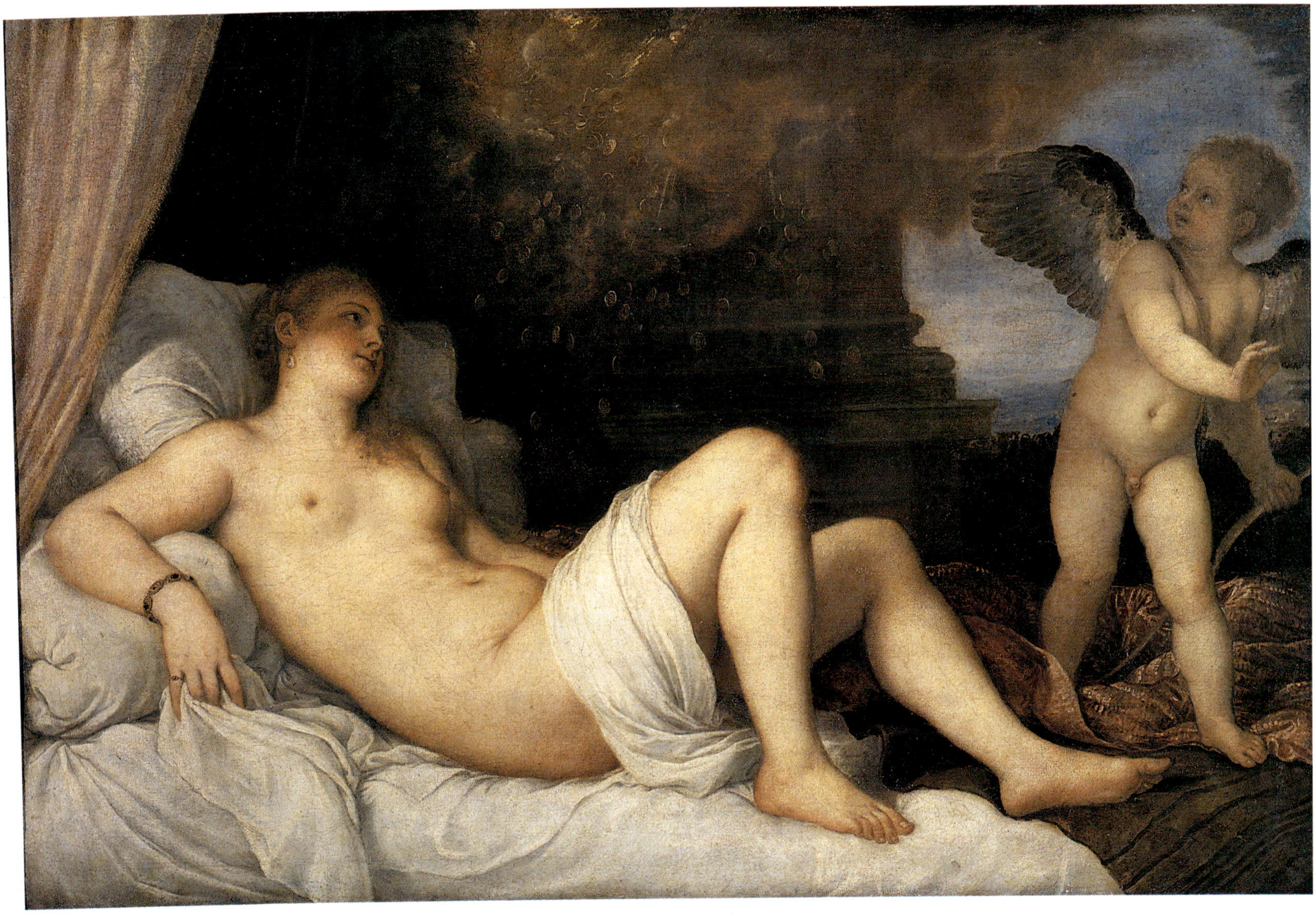

Titien

Le tableau intitulé *Danaé* (huile sur toile, 118,5 × 170 cm) est l'un des plus célèbres de la collection Farnèse. Il fut commissionné à Titien par Alexandre pour "sa propre chambre", très visiblement séduit par la beauté de la *Vénus d'Urbin* que l'artiste avait exécuté en 1538 pour Guidobaldo della Rovere.
Le témoignage du nonce du pape à Venise qui, en 1544, écrivit à Alexandre, parle d'"un nu qui attirerait le diable vers le cardinal San Sylvestro", c'est-à-dire du dominicain Tommaso Badia, à l'époque sévère censeur des mœurs de la curie romaine.
Titien avait donc commencé l'œuvre à Venise pour ensuite l'achever à Rome, durant un bref séjour à la cour pontificale, au cours duquel il exécuta les nombreux portraits du pape lui-même et des membres de sa famille. La toile était en effet encore dans son atelier du Palais du Belvédère au Vatican, à l'occasion de la visite de Michel-Ange, en compagnie de Giorgio Vasari qui la relatera ensuite et pendant laquelle le grand maître exprima son célèbre jugement élogieux à l'égard du "coloré" et de la "gracieuse et façon vivante" de l'artiste vénitien, auquel il aurait néanmoins manqué la manière de "bien dessiner".
Il est probable qu'à Rome le fait de dissimuler sous des allures mythologiques le sujet réel soit devenu encore plus nécessaire, transformant en Danaé un nu trop compromettant pour un prélat, aussi puissant fût il. La radiographie de la peinture, avec la localisation des diverses corrections, renforce cette hypothèse.
La réputation qui a toujours accompagné l'œuvre en motiva le déplacement effectué par mesure de sécurité à Palerme en 1798, ordonné par Ferdinand de Bourbon, sous la pression de l'arrivée des troupes françaises, avec treize autres célèbres tableaux de la collection, parmi lesquels l'on nombre trois autres toiles de Titien. Revenu à Naples, avec le retour des Bourbons sur le trône, la *Danaé* fut installée dans ce que l'on appelait le "Cabinet des tableaux obscènes", au Musée Royal Bourbon, lieu exclu du parcours d'exposition habituel et que l'on ne pouvait visiter qu'avec des autorisations expresses et où étaient rassemblés les sujets retenus les plus licencieux.
L'œuvre fut ensuite dérobée par les nazis, avec les plus célèbres peintures de Capodimonte, et miraculeusement récupérée à la fin du conflit.
Les inspirations picturales puisées par Titien furent définies de façon variable par les critiques, allant de la *Léda* de Michel-Ange, à la *Nuit* des tombeaux des Médicis, ou encore à la *Danaé* du Primatice pour la galerie de François Ier à Fontainebleau, en passant par celle du Corrège pour François de Gonzague. Il est néanmoins évident que la fascination de ce nu allongé, dont l'imposante masse sculpturale est exaltée par un chromatisme libre et sensuel, fut en quelque sorte la réponse que Titien voulut offrir à la culture figurative de la Rome pontificale en calibrant savamment les valeurs et en les traduisant dans un langage hautement évocateur.

Annibale Carrache

Placé de manière emblématique au-dessus du parcours des collections Farnèse du musée, dans l'axe directionnel de la perspective qui traverse les multiples salles du palais orientées à l'est, presque pour souligner son centralisme au sein de la collection, l'*Hercule à la croisée des chemins* (huile sur toile, 165 × 239 cm) fut à l'origine conçu pour la partie médiane de la voûte de la "Loge d'Hercule ", le cabinet privé du cardinal Odoardo, tout d'abord dans les espaces du Palais Farnèse, dont la décoration fut confiée entre 1595 et 1597, au pinceau d'Annibale Carrache, appelé à Rome pour composer les fresques de la fameuse galerie du palais.
L'iconographie de l'ensemble de la Loge – conçue par Odoardo lui-même et par Fulvio Orsini, érudit bibliothécaire de la maison Farnèse – se basait, au travers des scènes du mythe classique et des figures allégoriques, sur l'exaltation du thème de la Vertu. La partie médiane de la voûte représentait Hercule appelé à choisir entre le Vice, personnifié par une élégante figure féminine posant de dos qui arbore les symboles des plaisirs terrestres, des masques, des cartes et des instruments de musique et la Vertu qui indique, en revanche, un pénible chemin qui serpente sur les hauteurs, alors qu'à ses pieds, un poète coiffé de laurier, promet qu'il chantera pour l'éternité la gloire du héros s'il choisit la voie la plus accidentée.
Le parfait équilibre entre le classicisme – qu'Annibale pouvait puiser directement à Rome – et le naturalisme, imprégnant son savoir-faire de peintre, compose une toile dont la valeur est emblématique des nouvelles tendances que la peinture du maître traçait à Rome à l'aube du siècle nouveau.
L'importance et la valeur attribuées à la peinture, qui conduisirent à son prélèvement des plafonds de la Loge, où elle fut remplacée par une copie et à son transfert à Parme en 1662, avec les chefs-d'œuvre des Farnèse, expliquent également tous les déplacements successifs entre Parme, Naples, Palerme, de nouveau Naples où, dans le cadre du Musée royal Bourbon, elle fut exposée dans le "Cabinet des tableaux obscènes" où l'on trouvait, comme nous l'avons mentionné plus haut, la *Danaé* de Titien.
Quelques années plus tard, Annibale exécuta, toujours pour le cardinal Odoardo, la célèbre *Pietà*, également présente aujourd'hui à Capodimonte, idéalement inspirée par le groupe de sculptures en marbre de Michel-Ange au Vatican.

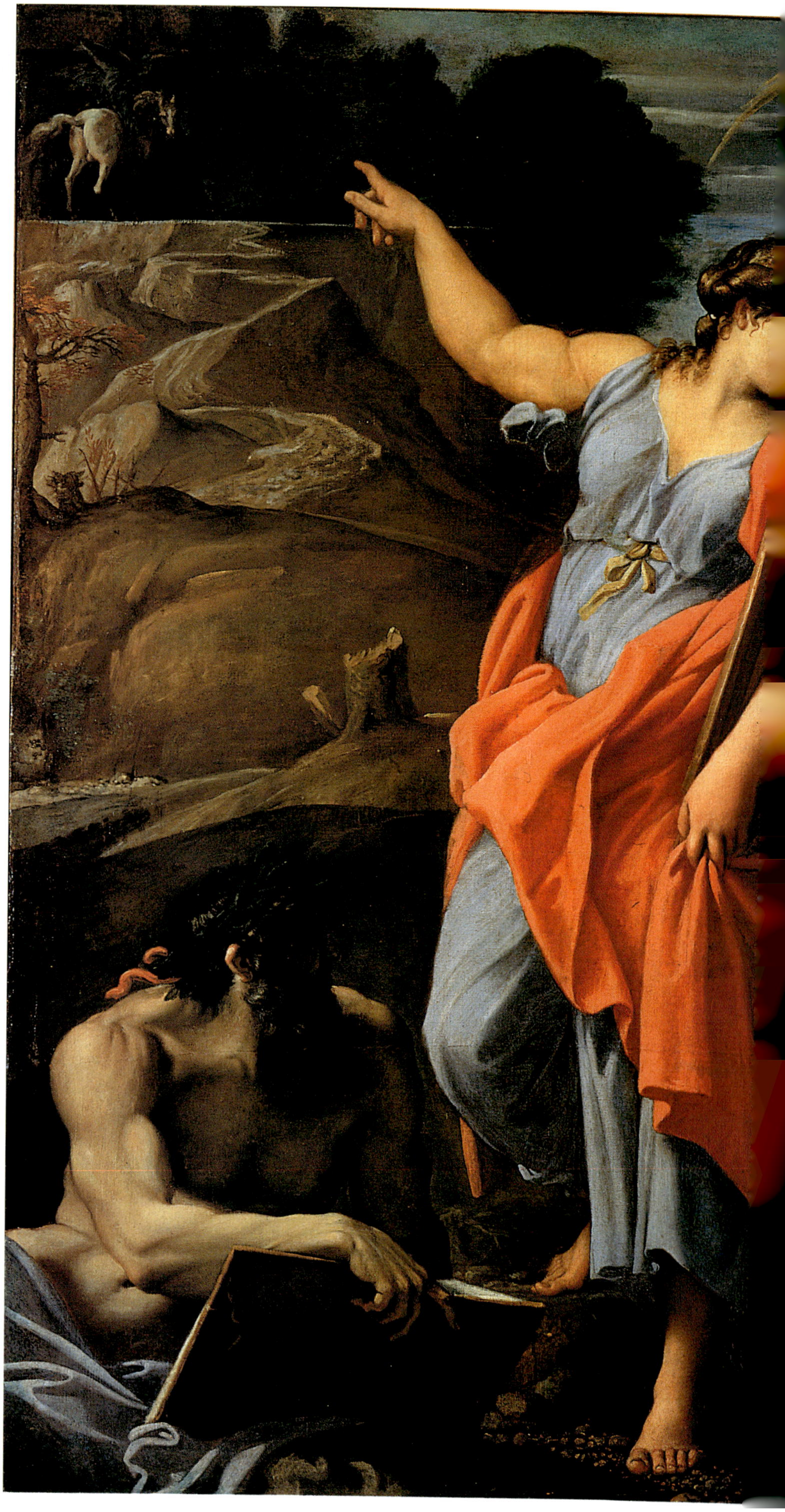

L'emblématique peinture d'Annibale Carrache, appartenant elle aussi aux Farnèse, a été conçue en tant que noyau thématique du cabinet d'Hercule du Palais Farnèse de Rome, voulu par le cardinal Odoardo et par le très cultivé bibliothécaire Fulvio Orsini, en guise d'exaltation allégorique des Vertus.

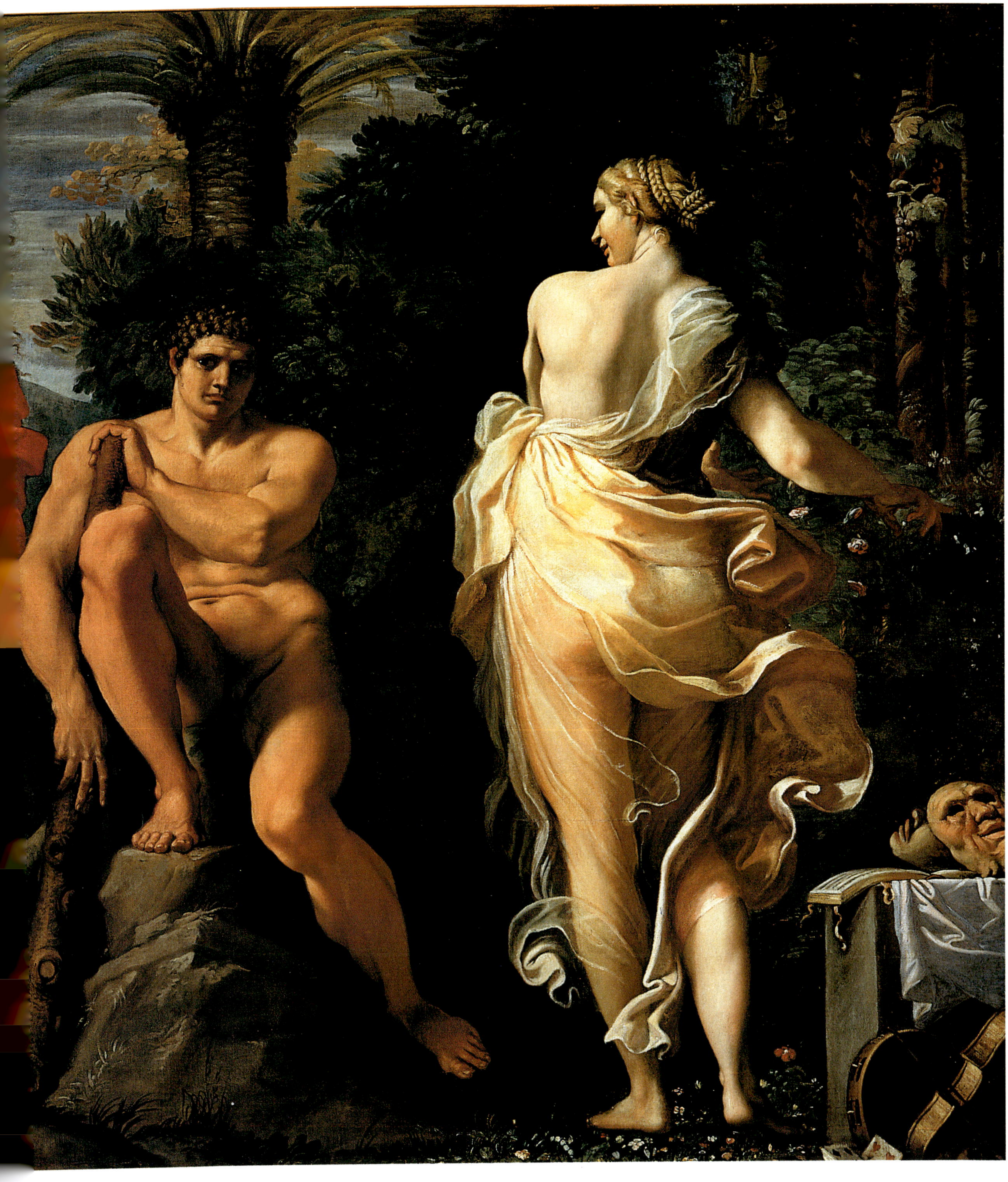

Le Parmesan (Francesco Mazzola)

Bien que cette œuvre figure dans les anciens inventaires sous le nom de "portraits de l'Antée" ou "de l'amoureuse du Parmesan", à savoir une célèbre courtisane ayant vécu durant la première moitié du XVIe siècle à Rome, citée par Cellini et l'Arétin, l'identité de la jeune personne n'est absolument pas certaine.
Certains chercheurs pensent qu'il s'agirait de la fille ou de la servante du peintre, ou encore d'une patricienne de Parme, comme le laisserait d'ailleurs supposer le tablier qu'elle porte, accessoire de la toilette des femmes de rang élevé, surtout dans le nord de l'Italie.
Quelle que soit l'identification exacte, *Portrait d'une jeune femme (l'"Antée")* (huile sur toile, 136 × 86 cm) est l'une des images les plus célèbres et les plus raffinées non seulement de l'ensemble de la production du peintre natif de Parme, mais également de la peinture italienne du XVIe siècle.
Le recours habile à des jeux de déformation optique de la part de l'artiste – à cet égard, l'*Autoportrait de Vienne* est célèbre – conduit à opposer la fixité abstraite de l'ovale parfait du visage au buste – enveloppé dans un accord chromatique d'une élégance raffinée – qui semble légèrement tournoyer grâce à la disproportion entre le bras et l'épaule droite, sur laquelle repose la peau de martre, et l'épaule gauche qui s'estompe dans le fond.
Les avis divergents sur l'identification de la jeune femme se reflètent sur les propositions de datation, qui oscillent entre les années romaines du peintre (1524-1527) et celles de la maturité, une fois revenu à Parme au milieu des années Trente. Cette dernière hypothèse semble la plus vraisemblable, également en raison des liens évidents avec les autres œuvres de cette même époque, en particulier avec la *Madone au long cou* des Offices qui rappelle aussi une correspondance physionomique avec l'ange situé à la droite de la Vierge, peut-être un portrait de la noble commanditaire du tableau florentin.
Présente dans les collections des Farnèse du Palais du Jardin de Parme, avec trois autres célèbres chefs-d'œuvre du Parmesan aujourd'hui à Capodimonte – le *Portrait de Galeazzo Sanvitale*, la *Sainte Famille*, et l'extraordinaire *Lucrèce* – l'*Antée*, fut également après son transfert à Naples, considérée comme l'une des œuvres les plus importantes de la collection des Bourbons et, comme telle, envoyée par mesure de sécurité à Palerme par Ferdinand IV, à l'époque de la domination française et, par la suite prélevée par les nazis de l'abbaye de Montecassino, où le tableau avait été retrouvé durant la seconde guerre mondiale, pour être enfin récupéré en 1945.

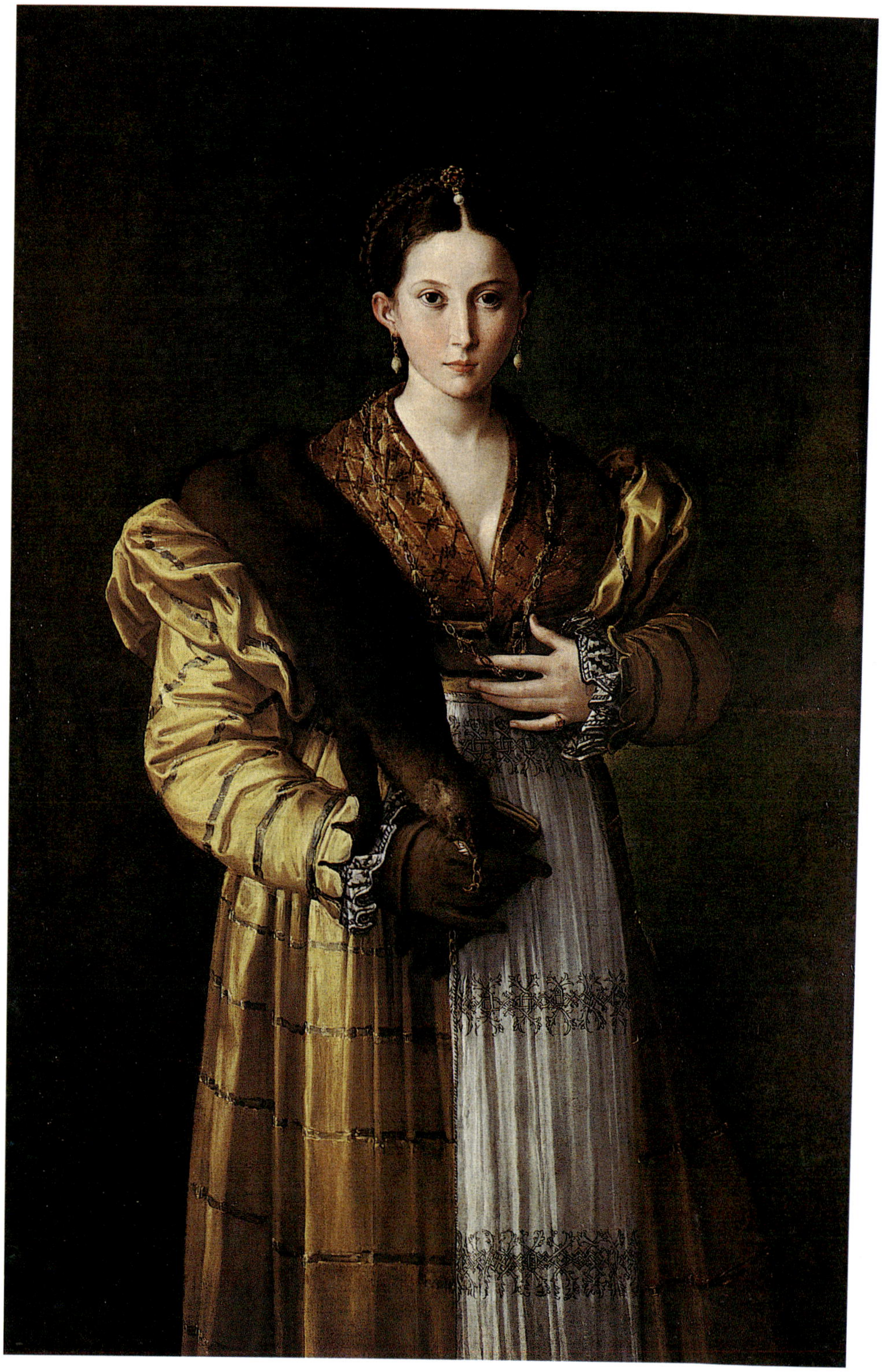

Peinte en 1535-1537, la mystérieuse et fascinante Antée *du Parmesan, l'une des œuvres les plus prisées des collections des Bourbons, passa elle aussi de la collection Farnèse à celle de la dynastie.*

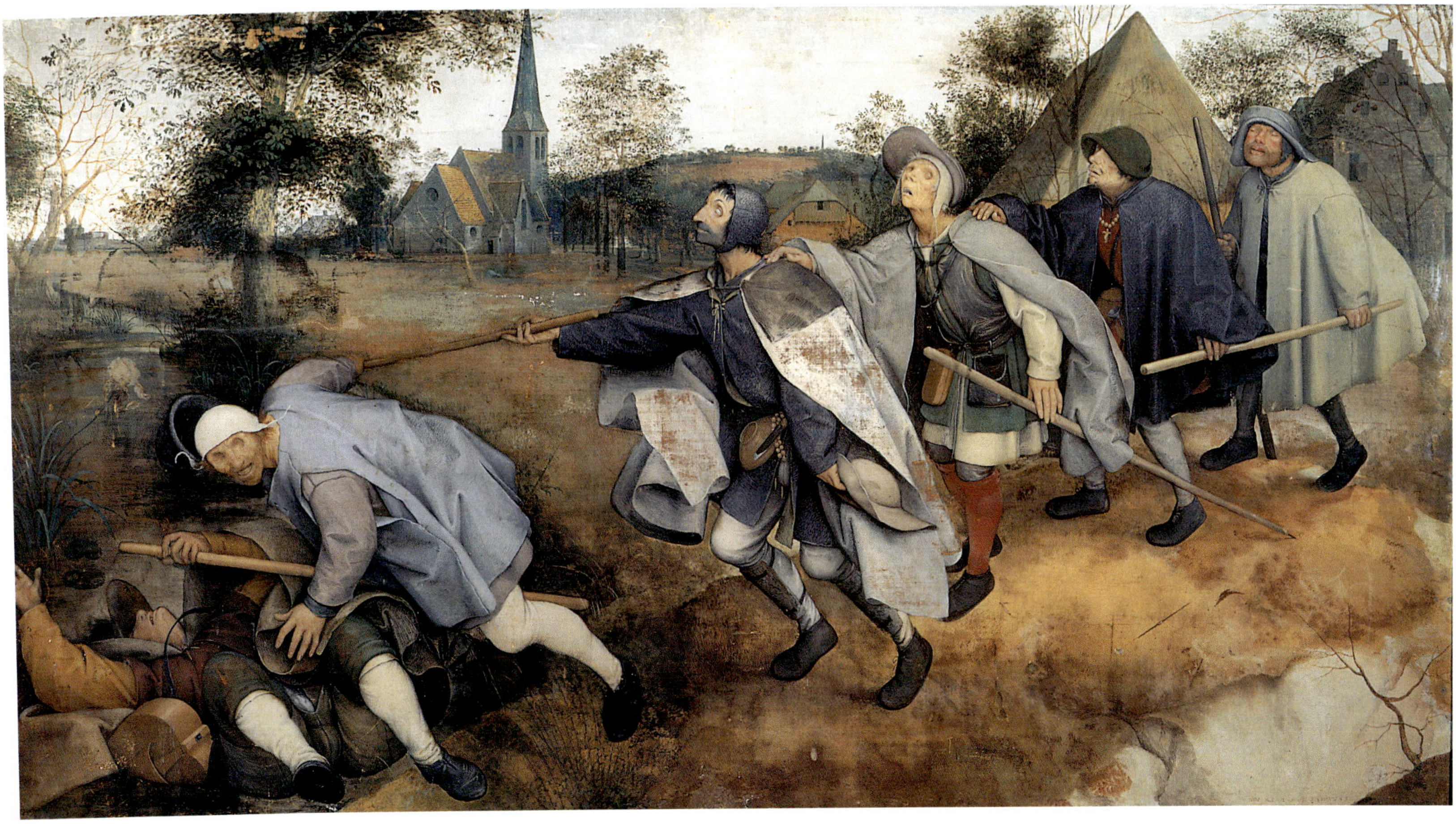

Pieter Bruegel

Il s'agit de la plus célèbre des nombreuses peintures flamandes présentes dans les collections Farnèse. Avec le *Misanthrope*, lui aussi de Bruegel, la *Parabole des aveugles* (détrempe sur toile, 85,5 × 154 cm) se trouvait à l'origine dans la collection d'un noble florentin dénommé Cosimo Masi, secrétaire d'Alexandre Farnèse dans les Flandres, au cours des vingt-cinq dernières années du XVIe siècle. A la suite de la conjuration des feudataires de Parme contre les Farnèse datant de 1612 et à laquelle Masi participa, la *Parabole* prit place dans les collections ducales, grâce à la confiscation de tous les biens des familles rebelles. Dès lors, elle occupa une place de choix dans la collection.
L'œuvre est peinte à la *tempera magra* (colle à l'œuf) et sans préparation, sur une mince toile de lin qui affleure visiblement en certains endroits, en particulier sur le manteau de l'aveugle situé au centre de la composition. Elle est signée et datée de 1568 et il a été possible d'identifier l'église qui est représentée à l'arrière-plan et qui existe toujours dans le village de Pede-Sainte-Anne, dans les environs de Bruxelles.
Par un accord chromatique joué sur de rares tonalités pâles, l'expression puissante des personnages ressort énormément tandis que le paysage autour est soigneusement étudié dans chaque détail.
Le sujet iconographique renvoie à bien des égards au Nouveau Testament, en particulier à l'incitation à la prudence, et au précepte de foi aveugle portée exclusivement envers Dieu parce que "lorsqu'un aveugle en conduit un autre, on les voit tous deux se précipiter dans le gouffre", selon un commentaire contenu dans la série des *Douze proverbes flamands* qui constitue une incontestable référence à la *Parabole* ; de plus, les références classiques au sujet, en particulier à Horace, ne manquent pas et elles étaient parfaitement connues dans les milieux où Bruegel évoluait.
Tout comme de nombreuses œuvres importantes du musée, la toile fut soustraite par les troupes nazies de l'entrepôt de Montecassino où elle avait trouvé refuge pendant la guerre. Elle fut ensuite récupérée dans une carrière de sel aux environs de Salzbourg, puis elle reprit sa place dans les collections de Naples en 1947.

Les très riches collections Farnèse accordent une importance particulière aux œuvres flamandes. Parmi ces dernières, la Parabole des aveugles, *peinte par Pieter Bruegel en 1568, occupe une place de choix. Avec le* Misanthrope, *ce tableau faisait partie de la collection de Cosimo Masi, secrétaire d'Alexandre Farnèse dans les Flandres. Ayant participé à la conspiration contre les ducs de 1612, celui-ci se vit confisquer tous ses biens.*

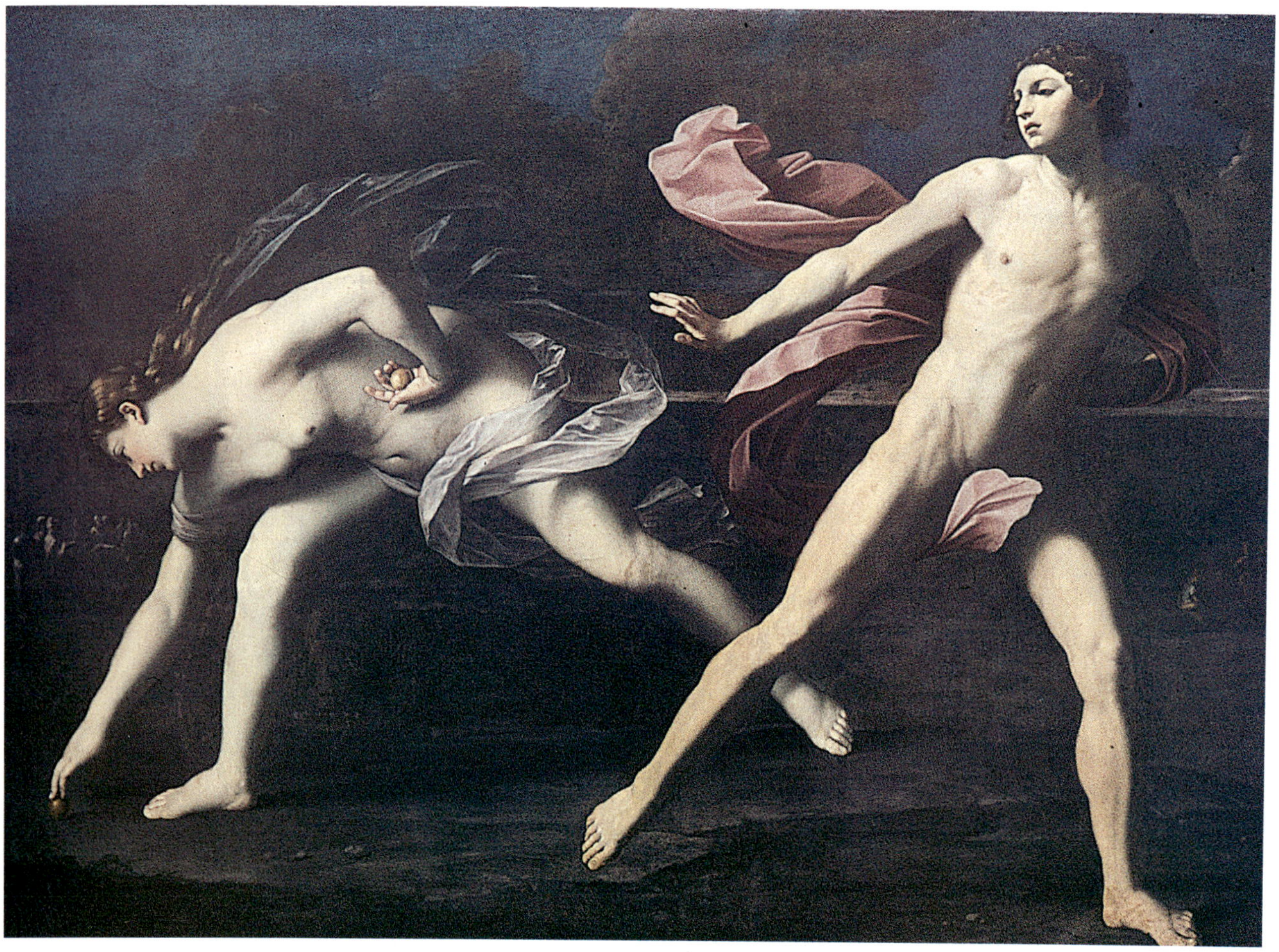

Guido Reni, *Atalante et Hippomène*, 1620-25

Naissance du musée

L'intervention de Ferdinando Fuga conduit, pendant les années soixante, au parachèvement des espaces situés autour de la cour centrale. Pendant ce temps, les collections royales s'enrichissent ultérieurement, non seulement de tableaux célébrant la dynastie – des portraits et des vues confiés aux mains de Mengs, Angelica Kauffmann, Vigée-Lebrun et Antonio Joli – mais aussi des premières acquisitions d'œuvres de l'école italienne du Sud : Cesare da Sesto, Ribera et Giordano. Le Musée, tel qu'il est évoqué dans les guides et les récits des voyageurs de la fin du siècle, compte quelque vingt-quatre salles consacrées individuellement à des artistes majeurs ou à des écoles régionales. Il s'est doté d'un propre *Règlement* datant de 1785, qui fixe les horaires, l'accès et les tâches des gardiens et des copistes. La propriété des collections demeure néanmoins directement rattachée à l'autorité royale, mais celles-ci acquièrent une fonction scientifique et pédagogique précise. Il existe également un atelier de restauration auquel l'on confie des chefs-d'œuvre comme la *Danaé* de Titien, la *Pietà* d'Annibale Carrache, la *Madone de la chatte* de Jules Romain. Quand les troupes françaises font irruption dans la ville en 1799, l'exposition compte plus de mille sept cents œuvres – une dimension tout à fait considérable par rapport aux autres institutions de l'époque. Le pillage qui s'ensuit prend des allures dramatiques : Ferdinand était parvenu à mettre à l'abri à Palerme quatorze chefs-d'œuvre, ainsi que la bibliothèque et les pièces anciennes les plus importantes, mais dans l'ensemble trois cent cinquante œuvres environ, dont une partie seulement pourra être récupérée grâce au travail mené par Domenico Venuti.

Ce pillage marque de façon indélébile l'histoire du musée de Capodimonte, en amorçant un déclin progressif qui le caractérisera pendant la première moitié du siècle. Les tableaux récupérés des mains des Français, que ainsi les acquisitions effectuées par Venuti pour redonner du lustre aux collections royales et pour combler les lacunes existantes (c'est le cas de l'*Atalante* de Guido Reni ou de Fra Bartolomeo), ne sont plus exposés dans les salles et il en est de même de l'important patrimoine provenant de l'Eglise. Par ailleurs, le projet d'un Musée général s'inspirant de la muséographie du Siècle des Lumières qui se développait alors en Europe, commençait déjà à se dessiner au cours des dernières décennies du XVIIIe siècle. Son objectif était de regrouper l'ensemble du patrimoine royal, dans l'ancien Palais de l'Université, considéré comme un lieu plus adapté et dont les travaux furent confiés au vieil architecte Fuga.

Cesare da Sesto

Le grand retable *Adoration des Mages* (huile sur bois, 326 × 270 cm) fut réalisé pour la Congrégation San Nicolò dei Gentiluomini de Messine entre 1516 et 1519. Pour la tradition de l'Italie du Sud, il représente un trait d'union avec la "manière moderne" romaine de peindre des premières décennies du XVIe siècle et un modèle, comprenant également d'autres œuvres laissées par Cesare da Sesto, pour une génération entière d'artistes conquis par cette nouvelle culture.
Les rappels manifestes à la culture de Léonard de Vinci – plus particulièrement dans le groupe central de la Vierge à l'enfant, ainsi que dans la représentation de l'un des visages des vieillards – se mélangent à des références précises aux dernières et célèbres entreprises romaines de Raphaël et de Michel-Ange, dans le contexte d'un environnement paysagiste soigné où se dressent des ruines classiques, obéissant à une coutume en vogue à l'époque.
Ce retable fut l'une des premières œuvres provenant de l'Italie du Sud qui entra dans les collections royales axées encore, en raison du fonds de la famille Farnèse, sur des pièces provenant essentiellement des écoles du centre et du nord de l'Italie. Son caractère exceptionnel dans le contexte des collections des Bourbons lui valut un intérêt particulier, au moment de l'irruption des troupes françaises dans la Galerie de Capodimonte, en 1799. Toutefois, probablement à cause de ses dimensions spectaculaires, elle échappa miraculeusement au terrible pillage qui suivit. Un travail de restauration fort soigné, exécuté ces dernières années, a tenté de pallier les nombreuses interventions du XIXe siècle qui en avait compromis la structure linéaire.

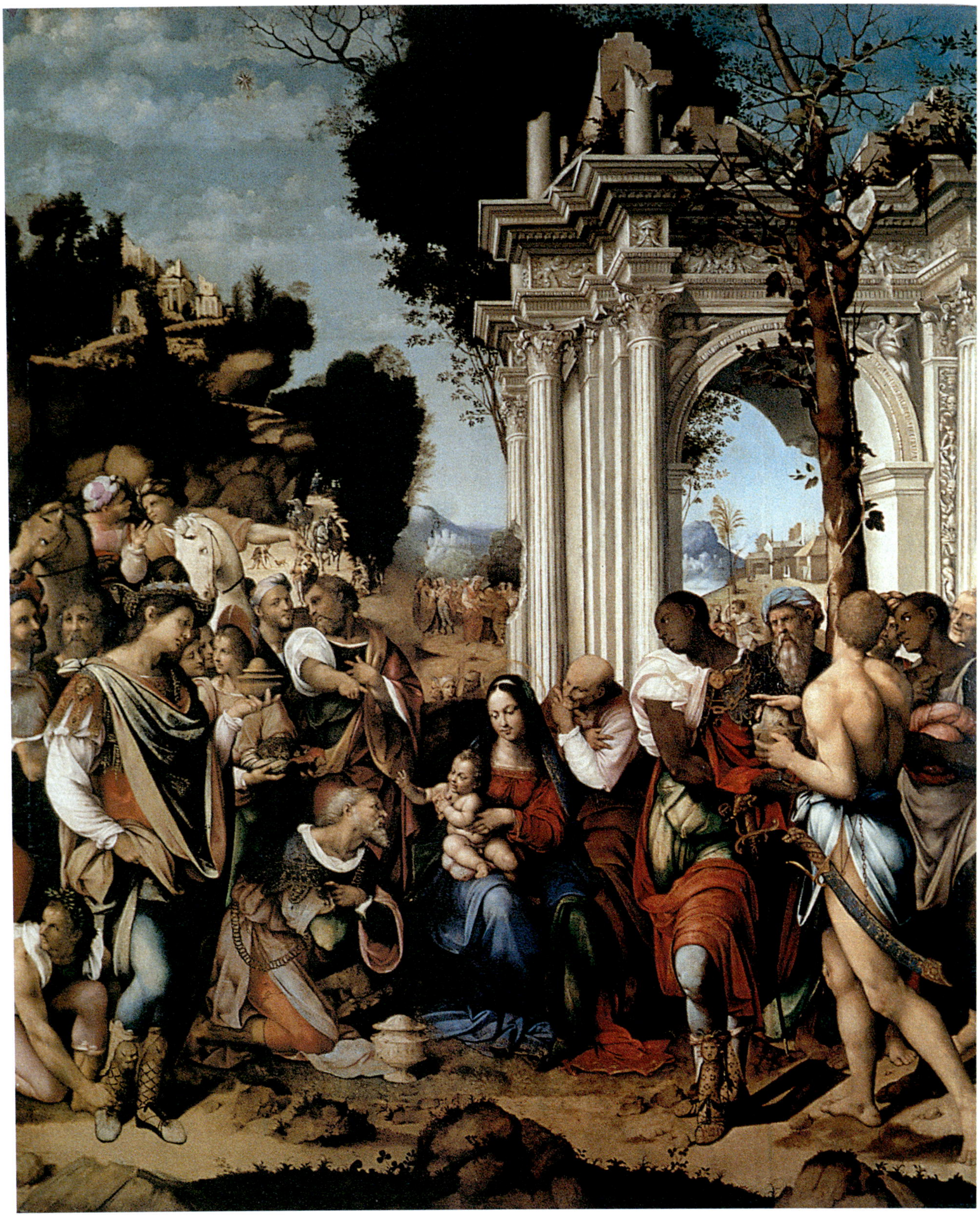

Le retable fut l'une des premières œuvres d'origine méridionale à faire son entrée dans les collections royales qui, en vertu de l'origine des Farnèse, demeuraient encore centrées sur des peintures des écoles de l'Italie du centre et du nord.

Le Musée National de Capodimonte

Charles de Bourbon et ses ministres jettent leur dévolu sur le domaine de Capodimonte, principalement en vue d'y abriter les collections d'art parvenant de Parme et de Plaisance et le palais commencera donc à être édifié à partir des années 1740. La zone choisie est la colline de Capodimonte, située à l'orée d'une vaste étendue plantée d'arbres, surplombant le magnifique panorama du golfe et la ville bâtie en contrebas.
Le projet est confié à l'ingénieur militaire palermitain Giovanni Antonio Medrano, pendant une brève période par l'architecte romain Antonio Canevari, qui s'occupera également peu de temps après de l'édification du palais royal de Portici. Medrano conçoit pour la résidence de Capodimonte trois projets distincts. Celui qui sera retenu en 1738 est aujourd'hui documenté par un plan conservé dans le Musée. Il prévoyait des solutions ressemblant, dans les grandes lignes, à celles d'aujourd'hui : la variante la plus importante provient de l'absence du grand escalier principal, à l'origine dessiné pour prendre place dans la cour centrale et qui n'a jamais été réalisé.
L'édifice est rectangulaire, il mesure 187 mètres de longueur par 87 mètres de largeur. Il s'élève sur deux étages, comprenant en sus une soupente et des combles. Sa masse imposante se déploie, surtout longitudinalement, grâce à la succession de trois vastes cours alignées, bordées d'arcades et communiquant entre elles, ouvertes sur l'extérieur par de larges porches.
Le palais présente, en ce qui concerne les façades, intérieure comme extérieure, des décorations en style dorique, reprenant aussi le style du XVIe, rythmées par de solides moulures en trachyte gris qui contrastent avec le rouge, typiquement napolitain, des murs enduits

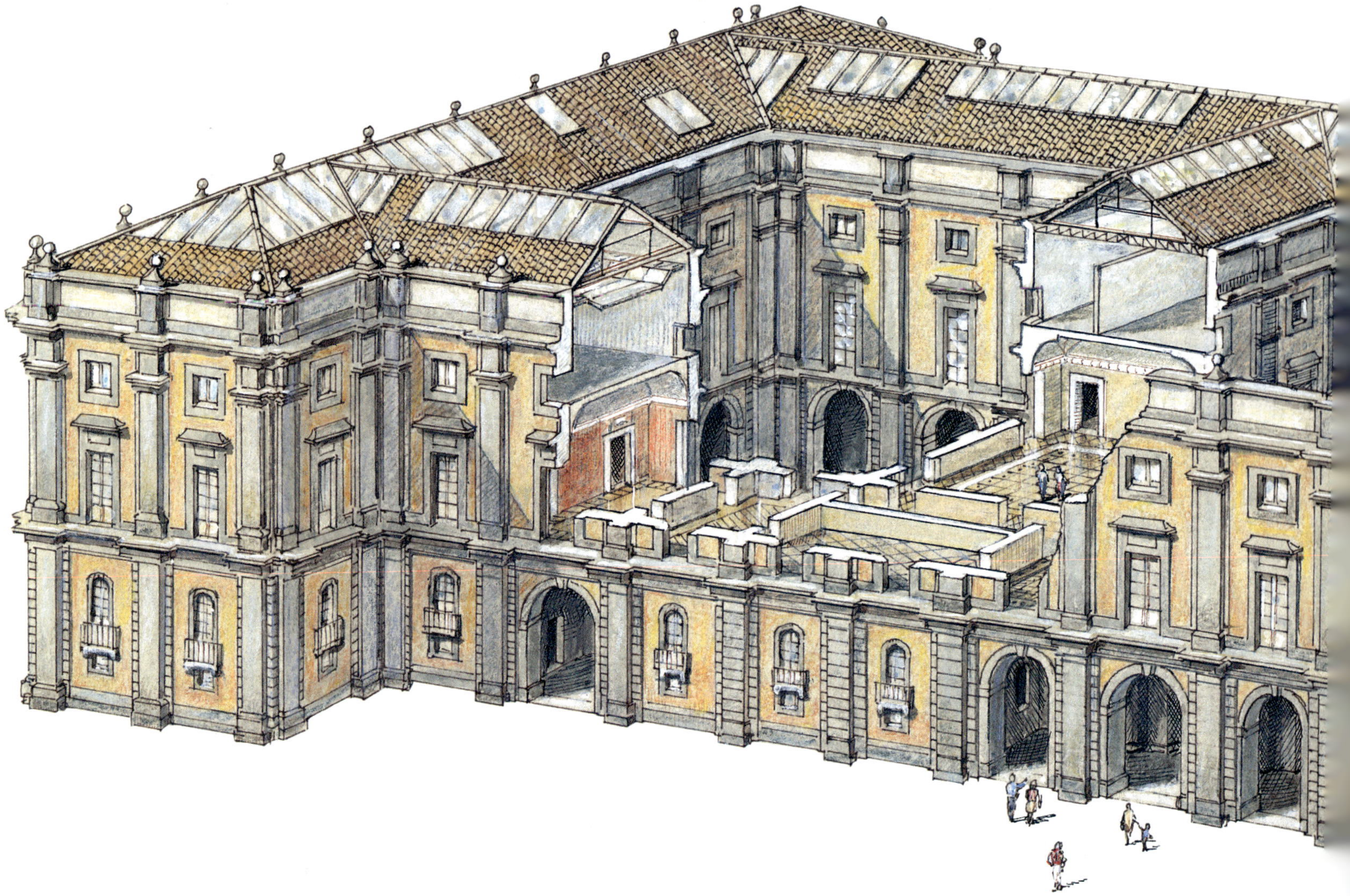

et par la série de larges fenêtres situées au premier étage et d'ouvertures plus exiguës aux niveaux supérieurs.
L'intérieur se caractérisait à l'origine par une succession interminable de salons destinés aux cérémonies, aux appartements royaux et à l'exposition des collections Farnèse, enfilade interrompue au centre par une "galerie" à double niveau et sur les parties angulaires du palais, par d'autres salons également très hauts de plafond; mais aujourd'hui l'aspect du premier étage a été modifié par toute une série d'interventions successives. Les bureaux et les logements occupaient en revanche les locaux les plus modestes se trouvant au rez-de-chaussée, à l'entresol et au deuxième étage.
Quand les souverains napoléoniens choisirent le Palais pour y établir leur résidence, il en favorisèrent l'accès grâce à la construction, de 1807 à 1809, d'un pont jeté sur le quartier de la Sanità et à l'ouverture de l'avenue Napoléon, opération complétée par la construction en 1824 du grand escalier dessiné par Antonio Niccolini.
En 1833, à l'époque de Ferdinand II, les travaux complétant le palais reprennent, pour achever le côté nord, interrompu pendant des décennies à la hauteur du premier étage. En 1835, l'escalier principal ainsi que le grand escalier hexagonal situé au sud, conçus suivant des plans de l'architecte Tommaso Giordano, sont finalement achevés.
Vers 1742 les travaux d'aménagement du parc et des jardins sont mis en œuvre dans les espaces jouxtant le palais, d'abord par l'architecte Ferdinando Sanfelice, puis par Ferdinando Fuga qui le remplacera de 1763 à 1766. Le jardin est conçu suivant un plan de style baroque, avec cinq longues allées bordées d'arbres qui se déploient au pied de la cour d'entrée, comprenant de nombreuses statues de marbre et où s'entrecroisent des sentiers secondaires tracés à l'intérieur d'une dense végétation naturelle, constituant ainsi l'agencement ordonné et symétrique du jardin "à l'italienne", reprenant l'aspect apparemment spontané du jardin "à l'anglaise". Les diverses espèces de palmiers existant aujourd'hui furent plantées à la fin du XIXe siècle, obéissant à l'inspiration orientale en vogue à l'époque.

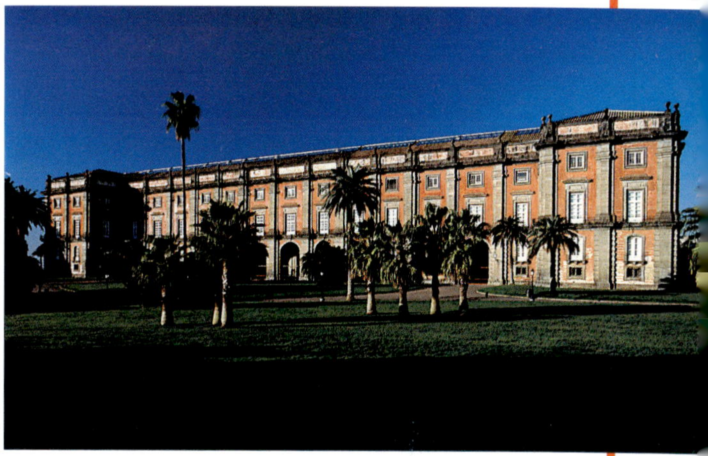

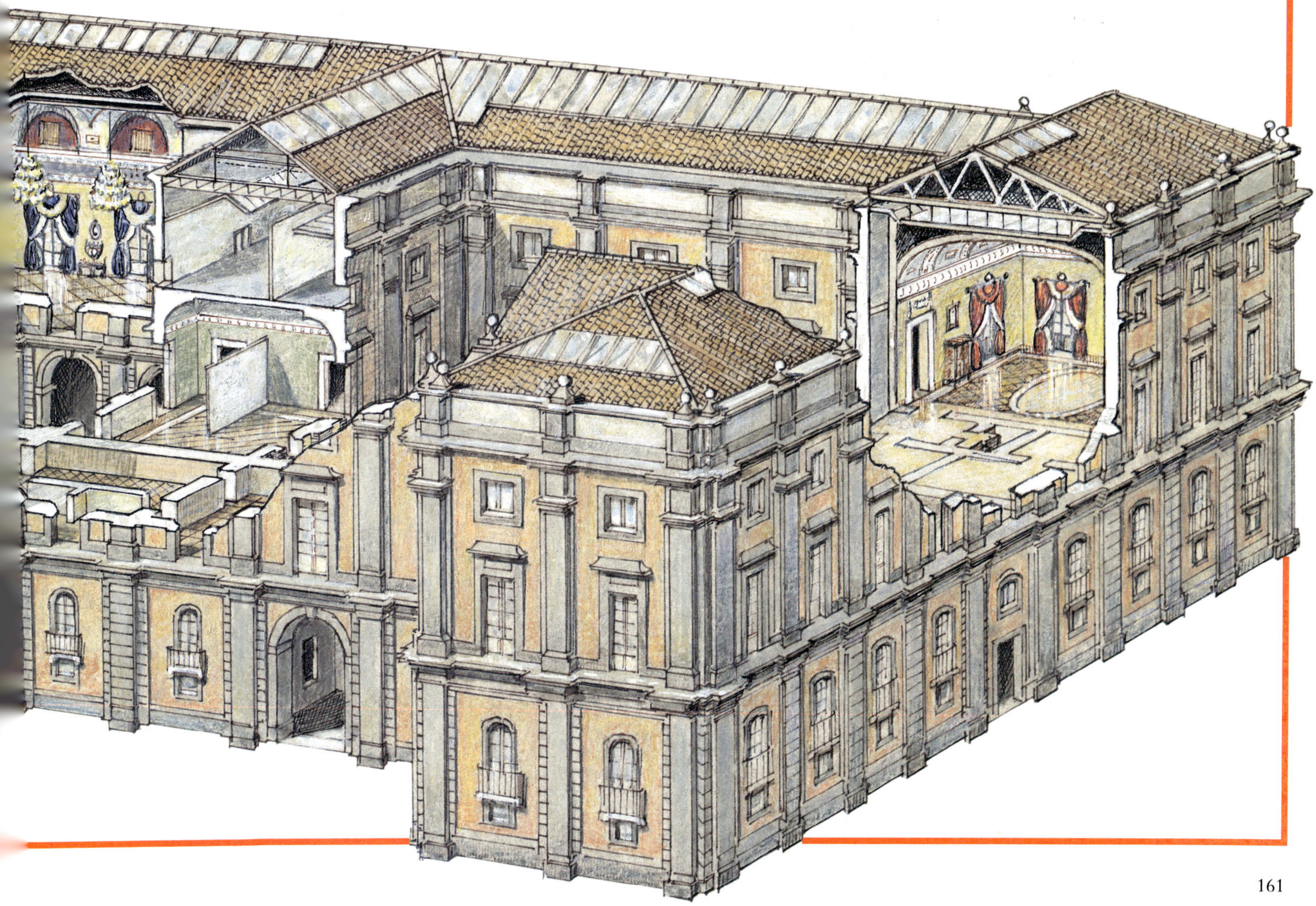

L'Appartement royal

L'une des particularités de Capodimonte est d'avoir, au cours de son histoire, servi à la fois de musée et de lieu d'habitation. Cette dernière fonction, aussi discontinue qu'elle ait été, a permis de constituer une quantité considérable d'éléments d'ameublement, de décoration et d'objets aujourd'hui présentés dans les salles de la partie orientale du premier étage de l'édifice. Le souci des conservateurs n'a point consisté à en restituer à la lettre leur probable emplacement d'origine, au demeurant sujet aux propensions changeantes des souverains qui y séjournèrent en l'espace de presque deux siècles, mais plutôt de documenter les styles et d'évoquer l'atmosphère de la résidence royale.

En suivant un parcours chronologique qui débute à l'endroit où se conclut l'itinéraire de la famille Farnèse, l'on explore l'histoire de la demeure à travers les portraits des souverains, les décorations et chacune des pièces très raffinées qui s'y trouvent, fruit du travail des nombreuses manufactures instituées par le pouvoir royal, accompagnés de la détermination éclairée émanant de la dynastie des Bourbons, dans les secteurs les plus disparates allant de la tapisserie, aux armes, en passant par l'imprimerie et les célèbres porcelaines.

Les porcelaines constituent justement un fonds particulièrement remarquable : les exemplaires les plus réputés des ateliers napolitains de Charles et de Ferdinand succèdent aux précieuses pièces des manufactures de Meissen, de Vienne et de Sèvres ayant appartenu aux reines de la famille de Bourbon ou à celles qui ont été offertes aux souverains par les cours européennes.

De monumentaux ensembles extrêmement évocateurs se suivent le long du parcours – la salle du Berceau, le Salon de danse, la Grande galerie située au nord, aujourd'hui dénommée le "Salon des Camuccini", aux gigantesques peintures néoclassiques exposées aux murs selon leur emplacement originaire – côtoyant les espaces plus intimes que sont la chambre à coucher de François Ier et de Marie Isabelle de Bourbon et le célèbre *cabinet en porcelaine*, construit à l'origine pour la demeure de Portici, au milieu du XVIIIe siècle et transféré à Capodimonte après l'Unité de l'Italie, à l'époque où Annibale Sacco mit en place l'opération de récupération et d'installation au sein du palais des objets d'art décoratif ayant appartenu aux différentes résidences royales, en enrichissant la collection dans les secteurs les moins représentés, avec le grand art du collectionneur érudit.

Enfin, c'est à l'époque de Murat, pendant laquelle le palais fut utilisé comme résidence à tous les effets, que remonte un ensemble de meubles Empire, parmi lesquels il faut retenir un exceptionnel *secrétaire* en acajou, qui incorpore un jeu d'orgue qui fonctionne encore, et la *table de jeu* de Joachim Murat.

Ci-contre
Fumoir ou petit salon pompéien

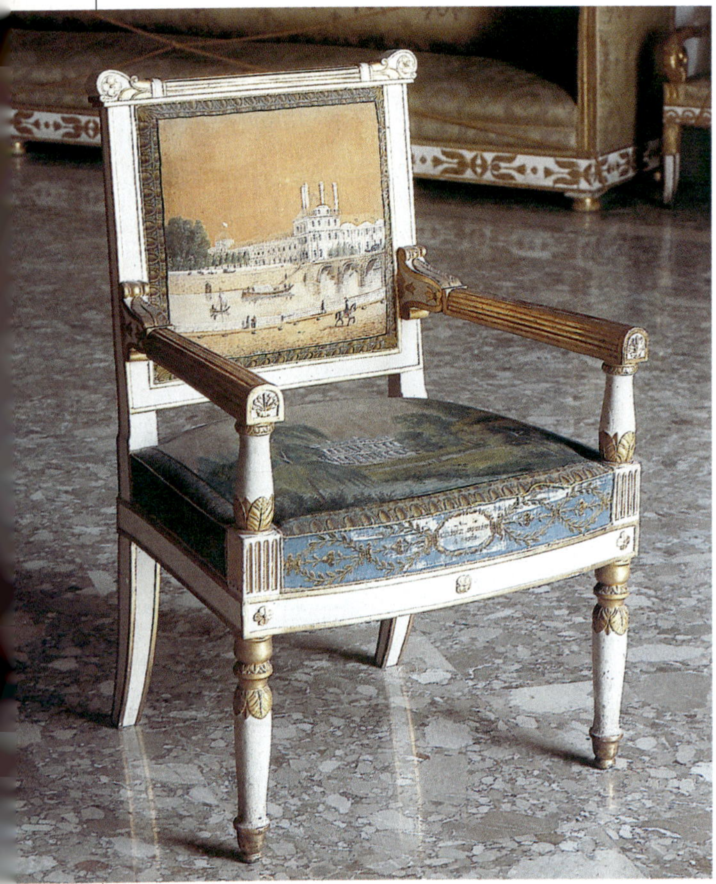

Manufacture franco-napolitaine, fauteuil avec, sur le revêtement, vue du palais de l'Elysée, premières décennies du XIXe siècle

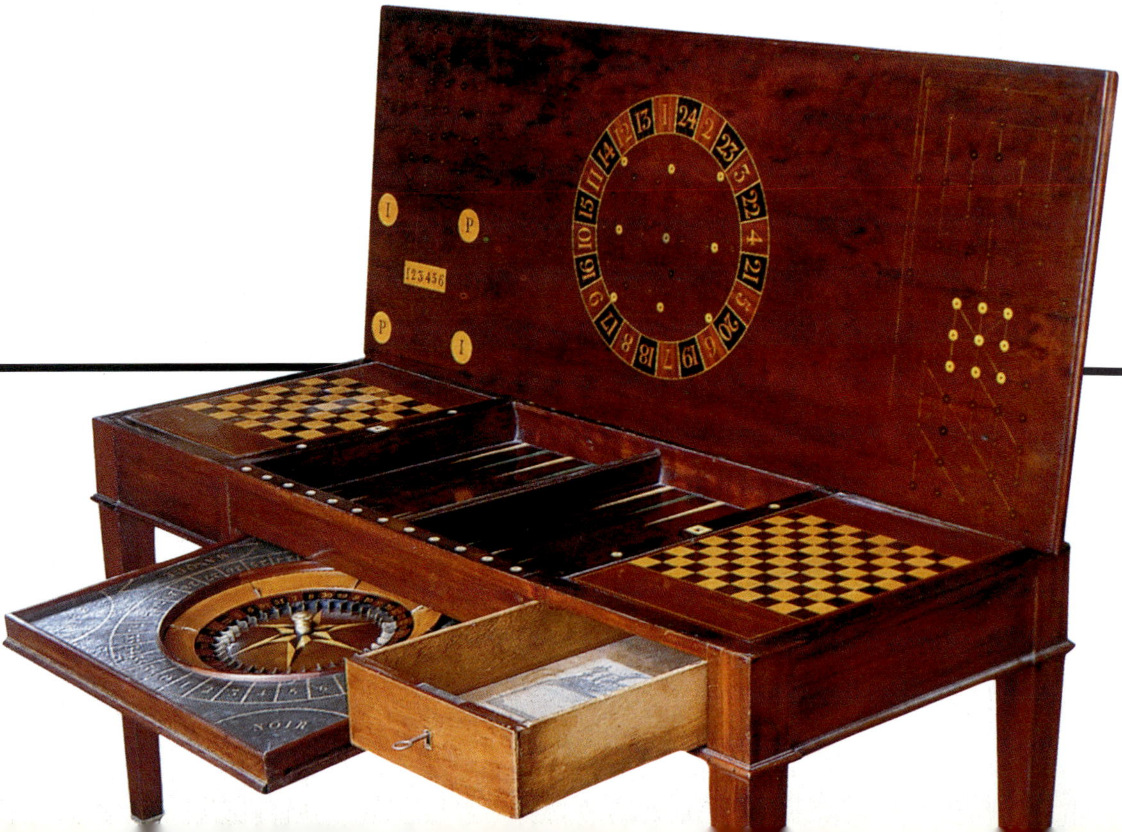

Martin-Guillaume Biennois, table de jeu, 1807

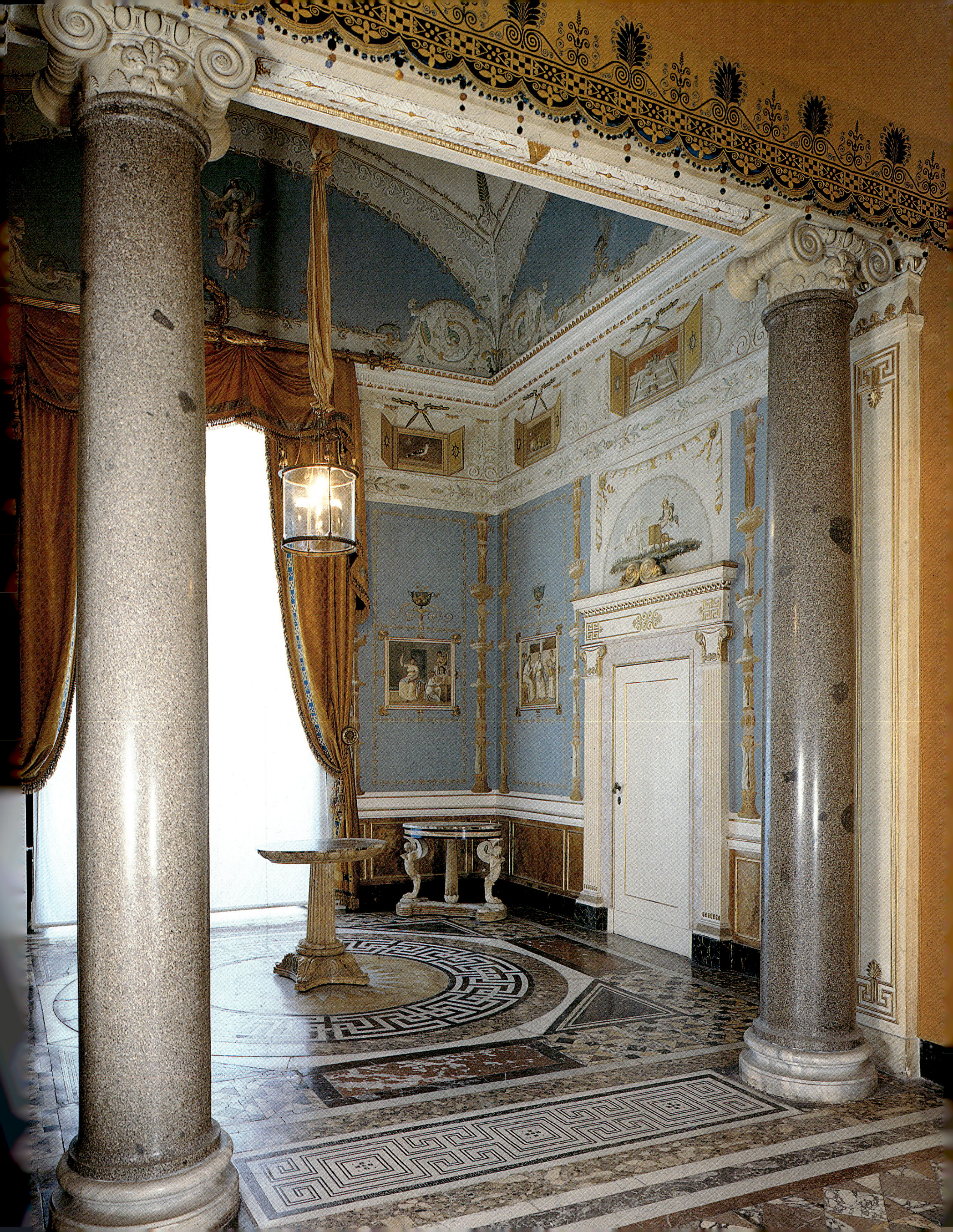

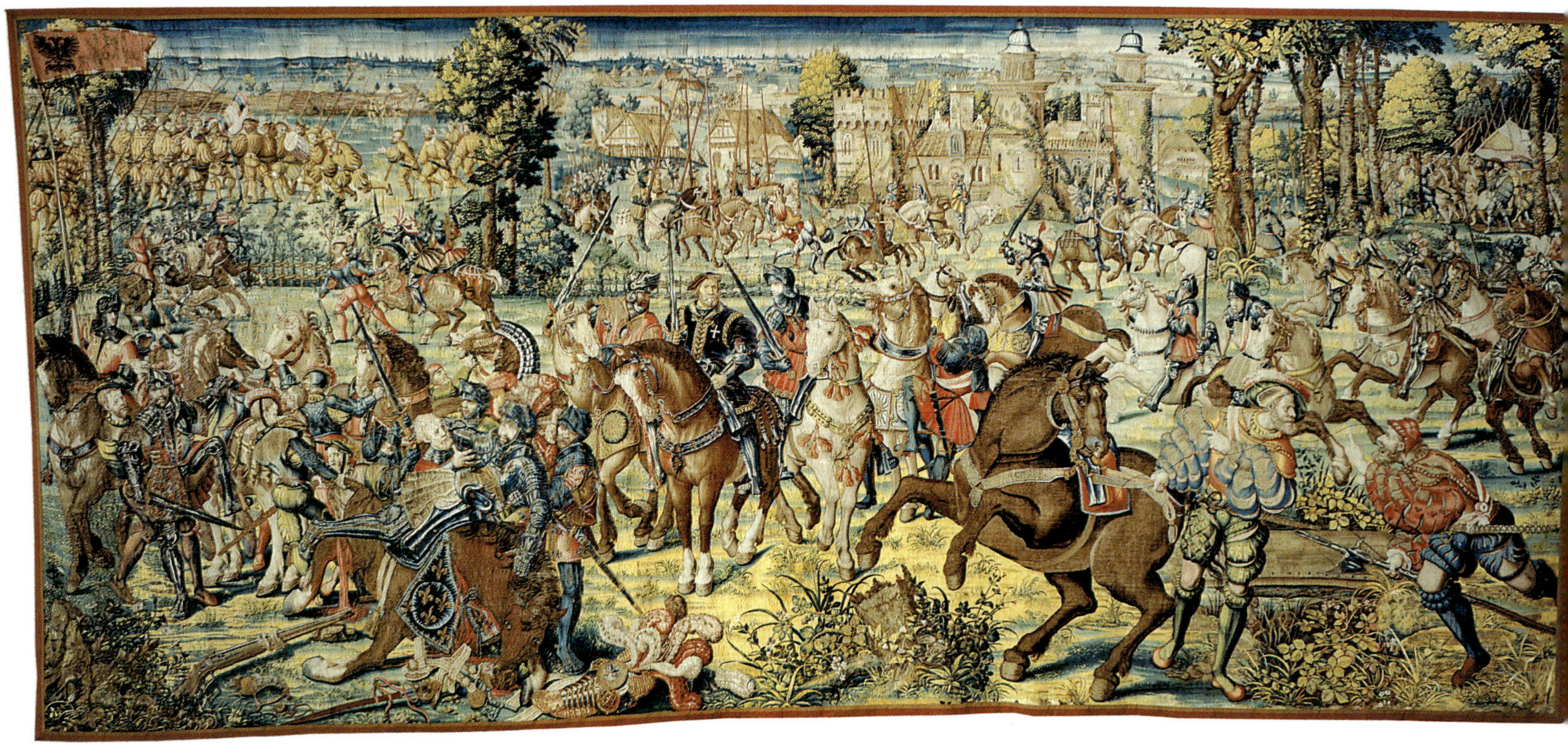

Manufacture flamande, *Tapisserie de la Bataille de Pavie*, 1528-1531

Le palais à l'époque moderne

Une saison nouvelle s'annonce pour Capodimonte avec l'arrivée sur le trône de Naples, en 1806, de Joseph Bonaparte, puis de Joachim Murat. Le palais sera en effet choisi comme résidence de la cour et l'on s'attachera à en enrichir le décor avec des objets et un mobilier raffinés, ainsi qu'à améliorer les communications avec la ville.

Revenus au pouvoir avec la Restauration, les Bourbons continueront eux aussi à utiliser le palais en tant que lieu de résidence et de réception, au même titre que Caserte et Portici. Au cours des années trente, Ferdinand II reprend la construction du bâtiment, en confiant les travaux aux architectes Antonio Niccolini et Tommaso Giordano, alors que pour le réaménagement de la vaste zone de verdure située au nord, qui n'avait pas été touchée par l'intervention du XVIIIe siècle de Sanfelice, on fait appel à Federico Dehenhardt, qui y importera le style du jardin "à l'anglaise" en vogue à l'époque.

En tout état de cause, l'institution du Musée Royal Bourbon – dont il a été auparavant question – avait enlevé toute velléité de reconstituer un musée au sein du palais de Capodimonte. Le seul changement substantiel datant d'après 1860, avec l'Unité de l'Italie, et l'avènement au pouvoir de la maison de Savoie, sera la nomination du Piémontais Annibale Sacco en qualité de directeur de la Maison Royale. A cette époque, les collections du musée connaissent, en effet, un regain d'intérêt pour ce qu'elles représentent en tant que telles, un engouement qui est étroitement associé à la nécessité de conserver le patrimoine des œuvres d'art et du mobilier disséminés dans les différentes résidences royales, alors à l'état d'abandon ou détériorées. Œuvrant avec une sensibilité extrêmement moderne, surtout eu égard aux arts décoratifs, Sacco encourage une série d'acquisitions et d'importants transferts dans la demeure située sur les hauteurs (l'Armurerie royale, un grand nombre de tapisseries des manufactures des Bourbons, le célèbre *cabinet en porcelaine* provenant de la résidence de Portici, un imposant dallage en marbre de l'époque romaine). En outre, grâce à sa détermination, il parvient à mettre en place le projet, déjà cher aux derniers Bourbons, de la constitution d'une galerie d'art contemporain, rassemblant en quelque vingt ans, plus de sept cents œuvres.

La très importante série de tapisseries tissées à Bruxelles en 1528-1531, aussitôt après la bataille décisive de Pavie (1525) qui opposa Charles Quint et François Ier, auxquels elles sont consacrées, fit son entrée dans les collections napolitaines vers le milieu du XIXe siècle, à la suite du legs de toutes les propriétés de la famille d'Avalos.

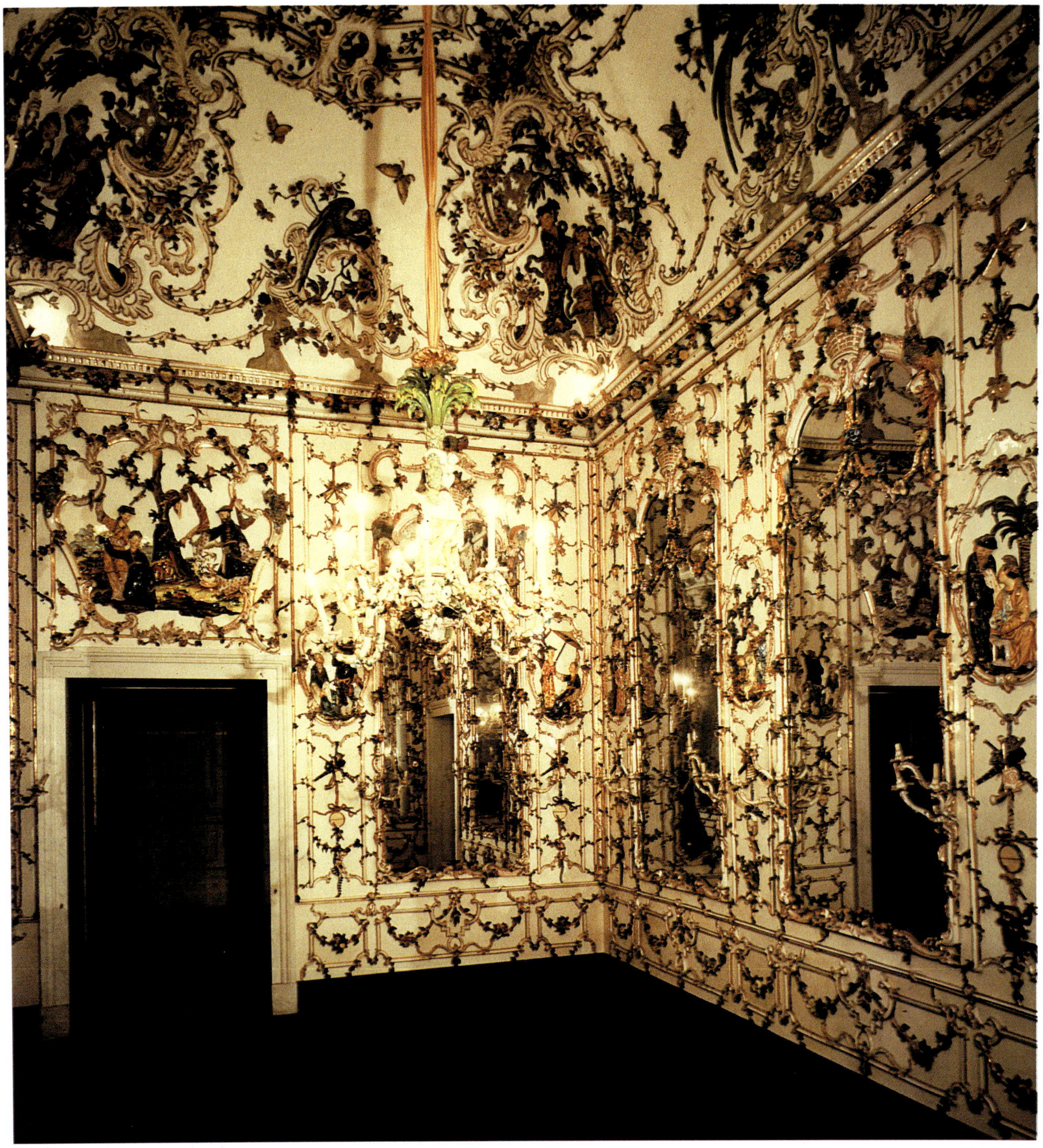

En 1866, Annibale Sacco, directeur de la Maison Royale de Savoie, décida de transférer le petit salon *au palais napolitain avec tout le patrimoine d'objets d'art décoratif disséminé dans les différentes résidences des Bourbons.*

La Manufacture Royale de Porcelaine de Capodimonte

L'arrivée sur le trône de Naples de Charles de Bourbon, en 1734, marqua le début d'une nouvelle saison pour la ville. Souverain aux idées libérales, il entreprit une politique éclairée en particulier en matière de culture. En sus du réaménagement urbain, avec la réalisation d'œuvres importantes qui marquent aujourd'hui encore la structure de la ville, il eut soin de créer à Naples des fabriques et des manufactures royales, dont la production atteignit rapidement des niveaux d'excellence, aussi bien pour ce qui est de la tapisserie que pour la porcelaine, ou bien encore de l'imprimerie ou la fabrique d'armes.
C'est aux dernières années de la manufacture créée par Charles de Bourbon que remonte ce *petit salon* (81 mètres carrés), entièrement fabriqué en porcelaine, avec des lambris en stuc conçus par la reine Marie-Amélie de Saxe, son épouse. Il prit d'abord place dans la résidence de Portici ; en 1866, il fut transporté à Capodimonte, à l'époque où Annibale Sacco, directeur de la Maison Royale de Savoie, ordonna le transfert dans le palais de Naples du patrimoine des objets d'art décoratif disséminés dans les diverses demeures des Bourbons passées au Domaine de l'Etat unitaire.
C'est à Giuseppe Gricci, le modeleur en chef de la fabrique, que l'on doit cette fabuleuse décoration des carreaux en porcelaine, un triomphe d'entrelacs de festons floraux, de petits singes, d'animaux exotiques, de corbeilles de fruits, de compositions d'instruments de musique, de cartouches agrémentés d'inscriptions chinoises, de frêles figurines, typiques du goût pour la *chinoiserie*, très en vogue dans l'Europe de cette époque.
Le lustre, gravement endommagé durant la guerre, a été recomposé au milieu des années cinquante au cours de complexes travaux de restauration effectués à l'occasion de l'ouverture du musée. C'est à cette date que remonte le transfert de cet ensemble de pièces de l'aile nord du palais à son emplacement actuel.

Masaccio

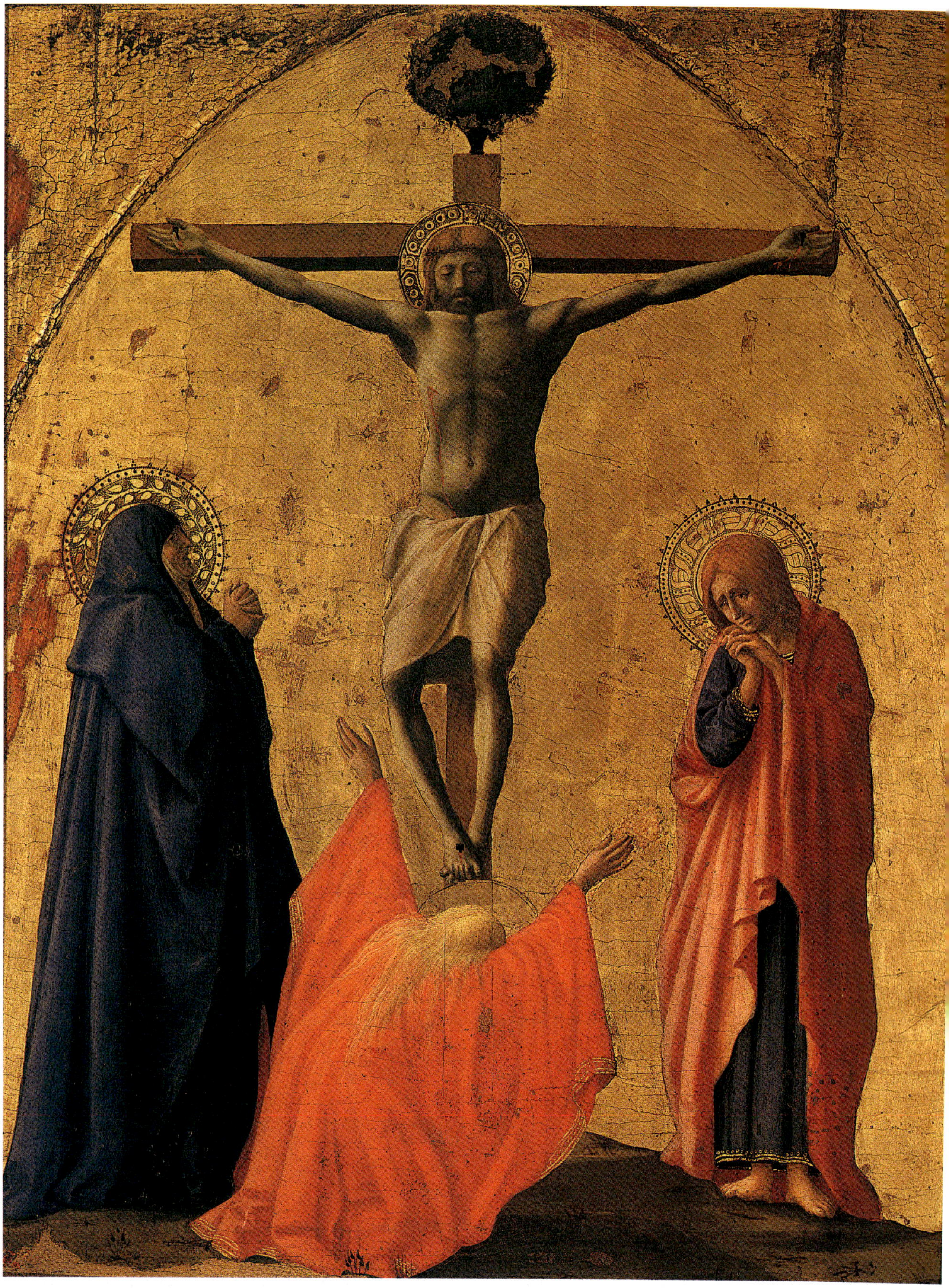

La *Crucifixion* (détrempe et or sur bois, 83 × 63,5 cm) fut achetée à un collectionneur privé en 1901, pour un montant de mille lires environ, après de longues négociations pour tenter de faire baisser la somme initiale qui s'élevait à cinquante mille lires, et qui était celle qui avait été offerte à la vente, au nom d'une attribution à Beato Angelico, qui fit ensuite état d'une référence plus générale à l'environnement florentin. Elle fut ensuite rapidement identifiée par Suida comme le compartiment central de la partie supérieure du polyptyque commissionné à Masaccio, en 1426, par le notaire Ser Giuliano di Colino degli Scarsi da San Giusto, pour la chapelle de famille de l'église du Carmine de Pise, grâce à la reconstruction détaillée qu'en avait fourni Vasari et qui a permis de comparer les autres panneaux conservés, après le démembrement, probablement advenu à la fin du XVIe siècle, dans les musées de Londres, Berlin, Pise et Malibu.

Le polyptyque était une structure complexe qui mesurait plus de cinq mètres de hauteur et dont la partie centrale présentait la *Vierge à l'enfant*, aujourd'hui à la National Gallery de Londres, une série de saints – qui n'ont pas tous été retrouvés – figurés partiellement, dans la partie supérieure et entièrement, sur les parties latérales et, au bas du tableau, dans une prédelle composée de trois parties.

Dans la partie centrale, au-dessus de la Vierge, apparaissait la *Crucifixion,* l'un des témoignages les plus admirables du style sec "sans ornement" du maître, désormais parvenu au terme de sa brève carrière et de ses foudroyantes intuitions concernant la spatialité et la perspective. Le magnifique personnage de Madeleine, les bras tendus comme si elle sondait les profondeurs du champ visuel, fut probablement inséré ultérieurement, comme le laisse supposer la matière plus liquide et l'auréole fort simplifiée par rapport aux autres qui sont en revanche beaucoup plus élaborées.

Les travaux de restauration menés au milieu des années Cinquante, parallèlement à la récupération du brillant chromatisme original, a permis de faire réapparaître l'arbre de la vie, précédemment occulté par un cartouche du XVIIe siècle contenant l'inscription I.N.R.I. L'évocation du Christ est particulièrement puissante – la tête enfoncée dans les épaules, en vertu du raccourci de la perspective rabaissée du fronton –, ainsi que la majestueuse monumentalité de la dolente Vierge Marie, enveloppée dans un drapé bleu qui ressort encore davantage en raison du contraste avec le rouge vif de celui de Madeleine.

Colantonio

C'est sur l'autel d'une chapelle de l'église franciscaine Saint-Laurent de Naples (San Lorenzo Maggiore) que des documents d'archives décrivent encore au milieu du XVIIe siècle un grand cône composé d'un *Saint François donnant la règle aux Frères mineurs et aux Clarisses* (détrempe sur bois, 176 × 150 cm), un *Saint Jérôme dans son cabinet de travail* (détrempe sur bois, 125 × 151 cm), dans la partie inférieure, et une série de *Saints et de Bienheureux franciscains* sur les petits piliers latéraux – au nombre de dix – dispersés dans diverses collections, peut-être dès le XVIIIe siècle. En revanche, les deux panneaux principaux connaîtront un autre destin, puisque *Saint Jérôme* fit son entrée au Musée Royal Bourbon en 1808 et que l'autre fut placé dans les collections de la Pinacothèque Nationale en 1922.
C'est à Ferdinando Bologna que nous devons l'hypothèse la plus circonstanciée sur l'aspect originaire du cône d'autel et des conditions relatives à son exécution, entre 1444 et 1446, par le plus grand peintre napolitain du XVe siècle, certainement commandité par Alphonse d'Aragon, dont on reconnaît les emblèmes.
Les sources anciennes parlent d'un Colantonio qui apprit l'art de la peinture auprès de René d'Anjou en personne et dont on sait que, par la suite, il eut lui-même dans son atelier le jeune Antonello da Messina. C'est à cette formation que l'on peut faire remonter les rappels à la culture flamande-bourguignonne, qui constituent le substrat qui unit les deux parties de l'autel exécutées pour l'église Saint-Laurent, pourtant différentes de par la formulation de leur composition; dans la *Remise de la règle,* ressortent, de plus, des références évidentes aux courants ibériques, toujours plus présents à la cour aragonaise de Naples.

A côté de la puissante étude naturaliste des visages, des livres et des parures – qui forment d'intenses natures mortes clairement influencées par l'art flamand – le soin apporté à un nouveau type de spatialité lumineuse et l'accentuation plastique de la figure constitueront une référence fondamentale pour la production picturale du sud de l'Italie.

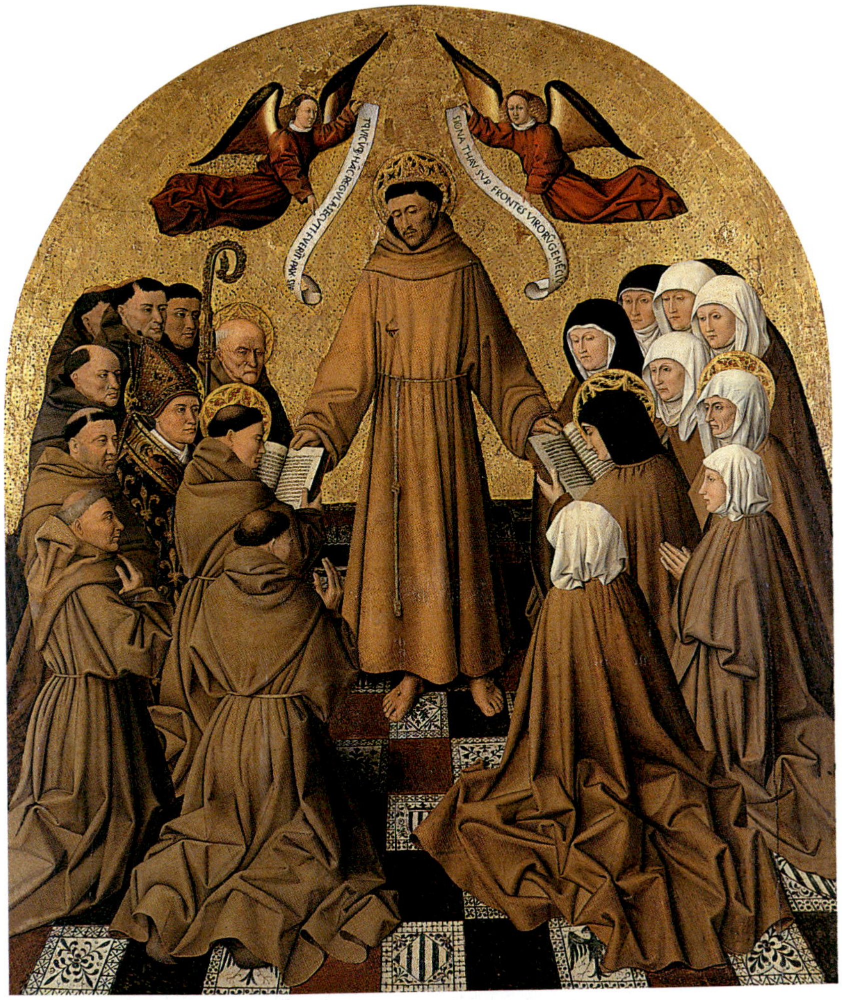

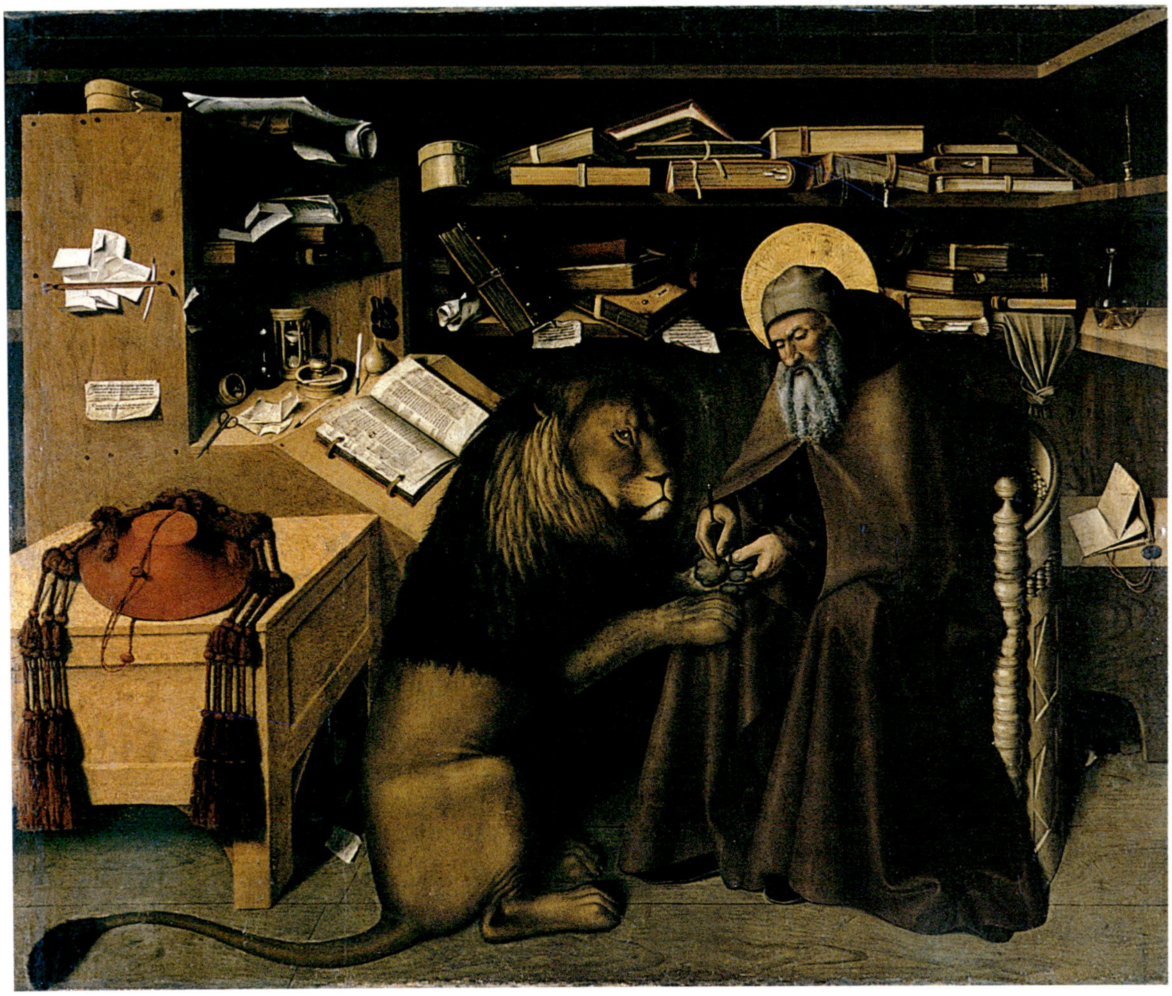

Un musée devenu palais royal

Le Musée Royal de Capodimonte sera ainsi rouvert, et l'édifice retrouvera en quelque sorte le rôle qui avait été le sien plus d'un siècle auparavant, même si sa place pouvait être considérée comme relativement marginale par rapport au plus grand musée de la ville, qui avait pendant ce temps pris la dénomination de Musée National et continuait à rencontrer d'insurmontables problèmes, essentiellement liés à l'énorme disparité entre le patrimoine qui y était conservé et le manque complet de place.
La fonction résidentielle redevient sa destination principale au début du XXe siècle. Victor-Emmanuel III séjourne alors avec plaisir dans la résidence située sur les collines; à la fin de la première décennie, la demeure est confiée à la famille du duc d'Aoste, la branche cadette de la maison de Savoie, qui y résidera de manière plus ou moins régulière jusqu'au lendemain de la seconde Guerre mondiale.
Il faudra attendre la fin de la seconde Guerre mondiale et les opérations de récupération des œuvres dérobées par les nazis pour que l'on songe à redonner à Capodimonte sa fonction de musée, ce qu'avaient appelé de leurs vœux d'illustres représentants de la culture, dont Benedetto Croce en premier lieu.
Au moment où le pays connaît la fièvre de la reconstruction, le nouveau projet de doter Naples d'un lieu rassemblant des peintures et des objets de l'époque médiévale et moderne, justement dans le palais de Capodimonte, voit également le jour. Après le départ des ducs d'Aoste, l'édifice redevient la propriété à part entière de l'Etat. Parallèlement, en 1925, le très riche fonds de la Bibliothèque est détaché du Musée National pour être transféré au Palais Royal; mais la Pinacothèque continue alors à être reléguée à un rôle secondaire par rapport aux imposantes collections d'antiquités, en dépit des tentatives continuelles de réorganisation des collections auxquelles se sont consacrés d'illustres spécialistes de l'envergure de Frizzoni, Ricci, Adolfo Venturi et Filangieri di Candida.
Bruno Molajoli fut le courageux protagoniste de la tutelle du patrimoine napolitain qui, durant les terribles années de la guerre, mit en œuvre le projet d'installation du musée abrité dans le palais, en confiant les missions architecturales à Ezio de Felice et l'agencement artistique à Ferdinando Bologna, Raffaello Causa et Oreste Ferrari.
La structure d'exposition la plus importante pour ce qui est de l'art médiéval et moderne du sud de l'Italie, et sans nul doute l'une des plus remarquables du pays, fort à l'avant-garde également du point de vue des solutions d'aménagement, fut inaugurée le 5 mai 1957.
Une série de précieuses donations viendra enrichir, au cours des années, les collections du musée, avec un certain nombre d'œuvres particulièrement importantes, provenant d'églises de la région, transférées, par mesure de sécurité, dans les salles de Capodimonte : le grand retable d'Anjou de Simone Martini, l'*Annonciation* de Titien, la *Flagellation* du Caravage.

Peinte en 1317 pour l'église San Lorenzo Maggiore de Naples, cette œuvre de Simone Martini fut transférée au musée en 1921, pour des raisons de conservation. Elle constitua ainsi l'un des éléments fondamentaux du parcours muséographique de Capodimonte consacré au territoire et aux relations existant entre les différentes écoles de peinture de l'Italie du sud.

Simone Martini

Le grand retable *Saint Louis de Toulouse* (détrempe et or sur bois, 309 × 188,5 cm) – provenant, selon les anciennes sources napolitaines, de l'église Saint-Laurent (San Lorenzo Maggiore) – fut exécuté par Simone Martini en 1317, année de la canonisation de Louis d'Anjou, évêque de Toulouse, fils cadet de Charles II et héritier de la couronne du royaume de Naples, à laquelle il préféra renoncer au profit de son frère Robert – représenté à genoux sur la droite – pour embrasser l'Ordre des franciscains.
Des raisons politiques à la fois subtiles et complexes sont à l'origine de ce tableau. Plus encore que la revendication, de la part de Robert d'Anjou, de la légitimité de sa succession au trône de Naples, l'iconographie du tableau, comme l'a mis en lumière Ferdinando Bologna, célèbre la figure de Louis – ardent adepte du courant spirituel de l'Ordre des franciscains, notoirement critique envers le pouvoir de la papauté – en annulant la forte valeur de paupérisme de son apparence, en dépit de son origine royale et en exaltant plutôt les qualités d'humilité et d'obéissance correspondant au respect de la doctrine ecclésiale. La sanctification de Louis aurait donc été le fruit d'une médiation articulée entre la cour de la famille d'Anjou, désireuse de pouvoir s'enorgueillir d'un saint dans ses rangs, et la curie pontificale, prête à conjurer tout appui possible aux thèses spirituelles.
A la lumière de ces éléments, l'on peut aisément expliquer le raffinement extrême de tout le retable, magnifique œuvre de menuiserie, décoré au verso d'un motif de fleurs de lis de la famille d'Anjou, ainsi que la richesse et le faste qui se dégagent de toute la représentation, grâce à l'introduction de matériaux rares et précieux, qui confèrent à l'image un luxe encore supérieur, avant que ne soient endommagées ou soustraites les décorations de la chape, de la magnifique bordure tenue par un riche fermail en verre églomisé, et les autres parements
La prédelle, consacrée aux scènes de la vie du saint, présente les analogies les plus marquées avec les fresques du maître siennois exécutées pour la chapelle San Martino d'Assise, surtout pour ce qui est du sens nouveau accordé à la spatialité et à la plasticité des figures, des signes fort évidents de l'influence de Giotto.
On peut lire la signature du peintre dans la partie supérieure de la prédelle, subdivisée en lettres alternées et accouplées aux armes des Anjou de Hongrie.
En 1921, l'œuvre fut transférée par mesure de sécurité à la Pinacothèque du Musée National et, de là, à Capodimonte.

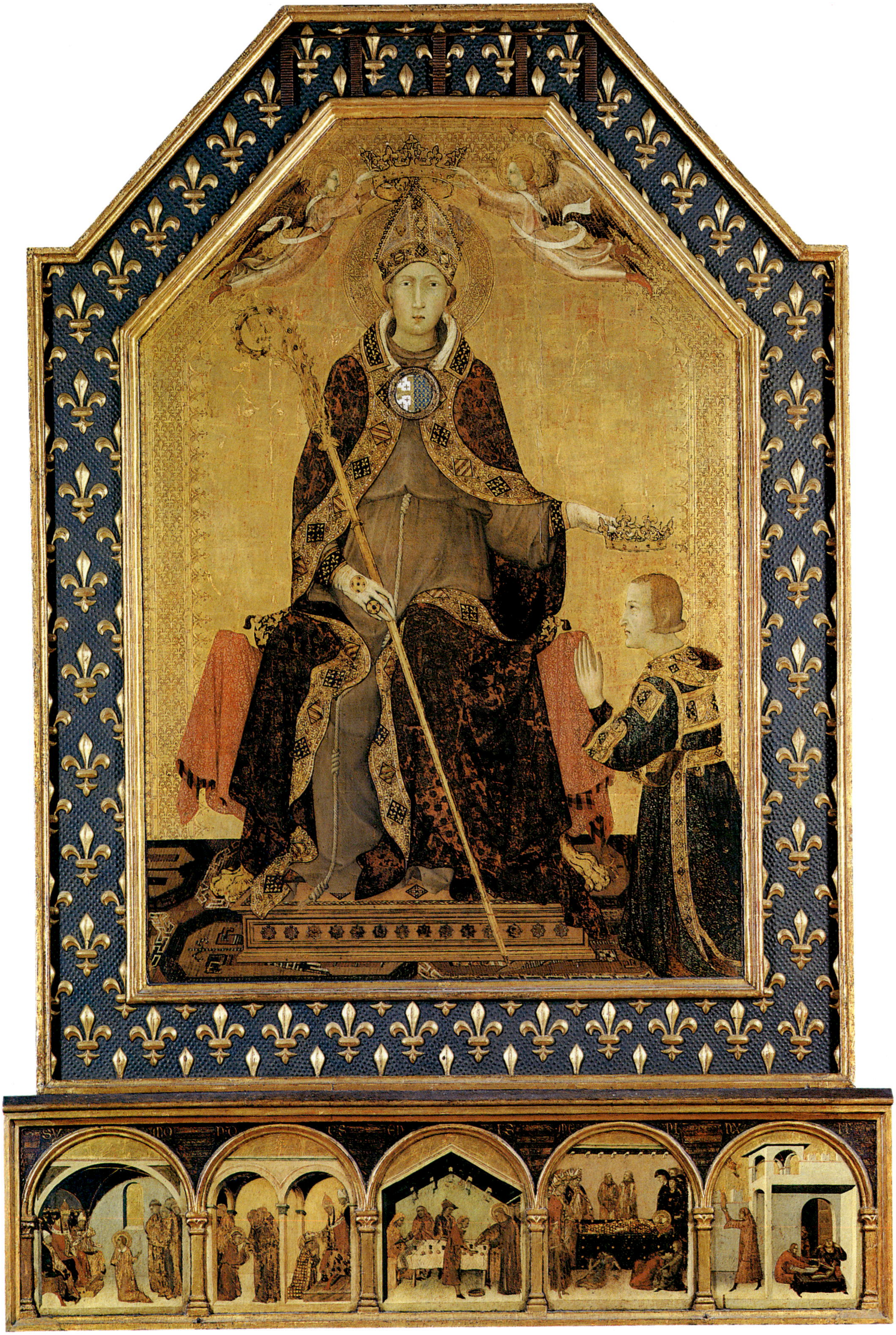

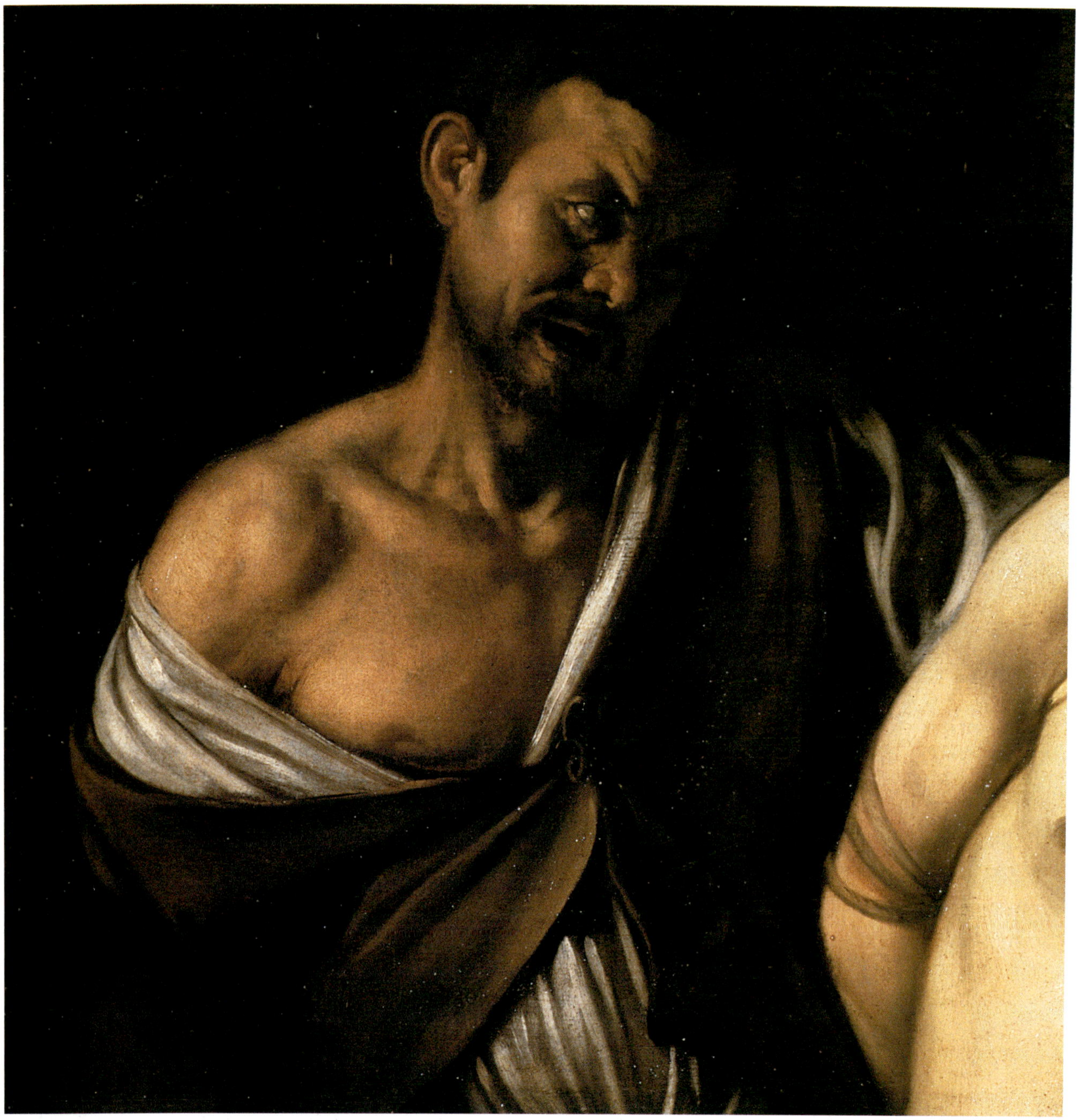

Exécutée en 1607-1610 pour la chapelle De Franchis de San Domenico Maggiore, l'œuvre du Caravage a été incorporée dans les collections de Capodimonte, pour des raisons de sécurité, en 1972. Elle y est devenue l'un des éléments fondamentaux du parcours muséographique qui permet de comprendre le développement de l'école napolitaine du Caravage.

Le Caravage (Michelangelo Merisi)

La *Flagellation* (huile sur toile, 266 × 213 cm) fut commissionnée pour la chapelle De Franchis de l'église napolitaine Saint-Dominique (San Domenico Maggiore) ; les premiers documents attestant des paiements pour certains acomptes mentionnent la date de mai 1607. Les radiographies effectuées sur la peinture ont révélé la présence d'un visage sous l'épaule du bourreau de droite qui pourrait être, selon certaines hypothèses, le portrait d'un éventuel commanditaire, quoique l'on ne puisse pas exclure que le peintre ait eu recours à une toile "récupérée", qui était une pratique relativement habituelle dans sa production. L'on peut vraisemblablement penser que le tableau, commencé en 1607, a été complété, en transformant la composition initialement prévue, après le séjour du peintre à Malte en 1610, comme le confirmeraient notamment les ressemblances physionomiques avec les œuvres siciliennes du maître. Les interprétations iconographiques de la toile se sont partagées entre des clefs de lecture religieuses et mystiques et, d'autres plus fondées, orientées sur les positions politiques et idéologiques s'opposant à la rigueur prônée par les dominicains napolitains, destinataires, bien que non-commanditaires de l'œuvre, proche de la sensibilité du Caravage. L'étude naturaliste rigoureuse donne naissance à une image à l'impact visuel hors du commun, qui constitue en tout état de cause une véritable révolution des canons figuratifs de la tradition picturale de l'époque. Le buste puissant du Christ, à la torsion plastique, est frappé par une lumière réelle, éblouissante, qui semble à son tour investir lumineusement les figures des exécuteurs en les arrachant à l'ombre par des touches d'une stupéfiante intensité. La vigueur de la représentation, qui bannit tout élément non essentiel, accentue le caractère dramatique de l'événement, profondément humain et proche, comme l'est toujours du reste, la représentation du divin dans la production du Caravage.
La *Flagellation* a été transférée au musée pour des raisons de sécurité et elle est devenue l'un des témoignages les plus représentatifs, véritable clef de voûte des profondes mutations intervenues au cours du XVIIe siècle, dans la culture picturale en général et non point seulement de l'Italie du sud.

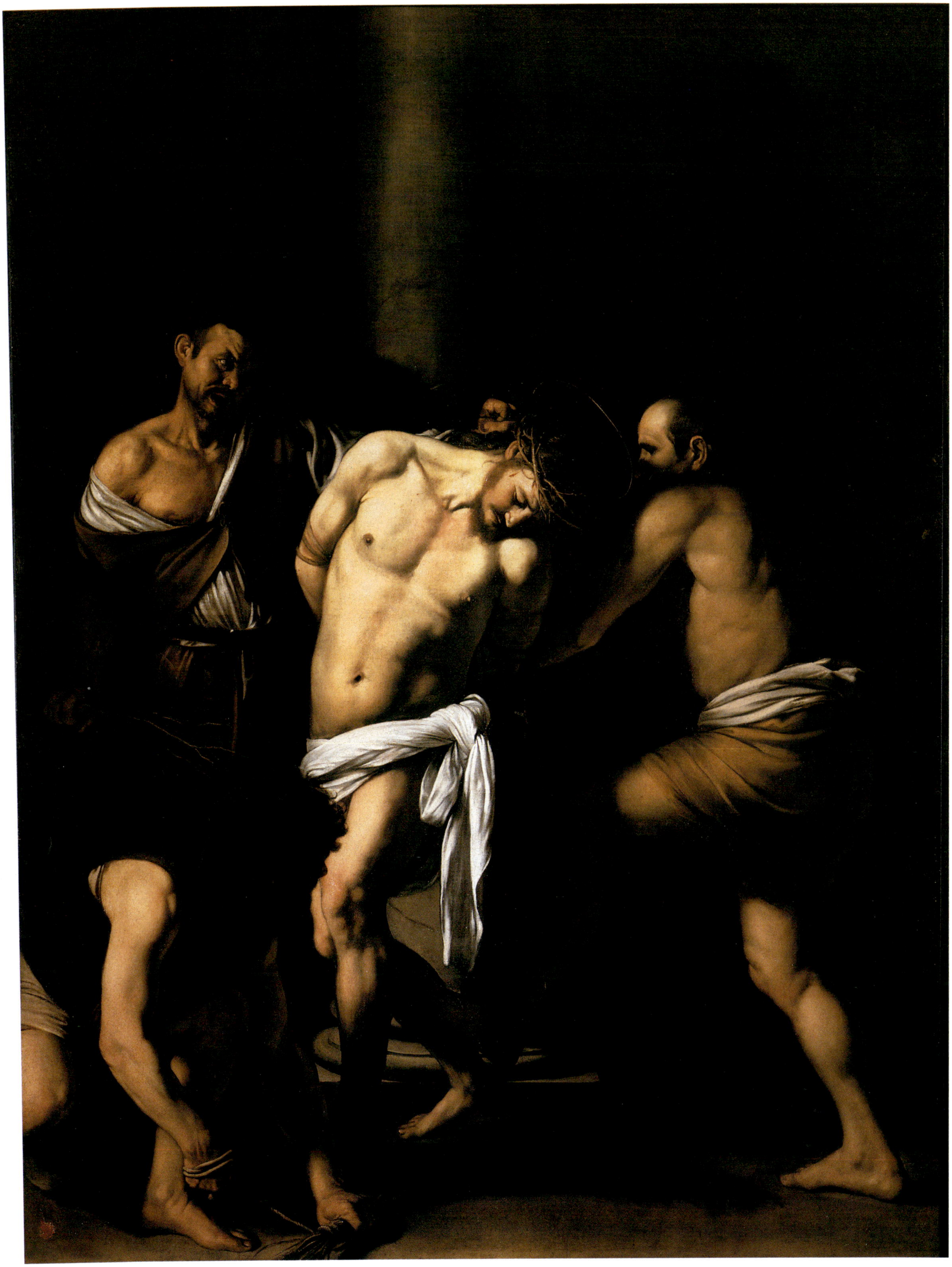

La Galerie des choses rares

Capodimonte est l'un des grands musées italiens se fondant sur la richesse d'extraordinaires collections royales. Ceci explique la variété remarquable de ses collections qui, avec les grands chefs-d'œuvre de la peinture et de la sculpture, s'élargissent à toutes les tendances des arts décoratifs, avec une multiplicité d'exemplaires extrêmement raffinés, issus de la passion intelligente et sensible pour les collections des Farnèse d'abord, puis de la cour des Bourbons et de la maison de Savoie.

L'endroit surnommé la *Galerie des choses rares* – du nom qui fut attribué au Palais de la Pilotta de Parme, au début du XVIIIe siècle à un environnement destiné aux objets d'art, pendant de la galerie consacrée aux peintures – rassemble, le long d'un parcours dédié aux Farnèse, un ensemble extraordinaire d'ivoires, de faïences, de pièces en argent, en cristal, d'ambre, de pierres dures, de monnaies, et de médailles qui – dépouillées de leur fonction d'origine – fournissent des témoignages, probablement plus frappants que les peintures, non seulement sur le goût d'une époque mais surtout sur l'incroyable talent et la maîtrise technique du travail des matériaux les plus variés et les plus précieux.

Avant l'installation que nous connaissons aujourd'hui, ces objets n'avaient été exposés au public que de façon partielle. Les longues études et les recherches, qui ont conduit au nouvel agencement des collections, ont permis d'identifier la provenance de chaque pièce, de reconstruire leur histoire et de les proposer comme une espèce de "cabinet des merveilles", en rappelant en quelque sorte la disposition que les anciens inventaires des Farnèse décrivent.

La pièce la plus prestigieuse est le célèbre *Coffret*, un magnifique exemplaire d'orfèvrerie du XVIe siècle, peut-être une sorte de cassette permettant de conserver de précieux manuscrits, ayant appartenu au cardinal Alexandre.

Le style des somptueux festins d'autrefois se relient à de nombreux exemplaires des plus raffinés, travaillés en argent – c'est le cas de la célèbre *Tasse Farnèse*, coupe gravée pour le cardinal Odoardo Farnèse, à la fin du XVIe siècle par Annibale Carrache sur le thème du *Silène ivre*, repris également par Francesco Villamena dans une "panetière d'argent" plus connue sous le nom de *Panier Farnèse;* puis en cristal de roche, comme le témoignent certains élégants compotiers et un nombre remarquable de petites pièces, démembrées de leurs ensembles originaires, qui frappent par la surprenante pureté du minéral et le raffinement des gravures; et encore, cette fois-ci en faïence, avec le service de table bleu et or, exécuté durant le dernier quart du XVIe par les Ateliers de Castelli d'Abruzzo, arborant les armes du cardinal Alexandre et les assiettes de la Manufacture d'Urbin, décorées à la manière de Raphaël dans une élégante teinte.

Outre l'important groupe d'ivoires de la région des Flandres allemandes, nous trouvons également une multitude d'objets curieux et étranges, parmi ceux-ci un précieux trophée mécanique avec *Diane sur le cerf*, surtout mécanique d'orfèvrerie allemande, de fines ciselures linéaires d'un extraordinaire réalisme, provenant toujours des régions germaniques ou d'élégantes chopes et cruches en agate, ou une corne de rhinocéros de facture orientale.

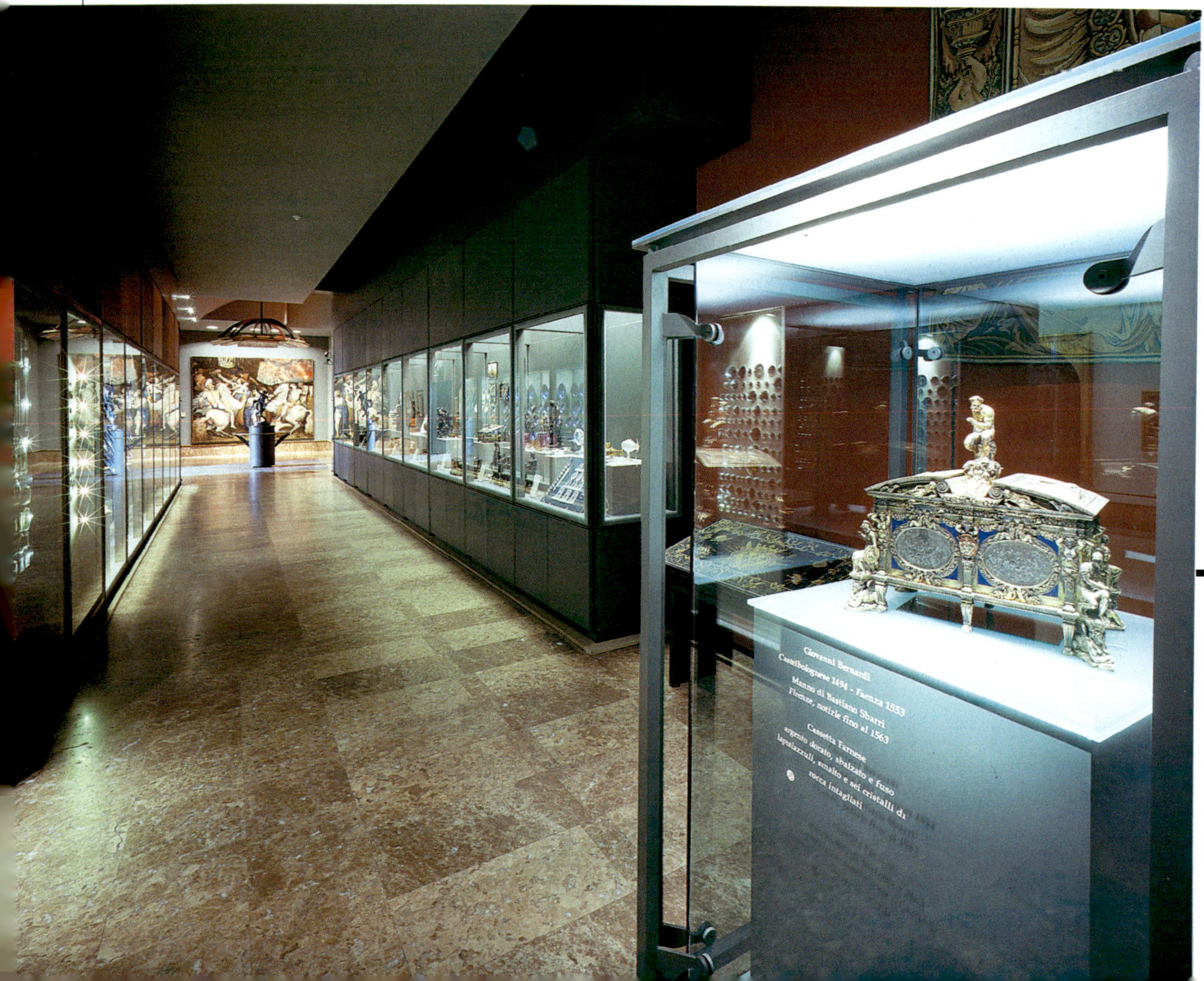

C'est également à la collection Farnèse qu'appartient la fameuse Galerie des choses rares, du nom qui au Palais de la Pilotta de Parme fut attribué, au début du XVIIIe siècle, à l'espace réservé aux objets d'art, parallèle à la galerie consacrée à la peinture. Tout le long du parcours réservé aux Farnèse, elle rassemble un extraordinaire ensemble d'ivoires, de faïences, d'argents, de cristaux, d'ambres, de pierres dures, de pièces de monnaie et de médailles.

Manno di Bastiano Sbarri et Giovanni Bernardi

Chef-d'œuvre absolu de l'orfèvrerie du XVIe siècle, la *Cassette Farnèse* (haut. 49,5 cm) fut réalisé pour le cardinal Alexandre Farnèse entre 1548 environ et 1551, par le Florentin Manno di Bastiano Sbarri, élève de Cellini, et Giovanni Bernardi qui cisela les ovales en cristal de roche figurant sur les quatre côtés, dont certains d'après des dessins de Perin del Vaga.
Parmi les diverses hypothèses avancées au sujet de la fonction de cet extraordinaire coffret, dont la décoration s'étend à l'intérieur même de l'objet, l'une d'entre elles consiste à penser qu'il pouvait être destiné à conserver des manuscrits précieux, peut-être le célèbre *Livre d'heures* enluminé par Giulio Clovio pour le cardinal Farnèse avant 1546, aujourd'hui conservé à la Pierpont Morgan Library. Toutefois, il n'est pas exclu que l'objet ait été conçu sans fins pratiques bien précises, à l'enseigne du luxe et du faste de l'époque, répondant uniquement à l'amour des matériaux précieux et pour la finesse des techniques de fabrication, typiques d'un collectionneur aussi raffiné qu'Alexandre Farnèse.
Bien que la pièce ne soit documentée par aucune référence précise, la critique souligne l'influence de la culture de Francesco Salviati et du cercle d'orfèvres qui gravitaient autour de lui. De plus, nous savons que Manno et Salviati étaient amis et qu'ils fréquentaient les mêmes milieux.
La facture des cristaux de roche, enchâssés sur les faces en lapis-lazuli, ciselés de sujets mythologiques rappelant les quatre divinités – Pallas, Mars, Diane et Mercure – qui figurent aux extrémités de la cassette est particulièrement remarquable. Comme nous l'avons mentionné, l'auteur en est Giovanni Bernardi. Au service de la famille Farnèse, ce fut un habile artisan d'art qui conçut de nombreux objets usuels fabriqués dans ce précieux matériau, au demeurant amplement représentés dans la galerie de Capodimonte consacrée aux pièces décoratives ayant appartenu à cette famille.

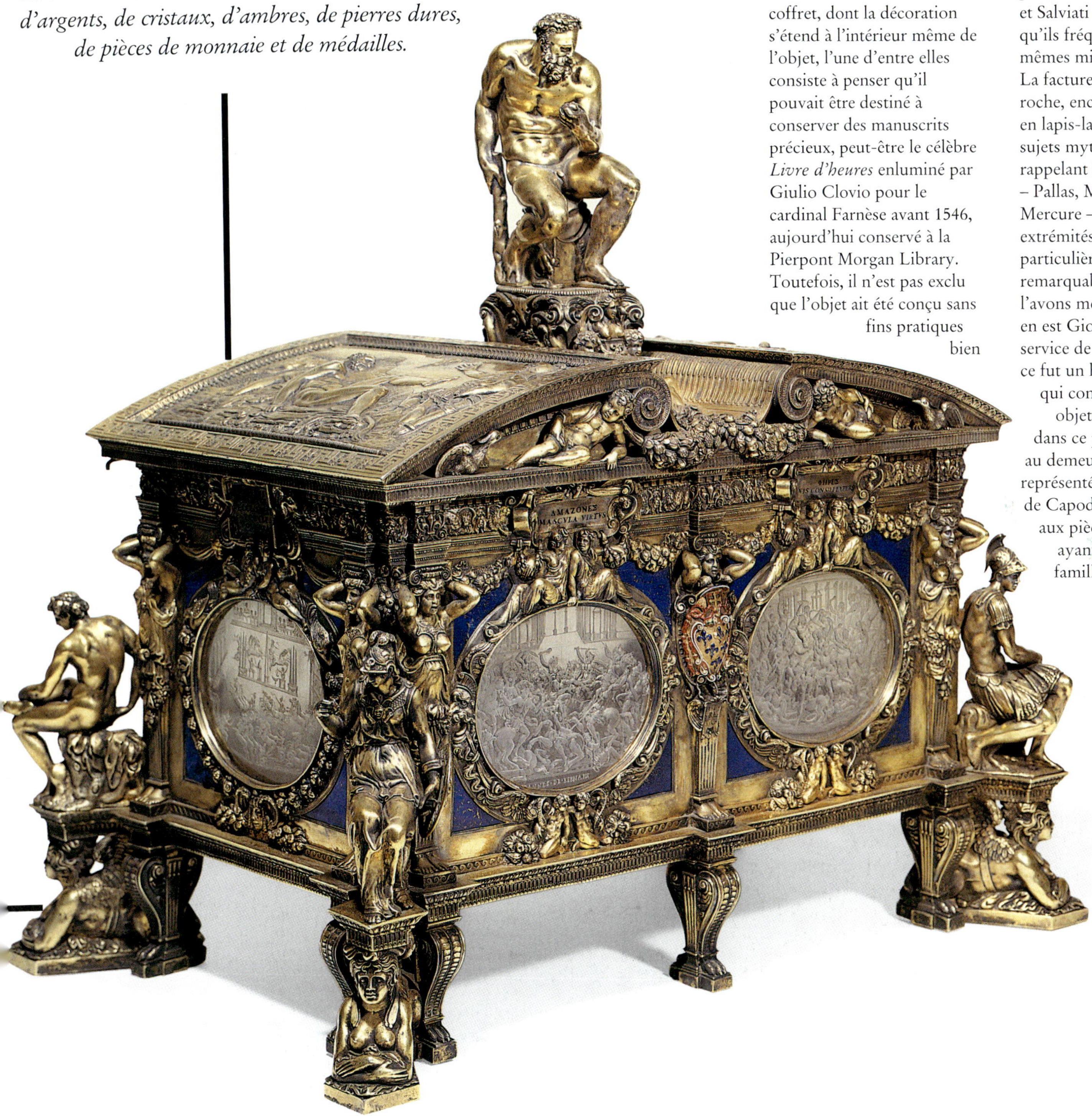

Le musée aujourd'hui

L'intérêt pour l'art contemporain conduit en 1978 à l'arrivée dans le musée de la *Grande crevasse noire* d'Alberto Burri et donne naissance à une série d'expositions d'artistes des dernières décennies qui deviendra la base d'une importante section d'art contemporain.

La vigilante activité de tutelle et de conservation, dont témoignent d'importants travaux de restauration, d'études ainsi qu'une série d'expositions d'envergure internationale, ne parvient toutefois ni à freiner l'inexorable dégradation des structures, résultat d'une inadaptation totale des ressources de gestion, ni leur éloignement objectif de la ville, victime d'une accumulation de problématiques et de contradictions toujours plus prononcées. Dans la seconde moitié des années quatre-vingts des interventions massives en matière d'adaptabilité des anciennes structures du musée aux nouvelles normes de sécurité et de conservation du patrimoine, ainsi qu'aux nouvelles exigences s'imposant pour tout musée actuel, sont mises en place. Le projet s'oriente vers une révision complète de l'organisation des collections, facilitée par la récupération de nouveaux espaces d'exposition.

La configuration actuelle de Capodimonte prend assise sur cette conjoncture. Le choix de la réorganisation de l'exposition d'ensemble, partant de l'histoire même du musée et de ses collections, a conduit à une articulation du parcours de présentation dans lequel, à côté de paramètres consolidés de la succession historico-géographique, par centre de production, ressort une attention plus marquée concernant la provenance, afin d'intégrer l'histoire des œuvres avec l'histoire même de leur présentation dans le cadre du musée. Au premier étage, le patrimoine des Farnèse, opportunément complété par des œuvres de zones de production proches, mais entrées dans les collections à travers des acquisitions plus tardives, voit sa continuation naturelle dans les salles de l'Appartement, où, dans la succession des espaces d'exposition, sont rassemblés les témoignages les plus marquants de la production de l'époque des Bourbons et de Murat. Le second étage est entièrement consacré à la Galerie napolitaine et présente un panorama de la production picturale du sud de l'Italie depuis la fin du XIIIe siècle jusqu'au XVIIIe siècle, alors que les combles, transformées en lieu d'exposition, assurent la présentation d'une sélection significative de la production du XIXe siècle, ainsi que celle de notre époque. Pour terminer, de nouveaux espaces sont réservés à l'extraordinaire patrimoine graphique du Cabinet des dessins et des estampes, ainsi qu'aux services de support de l'activité du musée, correspondant aux besoins de valorisation et d'utilisation les plus actuelles. Ce nouvel agencement – fruit du travail acharné et enthousiaste conduit sous la houlette de Nicola Spinosa, par une équipe d'historiens de l'art qui a mûri à l'école de ce musée dans les vingt dernières années – a progressivement vu le jour, par étapes successives, à partir de la fin de 1995, jusqu'à projeter le musée dans une dimension nouvelle dans son rapport avec le public, non point dans le sens numérique – comme on a pu grossièrement le penser – mais en termes de qualité de l'offre globale, et, pour finir de solidité des perspectives.

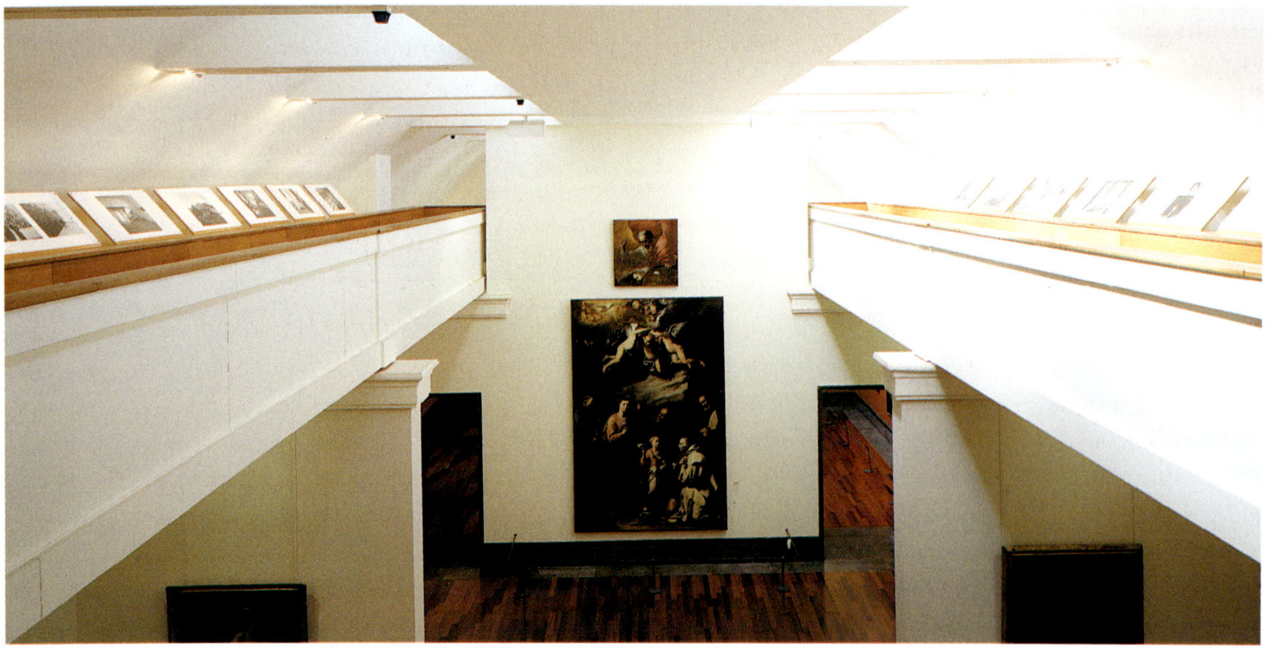

La "passerelle" : nouvel espace d'exposition du patrimoine de dessins du musée

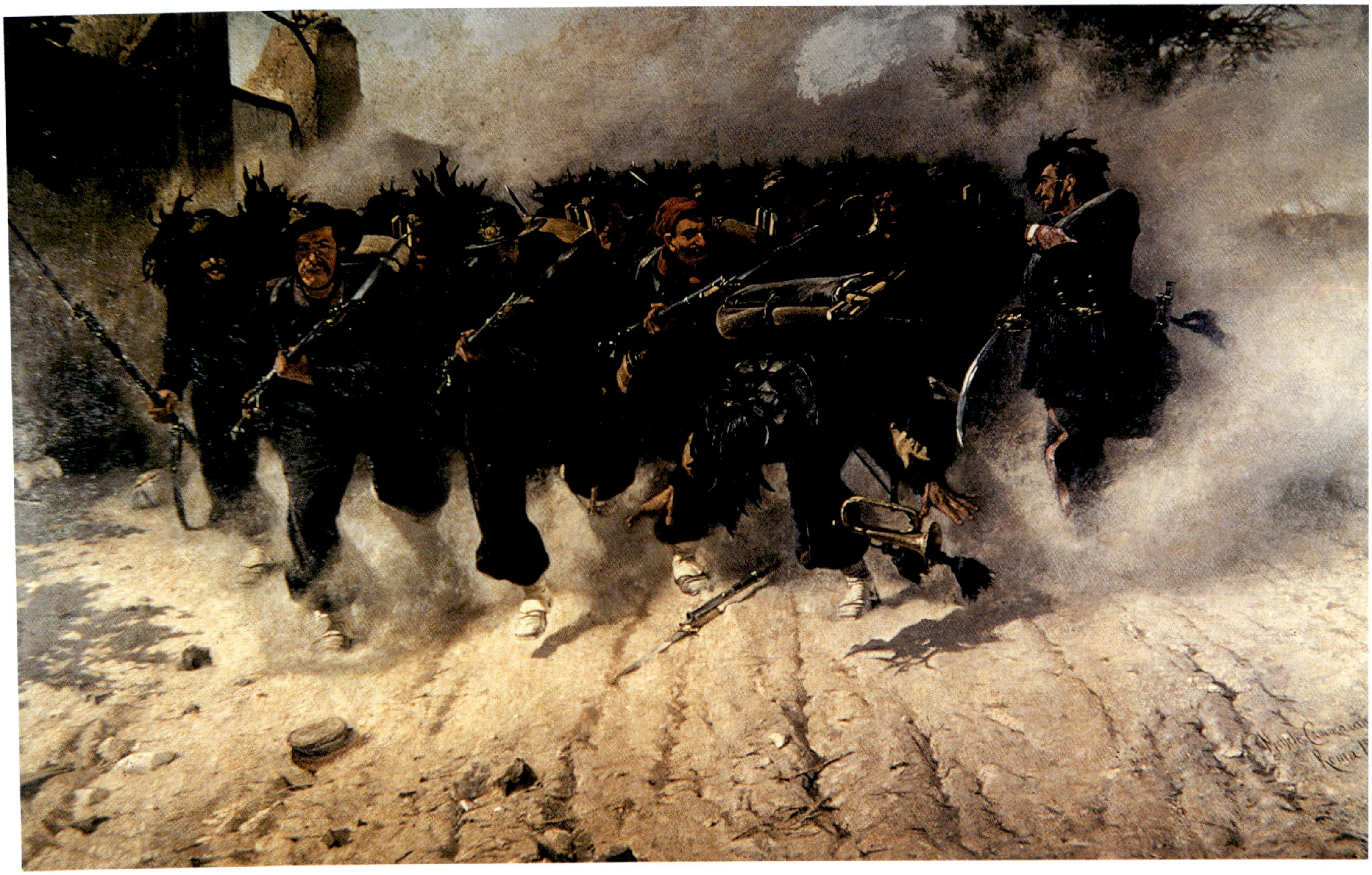

Michele Cammarano

La *Brèche de Porta Pia*, la plus spectaculaire des œuvres du XIXe siècle conservées à Capodimonte, également en raison de ses dimensions gigantesques (huile sur toile, 290 × 467 cm) – que l'artiste lui-même a patriotiquement intitulée *Savoia, Savoia* – fut exposée pour la première fois à la Seconde exposition italienne des Beaux-Arts de Milan et achetée à cette occasion par le roi Victor-Emmanuel II. Par la suite, elle fut présentée à l'Exposition Universelle de Vienne et à l'exposition italienne de Londres, recueillant toujours une reconnaissance enthousiaste. Depuis 1860, Cammarano avait participé en personne aux événements politiques, impliqué dans la geste de Garibaldi et dans la Garde Nationale pour lutter contre le brigandage.
La toile fut réalisée au lendemain de l'événement, au retour à Rome de l'artiste, après un séjour à Paris où il s'était familiarisé avec la peinture de Courbet et de Géricault en particulier. Délaissant toute tentative de mise en scène passéiste, tout l'intérêt se concentre sur l'avancée impétueuse des bersagliers qui, dans la savante composition de l'œuvre, semblent effectivement courir aux devants du visiteur, sans emphase rhétorique ou vainement commémorative. L'intérêt porté par Cammarano à tous les thèmes d'actualité politique le conduira à d'autres compositions historiques qui, côtoyant des représentations de sujets populaires, documentent avec efficacité le courant vériste de la peinture napolitaine de la seconde moitié du XIXe siècle.

Le Musée National de Capodimonte s'articule sur différentes collections dont certaines n'ont été que très récemment réorganisées et présentées au public. Parmi ces dernières, on trouve une remarquable collection de tableaux du XIXe siècle napolitain, des œuvres de paysage aux grandes toiles d'histoire contemporaine, telle la bouleversante toile de Michele Cammarano représentant la Brèche de Porta Pia *de 1870.*

La Galerie napolitaine

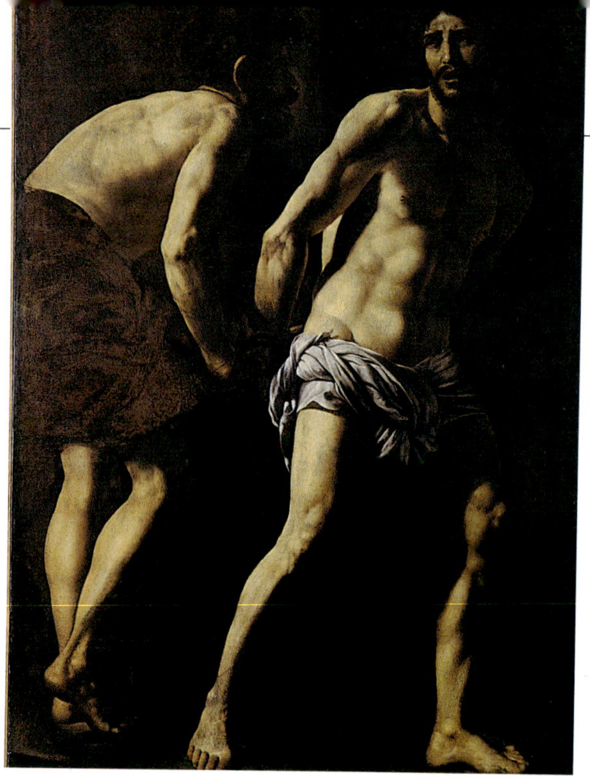

Battistello Caracciolo, *Christ à la colonne*, 1625

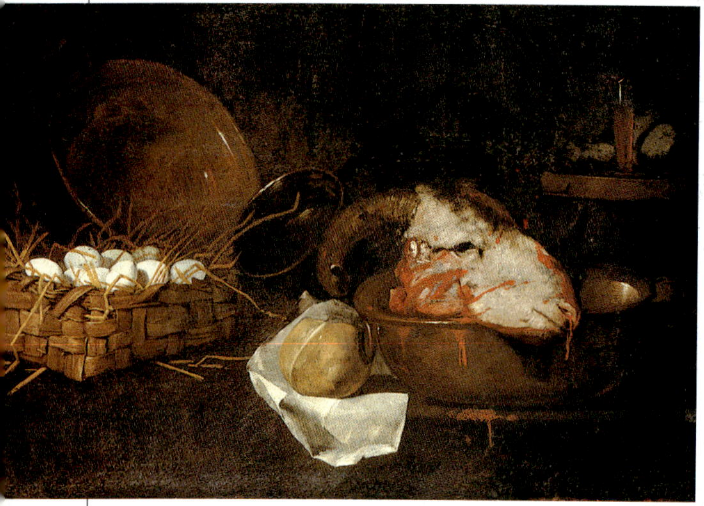

Giovan Battista Recco, *Nature morte avec tête de bouc*, 1650 env.

Dans le cadre du nouvel agencement des collections, les salles du deuxième étage offrent un vaste panorama de la production picturale de Naples et plus généralement du sud de l'Italie, de la fin du XIIIe jusqu'au XVIIIe siècle. C'est ainsi qu'a vu le jour un ancien projet que la muséographie napolitaine chérissait dès l'époque de Murat – la "Galerie des peintres nationaux" – avec un enrichissement considérable des œuvres exposées par rapport à la présentation initiale qui avait inauguré l'ouverture au public de Capodimonte, en tant que musée, au milieu du XXe siècle. Avec la suppression des ordres religieux et la confiscation des biens des églises et des couvents de la part de la Couronne, les collections artistiques napolitaines subirent de profondes modifications en ce qui concerne leur nombre, en s'ancrant solidement dans la réalité méridionale, absente des collections Farnèse. Au cours des premières décennies du XIXe siècle commencèrent à affluer dans les collections royales des pièces appartenant à la culture picturale locale, des œuvres traitant essentiellement de sujets religieux. Avec le temps, vinrent s'ajouter d'importantes acquisitions, parfois sous la forme de collections entières (c'est notamment le cas de la collection d'Avalos, à la fin du XIXe siècle) qui enrichirent ultérieurement le patrimoine du musée – à l'époque situé, comme nous l'avons évoqué, auprès du Palais de l'Université -, tout comme le fit le rapport qui ne s'est jamais interrompu entre le territoire de la ville et les églises d'où proviennent tant d'extraordinaires témoignages artistiques prudemment transférés dans les salles du musée.
Cet itinéraire articulé au sein de l'histoire artistique napolitaine et du sud de l'Italie met en évidence le rôle crucial joué par Naples dans le cadre du bassin méditerranéen : un point de rencontre unifiant des expériences culturelles et plastiques fourmillantes, un pôle vivant à part entière, depuis le temps des familles d'Anjou et d'Aragon, en passant par l'époque des vice-rois et, enfin pendant celle des Bourbons, des échanges et des ferments intellectuels les plus foisonnants de la culture artistique européenne.
Parmi les pierres angulaires de ce parcours, l'on retrouve certains témoignages, fort significatifs, de célèbres artistes étrangers à cette

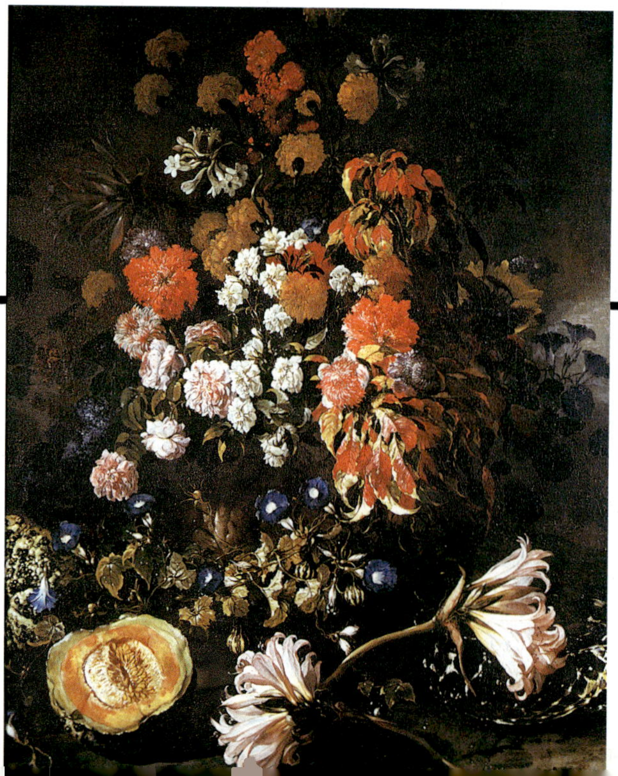

Paolo Porpora, *Fleurs avec coupe de cristal*, 1655 env.

La Galerie napolitaine offre une vue d'ensemble de grande envergure de la production figurative de Naples et, de façon plus générale, du sud de l'Italie, de la fin du XIIIe au XVIIIe siècle.

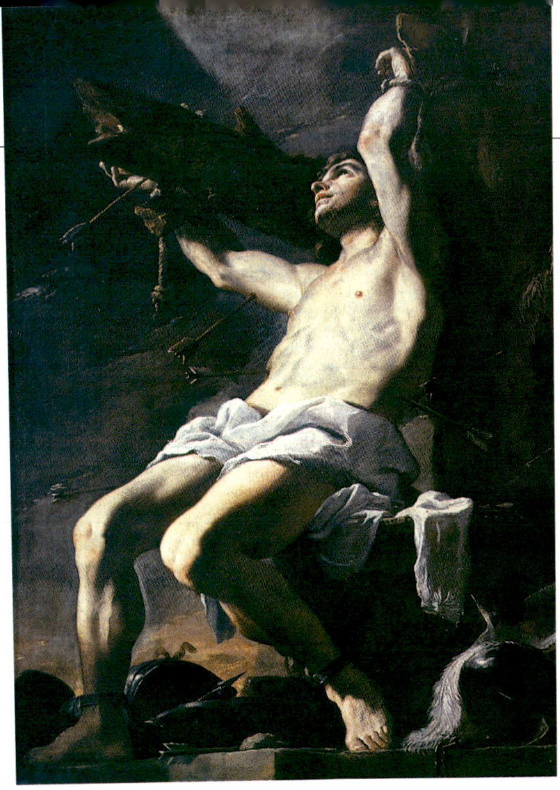

Mattia Preti, *Saint Sébastien*, 1657

Francesco Solimena, *Portrait du prince Tarsia Spinelli*, 1741 env.

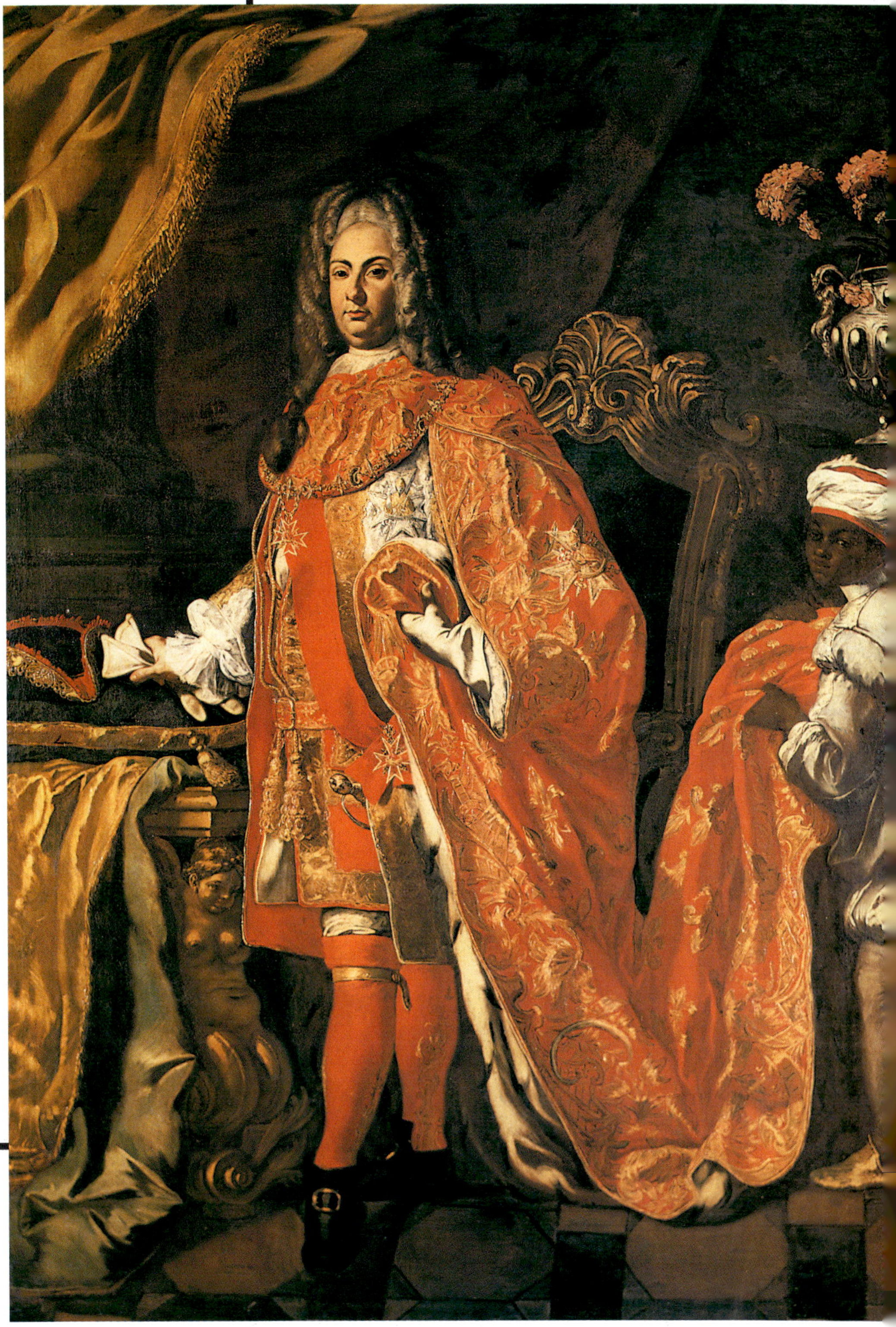

région, dont la production a influencé de manière déterminante la tradition locale : citons le célèbre retable de Simone Martini, *Saint Louis de Toulouse*, l'*Adoration des Mages* de Cesare da Sesto, l'*Annonciation* de Titien pour l'église Saint-Dominique (San Domenico Maggiore) et l'extraordinaire *Flagellation* du Caravage. Côtoyant celles-ci l'on peut en admirer d'autres telles que les œuvres de Roberto di Oderisio, Colantonio, Andrea Sabatini, Polidoro da Caravaggio, Marco Cardisco, Francesco Curia et Fabrizio Santafede, puis au cours du XVIIe siècle des peintres comme Battistello Caracciolo, Massimo Stanzione, Bernardo Cavallino, Jusepe de Ribera, Mattia Preti et Luca Giordano, pour finir par Francesco Solimena et Gaspare Traversi, qui témoignent de l'évolution d'un langage figuratif qui sut extraire la sève vitale, servant à concevoir des directrices originales, provenant des stimulations et des sollicitations des plus grands centres de production non seulement italiens, mais de l'ensemble du bassin méditerranéen.

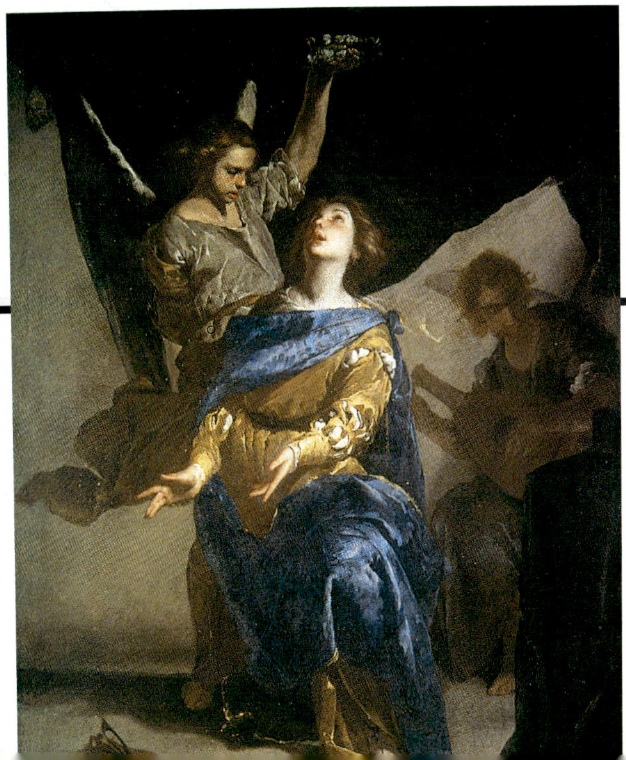

Bernardo Cavallino, *Sainte Cécile*, milieu du XVIIe siècle

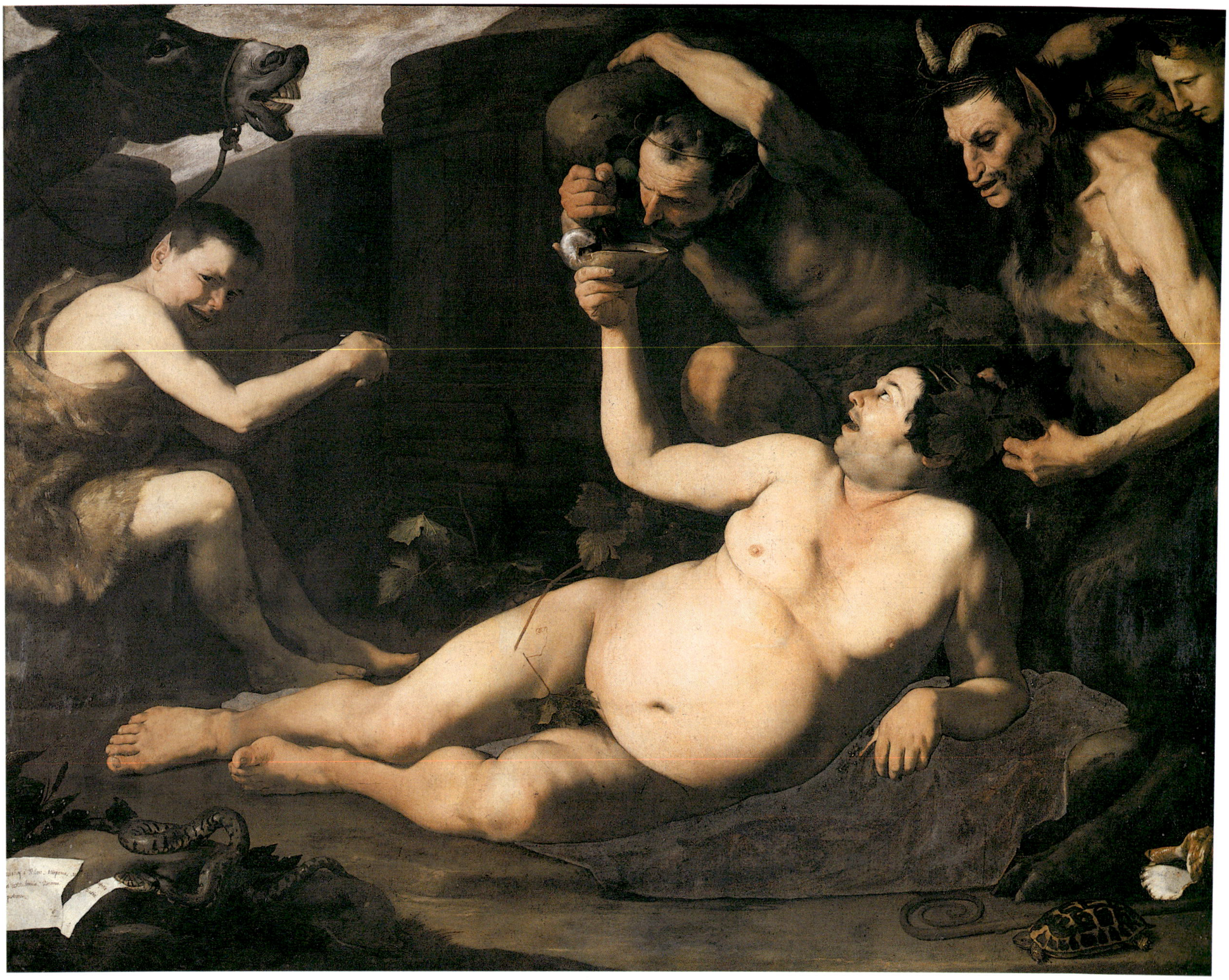

Jusepe de Ribera

La présence de Ribera à Naples eut un rôle déterminant dans le développement de la culture figurative locale pendant tout le XVIIe siècle.
Des multiples toiles peintes pour les églises et les collections napolitaines, Capodimonte conserve certains témoignages extrêmement significatifs de son interprétation personnelle du naturalisme s'inscrivant dans la ligne du Caravage, réinterprété à travers une nouvelle manière de percevoir la lumière et la matière : à partir du retable exécuté pour l'église de la Trinità delle Monache, en passant par la gigantesque *Trinitas terrestris* ou bien par le remarquable *Saint Jérôme et l'ange du jugement*, jusqu'au puissant *Apollon et Marsyas,* ayant appartenu autrefois à la collection d'Avalos.
Le *Silène ivre* (huile sur toile, 185 × 229 cm) fut acheté en 1653 par le riche marchand flamand Gaspare Roomer. Comme l'a fait remarquer Nicola Spinosa, la relecture d'un sujet de tradition classique considérée comme scène de la vie quotidienne, se caractérisant par une forte empreinte ironique, à la fois lucide et grotesque, et que l'on ne retrouve chez aucun autre peintre italien de cette époque, a quelque chose de tout à fait singulier. Il est vraisemblable que parmi les différentes interprétations du sujet, Ribera ait voulu représenter des bacchanales respectant le récit des *Fastes* d'Ovide, sans faire le portrait des personnages principaux, Priape et la nymphe Lotis, davantage attiré par des thèmes grotesques et saugrenus, Silène et l'âne, dont le braiment rappelle l'attention et dévoile les intentions réelles de Priape. Ceci donne naissance à une toile fort évocatrice, comprenant l'imposante figure qui occupe tout le premier plan, avec un ensemble de symboles qui font allusion au mythe, l'une des images les plus frappantes de la fertile tradition naturaliste de la première partie du XVIIe siècle napolitain.

Acquis en 1653 par le riche marchand flamand Gaspare Roomer – dont la collection du palais napolitain de Monteoliveto comptait quelque huit toiles du maître – le Silène ivre *témoigne de l'apport décisif que l'artiste eut sur les cultures figuratives locales au cours du XVIIe siècle.*

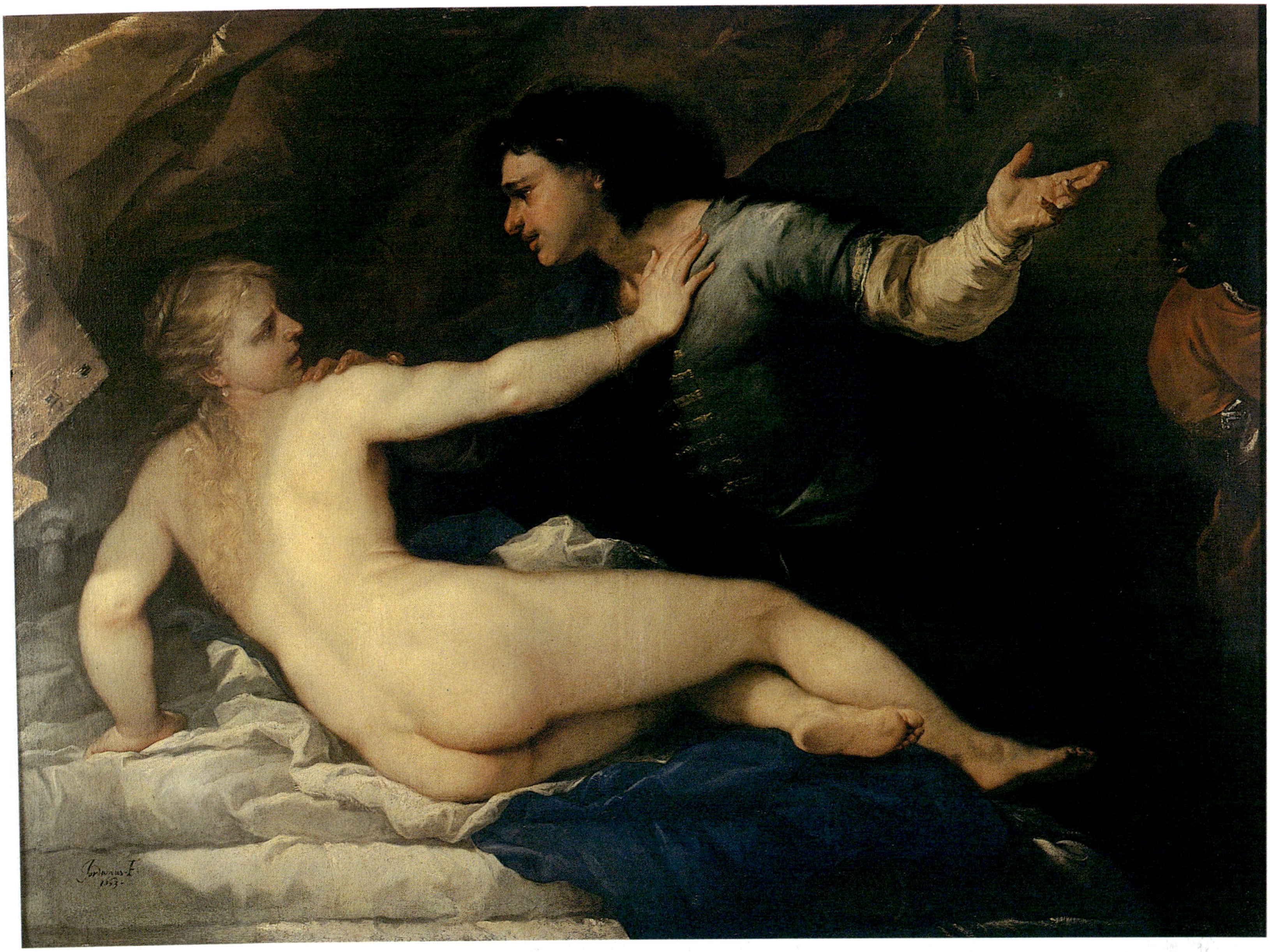

Luca Giordano

A Capodimonte, la vaste production de Giordano est documentée par une abondante série de tableaux qui parcourt toute la carrière du peintre, rendant compte de sa croissance stylistique et de son incessante recherche des références les plus vivantes de la tradition picturale ancienne et contemporaine, pour les transposer en une peinture libre et rythmée qui marquera l'affirmation du baroque dans la culture picturale de l'Italie du Sud. Aussi bien dans les grands retables d'autel pour les églises de la ville, comme la célèbre et monumentale *Madone au baldaquin,* autrefois placée dans l'édifice du Santo Spirito di Palazzo, lumineuse et brillante composition fortement influencée par le Bernin – que dans les sujets mythologiques et profanes – comme parmi tant d'autres *Apollon et Marsyas,* aujourd'hui exposée à côté de la peinture analogue de Ribera, dont Giordano s'inspira, dans la "comparaison réitérée à distance avec l'ancien maître" qui marqua le cours de toute sa carrière – Giordano ne cesse de réinventer un langage tout à fait particulier, puisant dans les "sources génératrices de la peinture moderne", comme l'a souligné le plus grand spécialiste du peintre, Oreste Ferrari.

Le tableau de *Lucrèce et Sesto Tarquinio* (huile sur toile, 138 × 187 cm) représente le moment où la jeune femme romaine tente de repousser les avances de Sesto Tarquinio, dont la violence constituera pour finir la cause du suicide. Bien que dramatique, l'histoire perd toute apparence de violence dans l'interprétation qu'en fournit Giordano. L'épisode est plutôt utilisé pour une représentation sensuelle, avec le beau nu féminin figurant de dos, au premier plan, sur une toile de fond de drapés et d'étoffes dépeints avec soin, laissant jouer la lumière, avec des effets picturaux savamment recherchés. L'œuvre représentait le pendant de la *Vénus endormie* à la pose spéculaire renversée, elle aussi d'une grande sensualité et pour laquelle, comme dans le cas de la *Lucrèce*, les sources du XVIIe siècle supposent que le modèle du peintre était sa femme – dans la collection d'Andrea d'Avalos, prince de Montesarchio, vainqueur de la révolte de Masaniello. L'ensemble de la collection fut au milieu du XIXe siècle transmis par legs testamentaire à la Pinacothèque du Musée National de Naples et ensuite transféré au Musée de Capodimonte.

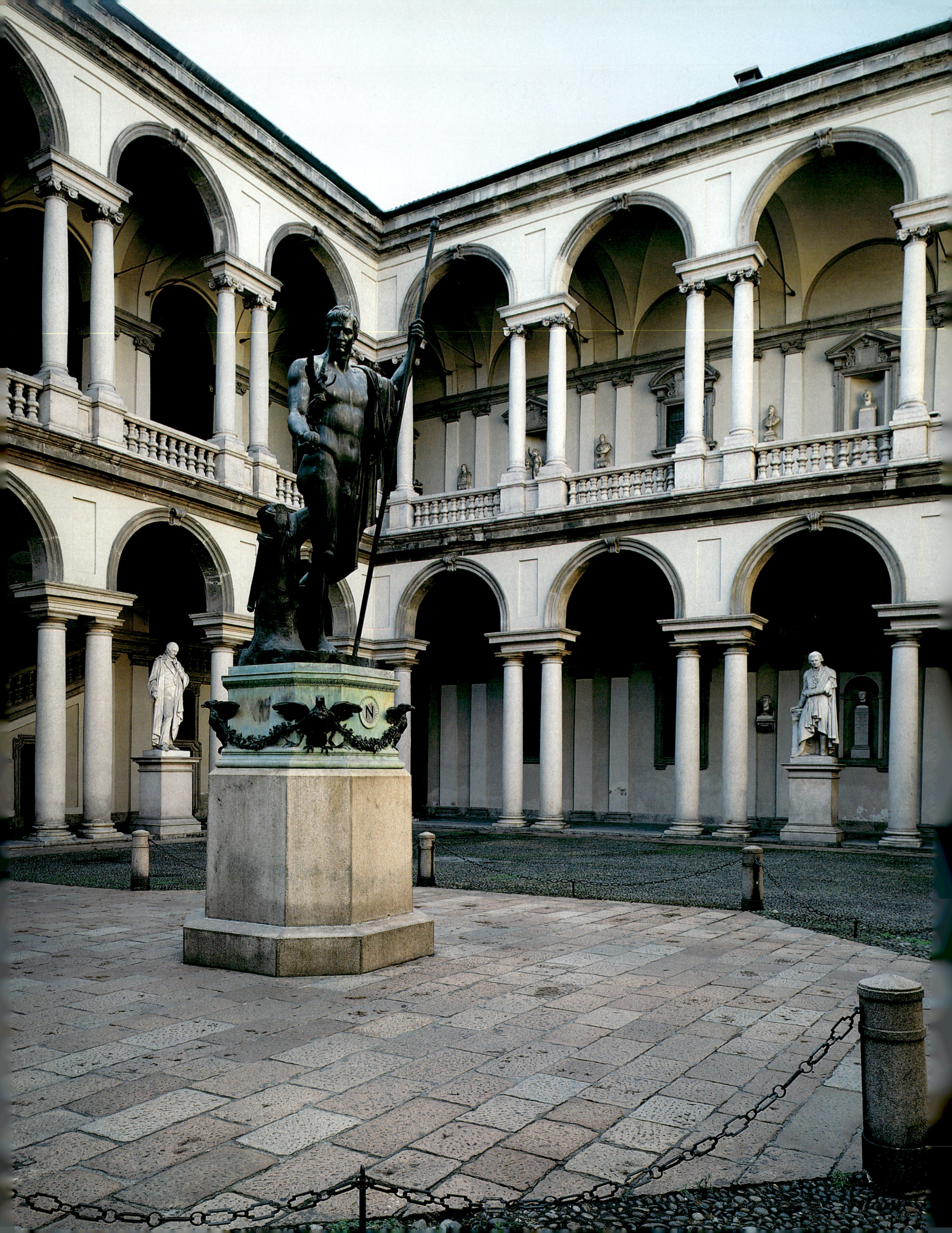

Milan, Pinacothèque de Brera

Luisa Arrigoni

Le palais de Brera doit son rôle de pôle culturel non seulement à la Pinacothèque qu'il abrite mais aussi à la présence stimulante de prestigieux instituts culturels : l'Académie des Beaux-Arts – fondée par Marie-Thérèse d'Autriche en 1776 mais dont l'essor date de l'époque napoléonienne – véritable pôle d'attraction au XIXe siècle grâce à ses nombreuses expositions annuelles ; la Bibliothèque nationale, installée à Brera en 1773 mais créée dès 1770, riche de plus d'un million de volumes, sans compter les manuscrits, incunables et codes des XIVe et XVe siècles ; l'Observatoire astronomique, qui effectue aujourd'hui d'importantes recherches dans le cadre de l'astronomie et du développement des technologies avancées ; enfin le Jardin botanique, fondé en 1781 et en cours de restauration depuis 1998.

La Pinacothèque est indubitablement l'un des principaux musées d'Italie, non seulement en raison de la qualité des œuvres qui y sont conservées mais aussi et surtout de par la nature originelle et intrinsèque de ses collections, qui proviennent de toute l'Italie.

Aux chefs-d'œuvre d'art ancien, entrés initialement grâce aux efforts de plusieurs personnalités liées au plan institutionnel à la Pinacothèque et, par la suite, au mécénat des particuliers et de l'Association des Amis de Brera, sont venues s'ajouter au XXe siècle d'extraordinaires collections d'art contemporain, comme par exemple le fonds Jesi.

Après plus de deux siècles d'intenses modifications – au plan tant architectural que muséologique – ayant entraîné de nombreux réaménagements des salles, la collection a atteint, après la seconde guerre mondiale, un équilibre qui, grâce aussi aux plus récentes corrections en matière d'exposition, demeure cohérent avec la nature originelle de cette institution.

L'enjeu que doit affronter aujourd'hui Brera, à l'instar de tous les autres musées d'envergure internationale, consiste fondamentalement à s'adapter et à répondre aux exigences toujours renouvelées de la culture contemporaine.

C'est pourquoi le musée est allé au-delà de son rôle institutionnel, à savoir la conservation et la recherche, mettant en œuvre d'importantes initiatives visant à encourager la culture et les arts – laboratoires pédagogiques, expositions temporaires, catalogages scientifiques –, sans compter l'aménagement d'infrastructures en mesure dássurer l'accueil à un public de plus en plus nombreux.

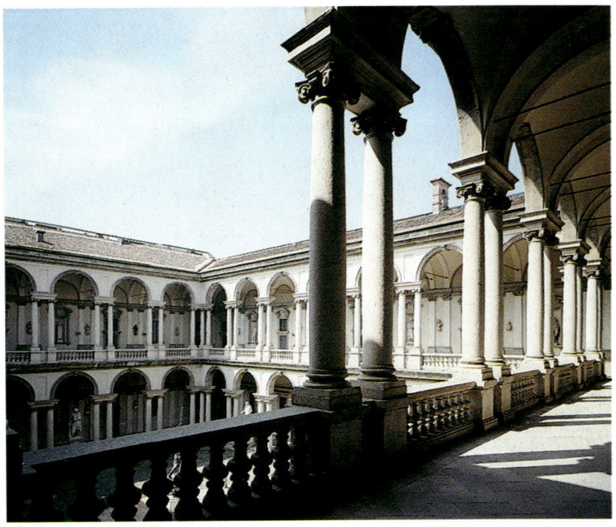

Vue de la cour du palais de Brera avec la statue en bronze de Napoléon Bonaparte réalisée par Antonio Canova.

La collection de tableaux du cardinal Monti à la Pinacothèque de Brera : l'évolution de la collection de 1811 à 1906

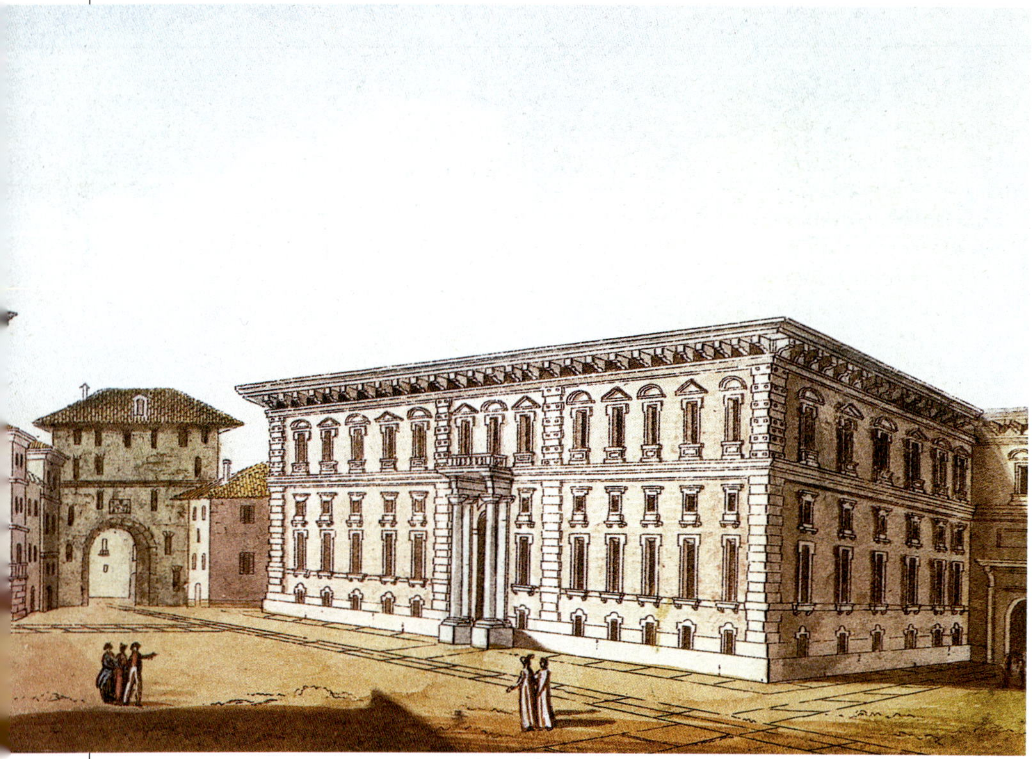

Vue du palais de Brera au début du XIXe siècle, Milan, Civica Raccolta Bertarelli

Bien qu'attentif aux légendes et aux provenances qui racontent l'histoire de la collection, le visiteur de la Pinacothèque de Brera parvient difficilement à percevoir l'importance de l'introduction, dans l'itinéraire du musée, des toiles et des dessins de la collection du XVIIIe siècle du cardinal Cesare Monti, de même qu'il lui est difficile d'avoir une idée des vicissitudes grâce auxquelles Brera s'enrichit à plusieurs reprises, en 1811, 1896, 1906, d'une quarantaine des deux cents œuvres que comptait cette célèbre collection, indiquée jusqu'au seuil du XIXe siècle dans tous les guides publiés à Milan comme l'une des "merveilles" de la ville qu'il ne fallait pas manquer.
Les liens tissés entre Monti et Brera remontent jusqu'à Andrea Appiani en 1802. Cette année-là le peintre, qui jouit de la faveur du jeune consul Bonaparte, duquel il obtiendra nombre de commandes et de charges publiques jusqu'à être nommé Commissaire général des spectacles et des Beaux-Arts, en plein climat jacobin, est désigné par le gouvernement français comme expert pour effectuer l'un des contrôles et inventoriages périodiques de la collection Monti, léguée en 1650 aux archevêques de Milan. Le contrôle, prescrit dans les dispositions testamentaires du cardinal, permet à l'artiste de connaître directement et sous tous ses aspects l'une des collections les plus prestigieuses et représentatives de la culture figurative italienne, notamment génoise, lombarde, vénitienne et émilienne des XVIe et XVIIe siècles. Cette connaissance approfondie est documentée par l'inventaire "Appiani ", aujourd'hui encore fondamental pour toute recherche sur ce sujet. Cette première intervention est suivie en 1810 d'un nouvel examen. Entre-temps le climat politique a changé, le siège de l'Archevêché est temporairement vacant et Appiani, devenu conservateur de la Pinacothèque de Brera en 1807, développe une brillante et frénétique activité de "collectionneur d'Etat" afin de transformer la modeste galerie, attenante à l'Académie des Beaux-Arts et utilisée par les étudiants, en un grand musée national. Dans ce programme fondé sur les idées démocratiques et populistes de la Révolution française mais surtout sur la propagande culturelle du nouveau pouvoir impérial en quête d'une légitimation, la collection Monti, avec ses tableaux léonardesques et raphaéliques (telles étaient les attributions du moment), pouvait s'avérer très utile. En avril 1811, après avoir résolu une querelle avec le comte Giuseppe Stampa di Soncino, héritier du cardinal, et reçu le plein appui et les encouragements de son Altesse Impériale le prince Vice-roi d'Italie Eugène de Beauharnais, 23 toiles et dessins choisis par Appiani

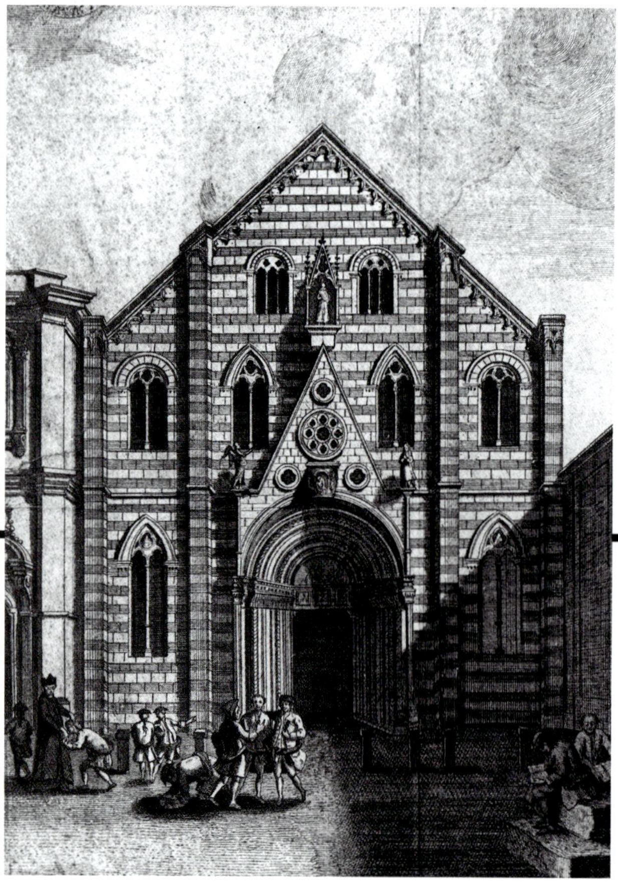

Vue de la façade gothique de Sainte Marie de Brera, 1760

– parmi lesquels le *Portrait de jeune homme* d'Andrea Solario, le *Christ et la femme adultère* et *Moïse sauvé des eaux* de Bonifacio de' Pitati (Veronese), le *Baptême du Christ* de Pâris Bordon, *Madeleine pénitente* de Giulio Cesare Procaccini – sont transférés de l'Archevêché à Brera et destinés "à l'avantage et l'instruction publics", venant rejoindre les grands retables d'autel qui s'amoncellent depuis 1809 dans les quatre *salles napoléoniennes* monumentales. Un autre groupe aussi important d'œuvres dites "mineures", selon le goût de l'époque, suivent le chemin inverse pour s'installer à l'Archevêché, modifiant ainsi irrémédiablement une collection demeurée intacte depuis sa constitution. Cette réquisition définie comme échange est suivie en 1896 d'un nouveau prélèvement dirigé cette fois par Giuseppe Bertini qui, après la séparation de la Pinacothèque et de l'Académie en 1882, est devenu le conservateur de la première. Le climat culturel n'est plus le même. Au-delà de l'habituel renvoi à la jouissance publique comme action prioritaire, il ne s'agit plus de réquisitionner mais d'intervenir pour une meilleure conservation de la collection du cardinal tombée dans un état d'abandon lamentable, et le rôle de la Pinacothèque est celui d'un organisme public œuvrant pour une meilleure protection. Fort de sa réputation de connaisseur et de collectionneur, spécialiste des problèmes de restauration, Bertini bloque d'abord un projet anticlérical visant à l'entière dévolution de la collection Monti à la Pinacothèque et, avec l'aide du collectionneur et historien de l'art Gustavo Frizzoni et du meilleur restaurateur de l'époque, Luigi Cavenaghi, il obtient seize toiles et dessins comprenant l'œuvre de jeunesse du Corrège l'*Adoration des Mages*, le *Martyre des saintes Rufine et Seconde* de Cerano, Morazzone et Procaccini (célèbre tableau "à trois mains" manifeste de la peinture contre-réformée lombarde), la *Vierge à l'Enfant* de Bramantino, et la *Sainte Famille avec saint Ambroise* de Pâris Bordon. En échange, Brera cède autant d'œuvres et obtient la mainmise sur l'entretien et la restauration de tout ce qui est resté à l'Archevêché. Loin d'être la répétition d'une expérience bien rodée, l'opération témoigne non seulement d'une évolution de la conscience historique et civile, mais aussi d'une nouvelle philologie dans le domaine de l'art qui allait bientôt donner naissance à une loi nationale de protection dont les principes subsistent encore aujourd'hui. En 1906, mais il s'agit là d'un événement tout à fait marginal, quatre toiles de la collection Monti viennent s'ajouter à celles de Brera. La sélection est alors effectuée par Pietro Toesca, inspecteur de la Direction des Beaux-Arts de Milan.

Appiani, devenu conservateur de la Pinacothèque de Brera en 1807, développe une brillante et frénétique activité de "collectionneur d'Etat" afin de transformer la modeste galerie, attenante à l'Académie des Beaux-Arts et utilisée par les étudiants, en un grand musée national.

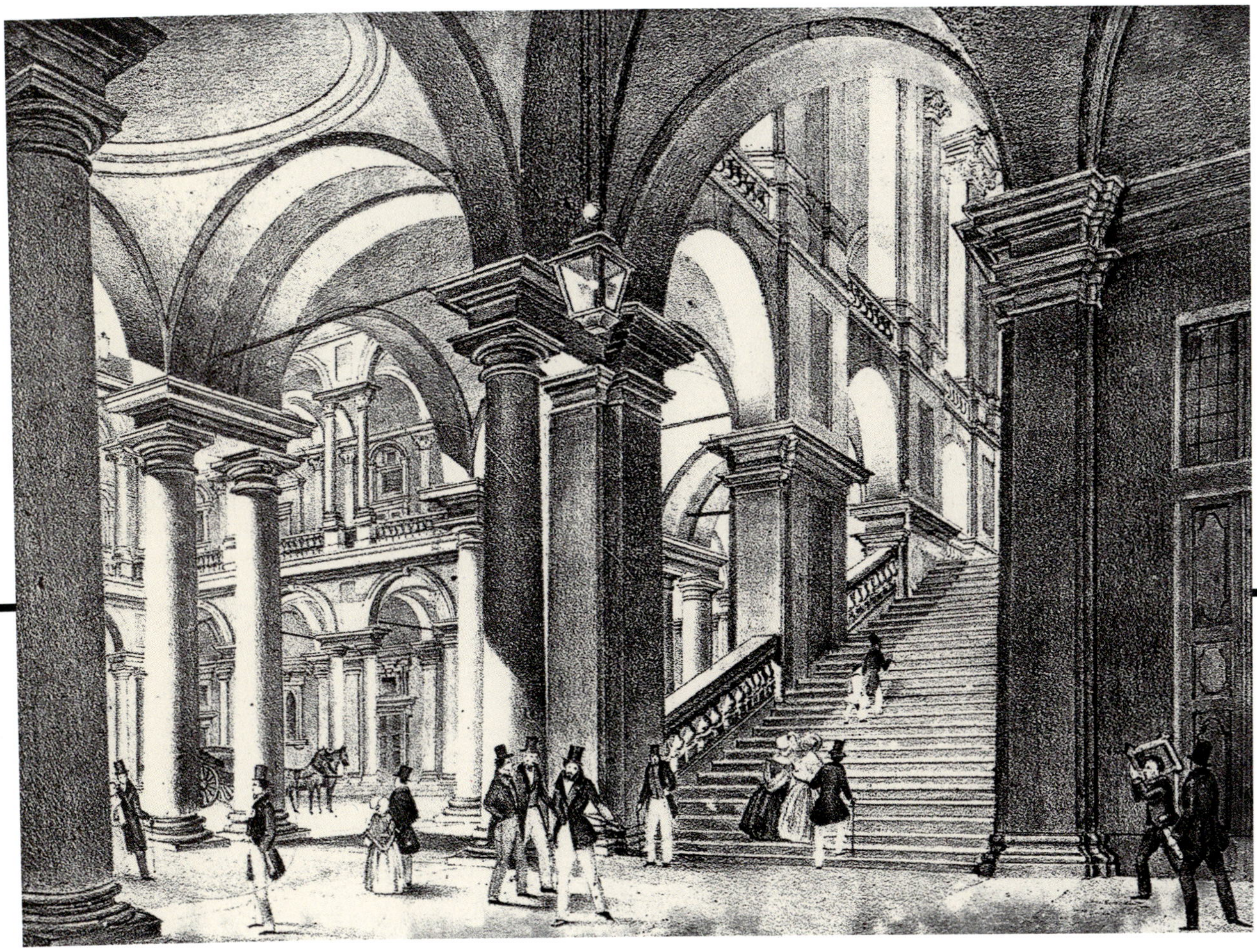

Vue du grand escalier du palais de Brera, Milan, Civica Raccolta Bertarelli

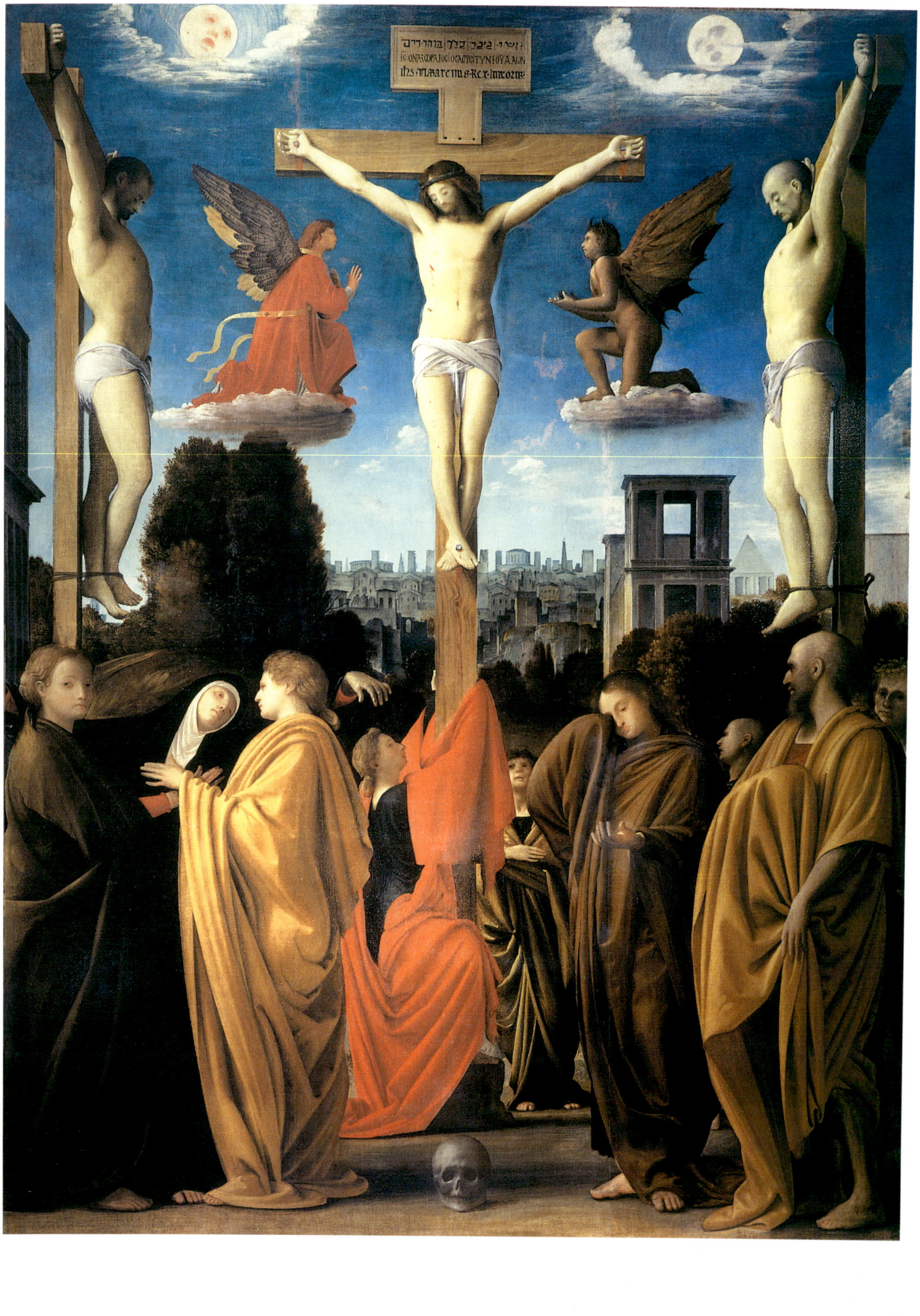

Bramantino (Bartolomeo Suardi)

La *Crucifixion* (huile sur toile, 372 × 270 cm) de Bramantino (Milan, v. 1465 - 1530) est une œuvre remarquable tant au plan de l'affirmation du classicisme lombard au XVIe siècle que de la parabole artistique du peintre, que l'on attribue à une époque certainement postérieure à son séjour romain de 1508, sans doute au début des années 1520. Considérée comme l'œuvre de Bramante au XIXe siècle, Cavalcaselle l'attribua en 1871 à Bramantino, ce qui n'a plus jamais été mis en discussion.
La destination primitive de la toile est inconnue, mais les études menées jusqu'ici permettent de supposer qu'elle appartenait au palais Trivulzio, où se trouvaient également les *Mois*. En 1806, elle se trouvait déjà à Brera. Depuis, elle y a toujours été exposée, à l'exception d'une interruption entre 1841 environ et 1861.

Histoire d'un palais

Le palais de Brera fut édifié sur l'emplacement d'un ancien couvent des humiliés du XIVe siècle. Passé en 1572 aux mains des jésuites, ceux-ci y installèrent un collège et confièrent à l'architecte Martino Bassi la charge de l'agrandir. Les formes actuelles sont dues à une campagne ultérieure de rénovation visant à réaliser un nouveau palais plus grandiose, d'aprés un projet de Francesco Maria Ricchino (1627-28), mais le nouveau corps de bâtiment ne fut commencé qu'en 1651. Interrompus à la mort de l'architecte à l'endroit où se dresse le portail, les travaux furent confiés dans un premier temps à son fils Gian Domenico et aux architectes Girolamo Quadrio et Pietro Giorgio Rossone, mais ce n'est qu'avec Piermarini qu'ils s'achevèrent jusqu'à la petite place de Brera.
Reprenant le dessin des grandes fenêtres et des murs en briques, le corps de bâtiment correspondant à l'ancienne église Sainte Marie de Brera donne sur cette place ; cette dernière fut englobée dans le palais par Pietro Gilardoni en 1809 et sa façade à assises de pierre blanches et noires sur le modèle toscan, ornée de sculptures de Giovanni di Balduccio, fut démolie.
Le cœur de la Pinacothèque est la grande cour, autrefois dite "des écoles" puis "d'honneur" ; elle se distingue par une double rangée d'arcades – dont les chapiteaux inférieurs sont de style toscan et les chapiteaux supérieurs de style ionique – séparées par d'élégantes colonnes de granit rose sur le modèle du Collège Romain (1583-85) et du Collège Borromée de Pavie (v. 1561).
Un escalier monumental à double volée relie la cour à la galerie – qui présente une importante anthologie de la sculpture lombarde du XIXe siècle – par laquelle on accède à la Pinacothèque.
Son origine est inséparablement liée à l'Académie des Beaux-Arts, fondée en 1776 par Marie-Thérèse d'Autriche et dont elle faisait partie intégrante, ayant été le premier noyau de la collection composée essentiellement de plâtres, de statues et de gravures utilisés par les élèves comme modèles. Ouverte en 1803, la collection s'enrichit d'œuvres provenant pour la plupart d'églises supprimées de Lombardie et d'autres régions du Royaume d'Italie, parmi lesquelles se distinguent certaines toiles importantes comme le *Mariage de la Vierge* de Raphaël ou la *Crucifixion* de Bramantino.

Raphaël, *Mariage de la Vierge*

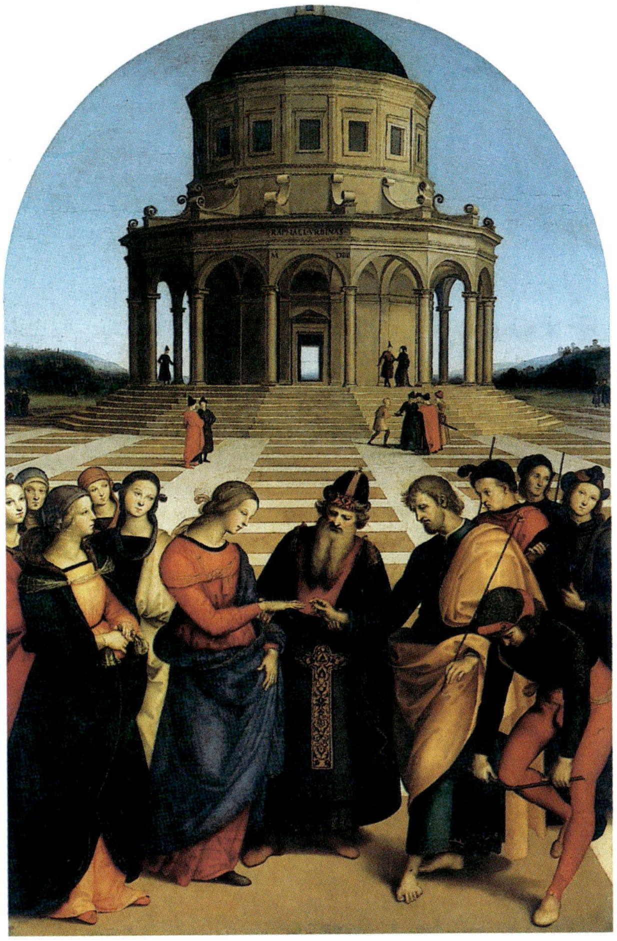

Ouverte en 1803, à l'époque où Giuseppe Bossi était secrétaire, la collection s'enrichit d'œuvres provenant pour la plupart d'églises supprimées de Lombardie et d'autres régions du Royaume d'Italie, parmi lesquelles se détachent certaines toiles importantes comme le Mariage de la Vierge *de Raphaël ou la* Crucifixion *de Bramantino.*

Cariani (Giovanni Busi)

Le *Retable de saint Gothard* (huile sur toile, 270 × 211 cm) provient de l'église Saint-Gothard à Bergame, pour laquelle il avait été commissionné par l'Ecole Saint Joseph en 1517. En effet, de récentes études documentaires ont permis d'en préciser la réalisation avant 1520, alors que la prédelle représentant la *Fuite en Egypte*, détachée du retable et aujourd'hui dans une collection privée à Bergame, fut peinte un an plus tard.
Le retable, qui comprend trois niveaux correspondant à la diminution de l'espace en profondeur, représente une *Sainte conversation* se déroulant en plein air, avec au fond un paysage champêtre et une vue lointaine du vieux Bergame, dont on distingue le complexe conventuel de Saint Gothard disparu à la fin du XVIIIe siècle. Au centre figurent la Vierge et l'enfant, surélevés par rapport au groupe désordonné de l'assistance ; la présence de sainte Grata, que l'on voit portant dans ses bras la tête coupée de saint Alexandre, se réfère à la ville de Bergame, comme celle qui semble être sainte Adélaïde, à l'extrême droite, martyre et protectrice de la ville elle aussi. La position centrale de saint Joseph se rattache à la chapelle qui porte son nom ; pour finir saint Augustin, à gauche, et saint Philippe Benizzi un livre à la main, sont une claire allusion à l'ordre des servites, le premier étant le fondateur de la Règle et le second Serviteur de Marie.
L'intérêt de la toile ne se borne pas au chromatisme vif des vêtements et des incarnats. De fait, la datation plus précise ébranle les certitudes acquises jusqu'ici concernant, d'une part, les liens avec la culture bergamasque, et Lorenzo Lotto notamment, et, d'autre part, la nature du colorisme de Cariani (Fuipiano Val Imagna, Bergame, v. 1480 - Venise, 1547) et, en voie de conséquence, les relations avec Titien et Palma le Vieux.
Il suffit de penser qu'en 1518 Lotto n'avait pas encore exposé ses retables bergamasques – raison pour laquelle ceux-ci ne purent être pris comme référence, comme l'on a souvent cru ; pour ce qui concerne les rapports avec la culture giorgionesque, celle de Cariani, le tableau a révélé sa nature proche du romantisme et de Titien. Certains retables de Palma en constituent la précédente iconographie, quoique avec une configuration plus foisonnante. Le paysage lui-même qui, bien que secondaire, instaure un nouveau lien dimensionnel avec les figures grâce auquel il joue un rôle de coparticipation au sujet, dénote une référence au thème bucolique de Giorgione ou au *Concert champêtre* de Titien, aujourd'hui au Louvre, tandis que la recherche d'un réalisme populaire d'inspiration lombarde est sans doute déterminée par le *Retable Martinengo* de Lotto, très proche au plan chronologique (1516).
Le *Retable de saint Gothard* joue donc un rôle précis de guide non seulement au plan de la formation d'un langage bergamasque, en partie grâce à l'installation progressive dans la ville d'une nouvelle génération de vénitiens, mais aussi de l'élaboration, dans le cadre "vénitien" du thème du retable sacré.
Installé sur l'autel de Saint Joseph dès son achèvement, le retable fut bien vite déplacé en raison de l'incendie qui détruisit l'église Saint-Gothard en 1529 ; après sa reconstruction, il fut replacé sur le troisième autel. Après que l'église eut été réquisitionnée en 1797 sur ordre des Français, il demeura au Palazzo Nuovo de Bergame jusqu'en 1803, avant d'arriver à Brera en 1805.

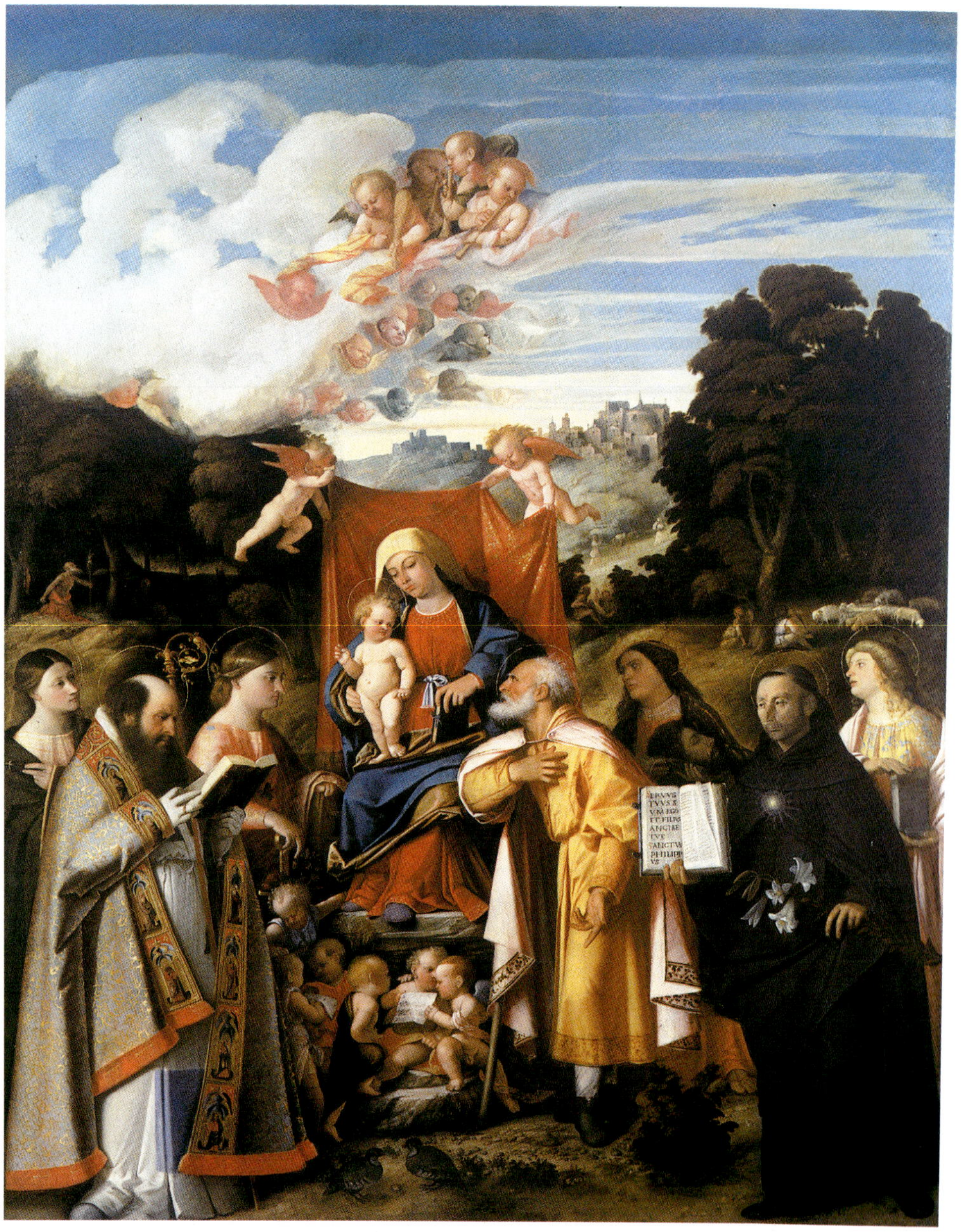

Parmi les nombreuses acquisitions effectuées par Bossi, citons l'arrivée à Brera en 1805 du Retable de saint Gothard, *de Cariani, provenant de Bergame. C'est en revanche à Andrea Appiani que l'on doit l'entrée d'un chef-d'œuvre du Tintoret : la* Découverte du corps de saint Marc.

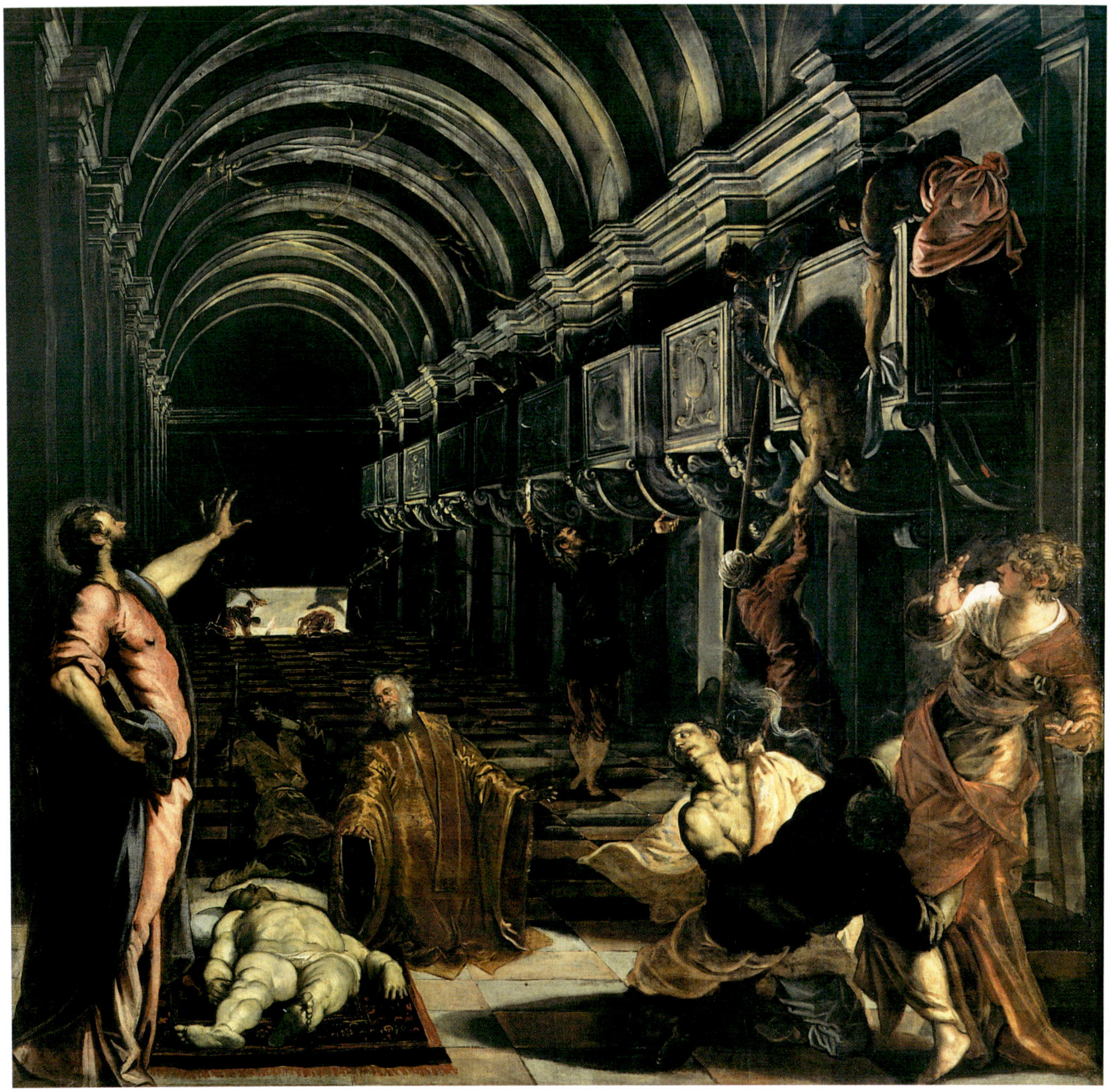

Le Tintoret (Jacopo Robusti)

La grande toile *Découverte du corps de saint Marc* (huile sur toile, 396 × 400 cm) appartenait à l'école Saint-Marc de Venise ; à sa suppression, en 1807, elle fut provisoirement placée dans la salle du Scrutin du Palais ducal, avant de passer en 1811 à Brera, où elle arriva mutilée d'une dizaine de centimètres en haut. De 1847 à 1866, la toile fut confiée temporairement à l'église Saint-Marc de Milan.
Avec d'autres toiles aujourd'hui exposées à la Galerie de l'Académie de Venise, ce tableau faisait partie d'un cycle représentant les *Histoires de saint Marc*, autrefois dans l'école Saint-Marc, que le Tintoret (Venise, 1519-1594) avait commencé à peindre en 1548 avec le *Miracle de l'esclave*.
L'exécution de la toile de Brera, l'une des plus significatives de la maturité artistique du Tintoret en raison de la qualité des effets spatiaux et luministes, se situe entre 1562 et 1566. Le commanditaire de l'œuvre, à l'époque "guardian grande" de l'école, était le médecin et savant Tommaso Rangone, qui apparaît dans deux autres toiles du cycle. Dans ce cas, il est représenté dans les vêtements de sa charge de "chevalier d'or", agenouillé au centre de la scène au second plan.
La littérature artistique n'est pas unanime en ce qui concerne l'identification de la scène : pour certains, il s'agirait du *Vol du corps de saint Marc* que la tradition attribue à deux marchands vénitiens en 828, à Alexandrie. Le geste du saint, représenté à gauche la main levée, signifierait donc l'arrêt des recherches devant son cadavre retrouvé. Mais les protagonistes du vol sont absents, de même que toute référence à des édifices du passé. Pour d'autres, la scène évoque un épisode postérieur : lorsque la basilique Saint-Marc fut reconstruite en 1094, les Vénitiens n'étaient pas encore certains de la dédier au saint, dont les reliques avaient été perdues. Ses restes demeurant introuvables malgré les recherches, le saint serait apparu après plusieurs jours de prières dans la basilique en indiquant le lieu de sa sépulture. La découverte aurait été suivie d'événements miraculeux comme la guérison d'aveugles et de possédés, thème qui correspondrait donc bien aux fins de soins et d'assistance de l'école.

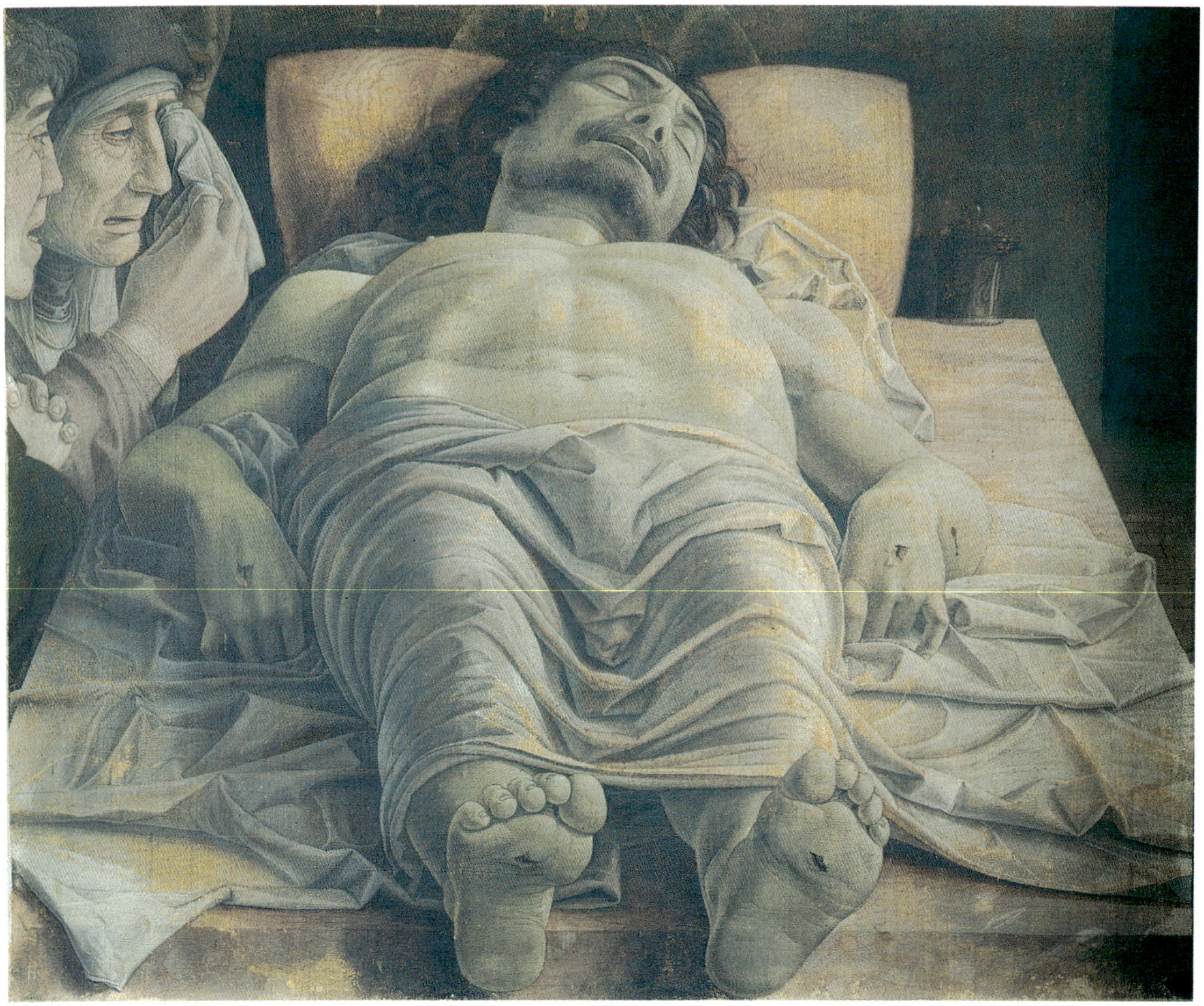

Andrea Mantegna

Le *Christ mort* (détrempe sur toile, 68 × 81 cm) de Mantegna (Isola di Cartura, Padoue, v. 1430 - 1506) jouit d'une telle célébrité qu'il est devenu le symbole de la peinture italienne du XVe siècle, notamment en vertu de la virtuosité de sa perspective. En réalité, le tableau présente bien d'autres implications iconographiques.
La toile représente le corps du Christ, à moitié recouvert du suaire, gisant sur une couche de pierre dite pierre de l'onction. La position des mains semble vouloir mettre en évidence les plaies encore ouvertes, tandis que celle des pieds, dont l'inclinaison n'est pas la même, paraît se référer à leur position asymétrique et superposée sur la croix.
La tête repose sur un coussin de soie à côté duquel est posé le pot des onguents. A gauche apparaissent les visages éplorés de la Vierge, qui essuie ses larmes, et de saint Jean. Le troisième, dont seule une partie est visible, représente peut-être Marie-Madeleine. La scène se déroule dans un lieu clos éclairé par une seule source de lumière située à droite. Au fond, à droite, l'on aperçoit une porte sombre qui pourrait être l'accès au sépulcre du Christ.
La toile devrait être postérieure à la réalisation de la *Chambre des époux* au Palais ducal de Mantoue (1465-1474), où trois *putti* sont représentés sur la voûte vus d'en bas, anticipant en quelque sorte la solution adoptée pour le *Christ mort*. Selon de nouvelles hypothèses, le tableau aurait été réalisé entre la fin des années soixante-dix et les premières années Quatre-vingt.
Du point de vue de la perspective, l'œuvre se présente comme un développement cohérent et une conséquence naturelle des recherches précédemment entreprises par Mantegna, tout en se posant de façon consciente, mais entièrement autonome, par rapport aux expérimentations de Paolo Uccello en matière de perspective et au milieu vénitien de Jacopo Bellini.
La structure de la perspective présente ici d'importantes incohérences qui ne permettent pas de trouver un point de vue unitaire pour l'ensemble de la composition. L'horizon de la couche de pierre et du corps du Christ se trouve à 50 centimètres au-dessus de la limite supérieure de la toile, alors que les figures latérales et le pot d'onguent sont vus de leur hauteur. Le corps du Christ présente d'évidentes irrégularités car, selon la perspective proposée, les pieds auraient dû être plus grands et la tête plus petite. Mantegna contourne l'obstacle en recourant sans doute à une correction "à vue" de l'image, semblable à celle que notre système perceptif opère en présence de telles perspectives, utilisant très probablement la projection parallèle. De toute évidence, il ne s'agit pas d'une vision "réaliste" du sujet mais bien d'une méditation, presque un compromis entre les raisons de la vraisemblance naturaliste et perspective, d'une part, et celles du respect de l'harmonie et des proportions du corps humain d'autre part.

:arlo Crivelli

ɛ retable placé en janvier
490 sur le grand autel de
église Saint-François à
abriano, et achevé trois ans
us tard, est la dernière
uvre connue de Crivelli
/enise, 1430/35 - Marches,
494/95).
elon le contrat, l'artiste
evait réaliser un panneau
entral représentant le
Couronnement de la Vierge
uile sur bois, 225 × 255 cm)
ntourée de deux saints,
ne lunette supérieure avec
Pietà (huile sur bois,
28 × 255 cm) et une prédelle.
Dans le *Couronnement*, le
Christ et la Vierge sont assis
ur un grand trône en
narbres divers, surélevé par
ne marche dont la partie
rontale est décorée de
ornes d'abondance
débordant de fruits que
'artiste utilise constamment
comme symboles
christologiques. Entre les
cornes d'abondance
apparaissent les rappels
symboliques à la Lune et au
Soleil, allusion à la vie qui
s'écoule sous l'égide de la
foi. Dans la partie supérieure
'Eternel, avec la colombe du
Saint-Esprit, pose une
couronne sur la tête de la
Vierge et du Christ tandis
que ce dernier, d'un geste,
participe au couronnement
de sa Mère. L'Eternel, à
l'intérieur d'une mandorle,
est entouré de têtes de
chérubins, tandis que deux
anges tiennent au fond une
précieuse étoffe damassée.
Sur les côtés du groupe
central sont représentés les
saints Vénantius, Jean-Baptiste, Catherine
d'Alexandrie, Augustin (ou
Bonaventure), François et
Sébastien.
Les vicissitudes de l'œuvre
sont inconnues jusqu'à son
acquisition par Pietro
Oggioni en 1836. Ce dernier
en fit don par testament à
Brera, où elle arriva en 1855
avec la *Pietà* de la lunette
supérieure.

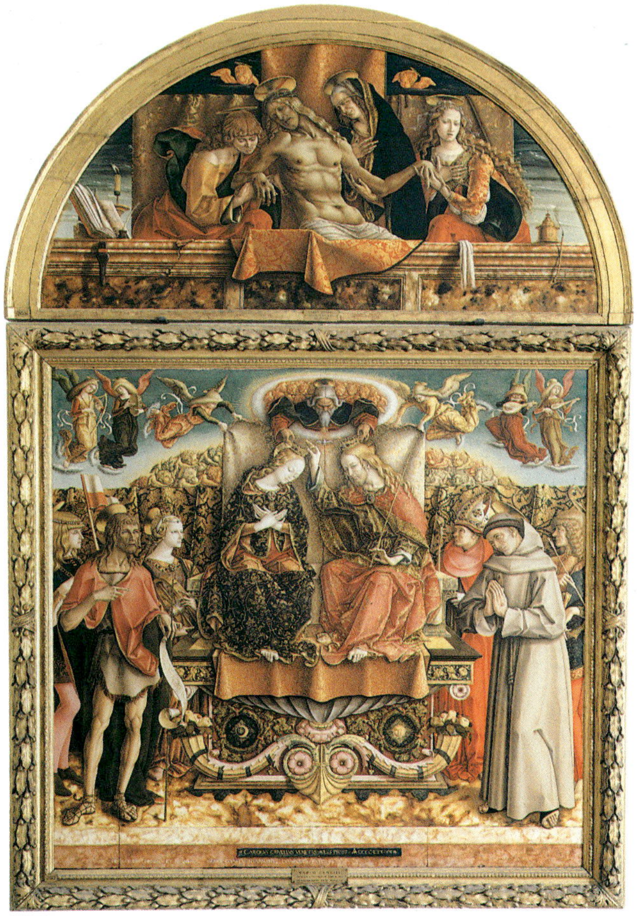

Au cours de la première moitié du XIXe siècle, Brera accueille, souvent grâce à des dons de particuliers, de nouveaux chefs-d'œuvre comme le Christ mort *de Mantegna ou le* Repas chez Simon le Pharisien *de Véronèse ; en 1855, la donation d'environ 80 toiles appartenant à Pietro Oggioni (dont le* Couronnement de la Vierge *de Crivelli) contribue à faire de Brera une collection d'intérêt national.*

Les premières acquisitions

Le principal artisan de son essor, à cette époque, est Giuseppe Bossi, secrétaire de 1801 à 1807, qui agrandit substantiellement la collection et réaménage les salles pour exposer les portraits et autoportraits d'artistes ainsi que les œuvres modernes, notamment celles des boursiers de l'Académie.
Mais ce nouvel aménagement s'avère bien vite inadapté aux exigences grandissantes en matière d'espaces d'exposition ; en 1806, Pietro Gilardoni signe donc le projet d'annexion de l'église du XIVe siècle Sainte Marie de Brera, que l'on divise ensuite en deux (1808-1809), l'étage supérieur étant destiné à accueillir quatre grandes salles dites napoléoniennes, noyau de la nouvelle Pinacothèque. En 1808 avait été entamée la compilation de l'"Inventaire napoléonien", qui enregistrera l'entrée des tableaux jusqu'en 1842. Aujourd'hui encore, il constitue une source d'étude irremplaçable.

Appiani, collectionneur d'Etat

Bossi est ensuite remplacé par Andrea Appiani, sous la direction duquel Brera fait l'acquisition d'un groupe important de fresques détachées d'églises de Milan peintes par Marco d'Oggiono, Gaudenzio Ferrari, Bernardino Luini, Vincenzo Foppa, sans compter des toiles du Tintoret, de Mantegna et de Titien. Dans les années 1820, la Pinacothèque compte déjà plus de huit cents œuvres exposées sur plusieurs registres couvrant entièrement les murs des salles napoléoniennes. L'objectif consiste désormais à réunir une collection qui devienne une référence pour l'étude de l'art italien, s'opposant ainsi aux œuvres exclusivement d'origine locale que proposent d'autres institutions, comme à Bologne et Venise.
Avec la Restauration sont entamées des démarches visant à rapporter en Italie les œuvres dérobées et transportées en France, et à rendre celles appartenant à l'Etat pontifical qui se trouvent à Milan.

Les grandes donations

Au cours de la première moitié du XIXe siècle Brera accueille, souvent grâce à des dons de particuliers, de nouveaux chefs-d'œuvre comme le *Christ mort* de Mantegna ou le *Repas chez Simon le Pharisien* de Véronèse ; en 1855, la donation d'environ 80 toiles appartenant à Pietro Oggioni (dont le *Couronnement de la Vierge* de Crivelli) contribue à faire de Brera une collection d'intérêt national.

La collection de dessins

Le Cabinet des dessins, partie intégrante mais peu connue des collections de la Pinacothèque de Brera, date de 1901 quand l'Académie, mettant en œuvre avec beaucoup de retard le décret du Ministère de l'Education de 1882 – qui avait accordé l'autonomie à Brera et lui destinait l'ensemble du patrimoine d'art de l'Académie, à l'exception des œuvres contemporaines et du matériel pédagogique comme les plâtres – remit au conservateur Corrado Ricci 585 dessins de peintres de Bologne et Pesaro, mais aussi de Rome, des Marches et de Venise des XVIe, XVIIe et XVIIIe siècles, provenant pour la plupart de la collection du XVIIIe siècle de Filippo Acqua di Osimo, vendue à Brera en 1857 par son petit-fils et héritier Francesco Acqua. En l'absence d'études spécifiques et d'une attention approfondie, l'on pensait, il n'y a encore pas si longtemps, que les dessins de Brera appartenaient à Carlo Bianconi, érudit bolonais et collectionneur notamment de dessins et estampes, qui avait été Secrétaire de l'Académie milanaise de 1778 à 1801. Cette hypothèse avait été formulée en 1937 par G.A. Dell'Acqua sur la base de la grande quantité de dessins de peintres émiliens des XVIIe et XVIIIe siècles, symptôme d'une orientation, en matière de goût et de choix, qui s'adaptait bien à la personnalité de Bianconi ; cette hypothèse se rattachait également à l'achat, en 1802, d'un certain nombre de cartons de Donato Creti, Ludovico Carrache et du milieu de Guido Reni qui lui avaient appartenus et qui avaient été exposés pendant de longues années dans les salles de la Pinacothèque. Ce n'est que très récemment, en 1986, que le directeur du Cabinet des dessins D. Pescarmona a découvert un document faisant état de l'achat de la collection Acqua et identifié les initiales "F.:a" figurant sur nombre de dessins et de doubles fonds anciens, démystifiant ainsi l'hypothèse de Dell'Acqua et marquant le début d'une série d'études qui ont permis de mieux connaître la personnalité du collectionneur des Marches et de comprendre les motifs culturels sur lesquels reposent ses choix. Peu de temps après, l'on a identifié à l'Académie les dessins du XVIIe siècle bolonais et les nus du XVIIIe siècle que Bianconi avait fait acheter à l'Académie dans un but pédagogique.
Mais le Cabinet des dessins ne comprend pas seulement la collection Acqua et les cartons acquis par Bianconi. Il nous faut également citer *Le présent* de Venanzio de Pagave qui apporta à Brera le grand carton avec l'*Adoration des bergers* de Bernardino Lanino, la célèbre *Tête du Christ* vendue par l'hôpital Maggiore de Milan, dont on crut pendant longtemps qu'il s'agissait d'une étude de Léonard de Vinci pour la tête du Rédempteur dans la *Cène* de l'église Sainte Marie des Grâces, le legs (1876) de deux rares dessins de Morazzone de la part du marquis Massimiliano Stampa Soncino et le beau *Buste de saint Jean-Baptiste* d'Andrea Solario – image baptismale employée abusivement – acheté en 1901 au marchand milanais Antonio Grandi qui fera don plus tard de 19 dessins d'artistes anciens. Il faut ajouter à cela les dessins de la collection Monti demeurés à l'Archevêché ainsi que d'autres, donnés de 1903 à 1911 par Luca Beltrami et des collectionneurs comme Francesco Dubini, Guido Cagnola, Giulio Sambon et Gustavo Frizzoni.
Peu étendue mais néanmoins remarquable de par la qualité des dessins et l'intérêt de l'histoire de leur provenance, la collection de dessins de la Pinacothèque ouvre de nouveaux horizons en permettant encore quelques découvertes dans le secteur très réservé et trop souvent déserté des études sur le dessin.

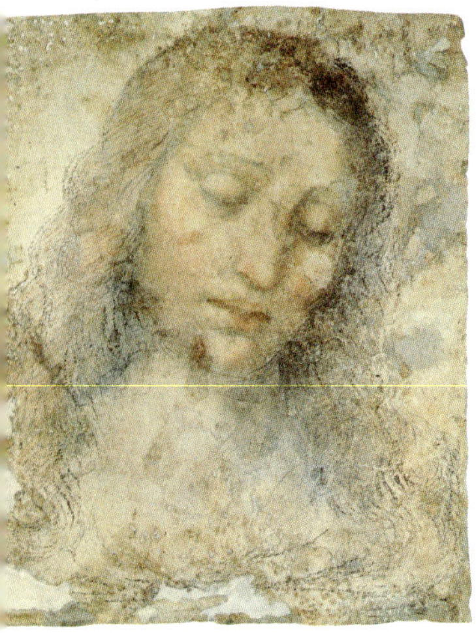

Léonard de Vinci, *Tête du Christ*

Les critères d'exposition se renouvellent

A la même époque, en 1850-1851, l'on procède à une réorganisation de l'exposition pour introduire de nouvelles œuvres provenant de dépôts tandis que d'autres partent en dépôt dans des églises lombardes. En 1882 survient la scission de l'Académie et la Pinacothèque entame une nouvelle vie autonome sous la direction de Giuseppe Bertini puis de Corrado Ricci (1898-1903). Ce dernier renouvelle les critères d'exposition, basés sur un emploi plus rationnel des salles et sur la réalisation de lucarnes permettant d'améliorer l'éclairage intérieur. L'emplacement des œuvres est très proche de l'aménagement actuel et l'exposition s'étend sur toutes les salles donnant sur la cour d'honneur, y compris le couloir qui relie l'entrée actuelle aux salles napoléoniennes, tandis que les œuvres sont regroupées par écoles suivant un ordre chronologique. C'est sous cet aspect que la nouvelle Pinacothèque est inaugurée en 1903.

Au cours du premier mandat d'Ettore Modigliani (1908-1914), le musée effectue de nouvelles acquisitions, souvent d'œuvres signées – Bergognone, Zenale, Piazzetta, Moretto, Baschenis et tant d'autres – qui sera interrompue de 1915 à 1918, avec le transport de toutes les œuvres à Rome et, durant le second mandat de Modigliani (1918-1924), par une sorte de temps d'arrêt.

Le mécénat

Les changements surviennent avec la constitution, en 1926, de l'Association des Amis de Brera et des Musées de Milan, canal préférentiel de mécénat social à travers lequel Brera fait l'acquisition d'œuvres importantes (en 1939, le *Repas d'Emmaüs* du Caravage).
Au début du second conflit mondial, les tableaux sont mis en dépôt dans le nord et le centre de l'Italie ; le palais de Brera sera bombardé et gravement endommagé en août 1945.

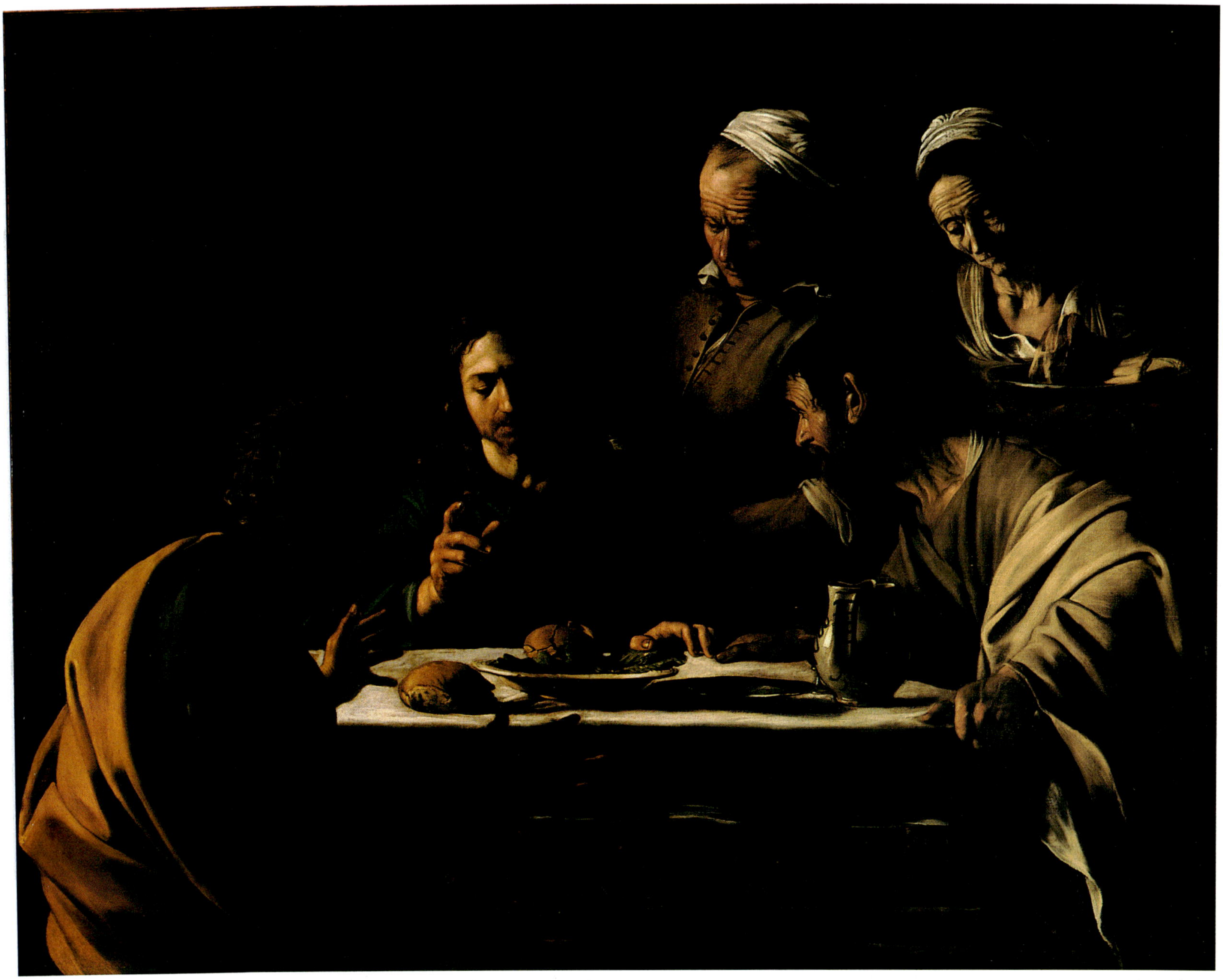

Le Caravage (Michelangelo Merisi)

Le style et l'exécution font penser que le *Repas d'Emmaüs* (huile sur toile, 141 × 175 cm) fut exécuté à Zagarol (Rome) après la fuite du peintre de Rome. Assis de face derrière la table, Jésus est représenté au moment où il bénit le pain rompu, tandis que sur le visage des deux personnages assis à ses côtés s'insinue la première lueur de reconnaissance.
A la tension expressive des poses de ces derniers s'opposent les visages stupéfaits de l'hôte et de la vieille femme, légèrement en retrait derrière Jésus.
Le Caravage peignit également un autre *Repas d'Emmaüs*, aujourd'hui conservé à la National Gallery de Londres, par rapport auquel la toile de Brera présente quelques variantes. L'environnement est moins lumineux, en accord avec l'accentuation progressive du contraste entre ombre et lumière dans les œuvres tardives de l'artiste. La fenêtre d'où provient la lumière est en dehors de l'image, mais se reflète de façon réaliste sur la cruche posée sur la table. A l'instar d'un réflecteur, la lumière provenant de gauche éclaire la scène, contrastant avec les tons terreux du fond assimilés à la couche préparatoire – une technique caractéristique de la période post-romaine – et intervenant en tant qu'élément dramatique dans l'intensité de ce moment.
Par rapport à la version londonienne, les gestes sont plus retenus, plus ordonnés et moins amplifiés ; le Christ n'est plus un jeune imberbe, mais un homme mûr et pensif. Le moment même représenté est différent selon les toiles : ici le pain a déjà été rompu et le geste du Christ semble être celui d'un adieu.
Le coup de pinceau, rapide et essentiel, est semblable à l'esquisse présente sous la peinture et vise à l'essentiel et au sentimental, s'attardant plus longuement sur certains détails réalistes de la scène, comme le tapis d'Anatolie de type Ushak qui recouvre la table, et la différence entre les mains délicates de Jésus et celles, plus mates et rudes, des deux personnes assises.

L'afflux des donations privées – fondamental pour l'essor de la Pinacothèque de Brera – change de rythme avec la constitution, en 1926, de l'Association des Amis de Brera et des Musées de Milan, canal préférentiel de mécénat social à travers lequel Brera fait l'acquisition d'œuvres importantes (en 1939 le Repas d'Emmaüs *du Caravage).*

Fernanda Wittgens et la reconstruction de la Pinacothèque de Brera

Fernanda Wittgens (1903-1957), directrice des Musées de la Lombardie et conservateur de la Pinacothèque de Brera de 1947 à 1957, était une femme dotée d'une grande intelligence et d'une vaste culture, énergique et volontaire, clairvoyante et toujours cohérente au plan des études comme au plan humain et du travail. Elle joua un rôle déterminant dans l'histoire du musée milanais qui, aujourd'hui encore, est empreint des décisions qu'elle prit après guerre et pendant une grande partie des années cinquante en ce qui concerne le classement, l'organisation et la présentation des œuvres, mais aussi la mise en œuvre d'une politique culturelle attentive à la "socialité de l'art " à travers des initiatives pédagogiques et l'organisation d'expositions qui ont marqué cette époque. Titulaire en 1928 d'une maîtrise sur "Les livres d'art des peintres du dix-neuvième siècle", sous la direction de Paolo d'Ancona, elle entre la même année à Brera comme auxiliaire après avoir été présentée à Ettore Modigliani par Mario Salmi. Elle s'entend parfaitement bien avec Modigliani, directeur des Musées et Monuments de Lombardie et conservateur du musée depuis 1908. Dotée de grandes qualités d'organisation et en même temps spécialiste sérieuse, attentive aux nouveautés, elle collabore entre 1928 et 1935 à un vaste programme de restauration des fresques des XIVe et XVe siècles des églises et oratoires lombards. En 1930 elle participe aux côtés de Modigliani à l'organisation de la grande et unique "Exposition de l'Art ancien italien" à Londres, voulue par Mussolini ; ses efforts sont récompensés par une décoration que lui décernent les Anglais. En 1935, le gouvernement décide d'éloigner de Brera Modigliani, libéral et juif, et Fernanda Wittgens poursuit seule son œuvre. En 1939, elle est la première femme en Italie à remporter le concours de conservateur de monuments, musées, galeries, fouilles d'antiquités. En 1941, elle est chargée de s'occuper de la Pinacothèque. Nourrie d'idéaux démocratiques et n'oubliant pas la tradition libérale et libertaire du Risorgimento, elle se retrouve dans l'opposition pendant les années difficiles de la guerre. Elle se rapprochera ensuite de Ferruccio Parri et du groupe Justice et Liberté, forte du prestige qui lui vient de sa supériorité culturelle, de ses amitiés, de son rôle public, avec un groupe d'amis dont fait partie le collectionneur Gianni Mattioli, avec qui elle partagera, une fois la guerre finie, la passion et l'engagement en faveur de l'art moderne italien ; elle s'occupe de l'expatriation vers la Suisse des opposants politiques et des juifs, sans négliger pour autant son travail à Brera dont toutes les œuvres sont transportées ailleurs pour être conservées en toute sécurité. Son aide aux juifs lui vaut d'être arrêtée et condamnée en 1944 et elle ne sortira de prison qu'à la libération, en avril 1945. Revenue à son travail en 1946, aux côtés de Modigliani qui a réintégré son poste mais qui décédera bientôt, elle dresse un plan de reconstruction des musées milanais endommagés pendant la guerre : Brera avec l'Académie dont elle est commissaire, mais aussi le Musée Poldi Pezzoli, le château Sforzesco, la Pinacothèque Ambrosienne et le Musée d'art moderne. En 1950 s'achèvent les travaux à Brera, dont trente salles sur trente-quatre avaient été réduites en poussière. Grâce à "l'implacable dynamisme" de Fernanda Wittgens – qui "terrorisait" littéralement la bureaucratie du ministère, comme en fit l'expérience Antonio Greppi, premier maire de l'après-guerre – et sur la base du projet de Piero Portaluppi, qui avait déjà réalisé un remarquable

Dès 1946 débutent les travaux de reconstruction, confiés dans un premier temps par la Direction des Beaux-Arts à Franco Albini, auquel succède, avec les conservateurs Ettore Modigliani (1946-47) et Fernanda Wittgens (1947-57), Piero Portaluppi, qui se charge de la reconstruction de l'ensemble de la Pinacothèque. Les travaux s'achèvent en 1950, année de la nouvelle inauguration sous l'empreinte, désormais historique, du conservateur Wittgens.

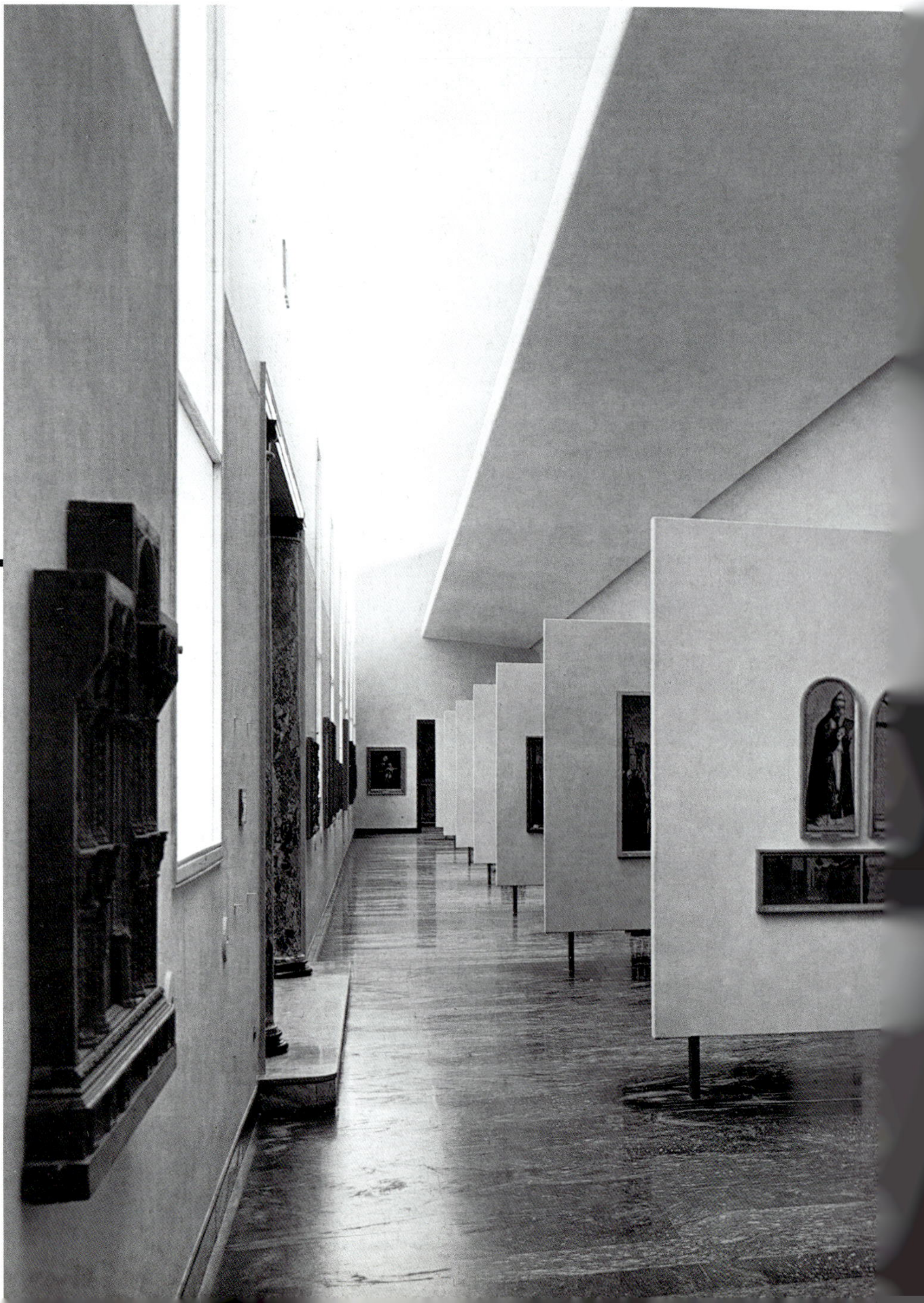

aménagement en 1924, le musée est intégralement renouvelé dans un décor luxueux, d'une modernité à la fois aristocratique et sobre, fruit d'un travail de restauration complexe et d'un aménagement savamment calculé des œuvres (les salles du XVIIIe siècle et le "sanctuaire" de Piero della Francesca, Bramante et Raphaël sont à ce sujet exemplaires), sans pour autant négliger les aspects technologiques (éclairage et chauffage) et de service, avec la création d'un atelier de restauration et d'un laboratoire photo-radiographique moderne.
Ce programme de pureté et de neutralité fonctionnelle se greffe sur la conviction profonde qu'il convient d'intervenir sur la base de la "difficile subordination de l'architecture à l'œuvre d'art", en conciliant la tradition historique et la modernité tout en laissant une place à un goût élitaire pour les matériaux précieux qui caractérisent encore en partie la Pinacothèque aujourd'hui. "L'harmonie *royale* de Brera", comme le soulignait Fernanda Wittgens dans son discours inaugural, était "soulignée par les marbres précieux que nous avons obtenus de l'Opificio delle Pietre Dure, la manufacture des pierres dures de Florence. La succession de marbres modernes raffinés à l'intérieur du Musée est entrecoupée de marbres médicéens plus rares, richesse unique d'Italie... brèche violacée orientale... noir d'Afrique ... jaune de Sienne". Mais ce n'est pas tout. Guidée par une nouvelle conscience de la protection et de la conservation des œuvres, Fernanda Wittgens – qui a apporté à Brera le cycle complet de fresques du XIVe siècle de l'oratoire de Mocchirolo et est parvenue à obtenir de Vico Baer l'*Autoportrait* de Boccioni, par lequel s'achève depuis lors l'itinéraire de la Pinacothèque – s'efforce pour que le musée ne soit pas seulement un lieu de préservation de la mémoire historique, d'appréciation esthétique, d'étude et de recherche, mais qu'il soit également un "musée vivant", qu'il acquière une fonction sociale et devienne une occasion d'utilisation collective.
A partir de 1951, elle met en place des activités pédagogiques inédites, destinées à faire école. Le public de Brera, qu'elle guide souvent elle-même, est très vaste : enfants des écoles primaires et des collèges, enseignants, comités d'entreprise des grands établissements milanais. Les enseignants, choisis dès que possible parmi les assistants universitaires, sont formés par le musée et doivent être "capables d'un langage linéaire mais non pas dilettante, à la fois historique et esthétique". Les initiatives sont organisées aussi bien dans la journée qu'en soirée. Elle organise, d'une part, des expositions d'art ancien pour attirer l'attention internationale sur la culture artistique italienne et, d'autre part, des expositions d'art du XXe siècle pour prouver, contre les préjudices hérités du fascisme, la vitalité de l'art contemporain italien.
Fernanda Wittgens fut emportée par une longue maladie sans avoir, pour ainsi dire, jamais quitté sa table de travail.

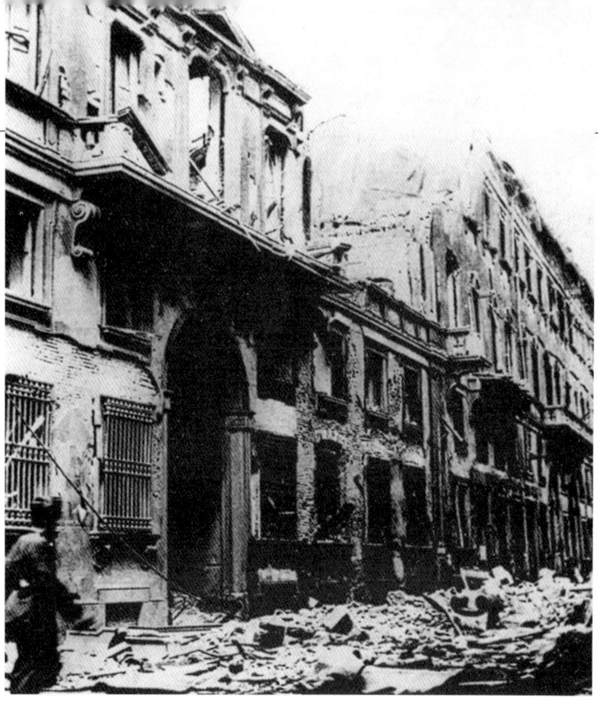

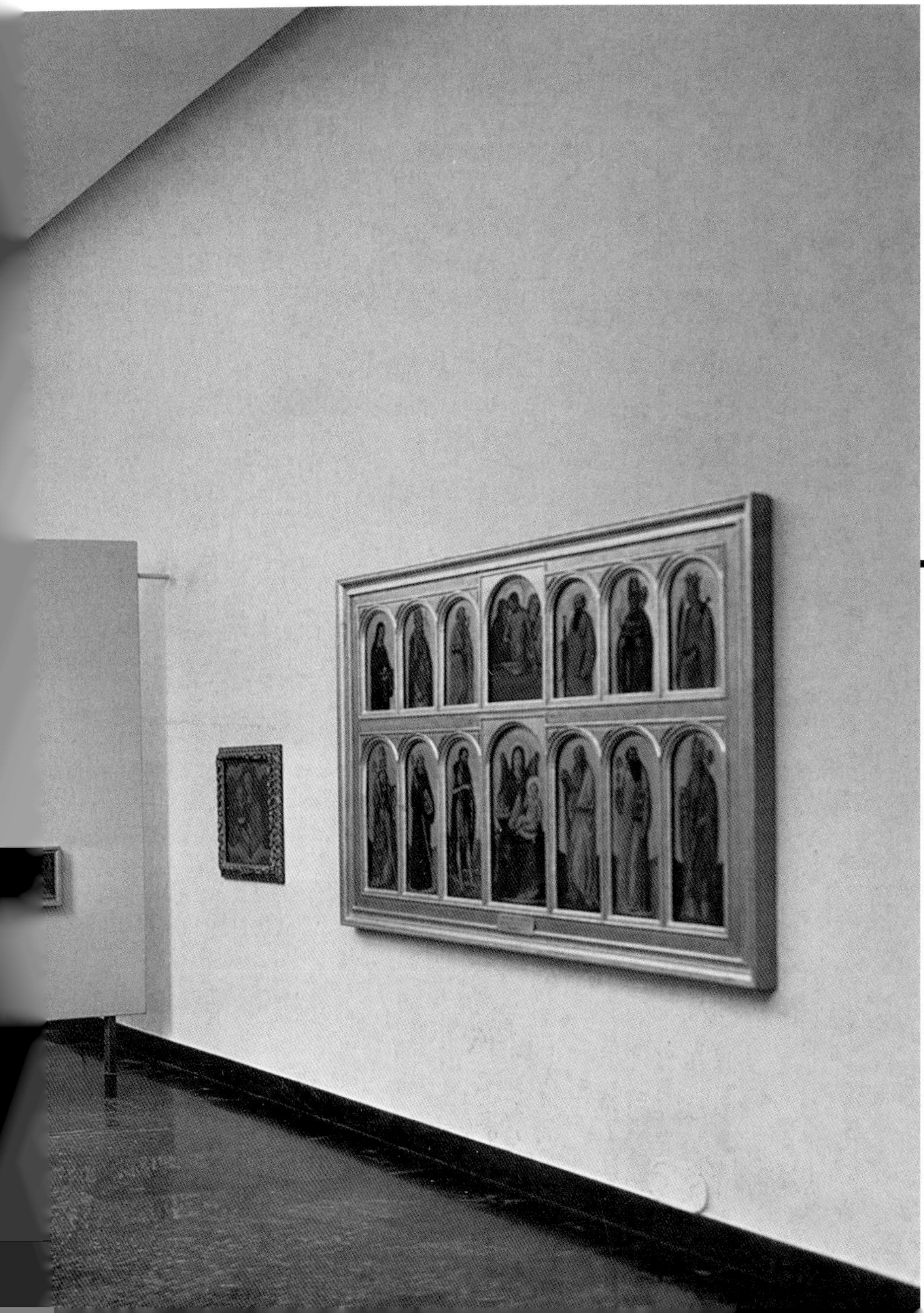

En haut
Les immeubles de Via Brera après les bombardements de la dernière guerre

Aménagement de Franco Albini des salles consacrées à la peinture vénitienne et lombarde, 1949-1950

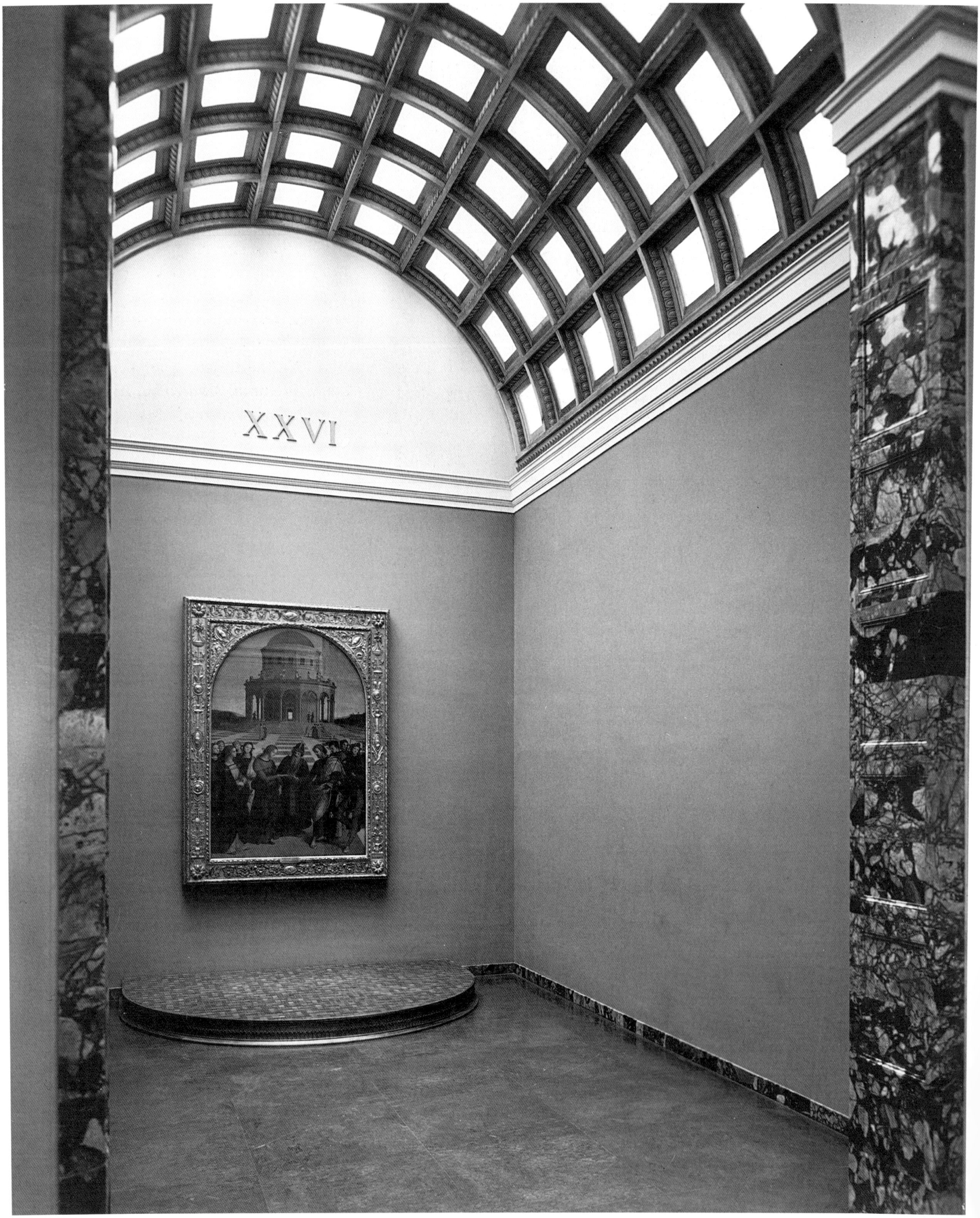
XXVI

Carlo Carrà

Mère et fils (huile sur toile, 90 × 59,5 cm) est indubitablement, parmi les œuvres parvenues à Brera avec la donation de la collection d'Emilio et Maria Jesi – dans laquelle il entra en 1942, à l'instar de *La chambre enchantée*, par l'intermédiaire de la galerie Barbaroux de Milan – l'une des toiles maîtresses du tournant métaphysique de Carlo Carrà (Quargnento, 1881 - Milan, 1966).
Arrivé comme militaire à Ferrare en 1917, Carrà y fait la connaissance de Giorgio de Chirico et de son frère Alberto Savinio, donnant naissance à une nouvelle période de créativité fervente communément appelée "saison métaphysique". La redécouverte de Giotto devient le fil conducteur vers un nouveau sentiment formel intense, se traduisant par des expérimentations qui ne portent plus sur le dynamisme, caractéristique de la poétique futuriste précédente, mais sur la recherche de formes primitives, archétypales.
A l'intérieur de la scène, l'artiste isole certains éléments associés les uns aux autres de façon arbitraire et souvent illogique, riches de références symboliques, qui donnent aux compositions des aspects oniriques liés à la mémoire.
Carrà a apporté un grand nombre de modifications à la toile *Mère et fils*, dont certaines sont visibles à l'œil nu. Dans une première version mise à jour grâce aux radiographies, l'élaboration avait été concentrée principalement sur la figure de la mère mannequin, avec des sphères et des poids abandonnés au sol au centre, entourés de coulisses et de panneaux géométriques.

Aménagement de Piero Portaluppi de la salle XXVI pour le *Mariage de la Vierge* de Raphaël, 1950

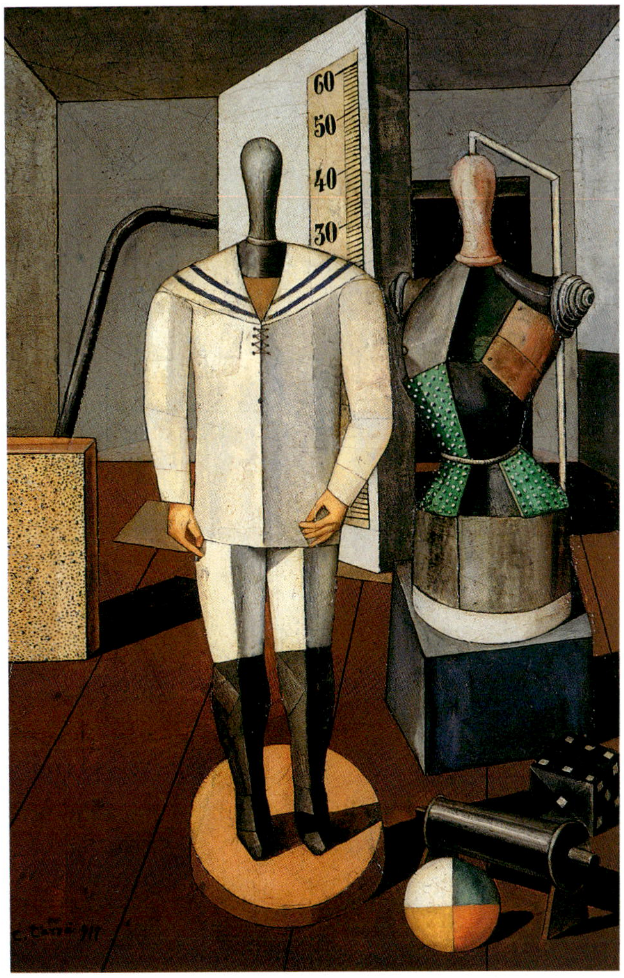

En 1947, le legs de Guido Cagnola marque le début de la nouvelle série d'acquisitions de l'après-guerre avec d'importantes donations d'art contemporain : de 1976 à 1984, Maria Jesi fait don au musée, en souvenir de son époux Emilio, de sa collection d'artistes italiens et étrangers du XXe siècle, parmi lesquels Boccioni, Carrà, Morandi, Modigliani, Arturo Martini, De Pisis, Severini, Mafai, Scipione, Rosai et Soffici.

La reconstruction

Dès 1946 débutent les travaux de reconstruction, confiés dans un premier temps à Franco Albini, qui réalise l'aile comprenant les salles VII, IX - XIV. Avec les conservateurs Ettore Modigliani (1946-47) et Fernanda Wittgens (1947-57), la reconstruction de l'ensemble de la Pinacothèque se poursuit sous la direction de Piero Portaluppi, inspirée des idées de décorations grandioses réalisées, entre autres, avec des marbres anciens provenant de l'Opificio delle Pietre Dure de Florence.
L'on agrandit le hall d'entrée en réalisant des colonnes en béton armé et l'on refait entièrement les lucarnes en faisant appel aux nouvelles technologies ; le chauffage fonctionne par plaques radiantes. Les travaux s'achèvent en 1950, année de la nouvelle inauguration sous l'empreinte, désormais historique, du conservateur Wittgens.
En 1947, le legs de Guido Cagnola, qui fait don à Brera de sa bibliothèque et de la *Vierge à l'Enfant* de Lorenzetti, marque le début d'une série d'acquisitions, dues principalement à des initiatives privées et à des interventions directes de l'administration d'état ; un petit laboratoire de restauration et de recherche ainsi qu'un laboratoire radiologique et photographique voient le jour en 1951.
En 1974, de graves difficultés dues essentiellement au manque de personnel et aux problèmes de praticabilité dans certaines salles amènent le nouveau conservateur Franco Russoli (1973-77) à fermer la Pinacothèque et à faire état de ces difficultés dans une exposition "Pour Brera" qu'il réalise dans les salles XXXVIII - XXVII, invertissant ainsi le parcours de la visite et proposant un nouvel aménagement.
Pourtant, la collection continue de s'enrichir grâce à des donations, notamment d'œuvres d'art contemporaines : en 1976, Maria Jesi fait don au musée, en souvenir de son époux Emilio, d'une première partie de sa collection d'artistes italiens et étrangers du XXe siècle, parmi lesquels Boccioni, Carrà, Morandi, Modigliani, Arturo Martini, De Pisis, Severini, Mafai, Scipione, Rosai et Soffici (la donation ne s'achève qu'en 1984). Le musée accueille donc le XXe siècle, notamment grâce aux efforts de Riccardo et Magda Jucker qui, toujours en 1976, déposent à Brera une vingtaine d'œuvres futuristes importantes, acquises ensuite par le Musée d'art contemporain de Milan.

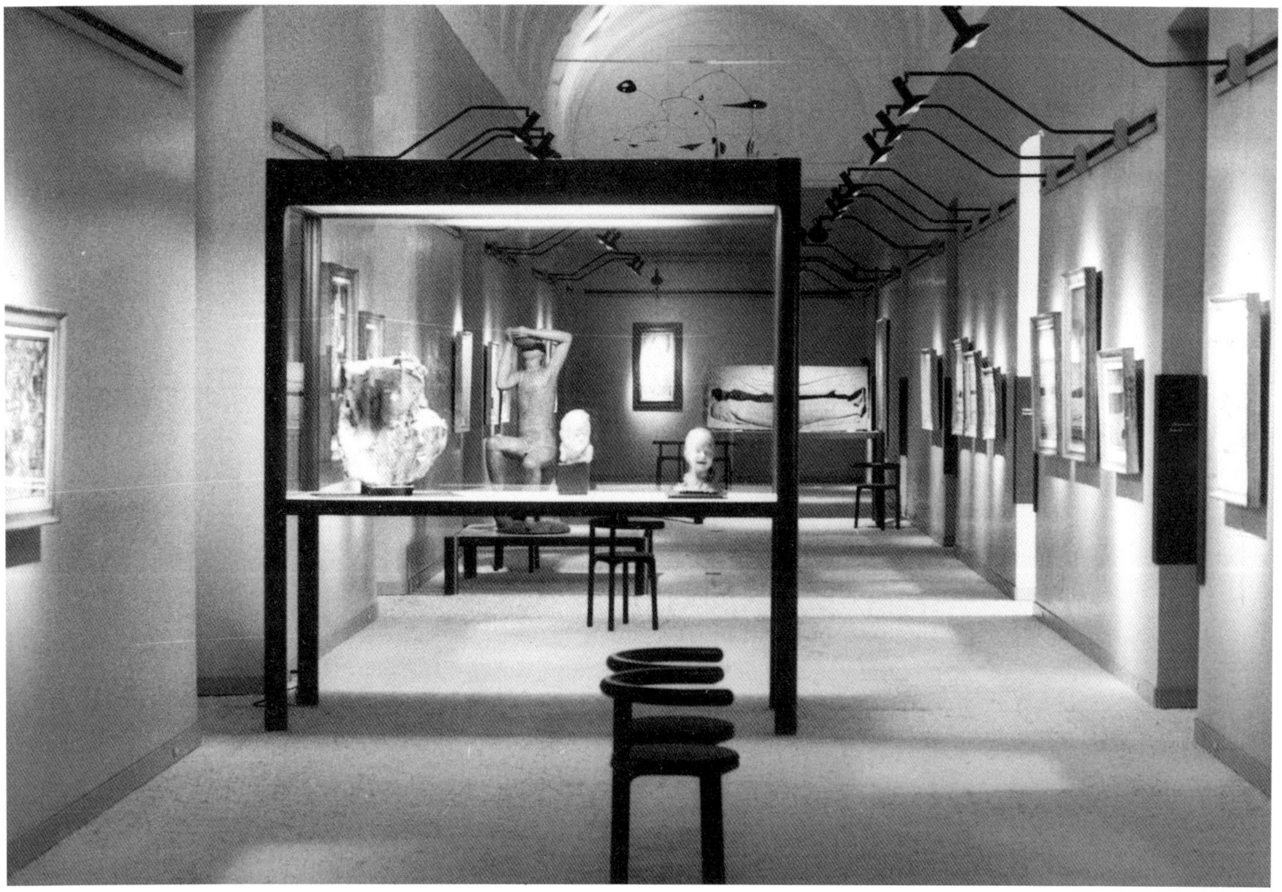

Aménagement d'Ignazio Gardella pour la donation Jesi dans l'appartement de l'Astronome, 1982

Le Grand Brera

En 1976-1977 démarre enfin le programme du "Grand Brera" visant à ouvrir le musée aux nouvelles exigences culturelles et fonctionnelles, avec la création d'activités pédagogiques, d'expositions temporaires, de vente de livres, tandis qu'une nouvelle exposition "Procès au Musée" confirme du point de vue muséographique les décisions prises en 1974 : les murs sont peints en vert foncé, les plafonds des salles abaissés au moyen de grandes toiles, les tableaux éclairés par des spots directionnels. Les fresques de Donato Bramante sont réunies dans une seule salle et les œuvres anciennes sont présentées à côté de copies interprétatives réalisées par des artistes contemporains. Les nouvelles interventions architecturales visent à obtenir de nouveaux espaces dans le palais Citterio annexe.

De nouveaux travaux commencés en 1978 rétablissent la couleur beige uniforme et proposent de nouveau l'aménagement réalisé par le conservateur Wittgens, à l'exception de quelques variantes concernant notamment le XVIIe et XVIIIe siècle flamand et génois, le XIXe siècle et la peinture vénitienne du XVe siècle.

En 1979, l'architecte Vittorio Gregotti est chargé d'aménager la salle XXXVIII pour les collections Jucker et Jesi ; les bureaux qui occupaient la salle XIX déménagent tandis qu'on achève la réalisation d'une nouvelle voûte en briques dans la salle XXII ; celle-ci sera dotée, comme d'autres, d'une lucarne. Les nouveaux espaces ainsi créés permettent une redistribution des tableaux romagnols, ferrarais et bolonais tandis que se poursuivent les travaux dans les anciens appartements de l'Astronome (salles de Piero della Francesca et de Raphaël), acquis en 1975 par la Pinacothèque.

La galerie Albini (salles VII, IX - XIV) est destinée à la peinture lombarde du XVe et XVIe siècle, tandis que la nouvelle aile accueille les peintures vénitiennes de petit format. Environ trois cents tableaux sont déplacés et certains éclairages modifiés. Les travaux se poursuivent dans la première salle, celle de Portaluppi : les deux pièces qui formaient le couloir sont réunies et couvertes d'une voûte en berceau, tandis qu'on rouvre les fenêtres anciennes. C'est dans cette salle que sont exposés les paysages du XVIIe et XVIIIe siècle, ainsi que les portraits des artistes. Cette longue série de réaménagements et de modifications montre aisément l'absence totale d'un goût et d'une orientation sûrs, alors que l'on arrive à la couverture du palais Citterio.

Piero della Francesca

Le *Retable d'Urbin* (peinture sur bois, 284 × 172 cm) constitue indubitablement la plus importante *Sainte Conversation* du XVe siècle avec des conséquences immédiates dans l'art italien, d'Antonello da Messina à Giambellino, de Bramante à Raphaël.
En faisant appel à une iconographie d'origine nordique, celle de la Vierge et des saints à l'intérieur d'une église, Piero della Francesca tente de concilier personnages et architecture. Néanmoins, les rapports proportionnels au sein de la composition sont en partie faussés par une petite amputation du tableau sur le côté droit et une plus grande sur le côté gauche, mais pas dans la partie supérieure ; l'on suppose également qu'il manque à l'extrémité inférieure l'une des planches horizontales qui forment le tableau.
L'artiste met en scène la Sainte Conversation en la situant au croisement de la nef et du transept : Frédéric de Montefeltro, comte d'Urbin, est agenouillé aux pieds de la Vierge entourée des six saints disposés de chaque côté par groupes de trois : à gauche Jean-Baptiste pointant un doigt de la main droite vers l'Enfant, Bernardin, et Jérôme se frappant la poitrine avec une pierre ; à droite François portant une croix de cristal de roche tandis que sa main gauche écarte son froc pour montrer la plaie sur le flanc, Pierre avec une blessure sur la tête d'où coule un filet de sang, et un saint apôtre chenu tenant un livre fermé dans les mains, parfois identifié comme André, Paul ou, plus vraisemblablement, Jean.
Derrière les saints et la Vierge apparaissent quatre archanges. Frédéric est dépeint dans une admirable armure, rigoureusement de profil et les mains jointes. Sur l'épaulière de l'armure se reflète une fenêtre cintrée, détail d'un grand réalisme qui liait indissolublement le retable à la partie interne de l'église pour laquelle il avait été conçu. Le bâton de commandement, les gantelets et le heaume, qui renvoie l'image distordue de l'offrant, sont déposés aux pieds de Marie.
La Vierge orante est assise sur une *sella plicatilis*, l'Enfant étendu sur ses genoux ; son sommeil, de même que le collier de corail qu'il porte au cou, représentent le présage de la mort.
Au fond de la scène est dessinée une paroi en forme d'abside couverte d'une voûte en berceau à caissons ; elle est revêtue de panneaux de marbres polychromes séparés par des piliers. Dans la cuvette pend un œuf d'autruche suspendu à une coquille par une chaîne d'or, symbole au Moyen-Âge de la grâce divine et allusion probable à la maternité miraculeuse de la Vierge.
A part les mains de Frédéric, repeintes à la manière vériste par un des Flamands qui travaillaient à la décoration du cabinet du duc, sans doute Pedro Berruguete, le tableau est une œuvre entièrement autographe ; il fut probablement exécuté avant 1474 – car Frédéric n'apparaît pas avec les insignes des ordres qui lui furent conférés au cours de cette année-là, la Jarretière et l'Hermine – et commencé après la naissance de Guidobaldo et la mort de Battista Sforza, épouse de Frédéric (1472).

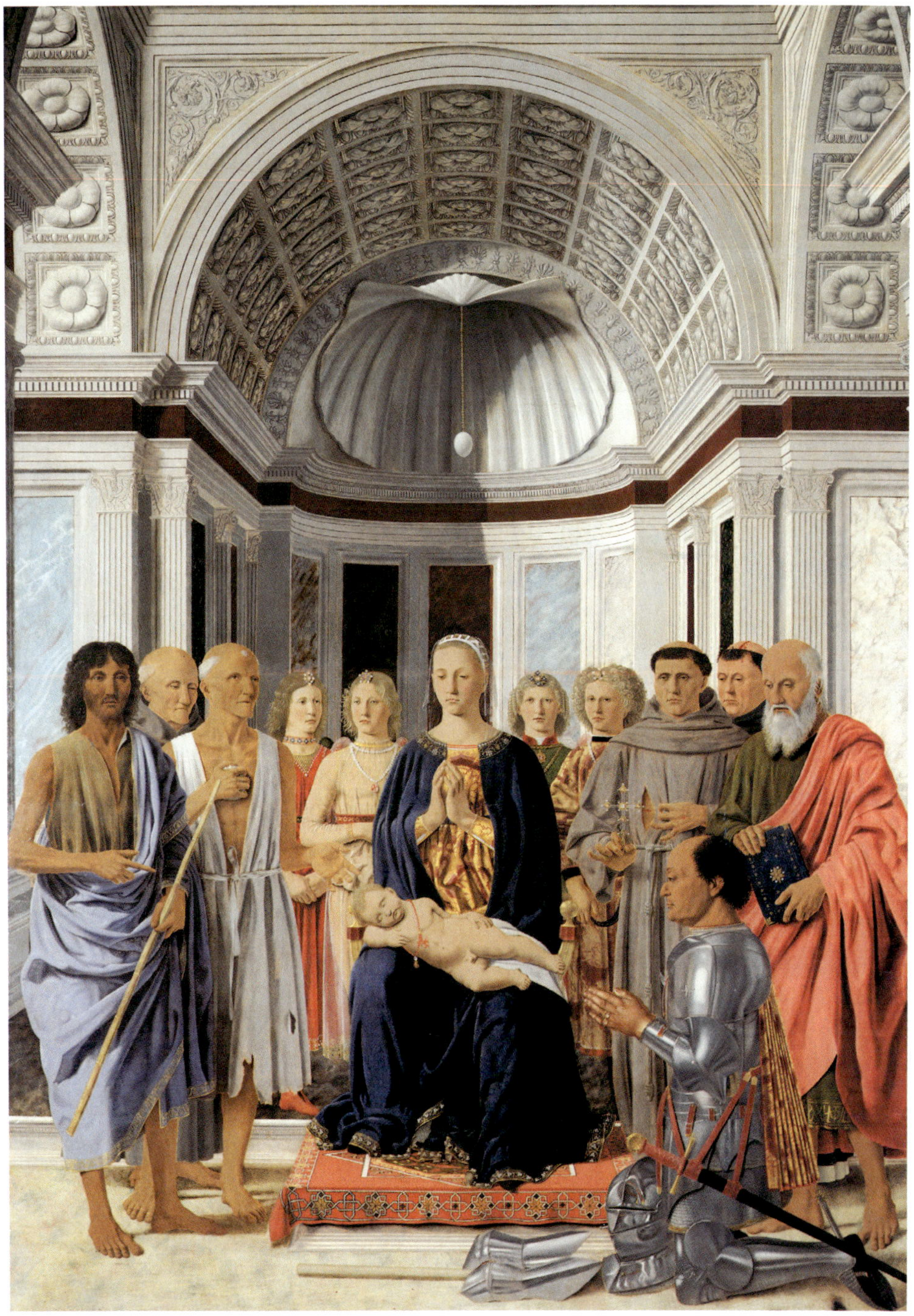

En 1975, la Pinacothèque achète les anciens appartements de l'Astronome où sont installés les salles de Piero della Francesca et de Raphaël.

Milan, Pinacothèque de Brera

Aménagement de Vittorio Gregotti de la salle consacrée à Piero della Francesca, à Raphaël et à Bramante, 1992

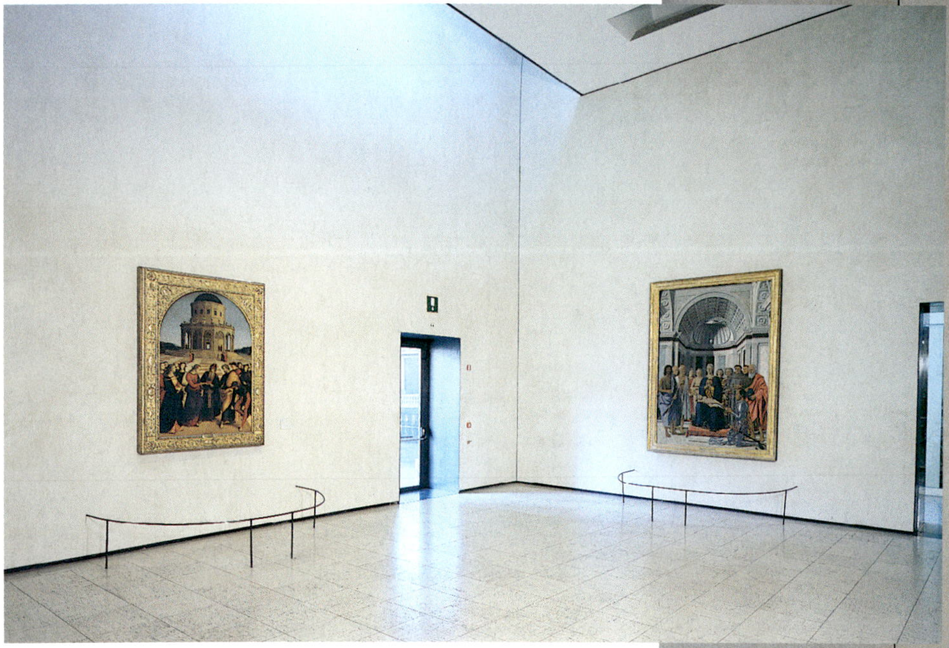

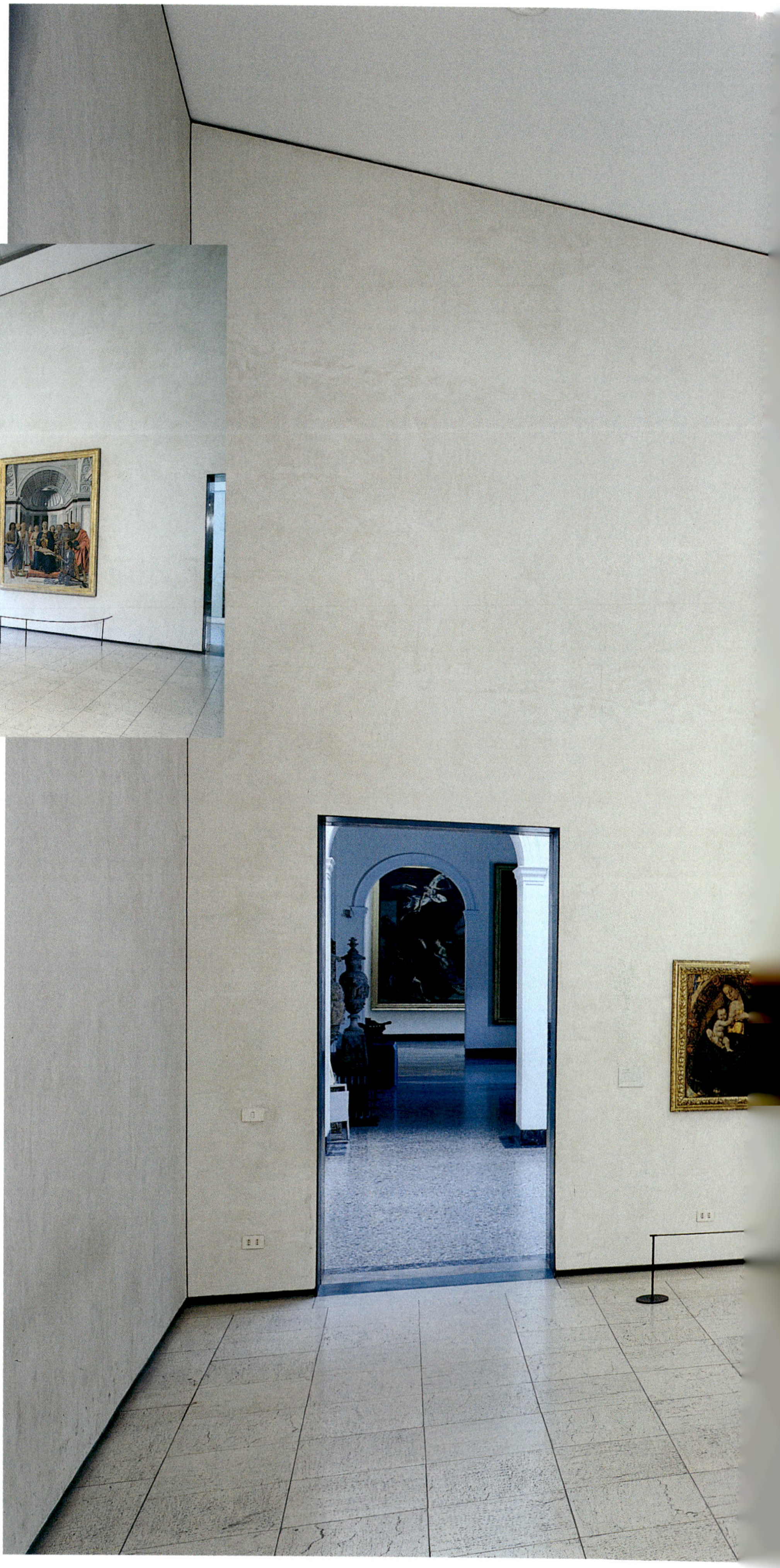

Une nouvelle campagne d'interventions commence à partir de 1978. Elle comporte une série continuelle de réaménagements et de modifications dépourvues d'unité au niveau des orientations. La dernière restructuration de 1987, confiée à Vittorio Gregotti, met en place une nouvelle distribution des œuvres, tandis que des modifications apportées aux autres salles permettent d'exposer des tableaux demeurés en dépôt jusque là.

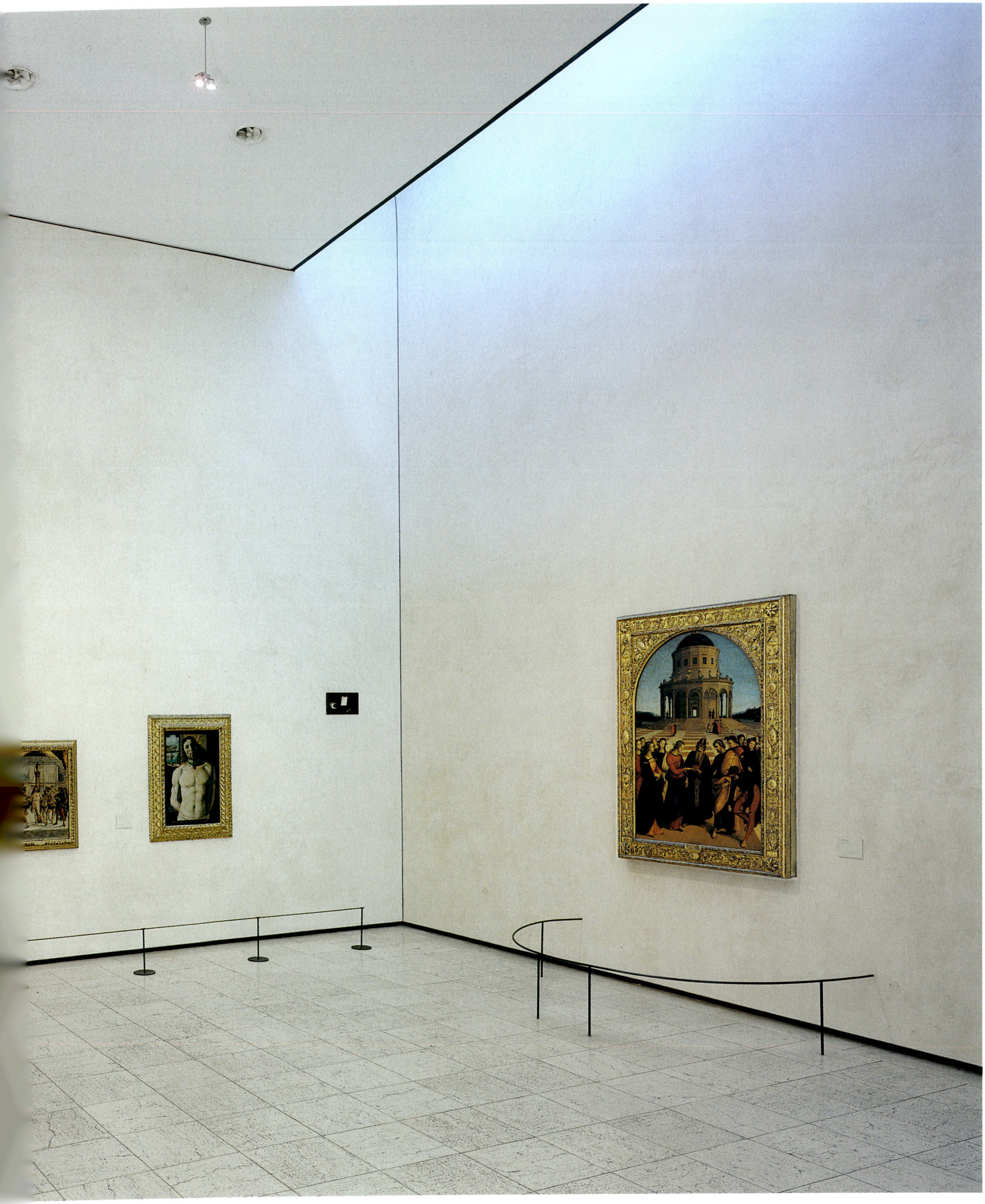

Milan, Pinacothèque de Brera

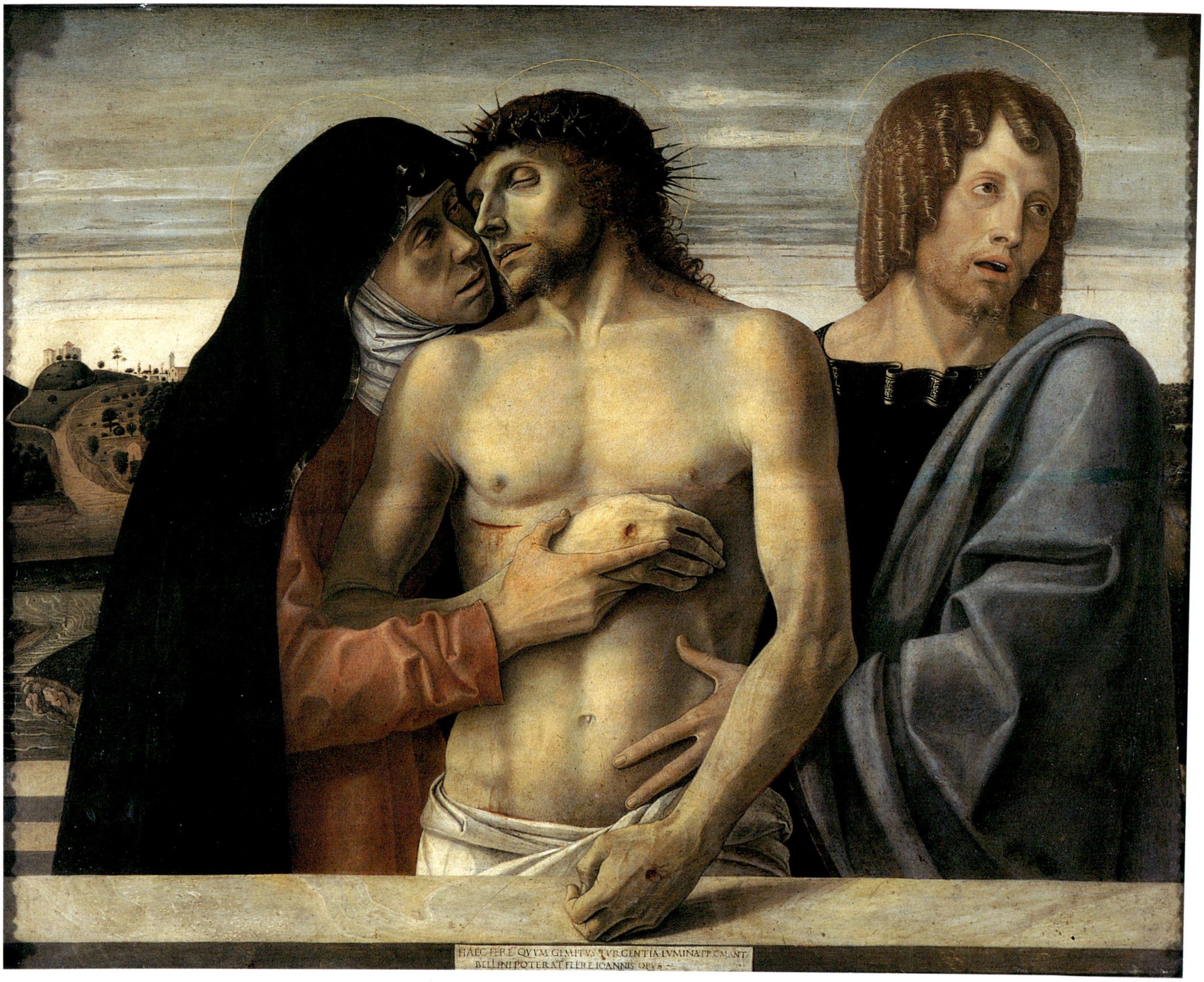

Giovanni Bellini

Le thème de la *Pietà* (détrempe sur bois, 86 × 107 cm) n'était pas nouveau pour Giovanni Bellini (Venise, v. 1430 - 1516) quand il s'apprêta à peindre le tableau aujourd'hui conservé à Brera ; en effet, il s'agit non seulement du troisième exemple dans le catalogue de l'artiste mais aussi d'un sujet qu'il affronta à plusieurs reprises, à l'instar de tous les principaux peintres vénitiens, comme s'il s'agissait d'un banc d'essai lui permettant de mesurer à chaque fois ses capacités croissantes. La critique juge unanimement que Bellini a peint ici son premier chef-d'œuvre, parvenant à un savant équilibre entre la forme et l'expression, entre la volumétrie solennelle et majestueuse des figures et la tonalité vive des couleurs. Le tableau représente un groupe de trois personnes : au centre, le Christ est soutenu par Marie et saint Jean, respectivement à gauche et à droite. Les trois figures sont coupées juste au-dessous des hanches par le profil supérieur du sépulcre qui occupe horizontalement toute la toile, selon une iconographie – celle de l'*Imago pietatis* – qui constitue de fait un prototype bellinien destiné à remporter un grand succès.

Le groupe domine toute la composition. Les têtes des personnages sont présentés de façon asymétrique en raison de la pose des corps et du mouvement des visages. Saint Jean, la main gauche posée sur le ventre du Christ, est tourné ailleurs, vers l'extérieur de la toile, comme pour fuir l'image douloureuse de Jésus. Celui-ci, au centre, a le bras gauche abandonné devant son corps ; sa main sans vie repose sur le bord du sépulcre. Le bras droit est replié sur sa poitrine, dans une pose analogue à celle de Marie qui le soutient. Leurs visages convergent, les soudant symboliquement dans une unité narrative.

La force de cette toile repose aussi bien sur les liens qui unissent ces deux visages que sur le jeu des mains – moyen d'expression préféré de Bellini –, sur la présence exhibée des plaies du Rédempteur, sur le réalisme des veines turgides sur son avant-bras, ainsi que sur le lien émotionnel intime qui s'instaure entre les figures et le paysage dominé par un sentiment de douloureux silence.

Un cartouche peint sur le sépulcre porte l'inscription HAEC FERE QVVM GEMITVS TVRGENTIA LVMINA PROMANT/ BELLINI POTERAT FLERE IOANNIS OPVS ("Si ces yeux douloureux parviennent à t'arracher des larmes, alors l'œuvre de Giovanni Bellini sait pleurer").

La date de réalisation de cette toile semble donc bien se situer vers la fin des années 1460.

La toile fut enregistrée en 1795 dans la Galerie Sampieri de Bologne (1795) et fut donnée à la Pinacothèque de Brera en 1811 par Eugène de Beauharnais.

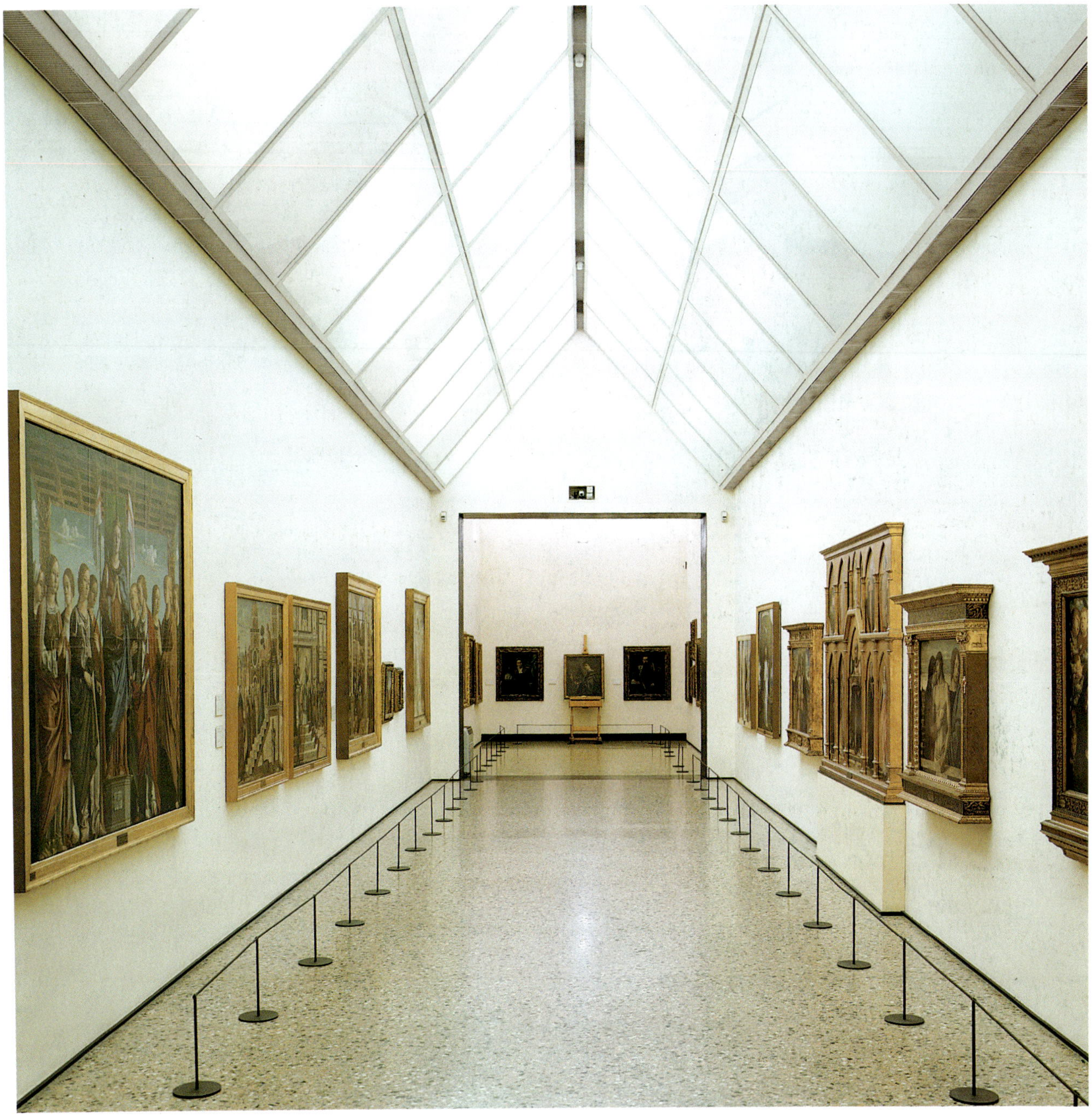

Aménagement de Vittorio Gregotti de la salle consacrée à Giovanni Bellini et à Andrea Mantegna, 1996

Avec la dernière campagne de restructuration, des œuvres de Bellini, Gentile da Fabriano, Mantegna, Titien, Lotto et d'autres prennent place dans une section qui comprend également les salles napoléoniennes.

Le dernier réaménagement

La dernière grande campagne de réaménagement débute en 1987. Vittorio Gregotti se voit confier l'aménagement des salles II-VII et des salons napoléoniens ; une nouvelle distribution des œuvres est mise en place, tandis que des modifications apportées aux autres salles permettent d'exposer des tableaux demeurés en dépôt jusque là.
Aujourd'hui la salle I – dite auparavant Galerie des Fresques puisqu'elle réunissait jusqu'aux années soixante-dix les fresques des XVe et XVIe siècles d'origine lombarde – expose provisoirement les œuvres de la collection Jesi, datant principalement des trente premières années du XXe siècle. Suit une section (salles II-XIX), qui comprend également les salles napoléoniennes (VIII-XV), dans laquelle ont été regroupés les tableaux et fresques lombards des XVe et XVIe siècles, avec des œuvres de Bellini, Gentile da Fabriano, Mantegna (salle VI), Titien, Lotto, Cima da Conegliano, Bartolomeo Montagna, Vivarini, Bramante, Vincenzo Foppa, et les peintres léonardesques Boltraffio, Solario, Luini, Cesare da Sesto (salle XIX).

Bernardo Bellotto

Depuis toujours, les deux *Vues* de Brera (*Vue de Villa Perabò, puis Melzi à Gazzada*, *Vue de Gazzada*, huile sur toile, 64,5 × 98,5 cm) sont considérées comme les chef-d'œuvre de la période italienne de Bernardo Bellotto (Venise, 1722 - Varsovie, 1780), védutiste et neveu de Canaletto. Après son départ pour Dresde en 1747, en effet, l'artiste ne reviendra pas dans son pays natal, passant les années de sa maturité artistique au service de l'électeur de Saxe Auguste III, puis de Marie-Thérèse d'Autriche, de l'électeur de Bavière et enfin du roi de Pologne Stanislas-Auguste Poniatowski, peignant pour eux non pas des vues de Venise, comme l'avait fait son oncle pour des commanditaires anglais, mais des vues de leurs villes : Dresde, Munich, Vienne, Varsovie.
Les deux *Vues* représentent le point culminant du séjour du peintre en Lombardie, séjour qui se profile comme un moment crucial aussi bien pour Bellotto que pour la peinture locale de paysages. Par une série de coïncidences, les deux toiles ont été jusqu'à il y a peu de temps liées, en termes de commanditaires, au nom de la famille Melzi : cinq des onze vues lombardes de Bellotto sont entrées dans la célèbre Villa Melzi de Vaprio d'Adda, et les Melzi furent propriétaires de la villa de Gazzada au XIXe siècle. La récente identification des précédents propriétaires de l'édifice, Gabrio et Giuseppe Perabò di Varese, a démoli l'hypothèse d'une commande Melzi en faveur des nobles varésans, eux-mêmes liés par des charges et la coutume au cardinal Giuseppe Pozzolonelli, grand collectionneur de paysages et premier commanditaire lombard de Bellotto.
Selon les résultats d'une analyse approfondie effectuée à l'occasion d'une récente restauration, la seule partie de la *Vue de Villa Perabò, puis Melzi, à Gazzada* préparée avec un dessin géométrique rigoureux concerne justement la villa.
Le principal élément novateur est représenté par la lumière blanche d'une grande pureté provenant de gauche, lumière de l'aube naissante qui resplendit sur les murs de la villa, la faisant ressortir au milieu de la verte végétation touffue qui l'enveloppe. La portée de ce choix est retentissante, car Bellotto abandonne ainsi la splendeur intemporelle des autres peintres de vues, notamment de son oncle Canaletto, et décide de fixer sur la toile un moment précis de la journée. Il s'agit là d'un bond fondamental vers le paysagisme moderne. La villa baigne dans la lumière de l'aube, dont les longues ombres enveloppent les bois dans une aura mystérieuse. La vérité hyper-rationnelle du paysagisme traditionnel est ici remplacée par la concentration de l'artiste sur l'aspect sentimental et objectif.
Contrairement à la seconde vue, celle-ci se pose plutôt comme un caprice en raison de l'absence de véridicité géographique. Bellotti replace subjectivement les éléments – véritables – du paysage, les unissant selon une nouvelle disposition qui tend à souligner et à forcer à l'intérieur du plan toutes les "attractions" du lieu : la maisonnette au premier plan, le lac de Varèse avec le village de Bodio sur la rive, le groupe de montagnes dominé par le mont Rose.
Dans la seconde vue, qui fait pendant à la précédente, aucun dessin n'est en revanche visible sous la peinture, et le tableau adhère parfaitement à la réalité du lieu : l'on aperçoit le campanile et la petite église Sainte Croix, à l'époque réutilisée comme transept de la nouvelle, et quelques maisons rustiques.
La modestie du village et l'absence de tout désir de l'embellir contredisent ici franchement le principe de la vue en tant que photographie d'un lieu mémorable, ne laissant que l'expression d'une sérénité du quotidien.
Ce que Bellotto parvient à transmettre, notamment aux artistes de l'Académie de Brera, à qui l'antiquaire et restaurateur Alessandro Brison vend les toiles en mars 1831, c'est d'abord la tentative de tourner le regard vers le quotidien des paysages, en quittant les rues des villes pour la campagne environnante, et en élevant l'anecdote au niveau du sublime. Outre ces innovations, la peinture de Bellotto se distingue de celle de Canaletto par un sens aigu des effets phénoménaux et une vision moins nette dans l'ensemble, quoique plus détachée et attentive aux détails, par moments légèrement voilée et mélancolique.
Les deux œuvres préfigurent l'imminent tournant européen qui allait s'opérer avec les deux premières vues officielles, peintes pour Charles-Emmanuel III à Turin (*Palais Royal à Turin* et *Vue de l'ancien pont sur le Pô*, toutes deux à la Galerie Sabauda de Turin), qui constituent le premier exemple de vues "de parade" libérées d'une jouissance strictement privée, mais néanmoins témoins d'un certain degré d'intimité qui les rapproche des toiles exposées à Brera.

Ce que Bellotto parvient à transmettre, notamment aux artistes de l'Académie de Brera, à qui l'antiquaire et restaurateur Alessandro Brison vend les toiles en mars 1831, c'est d'abord la tentative de tourner le regard vers les paysages du quotidien.

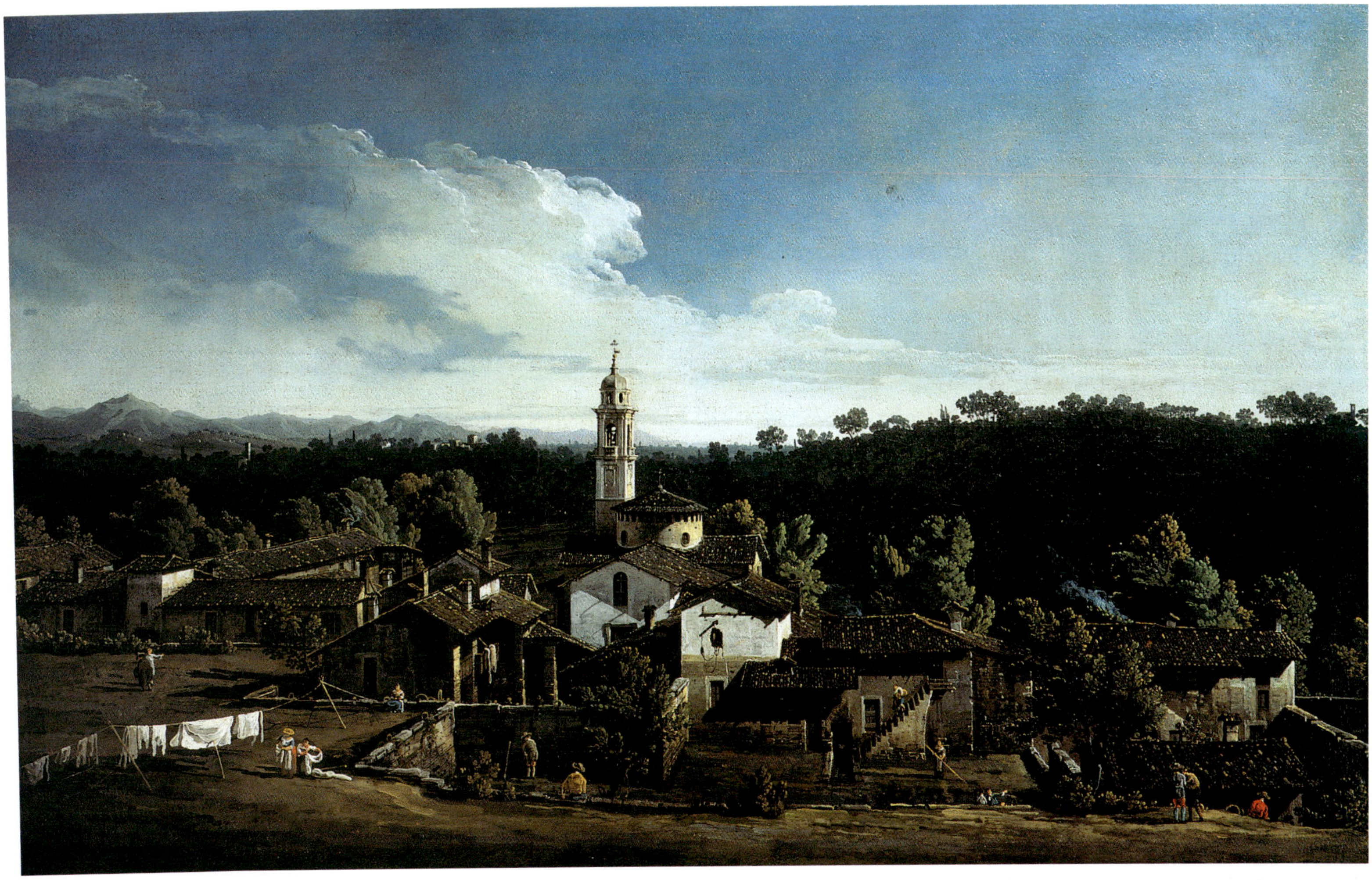

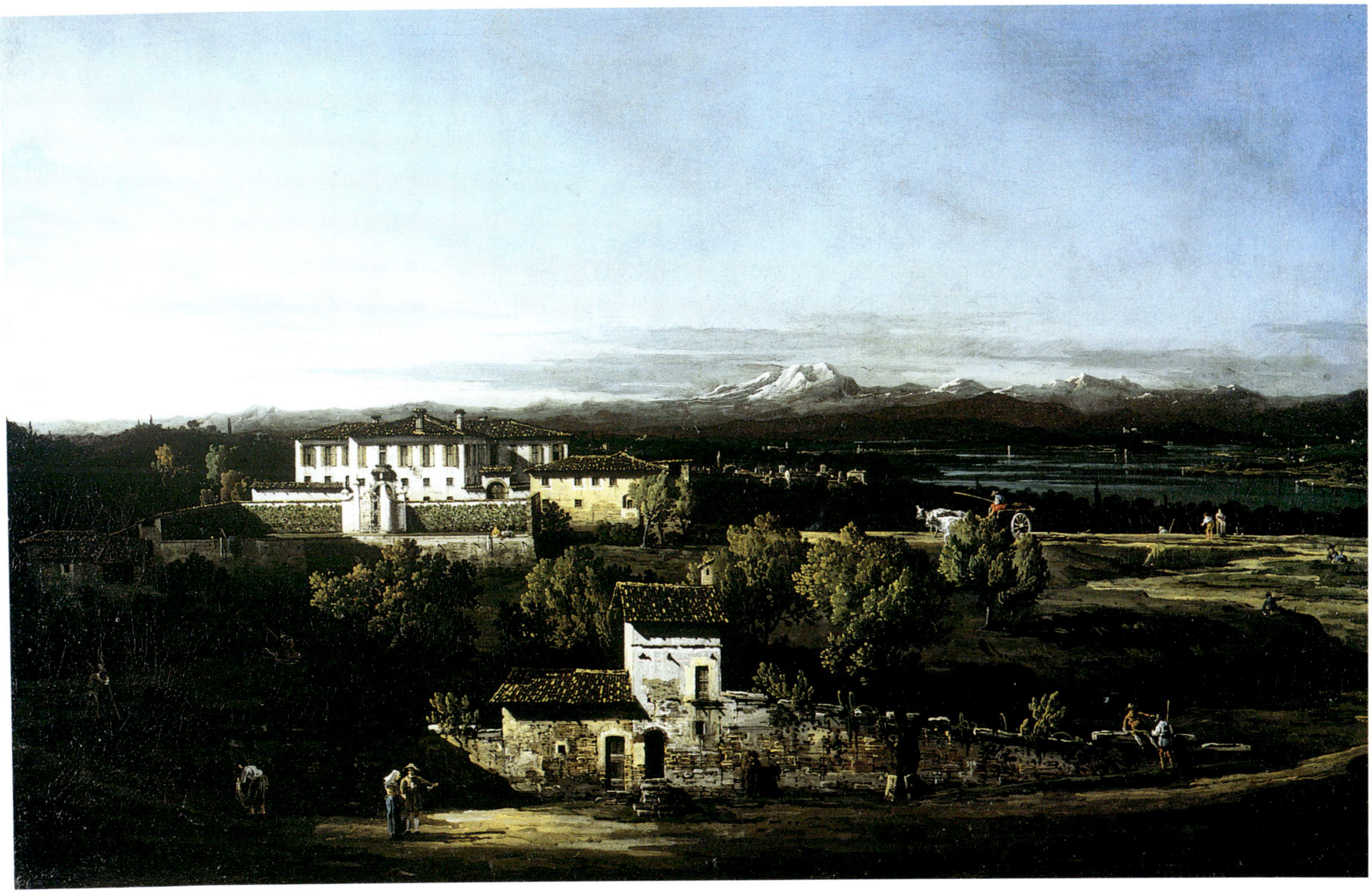

Francesco Hayez

Les derniers moments du doge Marin Faliero sur l'escalier dit du plomb (huile sur toile, 238 × 192 cm) est inspiré du drame éponyme écrit par Byron en 1821, sur lequel s'était déjà basé Delacroix pour la célèbre *Décapitation de Marin Faliero* faisant partie de la Wallace Collection de Londres.
Cependant, Hayez (Venise, 1791 - Milan, 1882) oppose à la réhabilitation politique de Byron une intense participation psychologique et existentielle à la tragédie de l'individu opprimé par les jeux pervers du pouvoir. Accusé d'avoir conspiré contre le gouvernement de la ville, Marin Faliero, doge de Venise depuis 1354, avait été en effet décapité l'année suivante.
Aux pieds de l'imposant escalier se déroule le drame du doge dépouillé de ses insignes qui, condamné à mort, s'apprête à abandonner sa tête au couperet du bourreau, tandis que des personnages secondaires l'entourent et que d'autres observent la scène du haut de la loggia encadrée d'arcades.
Si la censure autrichienne, notamment après les soulèvements de 1820, avait imposé l'adoption de thèmes inspirés de l'histoire ancienne tant en littérature que dans les arts figuratifs, en recourant à la représentation d'insurrections populaires ou d'événements passés (comme dans *Les habitants de Parga abandonnent leur terre*, 1826-1831, Brescia, Pinacothèque Tosio Martinengo), la crise de la peinture d'histoire amène Hayez à faire sien un répertoire romantique plus sélectionné et européen lié à l'histoire de Venise.
Dans ce tableau, le peintre laisse à la postérité son propre portrait : le geste du peintre protagoniste, qui tend la main encadrée par le revers violet de la manche vers l'instrument de sa condamnation, s'impose comme un acte de dénonciation qui n'est certainement pas étranger à la conscience nationale et européenne. La participation du tableau aux expositions internationales de Munich (1869) et Vienne (1873), et à l'exposition nationale de Milan (1872) en est bien la preuve.
L'image peut être donc interprétée comme un geste d'amer découragement du peintre face aux possibilités "progressives" de cette histoire à laquelle il avait consacré son militantisme artistique, le rapprochant du vaste front des déçus de la période successive à la réalisation de l'unité nationale. Dans cette superbe composition, les intenses rappels figuratifs à la tradition vénitienne – dans un certain sens exemplaires de l'historisme du XIXe siècle – se marient à une froideur formelle qui se rattache à l'académisme monastique ainsi qu'à des poses et des gestes caractéristiques du mélodrame. A ce propos, le recours au mécanisme scénique de l'escalier ou la solitude désolée de l'étoffe au premier plan sont d'une grande efficacité.

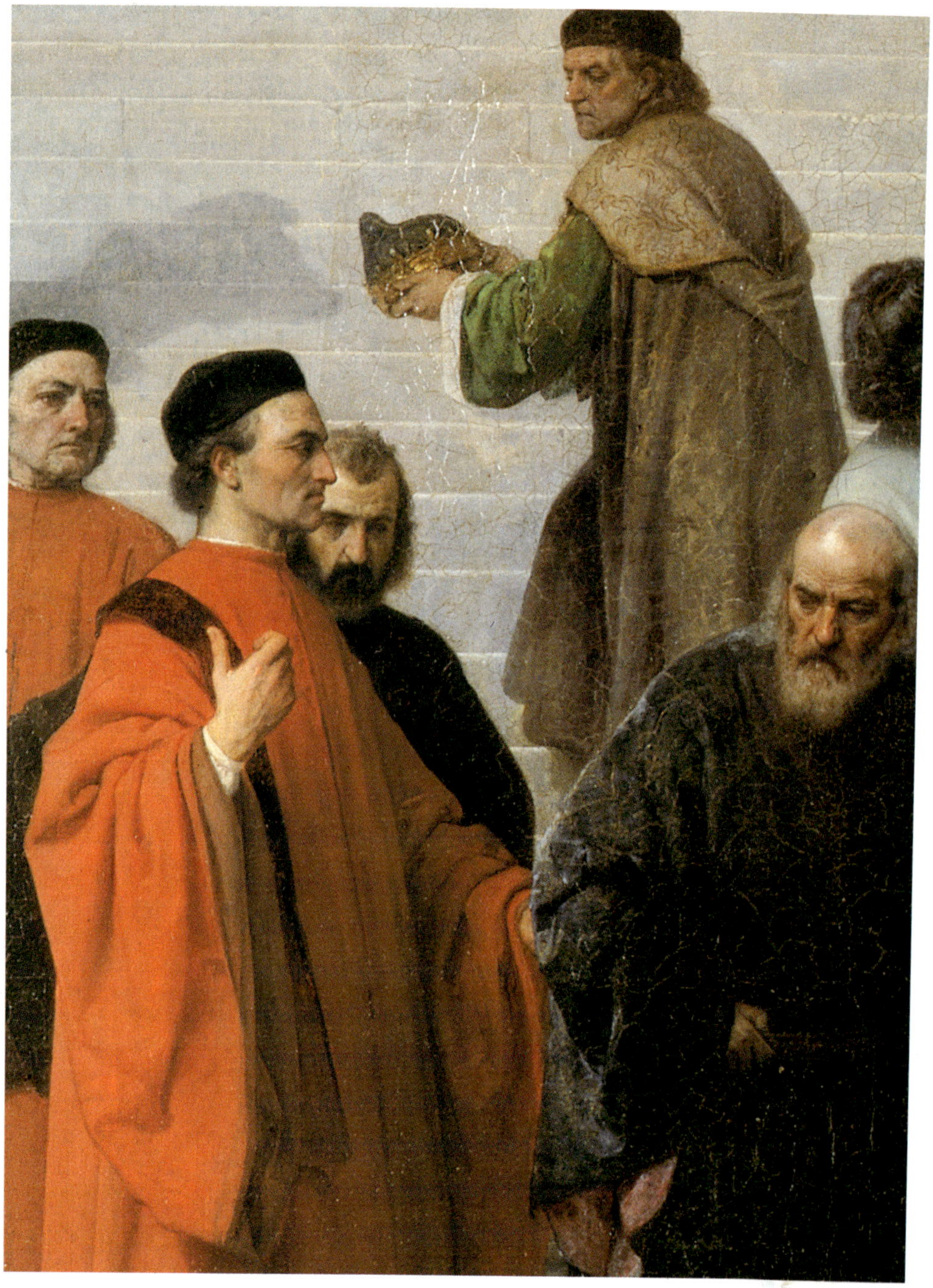

La grande toile de Hayez fut cédée par l'artiste à l'Académie de Brera en 1867, après qu'elle eut été triomphalement présentée à l'exposition de cette année-là, puis elle passa à la Pinacothèque en 1882. Brera conserve également deux dessins préparatoires du page qui tient le coussin à gauche.

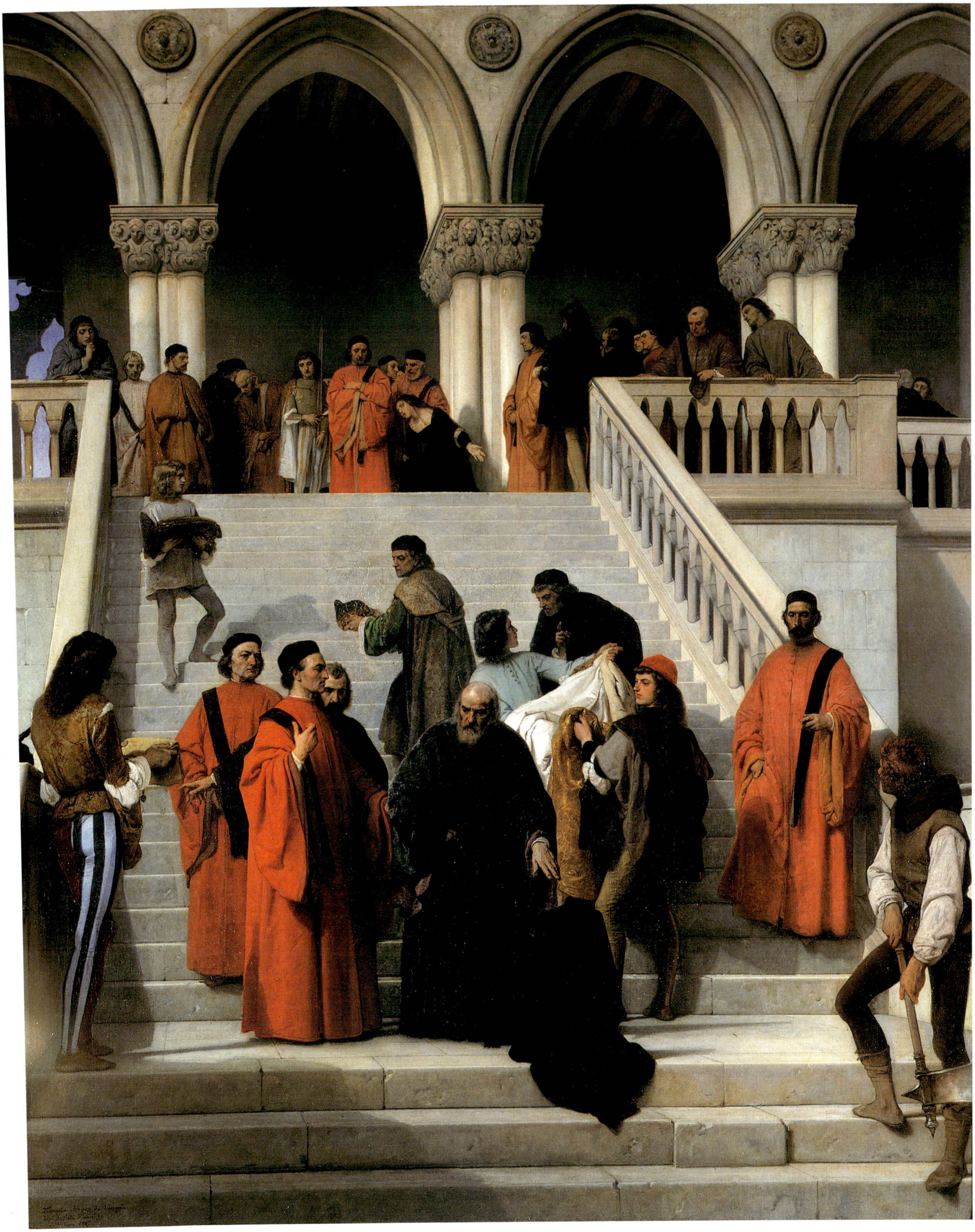

Giuseppe Pellizza da Volpedo

Récemment donné à la Pinacothèque, *Fiumana* (huile sur toile, 275 × 450 cm) est une des versions préparatoires de la toile monumentale du *Quatrième Etat* du Musée d'art moderne de Milan. Exécutée selon la technique du divisionnisme, l'œuvre exigea de l'artiste (Volpedo, 1868-1907) une longue préparation de dix ans, à laquelle correspondent différentes versions.
Aux divers moments de l'élaboration correspondent également des titres différents : *Ambassadeurs de la faim*, élaboré dans certaines esquisses entre 1891 et 1894, était l'idée primitive de Pellizza qui souhaitait représenter un fait divers, dans ce cas précis la protestation non violente des paysans de la région de Verceil touchés par la famine. Le lieu choisi pour la représentation est la place de Volpedo, en face du palais Malaspina qui appartenait au plus grand propriétaire terrien du pays. L'artiste fait appel à ses concitoyens, leur faisant endosser leurs vêtements de travail et les représentant dans diverses études. Cette première élaboration est suivie de *Fiumana*, version intermédiaire, à laquelle l'artiste consacre bon nombre de croquis d'après nature, de notes et de photos, jusqu'à la toile peinte en 1896. Le titre prend une valeur clairement symbolique, tandis que les lignes de l'environnement tendent à disparaître et que le ciel devient orageux.
Enfin, la version finale s'intitule d'abord *Le chemin des travailleurs* en 1897, puis le *Quatrième Etat* en 1901. L'artiste n'y représente plus un fait occasionnel mais une réalité tangible et connue qui s'élève bien au-delà des limites temporelles et de l'espace, tant il est vrai que la toile peut devenir, grâce à sa valeur idéologique, un symbole des mouvements ouvriers. Les protagonistes sont ses amis ouvriers et journaliers, mais leur disposition et leur nombre est simplifié ; les visages sont éclairés par le soleil et les mains tendues en avant les unissent dans leur protestation. Le groupe en tête du cortège, qui semble aller à la rencontre du spectateur, comprend trois personnages qui représentent les trois âges de l'homme ; la femme tenant l'enfant nu dans ses bras symbolise non seulement la génération future mais aussi les valeurs de la famille.
Dans cette version, le ciel s'est encore assombri et les ombres se sont allongées, tandis que l'environnement est à peine ébauché.
L'impression de mouvement à l'intérieur de la toile est très vive : l'allure majestueuse de la foule est soulignée par la marche en rangs serrés diminuant vers le fond. Ici, la technique du divisionnisme est plus rigoureuse et les minuscules touches de couleur rapprochées donnent à la surface, à travers une sorte de fibrillation de la lumière, une vitalité extraordinaire.
Le sujet choisi rapproche la toile de Pellizza d'autres œuvres d'origine vériste dans lesquelles, à travers la représentation de faits sociaux contemporains, le peintre s'adresse à la situation politique dans un but déclaré de dénonciation, comme par exemple dans le cas de *L'orateur de la grève* de Longoni (1891, Pise) ou du haut-relief en bronze de Vincenzo Vela représentant *Les victimes du travail* (1882, Rome). Présenté à l'exposition de Turin en 1902, le *Quatrième Etat* fut assez froidement accueilli par la critique et retourna à son auteur invendu.
L'innovation de la toile fut en revanche immédiatement perçue par la presse "populaire" qui la fit sienne et la diffusa, saisissant le contenu symbolique et idéologique qui transparaît clairement de l'avancée compacte et majestueuse de la foule des travailleurs vers la conquête de leurs droits.

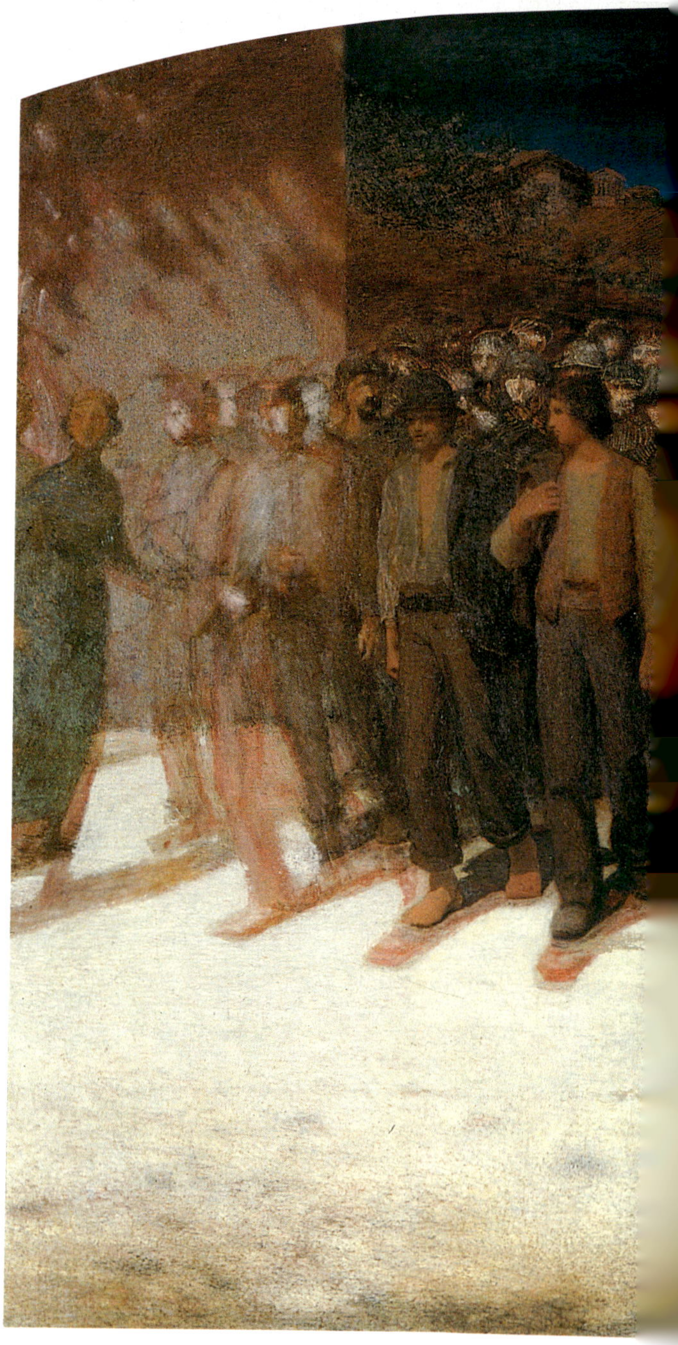

La tradition des donations se perpétue avec Fiumana, *œuvre parvenue à la Pinacothèque en 1986. Il s'agit de l'une des versions préparatoires de la toile monumentale du* Quatrième Etat *du Musée d'art moderne de Milan.*

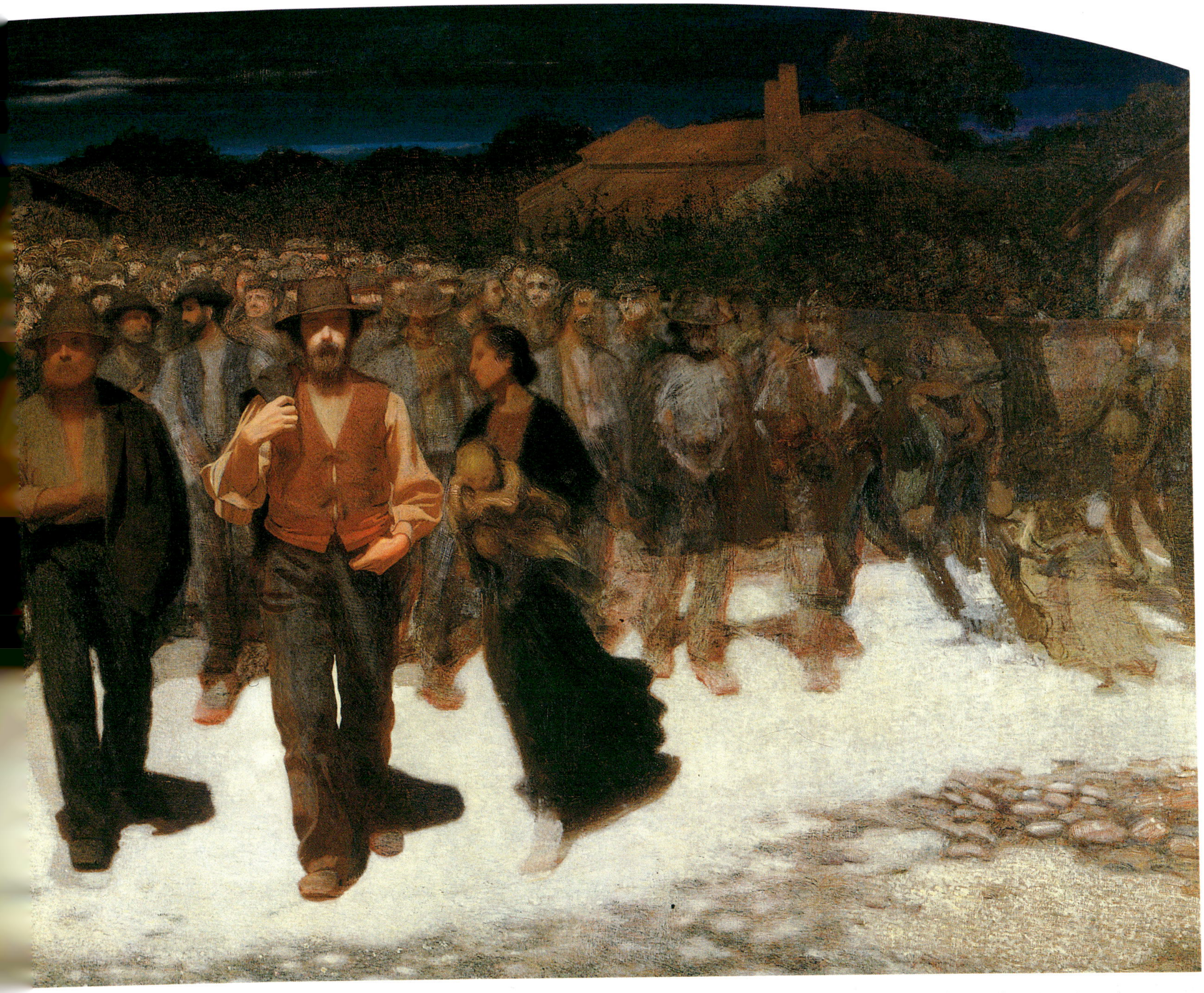

La nouvelle distribution des œuvres

Dans la salle XX sont exposés les tableaux ferrarais et émiliens du XVe siècle et, dans les salles suivantes (XXI-XXIII), les polyptyques des Marches du XVe siècle (salle XXI), parmi lesquels celui de Carlo Crivelli, ainsi que d'autres tableaux émiliens et ferrarais jusqu'au XVIe siècle, outre le dépôt à vue.

La salle XXIV a été entièrement refaite par Gregotti en 1983-84, ce qui a permis d'y installer d'importantes œuvres dont s'enorgueillit la Pinacothèque, parmi lesquelles le *Retable d'Urbin* de Piero della Francesca, le *Mariage de la Vierge* de Raphaël, le *Christ à la colonne* de Bramante, la *Vierge à l'Enfant* et la *Flagellation* de Signorelli.

Après les peintres de l'Italie centrale des XVe et XVIe siècles, parmi lesquels Bronzino, l'on passe aux Bolonais du XVIIe, Carraches et Guido Reni en tête (alors que la salle XXIX est consacrée au *Repas d'Emmaüs* du Caravage), avant d'aborder le XVIIe lombard, italien et flamand (salles XXXI-XXXIII). Suivent le XVIIIe siècle italien (salle XXXIV) et vénitien (salle XXXV), et enfin les peintures de genre et les portraits italiens du XVIIIe siècle.

Les deux dernières salles de la Pinacothèque sont réservées à la peinture italienne du XIXe siècle, avec entre autres *Le baiser* de Hayez, *Fiumana* de Pellizza da Volpedo et l'*Autoportrait* de Boccioni, peint en 1908.

Les principes expositifs de Brera

A la suite de la suppression des ordres religieux à la fin du XVIIIe siècle et grâce à la création de l'Académie des Beaux-Arts, le palais de Brera, né comme collège jésuite, est partiellement transformé en galerie d'art à l'usage des étudiants. Grand promoteur du développement de Brera, Giuseppe Bossi, en vertu des fins pédagogiques assignées à la nouvelle pinacothèque, propose entre 1801 et 1807 une sélection d'œuvres dans l'intention surtout de montrer l'activité artistique de peintres contemporains. Bien vite, grâce au développement de l'Académie et aux donations qu'il entraîne, la Pinacothèque doit, elle aussi, se lancer à la recherche de nouveaux espaces d'exposition. En 1806, on démolit l'église Santa Maria di Brera qui, à l'intérieur, se partage en deux étages. A l'étage supérieur, l'architecte Pietro Gilardoni crée quatre salles qui, existant aujourd'hui encore, prennent le nom de "Salles napoléoniennes".
Tout au long du XIXe siècle, avec l'affirmation du collectionnisme bourgeois, les aménagements de la Pinacothèque s'adaptent, eux aussi, à cette tendance et présentent une disposition "amassée" des œuvres, où les tableaux couvrirent les murs du musée du sol au plafond. Ce type d'agencement apparaît de façon évidente dans le tableau qui, présenté ici, illustre la Salle des colonnes à la fin du XIXe siècle. Ce n'est qu'en 1882, avec le détachement définitif de l'Académie et sous la direction de Giuseppe Bertini, puis sous celle de Corrado Ricci, que l'on entreprend un renouvellement radical des critères d'exposition de la Pinacothèque. A l'orée du siècle nouveau, on perce des lucarnes qui garantissent un éclairage zénithal mettant les tableaux parfaitement en valeur. Les œuvres sont regroupées par écoles selon un ordre chronologique rigoureux. En outre, on dispose alors d'un plus grand nombre de salles, ce qui permet d'alléger les murs et d'offrir une vue plus adéquate des différents tableaux.
En 1924, le célèbre architecte milanais Piero Portaluppi est chargé de réaménager complètement les salles de la Pinacothèque.
Malheureusement, les interventions effectuées par Portaluppi ont été complètement détruites par les bombardements subis par le palais qui, pendant la seconde guerre mondiale, fut vidé de tous ses trésors.
Avec la reconstruction entreprise en 1946, après une première intervention de l'architecte Franco Albini, c'est encore à Portaluppi que l'on demande de reconstruire toute la pinacothèque. Tout le musée est agencé à l'enseigne d'une décoration imposante et luxueuse.
Quelques-uns des principaux chefs-d'œuvre sont complètement isolés du cadre d'exposition et installés dans des petites salles conçues pour les accueillir, créant ainsi une sorte d'écrin des merveilles, dont l'origine remonte aux cabinets des curiosités, aux

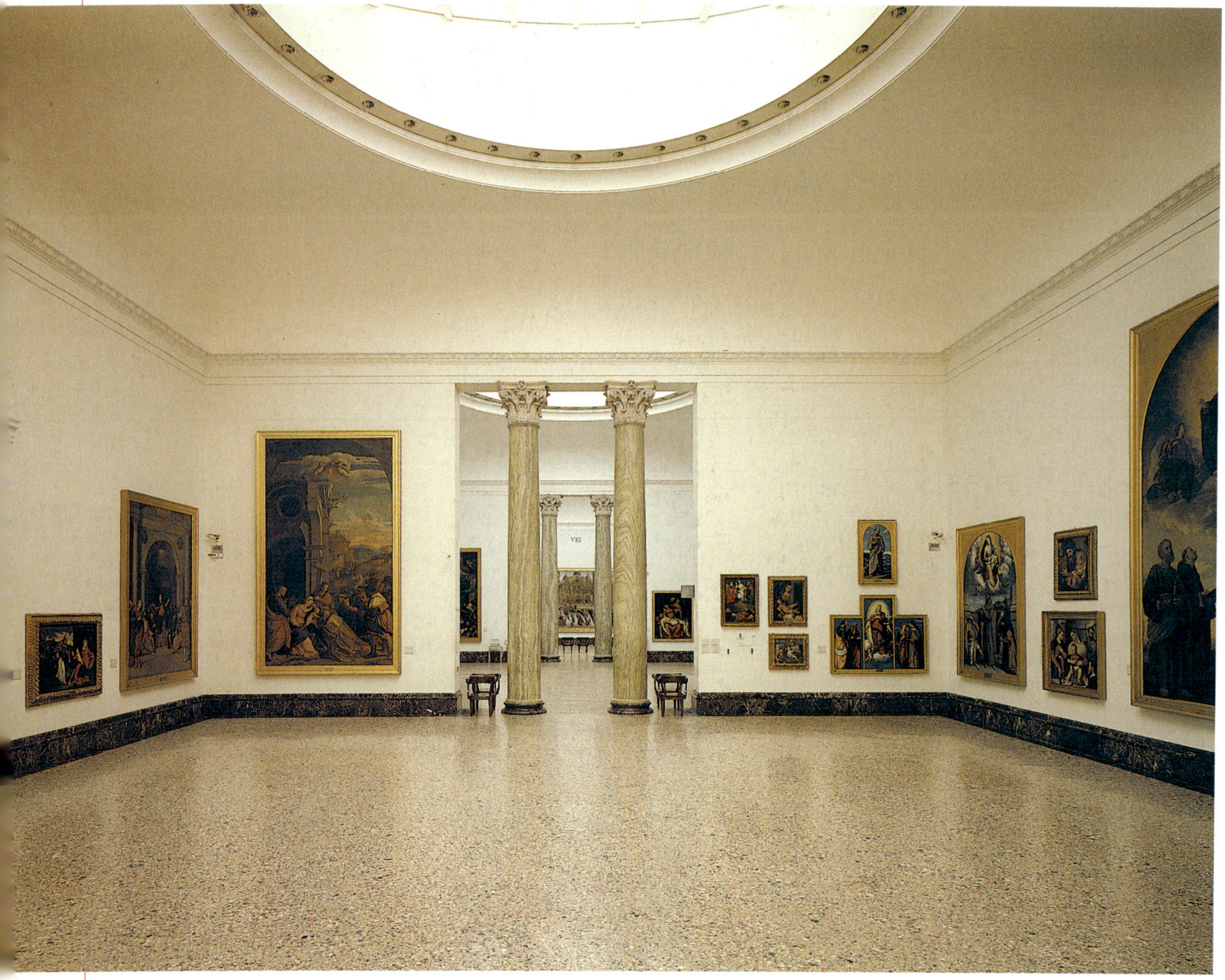

Le rapport entre le musée et son public s'instaure de manière concrète à travers l'exposition, c'est-à-dire à travers l'ordonnancement des objets selon des thématiques qui se développent le long d'un parcours.

Vue d'ensemble de la Salle des colonnes de la Pinacothèque de Brera dans l'aménagement actuel

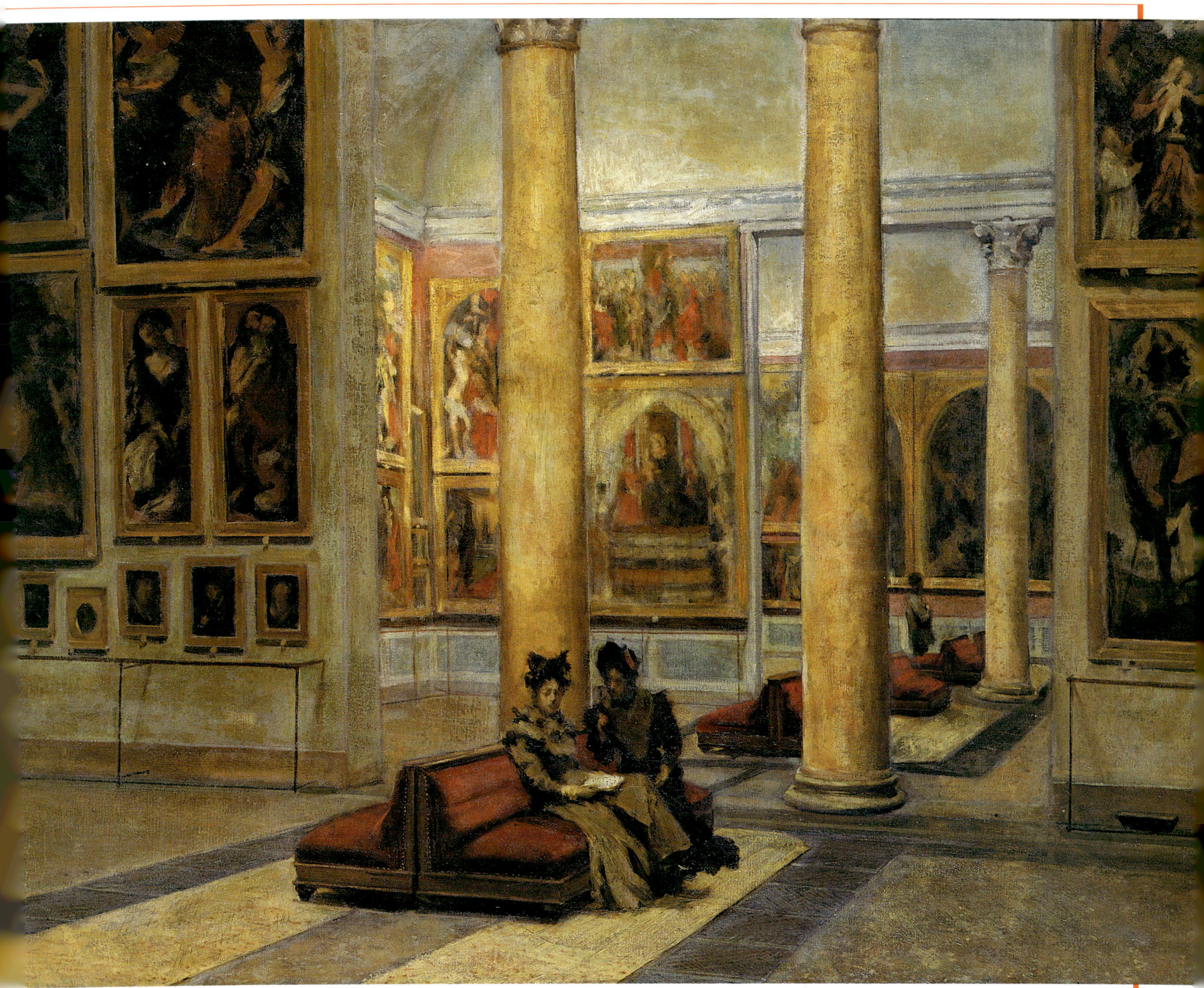

Wunderkammern de la Renaissance.
L'aménagement réalisé par Portaluppi à Brera vise à mettre en évidence le chef-d'œuvre et à se présenter, lui aussi, en tant qu'œuvre d'art. Au cours des premières années soixante-dix, en fonction des nouveaux critères de la muséographie de l'époque, tous les murs de la Pinacothèque sont peints d'un vert extrêmement sombre, les lucarnes sont couvertes de toiles et, pour l'éclairage, on installe des lumières à spots directionnels.
Avec la nouvelle campagne de travaux entreprise en 1978, le complexe de Brera fait l'objet d'un vaste plan de mise en valeur qui est déjà partiellement réalisé. Au-delà du nouvel aménagement des salles du palais de Brera, il a été décidé d'agrandir la Pinacothèque à l'intérieur du palais Citterio. Ce projet sera réalisé par l'architecte James Stirling.
Le nouvel aménagement conçu par Gregotti Associati (1983-92) pour les salles de Brera prévoit la restauration complète des espaces conçus par Piero Portaluppi, Franco Albini et Ignazio Gardella. Pour les autres salles, le projet suit la structure du palais et simplifie le tracé des espaces d'exposition. L'éclairage zénithal est assuré par des lucarnes à volume qui remplacent les lucarnes plates préexistantes. Les murs sont traités avec du ciment blanc et de la poudre de marbre. Les sols sont réalisés en *terrazzo* à la vénitienne. Basé sur les techniques muséographiques les plus innovatrices, cet aménagement met en évidence le caractère essentiel du rapport existant entre le mur et le tableau et, ainsi, l'on a opté pour un choix décoratif définitivement neutre, où rien ne doit distraire l'observateur de l'œuvre d'art qu'il est venu admirer.

Vue de la Salle des colonnes de la Pinacothèque de Brera à la fin du XIXe siècle

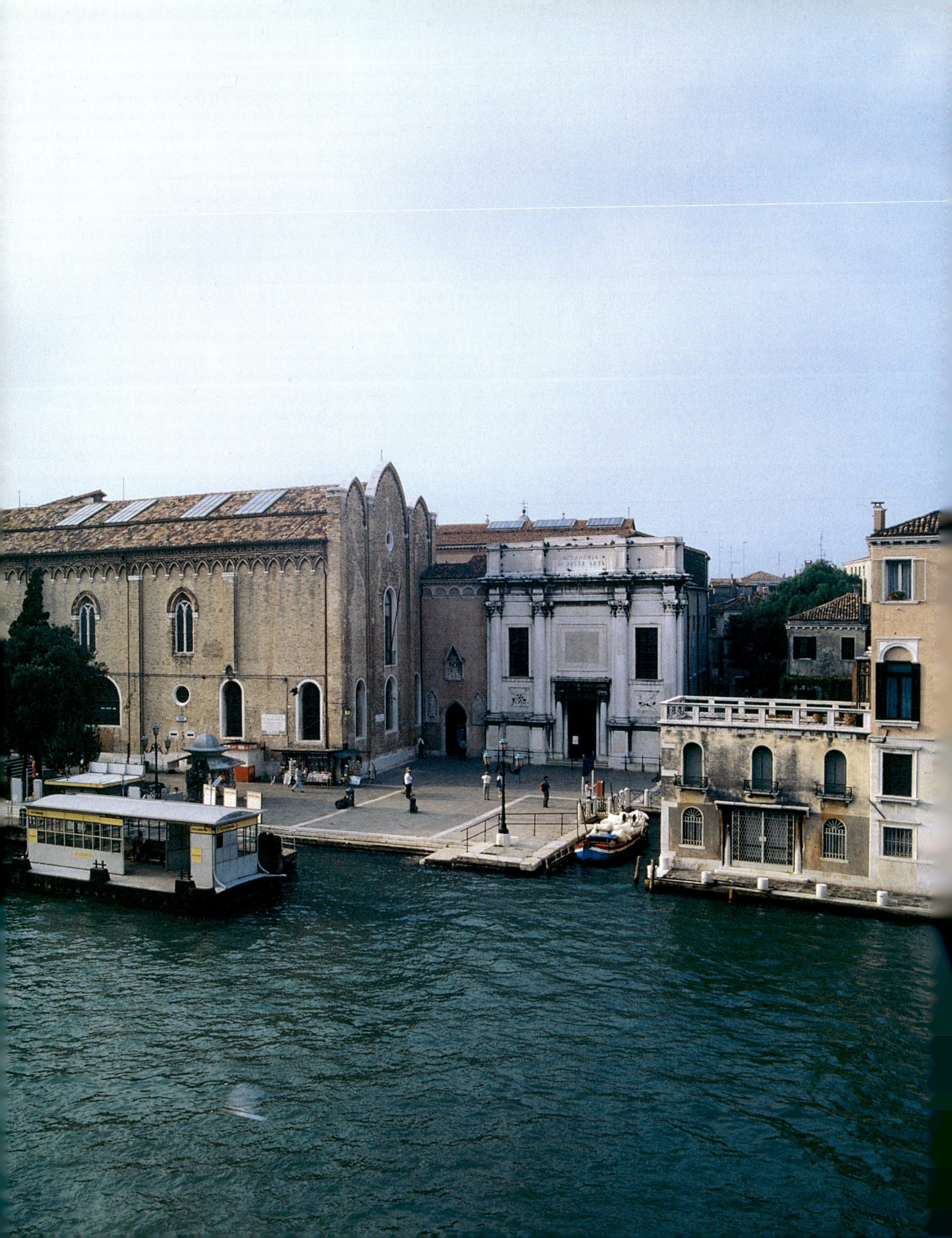

Venise, les Galeries de l'Académie

Vue de la façade du XVIIe siècle des Galeries de l'Académie avec, à gauche, l'église de la Charité

Les Galeries de l'Académie, principale pinacothèque de Venise et de Vénétie, représentent par excellence le musée du territoire, qui doit sa naissance à des exigences politiques et est devenu un "outil extrême" de sauvegarde de son patrimoine historique et artistique. A l'exception de la collection publique de sculptures conservée dans la *Libreria Marciana* (l'actuel Musée Archéologique), cédé par la famille Grimani en 1593, la Seigneurie n'avait pas de tradition dans ce domaine, excepté les quelques tableaux rassemblés au cours des siècles au Palais ducal.
Avec la chute de la République en 1797, le gouvernement provisoire, puis le gouvernement autrichien, commencèrent à supprimer magistratures publiques et organismes religieux. Ces initiatives se poursuivirent massivement après l'annexion au Royaume d'Italie, à la suite du traité de Presbourg du 26 décembre 1805, par le biais des décrets de 1806, 1808 et 1810.
Les œuvres d'art appartenant à ces institutions, lorsqu'elles n'étaient pas aliénées, perdues, voire détruites pour ne pas porter le marché à l'inflation, furent transférées à l'Académie de Brera à Milan ou destinées à orner les diverses résidences du vice-roi.

C'est la naissance de l'Académie

Seule une infime partie, au regard de l'extraordinaire quantité d'objets en circulation, fut confiée à l'Académie de Venise, constituée par décret du 12 décembre 1807. Au départ, l'objectif principal du nouvel organisme était essentiellement pédagogique mais, outre l'école où devaient être enseignés divers arts, il avait été aussi prévu de mettre en place une pinacothèque pour la "commodité de ceux qui s'exercent à peindre".
La tentative de donner une dimension plus internationale à la collection, qui se présentait et se présente encore comme une anthologie d'une seule école, se poursuivit tout au long du XIXe siècle. A la fin de celui-ci, la Galerie devint autonome et, l'intérêt pédagogique ayant disparu, l'on décida de mettre en valeur cet aspect sélectif qui rend la pinacothèque de Venise unique au monde.

Les Galeries

Poursuivant cette politique, il fut décidé au XXe siècle de regrouper les toiles du XIXe siècle au Musée d'art moderne de Ca' Pesaro, la peinture flamande et les sculptures à la Galerie G. Franchetti de la Ca' d'Oro. Mais le désir de caractériser ces collections n'est pas le seul motif de ce démembrement ; celui-ci est dû également au manque de place, raison pour laquelle bon nombre d'œuvres, dont certaines de grande valeur, ont dû être éparpillées au fil des ans. La récupération de ces œuvres se fait lentement en vue de réaliser la "Grande Galerie" dont la surface d'exposition aura doublé après le départ de l'école.
Malgré cela, les magnifiques salles du premier étage et de la galerie du dernier étage permettent de suivre les étapes capitales de l'extraordinaire civilisation figurative vénitienne.
Au début du XIXe siècle, l'Académie de Venise dut quitter le Fonteghetto della Farina à Saint Marc, son emplacement historique.

Paolo Veneziano

Au centre, le *Couronnement de la Vierge*. Sur les côtés, les *Histoires du Christ*. Dans le couronnement supérieur à gauche : la Pentecôte, saint Matthieu, la prise du voile par sainte Claire, saint Jean, saint François rend ses vêtements à son père ; à droite, saint François reçoit les stigmates, saint Marc, la mort de saint François, saint Luc, le Christ Juge ; au centre, les deux prophètes Isaïe et Daniel.
Le polyptyque provient de l'église sainte Claire à Venise, comme le confirment les images de Saint François dans le couronnement, notamment la petite religieuse représentée dans l'épisode relatant la mort de saint François, qui fit sans doute réaliser le polyptyque. Cette œuvre exécutée aux environs de 1350 documente bien le processus d'insertion, au sein de la culture de style byzantin, de motifs vénitiens de l'intérieur des terres, déjà présents dans le *Couronnement de la Vierge* de 1324 conservé à la National Gallery de Washington, mais auxquels s'ajoutent ici des effets décoratifs supplémentaires et un byzantinisme plus marqué. Ce dernier aspect de Paolo Veneziano peut même laisser supposer qu'il fit un séjour à Constantinople d'où il aurait rapporté de nouveaux sujets d'inspiration.
L'œuvre présente nombre de différences entre les petits épisodes latéraux et les grandes figures centrales, arabesques d'un raffinement extraordinaire. Néanmoins, ces divergences ne nous autorisent pas à discerner l'intervention de mains autres que celles du peintre en raison de la grande qualité de la composition. L'artiste alterne le langage byzantin soutenu et raffiné de la partie centrale – dont la fixité iconique s'adapte parfaitement bien à un événement hors du temps et de l'espace réels – et les références précises à la culture occidentale à travers le déroulement narratif des "histoires".

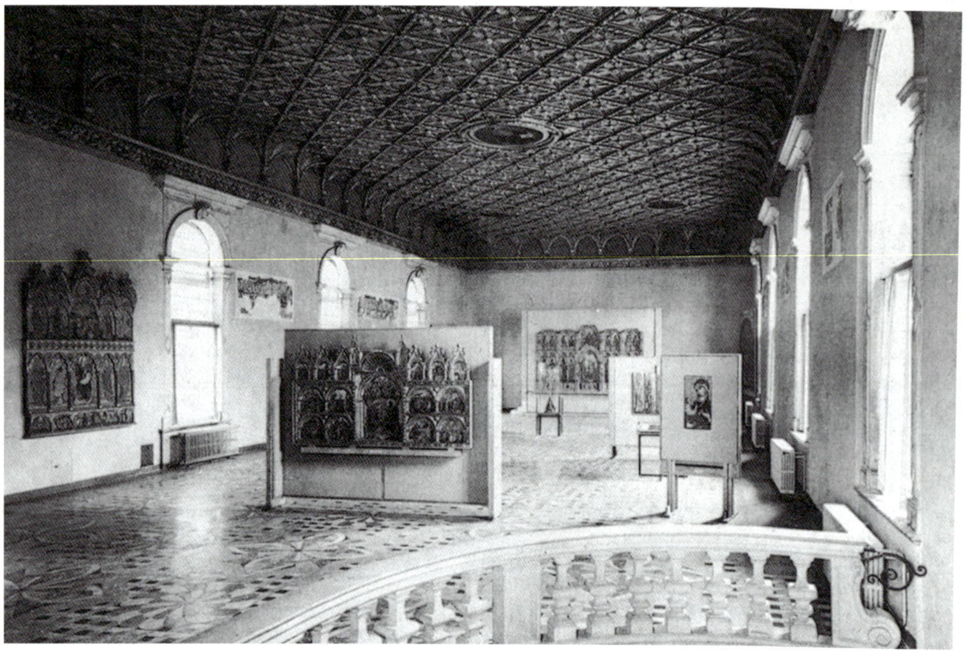

Le polyptyque de Paolo Veneziano dans la salle I de l'aménagement de Carlo Scarpa de 1950-1952

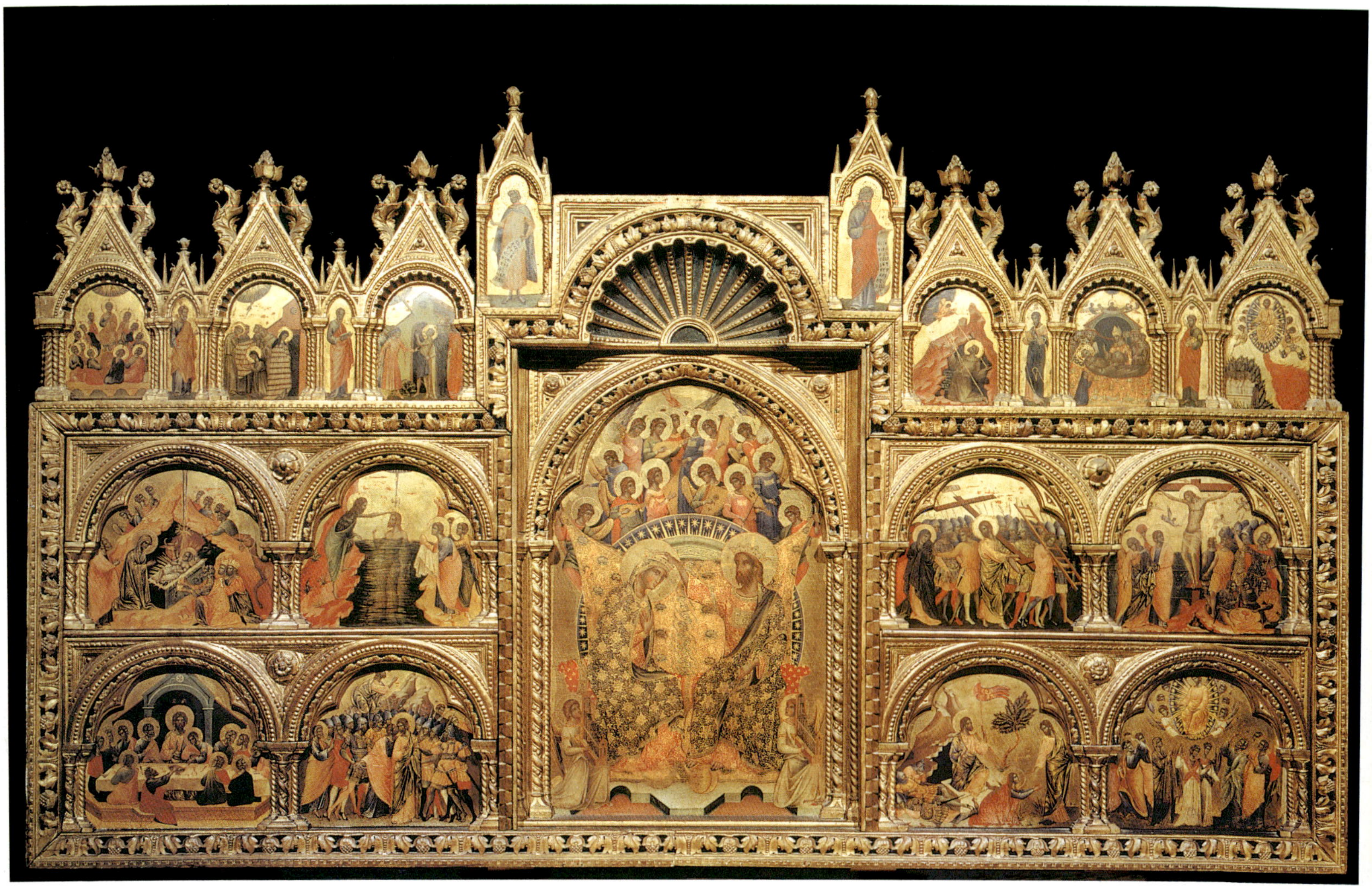

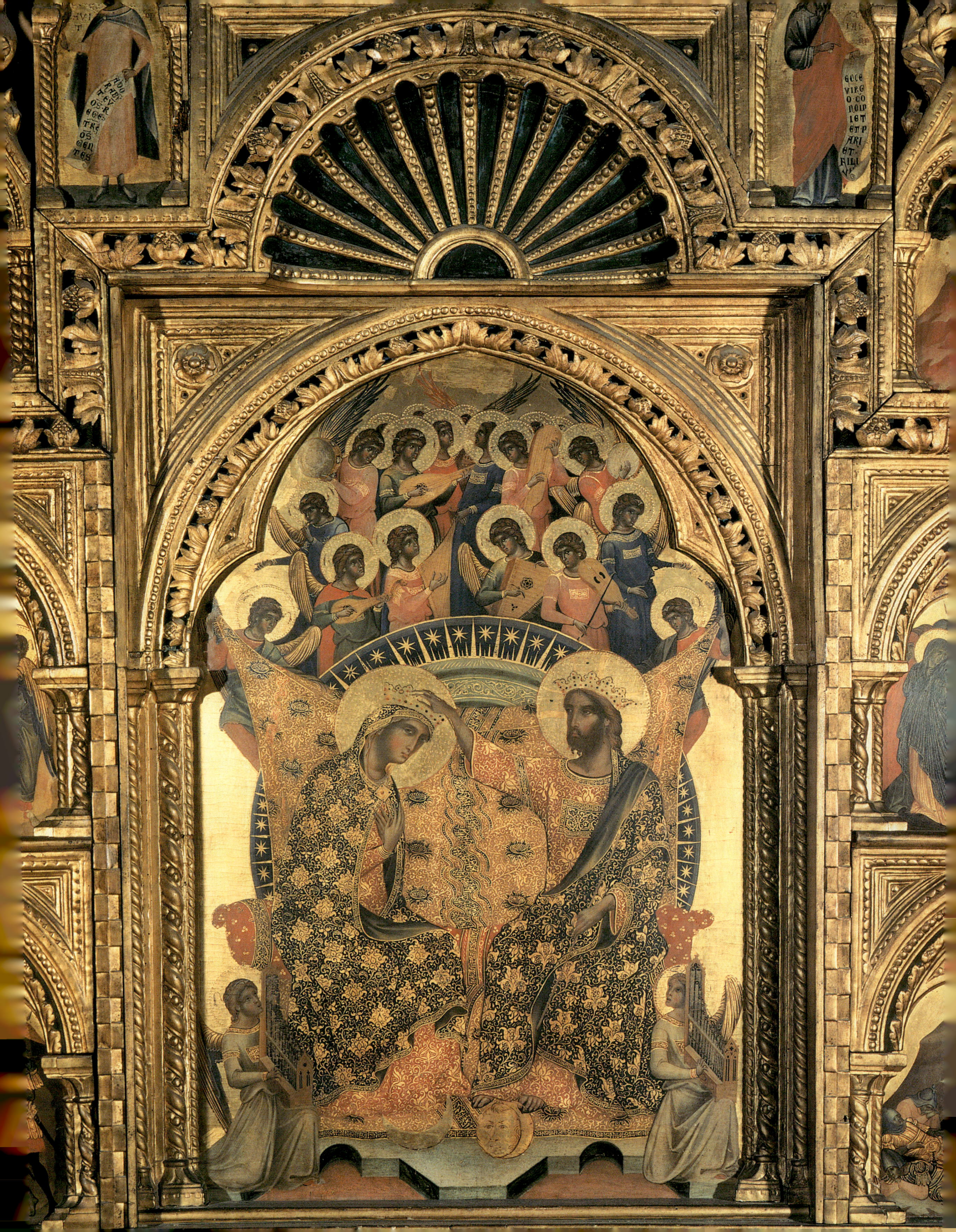

Le nouvel emplacement

L'Académie s'installe dans le complexe comprenant le couvent des chanoines de Latran, dessiné en 1561 par Andrea Palladio, l'église Sainte Marie de la Charité, reconstruite par Bartolomeo Bon entre 1441 et 1452, et l'école Sainte Marie de la Charité, première des grandes écoles vénitiennes fondée en 1260.

L'architecte Giannantonio Selva se vit confier la rénovation en 1811. L'église de la Charité, dépouillée de tout ornement, fut divisée horizontalement et verticalement en murant les fenêtres gothiques et en ajoutant des lucarnes dans le toit, de manière à obtenir cinq grands espaces à l'étage inférieur pour l'école, et deux à l'étage supérieur destiné à l'exposition. L'on ouvrit un passage dans le mur du fond de la salle de l'Albergo, donnant ainsi naissance à un couloir permettant de relier les divers édifices, et à un petit escalier.

L'école de la Charité subit de moindres changements car d'importants travaux avaient été déjà entrepris par Giorgio Massari et Bernardino Macaruzzi au XVIIIe siècle. L'entrée du rez-de-chaussée avait été entièrement rénovée en 1766 et la façade refaite quelques années plus tôt : la grande porte centrale avait été ouverte et l'ancien escalier, qui ne correspondait plus à celle-ci, avait été démoli et remplacé par les deux rampes jumelles d'accès à la salle capitulaire (salle I), construites d'après le modèle de Macaruzzi.

Il reste la façade qui relie l'église et l'école, ancien accès de l'école en marbre rouge de Vérone orné de statues autrefois polychromes représentant la *Vierge et l'Enfant avec dévots*, exécutée par Marco Zulian en 1435, et *saint Christophe et saint Léonard*, datée de 1378. Dans la cour se trouve, aujourd'hui muré mais dans son état original, le portail du XIVe siècle surmonté de la lunette en pierre polychrome portant le symbole de la Charité, qui rappelle la peste de 1348.

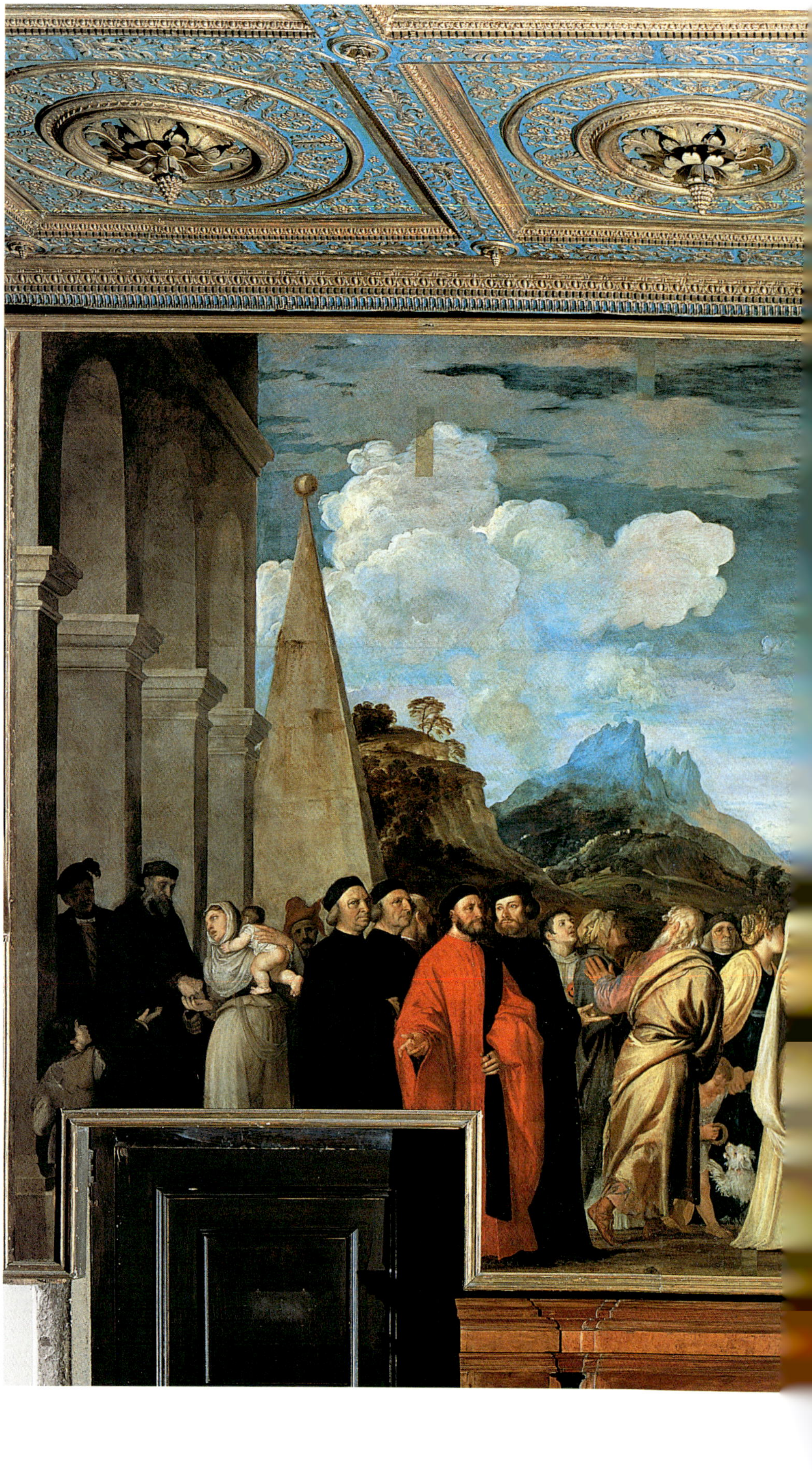

La salle de l'Albergo conserve son plafond en pastillage et bois entaillé doré et polychrome, avec le Père Eternel *au centre (sans doute récupéré à la fin du XVe siècle dans un précédent plafond de la salle capitulaire, détruit par un incendie) et les quatre* Evangélistes *aux angles.*

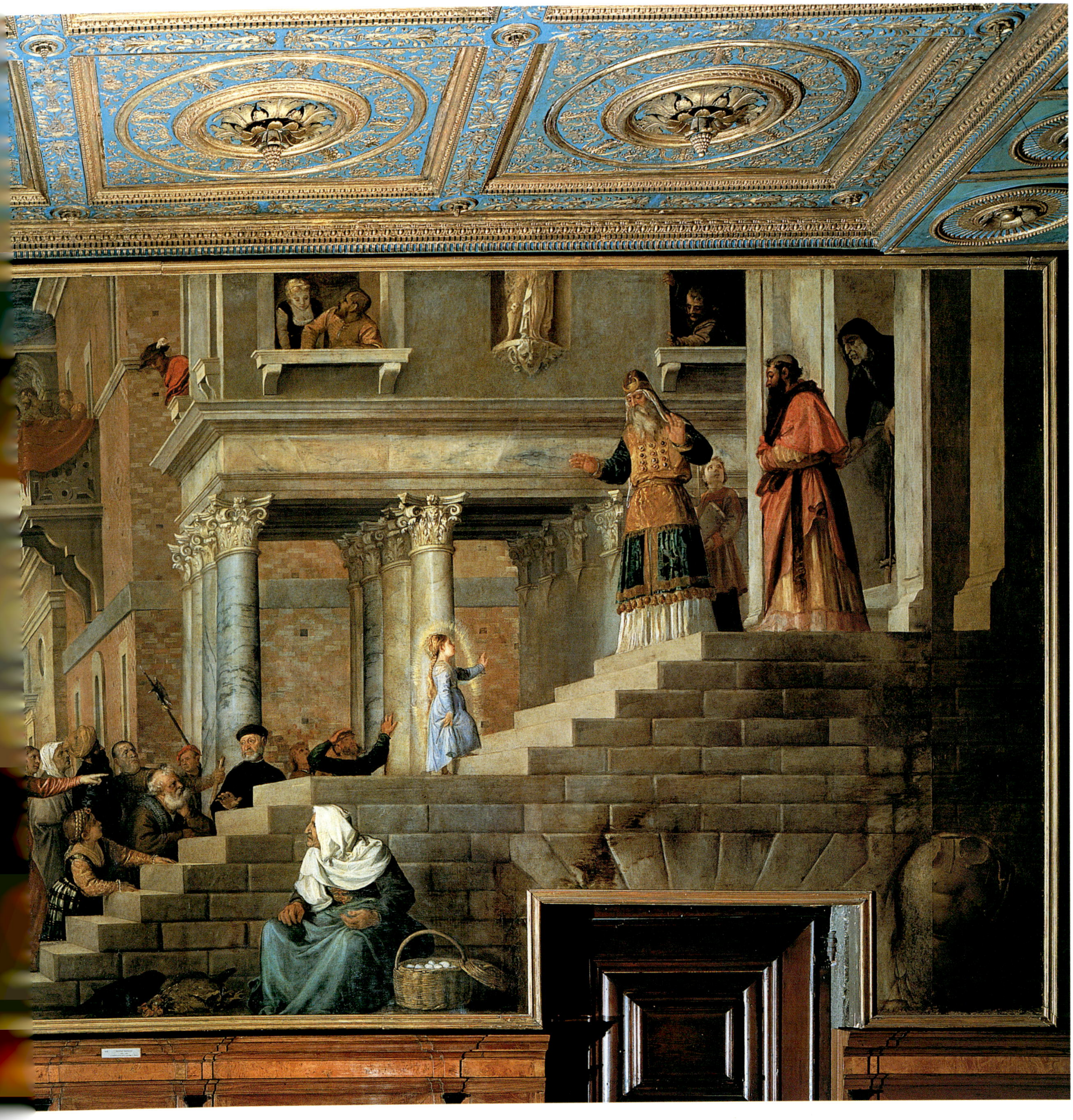

Titien, *Présentation de la Vierge au Temple*, dans la salle de l'Albergo

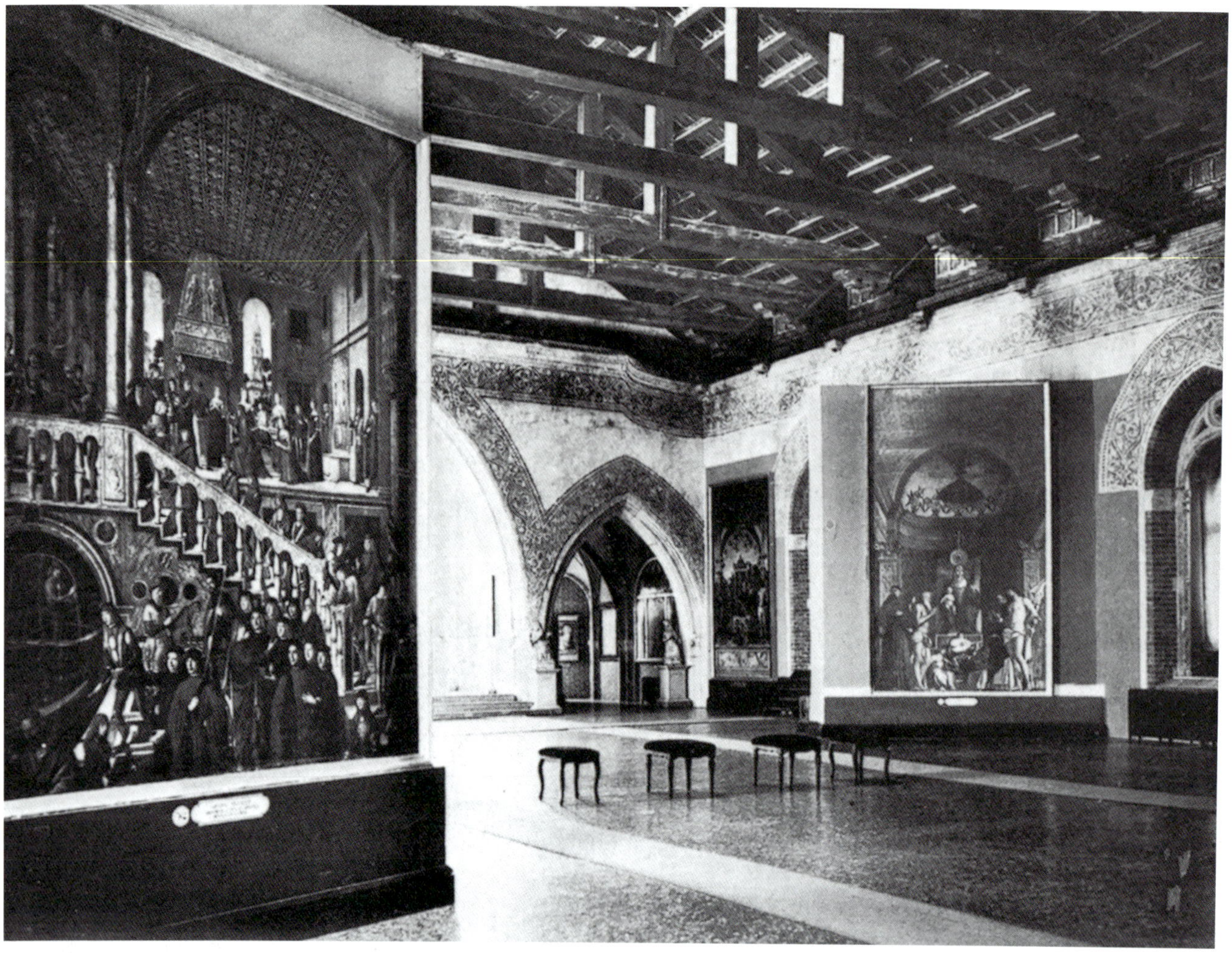

L'église de la Charité dans l'aménagement de Gino Fogolari, après la première guerre mondiale

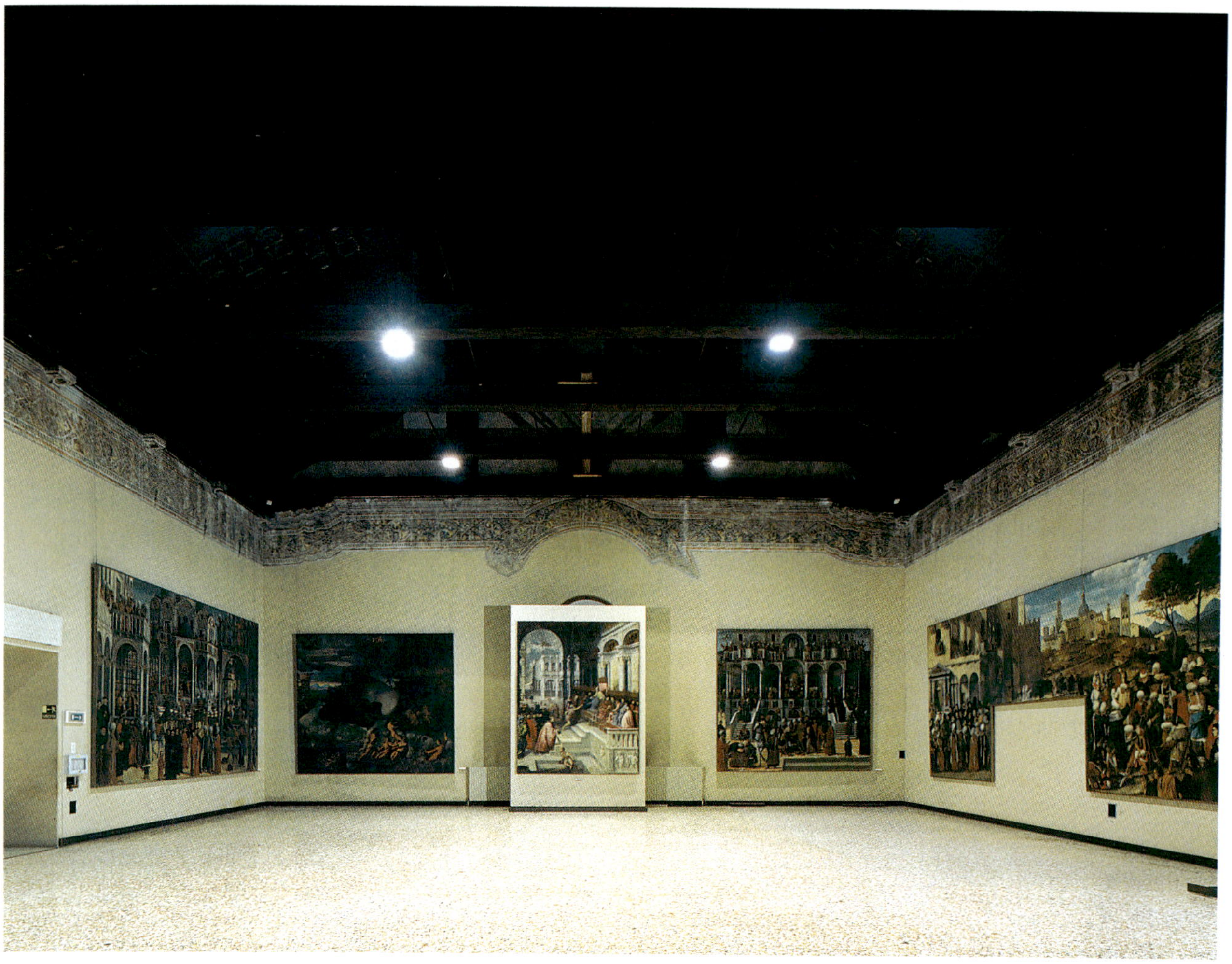

L'aménagement actuel de l'église de la Charité

Bernardo Bellotto

La toile *Le canal des Mendiants et l'école Saint Marc* (41 × 59 cm) faisait partie de la collection vénitienne de Gerolamo Manfrin (ainsi que l'indiquait Pietro Edwards dans l'inventaire), à qui elle fut achetée en 1856. Autrefois considérée comme œuvre de Canaletto, les critiques s'entendent aujourd'hui pour l'attribuer au jeune Bellotto (Venise, 1721 - Varsovie, 1780) qui l'aurait peinte avant son voyage à Rome, sans doute au début de 1741. Elle représente le canal des Mendiants, protagoniste d'un célèbre tableau de Canaletto, aujourd'hui conservé à Ca' Rezzonico, avec l'école Saint Marc au fond et le palais Dandolo à droite, devant lequel se trouvent quelques personnes. Outre la qualité "photographique" exceptionnelle des images, les jeux de lumière sont extraordinaires : limpide au loin, chaude sur l'école et le palais, tranchée sur les maisons qui longent le canal. Bellotto utilise le répertoire de Canaletto avec une extrême maîtrise unie à une grande liberté, créant un chef-d'œuvre souvent copié par les védutistes vénitiens de la dernière génération, parmi lesquels Francesco Zanin et Vincenzo Chilone.

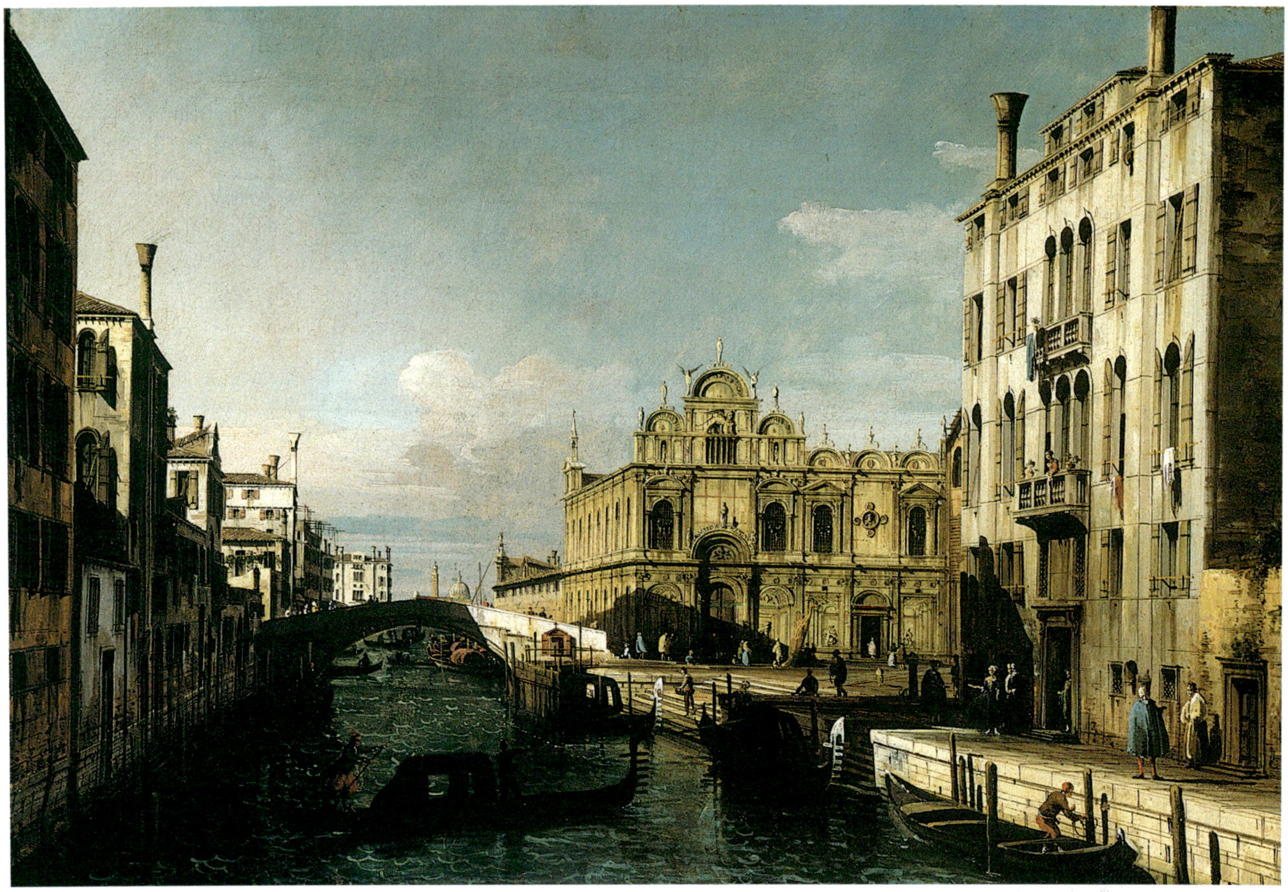

L'œuvre de Bernardo Bellotto provient de la collection de Gerolamo Manfrin, comme Pietro Edwards, premier conservateur des collections, le mentionne dans le catalogue des Galeries.

Le réamenagement de l'école

Dans la salle capitulaire, l'on peut encore admirer le plafond à caissons quadrangulaires dont les moulures sont enveloppées dans des feuilles d'acanthe, au centre desquels se trouve un ange à huit ailes. Cette représentation inhabituelle a accrédité la légende selon laquelle Ulisse Aliotti, *guardian grande* de l'école en 1461 et, par conséquent, commanditaire de l'œuvre, aurait désiré être remémoré ainsi. Le plafond dut être réalisé entre 1461 et 1484 par le Vicentin Marco Cozzi, dont le nom figure dans les registres de l'école de cette période.

A l'origine, il comprenait cinq hauts-reliefs représentant la *Vierge de la Miséricorde* et les symboles des autres grandes écoles.

La salle de l'Albergo conserve elle aussi son plafond en pastillage et bois entaillé doré et polychrome, avec le *Père Eternel* au centre (sans doute récupéré à la fin du XVe siècle dans un précédent plafond de la salle capitulaire, détruit par un incendie) et les quatre *Evangélistes* aux angles.

Les adaptations du couvent, dont l'intégrité avait été déjà mise à dure épreuve à la suite d'un incendie en 1630, n'apportèrent pas de modifications importantes durant cette première phase. Selva le respecta fondamentalement : il fit fermer les arcades de la galerie ionique, ne gardant que des demi-lunes pour l'éclairage, afin d'agrandir la surface d'exposition. Les cellules du dernier étage furent transformées pour abriter l'école de gravure et loger les enseignants.

Le premier groupe de peintures et de sculptures avait appartenu à l'ancienne Académie ; vinrent s'ajouter les œuvres qui décoraient les édifices du nouveau siège, notamment l'école et l'église, et la partie de la collection de plâtres d'œuvres anciennes et d'ébauches originales en terre cuite qui – à la mort de l'abbé Filippo Farsetti, collectionneur acharné – n'avait pas été vendue par son héritier au tzar Paul Ier, et que l'Académie racheta au gouvernement autrichien en 1805.

Pourtant, de graves pertes furent enregistrées en raison de la lenteur du premier conservateur des collections, Pietro Edwards, qui autorisa l'exode d'œuvres capitales vers Milan et l'absurde démembrement d'importants ensembles.

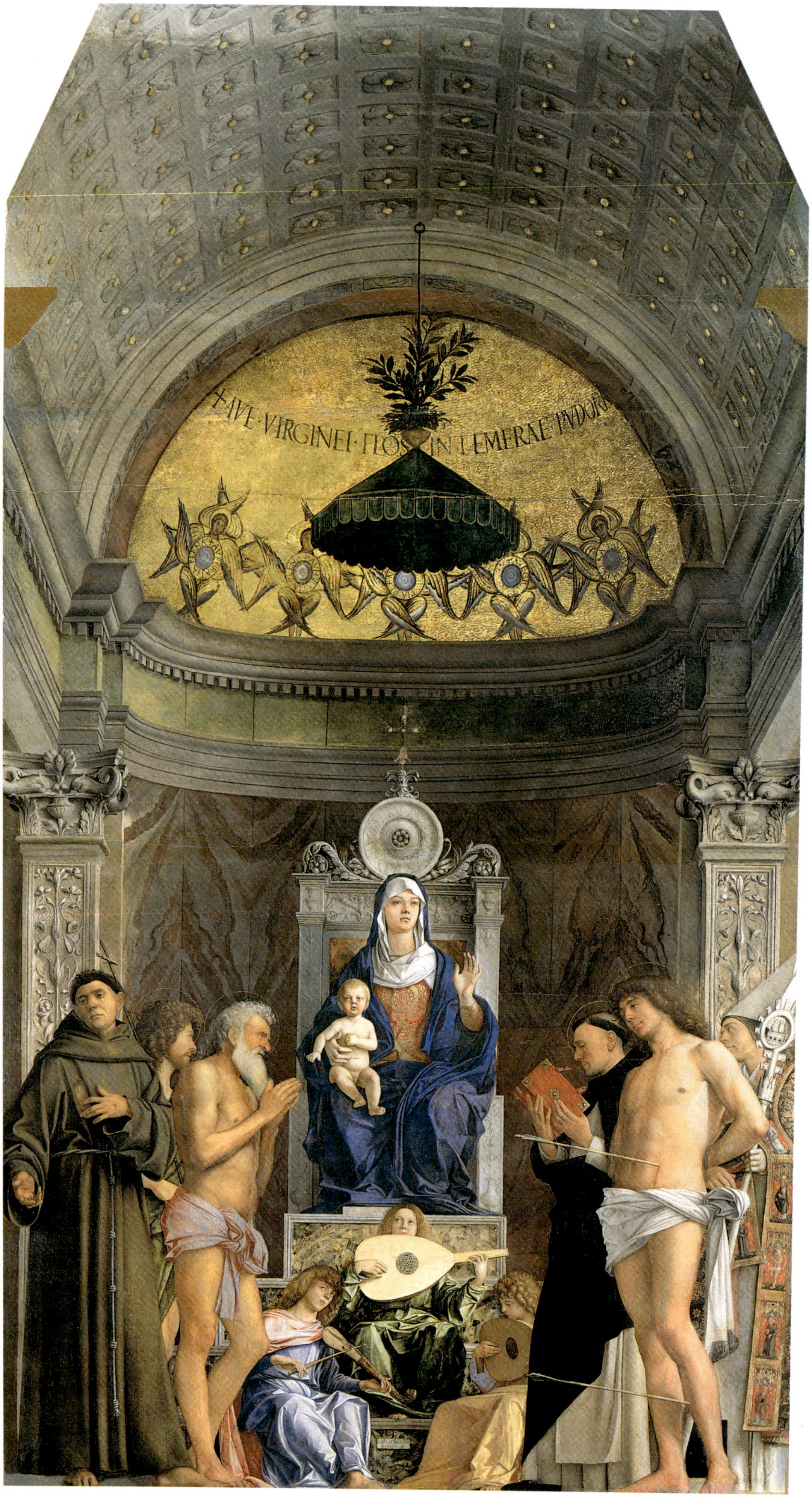

Giovanni Bellini

Cette œuvre dite *Retable de saint Job* (peinture sur bois, 471 × 292 cm) se trouvait à l'origine dans l'église Saint Job, sur l'autel du saint éponyme, le second à droite. Le grand tableau, qui suscita tant d'admiration chez ses contemporains et devint le modèle des retables d'autel ultériers, est aujourd'hui amputé de 50 centimètres au sommet, de sorte que les saints posaient à l'origine les pieds directement sur la table de l'autel. La présence des saints apotropaïques Sébastien et Roch indique que le retable dut être réalisé à la suite d'une épidémie de peste, sans doute celle qui sévit en 1478. Cette datation explique également l'affirmation de Vasari selon lequel des œuvres comme celle-ci permirent à l'artiste d'obtenir en 1479 les commandes des grands cycles détruits pour le Palais ducal.

Giovanni Bellini (Venise, 1434/39-1516) réalisa sans aucun doute cette œuvre en mettant à profit l'expérience acquise avec le franciscain Luca Pacioli, un mathématicien ami de Piero della Francesca et de Léonard de Vinci. La grande niche est presque une représentation symbolique de la basilique Saint-Marc, avec son abside ornée de mosaïques dorées, les ornements de pierre et même les séraphins portant chacun l'inscription "ave gratia plena". Dans la niche, les personnages grandeur nature forment une pyramide : à l'intérieur de celle-ci, les trois petits anges en forment une plus petite tandis que les triades de saints placés de chaque côté sont distribuées selon un schéma triangulaire.

Le président Leopoldo Cicognara

Néanmoins, le président de l'Académie Leopoldo Cicognara tenta avec acharnement de récupérer les meilleures œuvres devenues domaniales et demeurées sur place. En janvier 1812, Edwards réalisa le premier catalogue des Galeries comprenant environ 200 titres.
La même année, le vice-roi Eugène de Beauharnais acheta aux frères Grimani le *Banquet d'Epulon* de Bonifacio de' Pitati. En 1815-1816, Cicognara conseilla, pour une meilleure conservation, d'ôter de l'église Saint Job trois grands retables de Giovanni Bellini, de Carpaccio et de Basaiti, de même que la grande *Assomption* qui ornait l'église des Frari. Grâce aux bons soins de Canova, Venise récupéra les œuvres d'art que Napoléon avait emportées à Paris. Aux Galeries furent attribués la *Remise de l'anneau au Doge* de Pâris Bordon et le *Miracle de l'esclave* du Tintoret – provenant de l'école Saint Marc, entre temps supprimée –, le *Repas chez Lévi* en provenance du couvent des Saints Jean et Paul, et la *Sainte conversation* de saint Zacharie de Véronèse.
Pendant ce temps, le patrimoine des Galeries s'enrichissait grâce aux premiers dons des particuliers : en 1816, elle reçut le legs de Girolamo Molin, en 1833 celui de Felicita Renier, qui ne fut exécuté qu'en 1850, et en 1838 la somptueuse collection de Girolamo Contarini.

Bonifacio de' Pitati, *Banquet d'Epulon*

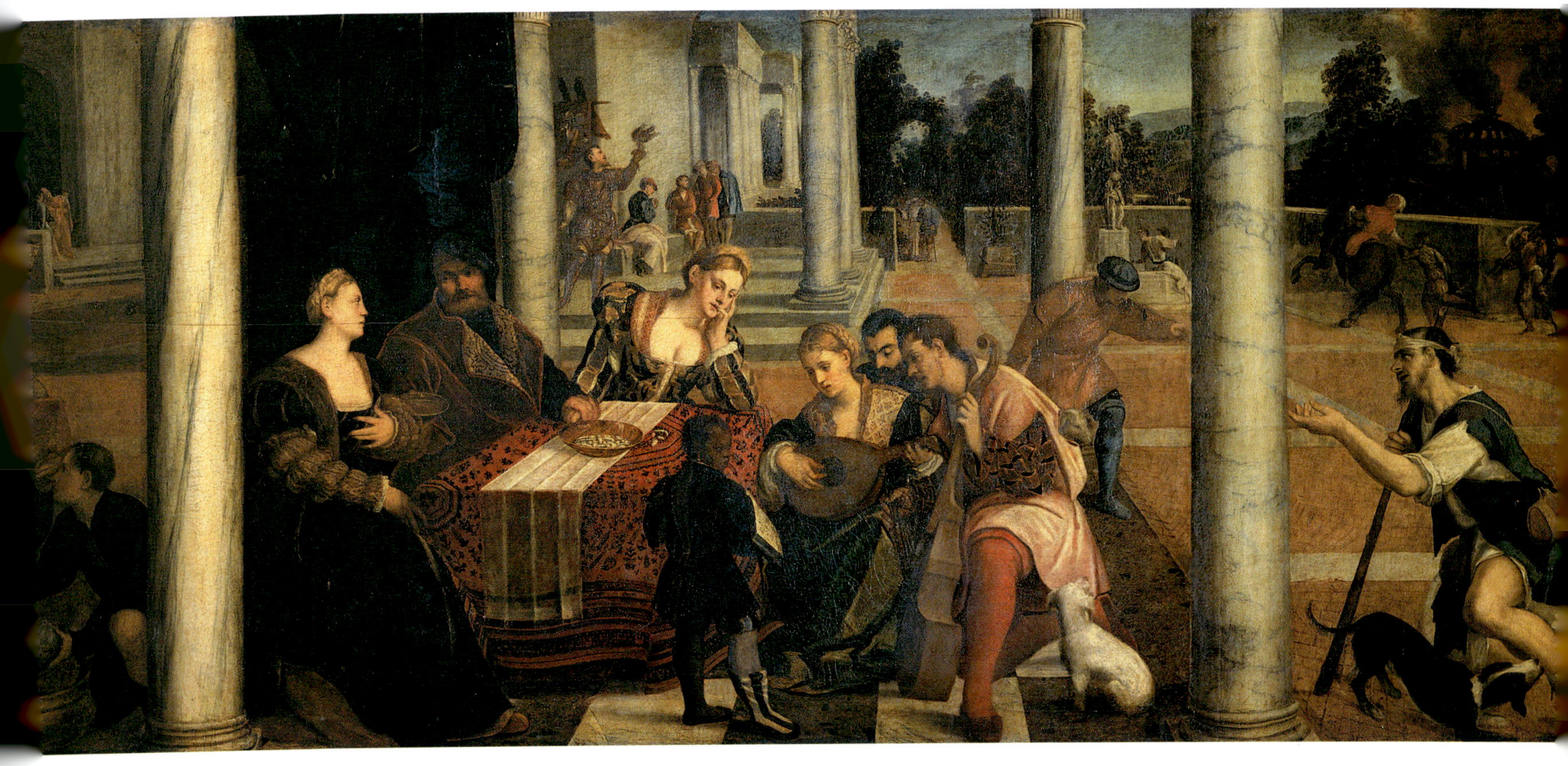

En 1812, le vice-roi Eugène de Beauharnais acheta aux frères Grimani le Banquet d'Epulon *de Bonifacio de' Pitati. En 1815-1816, Cicognara conseilla d'ôter de l'église Saint Job trois grands retables de Giovanni Bellini, de Carpaccio et de Basaiti, de même que la grande* Assomption *de Titien qui ornait l'église des Frari.*

Véronèse (Paolo Caliari)

Le *Repas chez Lévi* (toile, 555 × 1310 cm) fut réalisé pour le réfectoire du couvent des Saints Jean et Paul – en remplacement d'une *Cène* de Titien perdue dans l'incendie du réfectoire survenu en 1571 – aux frais d'un des frères, un certain Andrea De' Buoni ou Buono, qui contribua aussi à la reconstruction des pièces détruites. Selon l'inscription figurant à la base du pilier en bas à gauche, l'œuvre fut achevée le 20 avril 1573. Trois mois plus tard, pourtant, le peintre était cité à comparaître devant le Saint-Office, étant soupçonné d'hérésie pour avoir conçu avec une liberté et un anticonformisme excessifs, au regard de la tradition canonique, la vaste composition faisant allusion à la cène eucharistique. Interrogé notamment sur le sens de certains personnages, comme "Celui dont le sang coule du nez", "Le bouffon avec un perroquet dans son poing", "Un homme qui se cure les dents avec une fourchette", les "Soldats vêtus à l'allemande", Véronèse revendiqua sa liberté d'artiste : "Nous autres peintres…prenons la liberté que prennent les poètes et les fous". Et encore "S'il reste de la place dans le tableau, j'y mets des personnages selon ce qui m'est commandé et selon mon inspiration". Quoi qu'il en soit, toutes les obscénités peintes sont "hors du lieu où se déroule le repas" et lui-même est tenu de suivre l'exemple de ses aînés, citant parmi ceux-ci Michel-Ange ; il est clair qu'il ne connaît pas les règles approuvées dix ans plus tôt par le Concile de Trente en matière d'œuvres d'art sacré.
En dépit d'une défense acharnée, le procès s'acheva par une injonction à corriger le tableau à ses frais dans un délai de trois mois, "ita ut conveniat ultima… coena Domini". Mais la seule correction, sans doute concertée avec les commanditaires, les savants frères dominicains, dut être l'apposition de l'inscription au sommet du pilier à la base duquel figure la date : "fecit D. Covi Magnum Levi - Luca Cap. V", afin d'éviter le scandale. Luc dit, en effet, au chapitre cinq de son Evangile : "Lévi fit au Seigneur un grand repas". Les examens stratigraphiques, aux rayons X et aux infrarouges, mais surtout les réflectographies ont effectivement confirmé que les corrections et les remaniements ne sont pas substantiels et qu'ils font partie du processus créatif de l'œuvre, s'agissant de variations et d'effacement de détails architecturaux ou de légères rotations du profil des commensaux. Un page qui soutient un petit chien avec la main droite et tend la gauche sur la table est éliminé, comme le mentionne également Zanetti (1771), pour libérer la nappe blanche. Par conséquent, Paolo se borne, après l'injonction du tribunal, à rajouter l'inscription faisant allusion au banquet offert par Lévi, justifiant ainsi toutes les "obscénités" peintes, jusqu'à la miche de pain posée sur la table devant Lévi, véritable masque raillant la bêtise humaine avec ses yeux, ses oreilles et son immense bouche béante.
A la chute de la République, les commissaires français renoncèrent au *Paradis* du Tintoret, dont la restauration venait de s'achever, lui préférant le *Repas chez Lévi*, en mauvais état de conservation. Restituée à Venise en 1815, la toile fut attribuée aux Galeries.
En dépit de l'ampleur de cette œuvre – qui supposerait la présence de collaborateurs –, les qualités chromatiques et stylistiques exceptionnelles, la technique employée dans la partie inférieure avec les figures, l'extraordinaire maîtrise graphique des parties architecturales, excluent pratiquement la présence d'autres mains que celle du peintre. Le *Repas chez Lévi* résume de façon homogène les recherches de l'artiste en matière de banquets, atteignant un équilibre parfait entre la scénographie et les personnages, de sorte qu'il apparaît vraiment comme "l'exemple de la plus haute qualité et maturité dans ce genre de peinture".

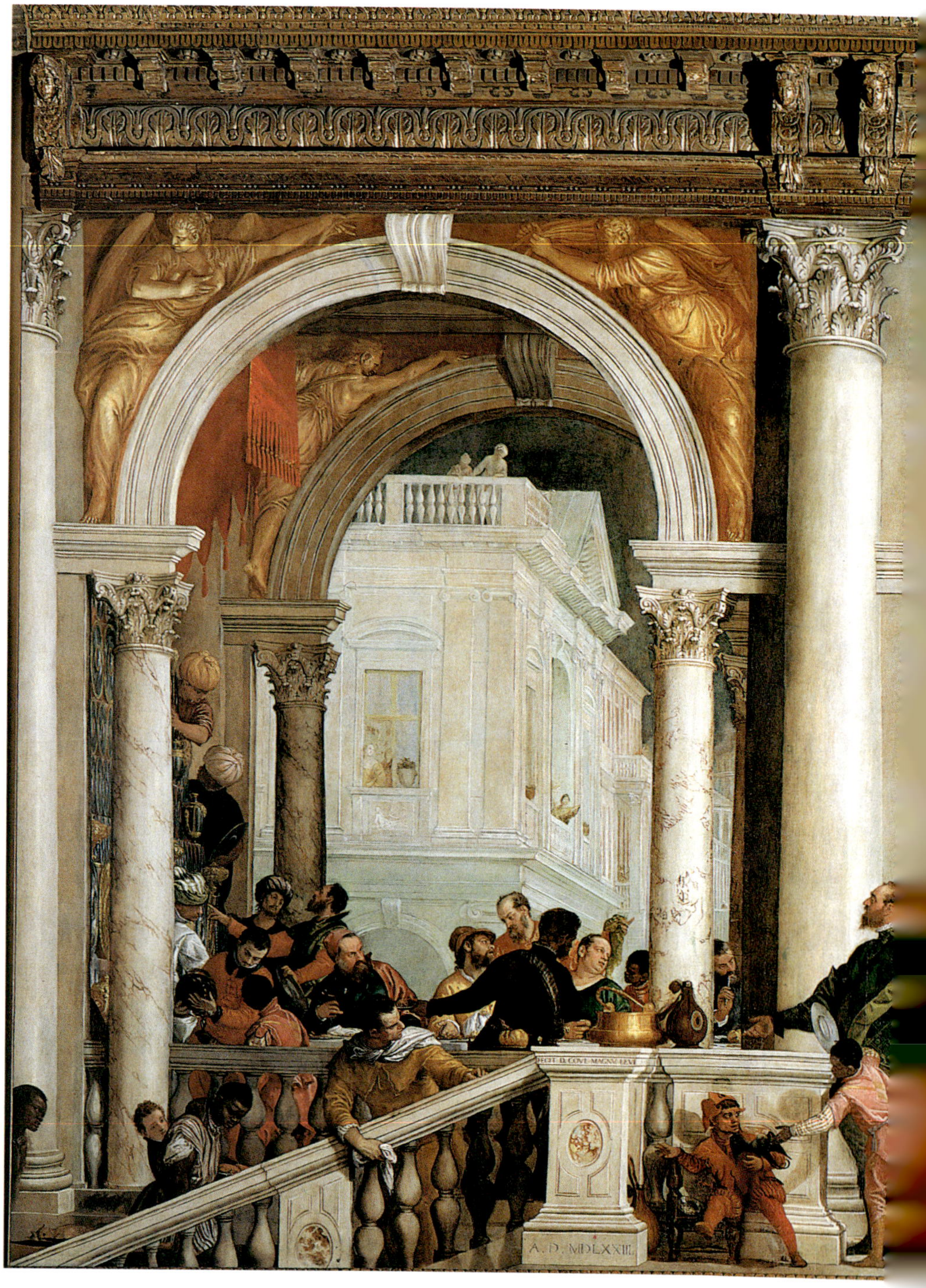

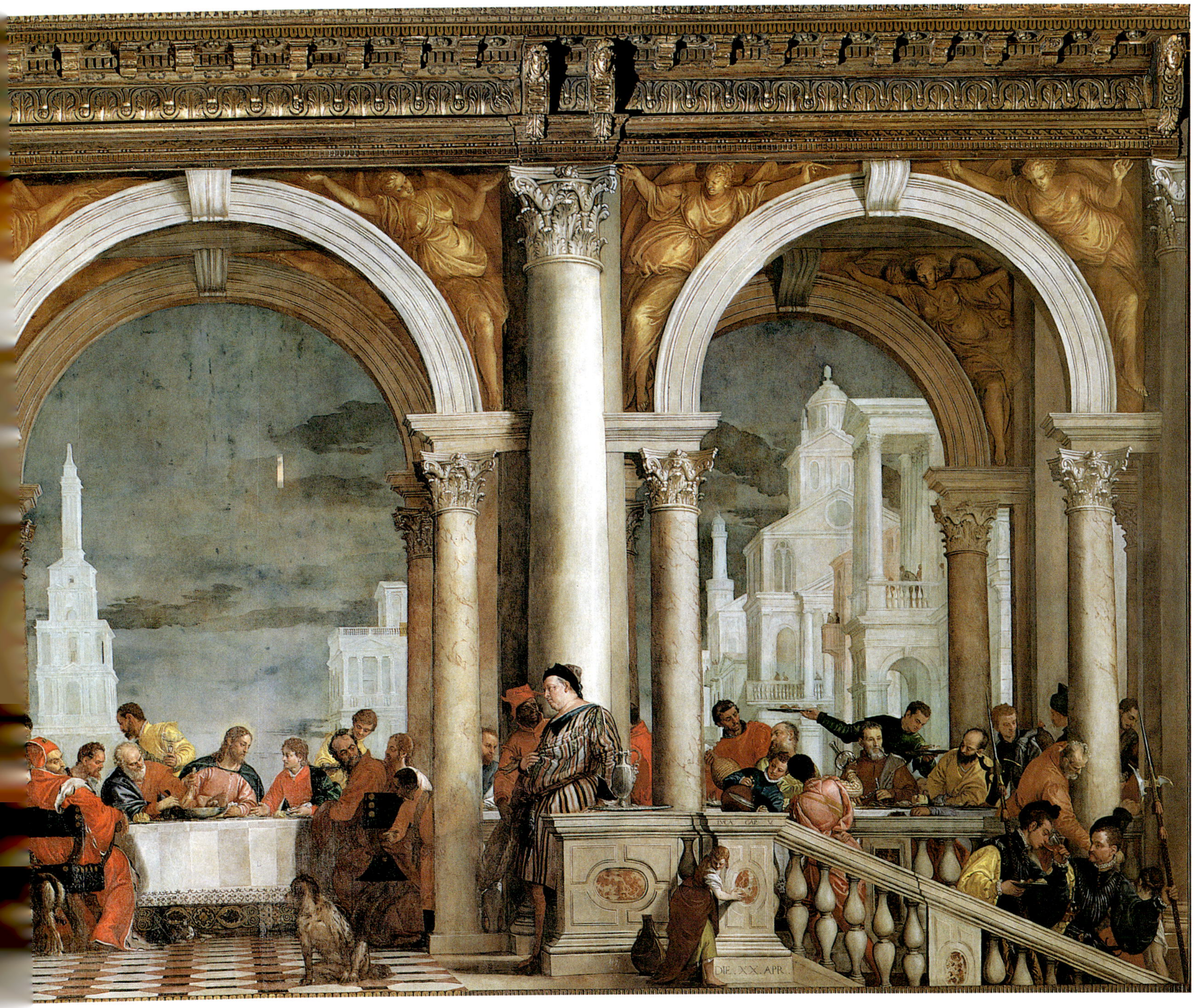

Grâce aux bons soins de Canova, Venise récupéra les œuvres d'art que Napoléon avait emportées à Paris. Aux Galeries furent notamment attribués le Miracle de l'esclave *du Tintoret – provenant de l'école Saint Marc, entre temps supprimée –, et le* Repas chez Lévi *de Véronèse, en provenance du couvent des Saints Jean et Paul.*

Les dessins de la Galerie de l'Académie

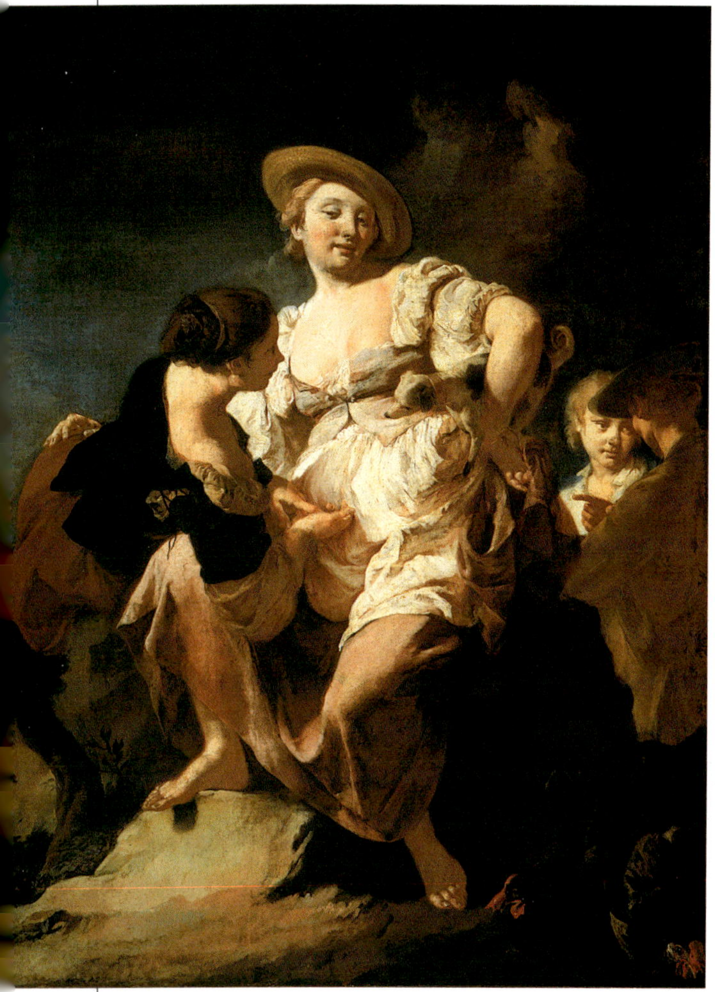

En 1822 l'Académie fit l'acquisition, par l'entremise de l'abbé Luigi Celotti, collectionneur acharné et marchand d'art dénué de scrupules, la prestigieuse collection de dessins de Giuseppe Bossi sur laquelle Brera avait aussi des visées. Homme doté d'une vaste culture, entretenant de bonnes relations avec une grande partie de l'aristocratie et de l'intelligentsia contemporaine, lettré, peintre et secrétaire de l'Académie de Brera de 1801 à 1807, Bossi avait réuni une somptueuse collection de dessins comprenant d'extraordinaires planches de Léonard de Vinci, parmi lesquelles *L'homme vitruvien* et des dessins préparatoires pour la *Bataille d'Anghiari*, de Michel-Ange, Raphaël, Dürer, Rembrandt, ainsi que des dessins des XVIe et XVIIe siècles des écoles bolonaise, romaine, toscane, ligure, lombarde, allemande, française et flamande. L'école s'assurait ainsi des modèles internationaux fondamentaux pour garantir une éducation artistique globale. En 1824, Celotti fut encore à l'origine de l'acquisition des 602 dessins de l'architecte Giocamo Quarenghi, qui avait longuement travaillé à la cour de Catherine II de Russie ; aujourd'hui encore, ce fonds demeure le plus

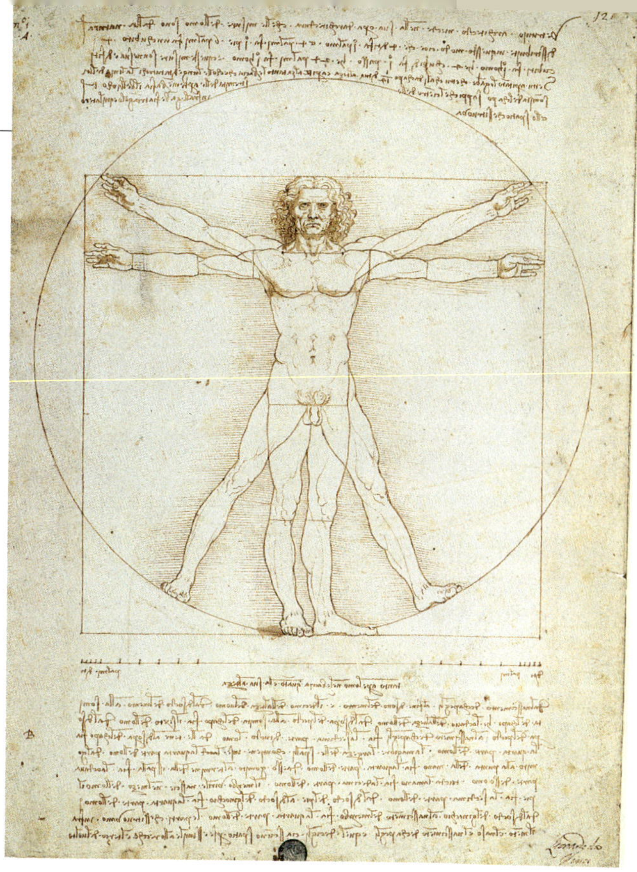

Léonard de Vinci, *L'homme vitruvien*

riche et le plus complet. Au cours des XIXe et XXe siècles, les acquisitions concernèrent surtout des œuvres d'auteurs vénitiens du XVIIIe siècle : en 1882, 14 études de physionomies de G.B. Piazzetta, parmi les plus belles de l'artiste. En 1920 l'Académie exerça, à la vente publique des biens du sculpteur Dal Zotto, son droit de préemption sur un exceptionnel album de 134 dessins de Sebastiano Ricci, dont le jumeau – ayant appartenu autrefois au collectionneur et connaisseur vénitien Anton Maria Zanetti – fait aujourd'hui partie des collections royales de Windsor. Cet album revêt une importance capitale car il est représentatif des diverses techniques graphiques, de l'esquisse à l'étude préparatoire, jusqu'au dessins pour amateurs. Le 20 novembre 1926, l'Académie

Giambattista Piazzetta

Achetée au marchand de tableaux Ehrenfreund, la toile originale contenait au verso un feuillet où figurait la date de 1740, dans une écriture du XVIIIe siècle, communément acceptée par la critique.
La *Devineresse* (toile 154 × 115 cm), l'une des plus célèbres œuvres de l'artiste, complète la recherche sur le thème "pastoral" entamée quelques années plus tôt avec la *Scène pastorale* (Chicago, The Art Institute) et l'*Idylle sur la plage* (Cologne, Wallraf-Richartz-Museum), deux toiles exécutées sur commande du maréchal Schulenburg.
Les trois œuvres s'inscrivent dans cette heureuse période de recherche d'effets de couleur clairs et lumineux que les contemporains appelaient "lumière ensoleillée".
Le charme de la *Devineresse* repose néanmoins sur sa grâce subtile, la lumière sensuelle qui l'inonde, les accords chromatiques extraordinairement raffinés, la conscience sereine de la femme au centre – sœur, en dépit de ses vêtements rustiques, des héroïnes de Giambattista Tiepolo.

Au cours du XIXe et XXe siècles, la collection se vit essentiellement enrichie d'œuvres vénitiennes du XVIIIe siècle : en particulier de celles de G.B. Piazzetta et d'un "cahier d'études" de Canaletto qui constitue la plus importante collection de croquis documentaires de l'artiste.

exerça encore une fois son droit de préemption sur 140 dessins de l'école vénitienne du XVIIIe siècle et d'autres écoles des XVIIe et XVIIIe siècles. En 1949, Guido Gagnola fit don aux Galeries d'un "cahier d'études" de Canaletto qui constituait la plus importante collection de croquis documentaires de l'artiste, très peu représenté au sein des Galeries, et qui constituent un témoignage fondamental pour la compréhension du processus créatif de ses toiles. La collection de Canaletto s'enrichit une dizaine d'années plus tard de huit dessins supplémentaires appartenant à la même série de croquis documentaires provenant de la collection A. Viggiano de Venise, et ayant fait partie autrefois de la collection Corniani degli Algarotti. En 1981, la Galerie fit l'acquisition de 33 dessins d'Egidio dall'Oglio, premiers exemples graphiques certains de cet élève de G.B. Piazzetta. En août 1994, enfin, le ministre fit valoir son droit de préemption sur l'acte de vente de 14 autres dessins de Giambattista Piazzetta faisant partie de la collection Alverà. Cette collection, qui ne comprend que 3 143 dessins, se présente néanmoins comme l'une des premières au monde en raison de l'extraordinaire qualité des pièces conservées.

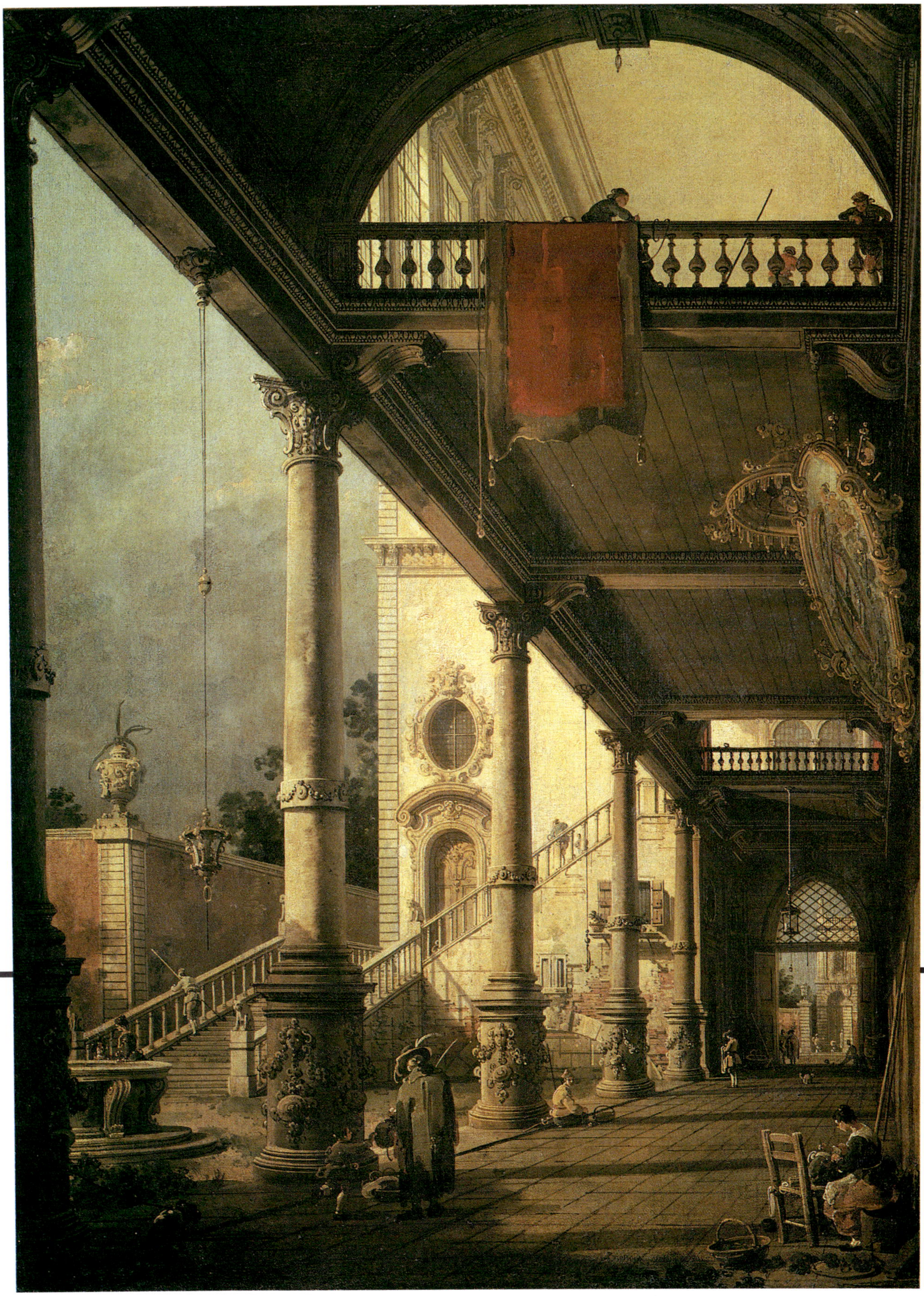

Canaletto, *Perspective d'un portique*, 1765

Le réaménagement dirigé par Carlo Scarpa

Dans les années qui suivirent la seconde guerre mondiale, Carlo Scarpa fut l'initiateur d'un renouveau des Galeries qui devait marquer la fin d'un modèle de musée demeuré figé depuis le début du siècle.
Les premiers travaux furent entamés en 1945 pour s'achever en 1960.
L'on tenta, dans les limites des espaces disponibles et de la position obligée des toiles de grandes dimensions, d'opérer une sélection des œuvres et de mettre en place un itinéraire de visite plus logique au sein du musée.
En 1955 furent complétées les petites salles IV et V dans lesquelles l'on réunit les chefs-d'œuvre de petit format ainsi que la *Tempête* de Giorgione, soustraite ainsi à l'isolement scénographique d'avant-guerre. Cinquante ans plus tard, les aménagements de Scarpa, restaurés et partout conservés, hormis dans l'église, dont on fit disparaître les panneaux au centre pour accroître l'espace réservé aux expositions et aux manifestations, conservent toute leur cohérence formelle et leur beauté austère.

Initialement, l'intervention de Carlo Scarpa se caractérisa par la suppression totale des décorations d'époque, tapisseries de style, plinthes en bois, cadres d'imitation, que l'on remplaça par des matériaux soigneusement choisis et mariés les uns aux autres : plâtres neutres, bois aux tons chauds, etc.

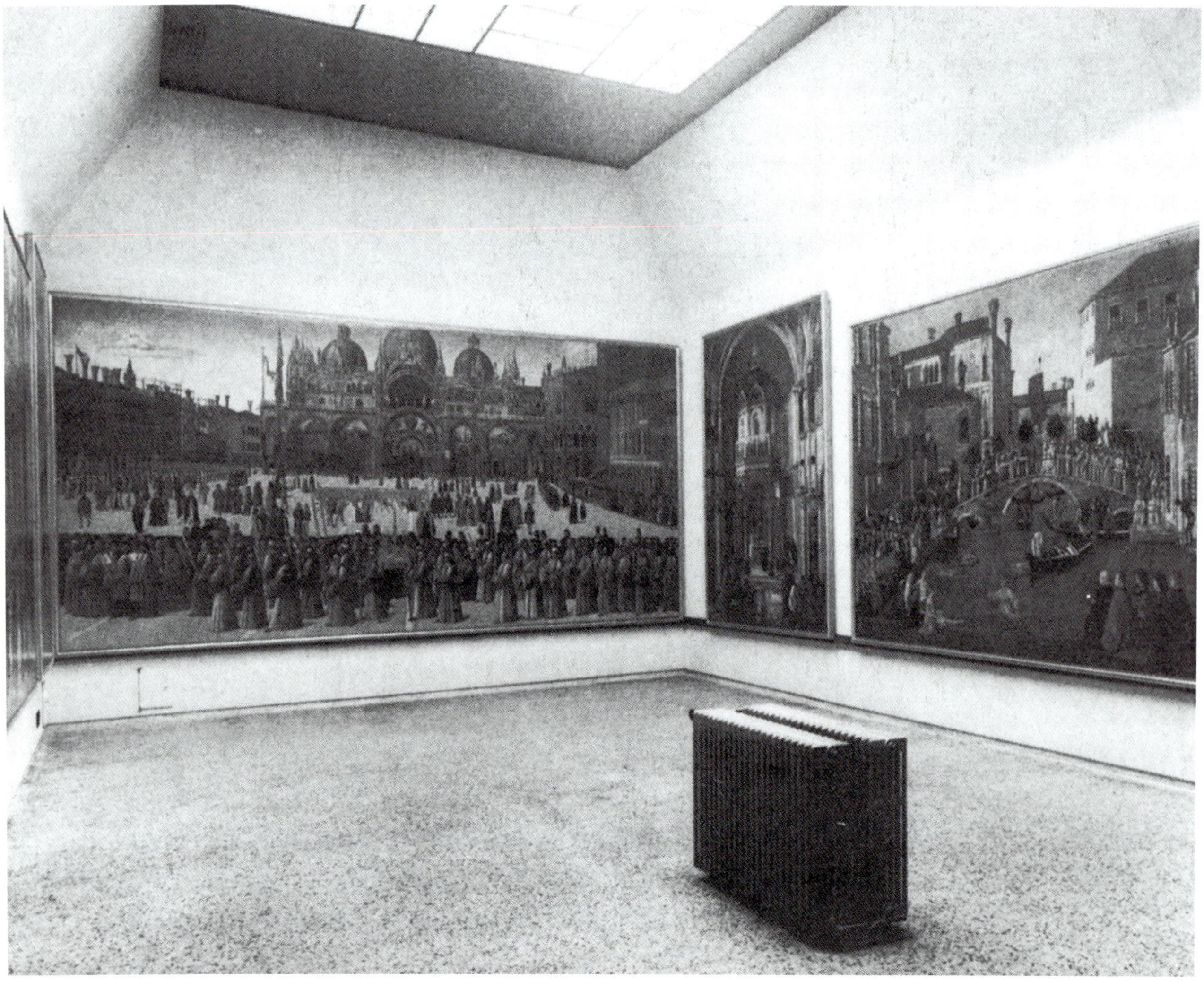

Giorgione

Ce tableau fut commandé à Giorgione (Castelfranco, 1476/77 - Venise, 1510) par son ami Gabriele Vendramin pour sa "chambre des antiquités", où Marcantonio Michiel note effectivement sa présence en 1530. Il est encore cité dans l'inventaire rédigé à la demande des héritiers entre 1567 et 1569 ainsi que dans un inventaire dressé en 1601. Après cette date, la *Tempête* (toile, 82 × 73 cm) n'est plus mentionnée jusqu'en 1855, quand Burckhardt signale sa présence au palais Manfrin. En 1856, les Manfrin vendent vingt et une toiles de leur collection, mais l'œuvre ne sera acquise qu'en 1875 par le prince Giovanelli. Son neveu Alberto en hérite avant de la vendre en 1932 à l'Etat, pour les Galeries. D'innombrables interprétations de ce tableau, déjà inintelligible aux contemporains, ont été formulées. Représente-t-il Vénus génitrice, ou la "découverte" de Pâris ou de Moïse ? S'agit-il d'une allégorie des forces de la nature, ou de Vénus et Mars ? L'hypothèse selon laquelle il s'agirait d'Adam et Eve allaitant Caïn semble être démentie par le fait que le supposé serpent aux pieds de la femme n'est en réalité qu'une racine. Il semble en fait que le jeune homme – dont les chaussettes de différentes couleurs indiquent qu'il appartient aux compagnies de la *Calza*, associations de jeunes nobles – soit Gabriele Vendramin, âgé d'une vingtaine d'années lorsque la toile fut exécutée, avant 1505. Nombreuses sont les correspondances iconographiques avec certaines images du célèbre livre de Francesco Colonna, publié à Venise en 1499 par Aldo Manuzio, intitulé *Hypnerotomachia Poliphili*. Ceci prouve que l'œuvre est un produit de ces cercles humanistes vénitiens raffinés qui appréciaient tant le sujet caché, et dont la clé de lecture était réservée à quelques rares initiés.

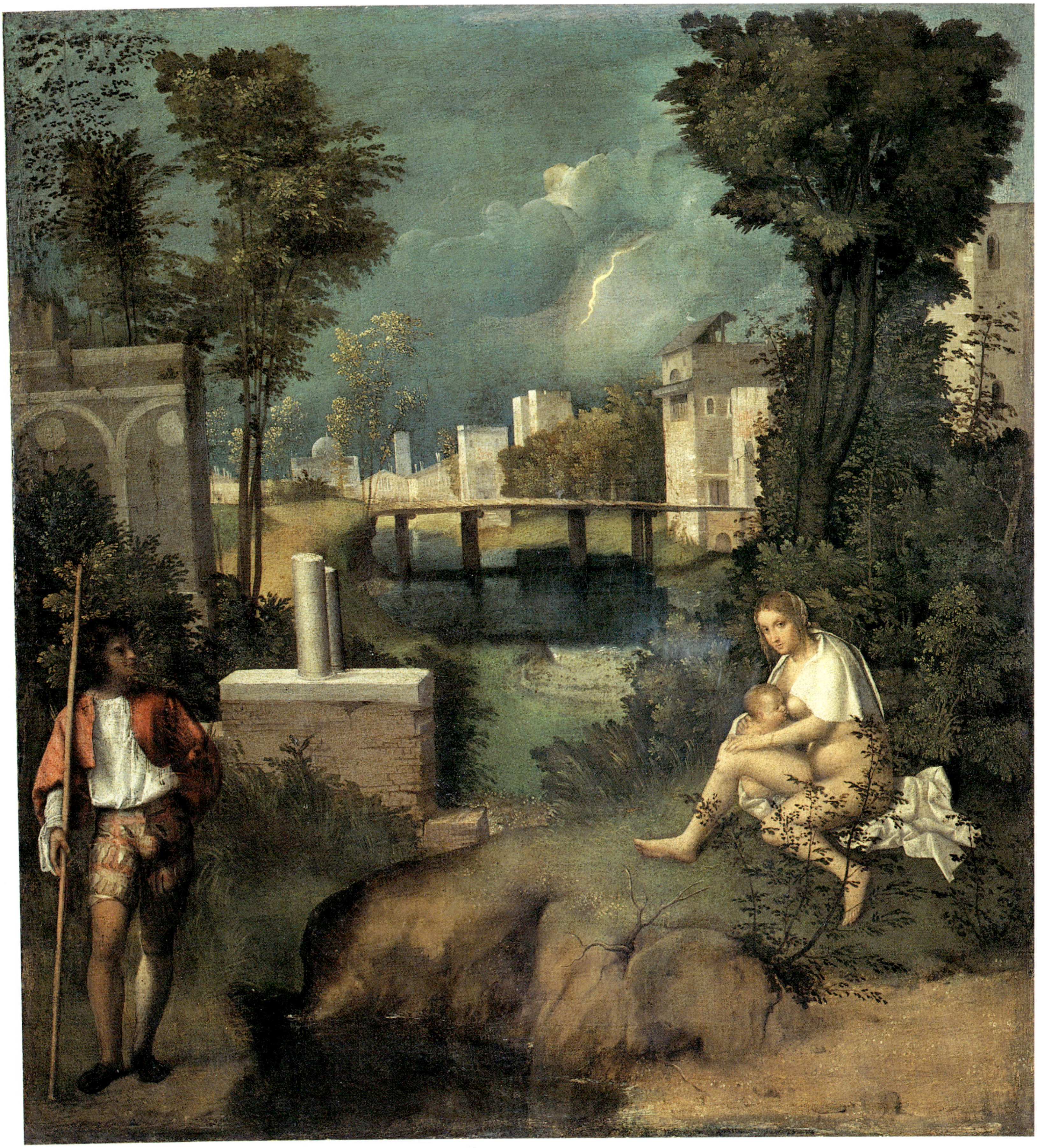

Ci-contre
La salle des *Miracles de la Croix* dans l'aménagement de Carlo Scarpa de 1959-1960

Vittore Carpaccio

Cette toile (*Miracle de la relique de la sainte Croix au pont de Rialto*, 363 × 406 cm) fait partie d'un cycle qui ornait les murs de la salle de l'Albergo de l'école Saint Jean Evangéliste, où aujourd'hui encore est conservée une relique de la sainte Croix donnée en 1369 par Philippe de Mézières, grand chancelier du royaume de Chypre ; ce cycle célébrait les miracles accomplis par ladite relique. La source plus détaillée demeure une brochure imprimée en 1590 qui, en décrivant les miracles, fournit le nom des auteurs et la date d'exécution de ce grand cycle.
Après la suppression de l'école, cette œuvre et d'autres toiles furent confiées aux Galeries en 1820. Elle raconte la miraculeuse guérison d'un possédé obtenue par Francesco Querini, patriarche de Grado, grâce à la relique de la sainte Croix. En 1544, après avoir entendu l'opinion du "prudent messire Tizian, peintre", l'on en découpa une bande en bas à gauche, correspondant à l'ouverture de la porte qui devait conduire à *l'Albergo Nuovo*, réalisé dans ces années-là. Cette lacune fut ensuite arbitrairement comblée par un dessin de l'Albertina de Vienne, préparatoire pour la figure vue de dos et pour l'enfant à sa droite. L'événement miraculeux, auquel assistent au premier plan de nobles vénitiens, confrères de l'école et compagnons de la *Calza*, finit par passer inaperçu face à la représentation kaléidoscopique de la ville, saisie dans l'un de ses points névralgiques et à une époque très proche de celle à laquelle fut dressé le plan de Jacopo de' Barbari. Le pont est encore celui en bois édifié en 1458, avec une partie mobile au centre permettant le passage des embarcations de grande taille ; il fut remplacé par le pont actuel en pierre, après qu'il se fut écroulé en 1524. A gauche l'on peut voir l'enseigne de l'hôtel *dello Storione* et la loggia, rendez-vous des familiers du marché. A droite, l'on reconnaît le *Fondaco dei Tedeschi*, détruit dans l'incendie de 1505, Ca' da Mosto, avec ses arcades au rez-de-chaussée, encore visibles de nos jours, le campanile de Saint Jean Chrysostome et celui des Saints Apôtres, reconstruit en 1672. La comparaison avec le réalisme pointilleux et analytique des autres grands cycles souligne encore plus nettement les valeurs chromatiques et la qualité narrative improvisée. Cette œuvre fut sans doute réalisée en 1494, comme l'indique la *Brochure*. L'examen radiographique a mis en évidence sous la peinture le magnifique dessin préparatoire, tracé avec une pointe métallique sur un fond de plâtre et de colle.

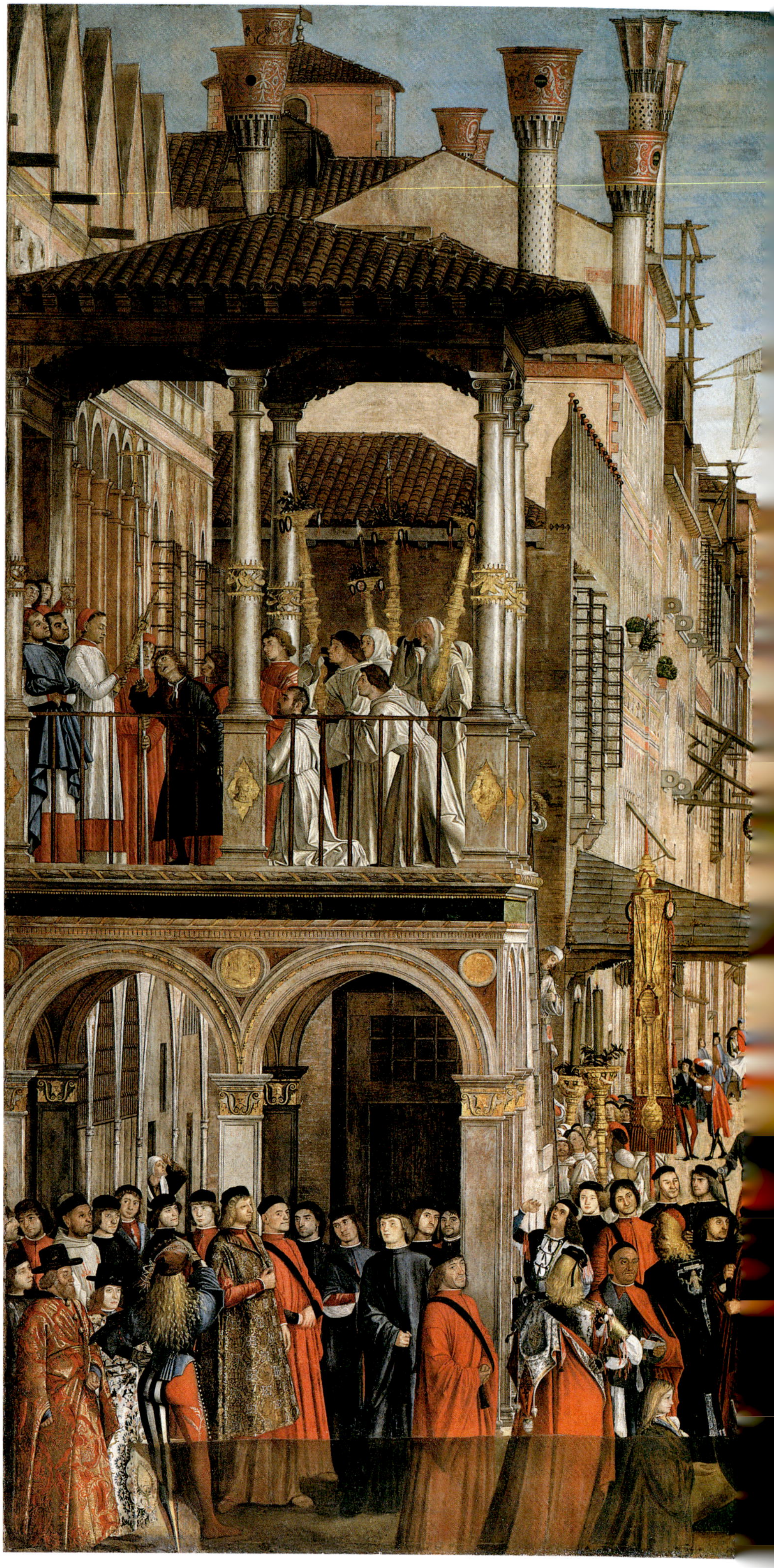

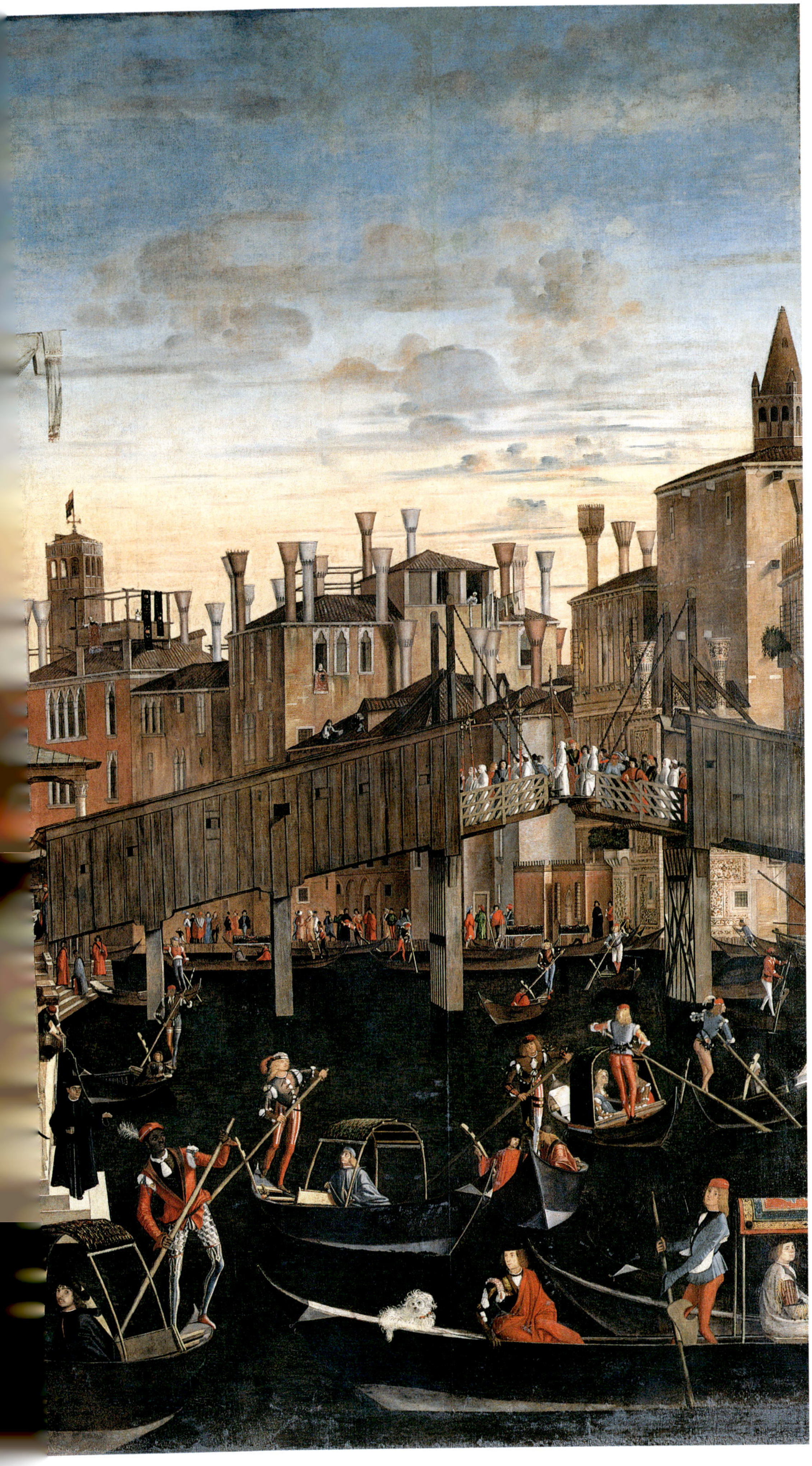

La première intervention de Scarpa rassembla les toiles formant le cycle des Miracles de la Croix *dans une salle spécialement construite en 1940 (salle XIX) jouxtant le couloir qui mène à la Salle d'Orsola ; et les deux pièces, destinées à l'exposition d'œuvres présentant d'étroites affinités, furent reliées entre elles par une petite galerie.*

Les Galeries et Carlo Scarpa

Aménegement des salles de Giorgione et de Bellini (salles IV et V)

Les premiers travaux (1945-1960) virent la suppression totale des décorations d'époque, tapisseries de style, plinthes en bois, cadres d'imitation, que l'on remplaça par des matériaux soigneusement choisis et mariés les uns aux autres : plâtres neutres aux grains particuliers, bois aux tons chauds, jute, futaine, fer et verre. L'année suivante, les toiles formant le cycle des *Miracles de la Croix* furent réunies dans une salle spécialement construite en 1940 (salle XIX) jouxtant le couloir qui mène à la Salle d'Orsola ; les deux pièces, destinées à l'exposition d'œuvres présentant d'étroites affinités, furent reliées entre elles par une petite galerie. En 1959-1960, cette première intervention fut complétée et acquit son aspect actuel. En 1947 la Salle d'Orsola, dont on élimina les faux historiques, subit une rénovation exemplaire de même que les petites salles du XVIIIe siècle, qui furent transformées en une seule salle articulée. L'année suivante, l'on fit disparaître de l'église d'importants remaniements imitatifs des décorations murales originales ; grâce à la lumière filtrant à travers quatre nouvelles lucarnes, l'on put exposer sur des panneaux des toiles du XVe siècle, comme s'il s'agissait d'une exposition provisoire, tout en respectant pleinement les structures architecturales restantes. Entre 1950 et 1952 les travaux concernèrent la salle I dans laquelle furent rouvertes les fenêtres murées au XIXe siècle, afin d'accroître la surface d'exposition, et récupérés sur les murs les fragments de fresques datant de la fin du XIVe siècle, tandis que l'on barrait la vue de la salle disproportionnée de l'Assomption (rendue en 1919 à l'église des Frari) par un grand panneau en maçonnerie sur lequel fut

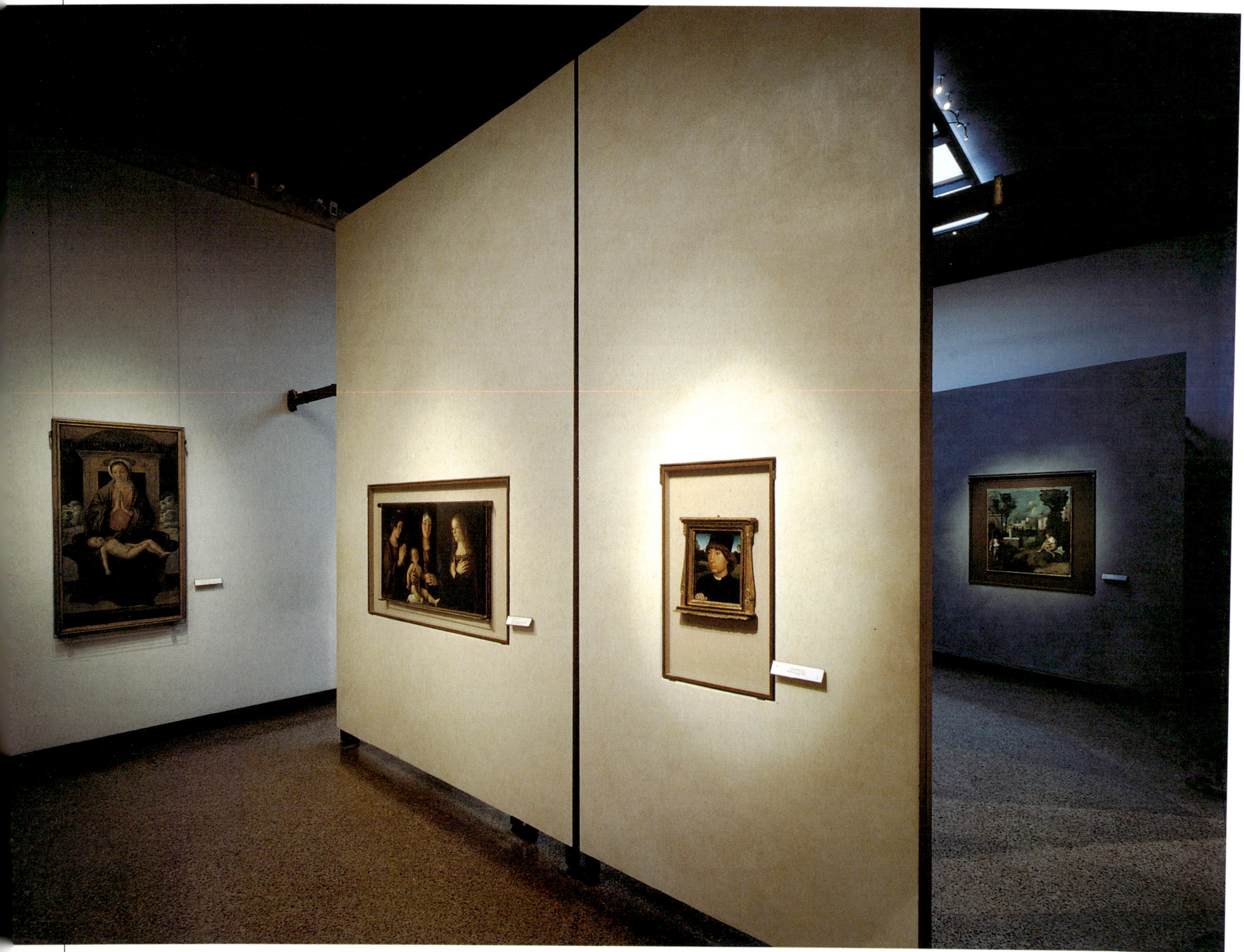

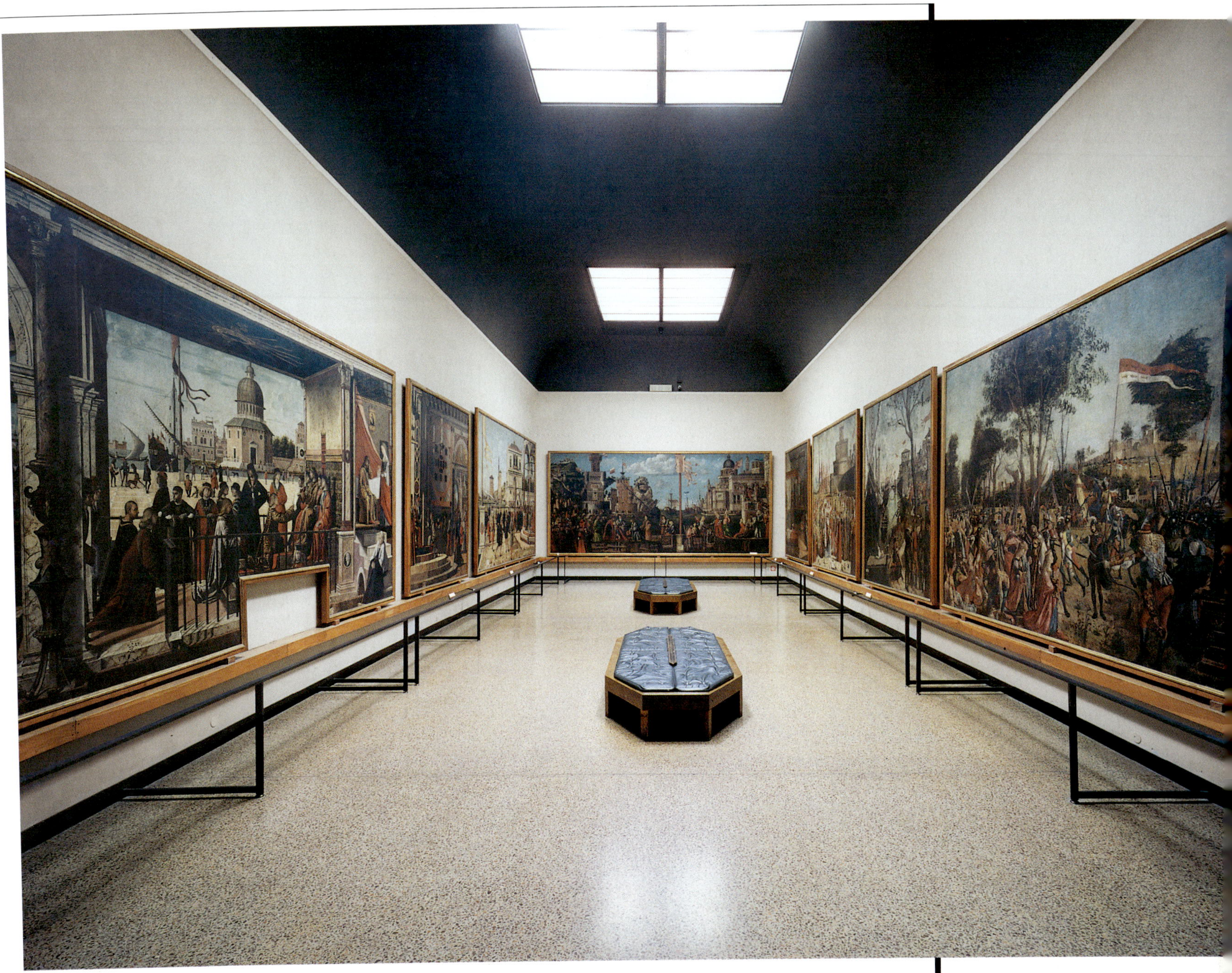

Aménagement des *Histoires de sainte Ursule* de Vittore Carpaccio (salle XX)

exposé le polyptyque *Lion* de Lorenzo Veneziano. De 1950 à 1953 l'on réalisa la nouvelle entrée avec la célèbre boussole et, en 1955, furent complétées les petites salles IV et V.

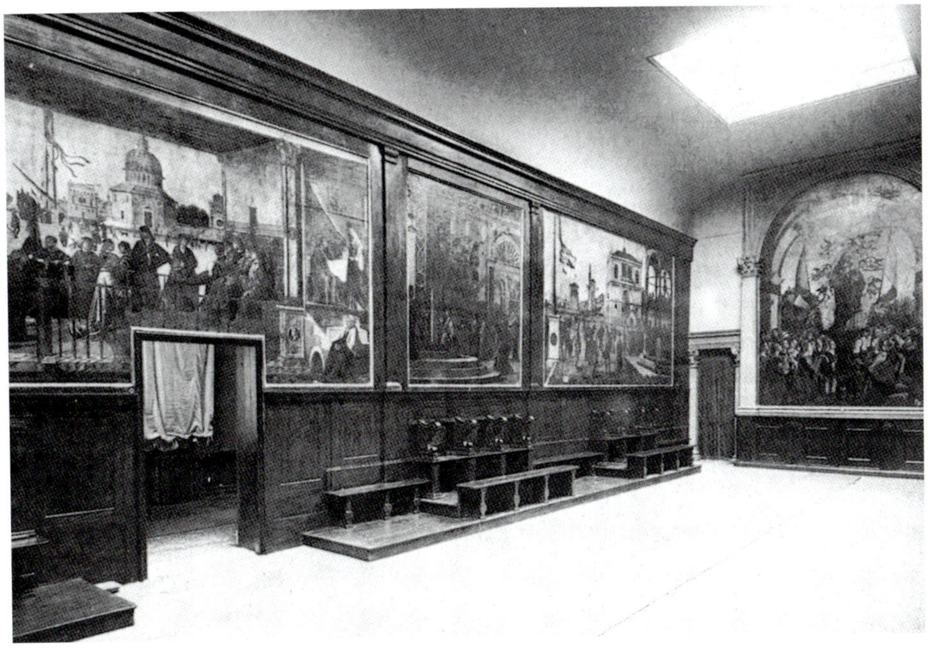

Les *Histoires de sainte Ursule* dans l'aménagement de Gino Fogolari, après la première guerre mondiale

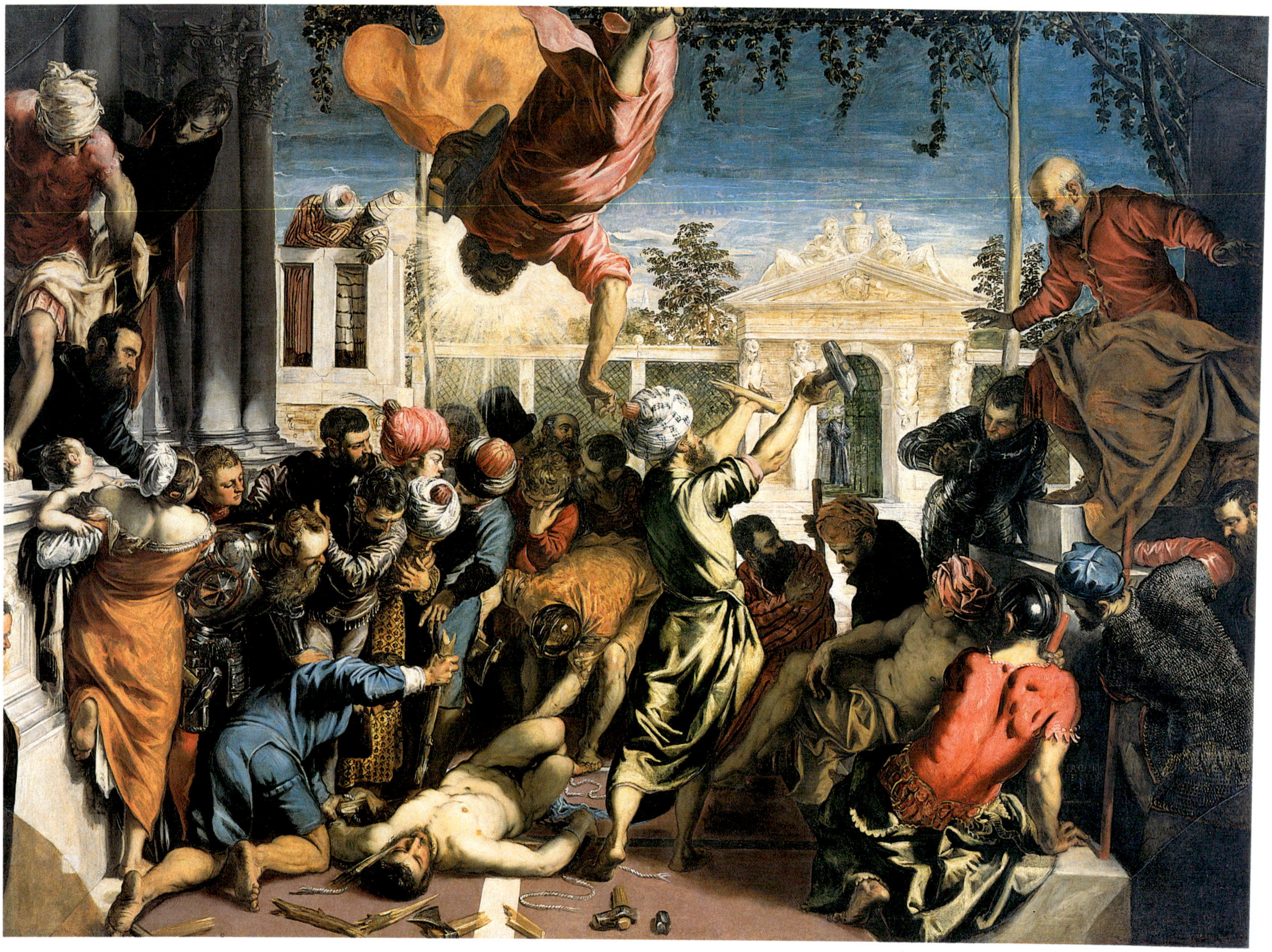

Le Tintoret (Jacopo Robusti)

Il s'agit de la première toile réalisée par l'artiste pour la salle capitulaire de l'école Saint Marc. Transportée à Paris en 1797 et rendue à Venise en 1815, le *Miracle de l'esclave* (toile, 416 × 544 cm) fut attribuée aux Galeries, l'association ayant été supprimée pendant ce temps. L'école Saint Marc avait décidé dès le 30 novembre 1542 de décorer la salle capitulaire avec un grand cycle représentant les histoires de saint Marc. Cette œuvre fut sans doute commandée en 1547, alors que le *guardian grande* de l'école était Marco Episcopi, père de Faustina, future épouse de l'artiste. Celui-ci acheva le tableau avant avril 1548 puisque l'Arétin en fait l'éloge à cette époque dans une lettre adressée au Tintoret (Venise, 1519-1594).
Le miracle représenté s'inspire de la *Légende dorée* de Jacques de Voragine, selon laquelle la miraculeuse intercession de saint Marc aurait permis de libérer l'esclave d'un chevalier de Provence, condamné à avoir les yeux crevés et les jambes brisées pour être allé vénérer, contre la volonté de son maître, les reliques du saint.
Si l'admiration pour l'œuvre – caractérisée par la représentation audacieuse du visage de saint Marc, le chromatisme inédit et intense, la composition novatrice, l'excitation dramatique – fut immédiate parmi ses contemporains, les motifs de désaccord ne manquèrent pourtant pas. Ridolfi (1648) parle effectivement d'une dispute entre les confrères concernant la décision de conserver la toile, si bien que le Tintoret, indigné, la rapporta chez lui et ne la rendit que plus tard, une fois les animosités apaisées.
Ce tableau résume les diverses expériences figuratives de l'artiste, notamment le michel-angisme nourri par un exercice graphique méthodique, dans toute l'originalité et la force d'une vision qui ne pouvait que susciter à la fois émerveillement et trouble.
La complexité de l'invention scénique, en dégradé des grandes figures du premier plan jusqu'aux légères architectures du fond, est renforcée par les violents contrastes clair-obscur et chromatiques, ainsi que par les deux sources de lumière, l'une externe à droite, l'autre provenant du fond de la toile. L'observateur est "instantanément emporté dans la scène et en devient un acteur".
Vasari (1568) avait souligné la présence de certains portraits dans lesquels l'on identifie traditionnellement le Tintoret lui-même (jeune homme barbu à gauche), l'Arétin (personnage entre les colonnes à gauche) et Tommaso Rangone, célèbre médecin et *guardian grande* de l'école (personnage isolé au premier plan à gauche, le seul qui soit réellement plausible).
Une copie d'atelier est conservée à la Pinacothèque de Lucques et une copie partielle, attribuée à Antonio Zannoni, se trouve au musée des Offices de Florence, tandis qu'une autre de petite taille orne la sacristie de l'église des Tolomei à Venise.

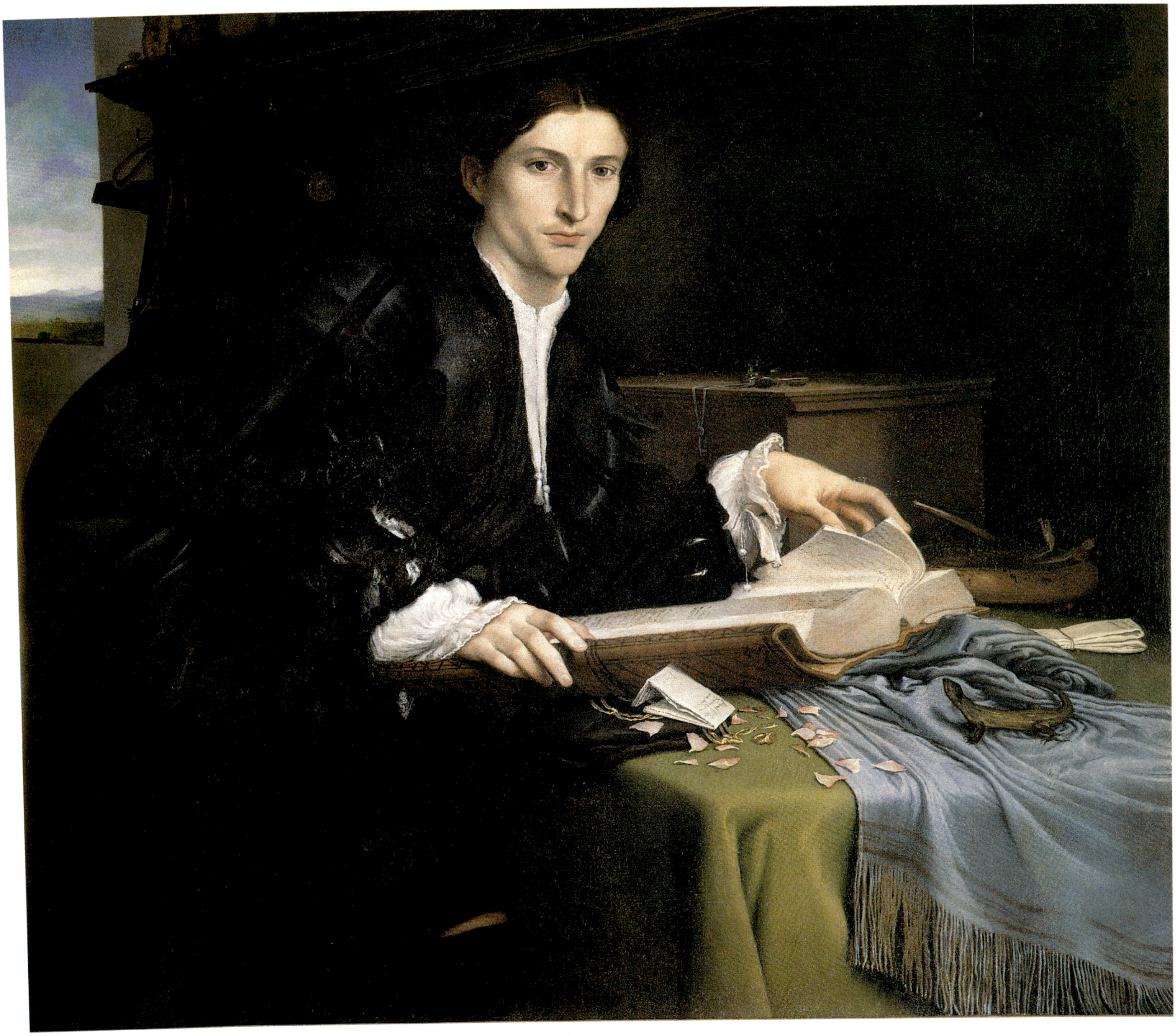

L'enrichissement des Galeries de l'Académie continue sans interruption. Ayant appartenu au comte Eduardo di Rovero de Trévise, le Portrait de jeune homme dans son cabinet *de Lorenzo Lotto fut acquis en 1930.*

Lorenzo Lotto

En raison d'une psychologie introspective profonde et du voile de mélancolie sur le visage du jeune homme, ce tableau (*Portrait de jeune homme dans son cabinet*, toile, 98 × 111 cm) peut être sans doute considéré comme le meilleur des portraits réalisés par Lorenzo Lotto (Venise, v. 1480 - Loreto, 1556).
La dernière restauration a mis en lumière, quoique dans quelques fragmentations de la couche de peinture, le ton froid particulier de la couleur, les objets représentés derrière le jeune homme – un sac et sans doute un cor – auparavant pratiquement invisibles, et la partie inférieure du corps, du reste bien nette à la radiographie.
Le jeune homme est représenté à un moment où, s'étant détourné de sa lecture, il poursuit une pensée secrète et poignante. La lumière qui pénètre à gauche met en évidence la très belle nature morte sur l'écritoire, composée d'objets lourds de signification symbolique : l'encrier, le lézard vert, la lettre dont le cachet est brisé, la rose effeuillée.
Le jeune homme représenté dans le tableau pourrait être Alessandro Cittolin, signataire – avec le peintre – du testament de Sebastiano Serio le 1er avril 1528 au couvent dominicain des Saints Jean et Paul à Venise, qui accueillait aussi, à la même époque, Lorenzo Lotto.

Musées italiens

L'objet de ce document est de présenter, région par région (du nord au sud de l'Italie), puis par villes énumérées par ordre alphabétique, un certain nombre de musées d'un intérêt certain tant par leur particularité que par la richesse de leurs collections. Sur les quelque 2 770 musées disséminés sut tout le territoire national, le choix essentiel qui a été fait est articulé, pour des raisons de clarté, en quatre grandes typologies.

1. *Les musées issus de collections des familles royales, des maisons princières, des familles de la noblesse ou de la haute bourgeoisie. Ceux-ci occupent encore très souvent les lieux historiques dans lesquels ils sont nés. Il s'agit, pour la plupart, de pinacothèques, puis de collections d'antiquités et de sculptures.*	**Piémont**	**Agliè**	Museo del Castello Ducale Piazza Castello 2	*Musée archéologique et pinacothèque*
		Nichelino	Museo di Storia, Arte ed Ammobiliamento Palazzina di Caccia di Stupinigi Piazza Principe Amedeo 7 Stupinigi	*Musée d'arts décoratifs (meubles et voitures à chevaux) et pinacothèque*
		Saluzzo	Museo Civico di Casa Cavassa Via San Giovanni 5	*Pinacothèque et collections d'art*
		Stresa	Palazzo Borromeo - Isola Bella Palazzo Borromeo - Isola Madre	*Pinacothèque et collections d'art* *Pinacothèque et collections d'art*
		Turin	Armeria Reale Piazza Castello 191 Galleria Sabauda Via Accademia delle Scienze 6 Palazzo Reale	*Collection d'armes de la maison de Savoie* *Pinacothèque* *Musée historique et du mobilier, pinacothèque*
	Ligurie	**Gênes**	Galleria di Palazzo Reale Via Balbi 10 Galleria Nazionale di Palazzo Spinola Piazza Pellicceria 1	*Pinacothèque* *Pinacothèque*
	Lombardie	**Mantoue**	Galleria e Museo di Palazzo Ducale Piazza Sordello 40 Museo Civico Viale Te Museo di Palazzo d'Arco Piazza C. d'Arco 4	*Pinacothèque, collections d'art, et archéologiques* *Musée archéologique et pinacothèque* *Pinacothèque et musée d'arts décoratifs et du mobilier*
		Milan	Pinacoteca Ambrosiana Piazza Pio XI 2	*Pinacothèque et collections d'art*
		Monza	Pinacoteca Civica Villa Reale	*Pinacothèque*
		Teglio	Museo Nazionale Palazzo Besta Via F. Besta	*Musée archéologique et pinacothèque*
		Tremezzo	Museo di Villa Carlotta Via Regina 2	*Pinacothèque et musée d'arts décoratifs*

Vénétie	**Rovigo**	Accademia dei Concordi Piazza Vittorio Emanuele II 14	*Musée archéologique et pinacothèque*
	Venise	Basilica di San Marco Piazza San Marco	*Musée d'orfèvrerie sacrée, collections d'art et archéologiques pinacothèque*
		Biblioteca Nazionale Marciana Piazzetta San Marco 13	*Exposition des codes et des manuscrits*
		Galleria della Fondazione Querini Stampalia Castello 4778 Santa Maria Formosa	*Pinacothèque et musée d'arts décoratifs et du mobilier*
		Palazzo Ducale Piazzetta San Marco	*Pinacothèque et musée du mobilier*
		Pinacoteca e Museo dei Padri Armeni Mechitaristi Isola di San Lazzaro degli Armeni	*Musée archéologique, pinacothèque et collections d'art*
	Vérone	Museo Lapidario Maffeiano Piazza Bra	*Musée archéologique-artistique-historique et de documentation*
Trentin-Haut-Adige	**Trente**	Castello del Buonconsiglio Monumenti e Collezioni Provinciali Via Bernardo Clesio 5	*Musée archéologique-artistique-historique et de documentation*
Frioul-Vénétie Julienne	**Trieste**	Castello di Miramare	*Musée historique et du mobilier*
Emilie-Romagne	**Ferrare**	Casa Romei Via Savonarola 30	*Musée artistique*
		Civico Museo di Schifanoia Via Scandiana 23	*Musée archéologique et pinacothèque*
		Palazzina di Marfisa d'Este Corso Giovecca 170	*Musée artistique*
	Fontanellato	Museo della Rocca Sanvitale Piazza Matteotti 1	*Pinacothèque et musée du mobilier*
	Modène	Galleria Estense Piazza Sant'Agostino	*Pinacothèque et collections d'art*
	Parme	Galleria Nazionale Piazza della Pilotta 5	*Pinacothèque*
	Plaisance	Collegio Alberoni Via Emilia Parmense 77	*Pinacothèque et collections d'art*
	Reggio nell'Emilia	Galleria Civica Anna e Luigi Parmeggiani Corso Cairoli 2	*Pinacothèque*
	Traversetolo	Fondazione Magnani Rocca Via Vecchia di Sala 18 Mamiano	*Pinacothèque et collections de meubles et d'arts décoratifs*
Toscane	**Florence**	Galleria Corsini Via del Parione 11	*Pinacothèque et collections d'arts décoratifs*
		Galleria degli Uffizi e Corridoio Vasariano Piazzale degli Uffizi	*Pinacothèque, collections d'art et collections archéologiques*
		Museo degli Argenti Piazza Pitti	*Musée d'orfèvrerie*
		Palazzo Vecchio e Quartieri Monumentali Piazza della Signoria	*Musée historique et du mobilier, pinacothèque*
		Villa Medicea La Petraia Via della Petraia 41	*Pinacothèque et musée du mobilier*

Latium	**Rome**	Galleria Borghese Piazza Scipione Borghese 5	*Collections archéologiques et d'art, pinacothèque*
		Galleria Colonna Via della Pilotta 17	*Collections archéologiques et d'art, pinacothèque*
		Galleria d'Arte Antica Corsini Via della Lungara 10	*Pinacothèque*
		Galleria Doria Pamphilj Piazza del Collegio Romano 2	*Collections archéologiques et d'art, pinacothèque*
		Galleria Pallavicini Via XXIV Maggio 43	*Collections archéologiques et d'art, pinacothèque*
		Galleria Spada Piazza Capo di Ferro 13	*Pinacothèque*
Campanie	**Caserte**	Appartamenti Storici del Palazzo Reale e Museo Vanvitelliano Via Donet 2/a	*Musée historique et du mobilier, collections d'art et pinacothèque*
	Naples	Museo di Palazzo Reale Piazza Plebiscito 1	*Musée historique et du mobilier, collections d'art et pinacothèque*
		Museo e Gallerie Nazionali di Capodimonte Via Milano 2	*Musée historique et du mobilier, collections d'art et pinacothèque*
		Museo Principe Diego Aragona Pignatelli Cortes Riviera di Chiaia 200	*Musée d'arts appliqués*

2.
Les musées créés à la suite de legs de collectionneurs particuliers, d'achats effectués par des institutions publiques ou de transformation en musées d'œuvres, de fragments architecturaux, de sculptures ou de peintures et de tout ce qui provient des modifications des centres urbains et de la suppression des ordres monastiques et des couvents.

Val d'Aoste	**Aoste**	Museo Archeologico Regionale Piazza Roncas	*Musée archéologique*
Piémont	**Alexandrie**	Pinacoteca Civica Via Tripoli 16	*Pinacothèque et collections d'art*
	Asti	Pinacoteca Civica e Museo Civico Corso Alfieri 357	*Musée historique et de documentation, collections d'art et pinacothèque*
	Casale Monferrato	Museo Civico Via Cavour 5	*Musée archéologique, collections d'art et pinacothèque*
	Cherasco	Museo Civico Giovan Battista Adriani Via Ospedale 40	*Musée archéologique, collections d'art et pinacothèque*
	Novare	Galleria d'Arte Moderna Paolo e Adele Giannoni Via Fratelli Rossetti 20	*Pinacothèque*
	Savignano	Museo Civico e Gipsoteca Calandra-Galateri Via San Francesco 17	*Musée archéologique, collections d'art et pinacothèque collection des plâtres du sculpteur Calandra*
	Turin	Fondazione Accorsi Via Po	*Musée d'arts décoratifs et du mobilier, pinacothèque*
		Museo Civico di Arte Antica e Palazzo Madama Piazza Castello	*Musée d'arts décoratifs et pinacothèque*
	Varallo	Pinacoteca Via Don P.Calderini 25	*Collections d'art et pinacothèque*
	Verbania	Museo del Paesaggio Via Ruga 44	*Pinacothèque*
	Verceil	Museo Camillo Leone Via Verdi 30	*Musée archéologique, pinacothèque*
		Museo Francesco Borgogna Via Borgogna 8	*Pinacothèque et collections d'art*

Ligurie	**Gênes**	Galleria di Palazzo Bianco Via Garibaldi 11	*Pinacothèque et collections d'art*
		Galleria di Palazzo Rosso Via Garibaldi 18	*Pinacothèque et collections d'art*
		Museo dell'Accademia Linguistica di Belle Arti Largo Pertini 4	*Pinacothèque*
		Raccolta Frugone Villa Grimaldi Fassio Via Capolungo 9 Nervi	*Pinacothèque*
	La Spezia	Museo Civico d'Arte Antica, Medievale e Moderna Amedeo Lia Via Prione 234	*Pinacothèque et collections d'art*
	Savone	Pinacoteca Civica Corso Mazzini	*Pinacothèque*
Lombardie	**Bergame**	Pinacoteca dell'Accademia Carrara Piazza Carrara 82/a	*Pinacothèque*
	Brescia	Museo della Città Via Musei 81/b	*Musée archéologique, d'arts décoratifs, collections d'art*
		Pinacoteca Civica Tosio-Martinengo Piazza Moretto 4	*Pinacothèque*
	Castellanza	Museo Pagani Via Gerenzano 70	*Pinacothèque*
	Chiari	Fondazione Morcelli- Repossi Via B. Varisco 9	*Pinacothèque*
	Côme	Musei Civici: Museo Archeologico Paolo Giovio e Museo Storico Giuseppe Garibaldi Piazza Medaglie d'Oro 1	*Musée archéologique, historique et de documentation, pinacothèque*
	Crema	Museo Civico di Crema e del Cremasco Via Dante 49	*Musée archéologique, ethnographique, historique et de documentation, pinacothèque*
	Crémone	Museo Civico Ala Ponzone Via U.Dati 4	*Musée archéologique, collections d'arts appliqués, pinacothèque*
	Gallarate	Civica Galleria d'Arte Moderna Via Milano 21	*Pinacothèque*
	Gazzada Schianno	Raccolta di Villa Cagnola Via Cagnola 17/19	*Pinacothèque et collections d'art*
	Lissone	Civica Galleria d'Arte Contemporanea Piazza Libertà	*Pinacothèque*
	Lodi	Museo Civico Corso Umberto 63	*Musée archéologique, pinacothèque*
	Lovere	Galleria dell'Accademia di Belle Arti Tadini Via Tadini 22	*Musée archéologique, pinacothèque*
	Milan	Civico Museo d'Arte Contemporanea (CIMAC) Piazza Duomo 12	*Pinacothèque*
		Galleria d'Arte Moderna Via Palestro 16	*Pinacothèque*

	Milan	Musei Civici del Castello Sforzesco Piazza Castello	*Collections archéologiques, d'arts décoratifs, pinacothèque*
		Museo Bagatti Valsecchi Via del Gesù 5	*Musée d'arts décoratifs et du mobilier*
		Museo del Design - Collezione Permanente del Design Italiano 1945-1990 Viale Alemagna 6	*Musée d'art appliqué*
		Museo del Duomo Piazza Duomo 14	*Collections d'art et pinacothèque*
		Pinacoteca di Brera Via Brera 28	*Pinacothèque*
	Monza	Museo Filippo Serpero del Tesoro del Duomo Piazza Duomo	*Musée d'orfèvrerie, pinacothèque*
	Pavie	Musei Civici Viale XI Febbraio	*Musée archéologique, historique, ethnographique et de documentation, pinacothèque*
	Sondrio	Museo Valtellinese di Storia e Arte Via Quadrio 27	*Pinacothèque et collections d'art*
	Suzzara	Galleria Civica d'Arte Contemporanea Via Guido da Suzzara 48/b	*Pinacothèque*
	Varèse	Musei Civici - Castello di Masnago Galleria Civica di Arte Contemporanea Via Manguelfo - Masnago	*Collections d'art et pinacothèque*
Trentin-Haut-Adige	**Bolzano/Bozen**	Museo Civico Via Cassa di Risparmio 14	*Musée ethnographique et collections d'art*
	Bressanone/Brixen	Museo Diocesano Piazza Vescovile	*Collections d'art et pinacothèque*
	Riva del Garda	Museo Civico Piazza Cesare Battisti 3	*Musée archéologique, pinacothèque*
	Rovereto	Museo Civico Borgo Santa Caterina 43	*Musée archéologique ethnographique et naturaliste*
		Galleria Museo Fortunato Depero, Via della Terra 53	*Pinacothèque*
Vénétie	**Bassano del Grappa**	Museo Civico Piazza Garibaldi 4	*Musée archéologique, historique et de documentation, pinacothèque*
	Belluno	Museo Civico Piazza Del Duomo 16	*Musée archéologique, pinacothèque*
	Feltre	Galleria d'Arte Moderna Carlo Rizzarda Via del Paradiso 8	*Musée du fer artistique, pinacothèque*
		Museo Civico Via Luzzo 23	*Musée archéologique, historique et de documentation, pinacothèque*
	Padoue	Musei Civici agli Eremitani Piazza Eremitani 8	*Musée archéologique et pinacothèque*
	Trévise	Museo Civico Luigi Bailo Borgo Cavour 24	*Musée archéologique et pinacothèque*
	Venise	Civico Museo Correr Piazza San Marco 52 Procuratie Nuove	*Musée historique, d'arts décoratifs documentation, pinacothèque*

	Venise	Collezione Peggy Guggenheim Dorsoduro 701	*Pinacothèque d'art contemporain*
		Galleria Giorgio Franchetti alla Ca' d'Oro Cannaregio 3932 - Calle Ca' d'Oro	*Pinacothèque*
		Galleria Internazionale d'Arte Moderna Santa Croce 2078	*Pinacothèque*
		Gallerie dell'Accademia Dorsoduro 1050 - Campo della Carità	*Pinacothèque*
	Vérone	Fondazione Museo Miniscalchi-Erizzo Via San Mammaso 2/A	*Pinacothèque*
		Museo Civico di Castelvecchio Corso Castelvecchio 2	*Musée archéologique et pinacothèque*
	Vicence	Museo Civico - Pinacoteca di Palazzo Chiericati Piazza Matteotti 37	*Pinacothèque et collections d'art*
Frioul-Vénétie Julienne	**Cividale del Friuli**	Museo Archeologico Nazionale Piazza Duomo 13	*Musée archéologique, historique et de documentation pinacothèque*
	Gorizia	Musei provinciali di Gorizia - Sedi di Borgo Castello Borgo Castello 13	*Musée historique et de documentation, pinacothèque*
	Gradisca d'Isonzo	Museo Documentario della Città Via Bergamas 30	*Musée archéologique historique et de documentation*
	Pordenone	Museo Civico d'Arte Corso Vittorio Emanuele II 51	*Pinacothèque*
	Trieste	Civico Museo di Storia e Arte e Orto Lapidario Via Cattedrale 15	*Musée archéologique,* historique *et pinacothèque*
		Civico Museo Pasquale Revoltella e Galleria di Arte Moderna Via Diaz 27	*Pinacothèque*
	Udine	Civici Musei e Galleria di Storia e Arte Antica Piazza della Libertà	*Pinacothèque et collections d'art*
Emilie-Romagne	**Bologne**	Collezioni Comunali d'Arte Piazza Maggiore 6	*Pinacothèque et collections d'art*
		Galleria Comunale d'Arte Moderna	*Pinacothèque*
		Piazza della Costituzione 3 Museo Morandi Piazza Maggiore 6	*Pinacothèque*
		Pinacoteca Nazionale Via della Belle Arti 56	*Pinacothèque*
	Carpi	Museo Civico Giulio Ferrari Piazza Martiri 68	*Musée archéologique et ethnographique, pinacothèque*
	Cento	Pinacoteca Civica Via Matteotti 16	*Pinacothèque*
	Cesena	Pinacoteca Comunale Via Aldini 26	*Pinacothèque*
	Ferrara	Pinacoteca Nazionale Corso Ercole I d'Este 21	*Pinacothèque*
	Forlì	Pinacoteca Civica Corso della Repubblica 72	*Musée archéologique et pinacothèque*

	Imola	Pinacoteca Comunale Via Sacchi 4	*Pinacothèque*
	Modène	Museo Civico di Storia e Arte Medievale e Modena Piazza Sant'Agostino 337	*Pinacothèque*
	Plaisance	Galleria d'Arte Moderna Ricci Oddi Via San Siro 13 Musei di Palazzo Farnese Piazza Cittadella	*Pinacothèque* *Musée archéologique, storico, historique, d'arts décoratifs et de documentation, pinacothèque*
	Pieve di Cento	Pinacoteca Comunale Piazza A. Costa 10	*Pinacothèque*
	Ravenne	Museo Nazionale Via Fiandrini Pinacoteca Comunale Via Roma 13	*Musée archéologique, pinacothèque* *Pinacothèque*
	Reggio nell'Emilia	Musei Civici Lazzaro Spallanzani Via Spallanzani 1	*Musée archéologique, storico, historique, naturaliste et de documentation, pinacothèque*
	Rimini	Museo della Città Via Luigi Tonini 1	*Musée archéologique, pinacothèque*
Toscane	**Arezzo**	Museo Statale d'Arte Medievale e Moderna Via San Lorentino 8	*Pinacothèque*
	Fiesole	Museo Bandini Via G. Duprè 1	*Pinacothèque et collections d'arts décoratifs*
	Florence	Donazione Contini Bonacossi Piazza Pitti Galleria d'Arte Moderna Piazza Pitti 1 Galleria dell'Accademia Via Ricasoli 60 Museo Bardini e Galleria Corsi Piazza de' Mozzi 1 Museo Marino Marini Piazza San Pancrazio Museo Nazionale del Bargello Via del Proconsolo 4 Raccolta d'Arte Contemporanea Alberto Della Ragione Piazza della Signoria 5	*Pinacothèque* *Pinacothèque* *Pinacothèque* *Pinacothèque et collections d'arts appliqués* *Collection de sculptures et de dessins* *Collection de sculptures et d'arts décoratifs* *Pinacothèque*
	Livourne	Museo Civico Giovanni Fattori Via Sant'Jacopo in Acquaviva	*Pinacothèque*
	Lucques	Museo e Pinacoteca Nazionale di Palazzo Mansi Via Galli Tassi 43 Museo Nazionale di Villa Guinigi	*Pinacothèque* *Musée archéologique et pinacothèque*
	Montepulciano	Museo Civico di Palazzo Neri Orselli Via Ricci 15	*Musée archéologique historique et de documentation pinacothèque*
	Pise	Museo Nazionale di San Matteo Piazza San Matteo in Soarta 1	*Pinacothèque*
	Pistoia	Centro di Documentazione e Fondazione Marino Marini Corso Silvano Fedi 72	*Collection de sculptures, et de dessins, centre de documentation*

	Pistoia	Museo Civico Piazza del Duomo 1	*Pinacothèque et musée d'arts décoratifs*
	San Gimignano	Museo Civico Piazza del Duomo	*Pinacothèque et musée d'arts décoratifs*
	Sienne	Collezione Chigi-Saracini Via della Città 89 Pinacoteca Nazionale Via San Pietro 29	*Pinacothèque d'arts décoratifs et collections* *Pinacothèque*
	Volterra	Pinacoteca e Museo Civico Via dei Sarti 3	*Pinacothèque, musée archéologique et d'arts décoratifs*
Marches	**Ancona**	Museo Archeologico Nazionale delle Marche Via Ferretti 1	*Musée archéologique*
	Ascoli Piceno	Pinacoteca Civica Piazza Arringo	*Pinacothèque*
	Jesi	Museo Civico Archeologico Piazza A. Colocci Pinacoteca Civica Via XX Settembre 10	*Musée archéologique* *Pinacothèque*
	Macerata	Pinacoteca Comunale Piazza Vittorio Veneto 2	*Musée archéologique, etnografico et pinacothèque*
	Pesaro	Musei Civici Piazza Toschi Mosca 29	*Pinacothèque et musée d'arts décoratifs*
	Recanati	Pinacoteca Civica Via Colloredo Meis	*Musée archéologique, historique et de documentation, pinacothèque*
	Urbin	Galleria Nazionale delle Marche Palazzo Ducale Piazza Duca Federico	*Pinacothèque*
Ombrie	**Assise**	Pinacoteca Comunale Via della Cannoniera 22/a	*Pinacothèque*
	Foligno	Pinacoteca Comunale di Palazzo Trinci Piazza della Repubblica	*Pinacothèque*
	Gubbio	Museo Civico e Pinacoteca Comunale Piazza Grande	*Musée archéologique et pinacothèque*
	Pérouse	Galleria Nazionale dell'Umbria Corso Vannucci	*Pinacothèque*
	Spolète	Pinacoteca Comunale Piazza del Municipio 1	*Pinacothèque*
	Todi	Museo - Pinacoteca Piazza del Popolo	*Musée archéologique, historique et de documentation, pinacothèque*
Latium	**Ardea**	Museo Giacomo Manzù Via Sant'Antonio 1	*Collection de sculptures et de dessins*
	Arpino	Fondazione Umberto Mastroianni Piazza Municipio 33	*Pinacothèque*
	Rome	Galleria Nazionale d'Arte Antica Palazzo Barberini Via Quattro Fontane 13	*Pinacothèque*

	Rome	Galleria Nazionale d'Arte Moderna Viale delle Belle Arti 131	*Pinacothèque*
		Musei Capitolini e Pinacoteca Piazza del Campidoglio	*Musée archéologique et pinacothèque*
		Museo Nazionale di Castel Sant'Angelo Lungotevere Castello 50	*Pinacothèque*
		Museo Nazionale di Palazzo Venezia Via del Plebiscito 118	*Pinacothèque*
Abruzzes	**Chieti**	Museo d'Arte Costantino Barbella Via De Lollis 10	*Pinacothèque*
	L'Aquila	Museo Nazionale d'Abruzzo Viale Castello	*Musée archéologique, naturaliste et pinacothèque*
Campanie	**Capri**	Museo Diefenbach Certosa di San Giacomo	*Pinacothèque*
	Naples	Museo Nazionale di San Martino Largo San Martino 5	*Musée historique et de documentation, d'arts décoratifs, pinacothèque*
	Sorrente	Museo Correale di Terranova Via Correale 50	*Musée archéologique et pinacothèque*
Pouilles	**Bari**	Pinacoteca Provinciale Via Spalato 19	*Pinacothèque*
	Barletta	Museo Civico e Pinacoteca Giuseppe de Nittis Piazza Castello	*Musée archéologique et pinacothèque*
	Ruvo di Puglia	Museo Nazionale Jatta Piazza G. Bovio 35	*Musée archéologique*
Basilicate	**Matera**	Museo Nazionale Archeologico Domenico Ridola Via D. Ridola 24	*Musée archéologique*
Sicile	**Catane**	Museo Civico Castello Ursino Piazza Federico di Svevia	*Musée archéologique et pinacothèque*
	Cefalù	Fondazione Culturale Mandralisca Via Mandralisca 13	*Musée archéologique, naturaliste et pinacothèque*
	Messine	Museo Regionale Viale della Libertà 465	*Musée archéologique et pinacothèque*
	Palerme	Civica Galleria d'Arte Moderna Empedocle Restivo Via F. Turati 10	*Musée artistique*
		Galleria Regionale della Sicilia Palazzo Abatellis, via Alloro 4	*Pinacothèque*
	Syracuse	Galleria Regionale di Palazzo Bellomo Via Capodieci 14/16	*Pinacothèque*
	Trapani	Museo Regionale Conte Agostino Pepoli Via Conte A. Pepoli 200	*Musée archéologique et pinacothèque*
Sardaigne	**Cagliari**	Galleria Comunale d'Arte Viale Regina Elena	*Pinacothèque*
		Pinacoteca Nazionale Cittadella dei Musei Piazza Arsenale	*Pinacothèque et musée ethnographique*

3.
Les musées archéologiques, les musées et les galeries d'art contemporain, ainsi que les musées qui regroupent et exposent des patrimoines culturels qui ne sont pas obligatoirement liés à l'histoire de l'art, tels les musées historiques et scientifiques.

Val d'Aoste	**Fenis**	Castello di Fénis	*Musée du mobilier et du château*
Piémont	**Bra**	Museo Civico Craveri di Storia Naturale Via Craveri 15	*Musée naturaliste*
	Pinerolo	Museo Nazionale dell'Arma di Cavalleria Viale Giolitti 5	*Musée spécialisé*
	Rivoli	Museo d'Arte Contemporanea Piazza Mafalda di Savoia	*Collections d'art contemporain*
	Turin	Galleria Civica d'Arte Moderna e Contemporanea - GAM Via Magenta 31	*Pinacothèque et collections d'art contemporain*
		Museo Egizio Via Accademia delle Scienze 6	*Musée archéologique*
		Museo Nazionale del Cinema Piazza San Giovanni 2	*Musée spécialisé*
		Museo Nazionale dell'Automobile Carlo Biscaretti di Ruffia Corso Unità d'Italia 40	*Musée spécialisé*
		Museo Nazionale del Risorgimento Italiano Via Accademia delle Scienze 5	*Musée historique et de documentation*
Ligurie	**Altare**	Museo del Vetro e dell'Arte Vetraria Via Restagno 2	*Musée spécialisé*
	Gênes	Museo d'Arte Orientale Edoardo Chiossone Piazzale Mazzini 4/n	*Musée d'arts décoratifs orientaux*
		Museo del Tesoro di San Lorenzo Piazza di San Lorenzo	*Musée d'orfèvrerie*
Lombardie	**Casalmaggiore**	Museo del Bijou Via A. Porzio 9	*Musée spécialisé*
	Garlate	Museo della Seta Abegg Via Statale 490	*Musée spécialisé*
	Laveno Mombello	Museo Internazionale del Design Ceramico Lungolago Perabò 5	*Musée d'arts décoratifs*
	Milan	Acquario Civico e Stazione Idrobiologica Viale Gadio 2	*Musée naturaliste*
		Musei Civici del Castello Sforzesco: Raccolte d'Arte Applicata - Museo degli Strumenti Musicali Piazza Castello	*Musée d'arts décoratifs*
		Museo Nazionale della Scienza e della Tecnica Leonardo da Vinci Via San Vittore 21	*Musée technique et scientifique*
		Museo Teatrale della Scala Via Filodrammatici	*Musée spécialisé*
	San Benedetto Po	Museo dell'Abbazia di Polirone Piazza T. Folengo 23	*Musée archéologique*
	Vigevano	Museo della Calzatura Pietro Bertolini Corso Cavour 82	*Musée spécialisé*

Trentin-Haut-Adige	**Rovereto**	Archivio del Novecento Corso Rosmini 53	*Collections d'art contemporain et centre de documentation*
	Trente	Museo di Arte Moderna e Contemporanea di Trento e Rovereto (MART) Via R. da Sanseverino 45	*Pinacothèque et collections d'art contemporain*
Vénétie	**Nove**	Museo Civico della Ceramica Piazza De Fabris 5	*Musée d'arts décoratifs*
	Trévise	Raccolta dei Manifesti Salce Palazzo Scotti	*Musée de graphisme*
	Venise	Museo d'Arte Orientale Santa Croce 2078 - Campo San Stae	*Collections d'art oriental*
		Museo dell'Arte Vetraria Fondamenta Giustinian 8 Isola di Murano	*Musée d'arts décoratifs*
		Museo del Merletto di Burano Piazza Galuppi 184 Isola di Burano	*Musée d'arts décoratifs*
		Museo del Settecento Veneziano Ca' Rezzonico Dorsoduro 3136	*Musée du mobilier, du palais et pinacothèque*
	Vestenanova	Museo dei Fossili di Bolca Via San Giovanni Battista 50 Bolca	*Musée naturaliste*
Frioul-Vénétie Julienne	**Aquilée**	Museo archeologico Nazionale Via Roma 1	*Musée archéologique*
Emilie-Romagne	**Bologne**	Museo Aldrovandiano Via Zamboni 35	*Musée naturaliste, historique et de documentation*
		Museo d'Arte Industriale e Galleria Davia Bargellini Strada Maggiore 44	*Musée d'arts décoratifs*
	Dozza	Rocca Sforzesca Piazzale della Rocca 1	*Musée ethnographique, d'arts décoratifs et pinacothèque*
	Faenza	Museo Internazionale delle Ceramiche Viale Baccarini 19	*Musée d'arts décoratifs*
	Ferrare	Museo Archeologico Nazionale di Ferrara Via XX Settembre 122	*Musée archéologique*
		Museo d'Arte Moderna e Contemporanea Palazzo Massari Corso Porta Mare 9	*Pinacothèque et collections d'art contemporain*
	Imola	Museo delle Armi e delle Maioliche della Rocca Sforzesca Piazzale Giovanni dalle Bande Nere	*Musée d'arts décoratifs et de documentation*
	Luzzara	Museo Nazionale delle Arti Naif Cesare Zavattini Via Villa Superiore 29	*Pinacothèque*
	Rimini	Museo delle Sculture Extraeuropee Delfino Dinz Rialto Piazza Malatesta	*Musée ethnographique*

Toscane	**Arezzo**	Museo Archeologico Nazionale Gaio Cilnio Mecenate Via Margaritone 10	*Musée archéologique*
	Cortona	Museo dell'Accademia Etrusca Piazza Signorelli 8	*Musée archéologique et pinacothèque*
	Florence	Biblioteca Medicea Laurenziana Piazza San Lorenzo 9	*Bibliothèque*
		Gipsoteca Piazzale di Porta Romana 9	*Collections de sculptures*
		Museo Archeologico Via della Colonna 36/38	*Musée archéologique*
		Museo dell'Antica Casa Fiorentina Via Porta Rossa 13	*Musée du mobilier et des arts décoratifs*
		Museo delle Porcellane Giardino di Boboli	*Musée d'arts décoratifs*
		Museo dell'Opificio delle Pietre Dure Via degli Alfani 78	*Musée d'arts décoratifs*
	Montelupo Fiorentino	Museo Archeologico del Territorio e della Ceramica Via Sinibaldi 45	*Musée archéologique et d'arts décoratifs*
	Pescia	Gipsoteca Libero Andreotti Piazza del Palagio 7	*Collection de sculptures et centre de documentation*
	Pise	Museo delle Sinopie Piazza del Duomo	*Pinacothèque*
	Prato	Centro per l'Arte Contemporanea Luigi Pecci Viale della Repubblica 277	*Collections d'art contemporain*
		Museo del Tessuto Piazza del Comune	*Musée spécialisé*
	Sesto Fiorentino	Museo Richard Ginori della Manifattura di Doccia Viale Pratese 31	*Musée d'arts décoratifs*
	Volterra	Museo Etrusco Guarnacci Via Don Minzoni 15	*Musée archéologique*
Marches	**Macerata**	Pinacoteca del Novecento Italiano di Palazzo Ricci Via D.Ricci 1	*Collections d'art contemporain*
	Tolentino	Museo dell'Opera di San Nicola - Museo delle Ceramiche - Museo degli Ex voto - Museo del Presepio Piazza San Nicola	*Musée d'arts décoratifs et pinacothèque*
Ombrie	**Assise**	Museo della Basilica di San Francesco - Tesoro e Collezione Perkins Piazza San Francesco 2	*Musée d'arts décoratifs et pinacothèque*
	Città di Castello	Fondazione Palazzo Albizzini Collezione Burri Via Albizzini 1	*Collection d'art contemporain*
	Deruta	Museo Regionale della Ceramica Piazza dei Consoli	*Musée d'arts décoratifs*
	Orvieto	Museo Claudio Faina Piazza del Duomo 29	*Musée archéologique*
		Museo dell'Opera del Duomo Piazza del Duomo	*Musée de sculpture et d'arts décoratifs*

	Pérouse	Collezioni Dottori-Beuys Piazza Podiani 11	*Collections d'art contemporain*
		Museo Archeologico Nazionale dell'Umbria Piazza Giordano Bruno 10	*Musée archéologique*
Latium	**Cerveteri**	Museo Nazionale Archeologico Cerite Piazza Santa Maria	*Musée archéologique*
	Latina	Galleria d'Arte Moderna e Contemporanea Via Umberto I	*Pinacothèque et collections d'art contemporain*
	Nemi	Museo delle Navi Romane Via di Diana 13	*Musée archéologique*
	Palestrina	Museo Archeologico Prenestino Piazza della Cortina	*Musée archéologique*
	Rome	Museo Boncompagni Ludovisi per le Arti Decorative Via Boncompagni 18	*Musée d'arts décoratifs*
		Museo Nazionale d'Arte Orientale Via Merulana 248	*Musée d'art oriental*
		Museo Nazionale delle Arti e Tradizioni Popolari Piazza G. Marconi 8	*Musée ethnographique*
		Museo Nazionale Etrusco di Villa Giulia Piazzale di Villa Giulia 9	*Musée archéologique*
		Museo Nazionale Preistorico Etnografico Luigi Pigorini Piazza G. Marconi 14	*Musée archéologique et ethnographique*
		Museo Nazionale Romano Aula Ottagona Via G. Romita	*Musée archéologique*
		Museo Nazionale Romano Palazzo Altemps Piazza Sant'Apollinare 44	*Musée archéologique*
		Museo Nazionale Romano Palazzo Massimo alle Terme Largo di Villa Peretti 1	*Musée archéologique*
		Museo Nazionale Romano Terme di Diocleziano Viale E. De Nicola 79	*Musée archéologique*
		Museo Ostiense Viale dei Romagnoli 717 Ostia Antica	*Musée archéologique*
	Sperlonga	Museo Archeologico Nazionale di Sperlonga Via Flacca km 16.600	*Musée archéologique*
	Tarquinia	Museo Nazionale Piazza Cavour 1	*Musée archéologique*
	Tuscania	Museo Nazionale Tuscanese Via della Madonna del Riposo	*Musée archéologique*
Abruzzes	**Castelli**	Museo della Ceramica Contrada Convento	*Musée d'arts décoratifs*
	Chieti	Museo Archeologico Nazionale d'Abruzzo Villa Comunale n.2	*Musée archéologique*
Molise	**Isernia**	Museo Archeologico Santa Maria delle Monache Corso Marcelli 8	*Musée archéologique*

Campanie	**Bénévent**	Museo del Sannio Piazza Santa Sofia	*Musée archéologique et pinacothèque*
	Herculanum	Antiquarium Corso Resina	*Musée archéologique*
	Naples	Acquario e Stazione Zoologica Anton Dohrn di Napoli Villa Comunale 1	*Musée naturaliste*
		Museo Nazionale della Ceramica Duca di Martina Via Cimarosa 77	*Musée d'arts décoratifs*
	Ravello	Museo del Corallo Piazza del Duomo 9	*Musée d'arts décoratifs*
	Vietri sul Mare	Museo della Ceramica Vietrese Via Nuova Raito - Raito di Vietri	*Musée d'arts décoratifs*
Pouilles	**Brindisi**	Museo Archeologico Provinciale Francesco Ribezzo Piazza Duono 3	*Musée archéologique*
	Lecce	Museo Provinciale Sigismondo Castromediano Viale Gallipoli 28	*Musée archéologique et pinacothèque*
	Tarente	Museo Archeologico Corso Umberto 42	*Musée archéologique*
Calabre	**Cassano allo Jonio**	Museo Archeologico Nazionale della Sibaritide Contrada Casablanca - Sibari	*Musée archéologique*
	Crotone	Museo Archeologico Nazionale Via Risorgimento 120	*Musée archéologique*
	Reggio di Calabria	Museo Nazionale Piazza De Nava 26	*Musée archéologique*
Sicile	**Agrigente**	Museo Archeologico Regionale Contrada San Nicola	*Musée archéologique*
	Caltagirone	Musei Civici e Pinacoteca Luigi Sturzo - Mostra Permanente della Ceramica Via Roma 10	*Musée archéologique, Musée d'arts décoratifs et pinacothèque*
		Museo Regionale della Ceramica Via Giardino Pubblico	*Musée d'arts décoratifs*
	Gela	Museo Archeologico Corso Vittorio Emanuele I	*Musée archéologique*
	Gibellina	Museo Civico d'Arte Contemporanea Viale Segesta	*Collections d'art contemporain*
	Marsala	Museo Giuseppe Whitaker Posta Spagnola - Mozia	*Musée archéologique*
	Palerme	Museo Archeologico Regionale Antonino Salinas Piazza Olivella	*Musée archéologique*
	Syracuse	Museo Archeologico Regionale Paolo Orsi Viale Teocrito 66	*Musée archéologique*
Sardaigne	**Cagliari**	Museo Archeologico Nazionale Cittadella dei Musei Piazza Arsenale	*Musée archéologique*

		Cagliari	Pinacoteca Nazionale Cittadella dei Musei Piazza Arsenale	*Pinacothèque et musée ethnographique*
		Sassari	Museo Archeologico-Etnografico Giovanni Antonio Sanna Via Roma 64	*Musée archéologique, ethnographique et pinacothèque*
4. *Les demeures et les ateliers des artistes, les maisons des poètes et des hommes de lettres, les demeures de personnages historiques, les musées particuliers qui, à la qualité des collections exposées, unissent la saveur et l'ambiance des maisons privées.*	**Piémont**	**Agliè**	Villa "Il Meleto" di Guido Gozzano Villa Gozzano	*Musée historique et de documentation*
		Ameno	Collezione Calderara Via Bardelli 9 - Vacciago	*Maison et collections d'art contemporain*
		Asti	Museo Alfieriano Corso Alfieri 3375	*Musée historique et de documentation*
		Rima San Giuseppe	Museo Gipsoteca Pietro Della Vedova	*Musée historique et de documentation*
		Santena	Museo Cavouriano Piazza Visconti Venosta 1	*Musée historique et de documentation*
		Santo Stefano Belbo	Casa-Museo Pavesiano Via C. Pavese 20	*Musée historique et de documentation*
		Stresa	Museo Storico di Antonio Rosmini Corso Umberto I 15	*Musée historique et de documentation*
		Volpedo	Studio di Giuseppe Pellizza Via Rosano 1	*Musée historique et de documentation*
	Ligurie	**Albisola Superiore**	Museo Manlio Trucco Corso Ferrari 194	*Musée historique et de documentation*
		Albissola Marina	Fabbrica-Casa-Museo G. Mazzotti 1903 Viale G. Matteotti 29	*Musée historique et de documentation*
	Lombardie	**Bergamo**	Museo Donizettiano Via Arena 9	*Musée historique et de documentation*
		Gardone Riviera	Fondazione Il Vittoriale degli Italiani - Museo Dannunziano del Vittoriale Via Vittoriale 12	*Musée artistique, historique et de documentation*
		Lecco	Villa Manzoni, Sezione Manzoniana e Galleria d'Arte dei Musei Civici di Lecco Via Don Guanella 3 - Caleotto	*Musée historique et de documentation, pinacothèque*
		Lonato	Museo Casa del Podestà Fondazione Ugo Da Como Via Rocca 2	*Musée du mobilier et d'arts décoratifs*
		Mantoue	Casa di Andrea Mantegna Via G. Acerbi 47	*Musée historique et de documentation*
		Milan	Casa di Alessandro Manzoni Via G. Morone 1 Museo Poldi Pezzoli Via Manzoni 12	*Musée historique et de documentation* *Musée d'arts décoratifs et pinacothèque*
		Rovetta	Museo della Fondazione Fantoni Via Fantoni 1	*Collections de sculptures, dessins, centre de documentation, pinacothèque*
		Varèse	Museo Ludovico Pogliaghi Via del Santuario - Santa Maria del Monte	*Musée archéologique, d'arts décoratifs et pinacothèque*

Vénétie	**Arquà Petrarca**	Casa di Francesco Petrarca	*Musée historique et centre de documentation*
	Possagno	Gipsoteca Museo Canoviano e Casa Natale del Canova Piazza Canova 84	*Collections de sculptures, dessins, centre de documentation, pinacothèque*
	Venise	Casa Goldoni Calle dei Nomboli 2793	*Musée du mobilier, du costume, d'arts appliqués, centre de documentation*
		Museo di Palazzo Fortuny San Benedetto 3780	*Pinacothèque et centre de documentation*
Frioul-Vénétie Julienne	**Trieste**	Civico Museo Mario Morpurgo De Nilma Via Imbriani 5	*Pinacothèque*
		Civico Museo Sartorio Largo Papa Giovanni XXIII 1	*Pinacothèque*
Emilie-Romagne	**Bologne**	Casa di Giosuè Carducci Piazza Carducci 5	*Musée historique et de documentation*
	Busseto	Casa Natale di Giuseppe Verdi Via Roncole Verdi 1)	*Musée historique et de documentation*
	Ferrare	Casa di Ludovico Ariosto Via Ariosto 67 a	*Musée historique et de documentation*
	Parme	Casa Natale di Arturo Toscanini Via Tanzi 13	*Musée historique et de documentation*
	San Mauro Pascoli	Casa Natale di Giovanni Pascoli Via Pascoli 46	*Musée historique et de documentation*
	Traversetolo	Museo Renato Brozzi Piazza Vittorio Veneto 30	*Collections de sculptures, arts décoratifs et centre de documentation*
Toscane	**Arezzo**	Museo di Casa Vasari Via XX Settembre 55	*Pinacothèque*
	Caprese Michelangelo	Museo Michelangiolesco Via del Capoluogo 1	*Musée historique documentazione*
	Certaldo	Casa di Giovanni Boccaccio Via Boccaccio	*Musée historique documentazione*
	Fiesole	Museo Duprè Via G. Duprè 19	*Collections de sculptures et de dessins*
	Florence	Casa Buonarroti Via Ghibellina 70	*Musée archéologique, historique et de documentation, pinacothèque*
		Casa di Dante Via Santa Margherita 1	*Musée historique et de documentation*
		Fondazione di Studi di Storia dell'Arte Roberto Longhi Via Fortini 30	*Pinacothèque et centre de documentation*
		Museo Horne Via dei Benci 6	*Musée d'arts décoratifs et pinacothèque*
		Museo Stibbert Via Stibbert 26	*Musée d'arts décoratifs*
		I Tatti Fondazione Bernard Berenson	*Pinacothèque et centre de documentation*
	Portoferraio	Museo Nazionale delle ResidenzeNapoleoniche Piazza Napoleone	*Musée historique et de documentation*

	Portoferraio	Villa Napoleonica di San Martino Galleria Demidoff San Martino	*Musée du mobilier*
	Viareggio	Museo Villa Puccini Via Puccini 266 Torre del Lago Puccini	*Musée historique et de documentation*
	Vicchio	Casa Natale di Giotto Vespignano	*Musée historique et de documentation*
	Vinci	Casa Natale di Leonardo Via Anchiano	*Musée historique et de documentation*
Marches	**Recanati**	Biblioteca Privata Leopardi Via Leopardi 14	*Musée historique et de documentation*
	Urbin	Casa Natale di Raffaello Via Raffaello 57	*Musée historique et de documentation*
Latium	**Rome**	Casa di Wolfgang Goethe Via del Corso 18 Casa Museo Giorgio de Chirico Piazza di Spagna 31 Museo Canonica Viale P.Canonica 2 Museo Hendrick Christian Andersen Via Pasquale Stanislao Mancini Museo Mario Praz Via Zanardelli 1	*Musée historique et de documentation Musée historique et de documentation Collection de sculptures et de dessins, centre de documentation Collections de sculptures et centre de documentation Musée d'arts décoratifs, de meubles et pinacothèque*
Abruzzes	**Pescara**	Museo Casa Natale di Gabriele D'Annunzio Corso Manthonè 101	*Musée historique et de documentation*
Sicile	**Catane**	Casa Museo Giovanni Verga Via Sant'Anna 8	*Musée historique et de documentation*
Sardaigne	**Nuoro**	Museo Deleddiano Via Deledda 42	*Musée historique et de documentation*

Bibliographie

Turin, Musée Egyptien

1825
Champollion J.F., *Descrizione del R. Museo Egizio*, in *Calendario generale pe' Regi Stati*, 2.
1852-55
Orcurti P.C., *Catalogo illustrato dei monumenti egizi del R.Museo di Torino*, 2 vol., Turin
1872
Fabretti A., *Il Museo di Antichità della R.Università di Torino*, Turin.
1878
Barucchi I., *Museo della R.Università di Torino a. 1816-32. Inventario del Museo di Antichità*, in *Documenti inediti per servire alla storia dei Musei d'Italia*, Ministero della Pubblica Istruzione, I, Florence-Rome.
1880
Vidua C., *Catalogue de la collect. d'antiq. de mons. Le chev. Drovetti, a 1822*, in *Documenti inediti per servire alla storia dei Musei d'Italia*, Ministero della Pubblica Istruzione, Florence-Rome.
1882-88
Fabretti A., Rossi F., Lanzone R.V., *Regio Museo di Torino. Antichità egizie*, 2 vol., Turin.
1931-38
Farina G., *Il Regio Museo di Antichità di Torino. Sezione egizia*, Ministero dell'Educazione Nazionale, Rome.
1963
Scamuzzi E., *Il Museo Egizio di Torino*, Turin.
1974-78
Roccati A., *Il Museo Egizio di Torino*, Ministero della Pubblica Istruzione, Rome.
1977
AA.VV., *Occhio di Ra-Introduzione alle antichità egizie*, Turin.
1981
Curto S., Guglielminotti B., Perletto Monterisi A., Leospo E., Rigotti G. e G.M., *Progetto di un museo egizio per le scuole*, Turin.
Roccati A. (établi par), *La riscoperta dell'Egitto nel secolo XIX: i primi fotografi*, Turin.
1983
Orsini M.R. (établi par), *Catalogo della Biblioteca egittologica del Museo Egizio di Torino*, Milan.
Curto S., Donadoni Roveri A.M., Roccati A., *Museo Egizio*, Turin.
1984
Curto S., *L'antico Egitto nel Museo Egizio di Torino*, Turin.
Rossi F., *I monumenti egizi del Museo di Antichità di Torino*, Turin.
1985
D'Amicone E. (établi par), *Toccare l'arte. Il Museo Egizio*, Turin.
D'Amicone E. (établi par), *Un itinerario nella storia dell' Egitto antico. Il Museo Egizio di Turin*, Turin.
1990
Curto S., *Storia del Museo Egizio di Torino*[3], Turin.
Donadoni Roveri A.M., *Il Museo Egizio di Torino*, in S. Donadoni, S. Curto, A.M. Donadoni Roveri, *L'Egitto dal Mito all'Egittologia*, Milan.

Naples, Musée Archéologique National

1757-92
AA.VV., *Le Antichità di Ercolano esposte*, vol. I-VIII, Stamperia Reale Borbonica, Naples.
1819-23
Finati G.B., *Il Regal Museo Borbonico*, tomi I-III, Naples.
1822
Giustiniani L., De Licteriis Fr., *Guida per lo Real Museo Borbonico*, Naples.
1824-27
Niccolini A. (établi par), *Real Museo Borbonico*, XVI vol., Naples; II éd. avec modifications, en 9 vol., Rome 1837-45.
1841
Alvino F., *Description des Monuments du Musée Royal Bourbon*, Naples.
1847
Vulpes B., *Illustrazione di tutti gli strumenti chirurgici scavati in Pompei ed Ercolano*, Naples.
1854
Ceci C., *Museo Nazionale*, Naples (II ed. *Piccoli bronzi del Real Museo Borbonico*, Naples 1858).
1866
Fiorelli G., *Catalogo del Museo Nazionale di Napoli, Raccolta pornografica*, Naples.
Fiorelli G., *Catalogo del Museo Nazionale di Napoli, Medagliere, VI, Matrici, punzoni e conii della R. Zecca*, Naples.
Fiorelli G., *Catalogo del Museo Nazionale di Napoli, Collezione Santangelo, Monete greche*, Naples.
1867
Fiorelli G., *Catalogo del Museo Nazionale di Napoli, Collezione Santangelo, Monete del Medio Evo*, Naples.
Fiorelli G., *Catalogo del Museo Nazionale di Napoli, Raccolta epigrafica I, Iscrizioni Greche e Italiche*, Naples.
1868
Helbig W., *Wandgemälde der vom Vesuvius verschütteten Städte Campaniens*, Leipzig.
1869
Fiorelli G., *Catalogo del Museo Nazionale di Napoli, Armi antiche*, Naples.
1870
Fiorelli G., *Catalogo del Museo Nazionale di Napoli, Medagliere, I, Monete greche*, Naples.
Fiorelli G., *Catalogo del Museo Nazionale di Napoli, Medagliere, II, Monete romane*, Naples.
1871
Fiorelli G., *Catalogo del Museo Nazionale di Napoli, Medagliere, III, Monete del Medio Evo e moderne*, Naples.
1872
Heydemann H., *Die Vasensammlung des Museo Nazionale zu Neapel*, Berlin.
1874
Monaco D., *Guide Général*

du Musée National de Naples, suivant le Nouvel Arrangement, Naples.
1876
Migliozzi A., *Nuova Guida Generale del Museo Nazionale di Napoli secondo i più recenti riordinamenti corredata di un'appendice riguardante Pompei e la Certosa di S. Martino*, Naples.
1908
Ruesch A. (établi par), *Guida illustrata del Museo Nazionale di Napoli*, Naples.
1925-28
Ruesch A. (établi par), *Compendio della guida illustrata del Museo Nazionale di Napoli*, Naples
1928
Spinazzola V., *Le arti decorative in Pompei e nel Museo Nazionale di Napoli*, Milan.
1932
Elia O., *Pitture murali e mosaici nel Museo Nazionale di Napoli*, Rome.
1938
Pernice E., *Gefässe und Geräte aus Bronze (Die hellenistische Kunst in Pompeji, VI)*, Berlin.
1941
Breglia L., *Catalogo delle oreficerie del Museo Nazionale di Napoli*, Naples.
1954
Siviero R., *Gli ori e le ambre del Museo Nazionale di Napoli*, Naples.
1963
De Franciscis A., *Il Museo Nazionale di Napoli*, Cava dei Tirreni-Naples.
1964
Grant M., Mulas A., *Eros a Pompei, il Gabinetto segreto del Museo di Napoli*, Milan.
1977
AA.VV., *Da Palazzo degli Studi a Museo Archeologico. Catalogo della Mostra storico-documentaria del Museo Nazionale di Napoli*, Naples.
1983
Valenza Mele N., *Museo Nazionale di Napoli. Catalogo delle lucerne in bronzo*, Naples.
1984
AA.VV., *Il Museo Archeologico Nazionale. Napoli* , Milan.
1986-89
AA. VV., *Le collezioni del Museo Nazionale di Napoli*, Rome.
1994
De Caro S., *Il Museo Archeologico Nazionale di Napoli*, Naples.
1995-96
AA.VV., *All'ombra del Vesuvio. Le collezioni del Museo Archeologico Nazionale di Napoli*, exposition Kunsthalle Bonn 1995, Petit Palais Parigi.
1999
De Caro S., *Il Museo Archeologico Nazionale di Napoli. Guida alle collezioni*, Naples.
De Caro S.- Cappelli R., *Il Museo Archeologico Nazionale di Napoli. Guida breve*, Naples.
2000
De Caro S.- Cappelli R., *Il Gabinetto Segreto del Museo Archeologico Nazionale di Napoli*, Naples.
2001
AA.VV., *Il tesoro del Cardinale. La collezione Borgia*, Exposition Velletri-Naples.
AA.VV, *La collezione egiziana del Museo nazionale di Napoli*, Naples.
De Gemmis M., Esposito M.-R., *Il Museo Archeologico Nazionale di Napoli. Guida per bambini*, Naples.
Camodeca G. - Solin H., *Catalogo delle iscrizioni latine del Museo Archeologico Nazionale di Napoli. Roma et Latium*, Naples.

Florence, les Offices

1733-71
Quadreria Medicea, ou Tableaux de la galerie des Medicis, gravés d'après les dessins de Fr. Petrucci, par Mogalli, Picchianti, Lorenzini, Gregori, Florence.
1752-62
Moucke F., *Serie di ritratti degli eccellenti pittori dipinti di propria mano che esistono nella I.R.Galleria di Firenze con le vite in compendio dei medesimi* (4 vol.), Florence.
1779
Bencivenni Pelli G., *Saggio storico della R. Galleria di Firenze* (2 vol.), Florence.
1782
Lanzi L., *La R. Galleria di Firenze accresciuta e riordinata per comando di S.A.R.*, Florence.
1817-31
Reale Galleria di Firenze illustrata. I *Quadri di storia* (vol.I-III); II *Quadri di vario genere*; III *Ritratti di pittori* (vol.I-IV); IV *Statue, bassorilievi, busti e bronzi* (vol.I-III); V *Cammei e intagli* (vol.I-II), Florence.
1841-67
Ranalli F., *Imperiale e reale Galleria di Firenze. Storia della pittura dal suo risorgimento in Italia dimostrata coi monumenti della Reale Galleria di Firenze* (6 vol.), Florence.
1901
Ricci C., Frizzoni G., *La Galleria degli Uffizi in Firenze*, Bergamo.
1920
R. Galleria degli Uffizi. Elenco dei dipinti, Florence.
1921
R. Galleria degli Uffizi. Elenco delle sculture, Florence.
1923
Poggi G., *R. Galleria degli Uffizi. Catalogo dei dipinti,* Florence.
1952
Salvini R., *La Galleria degli Uffizi, guida per il visitatore e catalogo dei dipinti con notizie e commenti,* Florence.
1957
Becherucci L., *Tesori della Galleria degli Uffizi*, Milan.
1958
Mansuelli G.A., *Galleria degli Uffizi. Le sculture*, Rome.
1974
Berti L., *Inaugurazione della donazione Contini Bonacossi. Itinerario*, Florence.
Negrini S., *Galleria degli Uffizi*, Milan.
1977
Borea E., Petrioli Tofani A.M., Langedijk K., *La quadreria di Don Lorenzo de' Medici*, cat. exposition, Poggio a Caiano, Florence.
1979
Gli Uffizi, Florence.
1982-83
Berti L., Caneva C., Ciardi Dupré Dal Poggetto M.G., Gregori M., *Gli Uffizi* (2 vol.), Florence.
1990
Petrioli Tofani A.M., Michelucci G., *Gli Uffizi. Progetti per il nuovo museo*, Florence.
1991
Godoli A., Natali A., *Gli Uffizi. La Sala di Leonardo*, Florence.
1992
Natali A., *Gli Uffizi. La Donazione Balla*, Florence.
1994
Gregori M., *Uffizi e Pitti. I dipinti delle gallerie fiorentine*, Udine.

Florence, le Palais Pitti

1978
Tiziano nelle Gallerie fiorentine, cat. exposition, Florence, Palazzo Pitti, 23 décembre 1978 - 31 mars 1979
1982
La Galleria Palatina. Storia della quadreria granducale di Palazzo Pitti, établi par Marilena Mosco, cat. exposition, Firenze, Palazzo Pitti, 23 septembre - 31 janvier 1983
1984
Raffaello a Firenze. Dipinti e disegni nelle collezioni fiorentine, cat. exposition, Florence, Palazzo Pitti, 11 janvier - 29 avril
1986
Andrea del Sarto (1486-1530). Dipinti e disegni a Firenze, cat. exposition, Florence, Palazzo Pitti 8 novembre 1986 - 1 mars 1987
1989
M. Chiarini, *Gallerie e Musei statali di Firenze. I dipinti olandesi nel Seicento e nel Settecento*, Rome
M. Lucco, *Le tre età dell'uomo*, Florence
1991
Raffaello a Pitti. "La Madonna del baldacchino" storia e restauro, cat. exposition, Florence, Palazzo Pitti, 23 juin - 15 septembre
1992
I mobili di Palazzo Pitti. Il primo periodo lorenese. 1737-99, établi par E. Colle, Florence
1993
E. Colle, *Gli Appartamenti Reali di Palazzo Pitti. Una reggia per tre dinastie: Medici, Lorena e Savoia. Tra Granducato e Regno d'Italia*, Florence
Gli Appartamenti Reali di Palazzo Pitti, établi par M. Chiarini e S. Padovani, Florence
1996
L'età di Savonarola. Fra' Bartolomeo e la "Scuola di San Marco", établi par S. Padovani, avec la collaboration de M. Scudieri et G. Damiani, cat. exposition, Florence, Palazzo Pitti et Venise, Musée de St Marc, 25 avril - 28 juillet

1997
D. Bodart, *Rubens e la pittura fiamminga del Seicento nelle collezioni pubbliche fiorentine*, cat. exposition, Florence, Palazzo Pitti, 22 juillet - 9 octobre
2000
E. Colle, *I mobili di Palazzo Pitti. Il secondo periodo lorenese. 1800-1846*, Florence
Palazzo Pitti. L'arte e la storia, établi par M. Chiarini, Florence

Rome, Galerie Borghèse

1650
Manilli I., *Villa Borghese fuori di Porta Pinciana descritta da Iacomo Manilli Romano Guardarobba di detta Villa*, Rome
1713
Bernini D., *Vita del Cavalier Gio. Lorenzo Bernino, descritto da Domenico Bernini suo figlio*, Rome, réédition Ediart, Pérouse 1995
1823
Cicognara L., *Biografia di Antonio Canova*, Venise
1823-24
Cicognara L., *Storie delle sculture*, vol. I-VII, Prato
1906
Vasari G., *Le Opere di Giorgio Vasari, con nuove annotazioni e commenti di Gaetano Milanesi*, Tome IV, Florence (éd. Florence 1973), pages 109-129 ("Vita di Antonio da Correggio"); pages 311-416 ("Vita di Raffaello da Urbino")
1912
Baldinucci F., *Vita del Cavalier Giovanni Lorenzo Bernini scultore, architetto e pittore*, Florence 1682, éd. établie par A.Riegl, Vienna
1927
Longhi R., in "Vita Artistica", p.168
1928
Longhi R., *Precisazioni nelle Gallerie Italiane* I, *La R. Galleria Borghese*, Rome, pages 144-159
1954
Faldi I., *Galleria Borghese. Le sculture dal secolo XVI al XIX*, Rome
Ferrara L., *La stanza di Elena e Paride*, in "Rivista dell'Istituto Nazionale di Archeologia e Storia dell'Arte", n.s. III, pages 242-256
1955
Della Pergola P., *Galleria Borghese. I dipinti*, vol. I, Rome
1959
Della Pergola P., *Galleria Borghese. I dipinti*, vol. II, Rome
1968
Longhi R., *Saggi e ricerche, 1925-28*, vol II, a. 1927, éd. Florence, pages 322-323, 325-326
1972-73
Ferrara L., Staccioli S., Tantillo A.M., *Storia e restauro della Deposizione di Raffaello*, Rome
1976
Bellori G.P., *Le Vite de' pittori, scultori e architetti moderni*, Rome 1672, éd.établie par E. Borea, introduction de G. Previtali, Turin
1978
Arizzoli Clemente L.P., *Charles Percie et la salle égyptienne de la villa Borghèse*, in "Piranèse et les Français", Actes du Colloque à la Villa Médicis, Rome, pages 1-32
1984
Raffaello nelle raccolte Borghese, cat. mostra, Rome, Galerie Borghèse, 1984
Reinhardt V., *Kardinal Scipione Borghese (1605-1633). Vermögen, Finanze und sozialen Aufstieg eines Papstnepoten*, Tübingen
1991
Bernardini M.G. (établi par), *La Danae e la pioggia d'oro. Un capolavoro di Antonio Allegri detto il Correggio restaurato*, Rome
Connors J., Rice L. (établi par), *Specchio di Roma Barocca. Una guida inedita del XVII secolo*, 2ème éd. revue et enrichie, Rome
1991-92
Gregori M., *Michelangelo Merisi da Caravaggio. Come nascono i capolavori*, cat. mostra, Florence, Palais Pitti, Galerie Palatine, 12 décembre 1991-15 mars 1992; Rome, Palazzo Ruspoli, Fondazione Memmo, 26 mars-24 mai 1992
1992
Paul C., *Mariano Rossi's Camillus Fresco in the Borghese Gallery*, in "The Art Bulletin", LXXIV, pp.297-326
Raffaello e Dante, cat. expostion, Casa di Dante in Abruzzo, Castello Gizzi, Torre de' Passeri (Pescara), fiches établies par K.Herrmann Fiore, en particulier pages 262-263
1993
Gonzalez Palacios A., *Il gusto dei principi. Arte di corte del XVII e del XVIII secolo*, Milan
Gonzalez Palacios A., *La stanza del Gladiatore*, in "Antologia di Belle Arti", 43, pages 5-33
1994
Coliva A. (établi par), *Galleria Borghese*, Rome
Locher H., *Raffael und das Altarbild der Renaissance. Die "Pala Baglioni" als Kunstwerk im sakralen Kontext*, Berlin
1995
AA.VV., *Tiziano. Amor Sacro e Amor Profano*, cat. exposition, Rome, Palais des Expositions, 22 mars-22 mai
Gonzalez Palacios A.,*The Stanza di Apollo e Dafne in the Villa Borghese*, in "The Burligton Magazine" 137, pages 529-549
Kalveram K., *Die Antikensammlungen des Kardinals Scipione Borghese*, in "Römische Studien der Bibliotheca Hertziana", vol.XI, Worms
1997
Di Macco M. (établi par), *Le delizie di Stupinigi e della "Danae" del Correggio. Camillo Borghese tra Impero e Restaurazione*, Turin
Herrmann Fiore K. (établi par), *Apollo e Dafne del Bernini nella Galleria Borghese* , Milan
Herrmann Fiore K., *Guida alla Galleria Borghese*, Rome
Strinati C. (établi par), *Venere vincitrice. La sala di Paolina Bonaparte alla Galleria Borghese*, Rome
1998
Bernini Scultore. La nascita del Barocco in Casa Borghese, cat. mostra, établi par A.Coliva e S. Schütze, Rome, Galerie Borghèse, 15 mai-20 septembre
Costamagna A., *La dea Paolina. Il ritratto di Paolina Bonaparte come "Venere Vincitrice" alla Galleria Borghese*, Rome
1998-99
Humphrey P., Lucco M., *Dosso Dossi. Pittore di Corte a Ferrara nel Rinascimento*, cat. exposition, établi par A. Bayer, Ferrare, Civiche Gallerie d'Arte Moderna e Contemporanea, 26 settembre-14 dicembre 1998; New York, The Metropolitan Museum of Art, 14 janvier-28 mars 1999; Los Angeles, The J.Paul Getty Museum, 27 avril-11 juillet 1999
1999
L'Anima e il Volto. Ritratto e fisiognomica da Leonardo a Bacon, cat. exposition, établi par F.Caroli, Milan, Palazzo Reale, 30 octobre 1998-14 mars
2000
Costamagna A., *Raffaello, Dama con liocorno. Scheda clinica. Indagine storico-artistica. Indagini scientifiche*, CDRom, établi par Editech Multimedia Art srl, édité par Edindustria SpA, Rome
Moreno P., Stefani C., *Galleria Borghese*, Milan
2001
Mangia P., *Il ciclo dipinto delle volte. Galleria Borghese*, Rome

Naples, Musée de Capodimonte

1876
Alberti A., *Guida illustrativa del Real Museo di Capodimonte*, Naples.
1884
Sacco A., *R. Museo di Capodimonte*, Naples.
1948
Molajoli B., *Musei e opere d'arte attraverso la guerra*, Naples.
1957
Molajoli B., *Notizie su Capodimonte*, Naples.
1961
Molajoli B., *Il Museo di Capodimonte*, Naples.
1966
Doria G., Causa R. (établi par), *La reggia di Capodimonte*, Florence.
1982
Causa R. (établi par), *Le collezioni del Museo di Capodimonte*, Milan.
1987
Muzii, R., *I grandi disegni italiani nella collezione del Museo di Capodimonte*, Milan.
1994
AA.VV.,*Museo e Gallerie Nazionali di Capodimonte. La collezione Farnese. La scuola emiliana: i dipinti. I di-*

segni, établi par N. Spinosa, Naples.
Spinosa N. (établi par), *Museo Nazionale di Capodimonte*, Naples.
1995
AA.VV., *Museo e Gallerie Nazionali di Capodimonte. La collezione Franese. I dipinti lombardi, liguri, veneti, toscani, umbri, romani, fiamminghi. Altre scuole. Fasti Farnesiani*, établi par N.Spinosa, Naples.
1996
AA.VV.,*Museo e Gallerie Nazionali di Capodimonte. La collezione Farnese. Le arti decorative*, établi par N.Spinosa, Naples.
1999
Leone de Castris, P., *Museo e Gallerie Nazionali di Capodimonte. Le collezioni borboniche e post-unitarie. Dipinti dal XIII al XVI secolo*, établi par N.Spinosa.
Spinosa, N., *Capodimonte*, Naples.

Milan, Pinacothèque de Brera

(1908)
Malaguzzi Valeri F., *Catalogo della R Pinacoteca di Brera*, Bergamo, réédition (1914).
1935
Modigliani E., *Catalogo della Pinacoteca di Brera*, Milan, (réédition 1950, 1966).
1942
Morassi A., *La Regia Pinacoteca di Brera*, Rome.
1961
Dell'Acqua G.A., Russoli F., *La Pinacoteca di Brera*, Milan.
1971
Meiss M., *La Sacra Conversazione di Piero della Francesca*, Florence.
1973
De Vecchi P.L., *Lo Sposalizio della Vergine di Raffaello*, Florence.
1977
Mulazzani G., Dalai Emiliani M., Matalon S., Brambilla Barcilon P., Gallone A., *Donato Bramante. Gli Uomini d'arme*, Florence.
1978
Romeno G., Binaghi M. T., Collura D., *Il maestro della Pala Sforzesca*, Florence.
1979
Scotti A., *Brera 1776-1815. Nascita e sviluppo di una istituzione culturale milanese*, Florence.
1980
Bertelli C., *Brera. Milano*, Milan.
1981
Dell'Acqua G. A., *La donazione Jesi*, (Milan).
1984
Bertelli C., Lopez G., *Brera dispersa. Quadri nascosti di una grande raccolta nazionale*, Milan.
1986
Disegni Lombardi del Cinque e Seicento della Pinacoteca di Brera e dell'Arcivescovado di Milano, cat. exposition, Florence.
1987
Marani C., *Leonardo e i Leonardeschi a Brera*, Florence.
1988-96
Pinacoteca di Brera Catalogo generale dei dipinti, établi par F. Zeri, F. Mazzocca
– *Pinacoteca di Brera. Scuole lombarda e piemontese 1300-1535*, Milan 1988.
– *Pinacoteca di Brera. Scuole lombarda, ligure e piemontese 1535-1796*, Milan, 1989.
– *Pinacoteca di Brera. Scuola veneta*, Milan 1990.
– *Pinacoteca di Brera. Scuola emiliana*, Milan, 1991.
– *Pinacoteca di Brera. Scuole dell'Italia centrale e meridionale*, Milan, 1992.
– *Pinacoteca di Brera. Dipinti dell'Ottocento e del Novecento. Collezioni dell'Accademia e della Pinacoteca.* 2 vol., Milan, 1993-94.
– *Pinacoteca di Brera. Scuole straniere*, Milan, 1995.
– *Pinacoteca di Brera. Addenda e apparati generali*, Milan, 1996.
1989
Tardito R., *Brera. Storia della Pinacoteca e delle sue collezioni*, Florence.
Coppa S., *La pittura lombarda del Seicento e del Settecento nella Pinacoteca di Brera*, Florence.
1990
Humphrey P., *La pittura veneta del Rinascimento a Brera*, Florence.
1992
Marani P. C., *La Crocefissione di Bramantino. Storia e restauro*, Florence.
1995
Disegni emiliani dei secoli XVII-XVIII della Pinacoteca di Brera, cat. exposition, Milan.
1997
Agosti G., Ceriana M., *Le raccolte storiche dell'Accademia di Brera*, Florence.
Daffra E., Trevisani F., *La Pala di San Bernardino di Piero della Francesca*, Florence.
1998
Arrigoni L., Daffra E., Marani P.C., *Pinacoteca di Brera*, Milan.

Venise, les Galleries de l'Académie

1955
Moschini Marconi S., *Gallerie dell'Accademia di Venezia. Opere d'arte dei secoli XIV e XV*, Rome.
1962
Moschini Marconi S., *Gallerie dell'Accademia di Venezia. Opere d'arte del secolo XVI*, Rome.
1970
Moschini Marconi S.,, *Gallerie dell'Accademia di Venezia. Opere d'arte dei secoli XVII, XVIII, XIX*, Rome.
1980
Battisti E., *Le origini religiose del paesaggio veneto, in Esistenza mito ermeneutica. Scritti per Enrico Castelli*, Rome - Padoue, ("Archivio di Filosofia", 1980. n. 1).
1981
Pallucchini R., *La pittura veneziana del Seicento*, 2 vol., Milan.
1982
Nepi Scirè G., *Storia della collezione dei disegni*, Milan.
1985
Nepi Scirè G., Valcanover F., *Gallerie dell'Accademia di Venezia*, Milan.
1988
Nepi Scirè G. (établi par), *Gallerie dell'Accademia. Nuove Acquisizioni*, Venise.
1990
Giovanni Gerolamo Savoldo, Milan.
Tiziano, cat. exposition, établi par F. Valcanover, Venise.
Lucco M. (établi par), *La pittura nel Veneto. Il Quattrocento*, 1 2 vol., Milan.
Goffen R., *Giovanni Bellini*, Milan.
Safarik E. A., *Fetti*, Milan.
1991
Gentili A., *Giovanni Bellini, la bottega, i quadri di devozione*, in "Venise Cinquecento", 1-2, luglio-dicembre.
Humphrey P., *Carpaccio. Catalogo completo dei dipinti*, Florence.
Nepi Scirè G., *I capolavori dell'arte veneziana. Le Gallerie dell'Accademia*, Venise .
Rossi P., *Francesco Maffei*, Milan.
Scarpa Sonino A., *Marco Ricci*, Milan.
1992
Jacopo Bassano ca 1510-1592, cat. exposition (établi par L. B. Berverly, P. Marini), Bologne.
Piero e Urbino. Piero e le arti rinascimentali, cat. exposition (établi par P. D. Dal Poggetto), Venise.
Andrea Mantegna, cat. exposition (établi par S. Martineau), Londres.
Leonardo & Venezia, cat. exposition, Milan.
Lucco M. (établi par), *La pittura nel Veneto. Il Trecento*, Milan.
Ferrari O., G. Scavizzi, *Luca Giordano. L'opera completa*, 2 vol., Naples.
Fortini Brown P., *La pittura nell'età di Carpaccio. I grandi cicli narrativi*, Venise.
Nepi Sciré G., *Venezia e la pittura intorno al 1500*, in *Leonardo & Venezia*, cat. exposition, Milan.
1993
Le siècle de Titien, cat. exposition (établi par M. Laclotte), Paris.
Pietro Longhi, cat. exposition (établi par A. Mariuz, G. Pavanello, G. D. Romenelli), Milan.
Gemin M., Pedrocco F., *Giambattista Tiepolo. Dipinti. Opera completa*, Verona.
Humphrey P., *The Alterpiece in Renaissance Venice*, New Haven-Londres .
Nepi Scirè G., *Le Gallerie dell'Accademia*, Rome.
Thiebault D., *Le Christ à la colonne d'Antonello de Messina*, "Le dossier des Musée du Louvre", Paris.
1994
Bessarione e l'Umanesimo, cat. exposition (établi par G. Fiaccadori), Naples.
Jacopo Tintoretto. Ritratti, cat. exposition (établi par P. Rossi, G. Nepi Sciré), Milan.
Hope C., *A new Documento about Titian's Pietà*, in *Sight & Insight: Essay on Art and Culture in Honour of E. H.*

Gombrich at 85, Londres.
Sgarbi V., *Carpaccio*, Milan.
Nepi Scirè G., *I teleri della Sala dell'Albergo nella Scuola di San Marco*, Venise.
Nepi Scirè G., *Le Gallerie dell'Accademia di Venezia*, Venise .
Scarpa Sonino A., *Jacopo Amigoni*, Crémone.

1995

Bernardo Strozzi, Genova 1581/82-Venezia 1644, cat. exposition (établi par E. Gavazza, G. Nepi Scirè, G. Rotondi Terminiello), Milan.
La pittura nel Veneto. Il Settecento, textes par R. Pallucchini, Milan.
Tiziano, Amor Sacro e Amor Profano, cat. exposition, Milan.
Splendori del Settecento veneziano, cat. exposition, Milan.
Benati D. (établi par), *Il Trecento riminese*, Milan.
Ballarin A., *Jacopo Bassano. Scritti 1964-1995*, (établi par V. Romeni), 5 vol., Cittadella.
Cohen C. E., *The Art of Giovanni Antonio da Pordenone*, Cambridge.
Nepi Scirè G., *Guida alla Quadreria*, Venise.
Pignatti T., Pedrocco F., *Veronese. Catalogo completo*, 2. vol., Milan.

1996

Lucco M. (établi par), *La pittura nel Veneto. Il Cinquecento*, 3 vol., Milan.
Tiepolo, cat. exposition (établi par K. Kristiansen), Milan.
Anderson J., *Giorgione peintre de la "Brièvete poetique". Catalogue raisonnè*, Paris.
Gentili, *Le storie di Carpaccio. Venezia, i turchi, gli ebrei*, Venise.

1997

Il soffitto degli Scalzi di Giambattista Tiepolo, in "Quaderno della Soprintendenza per i Beni Artistici e Storici di Venezia", 21, Venise.
Lorenzo Lotto il genio inquieto del Rinascimento, cat. exposition, Milan.
Goffen R., *Titian's Women*, New Haven-Londres.

1998

Campbell S., *Cosmè Tura di Ferrara*, Yale.
Nepi Scirè G., *Gallerie dell'Accademia di Venezia*, Milan.

1999

Aikema B., Brown B. L., Nepi Scirè G. (établi par), *Il Rinascimento a Venezia e la pittura del Nord al tempo di Bellini, Dürer, Tiziano*, Cinisello Balsamo.
Nepi Scirè G., Perissa Torrini A., *Da Leonardo a Canaletto. Disegni alle Gallerie dell'Accademia*, Milan.

2000

Mason S., *Carpaccio. I grandi cicli*, Milan.
Nepi Scirè G., *Carpaccio. Storie di Sant'Orsola*, Milan.
Nepi Scirè G., in *Carlo Scarpa - Mostre e Musei 1944-1976; Case e paesaggi 1972-1978*, Milan.
Pedrocco F., *Tiziano*, Milan.
Pedrocco F., Pignatti T., *Giorgione*, Milan.
Tempestini A., *Giovanni Bellini*, Milan.
Valcanover F., *Tiziano*, Milan.
Goffen R., Nepi Scirè G. (établi par), *Il colore ritrovato: Bellini a Venezia*, Milan.

2001

Kowalczyck B.A., da Cortà Fumei M. (établi par), *Bernardo Bellotto 1722-1780*, Milan.

Crédits photographiques

Archivio Fotografico Soprintendenza Beni Artistici e Storici di Milano : pp. 182, 184, 185, 186, 187, 188, 189, 191, 192, 193, 194, 195, 196, 197, 200, 203, 204, 205, 206, 209.

Archivio Fotografico Soprintendenza Beni Artistici e Storici di Napoli : pp. 150 en bas, 151, 152, 153, 156, 158, 159, 165, 166, 167, 170, 171, 173, 175, 176, 177, 178, 179.

Archivio Fotografico Soprintendenza Beni Artistici e Storici di Roma : pp. 122, 124, 125, 127, 128, 129, 131, 132, 133, 134, 135, 136, 137, 138, 139, 140, 141, 142, 143, 114, 145.

Archivio Fotografico Soprintendenza al Museo delle Antichità Egizie, Turin : pp. 24, 26, 29, 30, 32.

Archivio Scala, Florence : couverture ; pp. 22, 23, 69, 70, 71, 75, 80, 81, 82, 83, 84, 85, 88, 89, 91, 93, 214, 215, 218, 219, 220, 221, 222 in alto, 223, 225, 226, 227, 230, 231.

Osvaldo Böhm, Venise : pp. 210, 212, 213, 216 en bas, 217, 222 à gauche, 228, 229 en haut.

Franco Lovera, Turin : pp. 12, 13, 14, 16, 17, 18, 19, 20, 21, 25, 26, 27, 28, 29, 31, 33, 34, 35.

Paolo Manusardi, Milan : pp. 180, 181, 198, 199, 201, 208.

Luciano Pedicini, Naples : pp. 36, 39, 40, 41, 43, 44, 45, 46, 47, 48, 49, 50, 51, 53, 54, 55, 56, 57, 59 en bas, 60, 61, 62, 63, 146, 149, 150 in alto, 151 al centro, 154, 155, 157, 163, 164, 169, 172, 174.

Studio Quattrone, Florence : 72, 73, 86 en haut.

Paolo Tosi, Florence : pp. 65, 66, 67, 74, 76, 77, 78, 79, 86 en bas, 87, 90, 92, 94, 95, 96, 98, 99, 100, 101, 102, 103, 104, 105, 106, 107, 108, 109, 110, 111, 112, 113, 114, 115, 116, 117, 118, 119, 120, 121.

La planche des pages 160-161 a été réalisée par Loreno Confortini

Les images des Soprintendenze sont reproduites avec la permission du Ministero per i Beni e le Attività Culturali